JN412048

지방자치론

[제 17 판]

임 승 빈

法 文 社

제17판 머리말

지방자치는 언제나 국가의 위기와 함께 그 의미가 재정의되어 왔습니다. 중앙집권이 강화될 때마다 지방자치는 후퇴의 언어로 호출되었고, 사회적 균열이 심화될 때마다 지방자치는 다시금 회복의 해법으로 소환되었습니다. 2026년 『지방자치론』 제17판을 내놓는 지금의 대한민국은 다시 한번 그러한 전환의 지점에 서 있습니다.

2025년 윤석열 정부의 탄핵과 그에 따른 정권 교체를 거쳐 출범한 이재명 정부는 '5극 3특'이라는 새로운 국가공간전략을 제시하며 국가균형정책의 방향을 근본적으로 재설정하고 있습니다. 이는 단순히 중앙의 권한을 지방으로 나누어 주는 전통적 의미의 지방분권을 넘어, 지방을 국가 성장의 주변부가 아닌 중심축으로 재배치하려는 시도라는 점에서 중요한 전환점을 이룹니다. 다시 말해, 지방자치는 더 이상 '분권의 대상'이 아니라 '국가 재편의 주체'로 요청되고 있는 것입니다. 제17판에서는 이러한 변화된 정책 환경을 반영하여, 지방자치를 국가균형발전 전략 속에서 어떻게 구조적으로 내재화할 것인가를 보다 입체적으로 다루었습니다.

그러나 이러한 정책적 전환은 우리가 직면한 또 하나의 엄혹한 현실, 곧 인구소멸의 가속화라는 구조적 위기와 맞닿아 있습니다. 인구 감소는 단순한 통계의 문제가 아니라, 기존의 행정구역 체계·재정 구조·서비스 전달 방식 전반을 흔드는 근본적 도전입니다. 지금의 지방자치는 역설적으로 존립의 위기 속에서 새로운 도약을 요구받고 있습니다.

본 제17판에서는 인구소멸을 지방의 쇠퇴로만 환원하는 관점을 경계하면서, 광역대도시권을 중심으로 한 행정체계 재편과 기능적 연계, 즉 대도시 중심 체계로의 행정개편이 갖는 전략적 의미를 본격적으로 논의하였습니다. 이는 지방을 버리고 수도권으로의 일극집중을 정당화하는 논리가 아니라, 오히려 국가 전체의 지속가능성을 확보하기 위한 현실적 대안으로서 제시되는 것입니다. 한편, 오늘날 지방자치의 위기는 행정과 제도의 문제에만 국한되지 않습니다. 대의민주주의 전반에 대한 불신과 정치적 무력감이 확산되는 상황에서, 지방자치는 민주주의의 최전선에서 새로운 실험을 요구받고 있습니다.

또한 주민참여의 확대를 단순한 절차적 보완이 아닌, 민주주의의 질적 전환이라는 관점에서 재조명하였습니다. 주민투표, 공론화 제도, 숙의민주주의적 실험 등 직접적 참여의 활성화는 대의제의 대안이 아니라 보완이며, 그 과정 속에서 지역사회가 다시금 공동체로 재구성될 수 있습니다. 지방자치는 행정의 효율성을 넘어, 공동체 정신의 복원과 사회적 연대의 재구성이라는 시대적 과제를 함께 떠안고 있습니다.

이와 같은 문제의식 아래, 제17판은 지방자치를 '제도', '정책', '민주주의', '공동체'라는 네 개의 축을 중심으로 재정비하였습니다. 변화된 정치・사회적 환경을 반영하여 기존 내용을 보완・수정하는 한편, 한국의 지방자치가 앞으로 나아가야 할 방향에 대한 규범적・실천적 논의를 보다 분명히 제시하고자 하였습니다.

상투적인 인사말이지만 근 25년이 되어가는 작업이 가능하게 된 것은 전적으로 독자들의 지적과 비판의 덕이라고 봅니다. 물론, 초판부터 오늘의 제17판에 이르기까지 교정과 편집에 열정을 가지고 임해주신 법문사 편집부 관계자님들과 배효선 발행인님의 지원이 없었다면 불가능했을 것입니다. 진심으로 심심한 감사를 드립니다.

지방자치는 멈춰있는 박제된 이론이 아닙니다. 시대의 강물을 따라 끊임없이 변화하고 적응해야 하는 살아있는 유기체와 같습니다. 2026년 현재 우리가 마주한 이 거대한 변화의 물결 속에서, 본서가 지방자치에 입문하는 학생들과 현장의 행정가들에게 올바른 길을 안내하는 나침반이 되기를 간절히 소망합니다. 학문적 동지로서 영감을 준 동료 교수와 제자들에게 깊은 감사를 전합니다.

2026년 2월
서울시 종로구 옥인동 二五齋에서
저자 임승빈(林承彬) 씀

차 례

제 1 부 지방행정

제 2 부 지방재정

제 1 부

지방행정

제 1 장 지방자치에 관한 제 논의

제 1 절 지방자치제도의 의의

지방자치 혹은 지방정부를 표현하는 영어식 표현은 Local-Autonomy, Self-Government이다. 원래적 의미로 한다면 자율성을 기반으로 하여 자기 자신을 찾아가는(be yourself) 과정을 의미하는 것이다. 즉, 지방자치는 지역에 기반을 둔 법인격의 자치단체든지 혹은 개인의 자유는 누구에게 주어진 권력이 아니라 J. S. Mill이 자유론(On Liberty, 1859)에서 주장하는 천부인권설과 같은 맥락에서 고유권을 주장하는 스스로의 정체성을 찾아가는 과정인 것이다.[1] 우리는 가끔 지방자치를 Self-Government로 과도하게 해석한 나머지 이기주의적 지방정부(Selfish-Government)로 종종 착각한다. 자기 자신을 찾아가는(be yourself)과정인 지방자치는 이기적인(selfish) 것보다는 개별주의(individualism)로 이해하는 것이 타당함에도 불구하고 지나친 지역 이기주의가 발현되고 있는 것 역시 최근 우리 지방자치의 민낯이다. 그러나 이러한 문제점이 있음에도 불구하고 권력은 민주적으로 통제받아야 하고 개인의 자유가 보장받아야 하듯이 개인과 개인이 모인 공동체인 지방자치는 현대 민주주의 국가에서 당연히 보장받아야 한다.

> **key concept**
>
> **– 분권론 –**
>
> 지방행정의 결정 · 집행권을 중앙정부에 집중시키지 않고 가능한 한 지방자치단체에 분권화한다. 이것은 지방의회에 의한 조례제정권과 자치단체의 장(長)에 의한 규칙제정권과 같은 자치입법권은 물론 일반적인 정책결정권을 지방자치단체가 가지고 있음을 의미한다.
>
> **– 집권론 –**
>
> 행정상의 의사결정이 비교적 중앙에 집중되어 있는 경우를 의미하며, 행정의 통일성을 확보, 전국적인 계획행정, 통제행정, 권력행정을 가진다.

지방정부의 구조적 특성 및 영향력에 대한 것은 국가(중앙)의 정치 · 행정적 구조와 단절되어 평가하기 어렵다(Ashford, 1982). 지방자치가 왜 실시되었느냐에 대하여 말할 수 있는 것은 근대 국가의 권력구조가 분권화를

1) J.S.Mill의 자유론과 이에 반대까지는 아니지만 반론을 제기하는 현대 공동체주의자들 가운데 한 명인 마이클 샌델의 정의론(Justice, 2010), 그리고 찰스 테일러의 공동체 주의 등에 관한 보다 진지한 논의는 본 저서의 11장에서 상세히 기술하고 있으므로 이를 참조하기 바람.

바탕으로 대의제 원리를 실현하고, 중앙정부의 권력을 수평적으로 분립하는 삼권분립의 특성을 지니고 있다는 점이다. 동시에 권력남용의 방지와 중앙으로의 권력의 집중을 피하기 위하여 지방자치 실시의 의의가 있다.

따라서, 현대적 의미에서의 지방자치란 일정한 지역공동체의 주민이 자치단체에 참여하여 지역의 공동사무를 자기 책임 하에 스스로 또는 대표자를 통하여 처리하는 정치분권화제도를 의미한다. 그러므로 지방자치는 중앙집권체제에 비하여 정치권력의 분권화, 지방의회의 구성, 주민의 직·간접적 정치참여의 기회확대, 다양한 민주적 의사결정과정 등을 기반으로 개인의 자유신장을 도모하고 주민복지를 극대화시키는 제도로서 평가받고 있다. 여기에서 지방자치제도가 가지는 의의와 장단점에 대해 간단히 살펴보면 다음과 같다.

1. 지방자치제도의 장점

지방자치제도가 지니는 가장 큰 장점은 개인의 권리와 자유신장, 주민복지증진, 그리고 효율적인 자원배분 등의 측면에서 파악할 수 있다.

첫째, 지방자치는 정치권한의 분산을 통해 개인의 권리와 자유 및 책임의식을 고취시켜 시민의식을 신장토록 한다. 역사적으로 볼 때, 정치발전은 민주주의를 바탕으로 하는 대중적 참여체제와 분권화체제로 변화하고 있다. 가능한 최대의 정치권한의 분산은 개인의 자유를 신장시켜 준다. 토크빌(Tocqueville)에 의하면 지방자치는 민주주의의 학교라 할 수 있다.

그러므로 지방자치의 효율성은 제도화된 정치권한의 분산화를 토대로 지방자치단체의 책임성과 주민의 자율적 참여를 통하여 주민의 권리와 자유

인물탐구

토크빌(Alexis de Tocqueville): 1805.7.29~1859.4.16, 프랑스의 정치가, 역사가

파리 출생. 노르망디의 귀족 출신으로 1827년 베르사유재판소 배석판사에 취임하였으며 1831년 교도소 조사를 위하여 미국으로 건너갔다. 귀국 후 ≪미국의 민주주의 De la démocratie en Amérique≫(2권, 1835~1840)를 저술하였다. 이 저서에서 근대 민주주의사회로의 이행을 필연적 현상으로 보았으며, 더 나아가 이러한 사회의 부정적 영향인 개인주의나 정치적 무관심 등에 대해서도 언급하였다. 그는 1833년 영국으로 건너가 J.S.Mill 등 자유주의자와 교유하였으며, 밀에게 큰 영향을 주었다. 1849년 외무장관을 지냈다. 1851년 나폴레옹의 쿠데타에 반대하여 체포된 후, 정계에서 은퇴하고 역사연구에 전념하였다.

를 신장시키는 데 기여한다. 지방자치제하에서는 정치적 과정에 주민의 직 · 간접적 참여기회가 제도적 통로 또는 비제도적 통로를 통하여 권력행사에 있어서 민주적 절차가 가능하게 된다. 주민의 직 · 간접적인 참여경로와 주민의 정치참여와 비제도적 영역에 대한 민주적 활동 가능성의 증대는 주민과 지방정부의 협력체제를 유도하여 그 결과 성숙한 시민의식을 함양시킨다.

둘째, 지방자치는 중앙집권제에 비해 주민복지를 효율적으로 증진시킨다. 지역주민과 가까운 지방정부는 주민의 수요에 대한 각종 정보와 지식을 많이 가짐으로써 지역주민이 선호하는 공공서비스를 제공하기가 쉽다. 이것은 '가까운 정부가 가장 좋은 정부다(Nearest government is the best)'라는 구절로 상징적으로 표현된다. 가까운 정부와 주민이 직접 선출한 의원과 단체장에 의한 지방정부운영은 책임정치와 책임행정을 구현하게 한다. 그리고 지방자치는 지역사회 및 지역의 인적 · 물적 자원이 최대한으로 동원되고 효율적으로 활용되어 지역특성을 고려하는 지역정책이 이루어 질 수 있으며 그 결과 주민이 선호하는 사업을 추진할 수 있다. 이러한 자원배분은 국가적 관점에서도 효율적인 결과를 가져다 준다.

셋째, 지방자치는 지방정부간의 경쟁을 유발시켜 정부 경쟁력을 강화시킨다. 정치 · 경제적으로 독립성을 지니는 다양한 지방정부가 존재하고 주민의 이동성이 보장되는 지방자치제하에서는 공공재의 공급이 마치 시장기구를 통하여 일반재화가 효율적으로 배분되는 것과 같이 효율적으로 배분될 수 있다(Tiebout 가설과 공공선택론적 관점). 그리고 다양한 지방정부 차원에서 이루어지는 각종 사회적 실험과 창의적 활동은 사회적 기회비용(social opportunity cost)을 감소시키면서 궁극적으로 국가자원을 효율적으로 이용 가능케 한다.

> **참고자료**
>
> **지방자치의 위기**
> **(신중앙집권주의)**
>
> 지방자치의 위기란 인구소멸, 도시와 농촌 간의 재정적 격차, 복지 · 보건행정의 격증, 국고보조금의 증대, 생활권역의 확대, 국가적 사무의 확대 등 이러한 외생적인 위기뿐만 아니라 내재적으로 공동체 붕괴라고 할 정도로 개인주의 팽배 등도 지방자치 위기를 촉진시키고 있다.

2. 지방자치제도의 단점

이러한 장점에도 불구하고 지방자치제도는 단점 역시 가진다. 지방자치제가 지니는 단점은 자원배분의 비효율성과 사회적 형평성 문제, 지역이기주의 현상 등의 관점에서 파악할 수 있다.

첫째, 규모경제의 비효율성이다. 지방자치로 인한 비효율적인 자원배분현상은 특히 외부효과가 발생하는 공공재의 경우나 규모경제가 존재하는 공공재, 조세제도의 운영 등에 있어서 발견된다. 구체적인 예로서, 특정 지방자치단체가 자체의 성장만을 위한 나머지 다른 지역에 환경오염피해를 유발시키는 경우, 그리고 종합운동장, 유원지 개발, 쓰레기처리, 도로업무 등과 같은 사업에 있어서 각 자치단체마다 개별적으로 이들 사업을 추진하는 경우 등을 지적할 수 있다(이들 사업의 경우 인접한 자치단체 간에 협력을 하게 되면 규모경제가 발생하고 그 결과 비용이나 운영의 효율성을 기대할 수 있다).

둘째, 지방자치는 자치단체별로 재정력 차이가 발생해서 행정서비스의 형평성 문제를 초래할 가능성이 있다. 자치단체의 내·외부적 자원환경이 다른 차이가 존재하는 상황에서 인구와 자본의 지역 간 이동성은 마침내 지방자치단체 간에 빈익빈 부익부 현상을 가속화할 가능성이 있다. 지역간 경제력 격차 문제는 국가와 지방차원에서 중대한 사회적 파급효과를 초래하면서 장기적으로 국가운영에 부정적인 영향을 미친다. 이러한 현상은 자본주의 체제가 지니는 장점에도 불구하고 나타나는 개인 간 소득분배의 불균등 현상과 비슷하다.

셋째, 지방자치는 지역개발과 연관되어 지역이기주의 현상을 야기하면서 사회적 갈등요인을 초래할 가능성이 있다. 지역이기주의 현상은 정부와 주민, 주민과 주민, 그리고 지방자치단체 간에 갈등을 불러일으키고 그 결과 정책실패를 가져올 수 있다.

제2절 지방자치의 본질

key concept

지방자치의 3대 요소
1. 주민
2. 자치권
3. 자치단체(구역)

지방자치를 이해하기 위해서는 먼저 자치권을 보는 입장들에 대해서 이해를 해야 한다. 지방정부는 자치단체와 주민, 자치권으로 구성되기 때문에 지방자치의 핵심이 되는 자치권을 어떻게 이해하느냐에 따라서 지방자치에 대한 이해도 달라질 수 있다. 자치단체의 권능, 즉 자치권은 개인의 천부인권적 기본권에 해당하는 자치단체의 고유권인가 또는 국가로부터 수여된 전래권인가에 대하여 학설의 대립이 있다. 그리고 제도적 보장설적 입장과 기능적, 자치행정관념적 입장도 있다. 지방자치의 모국이라고 하는 프랑스와 영국 모두 19세기에 기본적인 지방자치의 형태가 나타나기 시작하였는데, 이때 국가와 지방의 변화는 지방이 가지고 있었던 정치권력·경제권력 등을 행정적으로 재편하는 과정이었다(Ashford: 1982).

그러나, 기본적으로 지방자치는 국가의 구성요소로써, 또한 중앙의 하위단위로써 운영되고 있다는 점은 지방자치를 실시하고 있는 모든 국가에서 공통적인 현상으로 볼 수 있다.

1. 자 치 권

자치권은 지방자치단체가 스스로를 다스리는 권한의 범위를 말한다. 자치입법권, 자치행정권, 자치재정권, 자치사법권 등이 해당된다. 그러나 이와 같은 자치권한의 범위 및 행사의 정도는 국가 간 또는 시대적으로도 차이가 있다. 이러한 차이점이 발생하는 근거는 무엇인가를 설명하기 위하여 고유권설·전래설·제도적 보장설로 나누어 살펴 보도록 하겠다.

> key concept
>
> **자치권**
>
> 자치권이란 지방자치단체가 국가로부터 독립한 법인격을 가진 단체로서 그 소관업무를 자신의 창의와 책임하에 처리할 수 있는 법률적 능력을 말한다.

1) 고유권설

이 학설은 중세 유럽의 도시형성의 영향을 받아 대두되었다. 이 학설의 핵심은, 지방자치권은 국가와 관계없이 인간이 태어나면서부터 천부의 인권을 갖는 것과 마찬가지로 지방자치단체는 고유한 권리를 갖는다는 자연법 사상과 역사적으로 국가가 형성되기 전부터 지방이 먼저 존재하였다는 유럽의 역사적 경험에서 기인하는 것으로 본다. 근대적 의미에서의 국민국가가 성립되기 전에 지방이 있었고, 지방이 필요하여 국가를 성립시켰기 때문에 국가로부터 자치단체가 권리를 부여받은 것이 아니고 국가가 지방으로부터 권리를 인수하였다는 것이다. 즉, 지방에는 고유한 지방자치권이 원래 있다는 것이다. 지방분권사상에 의하면 자치단체는 국가 내의 소국가적 지위를 갖게 되며, 중세 유럽 제국의 지방단체가 향유했던 봉건적 특권이나 자치도시의 지방권, 오늘날 스위스와 같은 연방국가의 주가 누리고 있는 준주권적 권능을 가지게 된다.

> key concept
>
> **– 자치구역 –**
>
> 자치단체의 자치권이 미치는 지역적 범위를 의미하며, 대체적으로 공동사회를 토대로 한다.
>
> **– 행정구역 –**
>
> 행정상의 편의나 특정한 행정기능을 관리하기 위하여 설정한 인위적 지역단위이다.

즉, 지방자치 고유권설에서 중세 유럽의 자연법(Natural Law)의 특징은 다음과 같다. 첫째는, 중세 유럽의 자연법은 보편적이고 모든 사람에게 적용되는 법이라고 여겨졌다. 이 법은 인간의 본성, 이성과 정의에 기반을 두고 있으며, 모든 사람에게 동등하게 적용되어야 한다는 원칙을 강조한다. 둘째는, 중세 유럽의 자연법은 인간의 본성과 이성에 내재된 원리를 강조. 이러한 원리들은 인간이 태어날 때부터 가지고 있는 것으로 여겨졌으며, 타고난 이성과 감정에 의해 인간의 행동이 지배되어야 한다고 믿었다. 로크의 시민정부론, 루소의 사회계약론 등은 이를 바탕으로 나왔다고 볼 수 있다. 셋째는, 인간의 이성적인 이해와 종교적인 믿음을 결합시키는 경향이 있었다. 이성과 정의의 원리를 통해 신의 법과 인간의 법이 조화롭게 결합되어야 한다고 믿었다. 이러한 중세 유럽의 자연법은 지방자치 고유권설에 영향을 주었고, 이후에 지방자치와 개인의 권리를 강조하는 철학적 기반을 형성하는 데에 영향을 미쳤다.

이러한 지방권 사상은 19세기에서 20세기에 걸쳐 일반적 현상이었던 자연법론의 쇠퇴와 더불어 다른 한편으로는 중앙정부의 절대주의 국가가 대의제 민주정치로 대체됨에 따라 지방권사상에 기초를 둔 고유권설도 점차 퇴조하게 된다.

2) 전래설

근대국가에 있어서의 지방자치는 민족적 통일국가의 성립을 그 전제로 하는 까닭에 국가가 자치단체에게 일정한 지방사무를 이양하여 지방주민 스스로 처리하도록 허용할 때 비로소 가능했던 것이라 할 수 있다. 따라서 자치권은 주권적 통일국가의 통치구조의 일환으로 형성된다는 의미에서 그것은 고유권이 아니라 국법으로 부여된 권리라 할 수 있다. 그러므로 지방자치단체는 국가의 주권적 또는 준주권적 제약에서 완전히 벗어날 수 없다. 전래설 또는 국권설은 주로 헤겔(Hegel)[2]의 영향을 받은 독일의 공법학자들에 의하여 주장되었다.

 key concept

주민

지방자치단체의 구역 안에 주소를 가진 자(지방자치법 제12조)로서 지방자치단체의 인적 구성요소인 동시에 지방자치단체 운영의 주체이다. 자연인 · 법인, 내국인 · 외국인 모두 주소를 가질 수 있으므로 결국 주민은 법인과 외국인까지 포함하는 포괄적 개념이다.

이 학설은 자치권도 국법에 근거를 두고 있으며, 따라서 자치단체는 국가의 창조물이고 자치권은 국가로부터 수여된 권력이라고 보고 있다. 다만 자치권은 국가에 의하여 수여된 전래적 권력이지만 자치단체는 독립적 법인격을 가진 단체로서 자기이익을 위하여 자기권리로서 이 지배권을 행사한다는 것이 대체로 공통된 견해이다.

3) 제도적 보장설

이 학설은 전래설과 같이 자치권이 국가의 통치권에서 나오는 것이라고

2) Hegel(1770~1831): 헤겔의 국가철학의 전개는 자유의 개념에서 출발하고 있으나, 자유로의 시도는 법률을 구성한다는 것이다. 구성요소는 가족, 시민사회, 국가인데 국가는 전체적인 인격체인 것이다. 따라서 Hegel의 국가관에 따르면 개인의 자유는 국가의 이익을 위해서 무시될 수도 있다는 것이다(이동춘 역, 법의 철학, 박영사, 1982).

하면서도 한편으로는 헌법에 지방자치의 규정을 둠으로써 지방자치제도가 보장된다고 주장한다. 그 논거는 독일의 바이마르 헌법을 중심으로 하고 있으며 오늘날의 다수설이 되고 있다. 자치권은 국가의 통치권으로부터 전래된 것으로서 헌법에 규정된 범위 내에서 허용되는 것으로 이해해야 한다. 지방자치단체의 조직·운영에 관한 기본원칙은 헌법에 의하여 제도적으로 보장되고 있기 때문에 지방자치를 실시할 수 있는 것이다.

즉 지방자치의 제도적 보장설은 지방자치에 대한 법률의 유보에서 필연적으로 야기될 입법부의 전권성(全權性)을 억제하여 위험현상에 대처함으로써 지방자치행정을 법률에 의한 침해로부터 보호하려는 것으로서 그 한도 내에서 적극적 의미를 가지게 된다.

우리나라에서도 제도적 장치로서 지방자치제도는 헌법상 자유민주주의 원리(대한민국 헌법 제8장 제117조, 제118조), 권력분립의 원리, 보완의 원리 및 기본권의 보장을 내용으로 하고 있다(김성호: 1994).

일단 지방자치단체에 자치권이 주어진 이상 그것은 지방자치단체의 권리로서 지방자치단체는 그의 의사에 의해서 이를 행사하게 된다는 것이다. 이런 점에서 지방자치단체의 권리보호를 기본으로 하고 있다. 제도적 보장설

인물탐구

헤겔(Hegel, Georg Wilhelm Friedrich): 1770.8.27~1831.11.14, 독일의 철학자

칸트 철학을 계승한 독일 관념론의 대성자이다. 18세기의 합리주의적 계몽사상의 한계를 통찰하고 '역사'가 지니는 의미에 눈을 돌린 데 의미가 있다. 또한 모든 사물의 전개(展開)를 정(正)·반(反)·합(合)의 3단계로 나누는 변증법(辨證法)은 그의 논리학과 철학의 핵심이다. 슈투트가르트 출생. 뷔르템베르크 공국의 재무관 아들로 1788년 튀빙겐대학교 신학과에 입학 J.C.F.횔데를린 및 F.W.셸링과 교우하였다. 졸업 후 7년간 베른·프랑크푸르트에서 가정교사를 한 뒤 1801년 예나로 옮겨 예나대학교 강사가 되었다.

처음에는 이미 예나대학의 교수로 활약 중이던 셸링의 사상에 동조하여 잇달아 논문을 발표하였으나, 차차 셸링적 입장을 벗어나 1807년에 최초의 주저 《정신현상학(精神現象學) Phänomenologie des Geistes》을 내놓아 독자적 입장을 굳혔다. 이 무렵 나폴레옹군의 침공으로 예나대학이 폐쇄되자 밤베르크로 가서 신문 편집에 종사하였으며, 이어 뉘른베르크의 김나지움 교장이 되었고, 이곳에서 둘째 주저 《논리학 Wissenschaft der Logik》(1812~1816)을 저술하였다. 1816년 하이델베르크대학 교수로 취임, 그 동안 《엔치클로페디 Enzyklopädie der Philosophischen Wissenschaften im Grundrisse》(1817)를 발표하였으며, 1818년에는 프로이센 정부의 초청으로 베를린대학 교수가 되었고 곧 마지막 주저 《법철학 강요 Grundlinien der Philosophie des Rechts》(1821)를 내놓았다.

헤겔은 이러한 근본사상을 바탕으로 장대한 철학체계를 수립하였는데 그 체계는 논리학·자연철학·정신철학의 3부로 되었으며, 이 전체계를 일관하는 방법이 모든 사물의 전개(展開)를 정(正)·반(反)·합(合)의 3단계로 나누는 변증법(辨證法)이었다. 헤겔에 의하면 정신이야말로 절대자이며 반면 자연은 절대자가 자기를 외화(外化)한 것에 불과하다. 그리고 논리학에서는 자연 및 정신에 대하여 고루 타당한 규정이 다루어졌다. 그의 철학은 그 관념론적 형이상학으로 인하여 많은 비판과 반발을 받기도 하였지만, 역사를 중시하였다는 점에서는 19세기 역사주의적 경향의 첫걸음을 내디딘 것으로 평가할 수 있으며, 또 변증법이라는 사상으로도 후세에 다대한 의의를 가진다 하겠다(다음백과 일부요약 2021.07.02).

인물탐구

칼 슈미트(Carl Schmitt): 1888~1985, 독일의 정치학자, 공법학자

1888년 독일 플레텐베르크에서 출생. 바이마르 공화국시대부터 그라이프스발트(1921), 본(1922), 베를린 상과대학(1928), 쾰른(1933), 베를린(1933~1945)대학 교수를 역임. 그동안 그의 일관된 지적 작업은 시민적 민주주의의 정치적·법적인 개념과 범주에 대하 논쟁적인 해명과 아울러 생명없는 규범주의에 대한 파괴로 향하였다. 가톨릭의 입장에서 사상사적인 배경 아래 예리한 통찰력과 유려한 필치로 시민적 법치국가의 가면을 벗기는 그의 명석한 두뇌는 가히 악마적이라고 할 정도이다. 나치스에 협력한 죄과 때문에 제2차 대전 후에는 대학에서 추방되고 고향에서 은둔생활을 하다가 1985년 그곳에서 작고하였다(김효전 역, 헌법의 수호자).

은 19C 근대국가의 특질을 중성국가론으로 주장한 독일의 칼 슈미트(Carl Schmitt)에 의해 확립되었다.

우리나라 헌법에서도 제8장(제117조, 제118조)을 지방자치의 장(章)으로 제도적으로 지방자치를 보장하고 있다.

2. 지방자치 형태의 두 계보

 key concept

– 단체자치 –
국가로부터 상대적으로 독립한 지방 정부가 국가의 간섭을 받지 않고 자치를 행한다는 유럽 대륙형 모델

– 주민자치 –
지역사회의 정치와 행정을 그 지역 주민이 자신의 책임 아래 스스로 처리한다는 영국식 모델

위에서 언급한 바와 같이 지방자치 출발의 역사적 다원성은 유럽에서 성립된 지방자치제도의 초기발전의 행태에 많은 영향을 주었다. 이러한 차이는 정치적으로 민주주의적인 국가를 형성하는 과정에서 각국이 처한 사회적·경제적 환경의 차이에 의해 연유한다. 하나는 영국을 중심으로 발전한 직접민주주의 정신을 강조하는 주민자치이고, 다른 하나는 프랑스·독일을 중심으로 발전한 간접민주주의 정신을 강조하는 단체자치이다. 주민자치는 자치단체와 주민과의 관계, 즉 지방행정에의 주민참여에 중점을 두고 발전된 자치제도인데 비하여, 단체자치는 중앙정부와 지방 간의 관계 등에 중점을 두고 발전된 자치제도이다.

그러나, 오늘날 지방자치제도는 각 나라의 사회문화적 특수성과 현실적 요소를 감안하여 주민자치와 단체자치의 개념의 절충과 양자의 장·단점의 결합 위에 성립되는 것이 보통이며 분리되어 인식되고 있지는 않다.

1) 단체자치와 주민자치

(1) 단체자치

프로이센과 나폴레옹 이후의 국가권력으로부터 지방자치를 보는 시각에

서 주로 강조한다.

단체자치는 법률적 의미의 자치라고도 하는데, 이는 국가로부터 독립한 지방자치단체에 의한 자치라는 뜻이다. 즉, 국가와는 별개의 법인격을 갖는 지방자치단체의 존재를 인정하고, 지방적 사무는 가능한 한 국가의 관여 없이 국가로부터 권한이 부여된 단체(Authority)로 하여금 처리하게 하는 방식이다. 국가가 통치권을 가지고 있는 것과 같이 지방자치단체도 국가에서 독립된 공법인으로서 자치권을 갖고 있어, 이를 토대로 지방자치단체가 자주적으로 그 의사를 결정하고 그것을 실현하는 형태의 자치를 단체자치라고 하는 것이다.

(2) 주민자치

중세유럽의 자연법적 사상에 영향을 강하게 받은 경향에서 주로 강조한다.

주민자치는 정치적 자치라고도 하는데, 지방의 사무를 그 지방의 주민에 의해서 처리하는 형태를 말한다. 이 때 주민은 대표자를 선출하여 이들에게 행정처리를 맡기거나 특정한 문제에 대해서는 직접 스스로의 의사를 실현시키기도 한다. 주민의 참여에 의해서 자치사무를 처리한다는 측면에서 지방자치의 의의를 찾는 것이 주민자치이다(self-government).

(3) 주민자치와 단체자치의 비교

이상에서 살펴 본 주민자치와 단체자치의 개념적인 차이는 <표 1-1>과 같이 정리해 볼 수 있다.

〈표 1-1〉 주민자치와 단체자치의 비교

구 분	주 민 자 치	단 체 자 치
○ 자치의 의미	• 정치적 의미	• 법률적 의미
○ 자치권 인정주체(학설)	• 주민	• 중앙정부
○ 중시하는 권리	• 주민의 권리	• 자치단체의 권능
○ 자치단체의 지위	• 단일적 성격(주민대표기관)	• 이중적 성격(중앙대리기관, 주민대표기관)
○ 국가·자치사무의 구분	• 미 구분(불문법적 특성)	• 엄격한 구분(법률적 열거주의)

2) 절충적 시각

> **Focus On**
> **주민자치의 실현**
> 풀뿌리 민주주의, 주민의, 주민에 의한, 주민을 위한 정치, 정치 참여 기회의 확대(대의제의 문제점 보완), 지방자치의 또 하나의 본질은 지방자치단체의 정책 결정 및 집행 과정에 되도록 많은 주민의 참여 기회를 확대시킴으로써 앞으로 결정 및 집행된 정책에 대한 저항감을 축소시키고 한 걸음 더 나아가서 지방자치단체의 지지기반을 확충함으로써 궁극적으로는 그 나라의 정치적 사회적 안정에 공헌하는 것으로 이해할 수 있다.

지방자치를 구현하는 데 있어서 주민자치는 주민 각자에게 자치능력이 있고 그 능력을 기반으로 하는 지방자치가 기본요건이 되어 한 나라의 민주주의가 구현되는 것으로 파악하는 데 비하여, 단체자치는 자치단체가 독자적인 자주재원을 가지고 국가로부터의 통제·감독을 되도록 벗어나 행정을 수행하는 것으로 인식된다. 프랑스에서도 '80년대 이후 중앙정부의 권한이 각급 지방자치단체로 대폭 이양되고 지방자치단체에 대한 중앙정부의 권력적 통제와 사전승인제를 모두 폐지시켰다.

즉 오늘날에 와서는 대부분의 선진국가에서는 주민자치나 단체자치 모두 중요하기 때문에 분리해서 생각할 수 없게 되었다. 중앙정부로부터 자치권이 보장되는 지방자치단체가 없이는 주민자치도 있을 수 없고 아무리 단체자치가 보장되어 있다고 해도 실제로 지방자치단체에서 주민의 참여 없이는 실질적인 지방자치가 이루어질 수 없기 때문이다.

[그림 1-1] 단체자치와 주민자치 융합

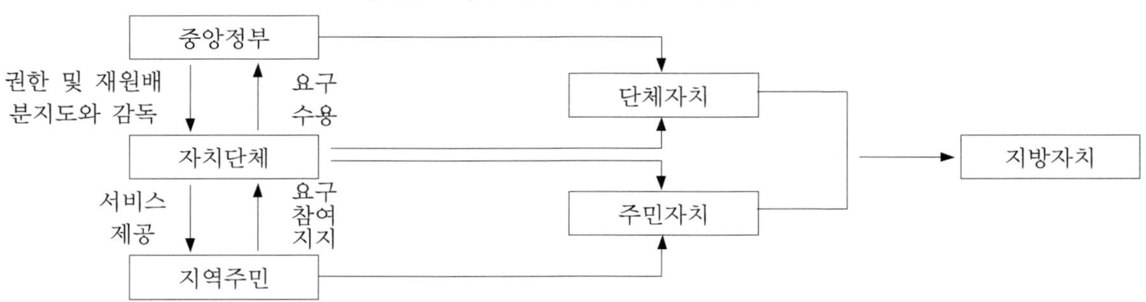

3) 우리나라에서의 절충적 시각의 수립

> **key concept**
> **분권화**
> 지방자치를 통하여 중앙의 지시에 의한 획일적인 행정을 지방자치단체의 자치사무에 관한 한 차단하고, 그 범위내에서 지방적인 행정단위를 중앙과 병존하는 의사결정의 중심체를 형성케 함을 의미한다.

한국의 정치·행정문화는 오랫동안 중앙집권적 형태를 취하여 온 역사적 토대로 인해 1948년 정부수립 이후 지방자치단체가 단체자치의 성격을 갖추고 있다. 그러므로 지방자치의 효과를 기대하려면 중앙정부가 갖고 있는 권한(재정, 인사, 정책결정, 재량 등)을 지방정부에 대폭 이양할 필요가 있다. 즉 자치권능, 기능배분, 접근성 등의 측면에서 중앙정부가 지방정부의 자율성을 인정할 때에 비로소 주민자치 효과를 거둘 수 있을 것이다(박흥식: 1992).

지방자치는 대외적 자율성과 대내적 민주성을 지방자치라는 메카니즘으로 담아낼 수 있을 때 가능해진다. 중앙정부에 대한 지방정부의 자율성과 지방내 정치과정의 민주화가 동시에 작용해야 한다. 현대국가에서의 안정적인 권력구조는 수평적 삼권분립(입법 · 행정 · 사법)과 수직적(연방 · 지방) 분립을 전제로 할 때 가능하다. 수직적 분립은 지방자치를 의미한다. 이를 위하여 우리나라에서는 30여 년 동안 중단되었던 지방의회선거(1991)와 단체장 선거(1995)가 부활되었다. 초기에는 단체자치요소가 강했으나 2003년도 등장한 참여정부 이후부터는 주민자치요소도 강조되고 있다.

균형잡힌 지방자치는 지방정부, 중앙정부 그리고 주민이 공동의 목표를 성취해 나가는 상호간의 기능분담이며 협조과정이라고 봐야 한다(최창호: 1988). 즉, 밀(John S. Mill)이 이야기하는 권력의 분산, 지식의 집중이 국가와 지방 간의 관계로 형성되어야 한다(정세욱: 2002). 다음의 [그림 1-2]는 주민을 중심으로 하는 지방자치의 모습을 나타내고 있다.

인물탐구

밀(John Stuart Mill): 1806.5.20 런던~1873.5.8 프랑스 아비뇽, 영국의 철학자, 경제학자

19세기 개혁 시대에 시사평론가로 이름이 높았다. 논리학자이자 윤리학 이론가로서 지속적인 관심의 대상이 되고 있다. 밀은 극도로 단순한 생활방식을 고집한 인물이었다. 그의 저작이 당대의 영국 사상에 끼친 영향을 과대평가해서는 안 되지만, 당시의 중요 문제를 다룬 그의 자유분방한 탐구정신을 높이 평가하는 데는 논란의 여지가 없다. 그러나 밀이 남긴 철학의 장점에 대해서는 서로 다른 여러 평가가 있다. 밀의 저술은 아주 명석한 철학자의 면모를 보여주지만 다른 한편 지성의 폭이 다소 좁다는 한계도 보여준다.

밀의 철학은 아직까지도 철학 논쟁의 대상이 되고 있다. 그 이유는 무엇보다 밀의 철학이 진지한 인간정신에 대해 강한 호소력을 갖는다는 점과 더불어 특정 경향의 철학을 구현하고 있기 때문이다. 그 철학은 곧 공리주의이다. 그러나 밀의 저서에서는 간혹 공리주의에 정면으로 반대되는 구절이 나타나기도 한다. 밀을 흔히 경험주의자라고 이야기하지만 밀의 수학이론은 경험주의적 사고가 숙명적으로 처할 수밖에 없는 귀결들을 제시하는 데 이용되고 있다. 뿐만 아니라 밀이 벤담과 아버지 제임스 밀에게서 공리주의를 물려받아 당시에 제기된 비판에 대응해 수정했다고 보는 것도 정확하지 않다. 밀이 공리주의자의 인상을 주는 것은 사실이지만 밀은 벤담과 자신을 분명히 구별짓는다. 그렇기 때문에 어떤 중요한 철학주제에서도 밀의 위치를 정확히 규정하는 일은 힘들다. 때로는 공리주의자라기보다 분별력없는 결론을 내놓은 낭만주의자처럼 보이기도 한다. 분명 밀은 어떤 종류이든 생명력있는 사상 조류를 수용하는 일을 게을리하지 않은 낭만주의자였다는 점에서 그의 시대를 대표한다. 밀은 자신이 당대에 가장 뛰어난 지성과 개방적인 태도를 가진 인물이라고 자부했지만, 사실 그의 저작에는 19세기 초반의 온갖 사상 경향의 흔적이 뚜렷이 남아 있다(다음백과 일부요약 2021.07.02).

[그림 1-2] 지방자치와 주민참여

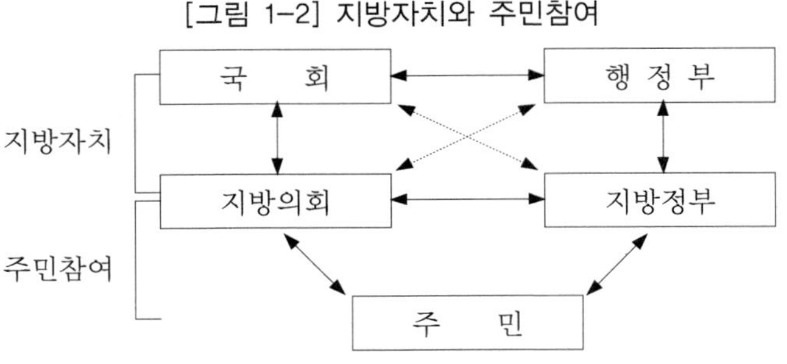

제3절 지방자치 이론의 탄생 및 경향

1. A. Tocquville의 지방자치에 대한 이해[3)]

토크빌의 유명한 저서인 '미국의 민주주의(1830, 1831)'는 동시대에 활동했던 J. S. Mill에 의해 유명해졌다고도 과언이 아니다. 19세기 중반까지 활동한 영국의 사회철학자인 J. S. Mill은 아마도 그 시대에서 가장 영향력있고 심지어는 지금까지도 큰 영향력을 미치고 있는 위대한 학자라고 볼 수 있다. 정치학이나 행정학, 특히 지방자치분야에서 빼놓지 않고 등장하는 칼 맑스, 벤담과도 교류가 있었던 밀(J. S. Mill)이지만 토크빌(Alexis de Tocquville, 1805~1859)과도 깊은 교유관계를 가지고 있었다. "특히 밀은 토크빌의 「미국의 민주주의」(American Democracy, 1835~1840)에서 미국 민주주의의 긍정적인 측면과 부정적인 측면을 분석한 점에 깊이 공감하고 「런던 앤 웨스트민스터 리뷰」(London and Westminster Review)에 장문의 서평을 썼다. 긍정적인 면은 첫째, 다수자에게 선을 초래하고, 둘째, 인민이 민주주의에 기꺼이 복종하고 애착을 가지며, 셋째, 민주주의가 인민을 위해 기능할 뿐만 아니라 인민에 의해 비로소 가능하기 때문에 대중의 지성이 필요하며 그러한 대중의 지성을 더욱더 향상시킨다는 점에서 다른 어떤 국가보다 우수하다는 점이다. 반대로 부정적인 면은 첫째, 민주주의에 의해 결정된 정책이 경솔하고 근시안적이며, 둘째, 민주주의가 초래한 다수자의 이익은 반드시 전체의 이익이 아니라, 다수자에 의한 통치는 소수자에게 권력을 남용하는 경향이 있다는 점이다. 밀은 「자서전」 7장에서 자신의 민주주의에 대

3) 임승빈(2019).

한 이해가 토크빌의 「미국의 민주주의」를 읽고 난 뒤에 근본적으로 바뀌었다고 말했다. 이는 바로 토크빌이 지적한 민주주의의 타락인 전체주의화에 대한 경고였다. 토크빌은 그 전체주의 중앙집권화의 진전에 의해 생기는데, 이를 막으려면 국가와 개인을 매개하는 중간 제도가 결정적으로 중요하다고 했다. 밀은 토크빌의 책을 읽기 전까지는 지방자치단체라고 하는 소수의 지방유지 집단의 이권주의에 의해, 영국에 필요불가결한 개척이 좌절되는 것을 목격하고 지방자치를 불신했으나, 토크빌의 책을 읽고서는 그런 지방자치라도 국가의 전면적 중앙집권화에 대해서는 최소한의 방어 기능이 있음을 알게 되었다. 그래서 그 뒤로 밀은 종래와 같은 지방자치단체의 축소를 주장하지 않고, 지방자치단체의 개혁을 주장하게 되었다."(박홍규, J. S. Mill 자유론 306쪽 인용)라고 언급할 정도로 밀은 지방자치를 중앙권력을 다름아닌 중앙집권으로 보고 이에 대한 통제를 위한 지방자치를 강조한 점은 역시 그가 그의 저서 「자유론」(On Liberty, 1859)에서 일관되게 주장한 자유주의 사상에 기반한 것이라고 볼 수있다.

2. J. S. Mill의 지방자치에 대한 이해

존 스튜어트 밀은 그의 「자유론(On Liberty)」에서 지방자치의 중요성을 다음과 같이 주장하고 있다. "지방자치는 뉴잉글랜드에서와 같이, 직접적인 이해관계를 갖는 사람들에게 맡기지 않는 편이 좋은 모든 사무를, 그 지역 주민이 선출하는 개별 공무원에게 세분하여 부과시키는 것이 좋다. 그러나 이것만으로는 충분하지 못하고 지방사무를 맡는 각 부서에는 중앙의 감독기관을 두어 그들로 하여금 중앙 부처의 지부 구성을 하게 할 필요가 있다. 이러한 감독기관은, 모든 지방의 공공업무 분야의 일에서 또한 여러 외국에서 행해지는 모든 유사한 일에서, 그리고 정치학의 일반 원리에서 각각 추출할 수 있는 여러 가지 정보와 경험을, 마치 초점을 맞추듯이 하나의 점에 집중시키는 역할을 하게 해주어야 한다. 또한 그 기관은 사회에서 행해지는 모든 것을 알 권리를 가져야 하고, 특히 중대한 임무는 어느 하나의 지방에서 얻은 지식을 다른 여러 지방에서 이용하도록 해야 한다. 따라서 그 기관은 모든 것을 내려다볼 수 있는 높은 위치를 차지하며, 관할 범위가 광범하고도 포괄적이기 때문에, 지방기관에서 보는 바와 같은 사소한 관견이나 단견을 가질 수 없고, 기관이 내리는 충고는 자연스레 커다란 권위를 갖게 된다.

그러나 영속적인 제도로서 이 기관이 갖는 실제 권력은, 지방공무원을 지도하기 위해 제정된 법에 그들을 강제하여 복종시키는 것에 한정되어야 한다고 생각한다. 그리고 일반 규칙에 의해 제정되어 있지 않은 모든 사항에 대해서는, 지방 공무원이 그 선거권자에 대한 책임에 근거하여 자신의 판단에 따르도록 허용되어야 한다. 그들은 규칙을 어기면, 법의 제재를 받아야 하고, 규칙 자체는 입법부에 의해 제정되어야 한다. 중앙부처는 오로지 그러한 규칙의 집행을 감독하고, 만일 그것이 정당하게 실시되지 않으면 사정에 따라 법원에 제소하여 법을 적용하거나 선거민에 호소하여 법에 의거해 일반규칙을 실시하지 않은 공무원을 파면하게 한다. 구빈법위원회(Poor Law Board)가 전국적으로 구빈세 징수자들에게 실시하려 한 중앙감독제는 대체로 그런 것이었다. 일부 지방만이 아니라, 전국적으로 막대한 영향을 미치는 사항에 대해 부패의 악폐가 뿌리 깊어 사정이 절실하게 요구되는 특별한 경우, 위원회가 한계를 넘어 어떤 권력을 행사한다고 해도, 그것은 모두 필요하고 정당한 것으로 간주된다.

왜냐하면 어떤 지방이라도 부패하여 그 지방을 빈민 소굴로 만들고, 따라서 빈민들이 다른 여러 지방으로 반드시 흘러 들어가지 않을 수 없게 함으로써 전국 노동사회의 정신적·육체적 상태에 손해를 끼칠 수 있는 도덕적 권리를 갖지 못하기 때문이다.

구빈법 위원회가 갖는 행정적 강제권과 그것에 따른 입법권(그러나 권력은 이 문제에 대한 중대성을 갖는 국가적 이해관계가 있는 경우에는 완전히 정당화될 수 있다고 해도, 순전히 지방적인 이해관계에 대한 감독의 경우에는 전혀 정당하지 않다. 그러나 모든 지방을 위해 정보와 지도를 제공하는 중앙부처의 기관은 행정의 모든 부분에 똑같이 유효한 존재가 된다." (박홍규 번역, J. S. Mill의 자유론, 278쪽 인용). 이상 밀의 지방자치에 대한 이해를 장황하게 인용했지만 그의 주장의 핵심은 중앙정부가 됐든 지방정부가 됐든 독자적으로 갖게 되는 절대적 권력에 대한 통제의 중요성을 말했으며 입법부의 중요성을 강조하면서 집행부가 할일은 대리인적 역할이라는 점을 강하게 주장하고 있다. 이러한 밀의 주장은 정치와 행정을 2원화로 보는 W.Wilson의 행정의 연구보다 40여년 앞서는 것이었고 당시 사회경제적으로도 미국에 비해 선진국이었던 영국에서의 정치와 행정의 관계설정은 분명히 미국에도 큰 영향을 미쳤을 것이다. 이러한 밀의 지방자치에 대한 이해는 영국의 지방자치제도를 형성하는 데에 큰 기여를 했을 뿐만이 아니라 이후 여러 나라들의 제도적 틀의 형성에 기여했다.

3. 정책오차와 공공선택론의 강조

근대적 의미에서의 지방자치의 시작이 언제부터인지 또한 과연 의도해서 지금의 지방자치가 만들어졌는지에 대한 논의는 미국의 1620년 메이플라워 조약에 대한 해석의 차이부터 시작된다고 해도 과언이 아니다. 또한, 임승빈 외(2016)[4]는 현실적인 상황을 고려하여 모든 자치단체들에게 동등한 권한을 부여하기보다는 해당 지역의 행정수요의 특성을 고려하여 분권수준을 다양화가 필요하다는 논의의 배경에는 지방자치를 실시하면 정책오차의 이중성, 공공선택이 가능하다는 주장이 깔려있는 것이다.

첫째, 지방자치를 실시하면 정책오차를 최소화시킬 수 있다. 가설로부터 시작한 정책은 불확실성이 따르게 되며, 불확실성 하에서 정책적 개입을 통한 인간의 문제해결 노력은 오차를 수반하게 마련이다. 정책은 그 결과를 확인하기 전에 결정되어야 하므로 필연적으로 잘못될 가능성(fallibility), 즉 정책오차(policy error)의 가능성을 내포하므로, 정책을 통해 의도했던 결과뿐 아니라 의도하지 않았던 결과도 나타나게 된다(심준섭, 2006). 정책오차는 정책의 원래 의도에서 벗어난 바람직하지 못한 귀결로서 거짓부정(false nagative)과 거짓긍정(false positive) 효과의 합으로 개념화된다.

즉, 지방자치는 지역주민의 행정수요에 대한 행정의 대응성, 능률성, 효율성 등을 제고하는 것이 궁극적인 목적이다. 예를 들어 중앙정부가 정책결정, 집행 등의 권한을 배분한 것에 관한 가설을 설정하고, 이 가설을 기반으로 지방자치를 일률적으로 제도화 한다면 정책오차의 가능성을 낳을 수 있다. 따라서 정책오차 감소 및 수정을 위해 오차에 대한 분석, 정책결정의 다원화가 필요하며 바로 이것이 지방자치단체에게 정책결정과 집행의 권한을 부여하여야 하는 논리이다. 예를 들어, 한국의 현행 법상으로 인구 50만 이상의 대도시의 경우 특례를 허용하지만 이들 인구 50만 이상의 도시들에서도 지역의 특성 및 행정수요가 모두 다름에도 불구하고 동일한 수준의 특례를 획일적으로 적용하는 것은 정책오류를 가져다 줄 수 있다는 것이다. 이러한 문제점을 개선하기 위하여 2022년도부터는 '지방자치법 전면개정'에 의해 100만 이상 특례시가 실시되었다. 즉 지역의 특성, 즉 "행정수요의 특성을 고려하지 않은 특례의 적용은 필요 한 권한이 이양되지 않는 오류

> **참고자료**
>
> **신 지방분권**
>
> 상급단체의 감독완화, 지방재정개혁, 자치단체의 권리보장을 강조한 것으로 (신)중앙집권의 폐해를 인식함으로써 이를 극복하기 위하여 중앙통제의 완화, 지방정부의 자율성의 증대 등을 확보하기 위한 현대적 경향을 말한다. 즉, 집권적인 성향이 강한 대륙의 프랑스 등에서 정보화, 국제화, 도시화, 지역 불균형화 등으로 나타났다. 신 중앙집권의 불가피성을 인정하면서도 그에 내재하는 문제점에 대처하기 위한 새로운 관점의 지방분권으로서, 국가와 자치단체를 협력·공존의 병립적 체계로 파악하여, 중앙집권(효율성)과 지방분권(민주성)이 갖고 있는 이점을 동시에 충족하려는 보다 적극적인 지방자치이다.

4) 임승빈 외(2016), 「고양시 인구증가에 따른 행정수요 예측과 대응방안」, 고양지식정보산업진흥원.

메이플라워 서약(May Flower's Compact)의 배경과 뒷얘기들

1620년 9월 16일 영국의 청교도인 35명, 비청교도인 66명(101명)과 선원 약 30여명이 잉글랜드 남서부 플리머스에서 '메이플라워호(Mayflower)'를 타고 종교의 자유를 찾아서 신대륙(북아메리카) 영국인들이 이미 정착하고 있는 버지니아를 목표로 떠났다. 그들은 험한 대서양을 선상의 질병으로 시달리면서 66일간의 어려운 항해를 거쳐, 1620년 12월 매사추세츠 주(州) 보스턴(Boston) 외곽 항구인 플리머스(Plymouth)에 상륙한 이들은 반수 이상이 추위와 괴혈병으로 사망했다. 그러나 인디언에게서 옥수수 재배법을 배워 최초의 혹독한 겨울을 타개해 나갔다. 이것을 기념하여 추수감사절 행사가 시작되었다고 한다. 메이플라워호를 타고 온 사람들은 매사추세츠에 도착하기 전에 그 배에서 소위 메이플라워 서약을 체결하여, 질서와 안녕을 유지하기 위해 스스로 하나의 시민정치체를 만들고 필요한 법률과 공직을 제정하여 이에 복종한다는 것을 서약하였다. 이러한 식민지의회의 설치와 자치체의 형성은 그 뒤에 건설된 다른 식민지에도 도입되었다. 메이플라워 서약은 대략 다음의 내용으로서, 신분을 따지지 않고 살아남은 성인 남성 41명이 서명을 하였다. 원본은 사라졌지만 필사본에 따르면 "영국 국왕에 충성을 다하며, 아메리카 대륙에 식민지를 건설할 것을 기약하고, 자치사회를 형성하여 질서와 안전을 도모하며, 평등한 법률을 만들어 관제를 정한 다음, 여기에 종속할 것을 맹세한다" 등의 내용으로서 자치와 미국의 민주주의의 기초를 만들었다(출처: 위키백과, 2017년 7월 25일 검색). 반면에 ≪다시 읽는 미국사≫(손영호, 2011. 서울: 교보문고, 26쪽) 등의 저서에서는 메이플라워호에 승선했던 101명 모두가 청교도가 아니었으며 종교적 박해 때문에 승선한 것도 아니고 여러 가지 이유로 인하여 신대륙을 향했다는 비판도 있다. 그러나 상륙 직전에 생사를 같이 했던 청교도이든 아니든 또는 영국에서의 신분이 귀족이든 평민이든 배 안에서 맺은 이들 41명의 '메이플라워 서약'은 명분적으로는 후대의 미국 민주주의 역사에 다수의 자유 의지에 의한 정부의 설립을 최초로 약정(compact)한 것으로서, 미국 헌법정신과 미국 지방자치의 기원이라고 감히 평가할 만하다.

메이플라워 서약 문구를 새겨 넣은 비석. Plymouth Pilgrim Hall Museum 정문 앞. 2017년 7월 26일 저자 촬영.

와, 필요하지 않은 권한이 이양되는 정책오류를 범하게 된다. 또한 이렇게 필연적으로 발생하는 오류를 해소하기 위해서 인구규모를 단일 기준으로 적용하여 특례를 조정하는 것은 정책오차의 수정에 근본적인 해결책이 되지 못한다고 주장"을 반영한 것이다(임승빈 외, 2016). 공공서비스의 효율적인 공급을 위한 행정권한의 기준은 인구규모가 아니라, 행정수요에 있으며 행정수요에 따라 분야별로 차등적인 정책권한을 가지고 차등적인 공공서비스를 제공하도록 중앙정부의 권한이양이 보다 적극적으로 이뤄지는 것이 국가 전체적으로 효율적이라는 주장이다.

둘째, 소비자인 주민의 **공공선택권이 보다 자유로울 수 있다**. 공공선택론은 경제학적인 분석도구를 국가이론 등의 연구에 적용한 이론이다. 공공선택론에서는 정부를 공공재의 생산자라고 규정하고, 시민은 공공재의 소비자라고 규정한다. 따라서 공공부문에의 시장경제화 적용을 통해 시민에게로 가는 편익을 보다 극대화할 수 있는 서비스의 생산 및 공급이 가능하다고 본다. 모든 공공서비스를 중앙정부에서 독점적으로 공급하는 전통적인 정부관료제는 시민의 요구에 민감하게 반응을 보일 수 없는 제도적 장치이며, 동시에 조직화된 압력단체들의 영향 하에 공공서비스를 독점적으로 공급하고 소비자인 시민의 선택을 억압한다는 것이다(오석홍, 1979; 이종수 외, 2007에서 재인용). 이러한 이유가 공공서비스의 생산과 공급에서 성과를 높이지 못하게 되는 소위 정부실패의 원인이며, 공공서비스를 제공할 때에 시민 개개인의 선호와 선택을 존중하고, 경쟁을 통해 서비스를 생산하고 공급하게 함으로써 행정의 대응성을 높일 수 있다는 것이다(이종수 외, 2007). 공공선택론적 접근방법은 시민들의 다양한 수요에 민감하게 대응할 수 있는 민주적 제도적 장치를 마련함으로써 민주행정의 구현이란 관점에서 높이 평가되고 있다. 공공선택론의 입장에서 기본 가정은 지역의 주민은 동질의 행정수요를 가지고 있으며, 주변 지역과 완전하게 분절되어 공공서비스 공급에서의 외부효과가 통제되어 있는 것으로 가정한다(임승빈 외, 2016). 따라서 주민들은 합리적인 선택[5]을 위해 인접한 다른 지방자치단체의 공공서비스를 고려하여 항상 자신에게 최대 이익을 제공할 지방자치단체를 선택하고 이주함으로써 이익 극대화의 논리에 맞게 행동하고, 이에 따라 지방자치단체는 공공서비스의 제공에서 다른 지방자치단체와 경쟁한다는 것이다. 행정수요에 따른 행정권한의 부여는 지역의 다양한 기준이 적용되는 것이 효율적이다. Ostrom & Ostrom(1971)은 지방자치단체가 다양한 복합조직제도로 구성되고, 시민들의 지원에 크게 의존되어 있을 때 공공후생의 증진을 위해 더 좋은 성과를 올릴 수 있다고 주장했다. 즉, 공공재 및 공공서비스의 공급은 다양한 의사결정자와 정책참여자에 의해 결정되며, 이들을 보다 효율적이고 합리적으로 공급하기 위해서는 이에 적합한 제도적이고 조직적인 장치가 필요하다고 보고 있다. 이를 위해 특정 관할권 내에서 복수의 거부권을 지닌 다양한 결정권자들 사이에 권한을 분산하거나 다양한 규모의 다수의 중첩적인 관할권을 개발하는 것이 급격한 변동 상황 속에서 인류의 복지를 증진시킬 수 있고 안정적인 질서를 유지하기 위한 필수 조건이라고 보고 있다(이종수 외, 2007). 지방자치단체의 행정권한은

5) 공공선택론에서 시민은 스스로 부담한 세금에 대해서 지방정부로부터 받은 혜택의 양과 질을 항상 극대화시키려는 경제적 합리성을 갖는다(임승빈 외, 2016). 따라서 지방자치단체가 제공하는 공공서비스에 대한 불만족이 주민의 이주결정에 중요한 역할을 미치며, 불만족하는 주민일수록 이주할 가능성이 높다(김서용, 2009).

지역의 행정수요의 특성에 대응하여 차등적으로 부여됨으로써 공공서비스 공급의 효율성이 제고될 수 있다. 즉, 지역의 행정수요 특성을 고려한 분권 수준을 다양화하고 자율적인 자지단체의 공공서비스 간의 경쟁이 보장이 된다면 중앙정부의 자원배분의 비효율을 최소화시킬 수 있다는 것이다.

4. 지방분권화의 개념과 의의

지방분권화의 가치는 이념이나 정치이론에 관계없이 폭넓은 호소력을 지닌 듯하다(Furniss, 1974). 또한 지방분권은 절대적인 개념이 아니라 상대적이다. 분권화는 집권화와 함께 하나의 연속선상에서 이해되는 개념이다. 분권화는 크게 두 가지 측면에서 개념 분류가 가능하다. 첫째는 중앙과 지방 간의 관계에서 의사결정이 어디에서 이루어지고 있느냐 하는 것이다. 중앙집권은 결정권한이 중앙정부에 비교적 많이 유보되고 상대적으로 지방정부가 재량권을 거의 지니지 못하는 경우를 말한다. 지방분권이란 결정권한이 지방정부에 비교적 많이 배분되어 있는 조직형태를 의미한다. 위의 개념으로 중앙과 지방 간의 관계 유형과 변화를 설명하여 왔다. 분권화의 두번째 개념은 특정의 계층을 전혀 언급하지 않은 채 의사결정과 관련된 몇 가지 속성에 비추어 분권화를 파악하는 것이다. 즉 의사결정에 참여하는 직위의 수나 참여적 의사결정의 영역, 혹은 참여의 정도에 따라 분권화를 가늠하는 것이다.

예컨대, 지방수준에서 정책결정시 지방정치인과 행정 엘리트들이 지방정부의 정책결정에 어느 정도 관련되어 있는지 또는 어떠한 방식으로, 얼마나 많은 행동을 하는지 하는 문제들이다.

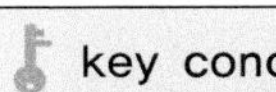

분권화의 유형

- 행정상의 유형: 조직상·하간의 권한집중과 위임정도를 말한다.
- 자치상의 유형: 중앙정부에의 권한집중인 중앙집권과 지방정부로의 권한분산인 지방분권의 개념을 말한다.

분권화는 국가의 의사결정권이 하나의 정치조직에 집중되지 아니하고 수직적인 관계에 있는 각 정치단위에 분산되어 있는 정치조직원리이다. 분권화된 정치 시스템은 권력을 하나의 극에 집중시키지 아니하고 여러 단계의 정치단위에 분점시키는 수직적 권력분점의 원리를 말하는 것이다. 즉, 중앙정부와 지방정부 간의 역할 분담에 있어서 지방정부에게 역할의 중점이 주어지도록 하는 정부 간 역할배분의 원리를 의미한다(이승종: 2004). 분권의 논리는 권력의 분점을 통하여 중앙과 기능의 분화를 전제로 하여 다양한 생활의 욕구를 충족시키면서도 전체로서 국가의 통합성을 유지하기 위한 국가권력시스템으로 등장했다. 중앙집권적인 권력체계가 요구하는 획일성 대신에 분권적인 정치시스템은 구성원들의 생활욕구의 다양성을 충족하는 것을 중요한 목표로 한다. 기계적이고 외형적인 통제중심의 양적인 성과보다는 개별화된 욕구의 충족을 중요시하는 질적인 만족을 요구하게 된다. 이 점에서 분권화는 구체적인 생활의 정치질서에 보다 부합하는 것이라고 볼 수 있다(임승빈 외: 2003). 지방 분권화의 논리는 증대된 국가기능을 여러 정치단위에 분산시킴으로써 분업을 통한 효율성의 증대를 위한 것이며, 다양한 정치실험을 통한 구성원의 학습기회를 제공하며, 보다 나은 해결책을 모색해 나가는 정치과정이다.

그러나 지방분권화의 의의가 정치적인 면에서만 있는 것은 아니다. 경제적으로 지방분권화는 지방공공서비스에 대한 수요가 표출되고, 공공재가 공급되는 데 있어 효율성을 향상시킨다. 지역사회의 정책결정에 관한 시장경제 모형은 여러 공공재들 가운데 소비자 선택의 범위를 확대시키는 수단으로서 지방분권화를 이해하고 있다. 지역주민의 거주장소에 관한 선택은 개개인의 가치와 집단적인 복지의 실현에 기여하게 된다. 또한 지방분권화는 비용을 감소시키고 산출결과를 개선시키며 인적자원을 보다 효과적으로 활용할 수 있게 한다고 주장된다(B. C. Smith, 김익식 역: 2004).

5. 차등분권

차등분권은 일반적으로 지방분권을 의미하되, 방법론적으로 획일적 지방분권에 대비되는 의미를 가지고 있다. 지방분권은 다양한 견해가 존재함에도 불구하고, 중앙정부가 지방자치단체에 권한을 이양하는 것뿐만 아니라 지방자치단체가 중앙정부의 간섭과 통제를 받지 않거나 통제에 대한 염려 없이 그러한 권한을 행사할 수 있는 정도를 의미한다(홍준현 외, 2006; 금창호, 2014 재인용). 2000년대에 들어와 세계 주요 선진국들은 모든 지방자치단체에 해당 권한을 이양하는 획일적 분권방식을 지양하고 자치단체의 정책성과, 행·재정능력, 정책의지 등을 고려하여 권한이양의 정도를 달리하는 소위 지방자치단체에 대한 차등적 분권제도를 도입하여 추진하고 있다(하혜수, 2004). 일반적으로 도시 규모가 커져 광역자치단체와 유사한 규모가 되면 광역단체의 지도·감독이 문제가 되며, 이에 따른 사무를 배분하여 처리할 수 있도록 하는 차등적 분권화 제도 필요성이 대두된다(이규환 외, 2004). 분권화는 대도시 행정체계의 자율성을 강화하여 경쟁력을 제고하고, 도시의 규모에 걸맞는 자율적인 권한을 인정함으로써 국가경쟁력을 확보하며, 도 및 중앙정부와 대도시 간의 관계나, 갈등해소로 행정효율성을 제고하기 위하여 필요하다. 또한 대도시들의 광역시 승격요구를 완화하고 인구규모에 부응하는 사무수행상의 특례를 인정함으로써 효율적인 행정을 도모할 수 있다. 현재 우리나라는 차등적 분권화를 고려하여 대도시 행정제도 내에서 광역적 처리가 요구되는 사무를 제외하고 일부 사무에 대해 특례시로의 일부 권한 이양 방식을 택하여 부분적으로 차등분권이 적용되어 왔다. 차등분권의 적용 대상은 제주특별자치도와 기초자치단체로 구분되나 제주특별자치도를 제외하면 대체적으로 인구규모를 기준으로 적용되고 있다. 제주특별자치도를 대상으로 특별지방행정기관의 이양, 자치경찰제도의 도입, 자주재원의 확충특례 등이 해당되고, 일반 기초자치단체를 대상으로 인구 50만명 이상 및 100만명 이상 통합시 행정특례, 100만명 이상 통합시 부단체장 2명 임용, 100만명 이상 통합시 한시기구 설치 및 별도 정원 책정 등이 이에 포함된다. 지방자치법 상이나 그 외의 법령에 의하여 일반시와는 다른 행정제도 및 재정제도상의 특례를 마련하여, 시민의 생활과 관계가 깊은 사무에 관한 권한이나 재원을 광역자치단체로부터 대도시로 이양하여, 대도시행정의 합리적, 능률적인 집행과 시민복지의 향상을 도모한다는 취지의 특례확대안이 이에 해당한다(전주상 외, 2009).

이와 같이 대도시의 차등분권에 대한 논의는 도시행정의 특성에 기초한 현실적인 수요에 근거하고 있다. 행정수요의 양적 증대와 사무의 특성 및 국가경쟁력 강화를 위한 정책적 전략 등 현실적으로 발생되는 대도시의 다양한 수요의 효과적 대응을 위해서는 차등분권이 적절한 대안이라는 논리이다. 하지만 차등분권은 중앙정부의 소극적 지방분권 태도를 지양하고자 하는 목적으로는 단순히 인구규모를 기준으로 우선적으로 실시하는 것도 의미가 있으나, 실질적인 차등분권의 효과를 확보하기 위해서라면, 차등분권의 기준을 단순화하는 방법은 충분한 검토가 필요할 것으로 보인다(금창호, 2014). 현재처럼 인구규모라는 단일기준에 따른 차등분권은 다수 기초자치단체들의 부정적 시각을 강화할 우려뿐만 아니라 실질적으로도 기초자치단체들의 발전격차를 현저히 확대하는 요인이 될 가능성이 높다. 따라서 선진국의 사례에서 볼 수 있듯이 지방자치단체의 행·재정 능력뿐만 아니라 정책성과나 정책 의지 등 다양한 기준에 따른 차등분권이 적용됨으로써 지방자치단체의 경쟁을 촉발하고, 나아가 지방자치의 내실화를 도모하는 전략으로 활용되어야 한다. 특히 현재의 중앙으로부터의 일괄적인 분권화 방식은 지역의 인구증가에 따른 행정수요에 최소한의 대응을 위한 특례를 부여하는 수준의 자치권 확대에 그치고 있다. 이는 도시기능의 확대 및 효율화를 위한 지역정책의 수립 · 집행에 한계가 발생하고 있으며, 결과적으로 국가경쟁력을 제고할 수 있는 수단을 스스로 제약하고 있다. 또한 행정수요를 반영하지 않은 분권화 방식은 행정특례가 부여되어야 할 도시에 특례가 부여되지 않고, 행정특례가 부여되지 않아야 할 도시에 특례가 부여되는 오류도 증가시킬 수 있기 때문에 차등분권이 보다 활성화되리라 예상된다.

6. 집권 · 집중의 현실과 문제점

권력과 자원의 중앙집중이라는 현실의 심각성을 인식하기 위하여 두 가지 차원에서 접근하고자 한다. 그 하나는 정치행정적인 측면에서의 권한집중이고, 다른 하나는 사회경제적 측면에서의 지역격차이다. 전자는 분권에 대비되는 집권화 현상이고, 후자는 분산에 대비되는 집중화 현상이라 하겠다(소영진: 2001).

우리나라의 정치권력은 완전히 중앙집권적 구조를 벗어나지 못하고 있다. 지역의 국회의원, 지방자치단체장, 지방의회 의원들은 모두 중앙당의 공천 내지 내천을 받아야 정계에 진출할 수 있다. 무소속 출마도 가능하지만 자금과 조직, 법적 제약, 인지도 등의 측면에서 정당 후보에 비해 열세일 수밖에 없으므로 정계 진출 가능성은 그다지 높지 않다.

근본적인 문제는 우리나라에서는 지방정치가 분권화되어 있지 못하다. 중앙-지방의 관계가 원칙적으로 대등한 관계여서 지방의 고유한 일에 중앙이 개입하지 못하는 선진국들의 일반적 관행과 달리, 우리의 경우에는 상하관계로 편성되어 있다. 이스턴(David Easton)의 정의대로 정치를 '가치의 권위적 배분'이라 이해한다면 가치를 배분할 권한이 없는 정치는 그것이 선거나 의회 등 어떤 제도적 외양을 가졌을지라도 정치가 아닌 것이기 때문

인물탐구

데이바드 이스턴(David Easton): 1917.6.24~2014.7.19 미국의 정치학자

국적은 캐나다이며 토론토 출생이다. 토론토대학을 졸업하고, 1943년 미국으로 건너가 1947년 하버드 대학에서 박사학위를 취득하였다. 1955년 시카고대학 교수가 되었으며, 1968~1969년 미국정치학회 회장을 지내고, 1979~1982년 미국학사원의 연구 · 계획위원장을 역임하였다. 정치분석의 일반적인 구조를 정치체계로 제시하고, 정치과정을 입력 — 전환(변환) — 출력 — 피드백의 과정으로 설명하였다. 또한 정치학에서의 새로운 논제로 정치학자의 실천적 관심을 촉구하였다. 저서에 ≪정치체계≫(1953), ≪정치분석의 기초≫(1957), ≪정치과정의 체계분석≫(1957) 등이 있다.

분리주의와 분권주의

분리주의(分離主義)는 중앙정부로부터 어느 지역을 분리, 독립시키려는 의도나 태도를 일컫는 용어이다. 좁은 범위에서, 분리주의는 파벌의 사회적 고립이나 분쟁을 의미하기도 한다. '분리주의 운동'은 특정 사회가 자신들을 억압하는 정치적 기관이나 제도로부터 자치권을 얻고자 하는 운동을 말한다(위키백과 2014년 검색). 반면에 분권주의는 하나의 국가체제 안에서 권력의 분산을 요구하는 구체적 행위이기 때문에 같은 방향의 운동성을 갖고 있기는 하나 체제의 인정과 불인정이라는 관점에서 다르다고 볼 수 있다.

최근에는 유럽에서 분리주의 움직임이 확산되고 있다. 재정위기를 겪고 있는 스페인의 가장 부유한 주인 카탈루냐가 주도하고 있는 유럽 내 분리주의 움직임은 대영제국의 스코틀랜드와 벨기에 플란더스 지방에서도 진행되고 있다. 결국 2014년 스페인 헌법재판소가 위헌판결을 내려 분리가 안 되었지만 재정적으로 부유한 곳인 카탈루냐는 재정 위기를 겪고 있는 스페인 내 다른 지역을 지원하는 것에 대한 주민들의 반발이 크다. 2017년에 또다시 카탈루냐 지방의 독립에 관한 주민투표가 실시되어 절대다수가 찬성했으나 스페인 중앙정부에 의하여 저지되었다. 한편 행정과 언어 사용에 있어서 사실상 자치권을 얻은 벨기에의 플란더스는 프랑스어를 사용하는 벨기에 중앙정부와 왈로니아 지방에 대한 반감이 큰 상태다. 스코틀랜드는 독립 시도에 따른 혼란이 예상되고 있다. 현재 EU 소속이지만 대영제국에서 분리할 경우 유로화를 도입할지 아니면 영국처럼 별도의 화폐를 사용할지를 결정해야 한다. 한편 스페인 바스크 지방은 독립 움직임을 철회하면서 성장한 대표적인 예다. 과거에 독립을 위해 무장단체 ETA가 무력을 사용하기도 했으나 중단을 선언했다. 그 후 세금 정책을 비롯해 높은 자치권을 부여받으면서 독립 움직임은 갈수록 쇠퇴하며 경제적으로 번창하고 있다(jjyoon@fnnews. com 윤재준 기자, 파이낸셜타임지 2012년10월16일 16면에서 일부 발췌하였으며 필자가 보완).

아시아에서도 1960년대의 말레이시아 연방에서 싱가포르가 분리 독립되었으며 최근 중국에서는 국토의 10% 정도를 차지하고 있는 위구르인들이 다수를 차지하는 신장성 자치지역이 분리 움직임을 보여 국제사회에도 커다란 주목을 받고 있다. 뿐만 아니라 티벳트 자치구 역시 중국의 중앙정부로부터 분리 독립을 주장하는 세력이 엄연히 존재하고 있다.

에 우리가 정치의 실제적 민주성을 확보하기 위한 노력이 필요하다고 볼 수 있다(소영진: 2001).

제4절 지방자치단체의 기관구성 형태에 관한 논의

1. 지방자치단체의 기관구성

지방정부의 유형은 중앙정부의 유형에 비해 다양한데, 해당 지방의 역사와 전통에 따라서 구성형태가 다르다. 현대에 이르러 지방자치를 제도화한 국가는 전국적으로 획일적인 지방정부의 유형을 가지고 있는 경우가 많지만, 지방자치의 전통이 오래된 나라의 경우 대체로 지방에 따라서 서로 다른 지방정부의 유형을 가지고 있다. 그리고 외형적으로 유형이 유사한 경우에도 지방에 따라 실질적인 거버넌스(governance)의 방식은 다른 것이 보통이다.

특히 미국의 지방정부는 다양한 형태를 가지고 있으며 이는 주정부에 지방정부의 운영형태를 맡긴 헌법원리에 부합한다. 또 주정부가 주민들에게 지방정부에 대한 폭넓은 선택권을 부여함에 따른 것으로 볼 수 있다. 주민의 정부선택권의 범위를 넓히는 것이 공공복리의 증진에 가장 효과적이라는 인식도 작용한 것으로 보인다. 공공선택론(public choice)의 입장에서 보면, 다양한 지방정부의 유형 가운데서 자신의 효용을 가장 극대화할 수 있는 정부형태를 선택하는 것이 주민을 위한 진정한 지방자치라고 볼 수 있다.

> ◉ Focus On
>
> **기관통합형**
>
> 의결기관과 집행기관이 일원화된 형태
>
> ① 영국: 의회내에 집행기관을 두는 의회 단일주의 형태를 말한다(의회형).
>
> ② 미국: 주민이 직접 선출한 위원(의원)을 중심으로 공공정책을 의결하고 시행하는 지방정부의 유형을 말하는바, 한 의원을 시장에 임명한다(위원회형).

2. 유형별 특성

일반적으로 지방정부의 유형은 크게 4가지로 구분된다. 지방정부의 형태는 주민과 정부와의 관계를 어떻게 설정하며, 나아가 지방정부의 내부 기관구성을 어떻게 하는가에 따라서 달라진다. 의결기관과 집행기관의 구성형태에 따라서 일원형인 기관통합형, 이원형인 기관대립형, 그리고 이 두 가지의 절충형으로서 참사회형이 있다. 이 세 가지 유형은 모두 주민과의 관계에서 대표제적 간접민주주의 원리를 반영하고 있다. 반면 직접민주주의 원리를 충실하게 반영하려는 한 형태가 주민총회형인데 의결기관과 집행기관이 미분리된 채로 운영된다(이달곤: 2004).

1) 기관통합형

(1) 구성형태

90년대 이전의 영연방 국가의 대부분의 자치단체는 일원형인 기관통합형을 선택하고 있다. 이 경우 집행기관을 별도로 분리해서 생각할 수 없고, 의회가 의결기관인 동시에 집행기관이 된다. 주민의 참여 폭이 넓으며 주민자치의 인식이 널리 퍼져있다. 기관통합형의 예로서는 영국의 의회형(parliamentary system)과 미국의 위원회형(commission form), 그리고 프랑스의 의회의장형 등이 있다.

이 유형은 권력구조에 있어서 중앙정부의 의원내각제와 유사하며, 의회의 장이 자치단체의 장을 겸하고 있으나, 이것은 어디까지나 상징적 존재로서 자치단체를 대표할 뿐 실질적인 집행권은 의회에 통합되어 있다. 따라서 지방선거는 주민에 의한 지방의회의원선거로서 끝난다(김동훈: 1999). 그런데, 최근 런던특별시(Great London Authority), 캐나다 토론토 지역 등에서는 시장을 직선하는 등 영연방 국가에서도 새로운 지배구조를 선택하고 있어 집행부의 권위를 강하게 인정하고 있다.

① 영국의 의회통합형

의회형이란 지방의회가 의결기관인 동시에 집행기관이 되는 기관구성형태 가운데 가장 전형적인 것으로써 지방의회와 대립되는 집행기관이 별도로 없음을 그 특질로 한다. 따라서 county와 district에는 그 자치단체를 대표하는 직선 단체장이 없으며, 다만 대도시지역(metropolitan area)과 London의 boroughs 등 일부 자치단체에만 시장이 있을 뿐이다. 그 지위는 지방자치단체를 의례적으로 대표하는 상징적 존재(ceremonial head)에 불과하며, 실질적인 행정권은 지방의회의 각 분과위원회가 행사하고 있다. 2000년 5월 이후 시민이 직선하는 대런던시장의 지위와 권한은 다른 시장과 다르다.

의회형에서는 의회의장이 해당 자치단체를 대표하고, 각 사무분야별로 분과위원회가 설치되어 사무조직인 행정각부와 일치하도록 편성되어 있다(정세욱: 2002). 각 위원회의 위원은 의원 또는 의회가 임명하는 전문가인 비의원 중에서 선발되기도 하며, 위원장은 의원 중에서 선출하며 상당한 권

[그림 1-3] 의회통합형의 기본구조

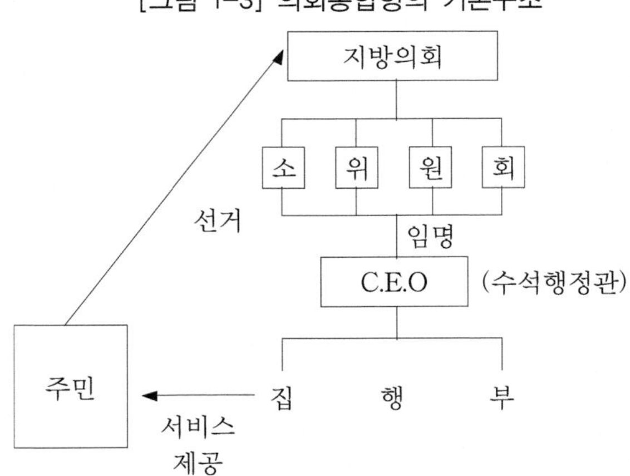

한을 갖는다. 이들 위원회는 각 소관사항의 행정사무를 관리・운영하며 소관사항에 대한 정책결정과 의회의 통과를 위한 결의안을 준비한다. 또 승인된 제계획의 실시와 감독도 하는 행정집행적 위원회이나 다만 금전차용이나 지방세징수권은 허용되어 있지 않다(이규환: 1999). 이 유형의 대표적인 국가는 영국 외에 캐나다, 호주, 인도 등이다.

그러나 London, Birmingham 등 대도시에서는 우리와 유사한 기관대립형 지방정부형태로 나타내고 있다.

② 미국의 위원회형

위원회형이란 미국의 군(county)에서 흔히 볼 수 있는 것으로서, 주민에 의하여 선출된 몇 명의 위원들로써 지방의회를 구성하고, 이들이 정책결정을 함과 동시에 각 위원이 집행부서의 국(과)을 담당하게 하는 기관구성형태이다. 위원회(commission or board)는 이사회라고도 불린다. 작은 시(town)와 같은 자치단체의 경우 위원의 수는 3~7명 정도로서, 의회형 국가의 지방의원보다 그 수가 적고, 위원회의 구성원들은 주민들의 직선에 의한 의원들로만 구성되는 합의제 기관으로서 의회의 입법기능을 담당하고, 위원 개개인이 각각 집행부서의 책임을 진다는 점에서 의회형과 다르다.

이 위원회형은 1901년 미국의 텍사스주 갈베스톤(Galveston)에서 처음 채택되어 1차대전 이전까지는 상당히 유행되었으나 최근에는 인구 5,000명 이상 25,000명 미만의 작은 도시에서 찾아볼 수 있다(강동식: 2000)는 주장도 있으나 실제로는 인구가 큰 변수는 아니다. 예를 들어 케임브리지(Cambridge) 시(city)는 미국 매사추세츠 주에 속하는 도시이며 2014년 인구센서스 기준으로 인구 10만 9,694명(2014)이나 기관통합형으로 볼 수 있는 시 단위(municipal)의 지방정부이다. 시장은 9명으로 구성된 의회에서 선출되며 교육(학교)위원회의 위원장 역할을 겸임한다. 도시의 공식 리더로서, 시장은 시를 대표하여 각종 행사 및 지역 사회 리더십을 발휘하며 귀빈방문에 대응시에 공식적인 대표 역할을 수행한다. 시의 행정업무는 시지배인(city manager)을 두고 있으며 시지배인은 시청 전체의 부서에 대한 지도감독 권한 관리할 책임이 있다. 또한 그는 시의회에 대한 정책과 프로그램을 제안한다. 시의회(city council)는 시정 방향에 되는 정책의제를 설정하며 연방헌법과 매사추세츠의 주(州)의 법률과 시 헌장을 근거로 권한행사를 할 수 있으며 예산의 승인 및 지출을 승인, 세금의 부과 등 관련 자치입법 활동을 한다. 캠브리지 시의회는 인구비례에 의하여 대선구제도(at-

케임브리지시(市)

케임브리지(Cambridge)시는 보스턴과 찰스 강 하나를 사이에 두고 붙어 있는 보스턴의 위성도시이며, 세계적으로 유명한 하버드 대학교와 매사추세츠 공과대학교가 위치한 대학도시이기도 하다. 1636년 당시 교외(郊外)였던 케임브리지에 미국 최초의 대학인 하버드대학이 창설되어 유명한 곳이 되었을 뿐만이 아니라 보스턴 차(茶)사건으로 미국 독립운동의 불을 지폈던 곳으로서 유명하며 근처의 Plymouth항구에 1620년 메이플라워호가 정착하였던 곳으로도 유명한 곳이다.

케임브리지시 청사.
2017년 7월 저자 촬영

large system)를 채택하고 있으며 2017년 현재 9명의 의원들이 활동하고 있다. 의회는 의원들 가운데서 시장과 부시장을 선출할 수 있는 권한이 있다(https://www.cambridgema.gov/, 2017년 7월 25일 검색).

③ 프랑스의 단체장-의회의장형 겸직형

프랑스의 1982년의 지방분권법에 의하여 100개의 중간자치단체(département)와 2016년 현재 20개의 광역자치단체(région)에서 채용되고 있는 유형으로서, 지방의회의 의장이 집행기관의 장으로서 지위를 겸하고, 그 의장 밑에 집행의 사무조직을 두고 있는 유형이다. 프랑스에서는 종래에 중간자치단체(département)에 임명직 지사(préfet)가 있어 자치단체의 수장으로서의 직무와 국가의 대표기관으로서의 직무를 수행하였는데, 1982년의 지방제도개혁에서 중간자치단체(département)지사를 폐지하고 그가 관장하던 자치단체의 수장으로서의 직무를 의회의장으로 하여금 처리하게 하였고, 이와 같은 조직형태를 광역자치단체인 광역자치단체(Région)에도 적용하고 있다(최창호: 2002).

프랑스 지방정부의 통치유형은 단체장-의회의장 통합으로 겸직하는 합의제기관(organes collégiaux)으로 구성 운영되며, 이는 1958년 헌법 제72조 제2항에서부터 그 근거를 두고 있다. 즉, 지방정부의 자치조직권은 앞에서 언급한 프랑스 헌법 제72조 제2항의 '자치행정권'에 관한 근거 이외에도 제34조에서도 법률로 지방정부의 지위와 자치조직권을 결정할 수 있다고 명시하고 있다. 프랑스 헌법 제34조 제②은 "법률은 다음과 같은 규정에 관해서도 정한다. 해외영토를 포함한 프랑스 시민을 대표하는 국회, 지방의회 및 민주적으로 대표하는 기관들에 관한 선거제도 그리고 지방정부의 의회를 대표하는 지방의원들의 선출직 임기와 기능 수행 조건 등을 법률로 제정한다."

위의 헌법에 근거하면 지방정부의 자치행정 및 자치조직권은 지방의회가 직접 법규성격의 행정행위를 통해서 기관구성 형태를 다양하게 직접 제정할 수 있다고 하는 주장도 있다.[6] 아무튼 프랑스에서 자치행정조직의 기본 원칙은 선출직 지방의회의 존재와 그와 관련된 선거제도 및 행정사무의 운영체계 등과 관련되어 현재까지 획일적인 통합형을 유지하고 있다. 그러나 2016년부터는 지역정부가 서로 통폐합을 할 수 있어서 그에 따른 통합형으로도 구성될 수 있기 때문에 부분적으로 다양한 통치유형을 갖게 되었다.

프랑스 헌법에서 규정하고 있는 해외영토 지방자치단체 및 코르시카 지역정부는 다음과 같다.[7]① 특별한 지위를 가진 단체(collectivités): 파리, 일드 프랑스 레죵과 코르시카(Corse)와 같이 전통적인 지방자치단체 규정의 예외를 법에서 인정하는 경우, ② 해외의 특별한 지위를 가진 단체: 헌법 제73조의 적용을 받는 해외의 데파르트망과 레죵을 말함(고드루프, 마티니

코르시카

프랑스의 코르시카(코르스, Corsica 또는 Corse)는 프랑스 본토에서 비교적 가까우면서도 프랑스 유일의 자치섬이라는 특수성을 인정받고 있다. 나폴레옹의 고향으로도 유명한 코르시카는 이탈리아의 서쪽이면서 프랑스의 남동쪽에 위치한 섬지역이다. 지중해에서는 네 번째로 큰 섬으로 면적은 8,680㎢이고 인구는 약 30만 정도이다. 언어적으로 프랑스 본토와는 다른 특수성을 가지고 있다. 코르시카는 고대로부터 그리스, 로마 등의 지배를 받아 오다가 중세로 접어들면서 여러 세력들의 각축장이 되었다. 1347년부터는 제노아 공화국의 지배를 받다가 1729년 혁명에 의해 독립을 하여 코르시카 공화국이 수립되었다. 그러나 코르시카는 다시 프랑스의 지배를 받게 되었다. 코르시카에서는 독립이나 자치를 요구하는 움직임이 역사적으로 계속되어 왔다. 자치주의자들은 코르시카어(이탈리아 방언에 가까움)의 보존, 더 많은 자치권, 국세로부터의 일부 면제를 요구하고 있다. 프랑스 중앙정부는 완전한 독립에는 반대하지만, 더 높은 수준의 자치는 허용할 수 있다는 입장이다. 일부 과격 분리독립세력이 테러를 저지르기도 했지만(1998년에는 클로드 애리냑 지사가 암살되기도 했다), 코르시카의 다수 주민도 독립에는 반대하는 경향이라고 볼 수 있다.

코르시카의 나폴레옹 동상, 2018년 2월 저자 촬영.

6) M. François Luchaire(1982), *Les fondements constitutionnels de la décentralisation*, Revue du droit public, p. 1543.

7) 전훈(2007), "프랑스 헌법상의 서로 다른 지방자치단체의 유형", 지방자치법 연구 제7권 제4호, pp. 42~43에서 인용.

끄, 귀얀, 헤유니옹), ③ 헌법 제74조의 특별한 규정에 의해 명시된 해외의 단체: 마이요트, 생피에르와 미켈롱, 왈리스와 후투나, 프랑스령 폴리네시아와 생마르탱. 이들에 대해서는 헌법 제74조에서 “특별한 지위를 가지며 공화국 안에서 각각의 고유한 이해를 고려한 지위를 가진다.”라고 규정하고 있다. ④ 헌법 제76조에서 규정하는 누벨 칼레도니(뉴 칼레도니아).

프랑스 헌법에서 해외영토를 지방분권 조직체제로 포함하여 규정하고(헌법 제72조) 있고, 지방자치단체 유형으로는(헌법 제72조) 꼬뮨, 데파르트망, 레죵 이외에도 특별한 지위를 가진 지방자치단체(les collectivités à statut particulier)와 해외영토에 속하는 해외 지방자치단체(les collectivités d'outre-mer régies par l'article 74)를 규정하고, 기타 모든 다른 지방자치단체는 법률로 창설할 수 있으며(헌법 제72조), 특별한 지위를 가진 지방자치단체를 창설하거나 그 조직을 변경하고자 할 때에는 법률에 근거해서 주민들의 자문을 (주민투표로) 받을 수 있게 하였다(제72-1조). 법 제72-3조에서 과테루프(la Guadeloupe), 귀얀(la Guyane), 마르티니끄(la Martinique), 헤유니옹(la Réunion), 마이요트(Mayotte), 생・바르뗄레미(St. Barthélemy); 생 마르탱(St. Martin), 생피에르와 미끄롱(Saint-Pierre-et-Miquelon), 왈리스와 후투나(les îles de Wallis et Futuna), 프랑스령 폴리네시아(la Polynésie française) 등을 프랑스 지방자치단체로 명시 해외에 위치한 뉴칼레도니아(Nouvelle-Caalédonie)에 대해서는 그 지위 등에 관하여 별도의 장으로 규정하고(헌법 제13장 제76, 77조) 별도의 법률 제정으로 법적 지위와 권한 등을 부여한다.

(2) 기관통합형의 장・단점

기관통합형은 지방행정의 권한과 책임을 주민의 대의기관에 집중시킴으로써 민주정치와 책임행정에 적합하며 의결기관과 집행기관의 대립이 없어 지방행정이 안정적으로 수행될 수 있다. 집행기관이 다수의 의원 또는 위원으로 구성되므로 자치행정이 주민의 의사에 따라 공정하고 신중하게 수행될 수 있다. 또한 결정과 집행 간에 관계가 긴밀하여 사업효과의 극대화를 기할 수 있다. 위원회형은 소속위원의 분담집행제로 경제적인 점도 있다. 특히 소규모 자치단체에 적합하다. 반면 행정집행을 총괄할 책임자가 없어 통합성에 문제가 있고, 의회가 정책을 개발・집행하고 평가하므로 견제와 균형을 이룰 수 없고 권력이 남용될 우려가 있다. 또한 동일의 기관이 정치와 행정기능을 같이 수행하므로 행정집행이 정치와 밀접히 연관됨으로써 독자성과 전문성을 상실할 우려가 있다(장병구: 2000).

2) 기관대립형

(1) 구성형태

기관대립형은 지방정부 조직에 있어서 의결기능과 집행기능을 각각 다른 기관에 분담시켜, 각 기관의 상호견제와 균형을 통하여 지방자치를 운영해 나가도록 하는 유형이다. 기관대립형은 의결기관과 집행기관이 분리되기 때문에 상호관계 설정과정에 견제와 균형의 원리를 실현하여야 하므로 다양한 법적·제도적 장치들이 등장하게 된다. 두 기관이 권한 면에서 정확한 균형을 이루기는 어려우므로 어느 한쪽의 권한이 상대적으로 강하게 된다. 민주성과 효율성을 확보하기 위해서 어떤 권한을 어느 기관이 행사하는가에 따라 제도적 고려가 달라질 수 있다.

대부분의 경우 주민이 의회의원과 집행부의 장을 직접 선거하지만 주민발안, 소환, 투표 등의 직접민주주의 제도들이 도입되기도 한다. 이러한 제도는 중앙정부의 대통령제를 연상시키는 것으로 미국의 대도시, 한국과 같은 대통령제 국가에서 많이 채택되고 있다. 집권적 전통이 강한 프랑스, 스페인, 이탈리아 등지에서는 집행부 우위의 기관대립주의를 택하고 있다. 일본의 경우 서구제도를 수입하는 과정에서 중앙정부는 내각제를, 지방정부는 기관분립형이라는 혼성제를 택하여 지방의 경우 집행기관이 강한 수장(首長)형 기관대립형을 택하고 있다.

기관대립형은 전술한 기관통합형과 정반대의 장단점을 가지고 있다. 즉, 견제와 균형을 통한 권력남용의 방지, 집행기능 전담기관을 통한 행정의 전문화, 단일의 지도자·책임자를 통한 행정책임의 명백화를 기할 수 있는 장점을 가지는 반면에, 기관 사이의 대립·알력의 심화, 주민대표기관에의 책임성의 약화, 단일 지도자·책임자의 편견적 의사결정 가능성 등의 단점을 안고 있는 것이다.

(2) 각국의 사례

① 미국의 시장－의회형

시장-의회형은 집행기관인 수장과 의결기관인 의회를 분리시키고 이들을 주민이 직접 선출하는 형태이다. 가장 오래된 도시정부형태로서 미국의 대부분의 시가 이 유형을 채택하고 있다(Wallace S.: 1968).

이 유형은 의결기관과 집행기관의 구성방법·상호관계 및 권한 등에 따라 강시장-지배인형, 의회-시지배인형으로 분류된다.

key concept

강(强)시장-의회형

【의미】 시장이 의회에 대하여 상대적으로 강력한 권한 행사

【채택국】 미국의 대도시 / 한국 / 일본

ⓘ 강시장 - 의회형

강시장-의회형(strong mayor-council form)은 일반적으로 시장과 의원들만이 주민에 의해 직접 선출됨으로써 지방자치단체의 조직구조를 단순화시키고 조직 규모를 축소시키면서 약시장-의회형에 비하여 시장의 권한을 대폭 강화시킨 기관구성형태이다. 여기서는 시장에게 지방행정에 대한 전적인 책임과 통제권을 부여함으로써 시장은 다수의 행정보좌관을 둘 수 있으며, 국장은 물론 상당수의 시공무원에 대한 인사권을 행사할 수 있다. 또한 예산안 제출권, 의회 의결 거부권 등을 보유하게 되며, 지방자치단체의 내·외부에서 강력한 정치적 리더십을 행사하고 있다. 물론 강시장조차도 무제약적인 권한을 행사하는 것은 아니며 의회로부터 견제를 받는다. 시장을 견제하기 위해서 의회에 부여된 견제장치에는 임명(또는 파면)동의권, 예산심의확정권, 국정조사 및 국정감사권, 시장이 거부한 법안에 대한 재의결권 등이 있다.

key concept

기관대립형

의결기관과 집행기관이 분리된 형태

① 집행기관 직선형: (시장-의회형)집행기관의 장(長)을 주민이 직접 선출하는 형태.

② 집행기관 간선형: 주민의 대표기관인 의회가 집행기관의 장을 선출하는 형태(미국의 소도시).

③ 집행기관 임명형: 집행기관의 장을 중앙정부가 임명하는 형태(프랑스).

강시장-의회형은 집행기관 직선형의 경우 의결기관과 집행기관을 주민이 직접 선출하므로 지방행정에 대한 주민통제의 실효를 거둘 수 있으며, 시장의 신분이 임기 동안 보장되어 행정시책을 강력히 추진할 수 있다(Ralph C. Chandler & Jack C. Plano: 1987). 또한 의결기관과 집행기관의 상호분리로 견제와 균형의 원리(the checks and balances)에 의해 권력의 전횡과 병폐를 방지하고 비판·감시를 충실히 할 수 있으며, 행정의 정치적 중립성을 확보할 수 있다. 특히 시장이 주민대표로서의 정치적 리더십을 발휘할 수 있으며, 시장과 주민의 접근으로 민의를 자치행정에 반영하기 쉽다는 장점이 있다.

반면에, 지방의회의 다수당과 정당기반이 다른 시장이 선출될 때에는 의회와 시장 간에 마찰이 야기되어 지방행정의 혼란과 마비를 초래할 우려가 있다. 시장을 직선제로 선출하는 경우 반드시 행정능력이 탁월한 인재가 시장으로 선출되는 것은 아니므로 훌륭한 행정을 기대하기 곤란하다는 단점이 있다. 시장후보로 추천되는 사람은 정치적인 면에서는 능숙하나 행정능력을 구비하지 못하고 있는 것이다. 또한 시장은 선거에 의해서 그 지위가 주어지므로 선거에서 승리하려면 많은 사람들의 인기를 얻는데 심혈을 기울이지 않으면 안 된다. 따라서 시장이 선거를 통하여 안게 된 정치적 부채

를 갚는 길은 주로 특혜의 제공이나 인사상의 배려 등에 의한 것이므로 그 폐해가 적지 않다.

[그림 1-4] 기관 대립형의 기본구조

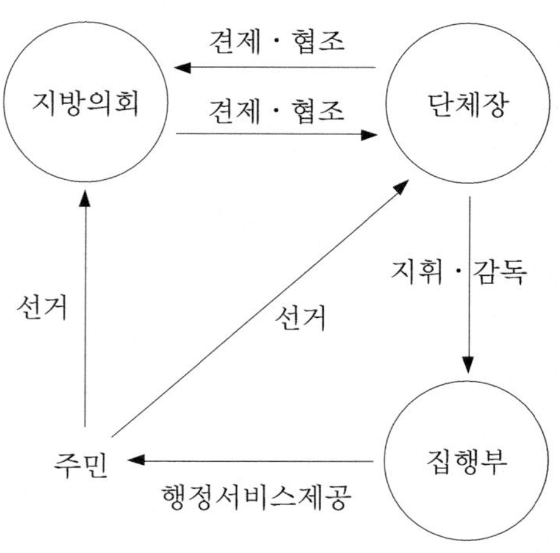

ⓘⓘ **강시장 - 지배인형 또는 시장 - 행정관형**

강시장-지배인형은 미국의 샌프란시스코에서 1931년에 시작되어 많은 자치단체에서 채택되고 있는 강시장-의회형을 수정한 것으로서, 강시장-지배인형(strong mayor- general manager plan) 또는 시장-행정관형(mayor- administrator plan)이라고 한다. 시장이 집행부의 장이면서 시정부의 행정을 지휘-감독하는 총괄관리인 또는 수석행정관(chief administrative officer: CAO)의 임면권을 가지고 있는 지방정부의 한 유형이다. 이 유형에 있어서 CAO는 행정운영에 관한 일반적 감독권, 예산편성 · 관리권, 국 · 과장 임명권, 시장에 대한 권고권 등 행정상의 거의 전권한을 가지고 있다(최창호: 1998). 시지배인이 시의 행정사무를 관장하므로 시장은 리더십을 발휘하고 의회에 정책건의를 하며 시계획에 대한 시민의 지지를 획득하는 데 전념할 수 있다.

이 유형은 유럽에도 영향을 미쳐, 프랑스, 일부의 북부독일에서 CAO제도를 채택하기도 하고 있다.

ⓘⓘⓘ **약시장 - 의회형**

약시장-의회형(weak mayor-council form)은 권력이 한 명의 시장에게 편중되는 것을 막기 위해 만든 기관 구성형태로 여러 명의 의원으로 구성된 의회가 고위직 공무원에 대한 인사권과 행정 운영에 대한 감독권을 지니고 있다. 시장은 시민에 의해 선출되지만 인사권, 거부권, 행정권의 행사 등에 많은 제약을 받으며 시장 외 많은 공직자들이 시민에 의해 직접 선출되기 때문에 시장의 권한 범위가 매우 축소되어 있다.

> **key concept**
>
> **약(弱)시장 – 의회형**
>
> 【의미】 의회가 시장에 대하여 상대적으로 강력한 권한 행사
>
> 【채택국】 자유방임주의 시대의 미국의 소도시

일반적으로 시장이 아니라 의회가 예산편성권을 행사하며, 핵심 국장에 대한 임명권도 보유하며, 시장이 임명한 국장에 대한 임명동의권을 갖는다. 말할 것도 없이 조례거부권이 시장에 부여되지 않고 있다. 약시장제 역시 미국의 자치단체에서 채택하고 있는 형태이다.

ⓘⓥ **의회 - 시지배인형 또는 의회 - 관리관형**

20C 초엽 미국의 시애틀에서 시작된 의회-시지배인형(council-manager form)은 기능상 의결기관과 집행기관이 분리되어 있으나 집행기관을 실질적으로 총괄하는 시지배인을 의회가 선임하는 특징을 지닌다.

따라서 의회-시지배인형은 의회에서 선임되는 시지배인에게 모든 행정 권한을 위임하는 기관 구성 형태로서 시지배인은 의회가 결정한 정책을 책임지고 능률적으로 집행하는 일을 담당하며, 의회의 동의를 받아 국장에 대한 임명·파면 등의 인사권을 지니는 실제적인 행정의 총책임자가 된다. 이러한 임명, 파면권으로 인해 시관료는 시지배인을 자신의 최종적인 상관으로 간주한다.

의회-시지배인형 기관 구성에서 시장은 주민에 의해 직선되는 경우도 있으나 일반적으로 의원들 가운데 선출(윤번제로 운영되거나 선거에서 최다 득표를 얻은 의원)되며, 어떤 경우든 의례적이고 명목적인 기능만을 수행한다(안용식 외: 2000).

따라서 어느 누구를 임명하거나 파면할 권한을 보유하지 못하며, 의원을 겸직하고 있지 않는 한 시정관리인에 대해 어떤 영향력도 행사하지 못한다.

이 유형의 특징은 시행정에 있어서 시의회와 시장은 시지배인과 서로 대립하지 않는다는 점이다. 즉 시의회와 시장은 어떠한 행정적 기능도 행사하지 않는다.

때문에 의회-시지배인형은 행정전문가에 의한 능률적인 행정의 실현 등 장점을 가지고 있으나, 주민의 선출을 거치지 아니한 자에게 막중한 권한을 집중시키는 결과를 가져와 독선화할 위험을 가지고 있으므로 이러한 제도에 대하여는 오늘날 많은 비판이 가해지고 있다. 대처정부 이후 영국의 많은 자치단체가 채택하고 있는 유형이기도 하다.

② 일본의 강단체장 · 약의회형

일본의 중앙정부는 의원내각제를 채택하고 있으면서 지방정부는 기관대립형을 취하고 있다. 집행기관인 단체장과 의사결정기관인 지방의회는 대립과 균형의 분립 원칙에 의거하여 상호견제관계에 놓여 있다. 따라서 미국의 강시장-약의회형에 가깝다.

지방의회는 주민이 직접선거로 선출한 대표로서 구성된 지방정부의 의사결정기관이며, 의원정수는 당해 지방자치단체의 인구에 비례하여 법으로 정하며 구체적인 정수는 조례로 정한다.

지방정부의 집행기관의 대표인 수장은 주민이 직접선출한다. 위법·부당한 의회의 의결에 대하여 수장은 거부권을 행사할 수 있으며 의회의 수장에 대한 불신임의결권과 이에 대한 수장의 의회해산권이 인정되어 있다.

한편 단체장은 모든 집행기관을 독임적으로 지휘하는 것이 아니고 수장

이외에 합의제 집행기관인 위원회 등 독립된 조직이 있어 집행기관은 다원화되어 있다. 즉 지방자치단체의 사무 가운데 독립 공정을 도모하고 전문적 기술적 처리를 필요로 하는 사무에 관하여 단체장의 관리 아래 단체장과 독립적인 특수 집행기관으로서 위원회와 위원을 두고 있다. 위원회는 합의제 집행기관으로서 행정적 권한 외에 준입법적 권한과 준사법적 권한이 주어져 있다.[8]

이러한 현상을 집행기관의 다원주의라고 하는데, 이는 집행기관을 복수 병립시킴으로써 독임제의 단체장의 독선을 막고 행정의 민주화, 공정과 중립성을 보장하기 위한 목적을 지닌다. 그러나 단체장이 예산권을 쥐고 있기 때문에 단체장의 영향을 벗어나기 힘들다는 평가를 받고 있다.

③ 독일의 단체장 · 의회형

연방국가의 특성상 독일 지방자치단체의 집행부와 의회의 관계를 일률적으로 설명하기는 어렵다. 독일의 지방정부의 기관구성 형태는 매우 다양하다.

구체적으로 보면, 독일의 기관구성형태는 첫째, 이사회형(magistrartverfassung), 둘째, 단체장형(bürgermeisterverfassung), 셋째, 남독일의회형(suddeutsche ratsverfassung), 그리고 넷째로, 북독일의회형(nordentsche ratsverfassung), 마지막으로는 총회형(gemeindeversammlung)으로 구분된다.

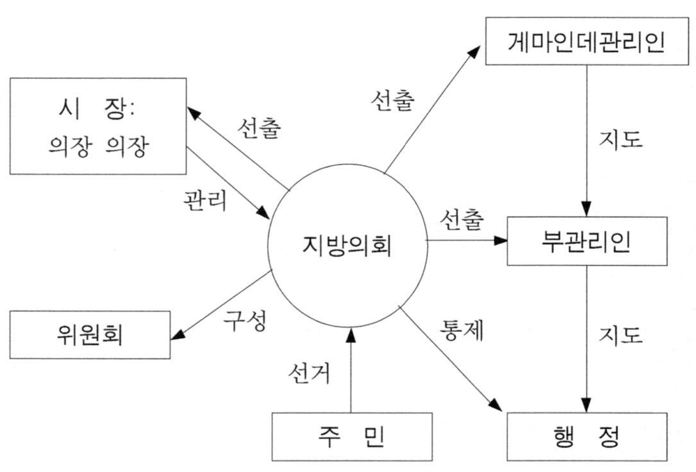

[그림 1-5] 북독일의회형

북부독일형은 영국과 스페인 식민지 역사상 영국과 유사한데 단체장은 의회에 의하여 선출되는 수장이 의회의 의장인 동시에 집행기관으로 중요한 기능 수행하는 형이다. 이 모델에서 시장은 시 의회 의장인 동시에 대외적으로 게마인데(gemeinde: 기초자치단체)를 대표하는 상징적 역할을 한다. 또한 의회의 위법한 의결에 대하여 거부권을 행사하고 중앙

8) 교육위원회, 선거관리위원회, 인사위원회, 공평위원회, 감사위원회, 그 밖에 공안위원회, 지방노동위원회, 수용(收用)위원회 등과 농업위원회, 고정자산평가위원회 등이 설치되어 있다.

[그림 1-6] 남독일의회형

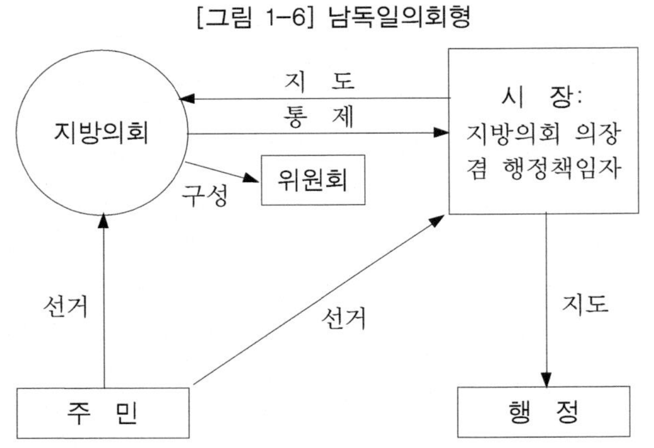

정부로부터 위임된 사무를 집행한다.

반면에 남 독일의회형은 평의회가 입법기관인 동시에 집행기관인 형태이다. 민선의 수장이 평의회 의장으로서 평의회의 명에 의해 집행기능을 수행한다. 평의회의 위법한 의결에 대한 거부권, 긴급처분권 등 강력한 권한을 행사한다.

④ 한국의 단체장 · 의회형

우리나라는 제도상 기관대립형을 채택하고 있으며, 지방자치단체에 지방의회를 두며 주민의 의회의원을 직접 선출하도록 되어 있다(지방자치법, 제31조 참조). 또한 자치단체의 수장 역시 주민의 선거에 의해 선출하도록 되어 있다(지방자치법 제94조 참조). 의회는 의사결정기관이며, 수장은 행정집행기능과 단체대표기능을 담당하고 있다.

이처럼 우리나라 지방자치단체의 기관구성형태는 기관대립형으로서 의회와 집행기관은 각각 권한을 분담하여 균형과 견제의 원리에 의해 운영되도록 하고 있다. 즉 의회는 의결권과 출석요구권 및 감사・조사권을 가지고 있으며, 집행기관은 재의요구권과 선결처분권 등을 갖고 있다.

그러나 상호견제를 위한 가장 강력한 제도적 장치인 의회의 자치단체장 불신임권과 자치단체장의 의회해산권은 현재 규정하고 있지 않다. 이것은 이들 권한의 남발로 인해 행정의 혼란과 비능률이 많이 발생하는 것을 방지하여 행정의 안정과 질서를 확보하려는 데 그 취지가 있었다고 하겠다.

우리나라의 기관구성의 특징으로는 기관대립형 가운데에서도 집행기관 우위적 기관대립형을 취하고 있다고 할 수 있다. 의회와 자치단체장 간의 지위와 권한관계에 있어서 법상으로는 대등주의를 취하고 있지만, 실질적으로는 자치단체장이 우월한 권한을 행사하고 있다. 이에 대해서는 단체장의 역할 및 권한에서 후술하도록 하겠다.

3. 참사회 · 이사회형

주민에 의해 직접 선출된 지방의회가 중요사항을 결정하며 지방의회에 의하여 위임받는 참사회가 집행부를 구성하며 단체장은 참사회장이 겸임하여 행정집행을 하는 형태로써 북부유럽에 많은 유형이다.

집행기관이 참사회라고 하는 합의제기관으로 되어 있는 기관분립형의 한 유형이다. 이 참사회형은 미국의 기관대립적 시장형과 비교해 볼 때 의결기관과 집행기관을 분립시키고 있는 점에서는 서로 같으나, 집행기관이 독임제가 아닌 합의제기관인 점이 다르다. 또한 이를 영국의 의회형이나 미국의 위원회형과 견주어 본다면 의회형이나 위원회형이 의결기관과 집행기관을 통합운영하고 있는 데 대하여, 이사회형은 이사회가 의회를 기반으로 하고 있으면서도 의회와는 독립된 집행기관의 지위를 가지고 있는 점에서 서로 구별된다.

이러한 이유에서 참사회 · 이사회형은 시장형과 의회형이나 위원회형을 절충한 중간형으로 보는 견해가 지배적이다. 또한 이 제도는 이를 채택하고 있는 나라마다 그 내용이 조금씩 차이가 있다.

예컨대, 네덜란드와 벨기에에서는 의회에서 선출한 장로의원과 중앙정부가 임명한 시 · 읍 · 면장으로 각각 참사회를 구성하고, 스웨덴의 경우는 의회에서 정당별 의석수에 비례하여 5명 내지 11명을 선출, 시 · 읍 · 면의 이사회를 구성하며, 덴마크는 시의회가 의원 가운데에서 시장과 부시장 그리고 장로의원을 선출하여 시이사회를 구성한다. 그런가 하면 스위스의 경우처럼 주민이 직선하는 위원과 의회에서 간선하는 위원 3명 내지 9명으로 시 · 읍 · 면의 이사회를 구성하는 예도 있다.

독일의 일부 주에서는 게마인데(시 · 읍 · 면) 의회가 선출하는 6~12명의 위원으로 이사회를 구성하고 이사회의장 겸 시 · 읍 · 면장은 참사회위원 가운데서 의회가 선출한다. 시 · 읍 · 면의회는 주민이 선출하는 5~80명의 위원으로 구성된다(이규환: 1999).

[그림 1-7] 독일 북부 · 중부의 일부 이사회형

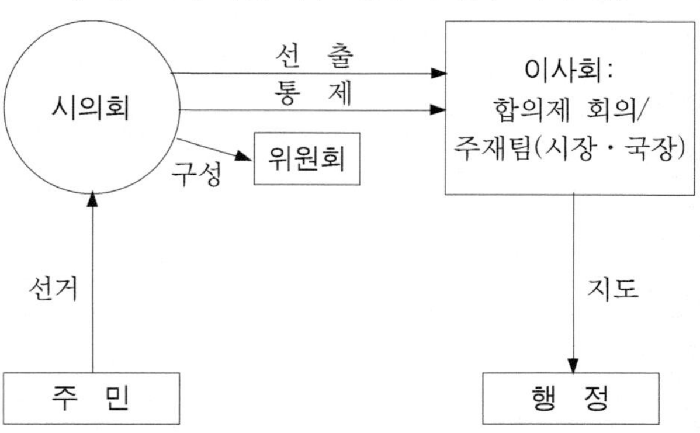

이사회형은 합의제 형태를 취하므로 정부구성을 주민화할 수 있고 민의를 충실히 반영할 수 있다. 또한 의회와 집행기관인 이사

회가 긴밀한 협력체제를 유지함으로써 원활한 행정을 확보할 수 있다. 반면에 합의제의 성격상 행정책임소재가 불분명하다. 또한 이사회위원은 주로 비전문가인 의원들로 구성되므로 아마추어 행정의 위험도 있다.

4. 주민총회형

주민총회형은 일반적으로 비도시지역의 기초자치단체에서 채택되고 있는 것으로 일정 수의 주민이 직접 참여하여 주요 안건을 결정하고 이를 나누어서 직접 집행하는 직접민주제의 원리를 현실적으로 적용한 조직유형이다. 해당 자치단체의 유권자 전원으로 구성되는 주민총회(popular assembly system)가 해당 자치단체의 최고기관으로서 자치단체의 기본 정책, 예산, 인사문제 등을 직접 결정하며 집행하는 것이다.

일본의 정촌총회(町村総会), 미국의 주민총회(town meeting), 스위스의 versammlungs gemeinde 등이 그 예가 될 수 있다. 스위스는 직접민주제의 전형적인 나라로서, 꼬뮨이 최고 입법기관으로 주민총회를 운영한다. 그러나 꼬뮨이 지방정부 형태는 독일어권, 프랑스어권, 이탈리어어권에 따라 다르기 때문에 집행부와 의회와의 관계도 다양하다(안성호, 2016: 330-331). 미국의 주민총회는 일부 지역에서 시행되고 있는 반면에, 일본의 町村総会制는 제도적으로는 마련되어 있으나 실제 시행되지 않고 있다(일본 지방자치법 제94조 및 95조).

주민들이 참여하여 주민대표를 선출하고, 이들이 투표를 행사하여 대소사를 결정·집행하는 주민대표자회의를 제한적 주민총회(limited town meeting) 또는 대표적 주민총회(representative town meeting)라고 한다. 대표적 주민총회의 의원은 작은시(town)를 몇 개의 선거구로 나누어 각 선거구로부터 선출된다. 유권자도 그 주민총회에 참석하여 의견을 발표할 수 있으며, 다만 투표권은 의원에게만 주어진다.

5. 지방의회-집행기구형(city parliament-city council) 간 분립형

스위스 지방정부는 연방체제 하에서 2021년을 기준으로 26개 주정부(canton)가 각각 주정부헌법을 제정 운영하고 있으며, 주정부가 다른 나라의 ‘지역정부’ 역할을 수행함과 동시에 주정부헌법에 근거한 지방정부법을 제정 운영하고 있다. 2021년도 현재 스위스 지방정부 계층구조는 2,324개 기초지방정부와 26개의 캉통이라는 광역지방정부 간 2계층제로 이루어져 있고, 기초정부와 주정부를 합해서 총 2,350개 기초지방정부가 있다. 스위스 지방정부는 주정부헌법에 따라서 다양한 기관구성을 유지가 가능하며 스위스 지방정부의 기관구성은 일반적으로 집행부위원회(executive council)를 구성하고, 이를 시장(president or mayor)이 지휘하며, 입법기관은 주로 모든 시민들이 직접 참여하는 주민회의(town meeting) 또는 시민들의 규모에 따라서 구성된 지방의회(municipal parliament)가 대표해서 자치입법권을 행사하는 입법기구로 운영된다. 주정부 헌법에 따라서 행정구역을 district, municipality(commune) 등으로 구분한 경우도 있으나, 대부분 시장-지방의회 형태의 기관구성을 유지하고 통합형 또는 분립형은 주정부 헌법과 그 주정부의 지방자치법에 근거해서 채택할 수 있게 하고, 주정부-지방정부 간의 단일계층구조를 갖고 있다.

스위스 연방헌법(Federal Constitution of the Swiss Confederation)은 1848년 9월 12일 제정된 이래, 현재의 헌법은 1999년 개정되었을 때 스위스 연방헌법 제3조에서 주정부의 포괄적이고 전권한적인 주의 권한을 인정하고 있다. 다만 연방헌법에서 제한을 하고 있는 권한과 그 외에 연방정부에 명시적으로 부여되지 않은 경우 등은 포괄적이고 전권한적으로 주정부의 주권으로 행사하게 되어있다. 스위스 연방헌법에서 기초정부의 자치권 보장은 주정부 법률과 일치하는 방향에서 보장되어야 한다고 규정함으로써, 기본적으로 기초정부의 권한은 주정부헌법 및 관련 주법률에서 보장하도록 하고 있다. 그리고 연방정부가 정책 등을 수행함에 있어서 지리적, 지역적 특성을 가진 시정부, 산악농촌지역의 기초정부 등의 특수성을 고려한 연방정부의 정책과 주정부의 정책 수행을 명시함으로써, 국토의 균형발전 등을 위한 지역적 차이 등의 가능성도 보장하고 있다.

예를 들어, 취리히(Zurich) 주정부[9] 헌법은 1869년 제정되었으며, 가장 최근에 개정된 것은 2005년 2월 27일이다. 취리히 주정부의회(Kantonsrat)는 총 180명으로 구성되며(취리히 주헌법 제50조), 주정부의 최고 집행기구(Regierungsrat)는 총 7인으로 구성되며 매년 주정부 대표(Präsidentin)와 부대표를 선출한다. 취리히 주정부헌법에 근거한 선출직을 보면, 취리히 지

9) http://www.zh.ch/internet/de/rechtliche_grundlagen/gesetze/erlass.html?Open&Ordnr=101

역(Bezirks)을 관할하는 지역지사(Stimmberechtigten), 지역의회 등을 주민들이 직접 선출하고, 관할 사법부도 직접 선출한다(취리히 주헌법 제80조). 주민들이 직접 선출한 이러한 선출직을 통해서 연방정부와 주정부의 행정업무와 사법업무 등을 감시하고 주민통제를 하도록 하고 있다. 취리히 주정부 법에서는 12개 지역(Bezirks)으로 구분하고 여기에는 총 170개의 지방정부(Gemeinde)가 있으며 모두 기초정부의회를 구성하고 있다. 이 중에 가장 큰 기초정부는 취리히 시정부로 인구는 총 34만 7천명 수준이다. 취리히 시정부(Stadt Zurich)는 4년 임기의 집행위원(city council) 9명으로 구성되었으며, 이들은 주민들이 직접 선출한 시의회 집행위원으로서 행정부를 구성하고 각각 부처의 업무를 총괄하고 있다.

취리히 지방의회(city parliament)는 총 125명으로 구성되며, 이들 시의원의 임기는 4년이고, 시법률과 법규 등을 제정하며 주민 누구나 시의원 후보가 될 수 있고, 의회 회기는 공개한다. 지방의회-집행기구형(city parliament-city council) 간 분립형 시정부 기구를 운영하고 있다.

참고자료

자치권의 부여(지방분권의 유형)

포괄적 수권형

① 개념: 법률이 특히 금지한 사항이나 중앙정부가 반드시 처리해야 할 사항을 제외하고는 지방자치단체가 그 주민의 일방적 이익을 위하여 어떠한 사무라도 처리할 수 있도록 헌법이나 법률에 일괄적으로 권한을 부여하는 규정을 두는 유형을 말한다.

② 장점

• 지방행정에 융통성을 부여할 수 있다.
• 권한부여방법이 간단하다.

③ 단점

• 중앙과 지방의 사무배분이 불분명하다.
• 자치단체의 권한을 침해할 우려가 있다.

④ 적용국가: 유럽대륙의 각국, 한국

개별적 수권형

① 개념: 지방자치단체의 권한사항을 특별법으로 개별적으로 위탁하는 제도로서 지방자치단체의 권한을 자치단체별, 사무분야별로 특별법으로 부여한다. 영국형 자치제국가에서 채택하고 있다.

② 장점

• 중앙정부와 지방자치단체 간, 중간자치단체와 기초자치단체 간의 사무배분에 한계가 명확하다.
• 자치단체의 특수성과 개별성에 적합한 자치행정이 가능하다.

③ 단점

• 지방자치단체의 기능영역이 확대되는 추세에 있어서, 중앙정부의 개별법제정에 대한 업무량의 폭주와 혼란이 야기된다.
• 법제정에 시간이 소요되므로 행정수요에 신속한 대처가 곤란하다.

④ 적용국가: 영국, 영국형 자치제도 국가

요 약

지방자치(地方自治)에서 '지방(地方)'과 '자치(自治)'란 무엇인가? 사전적 의미로서는 '지방'이란, 어느 한 지역의 땅 또는 수도(서울) 이외의 시골이라고 되어 있다. '자치'란, 제 일은 제 스스로 한다는 개념에서 공선(公選)된 사람에 의하여 그 범위 안에서 행정이나 사무를 자주적으로 처리하는 것으로 되어 있다. 그러나 지방자치(地方自治)라 함은 물리적인 뜻만이 아니라 정치제도상의 의미도 포함되어 있다. 국가 전반에 걸친 권한을 가지는 중앙정부에 대하여 국토 내의 일정 지역에 권한을 갖는 지방정부의 존재를 인정하는 의미가 있는 것이다. 즉, 지역에 그치지 않고 수도(서울)에 활동의 기반을 두고 있는 중앙정부에 대한 지방정부의 자치(自治)라는 의미가 있다.

여러 문헌에서는 지방자치의 개념을 단체자치와 주민자치에 의하여 설명하고 있으나 그 의미가 무엇인지 분명하지 않다. 지방자치의 기본철학인 중세유럽의 자연법에 기반을 둔 고유권설과 산업혁명 전후의 유럽에서의 국가론 대두와 함께 이해하는 것이 중요한다. 공동체의 생활형태를 자치라는 개념으로 표현함에 있어서도 그 의미는 사회적, 정치적인 변화에 따라 한결같지 않다. 지방자치를 명확히 이해하기 위해서는 자치개념의 변화와 그 시대적인 정치적, 사회적인 관계와의 연관 속에서 파악하는 것이 필요하다 하겠다. 또한 각 국가마다 구성하고 있는 지방자치단체의 기관구성을 명확히 이해하고 현대에 이르러 자국의 사회적·정치적·역사적 상황에 따라 지방정부를 구성하고 있는 유형 가운데 지방정부의 효용을 가장 극대화할 수 있는 정부형태를 다양하게 선택할 수 있는 것이 진정한 지방자치라고 볼 수 있겠다.

제1장에서 본 바와 같이 지방자치 이론적 동향과 지방자치제의 장·단점을 파악하고, 이론 및 선진국의 지방자치 유형을 살펴보았다.

중 요 개 념

1) 지방자치의 장·단점
   - 분권론
   - 집권론
2) 지방자치의 기본구성요소
   (구역/자치권/사무/정부구조)
   - 주민자치
   - 단체자치
   - 집권과 분권
   - 지방분권
3) 기관 구성형태
   - 일원형적인 기관통합형
   - 이원형적인 기관대립형
   - 절충형
4) 지방자치 이론의 탄생
   - 자유주의
   - 공동체주의

예 제

1. 지방자치의 긍정적 측면과 부정적 측면에 대하여 논하시오.

2. 주민자치와 단체자치의 기원과 의의에 대하여 논하시오.

3. 지방자치의 기원을 '고유권설'과 '전래권설'을 중심으로 기술하시오.

4. 지방자치이론 가운데 J. S. Mill의 관점에서 기술하시오.

5. 주민자치와 단체자치의 특징과 상이점에 대하여 기술하시오.

참고문헌

강동식(2000), 「지방자치의 이해」(제주대학교 출판부).
김동훈(1999), 「지방정부론」(충남대학교 출판부).
김병준(1998), 「한국지방자치론」(서울: 법문사).
김성호(1994), "헌법에 근거한 지방자치권력", 「한국지방행정연구원연구보고서」, 94-11.
박동수(1999), 「지방자치의 이해」(전주대학교 출판부).
박종민(2000), 「한국의 지방정치와 도시권력구조」(서울: 나남출판).
박홍식(1992), 「지방자치시대의 도시행정-중앙정부와 지방정부 간의 관계」(서울: 나남출판).
서원우(1987), "현대국가와 지방자치", 「현대사회」, 25호(서울: 동서연구소).
소영진(2001), 「지역균형발전과 NGO의 역할」(대통령 자문 정책기획위원회의 2001년도 정책과제).
안성호(2016), 「왜 분권국가인가」(서울: 박영사).
안용식・강동식・원구환(2000), 「지방행정론」(서울: 대영문화사).
이규환(1999), 「한국의 도시행정론」(서울: 법문사).
이달곤(2004), 「지방정부론」(서울: 박영사).
이동춘(1982), 「법의 철학」(서울: 박영사).
이승종(2003), 「지방자치론」(서울: 박영사).
이종수 외(2002), 「새행정학」(서울: 대영문화사).
임승빈(2003), "지방분권과 지방의회의 발전", 「월간 자치발전」, 2003년 12월호, 통권 104호(한국자치발전 연구원).
——— 외(2003), "지방분권과 국가균형발전의 논리 적합성에 관한 연구"(제2장: 국가균형 발전과 지방분권에 관한 논의), 「경기개발연구원 연구보고서」, 03-08.
——— (2016), "고양시인구증가에 따른 행정수요 예측과 대응방안", 고양지식정보산업진흥원보고서.
임승빈(2019), "자치, 그리고 공동체주의 논거와 실천모색", 한국자치행정학보 제33권 제3호. pp. 23~38.
장병구(2000), 「지방자치행정론」(서울: 형설출판사).
정세욱(2002), 「지방자치학」(서울: 법문사).
초의수(2000), 「외국의 분권-분산정책」(부산광역시청 정책개발실 연구위원).

최창호(2002), 「지방자치학」(서울: 삼영사).

행정자치부(2000), 「선진국의 지방자치제도(Ⅰ)(Ⅱ)」.

21세기 정책개발연구소(1997), 「한국과 외국의 지방자치 행정환경 차이점 비교 분석」.

Smith, B. C., 김익식 역(2004), 「지방분권론」(서울: 도서출판 행정DB).

로스, B. & M. 스테드만(1995), 「도시와 지방자치」(서울: 나남출판).

J. S. Mill(1859), 자유론(on Liberty), 박홍규 옮김(2018)(서울: 문예출판사).

Ashford, D. E.(1982), *British Dogmatism and French Pragmatism: Central-local policy making in the welfare state*. George Allen & Unwin, Ltd.

Becker and Whisler(1967), The innovative organization: A selective view of current theory and research, *Journal of Business*, No.40.

Butcher, Hugh, Ian G. Law, Robert Leach, and Maurice Mullard(1990), *Local Government and Thatcherism*, London: Routledge.

Cameron, K. S. & R. E. Quinn(1998), *Diagnosing and Changing Organizational Culture*, Addison-Wesley.

Downs, G. W. & Mohr L. B.(1976), Conceptual Issues in the Study of Innovation, *Administrative Science Quarterly,* 21.

Evans, Graham and Jeffrey Newnham(1992), *The Dictionary of World Politics*. Harvest Wheatsheaf.

Furmiss, N.(1974), The practical sign: Ficance of Decentralization, *Journal of politics*, Vol.36, No.4.

Gray, Virginia(1976), Models of Comparative State Politics: A Comparison of Cross-Sectional and Time Series Analysis, *American Journal of Political Science*, 20.

Hoskisson, R. E. & M. A. Hitt(1988), Strategic control systems and relative R&D investment in large multi-product firms, *Strategic Management Journal*, 9.

Chandler, Ralph C. & Jack C. Plano(1987), *The Public Administration Dictionary*.

Toffler, A.(1980), *The Third Wave*, N.Y : Bantham Books, Inc.

Sayre, Wallace S.(1968), *American Government*, 15th edition, New York: Branes & Noble, Inc., p. 159.

Arthur W. Bormage (1957), *Introduction to Municipal Government and Administration*, 2nd ed.

제 1 절　지방자치제도의 위상

1. 지방자치단체의 개념

지방자치단체(collectivités territoriaux, collectivité locale ou commununale; Kommunalverband; local authority, local autonomous entity)란 일정한 지역적 범위를 그 구역으로 하여 그 안의 모든 주민들에 의해 선출된 기관이 국가로부터 상대적으로 독립하여 자주적으로 지방적 사무를 처리할 권능을 가지는 법인격이 있는 단체를 말한다. 여기서는 지방자치단체를 법인으로 인식한 것이 특징이다. 그리고 그 자율권의 범위가 한정적이지 않고, 일반적인 관할권(general jurisdiction)을 가지고 있어야 이를 지방자치단체로 규정할 수 있다.

지방자치단체라고 할 때는 그 구체적인 체제나 운영방식은 나라마다 다를 것이지만 적어도 우리나라의 법적 용어인 지방자치단체에 해당하는 실체들은 특정지역, 주민 그리고 포괄적 지배권인 행정권을 가져야 한다(이달곤: 2004).

> **key concept**
>
> **지방자치단체와 지방정부**
>
> 지방자치단체와 관련하여 나라마다 다양한 용어를 사용하기 때문에 지방자치단체라고 번역하는 것이 어떤 면에서는 문제가 될 수도 있다. 프랑스어권에서는 collectivité loacle ou communale, 혹은 collectivités territoriaux, 독일어권에서는 Kommunal-verwaltung, 영어권에서는 local authority, local autonomous entity 등으로, 일본에서는 지방공공단체로 불린다.
>
> 우리라에서는 각종 법률에서 지방자치단체로 부르고 있다. 연방제 국가에서는 준주권적이고 준독립적인 주(州)가 역사적으로 국가형성의 모태가 되었으며 주 아래의 중간정부인 카운티와 시, 타운 등을 지방정부라고 칭할 수 있다.

2. 지방자치단체의 성격

> **key concept**
>
> **법인**
> 자연인(개인)이 아니면서 법률상의 권리·의무의 주체로 되어 있는 것. 사회에서 법적 활동을 하는 것은 자연인만은 아니다. 일정한 목적으로 결합한 사람의 단체(社團), 일정한 목적으로 거출된 재산의 집합(財團)도 일종의 법적 활동을 한다. 이러한 사단 또는 재단에 법적 인격을 부여하여, 권리·의무의 주체로 인정한 것이 법인이다.
> ※ 최근 일본에서는 사단법인·재단법인·비영리법인 등을 통합한 개념의 중간법인이라는 용어가 새로이 등장했다.

1) 법 인

자치단체는 법인격을 가진다. 그것은 자치단체가 국가와는 별개의 독자적인 권리·의무의 주체임을 의미한다. 자치단체는 국가에 대해서, 다른 자치단체에 대해서, 그리고 해당 지역 주민에 대해서 각종 법률관계를 맺는다. 지방자치단체는 법인이기 때문에 고유한 명칭(○○광역시, ○○도, ○○시, ○○군, ○○구)을 가지고 스스로 재산을 취득·매각·관리하고 사업을 경영하는 등의 행·재정적 독립성을 향유하며 소송당사자가 된다.

우리나라 지방자치법도 지방자치단체가 법인임을 명백히 규정하고 있다(지방자치법 제3조 제1항, 제176조). 자치단체는 법인이기 때문에 국가 또는 자치단체가 행정집행의 편의상 설치한 법인격 없는 각종 지방행정기관과 구별된다.

2) 공법인

지방자치단체는 공공적 사무, 지방적 사무를 처리함을 그 목적으로 하는 공법인이란 의미에서 개인이나 집단적 사적 이해관계를 중심으로 형성된 사법인(사단법인·재단법인)과 구별된다. 따라서 사법인에게는 인정될 수 없는 통치권 또는 지배권을 가진다. 또한 사법인의 행위는 원칙적으로 정치성을 내포하진 않지만, 자치단체의 행위는 본질적으로 정치성을 내포하므로 주민, 지방의회, 정당, 지역의 이익단체 등의 통제·감독 및 비판을 받게 된다.

이렇게 지방자치단체는 공법인이기 때문에 다음과 같은 특색이 있다. ① 그 단체의 목적과 기능이 법률에 의하여 규정되고(지방자치법 제11조~제14조, 제159조), ② 그 단체의 설립·해산·구역변경·사무소 이전 등이 모두 법률규정 사항이며(동법 제5조~제10조·제176조~제181조), ③ 그 단체의 목적달성을 조성·보호하기 위하여 공용부담특권·강제징수권·경찰권 등 일정한 국가적 공권 및 면세·보조금지급 등 각종의 특전의 부여되고, ④ 반면에 예산, 결산, 보고의무 등 행정목적 수행의 의무가 부여되며, ⑤ 국가로부터의 검사·취소·정지·승인 등 특별한 감독을 받는 등의 특색을 가진다.

3) 지역단체

지방자치단체는 지역단체이다. 즉 지방자치단체는 일정한 지역 안의 공공문제를 그 주민들이 자치적으로 처리하기 위하여 설립된 단체인 것이다. 그러한 점에서 지방자치단체는 공공단체 가운데서도 일정한 조합원의 결합을 기초로 하는 농업협동조합·농지개량조합 등의 공공조합 및 공공목적에 제공된 인적·물적 종합시설인 주택공사·토지개발공사·도로공사·조폐공사 등의 영조물법인과 구별된다. 물론 공공조합도 일정한 지역을 단위로 설립되는 것이기는 하지만 그 지역은 공공조합의 구성요소가 되는 것이 아니고 그 조합원의 자격을 정하는 기준에 불과한 것이다(김병준: 1994). 그러나 자치단체는 일정한 지역을 그 단체구성의 기초로 하고 그 지역 안의 주민을 지배하는 포괄적인 권능을 가지고 있으므로, 그 구역 내의 주민은 당연히 단체의 구성원이 되어 통치를 받게 되는 것이다.

> key concept
>
> **법인의 종류**
>
> **사단법인** : 법인격의 담당자가 사람의 집합인 법인
>
> **재단법인** : 법인격의 담당자가 재산의 집합인 법인
>
> **공익법인** : 공익을 목적으로 하는 법인
>
> **영리법인** : 영리를 목적으로 하는 법인
>
> **중간법인** : 공익도 영리도 목적으로 하지 않는 것(각종 협동조합·노동조합 등)
>
> **내국법인** : 한국에 주된 사무실을 두고 한국법률에 따라 설립된 법인
>
> **외국법인** : 외국에 주소가 있거나 외국법률에 따라 설립된 법인
>
> **공법인** : 특정 행정목적을 위해 설립된 법인(공공조합 등)
>
> **사법인** : 개인이나 집단적 사적 이해관계를 중심으로 설립된 법인

3. 용어적 특성: 지방자치단체와 지방정부

위에서 언급한 바와 같이 법적인 단체로 바라볼 경우, 자연히 기구의 본질, 내용, 성격, 작동원리 등에 관심이 집중될 것이다. 반면 기관이 형성되는 정치적 배경, 기관의 운영에 필수적인 관리적 차원, 재원이나 정보 및 핵심역량과 같은 요소, 기관의 성과에 대한 평가, 기관내부의 권력관계의 동태성 등에 대한 관심이 상대적으로 줄어들게 될 것이다. 지방자치단체를 법적인 측면에서나 개념규정을 할 경우 사회과학의 핵심적 관심인 제도의 형성과정, 존재의 정당성, 세력간의 관계, 제도의 변화를 초래하는 동태적인 과정 등에 대해서는 제한적인 접근을 할 수밖에 없어 연구에 한계가 있게 된다. 따라서 사회과학적 측면을 부각할 수 있는 관점에서 접근해야 할 필요가 크다.

즉 지방자치단체가 법률적으로 지역단위의 통치구조를 추상화한 개념이라면, 지방정부는 지방자치단체의 구체적인 실체로서 지방자치단체의 도구적인 측면뿐만 아니라 운영과정까지 지칭하는 사회과학적 개념이다. 이러한 관점을 바탕으로 지방정부(local government)를 규정하면, 지방정부란 일정한 지역에서 해당 주민들의 복리를 위하여 권위적 결정을 내리는 공권력의 주체로서 정당성을 용인 받아 의회와 집행부를 구성하여 스스로를 통치하는 것이다. 지방정부는 지방의 공공문제를 해결하고 주민의 복리를 증

> key concept
>
> **지방자치 단체란?**
>
> 자치행정의 주체로서 국가로부터 행정권의 일부를 부여받은 공공단체의 전형적인 존재이며 공법인(公法人)이다.
>
> 지방자치단체는 그 사무를 처리함에 있어서 주민의 편의 및 복리증진을 위하여 노력하고, 조직 및 운영의 합리화와 그 규모의 적정화를 도모하며, 법령이나 상급 지방자치단체의 조례에 위반되지 않아야 한다.
>
> 지방자치단체는 그 관할 구역의 자치사무와 법령에 의하여 지방자치단체에 속하는 사무를 처리한다.

진시키기 위해서 헌법적인 권위를 부여받은 실체일 뿐만 아니라 국가 내의 일부지역을 기반으로 하여 구성된 하나의 통치주체이다. 그리고 관련 기구가 작동하는 과정과 절차 그리고 그와 관련된 사회세력 간의 관계 등의 제도까지 포함하는 것이다(이달곤, 2004). 따라서 지방정부는 헌법이나 관련 법률에 규정된 범위 내에서 한정된 자치권을 행사하는 것이 또 하나의 특징으로 일정한 지역을 관할하는 정부라는 의미에서 전국적 중앙정부와 대비되는 개념이다.

이상 살펴본 바와 같이 지방정부와 지방자치단체라는 용어는 개념적으로는 다르나, 대부분의 학자 및 공무원들은 실제적으로는 양자를 큰 구별없이 사용하고 있다.

제2절 지방자치단체의 종류

1. 일반(보통)지방자치단체

1) 개 념

> key concept
>
> **지방자치단체의 구성요소**
>
> **장소적 요소** : 구역
> **인적 요소** : 주민
> **법제적 요소** : 자치권(조례재정권)

지방자치법에 의거하면 지방정부의 법적 차원을 강조하는 자치단체는 종합적 목적의 일반 지방자치단체와 한정적 특정목적을 수행하기 위한 특별지방자치단체로 구분하여 볼 수 있다. 일반지방자치단체는 주민의 복리증진이라는 일반적 목적을 추구하는 포괄적 성격의 지방정부이다. 보통 명사로 지방자치단체라고 할 때에는 일반지방자치단체를 말한다. 따라서 일반지방자치단체를 보통지방자치단체라고도 한다. 일반자치단체는 지방주민의 대표들로 구성되며 지방주민의 복리와 관련된 폭넓은 행정서비스 기능을 자율적으로 수행한다.

2) 일반지방자치단체의 종류

일반지방자치단체는 관할구역의 크기와 기능에 따라서 구조와 규모가 정해지며, 일반적으로는 국가(최상위계층)-광역(중간)계층-기초계층 식의 계층제를 이루고 있다. 자치단체의 종류와 형태는 앞서 살펴본 바와 같이 국가별로 매우 다양하다. 프랑스, 이탈리아 등지의 지방자치단체는 세 개의 자치계층을 이루고, 일본, 한국 등 대부분의 국가는 자치 2층제이며, 뉴질랜드와 같이 지방자치단체가 단일계층으로 이루어지는 나라도 있다. 영국은 최근 2층제를 부활하였고 스코틀랜드, 웨일즈 지방정부에 권한을 대폭 이양하는 분권화를 실시하고 있다. 순수한 계층의 측면에서 보면 연방제국가에서는 하나의 계층이 더 존재한다고 볼 수 있으며, 유럽연합(EU)의 경우 국가 위에 또 하나의 계층이 더 형성된 것으로 볼 수 있다, 실제로 EU에는 지역위원회(the committe of the region)가 설치되어 각국 지방정부의 대표들이 지역의 이익과 관련된 의사결정에 참여하고 있다.

한편 지방자치단체가 자치 2계층(two-tier system)구조를 가지는 경우 하층 지방자치단체를 기초자치단체 또는 1차적 자치단체라 하고, 상층 지방자치단체를 중앙정부와 기초자치단체의 중간에 위치하고 있다는 의미에서 중간자치단체라고 한다. 이러한 중간자치단체는 기초자치단체를 포괄하는 넓은 지역을 기초로 하고 있다는 의미에서 광역자치단체라 칭하기도 하고, 제1차적 자치단체에 대칭하여 제2차적 자치단체라 부르기도 한다.

현재 우리나라의 지방자치단체는 특별시와 광역시 및 도, 시와 군 및 자치구의 2계층으로 되어 있다(지방자치법 제2조 제1항).

특별시와 광역시 및 도(이하 시 · 도라 한다)는 정부의 직할 아래 두고, 시는 도의 관할구역 안에, 군은 도 또는 광역시의 관할구역 안에 두며, 자치구는 특별시와 광역시의 관할구역 안에 둔다(동법 제3조 제2항). 여기에서 시 · 도를 정부의 직할 아래 둔다는 뜻은 이들 자치단체를 정부직속의 산하단체로 한다는 의미가 아니라, 이들 자치단체의 위에는 더 이상 상위 자치단체를 두지 않는다는, 즉 이들을 최상위 자치단체로 하여 이들과 중앙정부가 직접 교섭한다는 뜻이다.

서울 특별시 · 광역시를 제외한 도의 관할구역 안에 두고, 군은 광역시 또는 도의 관할구역 안에 두며, 자치구는 특별시와 광역시의 관할구역 안에 둔다는 뜻은 시 · 군 · 자치구를 특별시 · 광역시 · 도의 하급기관으로 한다는 의미가 아니라 시 · 군 · 자치구의 관할구역이 해당 시 · 도 구역의 한도 안에 존재하며, 따라서 2 이상의 시 · 도 구역에 걸쳐 존재하지 않는다는 것을 의미한다.

(1) 광역지방자치단체(regional government or metropolitan government)

광역자치단체는 관할구역(jurisdiction) 안에 여러 개의 기초자치단체를 포함하는 구역에 설치되며, 국가와 기초자치단체의 중간에 위치하는 중간자치단체의 성격을 띠고 있는 광역지방정부이다.

> **key concept**
>
> **광역지방자치단체의 업무 예시**
>
> ① 지방자치단체의 구역·조직 및 행정관리 등에 관한 사무,
> ② 주민의 복지증진에 관한 사무,
> ③ 농림·상공업 등 산업진흥에 관한 사무,
> ④ 지역개발 및 주민생활환경시설의 설치·관리에 관한 사무,
> ⑤ 교육·체육·문화·예술 진흥에 관한 사무,
> ⑥ 지역민방위 및 소방에 관한 사무 등을 맡아서 한다.

광역자치단체는 국가가 전국을 여러 개의 구역으로 구분하여 구역별로 통치권을 행사하였던 역사적 유산, 그리고 현대에 있어서의 일상생활과 관련한 사무와 치산·치수 등 광역적 사무의 분업적 처리의 요청, 국가의 직접적인 통제로부터의 기초자치단체의 연락·조정의 필요 등에 의하여, 기초자치단체 외에 광역자치단체를 설립하여 지방자치계층을 2계층으로 하는 것이 세계의 일반적인 현상이다. 그러나, 광역자치단체의 필요성은 기초정부에 대한 지원적 성격을 띠고 있기 때문에 과연 지방자치단체라고 인정할 수 있을 것인가에 대한 이론적 반론도 있다.

우리나라의 경우 지방자치법에 따르면 광역자치단체의 기능으로 행정처리결과가 2개 이상의 시·군·자치구에 미치는 광역적 사무, 시·도 단위로 동일한 기준에 따라 처리되어야 할 성질의 사무, 지역적 특성을 살리면서 시·도 단위로 통일성을 유지할 필요가 있는 사무, 국가와 시·군·자치구 간의 연락·조정 등의 사무, 시·군 자치구가 독자적으로 처리하기에 부적당한 사무, 2개 이상의 시·군·자치구가 공동으로 설치하는 것이 적당하다고 인정되는 규모의 시설 및 관리에 관한 사무 등은 광역자치단체가 담당한다.

또한 광역자치단체는 이 밖에도 기초자치단체 사이에 발생하는 분쟁을 조정하고, 지방자치단체의 사무에 관하여 조언하거나 권고·지도할 수 있으며, 시·군 ·자치구나 그 자치단체의 장이 위임받아 처리하는 국가사무나 특별시·광역시·도로부터 위임받은 사무에 대해서 지도·감독할 수 있게 하고 있다.

일반지방자치단체는 이념적으로 관할구역 내에서의 지방자치실현이라는 동일한 이념을 가진 정부이고, 존립목적상으로는 주민복리의 향상과 지방민주주의 공고화를 위해 존재하는 지방정부이다. 따라서 모든 자치단체들은 각각 독립성과 자주성을 가지고 주민의 의사에 따라 운영되는 것을 원칙으로 하고 있다.

그러나 위에서 살펴본 것처럼 우리나라의 지방자치법은 광역자치단체에 대해 시·군·자치구에 대한 지도적 기능과 조정적 기능을 부여함으로써 광역자치단체에게 우월적 지위를 인정하여 국가의 정합성을 꾀하고 있다.

(2) 기초지방자치단체(municipalities)

기초자치단체는 주민의 일상생활에 필요한 공공서비스를 제공하는 최소

단위의 자치정부이며, 그 유래나 기능면에서 자치적 성격이 더욱 강한 기초지방정부인 것이 특징이다. 토크빌(제1장 [인물탐구] 참조)이 말하는 "Municipal institution(institute the strength of nations, Town meetings are to liberty what primary schools are to science: 지방자치제도야말로 자유로운 국민의 힘이다. 지방자치제도와 자유의 관계는 초등학교와 학문과의 관계에 같다)"에서의 지방자치가 바로 기초지방자치단체를 의미한다. 또한 G. Bryce의 "The best of democracy and the best guarantee of it success it the practices of local goverments"에서의 지방정부 역시 기초지방자치단체를 의미한다.

참고자료

기초지방정부의 강화가 민주주의의 시작이라고 생각했던 토크빌은 1848년의 "자유에 맞서 싸우는 것은 신에 맞서 싸우는 것과 같다"(Tocquevile, 1945)라고 했을 정도로 풀뿌리 지방자치를 강조했다.

이렇게 볼 때 주민을 대표하고 그 주민에게 책임을 지며 주민을 위하여 최대한의 서비스를 제공하기 위하여 설립되는 지방자치단체는 가능하면 작은 것이 이상적이다. 이와 같은 요청에 가장 적합한 자치단체가 기초자치단체이다. 기초자치단체는 지방주민의 일상적 생활과 직결되어 있는 공동체적단위로서, 그 규모는 공동사회의 지역적 범위를 의미하며, 지방자치에 있어서는 가장 기본적인 단위가 된다.

우리나라의 경우 기초자치단체는 도의 관할구역 안에 있는 시와 군, 특별시 · 광역시의 관할구역 안에 있는 자치구로 구분되는데, 동일수준의 시 · 군과 자치구들도 인구, 면적, 재정규모 등에서 큰 차이가 있다. 최근에는 대도시 인구집중으로 인하여 자치구에 살고 있는 인구가 점점 늘고 있는 반면 군의 인구는 점점 감소되는 추세이다. 인구밀도가 높고 대다수 주민이 2 · 3차 산업에 종사하여, 사회 · 문화적으로 도시풍(urbanism)이 지배하는 대도시의 자치구가 제고해야 하는 정부서비스와 농어촌 지역의 그것은 크게 달라질 수밖에 없다. 실제로 자치구의 경우 기능에 있어 시 · 군과 차이가 있다.

도시와 농어촌의 공공서비스 수요가 다르므로 도시는 시로, 농어촌은 군으로 자치정부의 기능을 달리하여 분리 · 구성하는 것이 일반적이다. 그러나 일정 범위 내에 있는 지역에 한해서 행정서비스 수요는 차이가 있을지라도 동일 생활권임을 중시하여 하나의 자치정부에 통합하는 추세에 있다. 전자의 논리에 따른 것이 과거 한국의 도농분리형 지방정부구조이며, 후자의 논리를 수용한 것이 1994년도 이후 활발했던 도농통합형 지방정부 구조이다.

대부분의 유럽 및 미국, 일본국가에서는 대도시를 제외하면 기초지방정부의 인구규모는 1만명 이하가 많다. 작은 규모의 기초지방정부는 대표성을 강화하고 민주적 정부 운영에 적절하게 활용될 수 있는 동시에 자치정부의

key concept

– 지방자치단체 –

우리나라에서 지방자치단체는 헌법적으로 보장되어 있으며, 자치입법권 역시 헌법 117조에 의하여 보장받고 있다.

– 지방행정기관 –

지방행정기관은 지방자치법 또는 중앙부처의 관련법에 의하여 근거를 둔 조직으로써 일반지방행정기관과 특별지방행정기관으로 나뉜다.

기능, 형태, 관리방식 등에 있어서 다양성을 부여할 수 있다는 장점이 있다. 그러나 너무나 작은 규모의 수많은 기초지방정부가 명확한 기준 없이 난립하여 상업 활동에는 물론이고 도시발전과 사회통합에 장애가 되는 경우를 볼 수 있어 자치단체 통·폐합도 큰 과제로 등장하고 있다. 이러한 사례는 지나치게 작은 규모의 기초자치단체가 가져올 수 있는 단점들을 보완하기 위해서이다(Maxey, Chester C: 1992). 수많은 대도시 기초자치단체가 소규모로 분절되고 기능이 중복되면 가용자원과 사회적 필요성 간의 정합성이 결여되어, 사회문제의 해결이 어려워지면서 서비스의 효율도 떨어뜨리게 된다.

반면에 우리나라의 기초자치단체들은 대단히 획일적인 유형에 속하며 인구나 규모 면에서는 외국의 광역자치단체 수준에 해당되는 곳이 많다. 더군다나 시·군 통합에 의하여 지역사회 공동체의 성격이 약화되었으며, 대도시에로의 인구집중으로 도시 기초자치단체의 인구는 대단히 큰 규모이고 공동체적 성향은 찾아보기 어렵게 되었다. 이러한 변화에는 효율성을 중시하는 행정문화가 반영된 것으로 볼 수 있으며, 이러한 가치정향은 국가경쟁력을 강화하기 위한 조치로서 도농통합정책을 추진한 사례에서 보다 잘 이해할 수 있다. 2018년 현재 우리나라는 226개의 기초지방자치단체와 17개의 시·도 광역지방자치단체로 구성되어 있다. 단, 2006년도 7월 1일에 설치된 제주특별자치도와 세종특별자치시(2012년)는 기초와 광역 성격 모두 가지고 있다.

key concept

– 제주특별자치도 시행 –

2006년 7월 1일부터 제주도특별법에 의하여 제주도·제주시·서귀포시·북제주군·남제주군이었던 것이 제주도만 자치단체로 남았고 제주시·서귀포시 2개의 행정시를 설치한다.

– 세종특별자치시 시행 –

2012년 7월 1일 출범한 우리나라 첫 특별자치시이자 17번째 광역자치단체로, 기초자치단체(시·군·구)가 없는 유일한 광역자치단체다.

2. 지방행정기관의 개념 및 종류

지방행정기관이란 지방자치단체와는 달리 "국가(또는 지방자치단체)의 공공사무를 지역적으로 분담·처리하기 위하여 현지에 설치된 국가(또는 지방자치단체)의 하급기관으로서의 행정기관"을 말하며, 지방자치 단체와는 달리 법인격을 가지고 있지 않다. 세무서(장), 검찰청(장), 산림관리소(장), 우체국(장), 그리고 국가사무위임으로서의 시장·지사·군수 등이 그 예이다. 지방행정기관은 지방자치단체와 별개로 존재하는 경우(국가소속의 지방행정기관)도 있고, 지방자치단체를 보조하는 경우(지방자치단체 소속의 지방행정기관)도 있다. 지방행정기관의 종류로는 일반지방행정기관과 특별지방행정기관이 있다.

1) 일반지방행정기관

일반행정기관은 국가(또는 지방자치단체)의 관할구역 안에서 시행되는 공공사무(특별지방행정기관의 소관사무를 제외한 사무)를 종합적으로 처리하며, 국가(또는 지방자치단체)의 일반적인 지휘 · 감독을 받는 지방행정기관을 말한다. 우리나라에서는 자치단체가 아닌 일반행정구(청장), 읍(장), 면(장), 동(장) 등이 그 예가 되겠다. 그리고 특별시 · 광역시 · 도와 시 · 군 · 자치구 등 지방자치단체(더 정확히는 그 자치단체의 집행기관인 장)도 국가 또는 상급 자치단체의 위임사무를 처리하는 한도 안에서는 국가 또는 상급 자치단체의 지방행정기관이 된다.

2018년 현재 특별시 또는 광역시가 아닌 인구 50만과 100만 이상의 시에는 특례조항으로써 자치구가 아닌 일반(행정)구를 둘 수 있고, 군에는 읍 · 면을 두며, 시와 구(자치구를 포함한다)에는 동을, 읍 · 면에는 리를 둔다(지방자치법 제3조 제3항). 도 · 농복합형태의 시에는 도시의 형태를 갖춘 지역에는 동을, 그 밖의 지역에는 읍 · 면을 두되, 그 시에 자치구가 아닌 구를 두는 경우에는 그 구에 읍 · 면 · 동을 둘 수 있다(동조 제4항).

자치구가 아닌 구에 구청장, 읍에 읍장, 면에 면장, 동(행정동)에 동장을 둔다(동법 제117조) 이들은 일반직 지방공무원으로 보하되, 그 관할 지방자치단체의 장이 임명한다(동법 제118조). 이들은 그 관할 지방자치단체의 장의 지휘 · 감독을 받아 소관 국가사무 또는 지방자치단체의 사무를 맡아 처리하고 소속 직원을 지휘 · 감독한다(동법 제119조). 이들 구 · 읍 · 면 · 동 · 리는 결국 시 · 군 · 자치구 등 자치단체의 행정보조계층이 되고 있다.

2) 특별지방행정기관

특별행정기관은 국가 또는 지방자치단체의 특정한 행정부서에 소속하여 특수한 전문분야의 행정사무를 처리하는 지방행정기관을 말한다. 이를 특별지방행정관서 또는 특별관서라고도 하고, 영국에서는 일선기관(arm's length agency) 또는 부속기관(ad hoc agency)이라고도 한다.

지방에 지방자치단체 및 일반행정기관이 설치되어 있음에도 불구하고 특별행정기관을 별도로 설치하는 이유는 국가업무의 처리에 있어서 전국적인 통일성이 요구되거나 전문성과 특수성으로 인하여 지방자치단체 또는 그 기관에 위임해서 처리하는 것이 적합하지 않은 경우에 중앙정부가 지방에 직접 설치하여 국가사무를 수행하게 한다. 그러나 특별지방행정기관은 그 사무의 전문성이나 관할구역의 특수성 등으로 인하여 특히 '필요한 경우'에 한하여 설치되는 일종의 예외적인 기관이다(최창호: 1988).

특별지방행정기관은 서비스 구역(service areas)을 중심으로 설립되는 것이 논리적이므로, 서비스의 특성과 규모의 효율성을 살리는 구역을 파악하고 그것을 경계로 하여 설립되어져야 한다. 그러나 특별지방행정기관의 구역을 일반지방자치단체나 일반지방행정기관의 구역과 일치시키는 것을 흔히 볼 수 있는데, 이는 제공하는 서비스의 특수성이 없거나 서비스가 효율적으로 공급되지 않는다는 것을 의미한다.

일반지방자치단체의 구역은 정부구역(governmental areas)으로서 정치적인 단위이며, 조세를 징수하고, 선거와 투표를 통한 정치적 결정을 하는 등 일반 행정서비스의 전달과는 다른 의미를 가지고 있다. 특별지방행정기관의 문제점은 자치능력을 약화시키고 자치단체의 서비스와 중첩이 되는 것 등이다. 따라서 지방정부와 특별지방행정기관 간의 통·폐합 및 기능재배분이 필요하다.

(1) 중앙정부 소속의 특별지방행정기관

지방에는 국가 소속의 특별행정기관이 제1차기관 또는 제2차기관이라는 명목으로 설치되어 있다. 예를 들어, 1952년 교육위원회를 위시로 현재 노동, 조세, 경찰, 환경, 조달 등 각 분야에 다음의 <표 2-1>에서 보여지는 바와 같이 설치되어 있다. 특별지방행정기관은 그 사무의 전문성이나 관할구역의 특수성으로 인하여 필요한 경우에 한하여 설치하는 예외적인 기관이지만 역사적으로 각 부처의 할거주의 내지 직할주의로 인하여 경쟁적으로 자기 산하기관을 설치하는 경우가 많았다. 이러한 난립은 지방행정의 종합성이나 민주성을 제약하게 된다. 중복행정을 야기하고 고객인 주민의 만족도를 저하시킬 가능성도 높아 끊임없이 지방이양의 대상 기능으로 논란이 되고 있다.

(2) 지방자치단체 소속의 특별지방행정기관

특별지방행정기관에는 중앙뿐만 아니라 지방자치단체 소속의 기관도 있다. 지방자치단체 소속의 중요한 특별지방행정기관으로는 소방본부(장), 소방서(장), 농업기술원(장), 농업기술센터(소장), 보건소(장) 등을 들수 있다. 이 가운데 집행기관이고, 소방본부장·농업기술원장·농업기술센터소장·

보건소장은 지방자치단체의 외청적 소속기관이며, 소방서장은 지방자치단체의 하급행정청이다. 특별지방행정기관 중 일부는 지방자치단체의 소관사무를 처리함과 동시에 중앙정부의 소관사무도 처리하기 때문에 당해사무가 지방자치정부 소속인지 중앙정부 소속인지 불분명한 경우가 많다.

우리나라에서 특별지방행정기관의 법적 성격은 대통령령「행정기관의 조직과 정원에 관한 통칙」 제2조에 의한다. 이에 의하면, 특별지방행정기관은 특정한 중앙행정기관에 소속되어, 당해 관할구역 내에서 시행되는 소속 중앙행정기관의 권한에 속하는 행정사무를 관장하는 국가의 지방행정기관을 의미하며 특별지방행정기관은 2000년에는 7,000여 개에 달하였으나 2005년

〈표 2-1〉 특별행정기관 유형별 분류(2023년 7월 기준)

유형	특별지방행정기관	2005년	2010년	2015년	2023년 (정원)
고용 노동	(고용노동부)지방고용노동청 지청 및 출장소	46개	47개	47개	48개 (6,696명)
세무	(국세청)지방국세청 · 세무서/(관세청)세관 등	177개	183개	188개	211개 (25,099명)
현업	(과학기술정보통신부)지방우정청 · 우체국 등	1,432개	1,995개	2,008개	2,522개 (33,212명)
공안	(법무부)지방교정청 및 출입국 · 외국인청 등 (국토교통부)지방철도특별사법경찰대 등 (검찰청)고등검찰청 · 지방검찰청 등 (경찰청)시 · 도경찰청 및 경찰서 · 지구대 등 (해양경찰청)지방해양경찰청 · 해양경찰서 등	1,620개	2,548개	2,609개	2,734개 (176,973명)
기타	(공정거래위원회)지방공정거래사무소 (원자력안전위원회)지역사무소 (환경부)유역환경청 · 지방환경청 등 (국토교통부)지방국토관리청 · 지방항공청 등 (해양수산부)지방해양수산청 · 출장소 등 (중소벤처기업부)지방중소벤처기업청 등 (산업통상자원부)자유무역지역관리원 등 (국가보훈처)지방보훈청 및 지청 (식품의약품안전처)지방식품의약품안전청 등 (질병관리청)질병대응센터 · 국립검역소 등 (조달청)지방조달청/(통계청)지방통계청 등 (병무청)지방병무청/(산림청)지방산림청 등 (기상청)지방기상청 및 항공기상청 등	393개	342개	354개	327개 (12,502명)
총 계		3,668개	5,115개	5,206개	5,842개 (254,482명)

〈표 2-2〉 역대 정부의 특별지방행정기관 지방이관 추진경과

구분	노무현 정부	이명박 정부	박근혜 정부	문재인 정부
추진 주체	정부혁신지방분권위원회	지방분권촉진위원회 및 지방행정체제 개편추진 위원회	지방자치발전위원회	자치분권위원회
추진 내용	중소기업·노동·환경·국도하천·항만수산·식의약품 등 분야 특별지방행정기관 지방이관 추진	(1단계) 국도하천·해양항만·식의약품지방이관 추진 (2단계) 노동·환경·산림·보훈·중소기업 지방이관 추진	전(前) 정부 발굴한 특별지방행정기관 89개 사무 이양추진	중복·집행·지역적 사무에 대한 시·도 이관 추진, 특별지방자치단체 설립 통한 권한이양, 지방자치단체와의협업 제도화
주요 성과	(제주특별자치도) 국토관리·중소기업·해양수산·보훈·환경·노동 등 지방이관 완료('06.7) 외 실질적 성과 부재	(1단계) 완료('10.6) - 일부 집행사무 지방이관 - 인력 208명 및 예산 3,969억 원 동반이관 (2단계) 미완료 - 7개 지방환경청 출장소 폐지 외 성과 부재	실질적 성과 부재	실질적 성과 부재

출처: 윤태웅(2025), "특별지방행정기관의 지방이관 추진 방향에 관한 연구- 제주특별자치도 이관 사례를 중심으로 -" 국회세미나 2025년 12월 12일, 발제문 가운데 <표 4>, <표 5> 인용.

에는 3,668개로 급격히 감소하였다가 2021년 경찰청의 국가경찰·자치경찰 이원화, 해양경찰청 확대, 환경·산림·식약처 지방청 확대 등이 이루어져 2023년 기준 현재 약 5,824개 총정원 약 254,482명으로 증가했다.

2025년 7월 현재에도 공안행정기관의 특별지방행정기관이 절반 이상을 차지하고 있다는 점은 변함이 없다.

(3) 특별지방행정기관의 기능조정

특별지방행정기관의 정비는 김대중 정부에서 본격적으로 도입했으나, 가시적인 성과는 없었다는 것이 중론이다. 1999년 10개 부처 375개 특별지방행정기관을 대상으로 지방자치단체의 의견을 수렴하여 정비대상을 선정하였으나, 중앙부처의 반발로 구체적인 정비결과를 도출하지 못하였다. 하지만 노무현 정부에서는 제주특별자치도 설치법을 제정하고 7개 특별지방행정기관을 일괄적으로 이양하는 데 성공하였다는 점은 매우 획기적이었다고 평가할 수 있다(2006년 7월 1일 제주특별자치도가 출범하면서, 실질적인 지

방분권을 보장하고자 7개 특별지방행정기관을 「제주특별자치도 설치 및 국제자유도시 조성을 위한 특별법(이하 제주특별법)」 제24조에 따라 제주도로 이관하였다). 그러나 노무현 정부 초기의 적극적인 정책추진 노력에도 불구하고, 실제 특별지방행정기관의 정비는 제주특별자치도에 일괄이양을 추진한 것 외에는 무산되었을 정도로 특별지방행정기관의 지방이양은 매우 힘든 분권과제라고 볼 수 있다. 그 이후 이명박 · 박근혜 정부를 거치면서 특별지방행정기관의 지방이양에 관한 뚜렷한 성과는 없었으며 뿐만 아니라 박근혜 정부에서는 지방자치발전위원회에서 지방이양 사무 자체도 결과로 도출된 것은 없을 정도로 분권을 위한 중앙정부의 노력은 미약했다고 평가할 수 있다. 그리고 2017년 등장한 문재인 정부가 제시한 100대 과제(청와대 100대 국정과제(http://www1.president.go.kr/government-projects)) 중 자치분권과 관련된 정책은 자치분권과 지방재정 분권을 표방하여 어느정도 성과도 냈다. 또한 특별지방행정기관의 지방이양은 2021년 7월 1일 부터 시행된 자치경찰제에 의해 대한민국 정부수립 이후 최초로 공안행정기관의 지방이양이 시작되었다.

윤석열 정부에서도 지방분권의 실제적인 성과로서 특별지방행정기관 지방이전을 2023년 1월에 표방을 했으나 오히려 증가했으며, 2025년 6월 윤석열 정부의 탄핵에 의해 등장한 이재명 정부는 특별지방행정기관의 지방이관에 대해서는 국정과제로서 구체적으로 채택하고 있지는 않다.

3. 특별지방자치단체

1) 특별지방자치단체의 특징 및 필요성

특별지방자치단체는 지방행정상 특정한 목적으로 행정사무를 처리하기 위해 혹은 행정사무를 공동으로 처리하기 위해 설치되는 공공단체로서 담당하는 구역과 기능이 한정적인 기관을 지칭한다. 즉 지방공공사무를 지역주민에게 보다 편리하면서도 가장 효율적으로 수행하기 위해 별도의 관할구역과 행정조직을 필요로 하는 데 있다고 할 수 있다(예컨대 교육사무와 경찰 · 소방사무 등은 각각 그 적정 구역과 필요조직을 달리하는 것이다).

지역의 특수한 문제를 해결하기 위해서 특별구(special district), 공동위원회(joint committe), 임시특별구(ad hoc authority) 등을 설치한 것이 기원이 되었으며, 이들은 일단 설립된 후에는 지방정부들과는 별개의 법인격을 갖는다. 특히 기초자치단체의 규모가 작은 국가에서는 광역적인 업무를 처리하는 데 이러한 특별자치단체의 설립 필요성이 증대된다.

이들 원인에 의해서 설립되는 특별지방자치단체는 다음과 같은 문제점을 야기하기도 한다. 첫째, 지방자치단체의 난립을 가져와 구역·조직·재무 등 지방제도의 복잡·혼란을 초래하며, 둘째, 공공기능 간의 종합·조정을 곤란하게 하고 할거주의를 조장하며, 셋째, 책임소재를 불분명하게 하고 지방행정에 대한 주민의 관심 및 통제력을 약화시키며, 특수기능 중심의 정책으로 인하여 정책이 특수전문가나 이해당사자의 특수이해에 의해 좌우되기 쉽다는 것 등이 그것이다.

따라서 종합적 기능을 수행하는 일반지방자치단체에 의하여 공공사무가 처리되는 것을 원칙으로 하고 예외적으로 특히 필요한 경우 특별지방자치단체의 설립을 인정하는 것이 바람직하다. 더군다나 2020년 지방자치법 전부개정에 의하여 특별지방자치단체 설립이 보다 용이해졌다.

2) 특별지방자치단체의 종류

(1) 행정사무단체와 기업경영단체

특별지방자치단체는 행정사무의 처리를 위하여 설립되는 것이 보통이지만, 공기업의 경영을 위하여 설립되는 경우도 있다. 미국의 상수도구, 병원구, 도서관구, 공원 및 레크레이션구, 묘지구 등 대부분의 특별구와 일본의 재산구, 지방개발사업단 등이 그 예에 해당한다고 할 수 있다. 우리나라에서도 이러한 기업경영적인 특별지방자치단체의 설립이 허용되고 있다(지방공기업법 제44조, 제45조).

(2) 특수사무단체와 광역사무단체

특별지방자치단체에는 특수 사무를 수행하기 위하여 설립된 것과, 광역적 협력에 관한 사무를 처리하기 위하여 설립된 것 등 두 가지 원인에서 설립되고 있다. 전자는 지역주민을 구성원으로 하여 설립된 것인데 비하여, 후자는 기존의 일반지방자치단체를 구성원으로 하여 설립된 것이다. 또한 전자는 처음부터 특수분야의 독자적인 사무처리 주체로 설립된 것인데 비하여, 후자는 기존 일반지방자치단체의 본래 기능의 일부를 승계하여 설립된 것이다. 전자의 예로는 미국의 학교구, 상수도구 등 각 특별구역, 스위스의 각 특별지방자치단체, 일본의 특별구 및 재산구, 영국의 과거의 중앙정부 부속기구 또는 산하기구(ad hoc authority) 등을 들수 있고, 후자의 예로는 프랑스의 꼬뮨(commune) 조합, 연합구(district) 및 도시공동체, 독일의 목적조합, 게마인데(gemeinde) 연합 및 광역조합, 일본의 지방자치단체조합, 광역연합 및 지방개발사업단, 우리나라의 지방자치단체조합 등을 들 수 있다.

(3) 조합형

① 한 국

우리나라는 지방자치법 제2조 제3항에 일반지방자치단체 외에 특정한 목적을 수행하기 위해서 필요한 경우에는 별도의 특별지방자치단체를 설치할 수 있다고 규정하고 있다. 그러나 필요한 사항을 규정하는 대통령령에는 별도 규정이 없는 관계로 그 대상에 대해서 이견이 있다. 지방자치단체조합을 특별지방자치단체로 보려는 의견이 우세하나 주민을 구성요건을 보는 경우 이에 해당하지 않는 문제가 있고 법인격을 가질 수 있는가에 대해서도 의견의 대립이 있다.

즉, 법적 성격으로써는 지방자치단체조합은 두 개 이상의 단체들이 일부 사무(광역사무)를 공동으로 처리하기 위하여 설립하는 특별지방자치단체이다. 조합의 설립 시에는 법인으로서 규약을 정하여 당해 의회의 의결을 거치는 절차가 필요하며, 조합회의는 조합의 규약이 정하는 바에 따라 조합의 중요사무를 심의 · 의결하며 조합이 제공하는 역무 등에 대한 사용료 · 수수료 또는 분담금을 조례의 범위 안에서 정할 수 있도록 하고 있다. 조합은 이론적으로 보면 특별구(special district)와 유사한 측면이 없지 않으나 소속된 자치단체의 영향력이 특별구에 비해 강하다는 점이 다르다.

> **참고자료**
>
> **한국 조합의 사례**
>
> 수도권 매립지운영조합이 1991년 설립되었으나 2000년도에 폐지되고 지방공사로 전환되었다. 그 밖에 자치정보화조합(2003), 부산 · 거제간 연결도로 건설조합, 부산 · 진해 경제자유구역청(2004), 광양만권 경제자유구역청(2004), 부산 · 김해 경량전철조합(2004), 수도권 교통조합(2005) 등이 있었다.
>
> 2021년 현재는 지리산권 7개 시군의 지리산권 관광개발조합(2006)이 유일하다. 그러나 2020년 지방자치법 전부개정에 의하여 특별지방자치단체 설립이 용이하게 되어 활성화될 전망이다.

② 일 본

일본에서 지방자치단체조합(일부사무조합)은 둘 이상의 지방자치단체가 사무의 일부를 공동으로 처리하기 위하여 설립하는 특별지방자치단체이다.

일본의 경우 우리나라의 지방자치법과는 달리 특별지방공공단체는 특별구, 지방공공단체의 조합, 재산구 및 지방개발사업단으로 한다는 상세한 규정을 두고 있다. 특별구는 대도시인 동경도(東京都)의 내부 지역구성단위로서 도 전체의 통일성 확보의 요청에 따라 제한적 자치권을 가진 23개구(區)를 말한다. 재산구는 시 · 정 · 촌 및 특별구의 폐치분합 · 구역변경 시에 그 재산 및 시설의 관리 및 처분을 담당하기 위하여 설비되는 법인이다. 그 재산 및 시설에는 임야가 대부분이고 그 외에 경지, 목지, 용수시설, 공회당 등도 적지 아니하다. 재산구는 관습에 기하여 설립되며, 그 권능도 관습에 의하여 한정되는 경우가 많다.

지방개발사업단은 일정한 지역의 종합개발계획에 기하여 특정 공공시설의 건설, 그 시설용지의 취득·조성 및 토지구획정리사업에 관련된 공사를 종합적으로 실시하기 위하여 복수의 지방자치단체가 공동적으로 설치하는 단체이다. 지방개발사업단은 관련 지방자치단체로부터 위탁된 사업만을 처리하며, 수탁사업의 완료와 동시에 해산한다.

일부사무조합이 협의회나 자치단체 간 기관의 공동설치, 사무의 위탁과 같은 기존의 공동처리 방식과 다른 점은 법인으로서 직원을 채용하고 독자적인 재산을 소유하며 조례를 제정할 수 있다는 점이다. 1967년부터 1974년까지는 매년 급속한 증가 추세를 보여 3,039개까지 되었으나, 이후부터는 매년 일정비율로 감소하고 있다. 그 이유는 1974년도의 지방자치법 개정으로 복합적 사무조합의 설립에 따라 기존의 일부사무조합에 통합되었기 때문이다. 일본의 일부사무조합의 사무처리 목적을 살펴보면, 환경과 위생관련 조합이 1,062개(37.1%)로 가장 많고, 그 다음은 방제관련 조합 495개(17.3%), 후생복지관련 조합 427개(14.9%), 제1차 산업진흥관련 조합 318개(11.1%) 등의 순이다. 특히 환경위생관련 조합 1,062개중에서 쓰레기 처리관련 조합이 392개이고, 분뇨처리관련 조합이 368개로 가장 많은 비중을 차지하고 있다. 특이한 점은 조합의 설립이 활성화되어 있는 일본의 경우에도 대부분의 조합이 동일한 도·도·부·현 내의 시·정·촌 간에 설립되어 있는 것이 특징이다.

③ 독 일

독일에도 광역적 사무를 처리하기 위한 특별지방자치단체로 목적조합, 게마인데(Gemeinde) 연합 및 광역조합이 구성되어 있다. 독일의 광역행정에서 대표적인 유형이 목적조합인데 목적조합은 한 가지의 특정사무를 복수의 자치단체가 공동으로 처리하는 것인데 이는 법적인 단체로서 기능을 발휘하는 것이다. 그러므로 지방자치단체가 단순히 질서를 유지하는 수준을 넘어 규모가 작고, 서비스 능력이 빈약한 지방자치단체들의 협동을 통한 특정사무를 일제적으로 처리하기 위한 복수 게마인데(Gemeinde)에 의해 설치되는 사단이다.

목적조합은 각 게마인데(Gemeinde)의 임의적 협의와 법률에 의하여 설립되는 것이 원칙이나 법률에 의해 설립이 강제되는 경우가 있는데, 교육 · 소방 · 전기 · 교통 분야에 그 예가 많다. 목적조합은 목적조합의회와 목적조합장으로 구성되는데, 목적조합의회는 조합을 구성하는 지방자치단체의 의회가 선출하는 의원들로 구성되며 목적조합장은 목적조합의 의회가 선출한다. 목적조합에는 임의적 목적조합(freiverband)과 국가에 의해 강제적으로 설치되는 의무적 목적조합(pflichtverband)이 있으며(장지호, 1987: 111), 최근의 입법 경향은 원래 단일목적인 목적조합을 다목적인 목적조합으로 그 활동범위를 넓혀가고 있다.

목적조합의 성격은 특정사무를 공동적으로 처리하기 위하여 복수의 게마인데(gemeinde)에 의하여 설립된 단체[社團]라고 볼 수 있다. 이는 각 게마인데(gemeinde)의 임의적 협의에 의하여 설립되는 것이 원칙이나 법률에 의하여 설립이 강제되는 경우가 있으며, 교육 · 소방 · 가스 · 전기 · 교통 등의 분야에 그 예가 많다. 게마인데(gemeinde) 연합은 특정사무가 아니라 게마인데(gemeinde) 사무의 일부 또는 전부를 공동적으로 처리하기 위하여 설치된다. 특히 농촌지방에서 약소 게마인데(gemeinde)의 능력을 보완하는 업무, 예컨대 게마인데(gemeinde)의 징세 · 회계 · 결산의 사무 등을 공동적으로 처리한다. 광역연합은 게마인데(gemeinde)를 구성원으로 하는 것이 아니라 도(kreis)와 특별시(kreisfreie Stadt)를 구성원으로 하는 지방단체연합체이다. 광역연합에도 자치권은 인정되고 있으나 제한 · 열거된 사무만을 처리한다.

④ 프랑스

프랑스의 특별지방자치단체로서 꼬뮨(commune) 조합, 특별구, 도시공동체가 있으며, 기초지방정부인 꼬뮨(commune)을 중심으로 지방자치단체가 결합하는 양상을 보이고 있다. 꼬뮨(commune)조합은 1890년부터 제도화되었으며, 처음에는 일부사무조합만이 인정되었으나 1959년부터는 다목적조합의 설치도 인정되었다. 그 이후 1970년 12월에 제정된 '도시관리 및 꼬뮨의 자유에 관한 법률'이 공포됨에 따라 꼬뮨 간의 협조를 촉진시킬 수 있었다. 꼬뮨조합은 관계 꼬뮨을 구성요소로 하여 설립되며 각 꼬뮨 의회가 각각 선출한 2명씩의 대표자들로 구성된 위원회가 관리한다. 꼬뮨조합은 꼬뮨이 1종류 또는 2종류 이상의 특정 사무를 공동으로 처리하기 위하여 설치하는 법인격을 지니는 독립조직으로 주요 사무는 전기, 가스, 상 · 하수도, 교통, 치수, 관개 등이며, 대규모 투자사업에 대해서는 국고보조금을 지원하기 때문에 꼬뮨조합의 설치가 촉진되고 있다.

꼬뮨조합은 법인격을 가지며, 주로 가스, 전기 상·하수도, 교통, 치수, 관개 등의 분야에서 설치되고 있다. 도시특별구(district)는 인구집적지역의 특수 문제에 대처하기 위하여 설치되었고, 일부 농촌지역에서도 이러한 경우를 볼 수 있다. 도시공동체(communautés-urbaines)는 1966년부터 채택된 것이다. 이는 도시지역의 꼬뮨들의 임의에 의하여 설립되는 것을 원칙으로 하나, 그 설립이 법률로서 강제되는 경우도 있다. 도시공동체는 광역단체로서 도시권 전체에 관련되는 행정서비스 및 공공시설정비 등을 담당한다.

⑤ 미 국

미국은 오래 전부터 특정한 지역의 문제를 해결하기 위해서 일반지방정부의 구역을 변경하지 않고 특정기능을 수행하는 특별구(special district)를 설치하는 방법을 택하고 있다. 가장 대표적인 특별조합은 학교구(school special district)이다. 특별구역은 지역주민들의 청원과 주민투표를 걸쳐 설립된다. 미국에서 주로 설치하는 특별구의 유형으로는 교육 이외에 대기오염방지, 수해방지, 소방, 공익사업과 같은 특수기능을 수행하기 위해 설치되는 교육구, 위생구, 수방구, 급수구 등이 있다.

⑥ 영 국

영국의 특별지방자치단체는 일반지방자치단체가 새로운 행정수요에 대응하지 못하는 경우에 특별 성문법에 의하여 별개로 설립되는 특별목적 지방자치제로서 주로 구빈, 교육, 보건·위생, 치안, 도로, 도시개량 등의 분야에 설립되었다. 그러나 지방세 등 자치행정 전체를 복잡하게 했기 때문에 20세기에 들어서면서 점차로 정리되어 현재에는 그 예가 거의 없다.

(4) 지방공기업

지방자치단체는 사업(예: 수도·철도·가스·도로·청소·주택·토지개발사업 등)을 효율적으로 수행하기 위하여 필요한 경우에 지방공사(地方公社) 또는 지방공단(地方公團)을 설립할 수 있으며, 또한 필요한 경우에 상호규약을 정하여 공동으로 공사 또는 공단을 설립할 수 있다(지방공기업법 제49조, 제50조, 제76조). 이들 공사·공단은 법인이다. 공사·공단 중 적어도 여러 지방자치단체가 공동으로 설립한 공사·공단은 일본의 이른바 지방개발사업단과 같은 광역사무 특별자치단체의 성격을 가진다고 할 수 있겠다.

제3절 자치행정 구역개편

1. 논의의 배경

지역의 경제구조와 행정은 밀접하게 연관된다. 따라서 대부분의 국가들은 행정구역이 경제구조, 지리적 공간과 완전히 일치하지는 않지만 연결되도록 노력하고 있다. 그러나 지금과 같은 경제, 사회, 정치 분야는 서로 연계되어 빠르게 발전했고, 종종 행정의 시행은 멀리 뒤쳐질 수밖에 없다. 경제의 발전 속도에 행정의 변화를 유지시키는 것이 매우 어렵기 때문에 행정체제가 뒤쳐지는 것은 거의 일반적인 현상이었다. 경제구조의 변화와 사회 정치면에서의 변화비율이 다른 것, 또 한편으로는 행정의 목적과 관례가 뒤쳐지는 현상은 지속적이지는 않지만 때때로 등장하는 큰 정치적 이슈인 것이다. 물론 경제사회의 발전과 행정의 뒷전은 변화하는 행정수요, 기능, 재정 및 다른 환경, 발전하는 기술에 대한 행정의 대응성 부족으로부터 연관된다. 많은 변화들에 대해 정부는 빠르게 적응할 수 있어야 한다. 그래서 지속적인 개혁을 통하여 지역과 국가의 역량을 향상시키는 것이다(Bennett, 1989: 3-4).

2. 정치행정체제와 행정계층에 관한 논의[1)]

한 국가의 정치행정 체제는 단일정부체제, 연합정부체제, 준연방제, 연방제체제 등 4가지로 구분하여 볼 수 있다.

첫째로는, 세계의 90%가 넘는 대다수의 나라들은 단일정부체제(unitary system)를 취하고 있다고 한다. 중앙정부가 법률에 관한 힘을 가지고 있고, 국회를 포함한 중앙정부가 원한다면 자치정부를 만들거나 없앨 수도 있다. 단일정부의 특징상 자치정부는 중앙정부로부터 권력과 책임을 이양받아야만 집행할 수 있다. 프랑스, 영국, 아르헨티나, 이집트 등이 단일정부체제를 취하고 있으며, 많은 다른 나라들이 중앙정부의 세력이 강하고, 지방정부는 사법권의 세력이 약한 형태를 띠고 있다(Bowman & Kearney, 2004: 22-

---

1) 임승빈(2008), “자치행정 구역개편의 이론적 고찰과 광역자치단체의 위상”, 2008년 10월 23일 한국지방자치학회 기획세미나 발제문: 국회.에서 발췌.

25). 유럽국가들 가운데 이러한 단일정부체제를 취하고 있는 국가로서는 England, France, Netherlands, Luxembourg, Portugal, Greece, Poland, Hungary 등을 꼽고 있다(Bennett, 1989: 11).

둘째로는, 단일정부체제와 가장 거리를 멀게 두고 있는 연합정부체제(confederacy system)란 단일정부체제에 반대되는 시스템이다. 연합정부체제는 중앙정부의 세력이 약하고, 지방정부의 세력이 강하다. 지역사법권과 상호관계가 있는 부분들은 서로 타협하거나 협정을 체결한다. 예를 들면, 국가방어와 화폐는 똑같이 통용되지만 중앙정부가 다른 지역정부의 권력을 한정시킬 수 있다. 지역사법권이 원한다면, 그들은 중앙정부를 만들거나 없앨 수 있다. 미국은 초기에 연합정부체제로 시작했다.

셋째로는, 준연방제(quasi-federal system)의 개념이 있다. 준연방제란 단일정부체제와 연방체제와의 중간자적인 형태인데 블레어 전 총리 이후의 영국과 같이 조합(union)의 개념에서 Scotland와 North Ireland의 지방정부에게 상당한 자치권을 부여하는 타입과 이탈리아 및 붕괴되기 전 유고슬라비아나 1988년 이후의 Belgium과 같이 제한된 범위 안에서나 최대한의 자치권한을 주는 타입이다. 특이한 경우는 Spain인데 1982년에 연방형으로 체제전환을 했지만 아직도 중앙정부의 권한이 상당부분 남아있는 형태이다(Bennett, 1989: 12).

마지막으로, 연방정부체제(federal system)는 단일정부체제와 연합정부체제의 정부 체계의 중간쯤 위치하고 있다. 최소한의 2정부단위로, 각각 힘이 사람들로부터 직접 나온다. 그리고 각각 무허가로 사법권 안에 있는 사람에게는 행동할 수 있다. 각각의 정부단위는 할당받은 권력 안에서 가장 강력하다. 그리고 헌법으로 서로 없앨 수 없도록 보호되어 있다. 따라서 연방주의는 세력과 권력을 나누는 것이다. 결과적으로, 사람들은 국가정부와 지역정부의 이중국적을 갖게 된다. 미국 연방정부체제 안에서, 지역정부는 state라고 불려진다. 다른 곳을 예를 들면, 캐나다에서는 provinces라고 알려져 있다. 세계적으로 대략 20개의 연방정부체제가 있다고 한다.

미국에서 발전되어 온 연방정부는 상당히 유용하고 효과적인 정부시스템이다. 하지만 이것은 때론 완벽하지 않다. 또한 대부분의 나라들의 상황 및 환경과 적당하지 않을 수도 있다. 아이러니하게도 연방주의의 장점과 단점은 단일정부 체제의 장점과 단점과 매우 가깝게 연관되어 있다.

연방주의의 장점(Bowman & Kearney, 2004: 22- 25)으로서 첫째는, 연방정부체제는 사회와 정치적인 마찰을 통제하는 데 도움을 준다. 정치적인 권력은 정부 안에서 넓게 나뉜다. 예를 들면, 미국 상원위원회는 지리적인 다양성을 나타낸다. 각각의 관할구(territorial)에 상원의원이 2명씩 있고, (미 의회 · 주 의회의) 하원은 인구를 토대로 하여 할당한다. 이런 상원의원과 하원(house of representatives)시스템은 지역과 국가의 염려(concerns)를 중앙정부로 알린다. 지역 관심들은 각 주의 수도에서 나타낸다. 주 의회(입법부)를 통해서, 그리고 당연히 시청과 군청의 입법부에서도 나타난다. 위기단계에 다다르기 전에 문제를 해결해 주는, 잠재력 있는 많은 해결책들이 존재한다. 또한, 연방주의는 다양성을 통해 화합을 이룬다. 인종, 피부색, 언어, 종교적인 선호, 그리고 다른 상이함은 인구 속에 무작위로 분포되어 있다: 같은 특색/특징을 갖고 있는 사람들보다 더! 그리고, 주정부와 지방정부가 이러한 그룹을 대표하고 있다. 예를 들어서, 텍사스의 늘어나고 있는 많은 스페인계인구(Hispanic)는 점차적으로 주 의회에서, 선거에서, 시청에서 국회의원선출권(representation)을 획득하고 있다. 둘째는, 연방주의는 능률적인 행정을 진전시킨다. 시민들의 민원과 같은 서비스의 다양함은 큰 중앙 관료제가 없더라도 효율적으로 처리할 수 있다. 초등학교 교육부터 쓰레기 수집까지, 문제점에 제일 가까이 있는 정부가 그 지역의 요청을 효율적으로 해결하기 위해서 공공서비스를 적용시킨다. 셋째는, 연방주의는 혁신을 촉진시킨다. 주 · 지방정부는 시민들의 다양한 요구와 욕구에 따라 편의를 도모하기 위한 정책을 만든다. 새로운 정책들이 나라 전체에 87,000개가 넘는 정부 '연구소'에서 끊임없이 검사되고 있다. 따라서, 융통성 있게 실험법을 더 장려한다. 넷째는, 연방주의정부는 정부참여를 최대한 유도한다. 시민들은 정부의 세 가지 구조(선거, 공청회, 다른 수단)를 통해 참여할 수 있는 기회가 주어진다. 주 · 지방정부는 포부가 있는 정치인들을 위한 정치교육캠프(political training camps)를 제공해주며, 이 캠프가 성공적이면 더욱 더 높은 주(state)나 국가의 선거권을 가진다. 미국 대부분의 대통령과 상원의원, 대표자(하원의원)들은 state나 local에서부터 시작했다. 거의 1백만의 관청이 선거로 채워짐에도 불구하고, 시민들은 그들의 삶에 영향을 줄 수 있는 중요한 의견을 개진할 수 있다. 다섯째는, 연방정부체제는 개개인의 자유를 보장한다. 연방정부는 국가정부와 정치적 이념에 반대하는 다양한 잠재적인 견해를 공급한다. 매디슨(Madison)은 연방주의체제 내의 많은 본래부터 존재했던 검사(checks)들이 당파싸움의 결과를 제어하고, "아마도 대다수의 주요부분이 다른 시민들의 권리를 침해하는 일이 덜 있음직하다." 고 주장했다, 그래서, 주(state)는 국가이념은 전체국가를 휩쓸지 못할 뿐만 아니라 시민 개개인의 권리를 위협하지 못하게 하기 때문에 민주주의의 옹호자이다.

반면에 연방주의의 단점(Bowman & Kearney, 2004: 25)으로서 첫째, 연방주의는 논쟁을 제어하는 것을 어느 정도 용이하게 하지만, 때론 오히려 논쟁을 위험하게 만든다는 것이다. 예를 들어 캐나다와 전 유고슬라비아에서 실험한 연방실험이 이 단점을 말해주고 있다. 1970년도 당시 캐나다 퀘벡 지방에서 있었던 프랑스인들의 분리주의운동(secessionist movement)은 아직까지도 가라앉지 않았다. 전 유고슬라비아(지금의 Bosnia)의 내전은 가장 최근의 연방주의 실패의 사례이다. 두 번째의 단점은 시민과 가까운 정부를 통한 대민서비스 공급이 효과를 증진시키기도 하지만, 연방주의는 일의 진척을 방해할 수도 있다. 모든 주·지방정부를 대등하게 만드는 것은 엄청나게 어렵다(불가능할 수도 있다). 87,000마리의 뒤뚱거리는 닭들을 한 번에 한 방향으로 움직이게 만드는 것을 상상해보자. 경영의 관심들이 미국 전역에 고르게 변화하고 있는 다양한 생산물과 서비스의 정부규정을 직면할 때, 이러한 비판들은 잠재워진다. 셋째로는, 연방제 내에서의 주들은 각기 자치적이고 독립적인 법정(court)의 시스템들에 의하여 국가 전체적으로 법질서의 혼란을 일으킬 수도 있다. 넷째는, 연방주의는 주·지방을 혁신시킬 수도 있지만, 국가적 프로그램과 우선순위의 일을 방해할 수 있다. 이러한 많은 참여의 관점들은 방해물을 증진시킴으로써 무능하고 비효율적인 국가 정부적 결과를 만들 수 있다. 명백한 예로, Southern States의 아프리카계 미국인(Africa-American)들의 선거 권리를 100년 넘게 반대했던 것을 들 수 있다. 다섯째는, 민주주의에서는 많고 폭넓은 정치적인 참가자들을 바라고 있지만, 국가적 관심을 손상시킬 수 있는 지방적인 선입견을 촉진시킬 수 있다. <표 2-3>은 연방주의체제의 장단점을 비교한 것이다. 물론 이

〈표 2-3〉 연방주의체제의 장단점 비교

장 점	단 점
정치적인 마찰을 통제	논쟁을 유발하여 위험하게 함
능률적인 행정	업무 처리의 신속성을 떨어뜨림
혁신을 촉진	법질서의 혼란
정부참여를 유도	국가와 주정부와의 우선순위가 바뀜
개개인의 자유보장이 보다 잘됨	지역이기주의의 발호

자료: Ann O'M. Bowman & Richard C. Kearney(2004), pp. 22~25의 내용을 근거로 하여 필자가 작성.

것은 역으로 단일정부체제의 단점과 장점이 될 수 있다.

상기 설명한 단일정부체제, 준연방체제, 연방체제, 연합체제 등의 정치행정 체제는 [그림 2-1]의 혼합형, [그림 2-2]의 이중형, 그리고 [그림 2-3]의 분리계층형 등으로 나타낼 수 있겠다.

혼합형(fused systems) 자치행정계층은 대부분의 서구유렵 국가에서 채택하고 있는 모형이다. 정치행정 체제는 단일형(unitary system) 국가와 준연방제형(quasi-federal system)이 일반적이다. 1982년 지방행정개혁 이전의 프랑스가 가장 전형적이었으며 département의 공무원은 국가의 임명직 공무원이다.

이중형(dual systems) 자치행정계층을 갖고 있는 국가로서는 영국의 대도시지역이 아닌 농촌형 지방정부가 대표적이다. 기관통합형의 형태를 취하고 있는 유렵 국가에서 보이는 형태로 집행부는 지방의회의 통제를 받도록 하는 시스템이다.

분리 계층제형(split hierarchy systems) 자치행정계층을 갖고 있는 국가로서는 스칸디나비안 국가들을 들 수 있다. 중앙정부는 임명직 공무원을 지방정부에 파견할 수도 있으나 이중형(dual systems)과 같이 지방정부 스스로도 자치정부를 구성할 수 있다. 분리 계층제형(split hierarchysys tems)은 앞서의 혼합형과 이중형의 혼합된 형태라고 볼 수 있다.

[그림 2-1] 혼합형(Fused systems)

MINISTRY OF INTERIOR
DEPARTMENTS
COUNCIL
PREFECT
COORDINATIVE POWERS
COUNCIL
MAYOR
LOCAL SERVICE
FIELD SERVICE

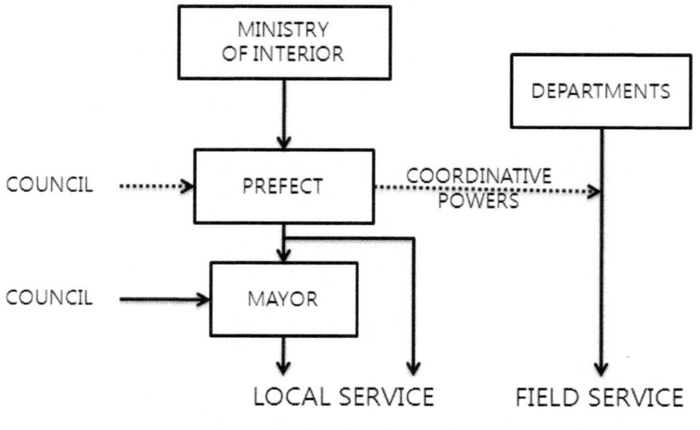

출처: Leemans(1970)를 Robert Bennett(1989), *Territory and Administration in Europe*, Pinter Publishers, London & New York, p. 14에서 재인용.

[그림 2-2] 이중형(Dual systems)

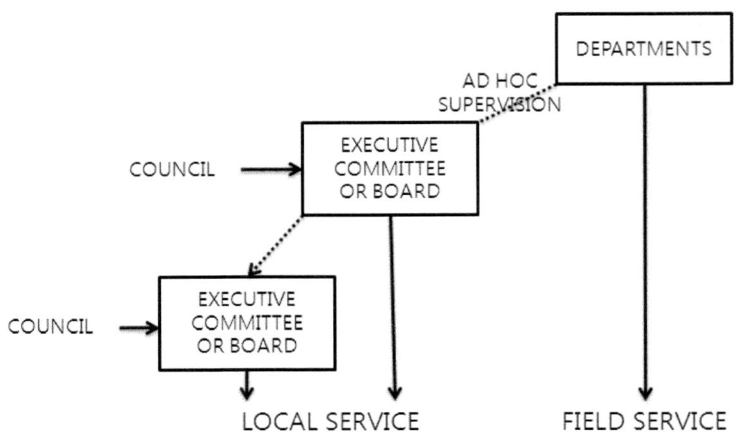

[그림 2-3] 분리 계층제형(Split hierarchy systems)

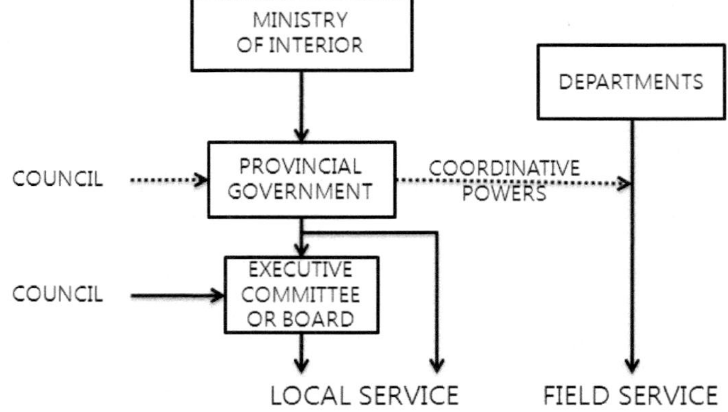

3. 자치행정구역의 적정성에 관한 논의

행정서비스를 처리하는 자치구역의 설정 기준에는 여러 가지가 있을 수 있다. 그 기준은 시대와 국가의 사회경제적 여건에 따라 상이하지만 구역설정에 있어서 고려되어야 할 일반적인 원칙에 대해서는 오래 전부터 논의되어 왔다. Arthur C. Millspaugh(1936)는 그 기준으로써 첫째, 행정구역은 공동사회(community), 즉 자연발생적인 주민의 공동 생활권과 일치해야 하며, 둘째 행정구역은 능률적인 자치행정 수요에 적합한 행정단위(service unit), 즉 적정한 인구규모와 행정 수요를 가진 구역으로서 주민이 요구하는 행정서비스 수준을 충족시킴에 있어 최소의 경비로 최대의 행정효과를 거둘 수 있는 정도에서 정해야 한다. 셋째로는, 행정구역은 자주적 재원조달을 할 수 있는 단위(self-financing unit)로 설정되어야 한다. 즉, 자치단체의 자체수입으로 그 재정수요를 충당할 수 있는 선에서 구역이 설정되어야 하며, 넷째로는 행정구역은 주민이 자치단체에 대한 접근이 용이하고 행정 처리에 편리하도록 설정되어야 한다(areas of convenience). 그러나 현대와 같이 교통 · 통신이 발달된 상황에서 단순히 지리적 거리감을 고집할 필요는 없다고 하겠다(임승빈, 2006). 한편 V.D. Lipman(1949)의 기준에 따르면 첫째로는, 구역설정에 있어 수량적 고려(quantitative consideration)에 근거해 면적이나 인구가 자치단체별로 유사하도록 설정, 둘째로는 지리적 요소, 산업분포, 경제생활의 권역적 요소, 전통적 · 역사적 요소, 셋째로는 주요 도시 또는 지방적 중심의 영향을 받을 수 있는 지대로 행정구역을 평준화하거나, 기초적 자치단체에 있어서는 경제적 · 사회적 고려를 지방별 중심지를 근거로 구역을 평준화를 제시하고 있다. 이는 특히, 교통과 주민의 생활권에 중점을 두는 것을 의미한다고 한다(임승빈, 2006).

James W. Fesler(1949)는 구역개편의 기준을 다음과 같이 4가지로 제시하고 있다. 첫째는 자연적 · 지리적 조건: 자연적인 지세와 교통 · 통신의 발달 정도, 둘째는 행정적 조건: 행정기관이 행정기능을 능률적 수행할 수 있는 가능성, 셋째로는 경제적 조건: 자치재원의 조달 가능성, 넷째로는 민주적 조건: 효과적인 주민의 참여와 통제 가능성 등을 들고 있다(임승빈, 2006).

이 밖에도 구역개편의 기준에 관련해서는 Kingdom(1991)의 기준 등이 있으나 이들 논의를 종합하여 보면 자치구역이라 함은 역사성, 주민의 접근성, 행정의 능률성 및 효과성, 경제적 규모성, 정치적 역량성 등을 가진 곳이라고 볼 수 있다(임승빈, 2006). 이러한 자치단체 규모와 자치행정 기능수행 간의 상관성에 관한 논의에 대해서는 통합을 옹호하는 입장과 반대하는 입장이 대립한다(이승종, 2008). 자치단체를 통합하자는 논의의 핵심은 통합적 구역이 규모의 경제에 따른 효율성의 확보, 관할구역 간 형평성 확보, 보다 다양한 서비스의 제공, 광역행정의 통합성 확보, 행정책임의 소재 측면에서 유리하다고 본다. 통합론에 대한 비판도 없지 않아서 규모가 과대할 경우 오히려 규모의 불경제가 초래된다는 점, 통합의 효과는 공공서비스 유형에 따라 다르다는 점, 구역 내 수평적 형평성(interjurisdictional equity)에서는 유리한 것이 확실하지만 중앙정부와 지방정부, 광역정부와 기초정부간 수직적 형평성(vertical equity)의 확보 차원에서도 유리한지는 불확실하다는 점(Scott, 2001) 등이 지적되고 있다. 구역통합에는 지방정부의 수평적 통합체로서의 단층제와 기초지방정부의 독자성을 인정하면서 광역적 통합체의 설치를 통하여 광역적 통합효과를 기하는 중층제(복층제)가 포함된다. 1999년 지역정부와 지역내 6개 지방정부를 통합한 Toronto, 1986년 GLC에서 해체되었다가 2000년에 GLA(Greater London Authority)로 재탄생한 런던 등이 그 예이다(Gustley, 1977; 이승종, 2008 재인용). 이와 같은 통합론은 기능주의적 접근방법이라고도 하는데 그들 가운데 한 명인 Sharpe(1988: 94-95)에 의하면 지방정부의 중요한 요소로써 서비스 확대와 도시화가 급속도로 이루어지면서 도시외연이 커지고 그럼으로 인해 도시간(기초적 자치단체 간)이 연담화(連擔化)되면서 자연스럽게 대도시형태로 발전하고 그 결과 대도시적 기능통합이 구역통합으로 간다는 논의이다.

반면에 통합을 반대하는 입장은 공공선택론자들을 중심으로 제기되고 있는 주장으로서 통합된 구역보다 분절화된 구역이 유리하다고 본다(예: Tiebout, 1956). 이들에 의하면 분절화된 구역은 통합된 구역에 비하여 시민의 다양한 서비스수요 충족, 자원의 효율적 배분, 자치단체 간 경쟁을 통한 효율증대 등에서 유리하다고 본다. 이에 대한 비판은 대체로 통합구역의 장점에 해당한다. 즉, 과소규모로 인한 불경제, 자치단체 간 재정력 불균등으로 지역간 서비스의 불평등 초래, 서비스 수요와 자원의 부조화, 광역행정의 통합성 저해, 행정책임소재의 분산으로 책임성 저하 등이 그것이다. 많은 지방정부가 설치되어 있는 미국 대도시 지역, 지역내 지방정부를 통합하지 않고 기존 지방정부의 자율권의 기반 위에서 광역적 협력을 추구하고 있는 캐나다의 Greater Vancouver Regional District 등은 분절화된 지방자치구역의 예이다.[2] Dearlove(1979: 255-256)와 같은 학자는 영국의 과거 구역개편의 사례를 들어 지방정부의 구역개편은 국가나 중앙정부가 지방정부를 정치적으로 지배하기 위한 수단으로 이루어지는 경우가 많다고 했다. 즉, 통합의 논리는 행정의 효율성을 강조하기는 하나 실제적으로는 정치적 목적이 크다는 논리인 것이다.

이상의 논의를 종합해보면 자치단체의 구역개편 시의 대내외의 환경적 요인들, 예를 들어 권위주의정권에서 민주주의정권으로의 이양, 국가의 재정상태 변동, 지역경제의 재편, 지역 내의 이익집단[3]의 향배, 지역 및 중앙

2) 캐나다의 Greater Vancouver Regional District는 집행권은 없으며 조정권만 있다(김석태, 2007).

의 정치구도 등에 대하여 첫 번째, 혹은 두 번째와 세 번째 접근방법이 복합적으로 작용되어 자치행정 기능수행과 관련되어 구역개편이 이루어지고 있다고 볼 수 있다. 오히려 자치행정기능 수행과 자치구역 간의 규모의 상관성은 적다고도 볼 수 있다. 따라서 자치단체의 행정수행 능력을 향상시키는 방안으로써 광역자치단체와 기초자치단체 간의 기능의 재배분이 중요하게 부각되는 것이다.

4. 지방자치단체의 계층구조

1) 계층구조의 개념

보통 지방자치단체는 일정한 구역과 주민을 구성요소로 하여 비교적 제한적이지 않은 범위의 사무를 처리하는 까닭에 일정한 구역에 1개만 설치되어 있으면 된다.

그러나 실제적으로는 광역지방자치단체의 지리적 범위 안에 기초지방자치단체들이 설치되어 있어서 상호 중첩현상을 나타내는 경우가 많다. 지방행정에 대한 민주적 통제와 주민참여의 용이 및 공공서비스의 성격에 따른 합리적 공급을 위하여 대등한 법인격을 갖는 지방자치단체 간에 상 · 하 간 계층구조를 가지고 있다. 이들 간에는 원칙적으로 독립적이고 수평적인 관계이며 서로 다른 기능과 사무를 처리하는 대등한 관계이다. 바로 이 점이 상 · 하의 수직적 지휘 · 명령 · 복종의 관계에 있는 행정계층과 다른 점이다. 이처럼 계층제에는 성격상 차이가 있는 두 가지의 계층이 있다. 하나는 법률상 대등한 위치에 있으나, 일부 경우에 상호간 계층성이 인정되는 자치계층과 다른 하나는 상하계층 간에 수직적인 지휘 · 감독의 관계를 갖는 행정계층이 그것이다.

우리나라의 경우 특별시 · 광역시 · 도와 시 · 군 · 자치구의 관계는 자치계층에 해당되고, 자치구 아래에 설치되는 있는 동과 인구 50만 이상의 시에 설치되어 있는 일반(행정)구와 시 · 군 아래의 읍 · 면 · 동간의 관계는 행정계층에 해당된다. 자치계층과 행정계층이라는 이원적 계층구조는 주로 분권의 개념인 정치적 분권(devolution)과 행정적 분권(deconcentration)을

3) 이익집단은 아니지만 시 소속 교원과 공무원들의 경우 시 · 도 통합이 이루어질 경우 원거리출근에 대한 불만, 자녀교육문제 등으로 인하여 반대를 할 것이라는 점은 공공연한 사실이다.

각각 반영하여 발전되어 온 것이다.

자치계층의 시각에서 광역지방자치단체는 담당 지역에서 필요한 행정서비스를 공급하고, 역량이 미치지 못하는 기초지방자치단체의 생활행정에 중앙정부가 개입하려는 것을 제도적으로 차단시켜 주는 역할을 수행한다. 또한 광역지방자치단체는 이와 반대로 기초지방자치단체가 막강한 중앙정부의 품속으로 의존하고자 하는 경향도 억제시켜 준다. 중앙정부와 기초지방자치단체의 중간에 위치한 광역지방자치단체는 기초지방자치단체에 대해 자치와 자율의 보호막 역할을 수행하고 있는 것이다.

또한 광역지방자치단체는 지역 내의 균형발전을 도모하는 중요한 주체 중의 하나이다. 관할 구역 안에서 지역발전이 미진하고 재정력과 행정력이 취약한 정부를 지원하고 균등화를 지향한다. 기초지방자치단체 간의 업무 협조나 조정에 중요한 역할을 하며, 약간의 감독과 통제기능도 수행한다(Cohen: 1995). 게다가 광역 도시권을 하나의 서비스 구간으로 삼아서 경영하므로 비용과 편익면에서 효율적 업무수행이 이루어질 때가 많다.

이러한 계층구조는 국가에 따라 많은 차이가 존재하나 일반적으로 자치 이층제를 채택하고 있다.

2) 단층제(單層制)와 중층제(重層制)의 장 · 단점

국가에 따라서 계층구조를 단층제로 할 것이냐 혹은 2층, 3층제의 중층제로 할 것인가는 각국의 면적, 자연적 조건, 정치적 이데올로기, 인구, 교통 · 통신의 발달정도 및 역사적 배경에 따라 달라진다. 한편, 근대 이후 지방자치제가 발전하는 과정에서는 기능배분 또는 기능재배분의 원칙과 논리는 각국의 지방정부의 구역 및 계층구조의 개편에 있어 기본적으로 중요한 요인으로 적용되었다.

단층제와 중층제는 각각 장 · 단점을 갖고 있으며 이를 다음과 같이 이론적으로 설명할 수 있으나 이러한 이론에 따라 어느 제도를 채택하였다기보다는 그 나라의 역사적 전통과 정치문화에 따라 채택된 것이 일반적이라고 할 수 있다.

(1) 단층제의 장 · 단점

① 장 점

첫째, 단층제일 경우 기초지방자치단체가 중간단계인 광역지방자치단체를 거치지 않고 직접 중앙정부와 연결되어 상호관계가 신속하고 긴밀해질 수 있어서 기능적으로 상호협력 · 보완관계를 맺을 수 있다.

둘째, 중앙정부 역시 중간단계 없이 직접 지방자치단체를 감독 · 통제할 수 있다.

셋째, 현대국가인 특징인 작은정부(small government)의 실현이란 측면에서 국가 전체적으로 볼 때 중간단계인 광역지방자치단체가 없기 때문에 규모의 축소가 이루어진다.

넷째, 중간단계가 존재함으로써 발생하는 이중행정, 이중통제 등에서 발생할 수 있는 지방정부상호간의 갈등과 같은 역기능을 방지할 수 있고 시간과 경비를 절약할 수 있다.

다섯째, 단독의 지방정부로서 주민의 생활행정에 대한 책임이 명확하게 되어 책임행정을 실현할 수 있다.

여섯째, 모든 지방자치단체가 수평적 · 대등한 지위와 관계에서 상호간에 경쟁 · 협력 · 분담관계를 활성화할 수 있다.

② 단 점

첫째, 중앙정부의 통솔의 범위(span of control)가 너무 넓어 오히려 비효율적이다.

둘째, 자치단체 간 갈등이 중앙의 이슈로 될 가능성이 많으며 사전조정이 어렵다.

셋째, 경험적으로 실패한 모델이며 인구가 매우 적은 국가에 적합하여 일반화시키기 어렵다.

(2) 중층제의 장 · 단점

① 장 점

첫째, 기초지방자치단체와 광역자치단체간에 기능 및 사무를 효율적으로 분담할 수 있다. 즉 주민과 가까이 있는 생활권의 행정은 기초지방자치단체에서, 그리고 광역행정 및 보다 전문성을 요하는 행정은 광역지방자치단체가 각각 분담하여 처리할 수 있다.

둘째, 기초지방자치단체의 지리적 규모가 작기 때문에 주민참여가 용이하게 되고 이에 따라 지방행정의 민주성과 효율성을 높일 수 있다.

셋째, 기초지방자치단체가 효율적으로 처리할 수 없는 기능과 역할을 광역지방자치단체가 처리하거나 또는 보완 대행할 수 있다. 기초지방자치단체가 소규모인 나라에 있어서 광역지방자치단체의 기능과 역할이 더욱 중요해지고 있다.

넷째, 기초지방자치단체 간의 갈등 및 대립을 광역지방자치단체가 효율적으로 조정할 수 있다. 또한 중앙정부를 대신해 기초지방자치단체에 대한 감독과 통제를 용이하게 할 수 있다.

② 단 점

첫째, 명확한 기능분담이 되어 있지 않으면 이중행정, 이중감독으로 인해 시간적, 재정상으로 비효율적이다.

둘째, 기능 및 사무의 처리에 있어 기초지방자치단체와 광역자치단체간에 갈등이 발생한다.

셋째, 기능 및 사무의 처리에 있어 기초지방자치단체와 광역자치단체 간에 책임한계의 명확한 구분이 곤란하기 때문에 책임행정을 수행하기 어렵다.

넷째, 광역지방자치단체가 중간에 존재함으로써 기초지방자치단체와 중앙정부간에 의사통로가 길어지고 때로는 방해되거나 왜곡될 가능성이 있다.

다섯째, 광역지방정부가 위에 존재하고 있어 기초지방자치단체 간의 수평적, 자율적인 경쟁·협력관계를 간섭·통제하게 됨으로써 지방자치단체 간의 외교적 역량의 성장을 방해한다.

3) 외국의 계층구조와 개편동향

(1) 영 국

1835년의 도시단체법(Municipal Corporations Act 1835)은 직접선거를 통하여 버밍엄, 맨체스터 등의 도시정부인 바러 카운슬(borough council)을 창설함으로써 도시 확장의 발판을 마련하였다. 1888년 지방정부법(Local Government Act 1888)은 카운티 카운슬(county council)을, 그리고 1894년과 1899년 개혁은 카운티 아래에 디스트릭트 카운슬(district council)을 설립함으로써 '카운티-디스트릭트'로 구분되는 2층제를 확립하였다. 비록 농촌 디스트릭트 밑에는 중세적 전통의 교구 카운슬(parish council)이 있음으로 인해 3층제가 운영되었지만 교구 카운슬은 권한과 예산이 상당히 제약되어서 큰 의미를 가지지 못한다.[4)]

---

4) 의원내각제를 실시하는 영국에서 카운슬(council)의 의미는 단순히 지방의회를 지칭하는 것이라기 보다는 집행기관을 포함한 포괄적인 지방정부 개념이다. 따라서 카운슬을 한국어로 번역할 때 '의회'로 번역하지 않고 정부로 번역하였다.

〈표 2-4〉 영국의 지방행정 단위(2018년 현재)

England					Scotland	Wales	Northern Ireland
런던	연담도시	잉글랜드 기타 지역			The Office of Scotland	The Office of Wales	
2층	단층	단층과 2층의 혼합형			단층	단층	단층
광역런던지방정부&런던시장(1)	대도시 디스트릭트(36)	단층자치단체(unitary authorities)(46)	카운티 카운슬(34)		32	22	11
런던 버로우(32)			디스트릭트 카운슬(238)				

자료: Coxall and Leach(2003), p. 318.
주: 괄호 안은 교구 혹은 카운슬의 숫자, Northern Ireland 자료는 필자가 추가로 기입.

영국은 4개 지역의 연합왕국인 원인도 있지만 잉글랜드 지방 내에서도 2층 구조는 물론 지역에 따라 단층 심지어 3층제 계층을 지니고 있어 매우 다양하다. 단층구조는 대도시형 지방정부를 중심으로 형성되어 있으며 런던 버로우나 대도시의 디스트릭트가 이에 해당한다. 2층구조는 카운티-디스트릭이며, 3층구조는 카운티-디스트릭-교구(parish)의 구조로 대개 농촌 지역에서 발견되고 있다.[5)]

대처의 보수당 정권에서의 지방정부 구조개편의 큰 방향은 계층수를 줄이는 방향으로 이루어졌다고 볼 수 있다. 명분으로써는 관료주의를 제거하고 능률성을 확보하기 위하여라고 하였으며 1996년 이후 스코틀랜드와 웨일즈는 이층구조에서 단층구조로 바뀌었다. 그러나 노동당 블레어 정권에서는 2000년도에 광역런던정부(GLA)가 부활하였으며 스코틀랜드와 웨일즈에서는 The Office of Scotland, The Office of Wales가 실제적인 권한이 강화되는 권한이양(devolution)이 진행되는 준연방정부 형태로 진행되고 있다고 해도 과언이 아니다(육동일, 2006). 1999년도에는 스코틀랜드와 웨일즈가 영국의회와는 별도로 독자 의회를 갖게 되어 보건, 교통, 주택, 농업정책 등에서 자치권한을 갖는 지방분권을 추진하게 된다. 특히 스코틀랜드 의회는 제한적 정세권, 경찰권, 그리고 유럽연합에도 상주대표를 파견하게 되

---

5) 영국은 잉글랜드, 스코틀랜드, 웨일즈, 북아일랜드의 네 지역이 각각 고유의 특징을 지니고 있듯이 지방정부의 명칭도 서로 다르다. 카운티는 스코틀랜드에서는 리전(region)이라고 불리며, 웨일즈와 스코틀랜드에서는 교구에 해당하는 것으로 커뮤니티(community)가 있다.

었다. 이러한 일련의 권한이양 조치들은 비단 스코틀랜드와 웨일즈에 한정되지 않고 잉글랜드에도 적용되고 있다. 잉글랜드의 8개 지역에 설치한 지역발전기구(Regional Development Agency)이 그 예이다. 그러나 RDA는 폐지되고 2012년부터는 LEP(Local Enterprise Partnership)이 설립되었다. LEP는 RDA와는 달리 법적 지위가 없는 임시기구로서 카운티 수준의 지방자치단체들이 민간부문과 파트너십을 형성하여 중앙정부에 입찰하는 방식으로 2011년 2월 31개의 LEP가 승인되었다.

영국의 자치구역 계층 및 개편의 시사점으로써는 첫째, 영국의 지방정부는 1990년대 지방세제 개혁의 결과 지방재정에서 자체수입이 차지하는 비중이 매우 낮은 경향을 보이고 있지만, 여전히 지방세의 세율결정에 있어서 자율재량권이 높다는 특징을 보이고 있다는 점이다. 둘째로는, 영국은 지역별로 통치형태와 행정조직이 매우 상이하다는 점이다. 예를 들어, 잉글랜드와 웨일즈는 유사한 반면 스코틀랜드와 북아일랜드는 전혀 다른 통치형태와 행정조직을 가지고 있다(임성일・최영출, 2001). 셋째, 영국의 경우 계층제에 관한 개편이 노동당과 보수당의 당리당략에 따라 개편되었던 경우가 많았다는 점이다. 시대적 정치적 상황의 변천에 따라 적절한 정치・행정체제를 구축하기 위하여 다양한 개편이 진행되었던 관계로 앞으로도 바뀔 가능성이 매우 높다. 따라서 영국의 자치행정구역 개편에 관한 분석을 통하여 볼 때 단층제와 2층제 등 가운데 어느 제도가 보다 적합한지에 대해서는 확실하게 대답할 수 없을 것이다. 구체적인 제도적 결정은 특정 국가의 정치문화, 경제・사회적 환경 등에 따라 차이가 발생할 것이다. 그럼에도 불구하고 집권주의의 주장과 분권주의의 주장이 조화를 이루고, 행정 효율의 제고, 자유와 평등 등 주민자치의 제고, 행정적 합리성과 정치적 합리성 등이 조화를 이루어야 한다는 점은 명백하다(김순은, 2005).

2000년 지방자치법 개정에 의하여 영국의 지방자치단체 기관구성은 위원회형 또는 한국이나 미국의 일부도시, 일본과 같이 단체장을 주민이 직접선출할 수 있도록 바꾸었다. 그 결과 2001년 런던시장선거에서 리빙스턴이 런던시민에 의하여 직접선출되었고 우리나라의 서울시와 같이 2층제(기초와 광역)로 환원되었으며, 인구면에서 영국의 제2도시인 Birmingham시의 경우에도 2011년도부터 주민직선에 의한 시장을 선출하도록 지방의회에서 가결되었다. 그러나 기관구성의 다양한 선택권은 우리나라와는 달리 국회의 법률사항이 아니라 지방의회 조례에 의하여 가능하게 된 점도 특징점이다. 물론 영국에서 주민직선제에 대한 반대도 많으나 London, Birmingham을 비롯한 대도시에서 직선제를 선호하는 것은 행정의 전문성과 무관하지 않으며 주민의사의 직접적 전달이라는 순기능을 더 높이 사기 때문일 것이다.

(2) 미 국

미국은 각 주(州)마다 지방제도가 다르기 때문에 계층구조 또한 매우 다양하다. 미국의 지방자치단체는 주정부(州政府)를 비롯하여 시(市)와 카운티(county) 등의 지방정부로 구성되어 있다.

미국의 다양하고 많은 지방자치단체는 지방자치체(地方自治體: municipality)와 준지방자치체(準地方自治體: quasi-municipality)로 구분할 수 있다. 이것은 지방자치단체의 설립목적 및 설립경위에 의한 분류이며, 전자(前者)는 주(州)의 승인을 조건으로 하지만 기본적으로는 주민이 자발적으로 하려는 의지가 있어서 만들어지는 것이다. 시티(city), 타운(town), 빌리지(village) 등의 지방자치단체는 주(州)입법부로부터 받은 헌장(憲章)을 기본으로 자치단체의 조직 · 인사 · 행정서비스 등을 수행한다. 준(準)지방자치단체란 기본적으로는 주민의사와 상관없이 州입법부에서 창설하는 것으로서 자치단체의 헌장을 가지고 있지 않고 주의 특별지방자치단체로서의 역할을 수행하고 있으며, 단위로서는 카운티(county), 타운십(township), 타운(town), 특별구(special District) 등이 있다. 특별구는 특정의 사무를 담당하기 위하여 만들어진 것이다.

어떤 주(州)에서는 카운티와 시(city)가 동등한 지위에 있게 되어 이러한 경우의 계층구조는 단층제인 것이다.

[그림 2-4] 미국의 지방행정단위

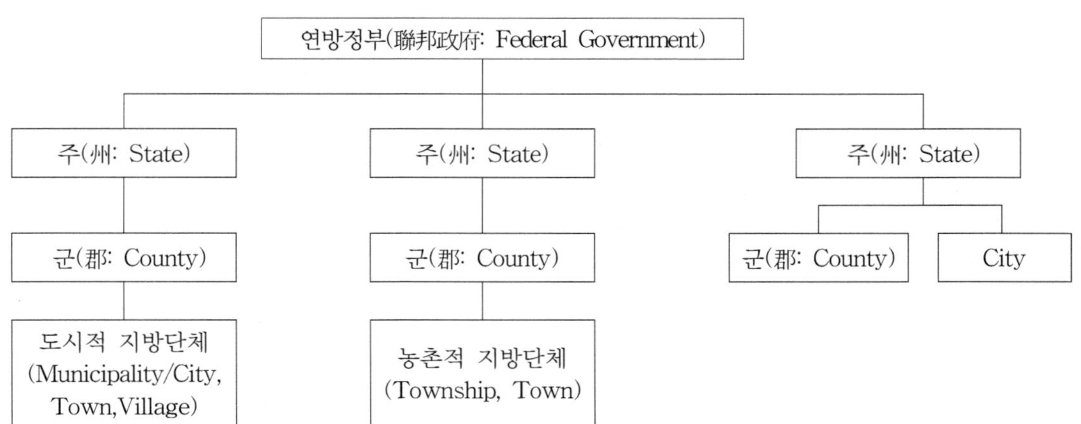

미국의 지방정부의 계층구조를 크게 셋으로 분류할 수 있으며 앞의 [그림 2-4]와 같다. 광역지방자치정부로서 카운티(county)의 기능은 도시지역에서 미약하지만 농촌지역에서는 전통적으로 강하다.

한편 미국에서는 일반적으로 기초지방정부(municipality)의 규모가 작기 때문에 카운티의 기능과 역할이 점점 중요시되고 있으며, 그리고 계층구조도 대부분 이층구조로 되어 있다(김동훈: 1999).

(3) 프랑스

프랑스는 종래 중간지방자치단체로서 100개의 도(道: département)와 기초지방자치단체로서의 꼬뮨(commune)이 있어, 이층구조를 형성하고 있었으나 1982년 지방제도 개혁에 의하여 레죵(région)이 지방자치단체로 승격됨으로 인하여 [그림 2-5]와 같이 삼층구조를 형성하고 있다.

한편 道(département)와 꼬뮨(commune) 사이에 두 개의 행정계층(arrondissement, canton)이 설치되어 있으나 이들은 지방자치단체는 아니고 행정단위이다. 2018년 현재 101개의 département와 18개의 Région이 있다.

2003년 개정된 프랑스 헌법 제72조의1 제3항에서는 "특별한 지위를 갖는 지방자치단체의 설치 또는 그 조직의 변경을 행하는 경우는, 법률이 정하는 바에 의하여, 주민의 의사에 의하여 결정할 수 있다."라고 규정하고 있다. 이 조항을 적용하여 프랑스 중앙정부는 코르시카 섬 지역정부에 유일하게,

[그림 2-5] 프랑스의 지방행정단위

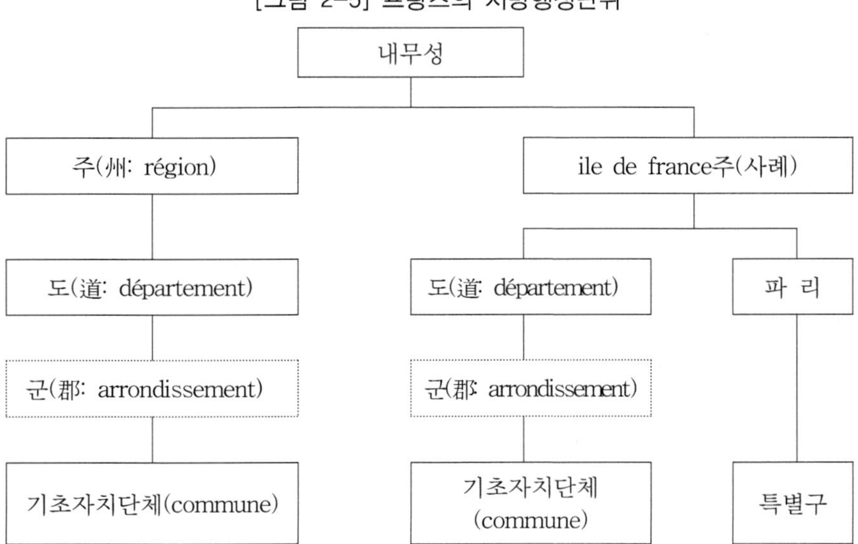

본토와는 달리, 조직변경에 관하여 코르시카 유권자에게 자문을 구하는 '2003년 6월 1일 법'을 제정하였다. 이 법률에 의하여 코르시카는 해외영토와는 달리 프랑스 본토에 인접해 있지만, 본토의 다른 지방자치단체(레죵)와는 다른 특수한 지위(collectivité territoriale)를 갖게 된다. 즉, 다른 레죵보다는 확대된 자치권을 향유하고 있다.

(4) 독 일

독일은 연방국가이며 따라서 지방정부에 관한 사항은 16주(land)정부의 관장사항이다. 따라서 독일의 지방정부 및 지방자치는 주(州: land)에 따라 차이가 있다. 그러나 연방정부에 대해 미국의 주정부(州政府: state government)만큼의 강력한 독립된 권력은 갖고 있지 못하다.

지방정부의 계층구조는 광역지방자치단체인 도(道: kreis)가 있고 그 밑에 기초지방자치단체인 게마인데(gemeinde)가 있어 원칙적으로 이층제로 되어 있다. 그러나 광역시(kreisfreie Stadt)는 도(道: kreis)와 같은 지위에 있어 이곳은 단층제이다. 계층구조를 그림으로 표시하면 [그림 2-6]과 같다.

key concept

게젤샤프트 (gesellschaft)

독일의 사회학자 F. 퇴니스가 사용한 사회범주 개념으로 이익사회(利益社會)라고 번역한다. 그의 학설에 의하면, 게젤샤프트는 선택의지(Krü-wille)에 입각한 사람들의 수단적 · 일면적(一面的) 결합체를 의미한다.

key concept

게마인샤프트 (gemeinschaft)

독일의 사회학자 F. 퇴니스가 사용한 사회범주 개념으로 공동사회(共同社會)라고 번역한다. 퇴니스의 주장에 의하면 게마인샤프트란, 선택의지(krüwille)와 상대되는 본질의지(wesenwille)에 입각한 사람들의 목적적 · 전인격적(全人格的) 결합체를 의미한다.

[그림 2-6] 독일의 지방행정단위

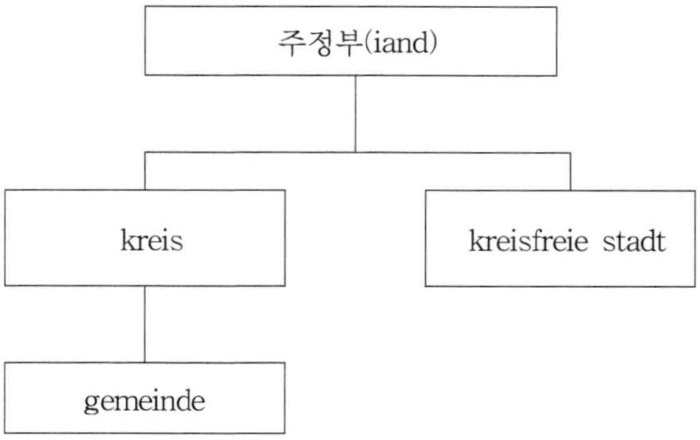

주정부(iand)
kreis
kreisfreie stadt
gemeinde

(5) 일 본

일본의 지방자치단체의 계층구조는 우리나라와 매우 흡사한 이층제이다. 광역지방자치단체는 도(1), 도(1), 부(2), 현(43)(都道府縣)이고 기초지방자치단체는 시정촌(市町村)이다. 한편 동경도(東京都)의 관할 내에는 23개 특별구와 시정촌이 있으며, 또한 현(縣)의 관할 내에 인구 100만 명에 육박하는 도시는 정령(政令)으로 지정도시(指定都市)를 설치하고 있다. 그리고 1994년 지방

[그림 2-7] 일본의 지방행정단위

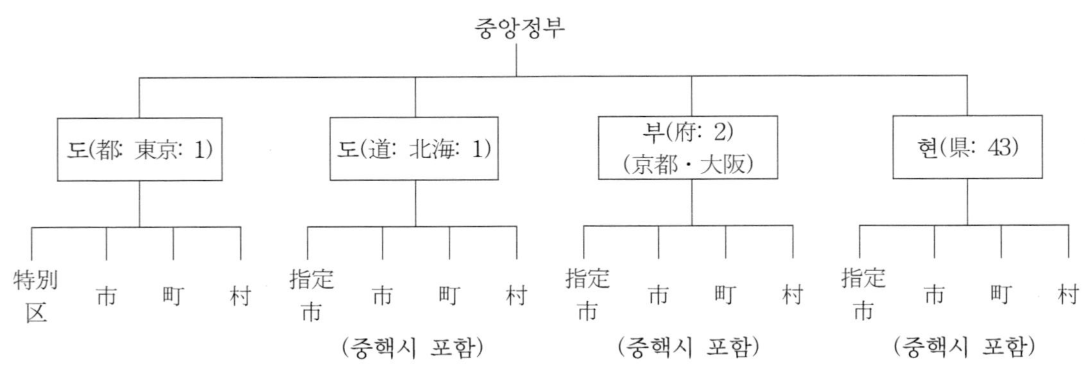

자치법의 일부 개정에 의하여 인구 30만 명 이상의 도시를 중핵시로 규정하였다. 그러나 2019년 현재 전국에 인구 100만 명 규모 이상의 지정시 20개와 중핵시는 일반시와 마찬가지로 시의 한 종류에 불과할 뿐 별도의 계층적 의미를 갖는 것은 아니다.

또한 일본에서는 1990년대 말부터 시작하여 2006.4.1.까지 한시법을 적용하여 대대적인 자치단체 통폐합을 추진한 결과, 자치단체의 수는 종전의 3,223개에서 2019년 현재 47개 도・도・부・현 및 1,718(市 790, 町 745, 村 183)개로 축소되었다.

5. 구역 및 계층구조 개편의 최근 경향

전통적으로 기초지방자치단체는 주민과 가장 가까이 존재하면서, 주민참여가 활성화되어 있는 정부단위로 역사적으로 볼 때 규모의 크고 작음에 관계없이 자연적으로 형성된 지역사회(community)를 단위로 설정되었다. 따라서 도시지역을 제외하면 그 규모가 영세한 것이 일반적이다.

그런데 이러한 영세한 구역에 대해 세계 2차대전 이후 영국, 독일, 프랑스, 일본 등에서 자치구역의 합병이 대대적으로 실시되었다. 그 원인은 대체적으로 다음과 같은 것이었다.

첫째, 종래의 구역은 너무나 협소하고 행・재정적으로 미약하기 때문에 증가하는 새로운 행정수요에 효율적으로 대응할 수 없으며, 또한 주민이 요구하는 높은 질의 행정서비스를 공급하기에는 부적합하다는 것이다.

둘째, 급격한 도시화로 인해 도시권이 확대되어 종래의 지역사회의 경계가 파괴되었을 뿐만 아니라 종래 지방자치단체의 지역적 기반이었던 지역사회의 성격과 구조가 지역공동사회에서 이익공동사회로 변화되었다. 따라서 구역을 종래의 좁은 지역사회로 고집할 필요가 없게 되었다.

셋째, 보다 근본적인 원인은 교통 · 통신 수단의 발달 및 주민의식의 변화로 인해 주민의 생활권, 즉 통근 · 통학권 · 의료권, 문화 및 위락권, 물품의 구매 · 소비 등의 경제 · 금융권이 확대되었다.

이상과 같은 원인으로 인하여 전후 기초지방자치단체의 구역을 합병 등의 방법으로 확대하였으며, 이와 동시에 광역지방자치단체의 기능 및 역할도 또한 중요하게 되었다.

이렇게 해서 앞에서 각국의 예에서도 볼 수 있었던 것과 같이 지방자치단체의 계층구조는 일반적으로 광역지방자치단체와 기초지방자치단체의 이중 구조를 원칙으로 하고 있으나 영국, 독일 등의 대도시에서는 단층제로 된 경험도 있다. 즉 대도시는 행 · 재정적으로 그 규모와 능력에 있어 모든 행정수요를 효율적으로 처리할 수 있기 때문에 구태여 그 위에 광역지방자치단체를 설치할 필요가 없기 때문이다.

그럼에도 불구하고 도시 정부에 대한 접근성과 참여의 제도적 보장의 중요성 때문에 지방정부의 다층화와 행정기관이 경직성을 동시에 회피하고자 하는 제2의 제도적 형태가 다양하게 제시되고 있다.

예를 들면 행정기구를 만들지 않은 상태에서 기초 단위에서 선거를 통한 대표자를 선출하여 이들로 하여금 대도시 내 소지구의 문제들을 자문하고 협의하게 할 수 있다. 또한 기초의회에 해당하는 기구를 선거를 통하여 구성하고, 집행부를 소규모로 만들어서 그 수장에게는 미미한 권한을 부여하고 실제 행정의 대부분은 대도시 전체를 총괄하는 지방정부에서 수행하도록 할 수도 있다. 아니면 기초의회와 광역의회를 통합하여 하나로 구성하고, 도시 내 소지구의 행정문제들을 다루는 행정기관을 설치할 수도 있을 것이다.

6. 광역과 기초 자치단체의 수행 기능 중복에 따른 계층문제

우리나라의 광역과 기초 자치단체의 수행 기능 중복에 관한 비판의 주안점은 다음과 같다. 첫째는, 중앙과 지방 간, 그리고 광역자치단체와 기초자치단체 간 기능배분을 위한 기준의 모호성과 이에 따른 지방자치법시행령상에 규정된 사무배분의 불명확성은 개별법령상에 규정된 중앙과 지방 간, 광역자치단체와 기초자치단체 간 단위사무의 배분에 있어서도 불합리성을 초래하고 있다는 것이다. 둘째는, 1999년 이래 '지방이양추진위원회', 그리고 국민의 정부와 참여정부에서 지방분권을 추진하였으나 광역과 기초자치단체 간의 기능 재조정에 대해서는 비교적 무관심했기 때문에 여전히 양자 간의 기능중복이 심하다는 것이다. 지방자치법에 따르면 광역자치단체와 기초자치단체는 거의 대등한 관계를 갖고 단지 계층에 따라 수행하는 기능이 다르다고 규정하고 있다. 셋째는, 광역자치단체가 기초자치단체에 대하여 행사하는 권한 대부분이 광역자치단체의 고유권한으로부터 비롯된 것이 아니라 중앙정부에 의하여 부여된 위임권한을 행사하고 있기 때문에 자치법의 정신과는 달리 기초자치단체에게는 광역자치단체 역시 중앙정부와 같은 존재로 인식되어 있고 행태도 다를 바 없다는 것이다. 즉, 광역자치단체는 중앙정부의 단순한 경유기관, 지나친 각종 지도・감독, 국고보조금 지원 알선업자, 시・도보조금의 지급시 불합리한 배정, 기초자치단체와 행정서비스 기능의 중첩으로 인한 비효율성, 기초자치단체 간 갈등조정의 실패 등 매우 많은 문제를 갖고 있다. 따라서 광역자치단체의 권한을 확대할 것인가, 축소할 것인가, 혹은 폐지할 것인가 하는 논의가 활발히 전개되고 있다.

그러나 광역자치단체와 기초자치단체 간 행정계층 및 행정구역의 문제를 해결할 수 있는 여러 대안들 가운데 모든 문제점을 일거에 해결할 수 있는 확실한 하나의 대안은 없는 상태이다. 모든 대안은 장단점이 있으며, 이들 장단점들이 일종의 상쇄(trade-off) 관계에 놓여 있어서 특정한 대안의 선택은 일방적이고 편향적인 선택에 그칠 가능성이 있는 것이다. 예를 들어, 광역자치단체가 경유기관이라 하여 폐지를 논할 수도 있지만 실제로 이를 정책으로써 선택하기에는 매우 힘든 것이 현실이다. 그 이유는 자치단체의 행정구역은 그 자체가 가지는 역사적 및 정서적 상징성뿐만 아니라 자치단체의 사무권한, 주민의 경제권, 교육환경 등 다양한 분야에 걸쳐 구체적인 영향력 변화를 가져올 수 있기 때문이다.

그 예로써 지난 1995년 민선지방자치가 부활되기 직전인 1994년 말부터 1995년 초까지 정부주도에 의하여 대대적인 지방자치단체 구역개편이 행해졌지만 지금의 민선지방자치시대에서는 기초자치단체 간의 통폐합도 매우 힘든 사정이다. 다른 나라의 예를 보더라도 쉽지만은 않다. 프랑스의 미테랑 정권의 경우 인구 1,000명도 안 되는 작은 꼬뮨을 3,000명 정도의 꼬뮨으로 통합화하려고 했으나 쉽지 않았다. 영국의 대처 정부 때는 런던시 광역자치단체를 폐지하였으나 블레어 정권에서 부활하였듯이 하드웨어적인 자치단체의 행정 구역 개편은 매우 힘든 것이 현실이다. 일본 역시 시정촌 합병특별법을 제정하여 기초자치단체인 시정촌 간 통폐합 논의가 진행되고 있으며 실제적으로 성과가 보이기는 하지만 우리나라의 도에 해당되는 43개 현 간의 통폐합은 지난 1888년 성립된 이래 전혀 변동이 없을 정도로 힘들다.

이와 같이, 광역자치단체의 폐지 또는 광역자치단체와 기초자치단체 간의 계층과 구역을 급격히 바꾸는 대안들의 경우 정치적 실현 가능성이라는 측면에서 장애요인을 안고 있을 뿐만 아니라 유럽과 미주 등 주요 국가들 이외에도 사회주의 국가에서도 광역자치단체가 없는 사례를 찾는다는 것은 불가능하다. 이러한 정책 환경을 감안할 때, 광역자치단체와 기초자치단체 간에는 계층 간의 축소를 통한 통폐합보다는 국가와 광역, 그리고 자치단체 간의 행정수행이라는 기능적인 조정을 통한 소프트웨어적 개혁을 통하여 달성하는 것이 바람직하다고 본다(임승빈, 2007).

〈표 2-5〉 주요국과 우리나라와의 기초자치단체별 인구 · 면적 비교

(2021년 인구기준)

국가명	인 구 (천명)	면 적 (㎢)	기초자치단체		
			개 수	평균인구 (단위: 천 명)	평균면적 (Km^2)
한 국*	51,683	99,924	224	230.8	446.0
일 본**	126,167	377,835	1,718	73.438	219.9
미 국	280,563	9,384,677	19,429	14.4	483.0
영 국	60,178	241,752	434	138.6	557.0
프랑스	59,440	543,965	36,700	1.6	14.8
독 일	82,506	357,021	15,300	5.4	23.3
오스트리아	8,170	83,855	2,350	3.5	35.7
스페인	40,077	504,782	8,100	5.0	62.3
네덜란드	16,068	41,863	548	29.3	76.4
포르투갈	10,084	92,389	308	32.7	300.0
핀란드	5,184	338,127	452	11.5	748.0
노르웨이	4,525	386,919	435	10.4	889.5

자료출처: 행정자치부(2004). 내부자료. 한국*과 일본**의 경우 필자가 재구성. 특히 한국의 경우 2006.7.1.부터 제주도의 4개 기초자치단체가 없어졌고 2014.7.1.부터는 226개가 되었으며 2021년 현재는 마산 · 창원 · 진주의 통합, 청주, 청원의 통합에 의하여 224개로 조정되었다. 일본의 경우는 시 · 정 · 촌 합병에 의하여 종래의 3,000여 개에서 2019 현재 47개 도 · 도 · 부 · 현 및 1,718개(시 790, 町 745, 村 183)기초자치단체로 감소됐다(지정시 15, 일반시 786, 區 23, 町 757, 村 184)개로 감소되었다.

따라서 전국을 단층제로 하자는 의견은 다음과 같은 한계점이 있다. 첫째는, 전국을 60~70개 정도의 광역으로 나누며 도시부는 1층제로, 농촌부는 2층제로 하자는 안은 행정의 효율성을 중시하는 것 같으나 그것은 어디까지나 현재의 인구 기준으로 하면 그렇다. 주지하는 바와 같이 수도권만 해도 인구이동이 여전히 심하고 신도시가 끊임없이 생겨나고 있으며 지방의 경우는 도청 소재지 중심으로 인구의 편중화가 극심한 현상을 정치권에서는 간과하고 있다. 자치행정구역 개편을 단지 인구기준과 재정력 규모로 삼는다면 끊임없는 구역개편안이 제기될 것이다. 앞서 이론적으로 논의한 바와 같이 경제사회 권역과 자치행정 권역은 항상 불일치할 수밖에 없다.

둘째는, "큰 것은 효율적이고 작은 것은 민주적이다" 하는 관점에서의 접근은 행정의 효율성 및 효과성 자체가 가지고 있는 기준의 모호성 때문에 비판을 받을 수 있다. 지방자치의 효율성·효과성은 행정서비스의 신속성보다는 민주성, 획일성보다는 지역의 정체성 확립을 통하여 지방 간 경쟁을 불러일으켜 다원적 사회에서 다양한 가치의 공존을 만드는 데에 있는 것이다. 따라서 지나치게 큰 지방정부는 주민참여의 시공간적 한계로 비민주적 정책결정을 할 수밖에 없으며, 주민과 함께 하지 않는 정책집행은 정책실패를 가져와 더 많은 비용을 지불할 수 있다는 점을 간과하는 것이다.

셋째는, 행정구역 개편의 문제를 현재의 중앙정치 상황과 결부시키고자 의도가 지나치게 강하다. 지역주민들의 삶의 다양성을 훼손시키지 않고 유기적인 생활기반을 마련한다는 측면에서의 행정구역 개편이 필요한 것이지 정치적 갈등해소를 위한 행정구역 개편은 현실적으로도 난관이 있으며 또 다른 갈등을 불러 올 수 있다. 따라서 행정구역 개편은 자치구역개편의 문제이므로 주민투표를 통한 주민의 자발적 의사에 의하여 진행되어야 하며 이를 중앙정부가 정책적·재정적으로 지원하도록 하여야 할 것이다.

넷째로는, 행정구역개편 문제보다 더욱 시급한 사항은 현행 자치단체 사무 기능권한이 일률적이고 중앙과 광역 중심적이라는 점이라는 것이다. 인구 1,000여만 명이 넘는 경기도와 200여만 명도 되지 않는 여타 도가 같은 기능을 수행한다는 점은 비합리적이다.

제4절 광역행정

1. 의 의

광역행정이란 자치단체 간의 문제를 해결하고 행정의 능률성·경제성·효과성 등을 향상시키기 위하여 기존의 행정구역을 초월하여 더 넓은 지역에 걸쳐 행정을 종합적으로 수행함을 의미한다(안용식: 2003). 즉, 광역행정이란 광역주의에 입각하여 국가 행정이 효율성증진과 자치행정의 민주성 창달이란 상반되는 요구를 조화시키려는 사상의 표현인 동시에 현대 행정의 핵심적 과제의 하나인 중앙집권과 지방분권의 조화를 이루기 위한 제도라고 할 수 있다. 광역행정은 다음과 같은 4가지 의의를 갖고있다.

> key concept
>
> **광역행정의 특성**
>
> ① 집권과 분권 간의 조화를 모색한다.
> ② 개개의 지방자치단체의 독특한 특성에 대하여 고려한다.
> ③ 지방지차단체의 구역, 계층, 기능을 재편성한 유용한 수단이 된다.
> ④ 제도와 사회변화 간의 조화를 모색시켜주는 장치이다.

첫째, 광역행정은 지방자치단체 간에 마이너스(－) 외부효과(negative externality)를 분산시키고 분담하거나 극소화시킬 수 있다. 혐오시설(쓰레기처리장, 하수·분뇨처리장, 화장장 등)이나 위험시설(원자력발전소, 교도소, 군부대 등) 등과 같은 특정의 도시공공서비스는 시설이 입지하는 특정지역에 부의 외부효과를 초래하게 되고 상대적으로 이것을 이용하는 인접지역이나 지방자치단체는 무임승차의 효과가 있는 경우가 발생한다.

따라서 이러한 특정의 도시공공서비스의 경우 관련 지방자치단체가 공동으로 협력하여 처리하는 광역행정방식을 채택함으로써 부의 외부효과를 분산시키고 분담할 수 있는 것이다.

둘째, 광역행정은 지방자치단체 간의 재정 및 행정서비스의 형평적 배분을 기할 수 있는 의의를 가지고 있다. 광역도시권 내에는 행정서비스에 대하여 재정을 부담하는 시민과 혜택을 보는 시민이 동일하지 않는 경우가 발생하는 경우가 있다. 따라서 광역행정은 지방자치단체가 제공하는 행정 및 재정적 서비스에 대한 불평등을 해소하고 지방자치단체 간에 균질한 재정 및 행정서비스를 제공하는 기능을 수행할 수 있다(한국지방자치학회 편: 1995).

셋째, 광역행정은 중앙정부의 획일적 행정처리보다 지역의 특수성이나 주민 편의를 반영할 수 있는 자치행정을 실현할 수 있다. 중앙 정부가 전적으로 관여하여서도 안 되고 그렇다고 지방자치단체가 독자적으로는 해결하기에는 능력이 부족한 중간적 영역의 사무 즉 광역사무의 비중이 증가하고 있는 실정이므로 이의 해결을 위한 기능으로 광역행정이 필요하다.

넷째, 광역행정은 지방자치단체 간의 갈등해소와 조정의 역할이 있다. 즉 지방자치제의 실시로 각종 도시계획 수립이나 집행시 지방자치단체 간 갈등과 마찰현상은 더욱 심화되고 있는데 이러한 갈등해소와 조정의 기능을 수행한다.

2. 광역행정의 대두배경

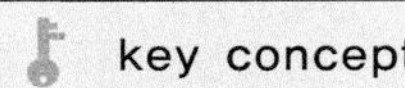
key concept

지역주의
조직 간 또는 조직 내에서 한 부문이나 파벌 등의 입장을 고집하면서 배타적인 자세를 취하는 경향.

국가마다 다양한 특징을 지니고 있는 광역행정은 세계적으로 보편화된 공간행정 방식으로 주로 대도시 지역에서 많이 발생하였으나 오늘날은 농촌지역에서도 나타나고 있다. 보편화된 광역행정의 대두배경을 정치적, 행정적, 경제적 동기로 구분하여 살펴보면 다음과 같다(안용식 외: 2000).

1) 정치적 동기

광역행정은 정치적 동기에 의하여 대두된다는 것으로 특히 도시권의 분절현상에 의한 정치적 갈등이 대두배경이다. 자치단체 간의 정치적 갈등은 다양한 원인으로 나타날 수 있는데 특히 미국 사회는 북부, 남부, 서부 등 지역주의로 분할되어 있고 각 지역은 나름대로 독자적 · 전통적인 관습을 가지고 있기 때문에 새로운 문명과는 충돌을 낳게 되므로 이를 해결하기 위해 광역적 관점에서 조정할 필요에 의해 생겨났다는 것이다(정세욱: 2000).

따라서 광역행정은 자치단체 간에 나타나는 정치적 불안정 즉 정치적 분절현상을 해소하기 위한 수단으로 등장하였다고 볼 수 있으며 지방분권화의 부정적 측면을 해소하기 위한 정치적 성격을 갖기도 한다. 우리나라에서는 지방자치단체 간의 지나친 지역이기주의 경향으로 선거 때마다 소지역주의 등 여러 가지의 정치적 분절현상이 나타나고 있는 실정이다.

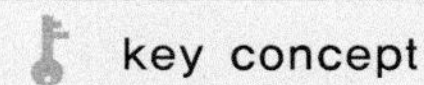
key concept

수도권행정협의회
서울, 경기, 인천에 집중되어 있는 인구는 50%를 육박하고 있다. 수도권 인구는 상호간 이동성이 강해 교통, 환경, 상 · 하수도, 도시개발, 방재 등의 분야에서 상호 협력할 사안이 많다. 따라서 2013년도 수도권행정협의회 구성원인 서울 · 경기 · 인천은 긴밀한 행정협의체제를 구축해 놓고 있다.

2) 행정적 동기

행정적 동기는 행정수요가 증대되고 또한 변화하므로 행정구역 개편의 한계와 행정책임의 분절의 한계를 극복하기 위하여 출현하였다.

즉, 행정책임의 분절이라는 측면에서 보면 지방자치제도의 실시는 개별 지방정부 차원의 행정구역별로 모든 행정책임을 지는 관계로 특히 대도시권 내에서는 전체적으로 볼 때 행정책임이 연계되지 않는 부분이 발생하게 되는 것이다. 교통 · 통신의 발달로 인한 생활권과 경제권이 확대되면서 기존의 지방자치단체 수준에서는 처리하기가 곤란하며 또 처리할 수도 없고 인접 자치단체와 상호 협력이 필요한 여러 가지 광역기능이 출현하므로 광역행정이 필요한 것이다

이처럼 지방화, 도시화가 진전됨에 따라 파생되는 여건이 변화는 단일 지방정부 혼자서는 관리할 수 없으므로 주변의 여러 지방정부와 공동으로 협조 · 협력이 필요하므로 이를 조정 · 통제하고 관리하고 위해 광역행정이 대두되었다.

3) 경제적 동기

경제적 동기의 주된 배경은 규모의 경제(economies of scale)에 있는데 규모의 경제에는 갈등적 기능과 보완적 기능이 있다(안용식 · 김천영: 1995).

갈등적 기능은 지방자치단체 간에 반드시 이해관계를 수반하는 분야로서 지방자치단체 간 상호 협력과 협조를 이루지 않고서는 규모의 불경제를 가져오는 것이 특징이다. 이렇게 될 경우에는 혜택을 보는 자치단체와 혜택을 보지 못하는 자치단체가 혼재하게 되므로 전체적으로 볼 때에는 모든 지방자치단체가 경제적 손실을 입게 되는 것이다. 그러므로 이러한 기능 즉 분야를 통합하고 조정할 수 있는 경제관리 체제가 필요한 것이다.

보완적 기능은 지방자치단체 간에 이해의 대립 즉 갈등을 수반하는 것이 아니라 상호 간에 협력을 할 경우에는 협력의 실익을 볼 수 있는 것이 특징이다. 즉, 개별 자치단체 차원에서 충분히 해결할 수 있으며 주변의 다른 자치단체에게 피해를 주지는 않으나 자치단체 간에 상호 유기적인 협조와 협력을 할 경우에는 규모의 경제를 이룰 수 있는 것이다(자치단체 간 단독으로 처리함으로써 발생하는 중복투자, 소규모 투자, 경쟁경영 등의 불경제를 해소할 수 있다). 그러므로 이러한 기능 및 분야는 자치단체 간에 공동으로 처리하게 하는 경제적인 관리방안을 필요로 한다.

이렇듯 광역행정은 대도시권내 지방자치단체 간의 경제활동에서 생기는 규모의 불경제를 규모의 경제로 전환시키는 경제관리 수단으로 대두했다 볼 수 있다.

4) 사회 · 경제권역의 확대

교통통신과 과학기술의 발달, 교육수준 향상 등에 의하여 지역주민의 생활환경이 변화하고 통근권 · 통학권 · 시장권 · 금융권 · 의료권 등이 확대되

key concept

지방공공서비스
지역이라는 공간적 단위에서 생산 · 전달 · 소비되는 서비스 중 공공성을 띠는 것

거나 새로운 생활권 등이 형성되고 있는 것이 현대사회의 한 특징이다. 또 농촌의 도시화 및 지방도시의 동질화가 급속히 진전되어 전통적인 지역사회의 공동의식인 지역성이 붕괴되고 문화적 획일성이 진행되고 있는 것도 현대사회의 특징이다. 이와 같이 사회·경제권역이 행정권을 넘어서 확대되고 있고 행정수요도 광역화됨에 따라 서로 괴리된 생활권·경제권·교통권·행정권들을 일치시켜 줌으로써 행정의 효율성과 주민의 편의를 높여야 할 필요성이 광역행정을 요청하고 있다.

5) 도시화의 진전에 대한 대응

위성도시

① **좁은 의미** : 인구의 대도시 집중을 피하기 위하여 계획적으로 건설된 소도시를 말한다.

② **넓은 의미** : 대도시 주변에 분포하는 근교도시 전반을 지칭한다. 거기에는 중심의 대도시로부터 독립된 산업도시와 중심의 대도시에 의존하는 통근자도시가 포함된다.

도시화가 급속하게 진전됨에 따라 중심도시는 위성도시 및 근교지역을 흡수하여 일종의 도시집합을 이룸으로써 광역도시권의 형성이 보편화되고 있다. 이렇게 형성되는 광역도시권은 근교지역 택지개발에 따른 주거지 확산, 배후지역 인구의 도시집중에 따른 과밀화와 도시권 확대 등으로 이어진다. 광역도시권 내에서의 사회·경제적 기능은 상호 의존적이기 때문에 제반 행정 문제는 지역전체를 대상으로 대처하여야 행정의 능률성·합목적성을 높일 수 있다.

도시화 및 산업화가 고도로 진행되면 지역 간 불균형이나 인구 및 산업의 지역적 편재가 야기되고 이에 따라 도시와 농촌지역 그리고 성장지역과 낙후 지역 간의 균형적인 개발의 필요성이 제기된다. 지역격차를 해소하고 지역개발을 촉진시키는 데 있어서 중요한 것은 지역 간 기능을 합리적으로 분담시키는 일이다. 지역개발을 위한 권역은 기존 행정구역보다 방대하고 권역을 중심으로 개발행정을 추진하고자 할 경우에는 자치단체 간의 이해관계를 조정할 광역체제가 필요하다. 또한 교통체계, 환경보전, 산업 구조의 재편 역시 하나의 행정구역을 능가하는 경우가 대부분이어서 이러한 문제에

[그림 2-8] 광역행정 추진체계 유형

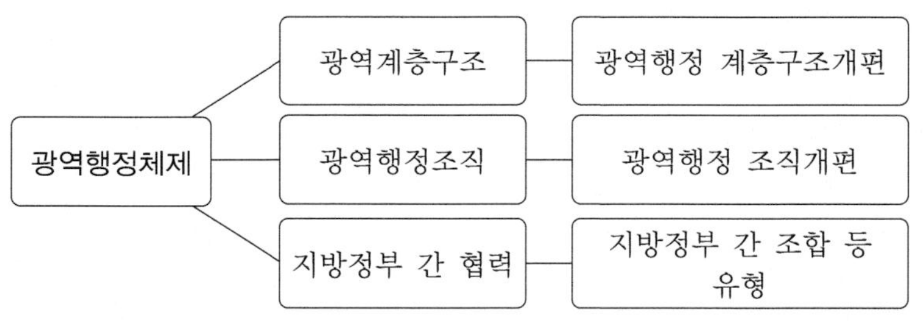

효과적으로 대응하기 위해서는 기능별로 광역행정을 전개할 필요가 있다.

이상의 광역행정이 대두된 배경을 통하여 추진방법은 [그림 2-8]과 같이 크게 3가지 형태로 구분할 수 있다.

3. 광역행정 수요와 유형

1) 광역행정 수요 예시

우리나라에서도 지방자치가 정착되면서 쓰레기매립장 등 혐오시설 등의 자기지역에의 입지를 기피하려는 'NIMBY' 현상이 가속화되고 있다. 따라서 상대적으로 깨끗한 자연환경 하에 개발과 보호의 공동이익을 향유케 하여 줄 수 있는 공동정책의 형성과 결정에 대한 필요성이 대두하게 되었다. 다음의 <표 2-6>은 일본의 간사이 광역연합에서 광역행정이 필요한 지방행정 7대 분야의 예시이다.

〈표 2-6〉 일본 간사이 지역의 광역행정 수요 예시

광역처리사무	주요 내용
광역방재	▪ 간사이 방재 · 감재 계획 및 간사이 광역대응 및 복구 요강 등의 발전 ▪ 대규모 광역재해를 상정한 광역대응 추진 ▪ 재해 시 물자공급의 원활화 추진 ▪ 간사이 광역응원(대응) 훈련실시 ▪ 방재 분야의 인재육성 등
광역관광 · 문화 · 스포츠 진흥	▪ 간사이 관광 · 문화 진흥계획의 전략적 추진 ▪ '도쿄올림픽 · 패럴림픽'과 '월드마스터스 게임 2021 간사이' 등을 위한 관광활동의 추진 ▪ 다양한 광역관광 전개를 통한 간사이 관광객유치 ▪ 전략적 프로모션 전개 ▪ 관민 일체의 광역연계 DMO 대전 추진 등
광역산업진흥	▪ '간사이 광역 산업 비전'의 착실한 추진 ▪ 간사이의 잠재력 발신 강화 ▪ 간사이의 장점을 살린 이노베이션 환경 기능 강화 ▪ 고부가 가치화에 의한 중소기업 등의 성장 지원 ▪ 개성 풍부한 지역의 매력을 살린 지역 경제 활성화 등
광역의료	▪ 간사이 광역응급의료 제휴 계획 추진 ▪ 닥터헬기 활용 등에 의한 광역구급의료체제 활용 ▪ 재해 시 광역의료체제 강화 ▪ 과제 해결을 위한 광역의료체제 구축 등

광역환경보전	▪ 간사이 광역환경보전 계획 추진 ▪ 재생 가능 에너지 확대 및 저탄소 사회 만들기 추진 ▪ 자연공생형 사회 만들기 추진 ▪ 순환형 사회 만들기 추진 ▪ 환경인재육성 추진 등
자격시험 · 면허	▪ 준 간호사 · 조리사 · 제과위생사 시험의 실시, 면허 교부 등 ▪ 독물물 취급자 · 등록판매자 시험 실시
광역직원연수	▪ 정책형성 능력 연수실시 ▪ 구성 자치단체 주최 교육에 상호참여 (단체 맞춤형 연수) ▪ 인터넷을 활용한 연수실시 등 교육효율화 추진 등

자료: 조성호 외(2019), 수도권 광역행정청 설립방안, 경기연구원 기본과제, p. 95-96.

일본에서 광역자치단체 간 행정협의회와 같은 성격으로 협력을 추진하는 과정에 그들이 선정한 광역행정 수요는 크게 다음의 7개 분야이다. ① 광역방재, ② 광역관광 · 문화 · 스포츠 진흥, ③ 광역산업진흥, ④ 광역 의료, ⑤ 광역환경 보전, ⑥ 자격시험 · 면허, ⑦ 광역자치단체 간 직원 연수. 이들이 이 같은 분야를 검토한 점은 유사한 지방자치제도 환경을 가진 우리나라에서도 준용이 가능하므로 참고할 만하다.

우리나라에서는 현행법상으로는 1988년 4월 6일 지방자치법 개정에 의하여 지방자치단체 상호간 협력제도 신설(협력사업, 사무위탁, 행정협의회, 지방자치단체조합 등)이 가능토록 하였다. 근거조항은 지방자치법 147조에 의거하여 “지방자치단체는 다른 지방자치단체로부터 사무의 공동처리에 관한 요청이나 사무 처리에 관한 협의 · 조정 · 승인 또는 지원의 요청을 받으면 법령의 범위에서 협력하여야 한다.”는 것이다. 더군다나 2020년 30여년만에 지방자치법이 전부개정되면서 조합 등 특별지방자치단체 설립을 용이하게 했으므로 향후 광역행정을 위한 제도 등이 활성화될 전망이다.

광역행정의 수요는 도시화와 정보화의 가속, 농산어촌에서의 초고령화, 저출산, 인구소멸 등의 요인에 의해 점차 많아지리라 예상되며 여러 가지 형태가 있을 수 있다. 예를 들어, 다른 지방자치단체와 협력 추진시 예산절감 및 주민편의 등 행정 효과를 배가시킬 수 있는 사무, 행정서비스의 수혜대상이 인근 지방자치단체 등에 영향을 미치는 사무, 지역 간 갈등예방 및 해소에 기여할 수 있는 사무 등을 위한 광역행정 추진체계를 만들어 볼 수 있겠다.

2) 우리나라에서의 광역행정권

광역행정권의 의미는 다음의 두 가지를 모두 내포하고 있다. 첫째는, 대도시권 광역교통 관리에 관한 특별법 등에서 '광역'의 의미는 공간적으로 국가균형발전특별법에서 사용하는 '지역'보다 더 넓게 사용하고 있다(동법 제2조 1~2호). 따라서 우리나라에서의 광역은 대도시권과 같은 의미로 사용되며 이때는 2개 이상 시 · 도의 공간적 범위를 포함하게 된다. 또한, '광역'이라고 표현할 때 또 다른 의미는 2개 이상의 시 · 도, 그리고 2개 이상 시 · 군 · 구의 행정구역이 포함될 때 공간적으로 중복된 범위를 포함하기도 한다. 현행법은 광역자치단체인 시 · 도에 대하여 지방자치단체 조직과 권한행사, 재정, 조례제정권 등 분야를 시 · 군 · 자치구와 동일한 법률에서 규정함으로써 차별성을 두지 않은 경우가 많아 기초자치단체와 지방정치 기능을 하는 상급자치단체인 시 · 도의 차이점을 충분히 고려하지 않고 법률을 제정함으로써 시 · 도의 광역행정의 주체자로서의 법적 위상과 지위가 여전히 불분명한 상태이다. 예를 들어 현행 광역교통특별법 제2조(정의)에서 사용되는 대도시권의 용어를 사용하는데 '대도시권'이란 지방자치법 제2조 제1항 제1호에 따른 특별시 · 광역시 및 그 도시와 같은 교통생활권에 있는 지역 중 대통령령으로 정하는 지역을 말한다라고 되어 있다. 이와 같이 광역행정은 대부분이 대통령령으로 시행되고 있어 광역행정의 주체가 일정하지도 않고 명확한 경계를 구분하고 있지 않다는 문제점을 안고 있다.

따라서, 우리나라의 광역행정은 사무의 성질에 따라 국가의 특별지방행정기관, 광역자치단체 또는 지방자치단체의 협력체제로 수행되거나, 필요에 따라서는 행정 구역을 변경하는 등의 방식을 통해 그 수요에 대응하여 왔다. 우리나라의 지방자치법에서도 광역도시계획, 행정협의회, 지방자치단체조합, 그리고 지방 자치단체장 협의체 등을 구성하여 자치 단체 간 공동사무를 협력 · 처리할 수 있도록 법적 근거를 마련하고 있으나, 실질적으로 지방자치제도가 시행된 지 벌써 20여 년이 지났음에도 불구하고 아직 우리나라의 경우 각종 지역개발사업 추진을 지역 또는 지방자치단체가 상호 협력적으로 추진한 사례가 그다지 많지 않다. 근래 들어 문화 · 관광분야의 보존 및 개발 그리고 혐오시설의 공동 설치, 운영과 관련된 인근 지방자치단체 간 협력사례를 찾아볼 수는 있지만, 여전히 지자체 간 협력수준은 약한 상태이다.

지금까지 우리나라의 지방자치법에서 공식적으로 법정 거버넌스 협력체제를 규정한 협력방식 및 협력조직은 지방자치단체조합이 유일하였으나, 2020년 지방자치법 전부개정에 의하여 현행 지방자치법에서는 '특별지방자치단체'에 관한 명칭과 함께 설치 근거 규정을 두고 있지만, 실질적인 내용이 없는 상태에서 이를 활성화시킬 수 있도록 하였다. 따라서 광역행정 수요에 대처한 특별지방자치단체가 지금보다는 보다 활성화되리라 예상된다.

〈표 2-7〉 광역적 협력행정 수행을 위한 지방자치단체 간 협력제도 비교

협력제도	의 미	주요 사례	근 거
협력사업	▪ 업무의 광역성으로 단독처리가 곤란한 경우 타 지자체와 공동으로 협력하여 처리하는 사업	▪ 광역버스 정보시스템 구축(김천, 구미, 칠곡) ▪ 장사시설 공동이용 사업(공주, 부여, 청양) ▪ 세종대왕 힐링100리길 조성 ▪ 지역관광자원 연계활용, 취업정보의 교차제공, 인접 지자체 간 버스이용 편의제공 등	지방자치법 제147조
사무위탁	▪ 업무중복 방지 등 효율성을 높이기 위하여 사무의 일부를 타 지자체에 위탁하여 처리	▪ 사업용 자동차 운수 종사자 위탁교육 실시(충남, 세종) ▪ 음식물쓰레기 위탁 처리 ▪ 밀양댐 상수원 수질 보전 관리	지방자치법 제151조
행정 협의회	▪ 2개 이상의 지자체 관련 특정사무의 일부를 공동 처리하기 위해 설치하는 협의기구로 공법인의 지위는 없음	▪ 전국 다문화도시협의회 ▪ 금강권 댐 유역 공동발전협의회 ▪ 백제문화권 관광 벨트협의회	지방자치법 제152~158조
자치단체 조합	▪ 2개 이상의 지자체가 하나 또는 둘 이상의 사무를 공동으로 처리할 목적으로 법인체	▪ 경제자유구역청 ▪ 지리산권 관광개발조합 ▪ 지역상생발전기금조합 ▪ 부산·진해 경제자유구역청,	지방자치법 제159~164조
지방자치 단체장 등 협의체	▪ 지방자치단체장 또는 지방의회 의장은 상호 간 교류와 협력증진, 공동의 문제를 협의하기 위해 전국적 협의체 설립	▪ 대한민국 시·도지사협의회, 전국시·도의회의장협의회, 시·군·구구청장 협의회 등	지방자치법 제165조

자료: 안영훈 외(2020), <표 2-11> '광역적 협력행정 수행을 위한 지방자치단체 간 협력제도 비교'를 인용했음.

<표 2-7>은 현행 법상 광역행정을 가능하도록 한 여러 제도들을 정리한 것이다.

3) 우리나라 광역행정을 위한 법제도적 장치

(1) 사무의 위탁

쌍방 간의 계약에 의한 사무의 위탁이다. 지방정부가 처리해야 할 사무를 인근 지방정부로 하여금 처리하게 하고 그에 대한 대가를 지불하는 방식이다. 예컨대 소방업무를 독자적으로 처리하기에는 너무 많은 비용이 드는 경우 이미 제대로 된 시설과 인력을 갖추고 있는 인근 지방정부에 그 업무를 위탁할 수 있다. 수탁하는 정부 또한 일정한 경제적 규모를 갖출 수 있는 바, 서로에게 이익이 되는 계약이 될 수 있다. 소방 이외에 쓰레기 처리와 시설관리 등 여러 형태의 서비스와 공공기능이 포함될 수 있다.

(2) 사무의 공동처리

독자적으로 처리하게 되면 처리비용이 더 들어간다든지 전문성을 확보하기 힘든 사무 등은 지방정부들이 공동으로 처리하는 경향이 있다. 외부효과가 크게 발생해 과소공급이나 과다공급의 문제, 또는 지역정부 간 갈등이 일어날 수 있는 문제들도 공동처리의 필요성이 높다. 공동처리기구로는 조합을 결성하거나 협의회를 설치하는 등의 방식이 있을 수 있다. 일본에 많이 설치되어 있는 사무조합은 그 좋은 예이다.

(3) 연합방식(federation)

지방정부가 자치정부로서의 격을 유지하면서 광역지역을 관할하는 새로운 단체 내지는 정부를 하나 더 만드는 것과 같은 형태이다. 이러한 연합은 지방정부 스스로 만들기도 하지만, 중앙정부 주도로 만들어 지기도 한다. 프랑스와 영국의 광역지역 정부는 그 좋은 예이다. 광역단위의 계획의 필요성이 높아지면서 이와 같이 중앙정부에 의해, 아니면 지방정부 스스로 이러한 기구를 만드는 일이 많아지고 있다. 프랑스와 영국은 최근 이러한 광역기구의 역할을 키워가고 있다.

(4) 통합(consolidation) 또는 합병(annexaton)

하나의 생활권과 경제권 내에 위치하면서 협력의 필요성이 높아지는 지방정부들을 아예 합쳐버리는 방식이다. 최근 일본에서 있었던 시 · 정 · 촌 통폐합이나 우리나라에서 있었던 시 · 군 통합 등이 그 예가 된다. 유럽 국가들에 있어서도 이러한 통합, 특히 소규모 기초지방정부의 통합이 지속적으로 일어나고 있다. 구역개편의 준거, 특히 우리나라의 시 · 군 통합과 같은 대대적인 구역개편과 관련하여 논의해 볼 만한 준거로서는 결절성(nodality), 동질성(homogeneity) 및 의도성(intention) 등을 들 수 있다(김안제, 1981). 결절성 · 동질성 · 의도성의 개념은 일찍이 Richardson이 지역을 개념화하기 위해 구분한 결절지역 · 동질지역 및 계획지역의 개념과 관련되어 있다. 즉 지역의 결절성을 주목하면서 획정한 지역이 결절지역이고 동질성을 강조하여 획정한 지역은 동질지역이며 지역개발과 같은 의도성을 쫓아 지역을 획정한 것이 계획지역이라고 할 수 있다(Richardson, 1979).

(5) 특별지방자치단체의 설치

소방이나 상 · 하수도, 학교 등의 업무를 효율적으로 집행하기 위해 여러 지방정부가 이러한 문제를 처리하는 특별지방정부를 만들어 지방정부의 경계를 넘는 독자적인 행정구역을 설정하여 그 업무를 설치하게 하는 방식이다. 특별지방정부는 지방정부로서의 격을 가지며, 이를 만든 지방정부들이 공동으로 운영하게 된다. 한 가지 지적해 둘 것은 이 특별지방정부는 단일 지방정부에 의해 설치되기도 한다는 점이다. 즉 모든 특별지방정부가 광역행정을 위한 것은 아니다.

(6) 권한과 지위의 흡수(기능 재조정)

지방정부 간의 갈등이 계속되는 경우 그 갈등의 원인이 되는 기능과 권한을 상급지방정부나 중앙정부가 흡수해 버리기도 한다. 일부 지방정부가 영세민이나 저소득자들이 입주할 만한 소규모주택을 짓지 못하게 함으로써 이들을 인근 지방정부로 몰아내고 있고, 이와 관련하여 지방정부들 간에 적지 않은 갈등이 발생하곤 한다. 그 결과 일부 주는 지방정부의 이러한 권한을 제한하는 조치를 취하게 되었다. 이 외에도 지방정부 간의 협력이 제대로 이루어지지 않아 서비스가 제대로 공급되지 않는 경우에도 이러한 권한과 지위의 흡수가 일어난다.

4. 우리나라의 초광역 행정[6)]

1) 수도권과 지방의 1인 가구 구조 비교

통계청의 「2024년 인구주택총조사」에 따르면, 서울의 1인 가구 비율은 전체 가구의 약 33.8%를 차지하며, 그중 상당수는 20~34세 청년 여성이다. 이들은 대부분 비수도권에서 서울로 유입된 인구로, 고용 형태는 정규직보다는 계약직이나 프리랜서, 플랫폼 노동자 등 비정규직이 많은 비율을 차지한다. 반면 경기도와 인천의 1인 가구는 중장년 남성이 많고, 지방은 고령 독거노인 비율이 50%를 넘는다. 특히 전남, 경북, 강원 지역에서는 65세 이상 1인 가구가 전체의 절반 이상을 차지한다. 농촌 지역으로 갈수록 이 비율은 더욱 높아지며, 청년층의 유출과 고령층의 잔류라는 구조적 양극화가 고착화되고 있다. 예를 들어, 2024년 기준 서울의 20대 여성 1인 가구는 약 42만 명으로 전체 1인 가구 중 12%를 차지한다. 반면 전북의 경우 65세 이상 독거노인이 1인 가구의 58%에 이른다. 이는 주거 · 복지 · 노동시장 접근성이 극단적으로 달라지고 있다는 것을 의미한다. 이러한 차이는 단순한 인구통계가 아니라, 정책 설계의 근간이 되어야 한다. 서울은 청년층의 경제적 자립과 주거 문제 해결을 위한 정책이 우선되어야 하며, 지방은 고령자 돌봄과 커뮤니티 재생이 핵심이 되어야 한다. 그러나 현실에서는 이러한 지역별 구조적 차이를 고려하지 않고, 일률적 정책 공급자 중심의 정책들만 반복과 예산이 중복적 투자 등이 되고 있다.

2) 역대 정부에서의 초광역권 추구의 구조적 한계와 제도개선의 필요성

역대 정부는 수도권 일극 체제를 다극 구조로 전환하겠다는 구호를 반복해왔다. 이명박 정부의 '5+2 광역경제권', 박근혜 정부의 '창조경제혁신센터', 문재인 정부의 '초광역 협력 프로젝트' 등 명칭은 달랐지만 핵심은 유사했다. 그러나 공통적으로 실패한 이유들은 다음과 같았다. 중앙정부 중심

6) 본문은 임승빈(2025), 신정부의 '5극 3특'초광역 전략의 성공을 위한 제도개선 방안, 자치발전 2025년 9월호. 기고문의 일부를 발췌요약 했음을 밝힘.

의 칸막이 행정으로서 산업부, 국토교통부, 교육부, 농림축산식품부, 문화부 등 부처별로 따로 예산과 정책을 편성하고 있기 때문에 지자체 간 협력 인센티브는 부족한 상황이었다는 점이다. 정부보조금을 갖고 있는 각 부처는 공모사업 중심으로, 지역 간 과당경쟁을 유도하여 지자체별로 독창적인 모델 수립도 곤란하다. 핵심은 재정 분권인데 이 역시 미비했다. 지방자치단체의 재량 예산이 부족하여 중장기 전략 수립이 어렵기 때문에 지역의 고등교육과 산업 · 일자리 간 미연계 현상이 발생한 것이다. 그 결과 청년의 지역 정착 가능성은 상실하게 되어 지방소멸에 이르기까지 된 것이라는 설명이다. 아울러 정책의 지속성과 일관성이 결여되어 정권이 바뀔 때마다 새로운 구호와 정책 이름만 바뀌고 기존 전략은 폐기되는 것은 상식이 되어버린 상태이다. 실제로 2010년 이후 국가균형발전특별회계의 지역 자율편성 비율은 30% 이하에 불과하며, 대부분 중앙정부가 설계한 사업을 지역이 단순히 수행하는 구조에 머물러 있다. 초광역 네트워크 구축의 성공은 지역 간 권한과 자원을 공유하고, 주민 · 기업 · 지방자치단체 모두가 참여하는 포용적 사회체계를 전제로 하여야 하는 것이다. 이와 같은 문제의식을 바탕으로 "5극 3특"전략을 성공시키기 위해서는 수도권과 지방의 인구 구조 차이, 지역적 특성을 분석하여 일률적인 제도를 시행함으로써 얻어지지 않을 것이다. 예를 들어, 수도권에서 초광역권이 가장 필요한 이유는 광역교통망 확충에 있으며 호남권 등 비수도권에서는 산업의 초광역권이 절실하게 필요할 것이다. 수도권 광역교통 수요에서도 서울은 지하철에 인천은 시내버스에 경기도는 서울과의 광역버스에 정책수요가 있으므로 이를 하나의 제도를 통하여 성공적으로 성사를 시킬 수 없다. 따라서 초광역권 제도를 얼마나 포용적인 제도를 만들어 추진할 것인가가 성공의 관건이 될 것이다.

3) 해외 사례에서의 교훈: 영국의 지역통합 전략

영국은 1990년대 말부터 지역 간 불균형 해소와 수도권 집중 완화를 위해 다양한 지역통합 및 자율정부 실험을 실시해 왔다. 특히 눈에 띄는 정책은 1999년 도입된 '지역개발청(RDAs, Regional Development Agencies)' 제도이다.

① RDA(지역개발청) 제도의 개요: 잉글랜드 지역을 9개 권역으로 나누고, 각 권역에 'RDA'를 설치했다. 중앙정부(당시 DTI, 산업통상부)의 감독하에 설치되었으나, 상당한 자율성과 재정 권한을 부여했다. 주요 기능은

지역 경제전략 수립, 혁신과 창업 촉진, 기업 지원, 교육 · 훈련, 산업단지 개발 등이었다. 예산은 중앙정부로부터 직접 교부받았으며, 2006년 기준 약 20억 파운드 이상 집행했다.

② **RDA의 성과:** 특정 권역(예: 맨체스터, 웨스트 미들랜즈)에서는 산업재편과 신성장 동력 유치에 기여했다. 지방 대학, 산업계, 지자체와의 3자 파트너십을 형성하여 창업 지원 및 고용창출 효과를 달성했고 지역 맞춤형 정책 수립이 가능했으며 수도권과 다른 산업 구조 및 고용환경 반영도 했다.

③ **RDA의 한계와 폐지:** 그러나 2010년 보수당-자유민주당 연립정부 출범 이후, 중앙정부의 정책기조는 바뀌기 시작했다. 지방 분권보다 긴축재정 기조를 우선시 했던 점도 있으나 일부 지역에서는 중앙정부의 위임에만 의존하고, 주민 참여 및 자발성 부족, 성과 측정 지표가 모호하고, 부처 간 중복 투자 문제 지속 등의 문제점도 부각되었다. 결과적으로 RDA는 2012년 모두 폐지되었고, 이후 영국은 'Local Enterprise Partnerships(LEPs)' 체제로 전환하며 민간 중심 지역성장 전략으로 이동했다. 그러나 이후에도 일부 전문가들은 RDA의 기능과 파트너십 구조가 현행 LEP보다 효과적이었다는 평가를 내리고 있다. 교훈으로서는 지역개발기구는 행정구역 통합보다 중요한 '기능적 통합'을 실현하는 제도이어야 한다는 것이다. 중앙정부의 정책 연계와 지역의 자율적 전략 수립 사이의 균형이 핵심이며 지속 가능한 법적 지위, 성과관리 체계, 주민참여 메커니즘이 함께 보장되어야 장기적 효과 가능성이 있다. 영국은 2000년대 초부터 광역권 단위의 자율정부(Combined Authorities) 실험을 반복해왔다. 대표적인 성공 사례는 '그레이터 맨체스터(Greater Manchester Combined Authority)'이고, 실패 사례는 '노스이스트 연합(North East Combined Authority)'이라고 한다. 필자도 2020년에 다녀왔지만 맨체스터 유나이티드의 성공요인으로서는 지역 내 10개 시의회의 자율적 협약에 따라 공동 계획 수립 및 재정 공유, 시장 직선제 도입으로 주민 참여 강화, 교통, 고용, 교육, 복지 등 주요 권한을 중앙정부로부터 위임 등을 지적하고 있다. 그러나 유사한 시도를 했던 노스이스트의 실패요인으로서는 다음과 같은 것들이 지적되고 있다. 노스이스트의 허브도시인 뉴캐슬과 주변 지역 간 이해관계 충돌, 권한과 예산 배분 기준에 대한 합의 실패, 정당 간 갈등 및 리더십 부재 등이다. 이는 초광역 협력의 성공이 단순한 행정구역 통합이 아니라, 실질적 리더십, 재정 권한, 주민 참여 구조가 종합적으로 갖춰져야 가능함을 보여준다.

4) 우리나라의 초광역 특별지자체의 실패와 제도적 한계

부산・울산・경남(부울경)은 대한민국 초광역 협력의 대표 선도 모델로 기대를 모았지만, 2022년을 전후해 사실상 좌초되었다. 부울경 특별지자체의 실패는 다음과 같은 구조적 요인과 정책 미스매치에 기인한다. 그 원인으로서는 광역단체 간 정치적 리더십 부재를 꼽을 수 있다. 당시 울산시장은 광역철도 노선 문제, 예산 배분 갈등 등을 이유로 조기에 탈퇴를 선언했고, 이후 부울경 협력의 동력이 급격히 약화되었다. 세 단체장 간 정당 소속 및 정치적 이해관계 차이로 실질적 정책 연계가 이뤄지지 못했다. 핵심사업의 부실한 설계와 중앙정부의 정책연계 부족도 지적하지 않을 수 없다. 가덕도신공항, 부울경 광역철도망, 동남권 메가시티 조성 등 핵심 프로젝트들이 부처 단위 계획과 충돌하고 부산, 울산, 경남 지자체에서도 충돌하거나 각 조직단위에서의 우선순위에서 밀려 예산 확보에 실패한 것이다. 지역별로 추진하려는 사업 방향이 다르고, 공동 전략 수립이 없었다고 볼 수 있다. 특별지자체가 설립되었지만, 예산 편성권・직원 인사권・조직 구성권 등이 중앙정부에 귀속되어 있었고, 법적 실체가 제한적이어서 '형식적 기구'로 전락하면서 공무원조차 적극 참여하지 않았고, 지역 주민에게도 실체감이 없었다. 이러한 실패는 초광역 협력의 필요성은 인정되었으나, 제도적 기반과 운영 주체의 실효성이 뒷받침되지 않았음을 보여준다. 또 다른 사례인 충청권(세종・대전・충북・충남)은 2023년 '충청권 특별지방자치단체' 구성을 공식화했지만, 그 실효성에는 여전히 의문이 크다. 핵심은 다음과 같다. 세종・대전 간 기능 중복 조정이 되지 않고 있으며(행정수도 vs 과학도시), 충북과 충남의 산업・교통 체계가 사실상 분절되어 있다. 통합청사, 공동 R&D 센터 등 상징적 시설 외에는 실질 협력 모델이 부재하고 이는 결국 '형식적 통합'만으로는 공간적 통합도, 기능적 연계도 이뤄지기 어렵다는 것을 반증한다. 이와 유사한 실패 사례는 이명박 정부 시기의 '5+2 광역경제권' 정책(2008~2012)이었다. 지역 산업별로 특화된 광역권을 육성하려 했으나, 다음과 같은 이유로 실패했다. 첫째는, 중앙부처 주도, 하향식(top-down) 정책 설계로 지역 수요를 반영하지 못했다. 둘째는, 5대 권역(수도권, 충청권, 호남권, 동남권, 대경권) + 2개 벨트(강원, 제주)를 설정했으나, 실질적 기능 연계 없이 중복 투자와 부처 간 갈등만 야기시켰다. 대부분 일회성 SOC 사업 위주로 추진되어, 자립형 경제권이 아닌 '그림 그리기'에 그쳤던 것이다. 사업 종료 후 성과 평가와 후속 정책 연계가 없었던 것이다. 이러한 결과는 오늘날의 초광역 전략에서도 반복되고 있으며, 단지 명칭만 바뀌었을 뿐 근본적 제도개선 없이 '부처-지자체 간 단절', '주민 체감 부족', '예산의 분산'이라는 문제가 지속되고 있다.

우리나라의 "부울경"의 광역권 추진은 광역 단체장 간 협약 수준에 머물렀으며 광역교통망, 산업입지, 도시계획 등 핵심 권한은 여전히 중앙 부처에 분산되어 있었다. 또한, 기초자치단체와의 연결이 부재하고, 실질적 주민 체감 사업이 부족했다. 2022년에는 울산시가 부울경 특별지자체 협의체에서 탈퇴하면서, 협력체계는 사실상 무력화되었다. 이는 법적 지위 없는 협약 중심의 연합은 지속 가능하지 않음을 보여주는 대표 사례다. 즉, 향후 5극 3특을 추진하기 위해서는 광역권 단위의 개발청 또는 정책집행기구를 통해, 중앙-광역 간 분권을 제도화하고, 기능별로 전략과 예산을 통합하는 구조가 필요하다.

2025년 6월에 등장한 이재명 정부의 "5극 3특" 균형성장 정책은 단순한 행정 구역 통합의 문제가 아니다. 인구 구조, 산업 연계, 교육 자원, 정주 여건 등 다층적 요소를 반영한 네트워크형 통합 전략이어야 한다. 다시 강조하지만 수도권과 경쟁할 수 있는 지방 권역을 만들기 위해서는, 5극의 거점도시들과 중핵도시들을 연결하는 네트워크형 초광역전략만이 지속 가능한 해답일 것이다. 정책의 이름을 바꾸는 것으로는 지역이 살아나지 않는다. 역대 정부에서의 광역행정권 내지 광역경제권의 실패를 타산지석으로 삼아야 한다. 무리하게 행정적 통합을 추구하기보다는 사람, 교육, 산업, 삶의 질이 유기적으로 연결된 네트워크 공간구조 개혁이 신정부의 "5극 3특" 전략으로서 자리잡아야 할 것이다.

그러나, 다행히도 이재명 대통령이 직접 대전 · 충남 통합의 필요성을 강조한 타운 홀 미팅 이후 2026년 6월 지방선거에서 대전 · 충남 통합과 광주 · 전남 통합에 대한 논의가 시작되었다는 점은 긍정적이다.

5. 영국 · 프랑스 · 일본의 광역행정 사례

1) 영국 잉글랜드: 1997년~2011년

영국은 1997년부터 잉글랜드(England) 지역을 9대 광역경제권(Region)으로 구분하고, 각 권역에 광역의회, 중앙정부 지역사무소(Government Office, 이하 GO라 약칭함), 그리고 지역경제발전 업무를 수행하는 지역발전기구

(Regional Development Agency, 이하 RDA라 약칭함)를 설치하여 2011년까지 운영해 왔다.

(1) 광역경제권 형성 배경 및 추진과정

영국은 4개 지역이 통합된 국가로 대브리튼(Great Britain)과 북아일랜드라는 통합국가를 공식 국호로 사용하고 있으며, 대브리튼지역에는 잉글랜드, 스코틀랜드, 웨일즈의 3개 지역으로 구성되어 있어 사실상 영국은 크게 4개 지역으로 구성되어 있다. 스코틀랜드, 웨일즈, 북아일랜드는 각각 1707년, 1536년, 1920년에 잉글랜드에 복속되어 오늘날에 이르러 지역주의가 발현되고 있는데, 이에 대처하여 영국 정부에서는 정치적인 분리・독립보다는 어느 정도의 지역주권을 인정하는 지역분권화를 추구하고 있다. 1980년대까지는 이러한 지역의 정치적 자립문제가 커다란 이슈로 작용하였으나 세계화와 유럽통합이라는 흐름 속에서 점차 지역의 경제적 자립문제가 큰 이슈로 나타나고 있다. 특히 잉글랜드의 경우 전체 영국인구의 80%가 살고 있으며 1964년 지역경제계획위원회에 의한 8개의 지역경제계획권역이 지역의 경제적인 자립적 발전을 위한 지역구분의 효시로 나타났으며, 2011년까지 9개의 지역이 광역경제권으로 형성된 바 있다. 1964년 노동당정부에 의하여 설정된 8개 잉글랜드 계획지역에는 지역경제계획위원회(Regional Economic Planning Councils: REPC)와 지역경제계획청(Regional Economic Planning Boards: REPB)이 구성되었다. 새로 만들어진 경제부하에서 지역경제계획위원회들은 총리가 임명한 기업, 노조, 지방정부 그리고 대학의 대표들로 구성되었으며, 반면에 지역경제계획청들은 경제부 관리를 의장으로 하면서 각 지역의 지방공무원으로 구성되었다. 그러나 1970년대 초 경제부가 없어지면서 지역경제계획청도 해체되었고, 지역경제계획위원회도 정부의 지방사무소들과 지방정부들이 언계해서 지속적으로 계획들을 작성하였지만 위상이 하락하였다.

1994년에는 전보다 더 중앙집권화된 중앙정부가 광역수준에서 공공행정의 강화라는 측면에서 새로운 광역조직을 구성하기 시작하였다. 메이저 정부는 결국 환경부, 교통부, 통산부, 교육 및 노동부의 활동을 조정하기 위해서 잉글랜드에 9개의 통합광역사무소(Integrated Regional Offices: IRO)를 설치하였다. 각 광역 사무소의 주요 기능은 단일재생 예산(Single Regeneration Budget), 공업보조금, 유럽연합 구조조정기금 등의 신청과 배분에 관한 것이었다. 1997년 총선에서 노동당은 경제개발, 계획, 교통, 유럽기금할당, 그리고 토지이용계획을 조정하기 위한 광역의회를 세울 것을 공약하였다. 이러한 선거 공약에 따른 첫 번째 조치로서, 잉글랜드 지역으로의 투자를 촉진하기 위한 기구 설립을 위해 지역발전기구법(Regional Development Agencies Bill)을 만들었다. 이 법은 지역발전기구가 소기업들에게 도움이 되고, 지역경제개발을 조정할 수 있도록 한 것으로, 중앙정부지역통합사무소, 훈련 및 기업위원회, 지역의회들과 연계해서 활동할 수 있게 되었다. 이후 광역의 목소리를 낼 수 있도록 지역의회가 들어섬에 따라서 영국 잉글랜드는 2011년까지 9개의 광역정부가 형성되었다.

(2) 광역경제권의 주요 특징

잉글랜드의 9개 광역지역의 형성은 광역지역의 자립적 경제발전을 위한 것으로 1964년에 만들어진 8개의 경제계획에서 기원하고 있다. 이를 기초로 역사적인 측면, 인구규모 측면에서 대략 500만명 정도로 구획하고 있는 것이 특징이다. 이러한 인구규모를 기준으로 광역지역을 구분함에 따라 그 전에는 하나의 수도권지역으로 간주되었던 런던을 포함한 동남권(South East)이 3개 지역으로 분할된 형태로 나타난다.

이에 대해 3개 지역은 초광역지역(super-region: The Greater South

〈표 2-8〉 영국의 권역별 지역개발청 관할 범위

	East Midlands	East of England	North East	North West	South East	South West	West Midlands	Yorkshire and the Humber	London
명칭	EMDA	EEDA	One North East	NWDA	SEEDA	SWDA	AWA	Yorkshire Forward	LDA
권역 인구	419만	541만	258만	688만	807만	493만	533만	504만	751만
면적 (㎢)	15,627	19,120	8,592	14,165	19,096	23,289	13,004	15,400	
관할 자치 단체 수	9	10	11	22	19	16	15	14	1

출처: 김안제 외 4인(2007), 선진지방자치와 지역균형발전의 새로운 모색, p. 133.

East)을 구성하여 공동경제발전 전략체계를 구축하고 있다. 이 지역은 영국 전체 인구의 35% 정도로 2,100만명이 거주하고, 부가가치, 혁신, 글로벌 경쟁력 모두가 우수하며, 세계적 경쟁력을 지닌 지역이다. 따라서 3개의 RDA (East of England Development Agency(EEDA), London Development Agency(LDA), South East Development Agency(SEEDA)가 협력 중인 지역이다. <표 2-8>은 2011년까지 시행된 영국의 권역별 지역개발청 관할 범위 및 인구규모를 나타낸 것이다.

그러나 앞서 영국의 지방행정에서 설명한 바와 같이 2012년부터는 RDA가 폐지되고 LEP(Local Enterprise Partnership)로 대체되었다.

(3) 광역경제권 추진과 관련된 조직 구성

영국 잉글랜드의 광역경제권역 추진조직은 LEP, GO(Government Offices for Regions), 지역의회(Regional Assembly)의 3각 축으로 구성되어 역할을 분담하고 있다. 각 지역의 GO는 중앙정부를 대표해서 해당 지역 내 이해관계자와의 협력관계 속에서 지역 자체의 의사결정을 지원하는 역할을 수행한다. 중앙정부의 핵심부처를 각 지역에 집결시켜 놓음으로써, 지역의 요구에 대응해서 중앙정부 차원에서 통합하고 조정된 방식으로 정책이 이루어지도록 하고 있다.

지역의회는 지역발전기구법에 따라 설치되었는데, 지자체 및 지역의 다양한 기관들의 대표로 구성된 자발적이고 다당적인 기구로서 정부 및 EU 등에 대해 지역의 입장 대변(advocacy), LEP 지원 및 감독, 지역공간전략(Regional Spatial Strategy) 수립 등의 역할을 수행한다.

영국 노동당의 광역권 정책은 기본적으로 연방제를 지향하면서 기능경제시장권역(Functional Ecomomic Market Area: FEMA)의 개념을 제시하였다. 그러나 2010년 5월의 총선에서 승리한 보수당과 자유당 연정은 '큰사회(Big Society)' 이념을 제시하며 RDA를 폐지하고 LEP를 대체시켰다. 물론 민간의 역할을 강조하는 긍정적인 측면이 있기는 하나 법적 구속력이 없어 정책효과는 미지수이다.

2) 프랑스: 2000년 이후

프랑스는 전통적으로 지방자치단체 간 협력 내지는 광역행정을 위한 제도를 19세기 말부터 마련하여 많이 활용하였다. 특히 기초자치단체인 꼬뮨

(commune)은 그 수가 많고 규모가 지나치게 작아 행정 · 재정 · 기술적으로 어려움이 많아 이를 극복하기 위하여 지방자치단체 간 협력을 위한 여러 방식, 즉 조합형(coopération syndicale), 연합형(coopération fédérative), 합병 등을 활용하여 왔다.

1982년 미테랑 정부의 지방분권화정책에 의하여 그 당시 광역지방행정구역이었던 96개 도(département)를 22개 레죵(région)으로 묶는 새로운 광역지역이 탄생하였다. 레죵에는 중앙의 지사가 파견되고, 또한 선출된 지역의회가 지역을 관장하는 2원적 체계로 운영되고 있다.

1990년대 이후에는 광역 행정단위인 수 개의 레죵을 묶어 전국을 광역권으로 나누어 개발하려는 구상에 대한 논의와 연구가 본격화되고 있는데, '2020년 프랑스 장기발전구상'에서는 22개 레죵으로 6개의 광역권으로 묶어 지역의 자립적 발전을 도모하고 있다.

(1) 광역행정구역인 레죵의 형성

1789년 프랑스혁명으로 구체제의 지방제도를 전면 폐지하고 도, 군 및 꼬뮨으로 이어지는 지방행정제도를 도입하고 지방분권화를 추진하였다. 그러나 1799년 나폴레옹이 집권하면서 지방행정의 책임자인 관선지사를 파견하여 지방에 대한 중앙의 통제를 강화하였다. 그러나 1982년 법률에 의하여 레죵은 비로소 꼬뮨이나 데파르망과 같은 지방자치단체의 지위를 갖게 되었고, 1986년에는 선거에 의한 레죵의 의회의원이 선출되면서 명실상부한 광역지방자치단체가 되었다.

1982년의 개혁으로 그동안 정부대표인 지사가 수행하였던 집행기능을 의회의장으로 이양하고, 의회의장이 지방자치단체의 집행기관의 장이 되고, 레죵 지사는 정부에서 임명하는 국가공무원으로서 중앙정부 대표의 역할만을 수행하고 있다. 지방분권화 이후 레죵의 경우 레죵 지사는 중앙정부대표로서 국토계획 및 경제사회개발에 대한 정부의 정책을 집행하고, 국가와 레죵 간의 중재자로서 국가와 레죵 간 계획계약의 체결 때에 중앙정부대표로서 협상하고 서명하는 역할을 수행하고 있다.

(2) 1990년 7대 광역권 구상

1988년에 통과된 제10차 경제개발계획 수립의 구체적 방향 제시를 위해, 그리고 1990년 5월 지역정비 관련 구회토론을 준비하는 차원에서, 그해 국토개발 장관회의(이하 CIAT라 약칭함)가 광역행정단위인 레죵을 초월한 대광역권 구상을 처음 밝힌 후 국토개발 및 지역정비청(이하 DATAR라 약칭함)이 7대 광역권을 설정하여 지역 간 협력사업을 추진하였다. 7대 광역권은 북부권, 파리분지권, 대서양권, 지중해권, 중앙고원권, 샤용-로권, 동부권 등으로 구분되었다.

7대 광역권 구분과 관련하여 국가는 다음의 3가지 방향을 제시하였다. 첫째, 지역 간 협력을 통한 활력소 제공, 발전적인 토론제공(광역적 지역에 의한 미래예측적인 이미지 제공)이고, 둘째, 보다 운영적인 집행이 가능한 프로그램화 시도(실용적 접근), 그리고 각 권역별로 완수해야 할 발전과 개발행위를 프로그램화하려고 하였다. 셋째, 국토의 적절성과 연계성의 연구로 국토개발의 이름으로 권역간 협력 시너지를 높이기 위해 유럽적 규모에서의 지리적, 경제적 공간에 대해 깊이 있는 고찰을 도모하는 데 있다.

이러한 광역적 권역 설정은 보다 발전적이고 장래적인 차원에서 권역간 협력의 활력소를 불어넣는 국토개발을 모색하려고 하였던 것이다.

(3) 2000년 6대 광역권 구상

1999년 6월 국토계획 및 지속가능한 개발기본법(이하 LOADDT라 약칭함)에서 파리지역에 대응할 수 있는 지방대도시 육성의 필요성이 다시 강조되면서, 레죵 간 상호협력의 차원에서 구체적으로 구성할 수 있도록 제시되었다. 이렇게 진행된 레죵 간의 협력활동은 마침내 2000-2006년 국가-레죵 계획계약을 통해 틀을 갖추게 된다.

'2020년 프랑스 장기발전구상'에서 국토구조 형성을 위한 4개의 대안을 검토하여 그 중에서 다극중심망 대안을 선택하였는데, 이러한 다극중심적 시각은 광역권으로 국토를 재편성하고자 한 것이다.

프랑스의 6대 광역권은 대규모 강 유역(Seine, Rhône, Garonne, Loire, Meuse)을 지리적 범위로 하고 있는데, 6개 권역은 전국적 업무 범위를 갖는 대기업뿐만 아니라 다수의 행정기관, 직능단체 및 조합들의 지역적 범위에 의한 구분과도 상당수가 일치한다. 파리광역권, 동부광역권, 동남광역권, 서남광역권, 서부광역권, 북부광역권 등으로 구분되는데, 인구의 경우 북부광역권이 약 400만 명으로 가장 작은 편이나, 파리분지광역권은 2,000만명을 초과하는 거대인구 밀집지역으로 나타난다.

3) 일 본

(1) 광역행정으로서의 도주제(道州制) 등장배경

첫째, 광역 지자체 구역과 경제권과의 괴리의 극복이다. 일본의 도도부현(都道府県) 구역은 지난 120년 동안 변화가 없었다. 그러나 교통 · 통신의 발달이나 경제 환경의 변화를 고려할 때, 현행 행정구역은 협소하다는 인식이 공감을 얻고 있다. 특히 광역 경제권이나 광역행정 측면에서 볼 때, 현행 도도부현의 구역을 넘는 대응이 필요해지고 있으며, 보다 광역적인 행정주체로서 도주제(道州制)를 설치하는 논의가 활발하다.

둘째는, 도도부현의 규모 능력의 제고이다. 현재의 도도부현에서는 이미 그 규모 능력에 커다란 격차가 존재하지만, 앞으로는 일정 수준의 행정서비스를 제공하는 경우 도도부현의 행재정 능력의 균등화나 지역격차의 시정

[그림 2-9] 일본의 도 · 도 · 부 · 현

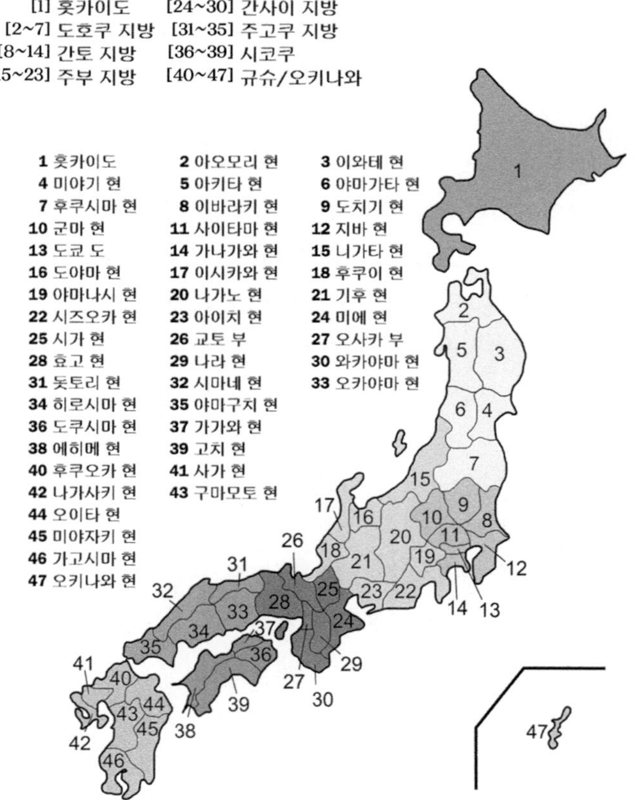

이 요구되고 있다. 따라서 도도부현의 재편(통합)에 의한 도주제 도입이 필요하다. 또한 재정 상황이 어려운 도도부현의 경우 재정적으로 비교적 여유가 있는 블록 내 단체와의 합병을 통해 행재정적인 기반의 강화를 꾀할 수 있다.

셋째는, 시정촌(市町村) 합병에 따른 새로운 정부간 관계의 구축이 필요한 것이다. 지방분권의 진전에 따라 광역 지자체는 자기결정·자기책임의 원리 하에 지역의 종합적인 행정 주제로서 행정을 통합적으로 담당할 필요성이 커지고 있다. 이를 위해서는 독자적인 정책입안이나 정책추진 능력을 뒷받침할 수 있는 재정적 기초, 행정체제 등의 정비가 필요하다. 이에 대한 대응으로 기존 도도부현의 구역을 초월한 광역 지자체로서 도주제의 도입이 필요하다. 또한 국가로부터의 권한 및 세재원의 추가적인 이양을 진전시키기 위해서는 현행의 도도부현의 규모로는 불충분하며, 도주제 도입을 포함한 지방 행정체제의 정비가 불가결하다.

넷째는, 중앙정부 및 지방자치단체의 재정위기에 대한 대응책이다. 현재 일본은 중앙, 지방을 막론하고 재정위기에 빠져 있다. 시정촌에서는 시정촌 합병을 추진함으로써 행정 효율화를 통해 행정비용 절감을 추진하고 있다. 도도부현에서도 규모 확대를 통해 행정비용을 절감해야 할 것이다. 특히 도도부현과 중앙정부의 특별행정기관의 행정 기능이 중복되는 것이 많기 때문에, 도주제 도입을 통해 행정비용을 대폭 절감할 수 있을 것으로 기대되고 있다.

다섯째는, 광역자치단체와 기초자치단체의 중복행정 축소 및 특별지방행정기관의 기능 이양의 필요에 의해서이다. 일정 수준 이상의 규모·능력을 가지는 시와 도도부현 사이에는 중복행정의 폐해나 서로 대립하는 문제가 발생하여 행정의 효율성을 떨어뜨리는 경우가 발생한다. 이 때문에 대도시에 대한 도도부현의 보완기능은 불필요한 것으로 생각되고 있어, 대도시 지역은 도도부현으로부터 독립한 일층제의 지방자치제도로 하자는 견해('특별시' 제도)나 도도부현을 더욱 확대하여, 도주제로 하자는 견해가 존재해 왔다. 도도부현은 지금까지 기관위임사무의 처리를 통해 국가의 하부기관으로서 시정촌의 자치에 간섭하는 존재로 여겨져 왔기 때문에, 광역 단체의 역할 재조정을 통해 도도부현 제도를 폐지하고 도주제를 도입할 필요가 있다고 느꼈기 때문이다.

(2) 도주제 추진에 있어 논쟁점

다음의 <표 2-9>는 제28차 지방제도조사회의 보고에서 제안한 구역 개편안에 대한 다양한 논점들을 정리한 것이다. 제28차 지방제도조사회 답신의 제도설계에 따르면 도주(道州)는 지자체로 할 것, 원칙적으로 전국 동시에 도주제로 이행할 것, 도도부현의 사무를 대폭 시정촌에 이양할 것, 국가의 특별지방행정기관의 사무를 가능한 한 도주로 이양할 것 등이 제안되었다. 답신에는 현행 47개 도도부현을 재편하여 도주의 구역을 9道州, 11道州, 13道州로 하는 방안이 제시되어 있다. 도주제의 도입절차, 중앙정부의 권한, 구역 수, 수장의 선임 방법, 도주의 국정참여, 수도권의 위상 등은 다음의 표에서와 같이 다양한 논의가 있다(地方制度調査会(2006). 第28次地方制度調査会答申資料).

〈표 2-9〉 도주제 논의 주요 논점

항 목	유 형
제도	연방제 ⇔ 도주제 ⇔ 도도부현 합병
지자체의 계층	1층제 ⇔ 2층제 ⇔ 3층제 ⇔ (복수구조)
도주등의 법적성격	지방공공단체 ⇔ 중간 단체 ⇔ 중앙의 행정기관 ⇔ 연방의 주
도입 절차	전국적으로 일제히 ⇔ 지역별로 선택
중앙정부의 권한	이양함 ⇔ 이양하지 않음
자치체 간재정조정	현재이상으로 조정 ⇔ 현상유지 ⇔ 조정하지 않음
구역수	7~11 ⇔ 12~17
수장의 선임방법	官選 ⇔ 間接公選 ⇔ 直接公選
집행기관	수장제 ⇔ 평의회제 ⇔ 지배인제
의회	일원제(一院制) ⇔ 이원제(二院制)
국정 참여	참의원을 통한 참여 ⇔ 특별히 없음
수도권의 위상	특별한 위상 부여 ⇔ 타지역과 동등취급

출처: 田村(2005), p. 135.

요 약

지방자치단체란 일정한 지역적 범위를 그 구역으로 하여 그 안의 모든 주민들에 의해 선출된 기관이 국가로부터 상대적으로 독립하여 자주적으로 지방적 사무를 처리할 권능을 가지는 법인격이 있는 단체를 말한다. 지방자치단체라고 할 때는 그 구체적인 체제나 운영방식은 나라마다 다를 것이지만 적어도 우리나라의 법적 용어인 지방자치단체에 해당하는 실체들은 특정지역, 주민 그리고 포괄적 지배권인 행정권을 가져야 한다라고 정의할 수 있다.

우리나라의 경우 현대국가의 형태를 가지게 되는 1945년 이후 지방자치제의 실시를 보면 지방자치단체의 자율성을 부여한 때는 1951년부터 1960년까지 잠시 동안 있었으나 당시는 전후 복구기의 경제적 혼란, 정치적 무질서, 사회발전의 미성숙 등의 여러 요인으로 오히려 지방자치에 대한 이미지가 부정적이었던 시기였다고 평가할 수 있다. 그 후 1987년의 6·29선언, 1991년의 민선지방의회 부활, 1995년의 민선자치단체장제도 부활 등으로 연결되어 중앙정부나 지방정부 모두 근대성의 상징인 자율과 책임이 일치되는 정부형태를 구성하기에 이르렀다. 얼마전만 해도 국가적 경제위기 극복이 행정의 최대목표였지만 지금은 국가경제뿐만 아니라 자치단체 간의 재정력 격차문제, 행정수도 이전에 따른 새로운 지역간 갈등 문제, 교육자치와 경찰자치 실현에 대한 저항 및 추진세력 간의 갈등문제, 개인 간의 소득불균형 문제의 심화 등 중앙정부 및 지방정부가 직면하고 있는 가장 큰 난관은 이들 문제의 대부분이 하나의 정책을 선택하면 다른 한쪽의 집단적 저항을 유발하는 정책딜레마적 상황에 처해있다는 것이다. 이와 같이 복잡하고 각종 이해관계가 얽힌 현안과제들을 해결하기 위해서는 정부 당국은 과거의 권위주의적 정부에서의 수동적, 폐쇄적, 소극적 방식으로부터 벗어나 수평적·개방적·신축적이고 투명한 자세로 새로운 과제를 선정하고 대처해 나가야 한다는 원칙론은 있으나 현실적으로 그 방안을 찾는 다는 것은 매우 힘든 일이다.

따라서, 본 장에서 살펴본 바와 같이 지방자치에 있어서 구역개편 등에 대한 재조명이 매우 중요한 시기이며 또한, 지방자치단체들은 모든 업무를 자신들이 독자적으로만 하려고 하지 말고 타자치단체와의 공동으로 사무를 처리하는 광역행정체계의 구축에도 노력을 하여야 할 것이다. 특히, 영국·프랑스·일본의 사례를 보더라도 광역행정 수요에 대한 적절한 행정체계 구축 등이 필요하다고 하겠다.

중 요 개 념

- 지방자치단체 의의·성격
- 지방자치단체 법인·공법인·지역단체
- 지방정부
- 보통(일반)지방자치단체
- 광역지방자치단체
- 기초지방자치단체
- 일반지방행정기관
- 특별지방행정기관
- 지방자치구역
- 지방자치단체의 계층구조
- 단층제·중층제
- 광역행정

예 제

1. 우리나라에 지방행정구역을 변경하는 법률적 근거에 대하여 논하시오.
2. 2020년 지방자치법 전부개정의 주요내용과 의의에 대하여 논하시오.
3. 지방자치단체의 업무를 수행하는 데에 있어서 광역행정 체계의 의의에 대하여 논하시오.
4. 지방자치단체 사이에 합의로써 설립되는 목적 조합의 의의 및 기능에 국내외의 사례를 들고 논하시오.
5. 특별지방행정기관의 의의 및 기능에 국내의 사례를 들고 논하시오.

참고문헌

강효석(1998), "광역행정구역 개편에 관한 연구 : 광주 · 전남 통합논의를 중심으로", 서울대 행정대학원 석사학위논문.

권상준(1998), 「지방도시론」(서울: 박영사).

김광주(2006), "대수도론과 균형발전에 대한 지역적 대응전략", 「참여정부의 공공정책과 지방자치의 발전과제」, 대한지방자치학회 · 한국정책과학학회 하계공동학술대회 자료집.

김동훈(1999), 「지방정부론」(충남대학교 출판부).

김병준(1994), 「한국지방자치론」(서울: 법문사).

———(1995), "지방행정조직의 체계와 문제점", 나라정책연구회(편), 「한국형 지방자치의 청사진」(서울: 길벗).

김상호(1998), "지역성장과 지역격차에 관한 연구경향의 고찰 및 평가", 「전북행정학보」, 제12권.

———(2006), "일본과 영국의 자치계층 (행정계층) 개편 논의의 실태와 지향점", 2006년도 한국지방자치학회 동계학술대회 발표논문집.

김신(2007), "최근 외국의 규제개혁 동향", 「감사」, 통권 제94호.

김용웅(2006), "대수도론의 본질과 대응방안", 「대수도론과 지역의 대응전략」, 대구경북연구원 세미나 발표자료집.

김의준(1995), "경기도내 지역개발격차 분석: GIS의 적용", 「경기21세기」, 제3권.

김익식(1996), 「지방행정의 세계화 대응전략」(서울: 한국지방행정연구원).

김판석(1994), "세계화시대의 정부부문 경쟁력 제고: 도전과 기회", 「한국행정학보」 28(4).

노병한(1991), "지역불균형의 이론적 배경에 관한 연구", 「지역사회개발연구」, 16(1)

(한국지역사회개발학회).
노춘희 · 김일태(2000), 「도시학개론」(서울: 형설출판사).
대구직할시(1993), 「지방행정체제의 발전적 개편방안 연구」.
문재우(1997), "중앙정부의 행정통제", 「지방자치연구」, 9(2).
박서호(1988), 「지역격차의 접근과 이해」(서울: 녹원출판사).
박성복(1996), "지역발전격차의 분석 시론: 1994년의 광역자치단체를 중심으로", 「한국행정논집」, 8(2).
박승주 외(1999), 「마지막 남은 개혁@2001」(서울: 교보문고).
서원우(1987), "현대국가와 지방자치", 「현대사회」, 25호(서울: 현대사회연구소).
신도철(2008), "새로운 지역발전패러다임: 광역분권의 필요성과 제도개편방안", 한반도선진화재단, 일본PHP종합연구소, 조선일보 주최 세미나 자료집, 「21세기 광역분권형 국가운영」.
안영훈(2008), "광역경제권의 개념, 유형 및 거버넌스 체제", 「2008년도 한국지방자치학회 춘계(춘천)학술대회 논문집」.
——— 외(2020), 「지역균형발전을 위해 준광역단위의 협력적 거버넌스 구축방안 연구」, 국가균형발전위원회 연구보고서.
에구치 가츠히코(2008), "일본이 추진하는 「지역주권형 도주제(道州制)」", 한반도선진화재단, 일본PHP종합연구소, 조선일보 주최 세미나 자료집, 「21세기 광역분권형 국가운영」.
오석홍(1997), 「행정개혁론」(서울: 박영사).
유재원(1997), "광역행정구역이 자치단체 위상과 역할수행에 미치는 효과." 「지방화시대의 전개와 행정구역개편의 방향」(전남대학교 법률행정연구소).
육동일(2006), "지방자치계층구조 및 구역개편의 방향과 과제", 「지방자치」, 208호.
이규환(1999), 「한국의 도시행정론」(서울: 법문사).
이달곤(2004), 「지방정부론」(서울: 박영사).
이순철(1996), 「신경영기법」(서울: 매일경제신문사).
이승종(1993), "지방정부의 공공서비스 배분", 「연구보고서」(한국지방행정연구원).
———(2008), 지방역량강화를 위한 광역자치구역의 개편방안. 한국지방정책연구소/이달곤 의원실 공동주최 세미나 발제문, 2008.9.17, 국회의원회관 대회의실.
임석회(1994), "한국행정구역체계의 문제점과 개편의 방향," 「대한지리학회지」, 제29권 제1호.
임석회(1995), "공간조직의 관점에서 본 한국행정구역의 문제와 개편방향", 서울대학교 박사학위논문.
임승빈(2000), "효율적인 행정계층 및 구역에 관한 연구"(한국행정연구원).
———(2006), "자치행정구역 개편 논의와 방향성에 관한 연구", 「경기논단」, 제8권 1호(경기개발연구원).
———(2006), 「지방자치론」 제2판(파주: 법문사).

———(2007), “자치행정구역 개편 논의와 방향성에 관한 연구”, 「경기개발연구원 연구총서」.
———(2008), “광역경제권도입에 따른 국가와 지방자치단체와의 관계 및 역할분담”, 부산발전포럼, 5/6, 14-19.
———(2008), “자치행정 구역개편의 이론적 고찰과 광역자치단체의 위상”, 2008년 10월 23일 한국지방자치학회 기획세미나 발제문: 국회.
정세욱(2002), 「지방자치학」(서울: 법문사).
정부혁신지방분권위원회(2008), “참여정부의 혁신과 분권”, 「정부혁신지방분권종합 백서」.
조기현(2001), “행정구역의 적정규모에 대한 실증적 연구-초월대수비용함수와 DEA를 중심으로”, 「지방자치전망: 도전과 기회」, 한국지방자치학회 동계학술대회 논문.
최영출(2006), “외국의 단층자치단체 비교분석: 영국, 캐나다, 뉴질랜드의 사례”, 「지방행정연구」(서울: 한국지방행정연구원).
최창호(1985), 「한국지방행정의 재인식」(서울: 삼영사).
———(1995), 「지방자치학」(서울: 삼영사).
하혜수(2008), “지방자치행정체제의 개편방향”, 한국지방자치학회 주최 「자치단체간 자율통합방안 제1차 포럼 논문집」.
한국지방정책연구소(2006), 「민선지방자치 10년 백서, Ⅰ, Ⅱ권.
한국지방행정연구원(1997), 「외국의 지방선거」, 한국지방행정연구원, 96-14 자료집.
한국지방행정연구원(1998), 「지방자치. 행정50년사」.
한완택 외(2000), “지방자치실시 이후 기초자치단체의 기능수행방식과 핵심기능 변화”, 「한국지방자치학회보」, 제12권 제3호.
행정자치부(2005), 「민선지방자치 10년 평가」, Ⅰ, Ⅱ권.
홍준현(1998), 생활권에 기초한 지방자치단체구역의 개편방안, 「한국행정논집」, 제10권 제3호.
Oakerson, Ronald J.(1999), Governing local public economies: Creating the civic metropolis, 최재송 역(2002), 「분권화시대의 대도시거버넌스」, 지샘.
Smith, B. C.(2004), 김익식 역, 「지방분권론」(서울: 도서출판 행정DB).

高寄昇三(1988), 「地方自治の経営: 企業性の導入と市民性の確立」(学陽書房).
森田郎・村上順 編(2003), 「住民投票が拓く自治」(東京: 公人社).
野中郁次郎・紺野登(1994), 「知力経営」(日本経済新聞社).
林承彬(1995), 「包括奉仕型の政策執行」(東京: 東京大学校総合文化研究科 博士学位論文).
佐藤文俊編(2007), 「三位一体の改革と将来像 1 総説・国庫補助負担金」(ぎょうせい).
小山永樹(2008.7), 「日本の教育行政と自治體の役割」(財団法人 自治体国際化協会(CLAIR), 政策研究大学院大学 比較地方自治研究センター).

神奈川縣(2007), 地方分權改革推進委員會 說明資料(敎育分野).

神野直彦編(2006),「三位一体改革と地方税財政」(学陽書房).

自治體チャンネル(2007), "地方分権第二期改革 -地方政府の確立に向けて" 8月号.

Abueva, Jose(1970), "Administrative Reform and Culture", *Administrative Reforms in Asia*. Manila, Philippines: EROPA.

Bowman, Ann O'M. & Richard C. Kearney(2004), *State and Local Government*, 2nd edition, Houghton Mifflin Company, Boston, New York.

Coxall, Bill, Lynton Robins and Robert Leach(2003), *Contemporary British Politics*. Palgrave Macmillan.

Delbert, Miller C.(1991), *Handbook of Design and Social Measurement,* fifth edition, London · NewDelhi: Sage Publication.

Deutsch, Karl W.(1985), "On Theory and Research in Innovation", *Innovation in The Public Sector*, edited by R. L. Merritt & A. J. Merritt, Beverly Hills: Sage Publications.

Dougherty, Deborah & Cynthia Hardy(1996), Sustained Product Innovation in Large, Mature Organization: Overcoming Innovation-to-Organization Problems, *The Academy of Management Journal*, Vol. 39, No.5.

Hodge(1999), *Privatization: An International Review of Performance,* Westview Press.

Hogwood, Brian and Lewis Gunn(1984), *Policy Analysis for the Real World,* New York: Oxford Unversity Press.

Hood, Christopher(1991), A Public Management for All Seasons? *Public Administration*, Vol.69(Spring).

Johnson, H.(2000), Biting the Bullet: Civil Society, Social Learning and the Transformation of Local Governance, *World Development*, 28/11.

King, Nigel & Neil Anderson(1995), *Innovation and Change in Organizations,* London and New York: Routledge.

Kingdom, John(1991), *Local Government and Politics in Britain,* New York: Philip Allan.

Maxey, Chester C.(1992), "The Political Integration of Metropolitan Communities." *National Municipal Review*, 11(August): 230-241.

Office of the Deputy Prime Minister(2004), *Regional Government Bill of 2004*. London: HMSO.

John, Peter(2001), *Local Governance in Western Europoe*. London: SAGE Publications.

Bennett, Robert(1989), *Territory and Administration in Europe,* Pinter Publishers, London & New York.

Rowat, Donald(1980) ed., *International handbook on local government reorganization*. Westport, Connecticut: Greenwood Press.

Schneider, M. and P. Teske(1992), Toward a Theory of the Political Entrepreneur: Evidence From Local Government. *American Political Science Review,* 86(3).

Scott, A. J. (2001) ed., *Global City-Regions: Trends, Theory, Policy*, Oxford University Press.

Simonton, Dean Keith(1985), Individual Creativity and Political Leadership, *Innovation in The Public Sector*, edited by R.L. Merritt & A. J. Merritt, Beverly Hills: Sage Publications.

Stalk, G., P. Evans & L. E. Shulman(1992), Competing on Capabilities: The new rules of corporate strategy, *Harvard Business Review*, March/April.

Stein, R.(1980), "Functional integration at the substate level", *Urban Affairs Quarterly*, Vol.16, No.2.

Teske, P. and M. Schneider(1994), The Bureaucratic Entrepreneur: The Case of City Managers. *Public Administration Review,* 54(4).

Jorde, Thomas M. & David J. Teece(1992), *Antitrust, Innovation, and Competitiveness*. New York: Oxford University Press.

Tiebout, C.(1956), "A Pure Theory of Local Expenditure", *Journal of Political Economy*, Vol.64.

Tocqueville, A.(1945), *Democracy in America*, New York.

Tomson, W.(1965), *A Preface to Urban Economics*, Baltimore, Md.: Johns Hopkins Press.

UNDP(2000), The UNDP Role in Decentralization and Local Governance. http://magnet.undp.org.

Van, de Ven and Rogers E. M.(1988), Innovation and Organization: Critical Perspectives, *Communication Research*, No.15.

Wolman, Harold(1990), "Decentralization: What It Is and Why We Should Care." In Robert J. Bennett. *Decentralization, Local Governments, and Markets: Toward a Post-Welfare Agenda*, Oxford: Clarendon Press, 29-4.

Zaltman, Gerald, Robert Duncan & Jonny Holbek(1973), *Innovation and Organization*. New York: Wiley.

http://www.mext.go.jp/b_menu/shingi/chukyo/chukyo1/003/gijiroku/04100701/002.pdf

http://www.kantei.go.jp/jp/singi/tihoubunken/index.html

http://allabout.co.jp/career/politicsabc/closeup/CU20071206A/index.htm

http://www.clair.or.jp/j/forum/c_report/cr_gaiyo254.html

제 3 장 지방자치단체 및 단체장의 권한과 지방자치 역사

제 1 절 지방자치단체 자치권

자치권의 본질에 대해서는 앞에서 살펴본 바(제1장)와 같이 고유권설과 전래설이 대립되어 있었으나 오늘날에는 양 이론의 절충형적인 제도적 보장설이 통설로 되어있다. 이 제도적 보장설에서는 지방자치단체의 자치권을 국가주권 아래의 권한으로서 국가에 의하여 수여된 권한이기는 하지만, 국가의 지방행정기관이 갖는 권한과는 달리, 정치적으로 결단되어 제도적으로 보장된 일정한 범위의 자율적인 통치기능을 수행하는 권한이라고 보는 것이다. 일반적으로 지방자치단체의 자치권은 다음과 같은 특성을 갖는다.

첫째는, 예속성(隷屬性)이다. 자치권은 국가 주권하의 권능이며, 그 범위는 헌법과 법률에 의해 정해진다. 둘째는, 자주성(自主性)이다. 국가 통치권으로부터 어느 정도 자주성을 갖는다. 일정 범위 내에서 자주적으로 입법·인사·재정·행정 운영상의 권한을 행사한다. 셋째는, 포괄성(包括性)이다. 원칙적으로 해당 단체의 관할 구역 내에 있는 모든 사람(人)·재산(財)·물건(物) 및 모든 사항에 포괄적으로 미친다.

이러한 지방자치단체의 자치권의 내용으로는 크게 나누어 자치입법권, 자치행정권, 자치조직권, 자치재정권 등이 있는데 자치재정권은 후술하는 지방재정에서 다루고 나머지를 설명하면 다음과 같다.

1. 자치입법권

1) 자치입법권의 선언적 규정

자치입법권이란 지방자치단체가 자치법규를 자주적으로 정립하는 권한을 말한다. 우리 헌법 제117조 제1항은 "지방자치단체는…법령의 범위 안에서 자치에 관한 규정을 제정할 수 있다"고 규정하여 지방자치단체의 자주입법권을 보장하고 있다.

또 지방자치법 제28조는 "지방자치단체는 법령의 범위 안에서 그 사무에 관하여 조례를 제정할 수 있다"라고 규정하고 있으며, 제29조에는 "지방자치단체의 장은 법령 또는 조례가 위임한 범위 안에서 그 권한에 속하는 사무에 관하여 규칙을 제정할 수 있다"라고 규정하여 현행 제도에서는 지방자치단체가 입법권을 가지고 있음을 보여준다. 2006년 이후부터 특히 동법 제34조 제1항에서는 "지방자치단체는 조례로서 조례 위반행위에 대하여 1천만 원 이하의 과태료를 정할 수 있다"라고 규정하여 자치입법권의 실효성을 보장하고 있다.

> **참고자료**
>
> **유럽의 주권국가 탄생**
>
> 1648년의 베스트팔렌 조약은 국왕의 영토주권을 규정하여 근대 주권국가의 기반을 다졌다. 왕권신수설을 주장하여 스스로 절대적인 지배권을 확립하고 이전의 지방영주시대에서 절대왕정으로 가게 된다. 이 현상은 프랑스혁명에 의하여 '국민국가'가 탄생되기까지 전 유럽에서 나타났다.

2) 자치입법권의 종류

현행 우리나라의 법체계에서 지방자치단체의 자치입법권은 조례와 규칙이라 할 수 있다. 조례는 지방자치단체의 의회가 당해 지방자치단체의 지역적 사무를 처리하기 위하여 자치권에 의거하여 제정하는 자치법규를 의미하며, 규칙이란 지방자치단체의 장이 법령 또는 조례가 위임한 범위 내에서 그 권한에 속하는 사무에 관하여 제정하는 자치법규를 의미한다.

일반적으로 조례가 규칙보다 우선하여, 양자가 경합되는 경우나 조례가 위임조항을 두어 구체적인 규정을 규칙으로 위임하는 경우에는 규칙은 조례에 종속되는 법체계이다. 그러나 주민의 권리의무와 관련있는 사항은 원칙적으로 조례로써 규정해야 할 사항이며, 장의 권한에 속하는 사항이나 자치법상 규칙으로 정하도록 명시된 사항 등은 규칙의 전속적 권한이다. 따라서 조례와 규칙은 각각 독자의 대상 영역을 지닌 상호병렬적인 법원(法源)이라 할 수 있다.

3) 자치입법권의 내용

조례로 정하는 내용은 극히 광범위하다. 지방자치단체도 국가와 똑같이 주민의 복지를 위해 각종의 사업을 행하고 있으며 주민에 대한 권력적인 사무도 증대하고 있다. 따라서 지방자치단체의 조례에서 규정하는 내용도 광범하나, 대별하면 주민의 권리 의무에 관한 것과 지방자치단체의 내부적 사항에 관한 것이 있다.

주민의 권리 의무에 관한 것으로는 공공시설의 이용에 관한 조례, 주민에 대한 각종 서비스의 제공에 관한 조례, 지방세의 부과 징수, 분담금·사용료·수수료 등의 징수에 관한 조례 외에 행정사무의 처리에 관한 조례가 있다. 행정사무란 지방자치단체의 사무 중 행정주체로서 주민에 대하여 권력적인 입장에 서서 공권력으로 주민의 권리를 제한하고 자유를 규제하는 내용을 갖는 사무를 말하는 것으로, 공공사무가 적극적으로 주민의 복지를 도모하는 데 대해 주민의 복지를 저해하는 것을 배제한다는 소극적인 면에서 주민의 복지를 도모하려는 것이다.

4) 자치입법권의 제약 및 개편방향

자치입법권의 범위, 즉 조례제정의 법적 구속력에서 문제가 되고 있는 것은 지방자치법 제28조의 단서조항이다. 단서조항의 타인의 권리를 제한하는 행위에 대해서는 헌법 제37조 제2항에 "국민의 모든 자유와 권리는 국가안전보장·질서유지 또는 공공복리를 위하여 필요한 경우에 한하여 법률로써 제한할 수 있으며, 제한하는 경우에는 자유와 권리의 본질적인 내용을 침해할 수 없다"라는 규정 때문에 조례 제정으로써 형벌을 가할 수 없다는 해석이 가능하다는 일부 헌법학자들의 견해가 있기 때문에 자치입법권의 한계가 있다고 볼 수 있다(정세욱: 2002).

지방자치단체의 조례제정권의 범위에 관하여 독일기본법(헌법)은 '지방자치단체가 법률이 정한 한도 내에서(within the limits set by law) 그 책임하에 지방자치단체의 모든 사무(all the affairs of the local community)에 관한 입법권(立法權, the right to regulate)를 갖는다'고 규정하고 있으며, 주법(州法)은 지방자치단체의 자치입법권을 더 확대하고 있다. 프랑스 시·읍·면의회도 시·읍·면사무(les affaires de la commune)에 관한 폭넓은 자치입법권을 가지고 있다(Code des communes, L.121-26). 한편 외국의 사례에서 보듯이 일본 지방자치법은 '법령에 위반되지 않는 한도 내에서' 조례를 제정할 수 있도록 규정함으로써 따로 법령의 위임이 없더라도 폭넓은 조례제정권을 부여하고 있다.

외국의 사례

- 일본
  - 지방자치법 제15조 관련 : 일본 지방자치법에서는「법령에 위반되지 아니하는 한도내」로 규정
  - 지방자치법 제15조 단서 관련 : 조례준법률설에 의거 법률유보조항은 규정하고 있지 않음
  - 지방자치법 제20조 관련 : 조례위반행위에 대하여 2년 이하의 징역이나 금고, 10만 엔 이하의 벌금, 구류, 과료 또는 몰수의 형을 부과
- 영국 · 미국
  - 각 자치단체별로 상이한 기관구성 형태 및 자치권을 보장함으로 주헌법과 같은 법률로서 폭넓은 자치입법권 인정

참조: 행정자치부 지방분권특별법 해설집(2004).

우리나라도 지방자치단체의 자치입법권을 정상적인 범위까지 보장해야 한다는 목소리가 크다. 조례제정권의 범위에 관한 해석상 오해의 소지를 없애기 위해 지방자치법(제28조)을 "지방자치단체는 법령에 위반되지 않는 한 제13조 제2항의 사무에 관하여 조례를 제정할 수 있다"고 개정을 요구하는 것이다.

또한 조례위반행위에 대하여 현행법은 과태료를 정할 수 있을 뿐 형사처벌규정을 둘 수 없도록 하고 있는데, 이러한 입법론의 근거로써 죄형법정주의(罪刑法定主義)를 들고 있다. 그러나 이론상 죄형법정주의는 집행기관에 대한 의회의 견제적 장치로써 나온 것이지 주민의 대표기관인 지방의회의 역할을 견제하려한 것은 아니다. 역사적으로 보더라도 영국에서 의회가 제정한 법률에 의하지 않고 군주(君主)가 자의적으로 처벌할 수 없도록 하기 위해 죄형법정주의를 명문화한 것이었지 지방의회가 그 의결에 위반되는 행위를 한 자에 대하여 형사처벌규정을 둘 수 없다는 취지는 아니었다. 외국의 예를 보더라도 미국의 지방정부들은 조례(미국에서는 지방법-local law라고 하는 예가 많음)위반자에 대하여 조례에 형사처벌규정을 두고 있으며, 일본도 '2년 이하의 징역 또는 금고, 10만 엔(円)(한화: 100만 원) 이하의 벌금, 구류, 과료(科料) 또는 몰수의 형을 과하는' 벌칙을 둘 수 있도록 하고 있다(日本 지방자치법 제14조 제5항). 우리나라에서는 조례위반자에게 과태료를 부과하고 있으나 범법자들이 과태료를 몇 번씩 물면서도 계속 조례를 어기는 일이 많아 조례의 실효성이 매우 낮은 실정이다. 그러므로 우리나라도 조례위반자에 대한 형사처벌규정을 둘 수 있도록 개정을 요구하는 목소리도 높다.

2. 자치조직권

1) 자치조직권의 의의

자치조직권이란 지방행정 수행수단의 하나인 지방자치단체 조직체계를 자주적으로 정하는 권능으로서, 그 주요 내용은 행정기구설치권과 정원관리권으로 구분해 볼 수 있다. 최근 자치조직권의 강화와 관련한 이슈가 제기되면서 중앙정부의 논리와 지방자치단체의 주장이 대립되어 왔다.

2) 자치조직권의 범위

지방자치단체가 수행하는 기능과 행정조직체계는 '지방자치법'·'지방자치법시행령'·'지방자치단체의행정기구와정원기준등에관한규정'·'지방자치단체의행정기구와정원기준등에관한규정시행규칙'에 근거하고 있다.

자치의 범위가 어디까지인가 하는 것은 국가와 지방의 관계에서 결정되는 문제이기도 하며(자치권의 범위), 지방과 지방의 관계에서 결정되는 문제이기도 하다(자치의 지리적/물리적 범위). 따라서 지방자치단체가 자치권을 향유하는 범위의 하나로서 자치구역의 문제는 본질적으로는 지방자치단체간에 주민의 의사를 최우선으로 하여 결정되어야 한다. 즉, 이는 본질적으로 정치적인 문제이다.

자치조직권은 지방자치단체의 본래적인 자치권의 하나로서 자신의 행정조직을 법령 등의 국가법에 의해 규제받지 않고 그가 가진 자치권에 의하여 자기의 조례, 규칙 등에 의해 자주적으로 조직할 권한을 말한다. 우리 헌법은 "지방자치단체의 조직과 운영에 관한 사항은 법률로 정한다."고 규정하고 있고 이에 따라 지방자치법이 지방자치단체의 조직의 대강을 정하고 있다. 그러나 현행법은 행정 기구, 공무원 등에 관한 중요 사항은 모두 법령으로 정하고 있어 자치조직권의 범위는 협소하다.

3) 기준인건비제도 도입

정부는 2007년도부터 표준정원제를 폐지하고 총액인건비제를 도입하였으나 2014년 2월26일 기준인건비제도 도입을 주요 내용으로 하는 '지자체의 행정기구 및 정원기준 등에 관한 규정' 개정안이 통과되어 현재 시행되고 있다. 그러나 시도교육감이 장으로 운영되고 있는 지방교육청의 지방교육행정기관은 기존의 총액인건비제도로 운영된다. 지금까지는 총액인건비제도에 따라 행자부가 인건비 총액한도와 지방자치단체의 총정원을 이중으로 관리했으나 앞으로는 인건비만 관리하게 되는 것이다. 이에 따라 지자체는 인력을 늘릴 때마다 행정자치부의 승인을 받지 않아도 된다. 개정안은 지방자치단체가 복지, 안전과 지역별 특수 행정수요에 탄력적으로 대응할 수 있도록 지자체의 재정여건에 따라 인건비의 추가 자율범위를 1~3%까지 허용하도록 했다. 그러나 기준인건비는 교부세에 반영이 되나 자율범위의 인건비는 교부세에 반영하지 않는다. 또한, 자율성이 강화되는 대신 지자체장은 지자체 조직운영에 대한 정보를 인터넷 홈페이지 등에 공개하고 행자부 장관은 다른 지자체와 비교·분석이 가능하도록 지방조직정보를 통합해 공개하도록 했다.

4) 제약 및 개편방향

지방자치법에 의하면 지방자치단체에게 자치조직권이 아직은 제약되어 있다. 지방자치단체의 행정사무를 분장하기 위하여 필요한 행정기구를 두되, 시·도에 있어서는 대통령령이 정하는 범위 안에서 조례로 정하고 시·군·자치구에서는 시·도지사의 승인을 얻어 조례로 정하도록 하고 있다. 일단 행정조직을 팽창시킨 자치단체는 다시 감축할 수 없다는 불확실성이 과거 내무부가 자치단체에 대한 통제권을 주장한 논리였다(임도빈: 1997). 지방자치단체에 국가공무원을 두어 중앙정부가 임명하고 있는 점도 자치조직권의 이념에 정면으로 배치된다.

한국의 경우 1998년 지방자치단체에 대한 구조조정이 시작되기 이전까지 지방자치단체의 행정기구 및 공무원 정원은 지속적으로 증가하였으나, 구조조정 이후 2003년 이전까지 지방자치단체의 행정기구 및 공무원 정원은 감축·감소되었다. 그러나, 그 동안의 중앙권한 지방이양, 지역특성에 부응한 지방행정 추진, 그리고 분출하는 주민욕구 대응에 따라서 지방행정수요도 다양·다종하게 변화되어 왔다. 그래서 현재 많은 지방자치단체들이 행정기구 및 정원의 증가 조정을 공통적으로 요구하고 있는 상황이다. 이러한 관점에서 보면 자치조직권의 강화 즉 자치조직권(이하에서는 행정기구설치권과 표준정원관리권을 의미함)의 이양은 반드시 필요한 정책적 과제로 부각되고 있다고 할 수 있다.

그러나 문제는 현재 우리나라의 자치여건 속에서 자치조직권의 이양방법과 그 수준, 그리고 이양에 따른 행정책임성을 어떻게 확보할 것인가 하는 점에 있다. 이러한 문제점이 부각되는 것은 자치조직권의 확대가 지방의 자율성을 높이는 순기능은 물론 자치조직권 완전이양으로 예상되는 조직 확대와 그에 따른 인력증가 그리고 지방행정수요 확대와 그에 따른 주민부담 증가라는 역기능을 동시에 가지고 있기 때문이다.

또다른 문제는 자치조직권을 모든 자치단체에 시행하기에는 한계가 있다. 그 이유 가운데는 우리나라 지방자치단체 전체의 재정적 능력의 차이로 인하여 자치단체들의 발전역량이 불균형하게 분포되어 어느 곳은 자치조직권을 허용하고 어느 곳은 허용하지 않는다는 권한이양의 차등성도 문제점으로 부각될 수 있다.

따라서 자치역량의 발휘가 가능한 자치단체(인구 50만 이상이면서 재정자립도가 높은 지역)부터 우선적으로 자치조직권을 부여하고 예산을 통제함으로써 주민의 부담도 줄이는 방안이 강구될 수 있다.

<표 3-1>에서 보듯이, 일본의 경우 광역자치단체의 행정기구수 중에서

〈표 3-1〉 일본과 프랑스 지방자치단체의 자치조직권한

<table>
<tr><th>구 분</th><th>일 본</th><th>프 랑 스</th></tr>
<tr><td>근거</td><td>○ 지방자치법에서 지방자치단체 조직관리의 기본원칙 규정
- 지방공무원법, 경찰법, 지방교육행정조직및운영에관한 법률, 지방공영기업법 등에 규정</td><td>○ 지방분권개혁 이후 1984년 지방공무원에 관한 일반법에 조직 및 정원관리 규정</td></tr>
<tr><td>기구
설치</td><td>○ 도도부현: 지방자치법에 근거
- 부·국의 종류 및 수 규정(도 11국, 도 9부, 부현6~9부: 예시적 조항임)
- 초과시 총무대신에 신고
- 하위조직은 도도부현지사 관장
○ 시정촌 : 조례로 부·과 설치</td><td rowspan="2">○ 기초단체 꼬뮨
- 인구기준에 의한 공무원단(지방담당관, 지방행정사, 지방기술사, 지방보건원 등) 설치 제한 정책입안과 관리업무를 담당하는 대졸 이상의 학력으로 분류되는 카테고리A의 경우 인구수에 의하여 제약
- 일정규모 이하의 꼬뮨 : 공무원단 내 일부 상위직공무원의 정원비율을 제한(상위직급수와 차하위직급수의 합의 30% 이내 혹은 공무원단 총인원의 10%~20% 이내)
○ 중간자치단체인 데파르트망과 광역자치단체인 레죵
- 정원 및 기구설치 제한 없음</td></tr>
<tr><td>정원
관리</td><td>○ 지방자치단체 정원: 조례 (의회의결)
- 교육직, 경찰직은 법률로 규정
- 예산정수와 조례정수 구분
○ 일반행정부문 정원 : 총무성이 행정수요지표를 통하여 정원모델을 개발하여 지방자치단체에 권고</td></tr>
<tr><td>종합</td><td>○ 법률 범위내 자율적 기구설치
○ 총무성 권고 범위를 참조하여 지방자치단체 조례로 결정</td><td>○ 지방자치단체에 두는 기구와 정원은 당해 지방의회가 자율적으로 결정
- 단 정원책정 시 예산의 인건비 항목에 반영</td></tr>
</table>

자료: 정부혁신지방분권위 내부자료(2004. 6).

상위직급의 기구수를 제한하고 있으나 기초자치단체에는 이를 적용하지 않는 것을 볼 수 있다. 반면에 프랑스의 경우 기초자치단체의 행정기구수 제한 및 인구규모에 의한 정원과 상위직의 비율을 제한하고 있으나 광역자치단체에는 이를 적용하지 않다. 이같은 점에서 찾을 수 있는 시사점은 시도 혹은 시군구에서 상위직 설치 제한을 허용할 수 있다는 점, 그리고 정원수와 행정기구수의 설치 제한도 최소한의 범위 내에서 기초와 광역자치단체를 모두 혹은 어느 한 곳에 적용할 수 있다는 것이다. 국가별로 광역자치단체와 기초자치단체을 달리하여 조직관리권을 적용하는 것을 봄으로써 획일적이지 않고 다양한 제도가 정착되는 것이 필요하다는 시사점 또한 찾을 수 있다.

3. 자치행정권

1) 자치집행권의 의의

지방자치단체가 자기의 독자적 사무를 가지고 원천적으로 국가의 관여없이 그 사무를 처리할 수 있는 권한을 말한다. 지방자치단체는 헌법 제117조에 의하여 주민의 복리에 관한 사무를 처리할 수 있는 권한을 인정받고 있다. 자치행정권의 범위는 자치단체의 종류에 따라 다르다. 같은 광역자치단체라 하더라도 특별시와 광역시·도가 다르고, 자치구와 시·군이 다르며, 시중에서도 인구 50만 이상인 시는 일반시보다는 폭넓은 자치행정권이 부여되고 있다(서울특별시 행정특례에 관한 법률 및 지방자치법 제9조, 제10조).

지방자치단체의 자치행정권은 주민의 복지를 위하여 권력행정작용과 관리행정작용을 구분할 수 있다. 전자의 내용으로 지방자치단체는 주민의 안전을 위하여 각종의 통제작용으로 행하고, 경제·사회의 질서를 위하여 각종의 규제와 부담을 과할 수 있는 것이다. 후자의 내용으로 지방자치단체는 공공시설을 설치·관리하고(동법 제161조), 사회복지행정을 수행하며, 민간의 활동과 지원·보조하는 것이다.

2) 관리행정으로서의 자치집행권

지방자치단체는 주민의 복리를 증진할 목적으로 주민의 이용에 기여하기 위한 각종의 시설을 두어 이를 관리하고 스스로 각종의 사업을 경영하여 주민의 복리증진을 기하고 있다. 이러한 관리행정은 사회, 경제, 문화 등의 진보에 따라 또한 지역개발의 추진이나 행정 수요의 확대 경향으로 인해 그 범위도 확대되고 각종의 시설, 사업 등도 매우 고도화되고 있다.

관리행정의 첫째는, 공공시설의 관리이다. 지방자치단체가 설치·관리하는 학교, 시민회관, 공원, 녹지, 도로, 유원지 등의 각종 시설이 이에 해당된다. 이 공공시설은 당해 자치단체의 구역 밖에서도 관계 지방의회의 승인을 얻어, 또는 다른 자치단체와 공동으로 설치할 수 있다. 또한 지방자치단체는 특정한 목적을 위하여 금곡(金穀: 현금, 유가증권, 곡물 등) 등을 적립할 수 있다(김도창: 1998). 이러한 공공시설이나 적립 금곡은 그 설치, 관리, 처분을 조례로 정하여야 하며 주민에게 평등한 공용권이 있다.

관리행정의 둘째는 공공적 사업의 경영이다. 지방자치단체는 주민의 복리 증진을 위해 각종 사업을 행한다. 그 범위는 산업, 토목, 민생, 위생 등 여러 분야에 걸치고 있다. 예를 들면 공업용지의 조성, 농업구조의 개선, 주택 부지의 조성, 하천·항만·도로 등의 토목 사업, 시장 등의 사업, 수도·하수 등에 걸친 공기업 등 그 범위는 극히 넓다. 그 외에도 각종의 경제 규제, 환경 보존, 환경 오염 대책 등의 사업을 담당한다. 또 지방자치단체는 스스로 사업을 경영할 뿐만 아니라 산업의 진흥이나 주민의 생활 안정 등을 위해 민간의 기업 활동에 대한 조성·원조 등을 행한다. 이와 같이 지방자치단체가 경영하는 공공적 사업의 범위는 스스로 행하는 것, 독립 법인으로 행하는 것, 또 민간기업 등과 공동으로 출자하여 실시하는 것 등 그 범위는 매우 넓다.

지방자치단체의 공공적 사업 경영 중 특기할 것은 지방공기업이다. 지방공기업에 대해서는 그 공공성과 경제성을 발휘하기 위해 특별한 조직이 정해지고 자치단체의 장 밑에 지방공기업의 업무를 집행하기 위해 사업 등에 관리자를 두어 기업의 자주적 경영을 가능케 하도록 조직되어 그 운영을 하고 있다. 이에 대해서는 후술한다.

3) 권력행정으로서의 자치집행권

지방자치단체는 종래는 시설의 관리, 사업의 경영 등 소위 관리행정의 실시만 하였고 권력행정은 원칙적으로 실시하지 않았다. 물론 지방자치단체 자체의 조세 기타 공과금의 부과 징수 등에 관한 권력을 행사하고 있었으나 주민생활의 안전, 건강, 질서의 유지 등에 걸친 권력행정은 국가 행정권에 전속한 것으로 생각되었고 지방자치단체는 그 권한을 갖지 않는 것으로 되어 있었다. 그러나 점차 지방자치제도에서도 단체의 수입 등에 관한 권력행정은 물론 지방자치단체의 주민 복리를 증진하기 위해 주민의 안전, 건강, 복지를 유지하기 위해 행정 권력의 주체로서 경찰, 통제 등에 관한 행정을 광범하게 실시하게 되었다.

권력행정의 첫째는 경찰 및 통제 등에 관한 행정이다. 지방자치단체는 지방 공공의 질서를 유지하기 위해 특별사법경찰인 경찰권을 갖는다. 예를 들어 산업, 위생, 소방 등에 관한 치안 유지의 작용에 대해서 지방자치단체는 권력적인 배경으로 행정을 행하는 것이 보장되어 있다. 우리나라의 경우는 소방권의 경우 지방 사무로 되어 있다. 소방법은 화재 예방 조치, 개수(改修)명령, 위험물 제조소 설치 허가 등 소방시설에 관한 명령, 검정 등 소화(消火)를 위한 명령・강제와 같은 각종의 공권력 행사를 규정하고 있다.

권력행정의 둘째는 공용부담(公用負擔)에 관한 행정이다. 지방자치단체는 화재 등이 발생하거나 발생하려고 하는 경우 물적 공용 부담으로서 타인의 토지, 건물 기타 공작물을 일시 사용하거나 토목, 토석, 기타 물건을 사용하거나 수용하며 또한 인적 공용 부담으로서 주민에 대해 응급 조치의 업무에 종사케 할 수 있다. 여기서 수익자 부담의 징수가 가능한 점은 말할 필요도 없다. 우리나라의 경우 지방자치단체는 그 재산이나 공공시설로 인한 수익자에 대하여 분담금을 징수할 수 있으며, 또한 비상재해의 복구 기타 특별한 필요가 있는 때에는 부역, 현품 기타 응급 부담을 징수할 수 있다. 그 외에 지방자치단체는 공용 제한, 공용 수용, 공용 권리 변환(공용 환지, 공용 환권) 등 특권을 가진다. 이 공용 부담 특권은 주민생활과 깊은 관련이 있으며, 특히 도로 수익자 부담금, 하천 수익자 부담금의 경우에 그러하다.

권력행정의 셋째는 재정권인데, 지방자치단체는 그 경비를 충당하기 위해 지방세를 부과징수할 수 있는 것 외에 분담금, 사용료, 가입금, 수수료 등을 징수하고 부정한 행위에 대해 과태료를 부과할 수 있다. 이 부분에 대해서는 후술의 제8장과 제9장에서 상세히 설명하고 있으므로 생략하기로 한다.

제2절 지방자치단체의 사무권한

1. 사무권한

1) 선언적 규정

지방정부의 권한은 헌법, 지방자치법, 지방재정법, 지방세법, 지방교부세법, 그리고 기타 거의 모든 개별법들과 연관을 갖고 있다. 우선 헌법을 보면 제117조에서 지방자치단체의 업무를 '주민의 복리에 관한 사무'라 규정하여 상당히 포괄적으로 지방자치단체의 권한이 정의되어 있다. 그러나 헌법의 이와 같은 규정은 선언적인 것이고 실제로는 중앙정부가 주민의 복리에 대한 사무를 보다 더 적극적으로 맡고 있는 것이 세계적인 추세이다. 특히 지방자치단체가 주민의 복리를 돌보는 권한은 재정력과 밀접한 관련이 있기 때문에, 주민의 복리와 관련된 사무를 지방정부에 일임하기 힘들다. 따라서 헌법 제117조는 주민 복리에 대하여 지방정부가 일차적인 책임이 있다는 것을 의미할 뿐, 후생에 대한 궁극적인 책임은 중앙정부에 있는 것으로 해석하는 것이 보다 정확할 것이다.

2) 지방자치법 제9조 제2항

지방정부의 사무는 헌법 제117조에 그 포괄적 성격이 규정되어 있고, 지방자치법 제9조 제1항은 지방자치단체의 사무를 ① 관할구역의 자치사무와, ② 법령에 의하여 지방자치단체에 속하는 사무로 규정하고 있다. 그런데 지방자치법 제13조는 지방자치단체의 사무를 예시한 뒤, 법령에 별도의 규정이 있는 경우에는 예외를 인정하고 있으므로 각 개별법은 지방자치법 제9조와는 무관하게 다양한 사무를 지방자치단체에 위임하고 있다.

2. 사무구분

우리나라의 사무는 국가와 지방자치단체 간의 관계에서 볼 때에는 국가사무와 지방사무로 대별할 수 있으나, 지방자치단체나 그 장(長)의 입장에서 볼 때에는 처리사무를 자치사무, 단체위임사무, 기관위임사무로 구분할 수 있다(이기우: 1996).[1] 이들 사무는 현행 헌법 제117조 제1항에서의 "지방자치단체는 주민의 복리에 관한 사무를 처리하고…"라는 규정에 근거하여 지방자치법에 명시되어 있다. 즉 지방자치법 제9조 제1항에서 "지방자치단체는 그 관할구역의 자치사무 법령에 의하여 지방자치단체에 속하는 사무를 처리한다"고 규정하여 자치사무와 단체위임사무의 법적근거를 마련하고 있고, 동법 제115조는 "시・도와 시・군 및 자치구에서 시행하는 국가사무는 법령에 다른 규정이 없는 한 시・도지사와 시장・군수 및 자치구의 구청장에게 위임하여 행한다"고 하여 기관위임사무의 법적근거를 마련하고 있는 것이 그것이다.

이와 같은 사무의 구분은 자치행정을 수행하고 지방의회를 운영하는 데 있어서 대단히 중요한 의미를 갖는다. 사무가 어떻게 구분되느냐에 따라 경비부담의 주체, 중앙정부의 지도・감독의 범위 등 많은 부분에서 차이가 나기 때문이다. 이들 사무에 대하여 구체적으로 살펴보면 다음과 같다.

1) 자치사무(自治事務)

자치사무는 법령에 의거 지방자치단체의 임무영역으로부터 나오는 사무로서 지방자치단체의 존재의미를 부여한다. 다시 말해 처리권한과 책임이 전적으로 지방자치단체에 속하는 고유사무로서 지방자치단체의 존립・유지 및 주민의 공공복리에 관하여 당해 지방자치단체에만 이해관계가 있는 사무를 말한다.

• 법령규정형식
- 법령상 "시・도(또는 시・군・구)는 ○○를 시행한다"라고 표현되어 있는 사무
- 법령상 "시・도지사 (또는 시장・군수・구청장)가 ○○를 시행한다"라고 표현된 사무 중 당해 지방자치단체에만 직접 이해관계가 있는 사무

2) 단체위임사무(團體委任事務)

단체위임사무는 국가 또는 다른 지방자치단체로부터 그 처리가 위임된

---

1) 일부 학자들의 경우는 자치사무와 위임사무를 구별하는 실효성이 없다고 하여 양자의 구별을 부정하는 경우도 있다. 이기우 교수의 경우 "오늘날 모든 국가권력이 국민으로부터 유래되는 민주국가에서 사회와 국가가 뿌리를 같이 하게 되었으므로 양자의 구별은 의미를 상실하였다. 지방자치단체나 그 기관이 처리하는 사무를 자치사무와 위임사무로 구분하는 이원론은 폐지되어야 한다"고 주장한다.

사무로서 법령에 의하여 지방자치단체에 속하는 사무를 말한다. 단체위임사무는 지방적 이해관계와 전국적 이해관계를 동시에 가지는 사무로서 전국적인 처리를 필요로 하는 사무인 동시에 지역주민의 생활에도 밀접하게 관계되는 사무이다. 단체위임사무는 위임 후에는 자치단체의 재량에 의해 사무가 제공된다는 점에서 사실상 자치단체의 사무로 취급되고, 재원 부담 역시 국가와 지방자치단체가 함께 부담하도록 되어 있다.

• **법령규정형식**
- 법령상 중앙부처의 장과 시・도지사(또는 시장・군수・구청장)의 권한을 동시에 규정하고 있는 사무
- 법령상 "시・도지사(또는 시장・군수・구청장)가 ○○를 시행한다"라고 표현된 사무 중 국가적 이해관계와 지방적 이해관계가 공존하나 주민편의 등의 이유에서 지방자치단체에 맡기는 것이 적절한 사무
- 법령상 "광역시・도・시・군에 ○○所(委員會, 院)를 둔다"는 규정을 두고, 사무내용을 명시하는 규정

3) 기관위임사무(機關委任事務)

기관위임사무는 전국적 이해관계를 가진 사무로서 중앙부처 혹은 그 소속기관에서 처리하여야 하나 사무처리의 경제성 또는 주민편의 등을 위하여 지방자치단체의 장에게 위임하여 처리하는 국가사무이다. 기관위임사무는 단체장으로서 반드시 제공해야할 법적 책임이 있는 사무로 본래 국가사무이기 때문에 원칙적으로는 국가가 사무비용을 전액 부담하도록 되어 있다.

기관위임사무는 각 개별법에서 정의하는 사무의 개념이 모호하여 사실상 고유사무, 기관위임사무, 단체위임사무의 구분이 불가능하기 때문에 지방자치단체의 자율성을 저해하는 주된 원인이라 비난받고 있다. 또한 사무의 구분이 가능하다 할지라도 기관위임사무의 경비를 중앙정부가 명확하게 부담하지 않기 때문에 지방정부의 재원부담이 크다. 사무책임과 재원부담의 비연계성은 모든 국가에서 관찰되는데 우리나라의 경우 지방정부가 업무를 담당하는데 있어서 사무 구분을 실질적으로 하지 않고 있는데다가 지방자치단체가 돌보는 기관위임사무의 규모가 자치단체의 고유사무보다 많고 자율성이 떨어진다는 측면에서 그 심각성이 훨씬 더 크다고 할 수 있다.

• 법령규정형식
- 법령상 "국가(또는 중앙행정기관)는 ○○를 시행한다"라고 표현되어 있는 사무
- 법령상 "○○장관(청장)은 ○○를 시행한다"라고 표현되어 있는 사무
- 법령상 "정부는 ○○를 시행한다"라고 표현되어 있는 사무 중 지방자치단체의 장에게 위임된 사무
- 개별법률에 위임할 수 있다는 근거조항을 두고, 대통령령에서 지방자치단체의 장에게 위임된 사무
- "행정권한의 위임 및 위탁에 관한 규정"에 의하여 지방자치단체의 장에게 위임된 사무
- 개별법령에 "시 · 도지사 또는 시장 · 군수 · 구청장이 ○○를 시행한다"라고 표현된 사무 중 전국적 통일이 필요하고 전국적 이해관계가 지방적 이해관계보다 우선하는 사무
- "○○장관이 ○○를 시행한다"라는 사무 중 시 · 도지사, 시장 · 군수 · 구청장에게 위임된 사무

〈표 3-2〉 사무구분

구 분	자치사무	단체위임사무	기관위임사무
법적근거	법 제13조 제1항 전단, 제2항, 제116조	법 제13조 제1항 후단, 제116조	법 제115조, 제116조
사무의 성 질	○ 지방자치단체가 자기의 책임과 부담하에 처리하는 사무 ○ 지방자치단체의 존립 · 유지에 관한 사무 ○ 당해 지방자치단체에만 이해관계가 있는 사무	○ 법령에 의하여 국가 또는 다른 지방자치단체로부터 위임된 사무(시 · 도, 시 · 군에 위임) ○ 당해 지방자치단체와 전국적인 이해관계를 동시에 가지고 있는 사무	○ 법령에 의하여 하급 단체장에게 위임된 사무(시 · 도지사, 시장 · 군수에게 위임) ○ 전국적인 이해관계가 있는 사무
경비부담	○ 자치단체 부담 ○ 국가, 상급단체의 보조 가능	○ 자치단체와 위임기관 공동부담	○ 원칙적으로 전액 국고 부담
지방의회 관 여	○ 관여(의결, 사무감사 · 조사 가능)	○ 관여(고유사무와 같음)	○ 관여대상이 아님
조례제정	○조례제정 가능	○ 조례제정 가능	○ 조례제정 대상이 아님
상급기관 감 독	○ 원칙적으로 감독 불가 ○ 소극적(사후, 합법성) 감독허용	○ 소극적, 합목적성 감독	○ 소극적, 적극적(사후, 합목적성) 감독허용
사무의 예 시	○ 상하수도 사업, 운동장 설치관리, 지방도 신설관리, 청결 · 소독 · 오물처리 · 미화사업, 공설묘지 및 화장장 설치관리, 공중변소 설치관리, 극장의 설치운영	○ 예방접종(전염병예방법), 국세징수(국세징수법), 보건소의 운영(보건소법), 재해 구호사업	○ 총포수리업 허가, 대통령 · 국회의원선거사무, 국민투표, 병사사무, 산업 통계, 공유수면매립 면허, 개별지가조사, 천연기념물 관리

제3절 지방자치단체장의 역할

1. 자치단체장의 지위

지방자치단체의 장은 지방자치단체의 목적을 구체적으로 그리고 적극적으로 실현하는 최고집행기관으로서, 해당 자치단체를 대표하며, 교육·학예사무를 제외한 지방자치단체의 일반적 집행 업무를 통괄한다(지방자치법 제101조).

1) 자치단체의 대표로서의 지위

지방자치법 제114조에 따르면, 지방자치단체의 장은 외부에 대하여 그 자치단체를 대표하는 지위에 있다.

기관대립형에 있어서는 지방자치단체의 장이 행정수반인 동시에 그 자치단체의 대표자로서의 지위를 겸하고 있는 것이 일반적이다. 기관통합형에서는 지방자치단체의 실제적 행정담당자와 자치단체 대표자를 분리하고 있어 자치단체의 장은 오직 의례상의 대표권만 가지게 하는 것이 일반적이다.

2) 집행기관의 장

지방자치단체의 장은 당해 자치단체의 사무(고유사무와 단체위임사무)를 실제적으로 집행하는 최고책임자로서의 지위에 있다. 즉 지방자치단체의 장은 교육·학예사무를 제외한 지방자치단체의 일반적 집행업무를 처리한다(지방자치법 제116조).

자치단체의 장의 이러한 실제적 행정집행권에 기초하여 그는 그 소속 행정청 및 그 관할구역 안의 지방자치단체를 지도·감독하고, 소속위원을 임면·지휘·감독하며, 재직 중 그 자치단체와 영리목적의 거래를 하거나 그 자치단체와 관계가 있는 영리사업에 종사할 수 없으며, 기타 상근의 직을 겸할 수 없게 되는 것이다.

3) 국가의 일선기관 장으로서의 지위

국가는 특별행정기관을 설치하여 처리하는 행정사무를 제외하고는 일반적인 국가사무는 자치단체의 장에게 위임하여(기관위임사무) 처리하고 있다. 이 경우 지방자치단체의 장의 지위는 국가(또는 상급 자치단체)의 하급 지방행정기관으로서의 지위이다.

지방자치단체의 장이 지방자치단체의 수장이면서 국가(또는 상급 자치단체)의 하급기관을 겸한다는 것은 지방자치단체를 국가(또는 상급 자치단체)에 예속시키고 지방자치를 위축시킬 우려를 자아내고 있으나, 반대로 국가의 특별지방행정관서의 설치를 억제하여 지방에서의 2중행정의 폐해를 방지하는 일면도 가지고 있다 할 것이다.

4) 정치지도자로서의 장

자치단체장은 지역의 정치적 중심인물(political leader)이다. 따라서 자치단체장은 지역주민과 대화를 통하여 주민의 여론을 적극적으로 수렴하여 행정에 반영하도록 노력하는 한편, 지방의회의원과 접촉, 지방행정운영에 관하여 협조를 구하며 지역 내의 각종 주민조직·이익집단의 이해관계를 조정하고 이들이 지방행정에 협조 또는 참여하도록 설득한다. 뿐만 아니라 중앙부처는 물론 관내 유관기관·단체 등과 원활한 협조체제를 유지하여 지역의 발전과 이익보호에 힘써야 한다(이규환: 1999).

2. 자치단체장의 권한

1) 의회에 관한 권한

(1) 의안제출권(지방자치법 제76조, 제142조)

의안제출권은 지방자치단체장이 자치행정에 관한 조례안·예산안·결산 등을 비롯한 일반 의안을 지방의회에 제출할 수 있는 권한이다.

(2) 임시회의 소집요구(법 제54조 제2항)

단체장은 자신의 지역을 위해 급히 의결해야할 사항이 생기면 지방의회에 대해 임시회의를 소집하여 즉시 의안에 대해 의결할 것을 요구할 수 있다. 지방자치단체장이 지방의회의 임시회소집을 요구하고 폐회 중 위원회 개회를 요구할 수 있는 권한이다. 지방의회의 회의소집은 재적의원 3분의 1 이상의 요구에 의해서 이루어지는 자율권에 속하지만, 지방의회 스스로 집회하기 곤란한 경우에 대비하여 지방자치단체장에게 이 권한을 부여한 것이다.

(3) 의회의결에 관한 권한(법 제107조, 제108조)

재의요구권은 지방자치단체장이 지방의회의 의결사항에 대하여 재의를 요구하고 거부할 수 있는 권한이다. 주로 월권, 법령위반 시, 예산상 불가능한 항목, 법령에 의거한 의무비 지출 거부 시, 비상재해로 인한 시설의 응급복구비를 삭감 시를 의결사항의 대상으로 제한하고 있으나, 견제·감시를 받는 집행기관으로 하여금 역으로 지방의회를 견제하는 권한이 되고 있다. 이 재의 요구에 대하여 의회의원의 과반수 이상 출석에 3분의 2 이상 찬성이 필요하다. 만약 다시 의결이 되면 20일 내에 대법원에 소를 낼 수 있다.

(4) 의장추천에 의하여 사무기구 직원들에 대한 인사권(제91조 제2항)

자치단체의 장은 또한 지방의회의 의장의 추천에 의하여 지방의회의 사무직원을 임명한다(동법 제103조 제2항).

(5) 선결처분권(동법 제122조)

지방자치단체의 장은 지방의회가 성립되지 않을 때(의원의 구속 등의 사유로 제64조의 규정의 의한 의결정족수에 미달하게 된 때를 말한다)와 지방의회의 의결사항 중 주민의 생명과 재산보호를 위하여 긴급하게 필요한 사항으로서 지방의회를 소집할 시간적 여유가 없거나 지방의회에서 의결이 지체되어 의결되지 아니한 때에는 선결처분을 할 수 있다. 지방자치단체장이 선결처분을 한 때에는 지체 없이 지방의회에 보고하고 승인을 얻어야 하고, 지방자치단체 장은 선결처분에 대한 승인을 얻지 못한 때에는 그 선결처분은 그 때부터 효력을 상실한다.

2) 행정권한

(1) 규칙제정권(동법 제29조, 제30조)

자치단체장은 법령 또는 조례가 위임한 범위 내에서 그 권한에 속하는 자치사무와 국가사무에 관하여 규칙을 제정할 수 있다. 그러나 시장·군수 및 자치구청장이 제정하는 시·군 및 자치구의 조례나 규칙은 시·도의 조례나 규칙을 위반하여서는 안 된다.

(2) 관리집행권(동법 제103조)

지방자치단체의 장은 자치단체의 사무(고유사무와 단체위임사무)와 법령에 의하여 그 단체의 장에게 위임된 사무(기관위임사무)를 처리한다. 아울러 자치단체의 장의 이러한 권한은 지방자치단체의 사무를 실질적으로 처리하는 것으로서, 외국의 경우 시정관리관(city manager) 등이 갖는 권한과 유사하다.

(3) 임면권 및 지휘감독권

① 소속직원에 대한 임면 및 지휘감독권(동법 제105조)

소속직원에 대한 임면 및 지휘감독권으로서 지방자치단체의 장은 소속직원을 지휘·감독하고, 법령이 정하는 바에 의하여 그 임면·교육훈련·복무·징계 등에 관한 권한을 가진다.

② 소속행정청·관할자치단체에 대한 지도·감독권

또한 자치단체장은 소속행정청·관할자치단체에 대한 지도·감독권을 갖는다.

첫째로, 그 소속의 각급 행정청을 지도·감독한다. 즉 시장이 구청장 또는 동장을, 자치구청장이 동장을, 군수가 읍장 또는 면장을 지도·감독하고, 시·도지사가 소방본부장 또는 소방서장을, 시장·군수·자치구청장이 보건소장을 지도·감독하는 것이 그것이다.

둘째로, 그 관할구역 안의 자치단체를 지도·감독한다. 즉 시·도지사는 ① 그 관할구역 안에 있는 시·군·자치구의 사무에 관하여 조언 또는 권고하거나 지도할 수 있으며, 이를 위하여 필요한 때에는 자료제출을 요구할 수 있고(동법 제166조), ② 시장·군수·자치구청장의 명령 또는 처분이 위법하거나 현저히 부당하다고 인정할 때에는(자치사무에 있어서는 그것이 위법한 것에 한하여) 그것의 시정을 명하고 그것이 시정되지 아니할 때에는 그것을 취소 또는 정지할 수 있고(동법 제169조), ③ 시·군·자치구 또는 그 장이 시·도 또는 그 장으로부터 위임받아 처리하는 사무에 대하여 지도·감독한다(동법 제167조).

③ 시·도지사의 국가사무 위임에 대한 직무이행명령권(법 제157조의2)

시·군·자치구 또는 그 장이 시·도 또는 그 장으로부터 위임받아 처리하는 사무에 대하여 그 사무의 처리가 명백히 해태되고 있다고 인정되는 때에는 직무이행명령 및 대집행을 할 수 있다(동법 제170조 제1, 2항).

3) 여러 제약

(1) 행정적 제약

① 상급 및 중앙정부(15일 이내에 주무장관이 정정명령)로부터 제재

중앙정부(주무부장관)는 지방자치단체에 대하여 권력적 통제를 하고 있다. 지방자치단체의 사무에 관한 단체장의 명령·처분이 법령에 위반되거나 부당하다고 인정될 때에 시·도에 대하여는 주무부장관이, 시·군·자치구에 대하여는 시·도지사가 취소·정지시킬 수 있다(지방자치법 제189조 제1항).

② 대집행권

법령상 단체장이 그 의무에 속하는 위임사무의 관리·집행을 해태하고 있다고 인정될 때에는 주무부 장관 또는 시·도지사는 자치단체장에게 직무이행명령을 내릴 수 있으며 그래도 이행하지 않을 때에는 그 자치단체의 비용부담에 의한 대집행권(pouvoir de substitution)까지 행사할 수 있다(동법 제189조 제1, 2항). 구미제국이나 일본에 있어서는 자치단체의 결정 또는 처분이 위법하다고 생각될 때에는 중앙정부가 그 자치단체를 관할하는 행정법원(tribunal administratif) 또는 고등법원에 그 취소·정지를 명하는 소송을 제기할 수 있으며(Loi 82-213, 제3, 4, 16, 46, 47, 56, 59조, 일본지방자치법 제146조 제2항), 자치단체장이 법률상의 작위의무를 이행하지 않는다고 판단될 때에도 법원에 소를 제기하여 법원이 직무이행명령(writ of mandamus) 및 대집행절차를 밟도록 하고 있다.

(2) 재정적 제약

지방자치단체는 언제나 그 재정적 제약으로 인하여 중앙정부 또는 상급자치단체의 재정적 지원을 받지 않을 수 없기 때문에, 지방자치단체의 장은 그 재정력의 한계에 따르는 제약과 그 재정지원을 받음에 따르는 여러 가지 제한을 받게 된다. 미국이나 일본의 경우에는 자치단체 재정파산제와 같은 제도가 있어 단체장에게 재정적 제약을 주고 있다.

(3) 정치적 제약

지방자치단체의 장은 정당의 공천을 받아 주민에 의하여 선출되었으므

로, 실질적으로 정당의 지원과 통제를 받으며, 주민의 의사를 따라 정책을 수립·집행하여야 하고, 또한 국가의 정책과 기본방침을 준수·실천하여야 한다. 우리나라는 1995년 민선단체장 선출 이후 일부 단체장들의 지나친 정치적 행보 등으로 인하여, 단체장 선출 시 정당추천제 배제 등의 논란을 제공하는 빌미가 되고 있기도 하다.

3. 집행부와 지방의회의 대립 원인

지방정부는 의회와 집행기관(자치단체장과 그 보조기관)으로 구성되며, 이들 간의 상호작용을 통해 자치행정이 수행된다. 전통적으로 지방의회는 당해 지방자치단체의 정책을 결정하고 집행기관은 이를 집행하게 되어 있지만, 현재는 양측이 공히 정책결정과 정책집행에 관여하고 있어서 서로의 역할과 기능을 명백히 구분 짓기 어렵다. 이는 현대의 복잡 다양한 지역문제들을 해결함에 있어서 양측이 본래의 기능과 역할만을 고집할 수 없는 현실에 기인된 현상이다(Ripley & Franklin: 1991).

정부 조직 간의 대립·갈등은 기본적으로 다음 몇 가지에 기인한다. 첫째, 정책지향의 차이이다. 이는 정책목표 등에 대한 조직구성원들의 성향과 지각이 상이한 데서 비롯된다. 둘째, 관할권에 관한 경쟁이다. 대부분의 조직들은 스스로의 관할영역을 확장시키려고 노력하거나 축소 당하지 않으려고 애쓴다. 셋째, 한정된 자원을 확보하기 위한 경쟁이다. 이 밖에도 정책 내용의 불확실성 등으로 인해 대립·갈등이 발생될 수 있다(김영평·최병선: 1995).

그러나 현행 지방자치제도에서 집행부와 지방의회 간의 대립은 구성원들 개인의 감정적 문제보다는 기본적으로는 기관대립형, 선거구획이 다르다는 점에서 기인하고 있다고 볼 수 있다.

1) 기관대립형적 구조

지방의회와 집행기관의 대립·갈등은, 우리나라 지방정부의 형태와 관련성이 있다. 한국 지방정부는, 제도적으로 의결기능과 집행기능을 한 기관에 집중시킨 기관통합형(또는 기관단일형)과 달리, 기관분립형(또는 기관대립형)의 형태를 택하고 있다. 즉 의결기관과 집행기관으로 각각의 기능과 권한을 분리하고 있다(지방자치법 제47, 114조). 이러한 정부형태 하에서는 양 기관간에 기능수행과 권한행사를 둘러싸고 대립·갈등 상황이 발생될 소지가 크다.

우리나라에서는 지방자치단체장의 임시회소집요구권과 의안제출권, 지방의회의 지방자치단체장 출석요구권 등의 기관단일형 제도를 부분적으로 도입(지방자치법 제42, 45, 66조)하고 있는데, 이것이 제대로 운영되지 못하여 오히려 양 기관 간의 대립·갈등 유발요인으로 작용하고 있다.

지방자치단체장의 임시회소집요구 제도의 경우, 실제 운영에 있어서 지방의회의 자율적인 집회를 존중하는 자치단체의 장이 있는가 하면, 의안을 제출하면서 함께 임시회 집회를 요구하는 자치단체장도 있다. 기관분립형 정부형태에서는 의회 스스로 집회하는 것이 원칙이므로, 자치단체장의 의회소집 요구는 의회의 집회 자율권에 대한 간섭으로 여겨지기 쉽다.[2] 이와 관련하여 지방의회보다 자치단체장의 권한이 강력한 데다가 자치단체장이 의회의 존재와 권한(자율권)을 무시하고 독단적으로 자치단체를 이끌어가려는 그릇된 풍토가 아직도 지배적인 우리나라에서는 지방자치단체장에게 의회소집권을 부여하는 것이 타당하지 않다는 견해가 제시되고 있다.

지방자치단체장의 의안제출제도의 경우, 재적의원 5분의 1 이상, 의원 10인 이상, 그리고 소관위원회에 의안발의·제출권을 부여하는 동시에 자치단체장에게도 의안제출권을 부여하고 있다. 특히 의안 가운데 예산안에 대해서는 의회에서 재정지출 수권조례안으로 확정할 수 없는 데다가 그 편성·제출권까지 자치단체장에게 전속(지방자치법 제127조 제1항)시키고 있다. 따라서 자치단체장이 편성·제출한 예산안에 대해 의회는 그 내용을 심의하더라도 총액만 확정(지방자치법 제47조 제1항 제2호)하는 권한밖에 없으므로, 예산편성의 근거가 되는 사업계획은 자치단체장이 의회의 뜻과 달리 이를 변경하여 집행할 때 의회로서는 어찌할 도리가 없다. 이렇듯 조례안과 별도의 예산안이라는 의안제출을 지방자치단체장에게 전속시키는 것은 집행기관의 재정에 대한 의회의 통제를 어렵게 하는 제도로 변질되어 의회와 집행기관 간의 대립·갈등을 빚을 소지가 적지 않다.

지방의회의 지방자치단체장 출석요구의 경우, 직접출석과 대리출석간의 선택권을 지방자치단체장에게 부여하고 있는 법제도로 말미암아 지방의회의 출석요구를 받은 지방자치단체장이 직접 출석하지 않고 관계공무원을

2) 역으로 의안을 제출하는 자치단체장에게 임시회 집회를 요구하라고 주장하는의회 또는 의원도 있다. 이런 주장에 대해 집행기관 측에서는 의회 스스로 집회하면 될 것이지 자치단체장에게 임시회 집회요구까지 함께 하라는 것은, 출석하는 공무원들이 의회에 시달린다는 불만을 무마하려는 의도에 지나지 않는다는 반응을 보이기도 한다.

대리출석하게 하는 경우가 허다하여 양 기관 간의 대립·갈등의 원인이 되고 있다. 지방자치단체장이 직접출석하지 않을 시에는, 이것이 선결문제로 부각되어 정책토론의 장을 열지 못하게 되거나 토론이 지연되는 사태가 초래될 수 있다.

2) 선거구의 차이

지방의회와 집행기관 간의 대립·갈등은 양측 구성원들의 정책정향 차이에서 비롯될 수 있다. 일반적으로 지방의회 의원들은 출신구의 지역문제와 주민편의를 우선시하는 경향이 강한 반면, 집행기관 구성원들은 당해 자치단체 전체구역을 고려하는 동시에 행정편의적인 경향이 강하다고 할 수 있다. 행정 이념적 측면에서는 지방의회가 주민 이익의 조정과 주민대표성을 중시하는 반면, 집행기관은 합법성, 효율성, 능률성을 추구한다.

문제는 우리나라의 경우 양측 구성원들의 이같은 정책정향 차이로 정책목표 등과 관련된 실질적 갈등(substantive conflicts)이 초래될 가능성에 못지 않게, '강시장-약의회'의 지방정부의 형태하에서 집행기관 공무원들이 보이는 의회경시 풍조 등과 관련된 양 기관 구성원들간의 불신·혐오로 인한 이른바 감정적 갈등(emotional conflicts)이 초래될 가능성이 크다는 데 있다(이승종, 2003). 후자의 갈등은 전자의 갈등에 비해 훨씬 더 심각한 부작용을 초래하게 된다(Schmererhorn, Jr. etc., 1994).

지방의회와 집행기관은 상당 부분 상호 중첩된 역할을 수행하는 과정에서 때로는 협력관계를 유지하기도 하고 때로는 대립·갈등관계에 놓이기도 한다. 따라서 양자 간의 갈등은 부정적이지만은 않다. 오히려 갈등이 없고 협조가 잘된다면 지역주민의 입장에서는 담합의 우려를 하지 않을 수 없을 것이다. 단, 갈등의 원인이 제도적인 데에 기인한다면 이를 완화시킬 수 있는 제도적 보완이 필요할 것이다.

4. 외국 지방자치단체장의 역할

1) 미 국

자치단체장의 선출유형에 따른 미국의 지방자치단체의 내부조직의 다양성은 자치단체 종류만큼 다양하다(노융희 외: 1986)고 할 수 있다. <표 3-3>

〈표 3-3〉 지방자치단체내부조직의 유형별에 따른 역할

유 형	단체장의 역할
1) 단체장-의회형	① 의회우위형(Weak-Mayor Type): 의회가 입법권의 행사뿐만 아니라 집행부 공무원의 행정관의 임면권을 가진다. 현행의 자치단체 가운데에서는 드문 경우이다.
	② 단체장우위형(Strong-Mayor Type): 단체장은 모든 행정책임을 지며 의회에 대해서는 권고권과 거부권을 가지고 있는 경우가 많다. 미국의 대도시, 일본, 우리나라의 단체장 역할과 가장 가까운 타입이다.
2) 위원회형 (Commission Form)	입법 및 행정의 권한을 공유하는, 주민의 직선에 의한 소수의 위원으로 구성되는 합의체형임. 단체장은 이사회의 대표이며 호선이다. 각 이사는 집행부를 관장하며 단체장도 한 부서의 장으로서 겸직의 형태를 취하고 있다. 미국의 중소도시자치체에서 취하고 있는 경우가 많다.
3) 의회-시지배인형 (Council Manager Form)	의회가 행정운영전반에 책임을 지는 지배인(Manager)을 임명. 의회는 지배인의 임면권을 가짐. 지배인은 행정에 대한 책임 · 지시감독권 · 예산편성권 · 의회에 대한 권고권을 가짐. 미국 버지니아주의 스탠튼시에서 시작되었다고 한다.
4) 단체장-시지배인형 (Mayor Manager Form)	단체장우위형과 의회지배인형 각각의 장점을 취한 것임. 행정상의 문제를 관리하는 전문 행정관리관(Administrative Officer or Managing Director)을 임명하여 그에게 감독권 · 예산편성권 · 부국장의 임면권을 주고 단체장은 정치적인 역할에 전념하는 형태이다. 미국의 샌프란시스코에서 시작되었다고 한다.

주: 이 표에 대한 자세한 내용은 본서의 제1장 제4절을 참조 바람.

은 미국 지방자치단체의 내부조직 유형화에 따른 단체장의 역할을 요약한 것이다.

<표 3-3>에서 나타난 바와 같이 미국 지방자치단체의 구조는 크게 4가지로 분류될 수 있으며 이에 따라 선거제도의 특성도 각 지방자치단체마다 상이하게 나타난다. 미국에서 가장 많이 채택되고 있는 지방정부의 구조는 단체장-의회형과 의회-시지배인형이다.

한편 위원회형은 300개 정도의 시에서 채택하고 있으며 보통 5명의 직선 위원회 위원이 행정과 입법의 권한을 공유하고 있다. 이 경우 유권자나 이사회에 의해 임명된 시장은 거의 권한을 지니고 있지 않다. 그러나 이 제도는 조화로운 정부활동이 어려울 뿐만 아니라 위원회 위원들 사이에 이해와 야합에 의해 정부활동이 운영된다는 비판을 받고 있다. 최근에는 이러한 위원회형을 폐지하는 시가 늘고 있으며(예를 들어 캔사스시(市), 유타주(州)의 Salt Lake시(市), 루이지에나주(州)의 Shreveport시(市)), 현재 지방정부의 약 3% 정도만이 위원회형을 택하고 있다.

끝으로 단체장-행정관리관형[3]은 인구가 1만 명 이하의 동질적 성격을 지

3) 약한 단체장-의회형은 미국 지방정부의 가장 오래된 형태로서 시장의 권한

닌 작은 도시에서 시행되고 있는 것이 일반적인 현상이다(Berman: 1993).

(1) 주지사(州知事)의 역할

미국 주지사의 역사적 발전은 영국식민지시대에까지 거슬러 올라간다. 식민지시대에는 영국국왕의 대리인으로서 행정권, 사법권, 입법권을 가지고 있었다. 그러나 독립된 이후에는 주지사는 주의회의 권한하에 있게 되었으며, 1825년을 기점으로 전국의 주에서 지사공선제가 확립되어 지금의 모습이 되었다. 현재의 미국 주지사 법적 권한에 따른 역할을 살펴보면 다음과 같다(Zimmerman: 1978).[4)]

① 행정적 역할

ⓘ 주(州)공무원의 임명 · 해직권한

주헌법 및 법률에 의하여 지사는 부국(部局)의 장(長) 및 법률에 의하여 설치된 위원회의 위원을 주의회의 동의를 얻어 임명할 수 있는 것이 보통이다. 지사는 의회와 재판소의 결정이 날 때까지 직무정지를 시키는 것은 가능해도 해직을 명할 수는 없는 것이 일반적이다. 그러나 최근에는 주의 행정적 업무를 원활히 처리하기 위하여 사법적인 이유 때문만이 아니라 근무상의 이유로 인한 사유로 인해 해직시킬 수 있도록 지사에게 부하직원에 대한 해직권을 광범위하게 인정하는 경향이 있다.

ⓘⓘ 집행부에 대한 감독권

지사는 주행정부의 행정활동에 대한 포괄적인 책임을 지며 공무원들을 관리 · 감독할 의무와 책임이 있다. 공무원의 부정이 발견됐을 때는 고소권한이 있으며 태만한 자에 대해서는 직무수행이행명령을 내리는 등 사법적인 조치도 가능하다.

ⓘⓘⓘ 재정적 통제권

지사의 재정상에 있어서의 권한은 대부분 입법적인 성격이나, 몇 가지는 행정적인 통제가 가능하다. 지사가 의회에 제출하는 예산안을 편성할 때 부

이 상당히 약한 것을 특징으로 하고 있다. 즉, 시장의 행정적 권한이 유권자에 의해 선출되는 많은 수의 행정관료와 공유하게 되기 때문에 시장은 인사권이나 예산책정에 상당히 제한된 권한을 지니고 있다.

4) 神戸市地方自治研究會譯, アメリカの地方自治-州と地方團體-, 東京: 勁草書房, 1986年, pp. 123~153의 내용 중 주지사와 시장의 권한 및 역할에 해당되는 것만을 요약한 것임.

국(部局)의 장(長)이 요구하는 예산항목을 삭제·감액이 가능하다. 또한 지사는 각 부국에 자금을 배부하는 권한을 가지고 있다. 따라서 지사는 주행정부의 예산 집행권을 가지고 있다고 할 수 있다.

ⓘⓥ 군사적 권한

우리나라 자치단체장과 가장 다른 점이라고 할 수 있다. 주(州) 군대의 최고사령관이며, 주경찰권을 가진 주가 대부분이다. 지사는 폭동 및 그 외의 소란을 진압하기 위해 주병력을 소집시킬 수 있다.

ⓥ 대외적 관계

지사는 주(州)의 공식적인 대표이다. 주간(州間)의 분쟁이 있을 경우에는 교섭자로서의 역할을 한다. 또한 연방의 대통령과 다른 주지사들과의 정기적인 협의를 하는 데 있어서 주(州)의 대표자로서의 역할을 한다.

② 입법적 역할

ⓘ 입법계획

주지사는 의회가 개회하기 이전에 교서를 준비하여 의회에서 연설할 수 있는 권한과 의회에 법안을 기초하여 제출할 수 있는 권한이 있다.

ⓘⓘ 특별의회 소집권한

모든 주의 헌법은 지사가 필요하다고 판단될 때는 특별의회를 소집할 수 있는 권한을 지사에게 주고 있다.

ⓘⓘⓘ 의회의 휴회권한

일부 주에서는 지사에게 한정적인 기간 동안의 주의회에 휴회를 선언할 수 있는 권한이 있다.

ⓘⓥ 거부권

의회에서 법안이 주민에게 최선의 이익을 주지 않는다고 판단되거나 혹은 헌법을 침해하는 경우 거부권을 행사할 수 있다.

ⓥ 예산편성권

집행부가 편성하는 예산안을 의회에 제출할 수 있는 권한이 있다. 예산안을 편성할 때 지사는 세금의 과세와 세출안의 금액, 사용용도의 상세한 설정 등에 책임을 진다.

ⓥⓘ 규칙제정권

입법량이 많아지면서 정책의 대강만 법안으로 하고 세부사항은 지사가 규칙을 제정 또는 규정에 의하여 보충하도록 하였다. 일반적으로 이들 규칙은 의회가 통과시킨 법률에 의거하여 제정하도록 되어있다. 규칙이 법률에 의하여 주어진 권한을 넘지 않는 한 그 규칙은 법률과 같은 효력을 가지게 된다. 지사의 규칙제정권의 이용은 의회의 시간을 줄이며 법 집행에 있어서 행정의 효율성을 가져올 수 있다.

③ 사법적 역할

대부분의 주에서는 각종 위원회, 자문위원회 등의 권고로 지사가 죄인에 대한 사면권을 행사할 수 있다. 그 외의 대부분의 사법적인 권한은 사법부 고유의 권한으로 지사가 행사할 수 없다.

(2) 시장(市長)의 역할

지사와 마찬가지로 행정적, 입법적, 사법적 권한을 가지고 있다. 시장은 시공무원에 대한 임명권·해직권을 가지며 업무에 대한 관리·감독권이 있다. 예산안편성권이 있으며, 시의회에 대해서 권고권이 있다. 미국 자치단체의 시장은 주민에 의하여 1년에서 4년까지의 다양하게 선출되며 대부분은 2년간의 임기를 가지고 있다. 그러나 대도시지역의 시장은 4년 임기가 보통이다. 시장권한의 정지를 위해서 리콜제도를 도입하고 있는 자치단체가 많으며 지사에 의하여 해직당하는 자치단체도 있다.

(3) 시티매니저(City Manager)의 역할

미국 지방자치제도 가운데 가장 특징의 하나라고 할 수 시티매니저의 활용은 1908년의 버지니아주의 스탠톤시의 총지배인제(general manager)부터 시작되었다(吉村正: 1977). 당시 스탠톤시에는 시장은 있었으나 봉급을 받는 부국장은 없었고 그리하여 시장은 리더십의 발휘가 불가능하였으며 공공사업의 수행 또한 불가능하였던 때였다. 이를 시정하기 위하여 시의 모든 행정을 총괄할 유급전문가인 총지배인(general manager)을 두게 된 것이 시티매니저제의 효시이다.

미국에서 많은 도시자치체들이 시티매니저제를 도입하고 있으나, 시티매니저제를 성공적으로 활용하고 있는 Cincinnati City(Ohio State)의 시헌장에서 나타난 시장과 시지배인(city manager)의 역할을 보면 다음과 같다.

① 시티매니저제에서의 시장역할

시의회(city council)는 의장역으로서의 시장을, 의원 중에서 한 사람 선출한다. 시장은 의회에 대한 거부권이 없으며 시에 대한 민사소송, 군사적인 목적, 시의 공식적인 행사에서 시의 대표자적인 역할을 수행한다. 공공에 위협적인 요소가 발생하였을 때는 시의회의 동의를 얻어 경찰을 지휘하며 질서를 유지하고 법률을 강제할 수 있는 권한이 있다. 부시장 또한 시의회에서 의원 중 한 사람으로 선출되며 역할은 시장 부재 시 또는 사유로 인하여 업무를 계속하지 못할 경우 시장을 대신한다. 이와 같이 시티매니저제를 도입하고 있는 곳에서는 규정상 시장의 역할을 극히 제한하고 있는 점이 특징이라 하겠다.

② 시지배인(city manager)의 역할

시지배인은 시의회에서 선출되며 행정집행의 책임을 진다. 해당 시의 시민이 아니어도 시지배인이 될 수 있다. 시의회는 시지배인으로 행정전문가를 선정하여야 하며 시지배인에 대해서 해임권이 있다. 시의회는 시행정부의 직원에 대하여 임면권이 없으며 직원의 임면권·지휘감독권은 시티매니저에게 있다. 시티매니저는 시의회에 대한 권고권을 가지며 또한 예산편성권을 가지고 있다. 우리나라의 자치단체장의 역할은 시장과 시티매니저의 역할을 합한 형태라고 할 수 있다.

(4) 자치단체장역할에 관한 의식조사

미국 지방자치단체에서의 단체장의 역할은 <표 3-4>의 지방자치단체 내부조직의 유형별에 따른 역할만큼 다양하다고 할 수 있다.

다음의 <표 3-4>는 미국 주지사의 권력행사의 종류를 기준으로 하여 주의 입법가와 행정가를 대상으로 주지사가 어떠한 분야에서 보다 강한 권력행사를 하고 있는가에 대한 조사표이다. 이 <표 3-4>는 미국 주의 입법가와 행정가를 대상으로 조사한 것이다.

〈표 3-4〉 주지사의 권력 종류에 대한 입법가와 행정가에 의한 우선순위도

권력의 종류(power)	권력의 형태 (type of Power)	순위 (rank)	응답자수 (total mentions)
예산편성(Budget formation)	F	1	127
대중적 지지 (Popular support)	I	2	107
행정적 관리(Administrative control)	I	3	104
거부권(Veto)	F	4	103
매스컴(Mass media)	I	5	90
공적인 명예(Prestige of office)	I	6	81

입법가와 개인적인 의논대상 (Personal conferences with legislators)	I	7	72
정당 지도자(Party leader)	I	8.5	61
개인적인 특성(Personal characteristics)	1	8.5	61
공식적 관계(Public relations)	1	10	58
후견인(Patronage)	F	11	46
협상 기술(Bargaining skills)	1	12	43
법안의 선포(Legislative message)	F	13	40
자치단체의 사업계획 관리 (Administration of programs in districts)	F	14	36

주: 권력행사에서 F는 공식적인 권력, I는 비공식적인 권력을 말함.
자료: Jeffery M. Stonecash, Ibid., p. 309의 Table 9. 10을 인용.

(5) 시사점

미국에서는 정책을 수행하는 데에 있어서 가장 중요한 기준이 되는 문제가 기회의 균등(equality of opportunity)에 있으며(Stonecash: 1995), 또한 그 기준이 인종·계급에 바탕을 두고 정책을 수행하여야 하는 반면에 우리나라의 자치단체장은 이런 문제에서는 비교적 자유스럽다고 할 수 있다.

미국 자치단체장의 역할에서 우리에게 주는 시사점은 자치단체의 자율권을 확보하는 데에 있어서 주민중심의 시의회 등 지역사회(comumunity)의 역할이 크다는 점이라고 할 수 있으므로, 앞으로 우리나라의 지역사회가 나아가야 할 방향은 자율성있는 자치단체형성에 있으므로 미국 지방자치에 대한 연구는 우리에게 많은 도움을 줄 것이다.

2) 영국: 수석행정관의 역할

지방자치단체에는 공선의 의원으로 구성된 의회(council)가 있으며 의회의 지휘하에 공무원으로 구성된 각 집행부의 장이 행정을 책임지게 된다. 영국에는 전국적으로 25,400명 가량의 의원(councillors)이 있으며 1985년 조사에 의하면 그들 중 81%가 남성이다(Norton: 1994).

지방자치단체에는 공선의 단체장은 없고 의회가 심의기관으로서 그리고 집행기관으로서의 최종적인 책임을 지고 있으며, 의장은 의원내부의 호선에 의해 임기 1년의 의장직(chairman)과 명예직인 시장직(mayor)을 겸직하게 된다.

〈표 3-5〉 수석행정관 역할의 기준지표

1. the corporate manager(협력조정자)
2. the political manager(정책입안자)
3. the administrator(행정가)
4. the communicator(의사소통자)
5. the trouble shootor(분쟁해결자)
6. the umpire broker(심판관)
7. the departmental manager(부서장)
8. the specialist(전문가)
9. the project manager(사업추진력을 가진 입안자)
10. the dignitary(고위관료)
11. the salesman(세일즈맨)
12. the figurehead(이름뿐인 대표)

행정최고책임자인 수석행정관제도는 지방자치단체의 효율적 관리를 위해 연구되었던 1972년 바인스 보고서(the Bains Report in England)와 파터슨 보고서(the Paterson Report in Scotland)의 제안사항이었다. 정부는 1989년 지방자치단체 및 주택법(The Local Government and Housing Act)을 통해 유급직의 장으로서 수석행정관을 임명하도록 요구하고 있으며, 수석행정관제도는 의무적인 것은 아니나 현재 지방자치단체의 약 90%가 수석행정관(Chief Executive Officer)을 두고 있다.

요컨대, 역사적인 맥락에서 볼 때 영국은 과거의 의회중심적 기관통합주의를 기관대립주의로 전환하는 경향을 보이고 있으며, 이와 아울러 1930년대 이후 지방자치단체의 기능과 재정이 크게 위축됨에 따라 특히 대처수상이 집권한 이후(1980년대) 신중앙집권적인 경향이 발견되고 있다.

우리나라의 지방자치단체장과 가장 가까운 역할을 담당하는 자는 수석행정관(Chief Executive Officer: CEO)이라고 할 수 있다. 수석행정관은 상근의 공무원이며 집행부 각부의 장인 사무장(secretary), 재무장(treasurer), 법령상은 Chief Finance Officer), 교육장(Chief Education Officer) 등의 종합조정을 하는 역할을 함과 동시에 사무조직의 최고책임자로서 행정적인 책임을 지게 된다.

영국의 행정학자에 의한 조사에 수석행정관의 역할은 다음의 12가지로 대별되며, 실제로 어떠한 역할에 많은 시간을 투자하고 있는지에 대한 조사한 기준 지표 <표 3-4>와 중요하게 인식하고 있는 역할에 대한 조사결과인 <표 3-5>, <표 3-6>을 발표하였다(Morphet: 1993).

<표 3-6>에 의하면 상위 3가지의 역할에 단체장의 소모하는 시간은 전체의 89%를 차지하고 있다는 응답이 나왔다. 이들 3가지 역할이란 협력조정자(the corporate manager), 정책입안자(the political manager), 행정가(the administrator)이다. 특히 수석행정관들이 더욱 중요시하는 역할로서 상위 3가지에 대한 답이 95%를 차지하고 있다는 것은 특이할만한 사항이다. 하위그룹으로서는 전문가(the specialist), 사업추진력을 가진 입안자(the project manager), 고위관료(the dignitary)를 들고 있다.

〈표 3-6〉 수석행정관의 실제로 하고 있는 12가지 역할(빈도 %)

순위 \ 역할	1	2	3	4	5	6	7	8	9	10	11	12
1	64	15	7	8	6	2	2	1	1	2	2	5
2	17	29	10	17	10	10	5	2	2	1	3	3
3	8	17	8	23	19	19	7	1	25	2	2	5
4	5	5	3	17	13	13	17	3	5	5	9	6
5	1	6	11	8	21	21	8	2	7	6	12	6
6	2	3	11	10	14	14	7	6	15	6	12	9
7	0	7	10	6	5	5	10	3	11	11	11	10
8	0	6	12	6	1	1	10	10	9	11	13	12
9	1	2	10	3	7	7	7	10	16	6	14	10
10	0	2	9	2	2	2	10	15	12	16	11	13
11	1	2	3	0	1	1	11	23	11	15	10	12
12	1	7	6	1	0	0	15	26	7	17	2	10

자료: Janice Morphet(1993), p. 165.

시간투자를 기준으로 하여 현재하고 있는 역할 가운데 중요시 하고 있지 않는 것은 전문가적인 역할 등으로써 하위 3개의 누적 빈도율이 64%를 차지하고 있으며 가장 최하위는 고위관료의 역할에 50%의 응답을 하고 있다.

〈표 3-7〉 수석행정관의 중요하다고 인식하는 역할(%)

순위 \ 역할	1	2	3	4	5	6	7	8	9	10	11	12
1	72	24	3	6	4	3	1	2	2	2	2	6
2	21	33	6	22	5	1	2	2	2	1	2	3
3	4	10	10	30	17	6	5	3	3	2	5	8
4	1	7	4	19	17	19	5	7	7	2	17	6
5	0	7	9	7	22	14	5	7	7	2	17	6
6	0	4	8	8	14	14	10	8	8	8	9	8
7	0	3	14	2	13	14	9	8	8	5	13	19
8	0	1	8	4	5	9	12	12	12	12	17	10
9	1	1	14	0	2	6	12	13	13	17	8	10
10	0	4	10	2	1	7	12	10	10	17	7	8
11	1	1	7	1	1	3	13	19	19	10	6	10
12	1	4	7	0	0	4	13	14	14	23	2	13

자료: Janice Morphet, Ibid., p. 167.

그러나 <표 3-6>과 <표 3-7>에서 수석행정관들이 상위그룹과 하위그룹에 비슷한 분포의 응답을 하고 있다는 사실은 현재의 역할과 중요시해야 할 역할이 괴리되어 있지 않다는 것을 의미한다.

집행부 각부의 장에 대한 임면권은 의회의 각 담당 위원회와 밀접한 관계가 있고 수석행정관에게는 각부에 대한 지휘감독권은 있으나 임면권은 없으며, 또한 사회복지부장의 경우는 지방의회에 임면권이 있는 것이 아니라 중앙의 보건사회부장관의 승인을 받도록 되어 있는 것이 특징이다.

영국 지방자치제도의 특징은 순수한 '의회-위원회'제를 도입하고 있다는 점이다. 의회에서 통과된 내용은 전문분과라고 할 수 있는 위원회에서 행정적인 책임을 가지고 정책을 집행한다. 따라서 우리나라와 같은 직선제의 단체장은 없으며 의장이 겸하고 있는 시장(Mayor)은 순수한 명예직이며 지방에 있어서 모든 책임과 권력의 출발은 의회에게 있는 것이다. 집행부의 중요한 상위직은 1년 단위로 순환보직이동이 있다. 그러므로 주민에 의해 선출된 의원이 입법권과 집행권을 동시에 가지고 있는 점이 특색이라고 할 수 있다. 영국 지방자치단체에서의 또 하나의 특징은 자발적인 민간조직(voluntary organizations)이 지방정부의 정책집행에 있어서 중요한 역할을 담당하고 있다는 사실이다(Morphet: 1993).

3) 프랑스

(1) 레죵(région)지사의 역할

① 의장겸직의 지사역할

레죵은 1982년 프랑스의 지방자치제도개혁에 의하여 지방자치단체로서의 지위를 확보하였으며 지방행정제도개혁에 의하여 레죵의회가 레죵을 관리하게 되었으며 의회의원의 호선으로 의회 의장·부의장을 선출하며 의장이 지사, 부의장이 부지사가 된다. 이들 2인은 레죵의 행정을 수행하는 부국전체의 장으로서의 임무를 맡고 있으며 정례적으로 레죵의회에 대해서 레죵계획의 집행상황 및 재정에 관해 보고하며 재산을 관리한다. 또한 레죵의 행정활동과 국가의 행정활동과의 조정역할이 주요한 임무이며 레죵의 지출과 수입을 명한다.

② 임명지사

레죵의 자치단체로서의 행정책임은 의회의장, 즉 지사가 책임지게 되어 있으나 각 레죵에는 지방장관(Préfet)이 있다. 지방장관은 중앙정부에 의해 임명되며 레죵에 있어서 중앙정부의 대표자로서 공공질서유지, 레죵내의 국가기구인 특별지방자치단체의 지휘감독, 레죵의회에 출석하여 중앙정부를 대표하여 의사표시 그리고 자치단체로서의 레죵에 대하여 행정통제를 하는 임무를 띠고 있다. 지사는 내무부의 추천에 의하여 내각이 임명하며 레죵에는 이들 중앙의 임명지사 이외에도 재정, 산업기반, 농업교육을 담당하는 우리나라의 특별지방행정기관과 같은 중앙파견부서가 있다(Ashford: 1982).

(2) 데파르트망지사의 역할

① 의장겸직의 지사

의회는 예산을 심의・수정・승인하며 결산을 심사한다. 의장은 의회의원의 호선에 의해 선출되며 지방자치체로서의 데파르트망의 지사직을 겸임하게 되며 데파르트망의 행정사무국 집행책임자역할을 담당하게 된다.

데파르트망에 있어서 지방행정과 국가행정의 종합조정은 데파르트망의 의회의장인 지사와 데파르트망의 중앙으로부터의 임명지사에 의해 이루어지고 있다.

② 임명지사

레죵의 지방장관직과 같은 것이 각 데파르트망에도 임명되나 통상 레죵의 수도소재지 장관이 데파르트망의 장관직을 겸직한다. 데파르트망은 우리의 道정도의 규모이며 데파르트망에 대한 국가행정의 대표로서의 임무를 가지고 있다. 데파르트망의 임명직 지방장관은 중앙정부의 각 장관을 대신하여 국가의 지방사무소를 운영하며 데파르트망의 의회에 출석하여 국가를 대신하여 의견을 말하며 이러한 업무를 수행하기 위하여 사무총장 및 아롱디스망(arrondissements)이라고 하는 지방장관대리의 보좌를 받는다. 국가기관으로서의 데파르트망 임명지사의 권한은 다음과 같다.

첫째는, 데파르트망에 있어서 중앙정부를 대표하며 각 중앙부처의 직접적인 대리인으로서 역할을 수행한다. 둘째는, 데파르트망에 있어서 국가행정사무를 집행・조정하며 그러한 일을 하는 공무원을 지휘・감독하며 법령에 의하여 관 내의 꼬뮨 및 공공기관을 감독한다. 중앙정부의 재정원조를 받는 민간기업, 혼합경제회사 등에 대해서 중앙정부를 대표한다. 셋째는, 데파르트망에 있어서 경찰행정의 장으로서 질서유지 역할을 수행한다. 넷째는, 데파르트망의 구역 내에 있는 중앙정부의 세입・세출을 계리하며 계약을 체결한다.

(3) 꼬뮨대표의 역할

꼬뮨은 중세까지 거슬러 올라가는 오래된 지방자치단위임과 동시에 가장 작은 기초자치단위이며 2008년도 현재 꼬뮨의 수는 약 36,780개 정도이며 인구규모는 몇 천 명에서 몇 십만 명까지 다양한 형태를 취하고 있다. 시장은 꼬뮨의회의 의원중 호선에 의하여 선출되며 꼬뮨의회의 의장직을 겸직하고 있으며 임기는 6년이며 부시장도 의원 가운데 선출한다. 또한 시장은 법적으로 꼬뮨의 집행부책임을 맡고 있으며 그 권한의 일부는 보조자들에게 위임한다. 구체적인 역할은 다음과 같다.

① 자치단체대표로서의 역할

단체장은 법률적 사항 및 중앙정부와의 관계에 있어서 꼬뮨을 대표하는 역할, 공공사업의 집행을 관리하는 일, 자치단체 직원을 관리・감독하는 일, 자치의회의 의안을 제시하는 것과 동시에 의사일정을 작성하는 일, 예산안을 편성하며 의회의 승인을 받아 집행하는 일 등이다.

② 국가기관으로서의 역할

국가사무에 대해서는 꼬뮨의회에 책임을 지지 않으며 데파르트망의 임명지사에게 업무상의 책임을 지게 되어 있다. 예를 들어, 국가통계적 데이타 및 그외에 정보를 수집, 출생, 사망 및 혼인신고를 받는 일과 동시에 혼인식을 거행하는 일, 병역명부, 증명서의 교부, 법률 공시, 건축허가 및 그 외의 인・허가업무 역할 등이다.

③ 시장과 경찰행정

시장은 이외에도 공공질서유지 및 공중위생 유지향상을 위해 자치경찰에 대한 지휘감독권을 가지고 있다.

④ 시장과 재무행정

프랑스 지방자치제도에 있어서 특이한 점은 꼬뮨의 재무에 대해서 국가임명직인 총괄출납관리관이 국가공무원으로서 있다는 점이다. 꼬뮨의 예산은 총괄출납관리관과 협의하에 하며 때로는 총괄출납관리관 단독으로 예산을 편성하는 경우도 있다.

총괄출납관리관은 지출이 위법이라고 여겨지는 경우와 해당지출을 승인하는 꼬뮨의회의 의결이 이루어지고 있지 않는 경우, 그리고 의결이 이루어졌다해도 정규의 절차를 밟지 않는 경우는 지출을 거부할 권한이 있다.

(4) 지방자치제도의 특징: 자치단체장의 겸직제도

자치단체장의 겸직제도는 프랑스의 중앙정부와 지방정부관계에서의 특이한 점이라고 말할 수 있다. 프랑스는 다른 어느 나라에서도 쉽게 찾아 볼 수 없는 겸임제도 혹은 겸직제도(Ashford: 1982)라는 것을 운용하고 있으며 이 제도는 한사람이 두 개 이상의 직을 겸하고 있는 경우을 말한다. 예를 들어 지스카르 데스탱 전(前)대통령의 경우 꼬뮨의 의원이면서 프랑스 대통령이었던 것과 같이 유력한 정치가가 꼬뮨의 시장임과 동시에 중앙의 정치가인 경우가 많다. 이러한 겸직제도의 허용은 상명하달식인 중앙통제방식의 프랑스지방자치제도를 어느 정도 보완해주는 제도로서 활용되고 있다. 즉, 기초자치단체인 꼬뮨의 의원임과 동시에 중앙정치가로서의 활동은 지방의 의견을 중앙에 직접 전달할 수 있는 전달체계로서도 작용할 수 있기 때문이다.

꼬뮨과 중앙정부와의 관계는 영역적·정치적·경제적 경직성을 회피하고 있으며 좌익마저도 중앙정부 혹은 꼬뮨의 정책결정과정에서 배제되어 있지 않다.

중앙이 국가목표를 추구할 때에는 지방정치가와 밀접하게 연관되어 있어 그 과정에서 충분히 상호간에 의사소통이 되어 정부 간 관계에서 상호의존적이다(Ashford: 1982).

4) 일 본

(1) 지방자치단체장의 권한과 역할

지금까지 본 외국의 예 가운데 우리와 가장 가까운 기능을 가진 단체장 역할이라고 할 수 있다. 가장 큰 공통점은 자치단체장에 부여된 법적 의무 기준으로서 두 가지의 특성이 우리와 같다. 첫째는 집행기관으로서의 성격으로서 우리와 같은 단체장우월주의[5]를 취하고 있으며, 둘째는 기관위임사무 즉 국가위임사무를 국가기관설이라는 명목으로 중앙정부의 업무를 위임·관리하고 있다. 그 외에도 지방자치단체의 대표는 자치단체장뿐만 아

5) 일본의 중앙정부는 참의원과 중의원의 양원제형식의 의원내각제를 취하고 있으나, 자치단체의 경우는 단체장을 직선하며 단원제의 의회를 운영하고 있다.

니라 지방의회의 의장·위원회 등 대표적인 성격이다.

(2) 시사점

일본의 도시경영연구소가 전국의 시장을 대상으로 하루의 일과 중 시간투자를 기준으로 한 단체장의 역할에 대한 조사에 의하면 다음과 같은 결과가 나왔다(坂田期雄: 1989).

시간투자를 많이 하는 순서로서 1위가 집행부내에서의 업무처리(조직, 인사, 예산사정, 정원관리 등)시간이 가장 많다는 응답이다. 2위가 각종 회합 등의 인사, 참가 등, 3위는 시민대응(민원청취, 간담회의 출석, 유력자와의 만남 등), 그리고 4위는 광역자치단체와 중앙정부에의 대응, 5위는 공부하는 것에 대한 시간할애, 6위는 의회대응이며 그리고 7위는 매스컴에의 대응이다.

또한 시간투자와는 상관없이 단체장으로서 중요하다고 생각하는 역할에 대한 의식조사결과는 다음과 같다(坂田期雄: 1989). 1위가 집행부 내의 업무(조직, 인사, 예산사정, 정원관리 등)이다. 2위가 시민대응, 3위가 의회대응, 4위가 광역자치단체 또는 중앙정부에의 대응이다. 그리고 5위는 각종회합 등의 인사 및 참가, 6위는 매스컴에의 대응, 끝으로 7위는 선거에의 대응이다.

특히 일본의 지방자치법은 우리나라와 비슷한 형태를 가지고 있으므로 많은 부분을 시사점으로 얻을 수 있다고 본다. 1980년대의 일본에서 후진자치단체를 선진 자치단체로 바뀌게 했다고 평가되는 일본의 오이타(大分)현의 하라마쓰(平松)지사의 단체장의 역할은 우리에게 많은 시사점을 주고 있다. 그는 '일촌일품운동' 및 '테크노폴리스'의 건설뿐만 아니라 자치단체장의 역할로서 인재양성에 가장 주력하고 있다는 사실을 주지할 필요가 있다(大森彌: 1998).

제4절 한국지방자치의 역사

1. 근대지방자치의 역사적 변화

1) 구한말(갑오 · 광무시대)의 지방행정[6)]

1894년 청일전쟁의 결과 조선 내정도 숨가쁘게 돌아가면서 갑오개혁까지 이른 점은 역사적 사실이다. 이 시기에 김홍집 등의 친일 개화파가 주도한 제1차 지방제도개혁(1895년 윤 5월 1일, 양력 6월 18일)이 단행되나 그 생명은 1년도 가지 못한다. 이러한 제1차 지방제도 개혁이 포함된 갑오개혁도 1896년 2월 11일 '아관파천'으로 김홍집내각이 무너지고 왕정이 회복되고 같은 해 8월 제1차 지방제도 개혁에서 추진했던 전국 23부제를 폐지하고 13도제를 시행하여 미완의 개혁으로 끝나게 된다(윤정애, 1985: 105). 이른바 고종이 단행한 '광무(光武)개혁'기의 제2차 지방제도개혁이었다. 당시의 친일적인 개화파가 주도한 전국 23부제가 소기의 성과를 거두지 못했을 뿐만이 아니라 국가재정의 압박으로 인해 지방경비의 축소가 요구되었기 때문에 이를 다시 고친다는 것이다. 그리하여 23부제도 이전에 8도 체제였으나 13도 체제로 바꾸면서 23개 각부와 도를 재분할 및 통합하였다. 그러나 부를 완전히 없앤 것은 아니고 경기도가 좌, 우부였던 것을 하나로 통합하고 한성부를 두어 도시행정이 가능토록 하였다. 한성부는 조선시대부터 내려온 방식으로 5방체제를 5서(署)로 바꾸어 지금의 구청(區廳)제도와 유사한 모습을 띄게 된다. 그 밖에 광주(廣州), 개성(開城) 등 지역에는 도시행정체계와 유사한 부제를 실시했다. 이는 정약용이 주장한 조선 12성(省)제와 13도 제도의 상관성이 깊다(김태웅, 284). 13도제는 정약용의 12성제와 매우 유사하여 도의 경계구역이 경상도를 제외하고는 대체로 일치하며 군제(郡制)개혁안도 일치하고 있다(김태웅, 2012: 281-282). 제1차 지방제도개혁의 23부 체제는 조선 시대 내내 유지되어왔던 8도 체제를 크게 개편하는 것으로서 행정관행이나 국민들의 생활을 근본적으로 동시에 개편해야만 가능한 일이어서 1년만에, 광무개혁에 의해 과거의 8도 체제를 보완하는 형태

---

6) 임승빈(2015), 우리나라 지방자치제도의 연속과 단절, 「한국사회와 행정연구」 제26권 제3호: 303~326에서 일부를 요약 발췌했음.

로, 13도 체제로 바뀌게 된다. 지방제도의 개정이 주현의 균질, 지방 관속의 정리와 조세 부과의 형평을 통해 지방 지배의 효율성을 제고하려 했던 것이다. 이러한 원칙은 1895년 5월 23부제 개정에 관한 청의서에서 구체화하였다. 먼저 감영을 비롯한 중간 기구를 개편하는 이유를 다음과 같이 들었다.

첫째는, 감영·안무영 등은 매우 광활한 지역을 관할하고 있어 국가의 지방 지배를 원활하게 수행하는 데 장애 요소가 많았다는 것이다. 둘째로는, 기존 감영 이서(吏胥)의 수를 감축해야 하는 이유를 들었다. 이서들의 수가 많아 직책이 분명하지 못하고 용비(冗費)와 민막(民瘼)이 되고 있었기 때문이다. 그래서 관리의 직분을 확정하여 경비를 절감하려 한 것이다. 셋째, 지방 관속들에 대한 중앙정부의 임면권을 행사하려 하였다. 감사 등으로부터 관속 임명권을 박탈하여 관직매매를 제거하고 지방 관속에 대한 장악력을 높이려 하였던 것이다. 넷째, 지방 관속의 봉록을 책정하려 하였다. 관찰사를 비롯한 지방 관속들에게 봉급을 후하게 책정하되, 중앙 정부의 표준을 참작하면서 지방 사정에 따라 조정하려고 하였던 것이다. 특히 기본의 향리에 해당되는 주사(主事)이하 관속들이 중앙정부의 배정 기준에 맞추어 봉급을 받기에 이르렀던 것이다. 이와 같은 이유들 때문에 1896년 8월 정부는 이제까지 실시해온 23부제를 폐지하고 13도제를 시행했다. 이른바 제2차 지방제도 개혁이 이루어진 것이다.

〈표 3-8〉 23부제에서 13도제로의 지방행정체계 개편

1895년		1896년 8월 4일(고종 33년)	
부 명(府名)	소속 군수(所屬 郡數)	도 명(道名)	소속 군수(所屬 郡數)
한성부(漢城府)	11	경기도(京畿道)	4부 34군
인천(仁川)	12	충청북도(忠淸北道)	17군
충주(忠州)	20	충청남도(忠淸南道)	37군
홍주(洪州)	22	전라북도(全羅北道)	26군
공주(公州)	27	전라남도(全羅南道)	1목 32군
전주(全州)	20	경상북도(慶尙北道)	41군
남원(南原)	15	경상남도(慶尙南道)	1부 29군
나주(羅州)	16	황해도(黃海道)	23군
제주(濟州)	3	평안남도(平安南道)	23군
진주(晉州)	21	평안북도(平安北道)	21군
동래(東萊)	10	강원도(江原道)	26군

대구(大邱)	23	함경남도(咸鏡南道)	1부 13군
안동(安東)	17	함경북도(咸鏡北道)	1부 9군
강릉(江陵)	9	한성부(漢城府)	5서
춘천(春川)	13		
개성(開城)	13		
해주(海州)	16		
평양(平壤)	27		
의주(義州)	13		
강계(江界)	6		
함흥(咸興)	11		
갑산(甲山)	2		
경성(鏡成)	10		

자료: 1895년 제1차 지방제도 개혁은(김태웅, 2012: 253의 <표 11>)을 참조하였으며 1896년의 제2차 제도개혁은 필자가 재구성.

그러나 광무개혁은 러일 전쟁에서 승리한 일본의 1906년 1월 통감부 설치에 의하여 철저하게 압살된다. 오히려 일제 강점기 초기에는 한국인의 지방자치를 철저하게 봉쇄하면서도 '지방개발'을 내세워 군(郡)과 부(府), 도(道)를 넘어 면리 단위의 재원까지 탈점(奪占)함으로써 지속적으로 세입을 징수할 수 있는 기틀을 구축하고자 하였다. 물론 일제의 지방재정 개편은 지방재정의 근대화 과정이라고도 할 수 있으며 시간이 지날수록 한국인들에게 지방정치에 참여할 수 있는 길을 소수자에 해당되지만 조금씩 열어주었음은 사실이다(김태웅, 2012: 10).

제2차 지방제도 개혁을 시행하기 위하여 1896년 8월 4일 칙령36호인 '地方制度官制改正件'에 의거하여 전국을 13도, 한성부(漢城府), 7부(府), 1 제주목(牧), 331군(郡)으로 하는 행정체계 개편을 단행하였다. 이때의 광무개혁은 '구본신참'을 원칙으로 하여 외세의존을 불식시키면서 주권국가를 건설하려는 의지를 강하게 내포하였다. 일본에 의하여 훼손된 황제의 권위를 세워 국권을 강화시키고 서양의 법과 사상을 받아들이며 어윤중 등 온건개혁파를 중용하면서 중앙의 집권력을 지방에 침투시키고자 하는 지방행정체계를 개편했던 것이다. 또한, 동시에 지방의회 성격의 향회(鄕會)를 통하여 그들 스스로 향장(鄕長)을 선출케 하는 근대적인 지방자치제도의 시발점이기도 한 것이 큰 변화였다.

갑오개혁기와 광무개혁기에 추진하였던 주민자치의 제도화 과정을 지방자치의 시작이라고 볼 수 있는 큰 변화였다. 갑오개혁기에 '향회조규(鄕會條規)'를 만들고 1905년도에는 당시 강원도 관찰사였던 김성규에 의하여 일부가 수정된 '향약판무규정(鄕約辦務規程)'에 의하여 군(郡)-면(面)-리(里)의 향회(鄕會)가 조직된다. '향회조규(鄕會條規)'와 '향약판무규정(鄕約辦務規程)'에 의하면 향회의 정신은 향약에서 구하되 지방제도 개혁에 자치적 경향을 넣었을 뿐만이 아니라 구체적으로 군수의 행정집행을 감독하고 군수의 횡포를 견제하는 의사기구로서의 역할을 부여한 점은 지금의 지방의회와 같은 정도는 아니지만 당시로서는 주민자치의 초창기 제도화로서 평가할 만하다. 또한 향회에서는 향장으로서 3명을 추천하고 군수가 이 가운데 한명을 향장을 임명하는 등 상당한 자치권을 주민에게 부여한 것이다. 갑오개혁의 '향회조규(鄕會條規)'와 광무개혁의 '향약판무규정(鄕約辦務規程)' 양자의 차이점은 '향약판무규정(鄕約辦務規程)'에서는 리(里) 단위의 향회는 민란의 가능성 등의 이유를 들어 만들지 않았지만 두 개의 규정 모두 지방민이 중앙관리인 군수를 견제할 수 있는 기능을 부여했다는 측면과 지금의 읍면동장에 해당되는 향장을 스스로 선출했다는 점에서 보면 근대적 의미의 지방자치의 제도화과정의 시작이라고 평가할 수 있겠다.

광무개혁기의 지방행정체계는 중앙정부의 내부(內部)-관찰사(觀察使)-군수(郡守)-면임(面任)-리임(里任)이라는 행정조직과 동시에 대향회(大鄕會)-도향회(都鄕會)-향회(鄕會)라는 자치조직 역시 제도화시켰던 것이다(김태

〈표 3-9〉 1895년 광무(光武)개혁기의 지방향회의 구성원과 기능

각급 향회	구성원	기 능
대향회(大鄕會)	도약장(都約長)[7], 면약장(面約長), 각면(各面) 각리(各里)의 두민(頭民)·존위(尊位), 각리(各里) 중 해사민인(解事民人)[8]	지방관리 규찰, 상소, 행정감독
도향회(都鄕會)	都約長,面約長,각면(各面) 각리(各里)의 두민(頭民)·존위(尊位)	지방관리 규찰, 상소, 행정감독
향회(鄕會)	도약장(都約長),면약장(面約長)	향장, 서기, 순교 선출, 지방관리 규찰, 상소, 행정감독

자료: 김태웅(2012), p. 343의 <표 16>을 재인용.

7) 약장(約長)이라함은 조선시대부터 내려온 향약(鄕約)의 장(長)을 일컬음.
8) 향회단위에 있는 민원을 처리하는 사람을 해사민인(解事民人)라고 지칭했음.

웅, 2014: 341-342). 물론, 이러한 추진방안은 일부지역에서는 반발이 있어 실행이 안 되었던 곳도 있었으며 또한 러일전쟁의 발발로 인하여 전국적 단위에서의 실현여부가 불투명해 진 것도 있으나 당시의 이러한 지방자치의 제도화는 지방행정의 근대화를 통하여 향촌사회의 안정과 국권의 확립을 목표로 했다는 점에서 광무개혁이 일제가 아닌 스스로의 개혁추진이었다는 점에서 재평가가 필요하다.

즉, 1906년 1월 일제에 의하여 설치된 통감부에 의하여 추진된 갑오와 광무개혁기에 단행되었던 지방행정체계는 유지하면서 지방자치의 제도화였던 대향회(大鄕會)-도향회(都鄕會)-향회(鄕會)를 폐지한다. 일제는 1906년 12월에 통감부의 '군주사명심규칙'과 '군주사세칙'을 통하여 향회 및 향회(鄕會)에서 선출하는 좌수(座首) 및 향장 제도를 폐지하였다. 이들 군(郡)의 주사(主事)는 기존의 좌수 및 향장의 군수를 견제하는 역할과는 달리 오로지 군수(郡守)의 명령만 따를 것과 당시 군의 주사(主事)를 일본인으로 채웠다는 점에서 주민의 의견을 반영하기 보다는 중앙집권적인 통치제도를 만들고자 했던 것이다. 폐지된 좌수 및 향장 대신에 면장-동장-호수를 만들고 중앙의 관치행정제도를 만든 것이다(김태웅, 361). 따라서 일제에 의하여 근대적인 지방행정체계가 제도화된 것이 아니라 오히려 지방자치의 제도화를 압살한 것이라고 평가할 수 있다.

2) 일제시대(日帝時代) 지방행정

한일 합방 당시의 지방 제도는 구한말 후대의 지방 관청을 조선총독부(朝鮮總督府) 지방 관청으로 간주하여 이를 그대로 존속시켜 왔다. 따라서 당시의 지방 행정 구역 및 기관에는 13도(道), 11부(府), 317군(郡)과 외국 거류민들의 행정 사무를 관장하는 이사청(理事廳), 그리고 일반 지방 행정 기관과 분리·독립된 지방 재무 기관으로서의 재무감독국(財務監督局)과 재무서가 있었다(이대희 외: 2001).

1910년 9월 30일, 조선총독부 관제의 공포와 동시에 '조선총독부 지방관 관제'가 공포됨으로써, 이들 기관은 지방 행정 관청에 통합되어 이사청의 사무는 도·부·군에 분장시키고 각 도에는 재무부를 설치하여 재무 감독국의 사무를, 부·군에는 재무서의 사무를 각각 인계했다. 그러나 지방 제도의 급격한 개편은 민심에 영향을 미치는 바가 크므로 종전의 제도를 그대로 답습하여 오다가 1913년에야 비로소 지방 제도를 개편·정비하기에

〈표 3-10〉 일제시대 지방행정 구역표(1914. 3. 1)

시 대	일 자	도(道)	부	목	군	도(島)	면	지정면(읍)	보통면
조 선	1896.8.4	13	9	1	329	·	4,338	·	·
일 제	1914.3.1	13	12	·	218	2	2,518	23	2,495

자료: 지방행정구역요람(1999년 행정자치부).

이르렀다. 부제(府制)가 실시되었다(1913년). 도사(島司)는 경찰서장을 겸하며 법규인 도령(島令)을 발할 수 있는 점에서 군수보다 강력한 권한을 가졌다. 면제(面制) 및 시행 규칙이 공포(1917년)되었다. <표 3-10>은 조선말기와 일제시대 지방행정 구역표를 보여주고 있다.

1919년의 관제 개편에 의해 지방 제도도 크게 바뀌게 된다. 그 내용은 첫째, 종래의 도장관의 명칭을 도지사로 개칭하는 것이다. 둘째는, 헌병 경찰 제도를 폐지하고 경무 총감부 및 각 도의 경무부는 폐지되어 각 도지사가 제3부를 두어 도사무관과 함께 경찰권을 행사하며 동시에 지방 경찰 위생 사무를 집행할 수 있게 하였다. 셋째, 헌병 분대 또는 헌병 분치소 대신에 지방 경찰서를 만들고 새롭게 많은 인원의 경찰 병력을 충원하였다.

특히 1919년의 관제 개편의 영향은 종래의 일본인 중심의 관리 제도에서 한국인을 많이 채용하는 계기가 되어 1921년 2월에 사이토 총독 제2차 관제 개편에 한국인들이 상당수 총독부 하급 관리가 된다. 조선총독부는 1921년의 제2차 개편 때는 감찰관 및 민정 시찰 사무관제를 도입하여 1919. 3. 1. 독립 운동 이후 민중의 동태를 감시하기 위하여 감찰 활동을 강화하기에 이른다. 당시 4,097명의 직원이 지방행정을 담당하였다.

3) 미군정 시대 지방행정

1945년 8월 15일 세계 제2차대전에서 일본이 항복하고 패망함으로써 우리나라에 대한 1910년 8월 22일 한일합방조약 이래 35년간의 식민지 지배가 끝났다. 그러나 우리나라는 1945년 2월 4일 얄타회담에서 결정된 대로, 38도선을 기준으로 남북으로 분리당해 미·소가 진입·점령함에 따라 9월 8일 미군은 인천에 상륙하여 당일 서울에 입성하였고, 9월 9일 조선총독 아베의 항복문서에 조인을 받아 9월 11일 하지 중장이 미국 육군 제8사단장 아놀드 소장을 남조선 군정장관에 임명함으로써 미군정 시대를 맞았다.

1945년 11월 12일, 38도선 기준 남조선의 관할구역을 조정하였는데 미군

〈표 3-11〉 미군정시대 지방행정 구역표

구 분	직할시	도(道)	부	군	도(島)	읍	면
일 제 시 대	-	13	22	218	2	107	2,246
미군정시대 (남한기준)	1	8 (9)	12	134	2 (1)	76	1,475
증 감	1	△5	△10	△84	-	△31	△768

비고 1. 1946. 7 2 제주도 승격 : 남한(9)로 됨.
2. 직할시는 서울시, △은 북한임.
자료: 지방행정구역요람(1999년 행정자치부).

정 시대의 지방행정구역은 <표 3-11>과 같다. 1947년 6월 3일 미군정은 남조선 과도정부를 수립하고, 행정권을 거의 우리에게 이양하였으며 민정장관은 안재홍이었다.

2. 대한민국시대

1948년 11월 17일에 '지방 행정에 관한 임시 조치법'이 공포되었다. 이 법에 따르면 제5조 및 제12조의 규정에 의한 대통령령 제43호에 의해 시·도·부·군·도의 관할 구역을 1948년 8월 15일 현재에 의하도록 규정함으로써 당시의 지방행정 구역은 1시, 9도, 14부, 133군, 1도, 7읍, 1,456면의 체계가 되었다.

1949년 7월 4일 '지방자치법'이 공포되었다. 그러나 행정 구역의 내용에서는 지방행정에 관한 임시조치법에 의한 지방 행정 구역을 그대로 계승하고 다만 서울시를 서울특별시로, 부를 시로, 울릉도를 울릉군으로 개편하였다. 그러므로 행정구역은 1특별시, 9도, 19시, 134군, 75읍, 1,448면으로 구성되었다.

1954년 11월 21일 법률 제350호로 '수복지구 임시행정조치법'이 공포되어 6·25전쟁으로 38선 이남에 있던 연백군, 개풍군, 장단군, 개성시가 북쪽으로 들어가고 연천군, 포천시, 양양군, 고성군, 인제군, 양구군, 화천군, 철원군, 금화군이 남쪽에 편입되었다.

이와 같은 지방자치단체 갯수의 변천은 2016년 현재 1특별시, 6광역시, 8도, 1특별자치도, 1특별자치시, 74시, 83군, 69자치구 등 총 243개로 구성되었다. 다음에서는 대한민국정부 수립 이후 부터 현재까지 지방행정의 변천사에 대해서 살펴보고자 한다.

1) 대한민국정부 수립: 이승만 정권 시기

제헌헌법은 지방자치를 제8장 제96조와 제97조에 규정함으로써 국가생활의 기본적인 제도로 삼았다. 그러나 민주주의의 토대가 되는 지방자치는 헌법 취지와는 달리 이승만 행정부에 의하여 치안 불안을 이유로 극력 회피되다가 전쟁 중에 갑자기 실시되는 등 우여곡절을 겪었다(진덕규: 1981). 이승만 행정부의 지방자치는 남한 단독 정부 수립후 제헌 의회를 구성하여 헌법을 제정하며 헌법 제8장 제96조에 지방자치에 관해 명시하였다. 이 법에 의하여 1949년 7월 4일 지방자치법이 법률 제32호로 공포됨으로써 지방자치 제도 실시를 위한 제도적 근거를 마련하였다.

지방자치의 실시와 함께 지방자치법의 주요내용을 살펴 보면 다음과 같다. 첫째, 지방자치단체의 종류는 서울특별시와 도, 시·읍·면으로 한다. 둘째, 의결기관과 집행기관을 따로 두는 기관대립형으로 한다. 셋째, 도지사와 서울특별시장은 대통령이 임명하고 시·읍·면장은 의회가 선출한다. 넷째, 지방의원은 임기 4년의 명예직으로 한다. 다섯째, 의회에는 자치단체장에 대한 불신임권을, 장(長)에게는 의회의 해산권을 부여한다. 여섯째, 도의 하부조직으로 군을, 인구 50만 이상의 시에 구를 두며, 군수와 구청장은

인물탐구

이승만(李承晩): 1875.3.26~1965.7.19, 대한민국 초대 대통령, 정치가, 독립운동가

본관은 전주(全州), 호는 우남(雩南)이다. 1875년 황해도 평산에서 출생하였으며, 3세 때 서울로 이주, 1894년 배재학당에 입학, 이듬해 8월에 졸업하고 모교의 영어교사가 되었다. 명성왕후 시해 보복사건에 연루되었으나 미국인 여의사의 도움으로 위기를 모면하였다. 이 무렵 개화사상에 심취하고 기독교에 입교하였다. 1896년부터 독립협회 간부와 〈협성회보〉의 주필로 활동하였고, 1898년 정부전복 획책혐의로 종신형 복역 중 7년 만에 석방되어 도미하였다.

1910년 프린스턴대학을 졸업하고 한일합병 후 귀국하였으나 1912년 다시 미국으로 건너갔다. 1914년 하와이에서 잡지 〈한국태평양〉을 창간하여 한국의 독립을 위해서는 서구열강 특히 미국의 지지를 받아야 한다는 독립외교론을 주장했다. 1919년 4월 상해 임시정부에서 초대국무총리로 선임되었다. 이후 워싱턴에 구미위원부를 설치하여 스스로 대통령 행세를 하는 등 독단적 행동으로 1922년 상해임시정부로부터 불신임을 받았다. 이에 미국에서 독자적 독립운동을 펼쳤으며, 1934년 오스트리아 출신의 프란체스카와 결혼하였다. 1945년 광복 후 귀국하여 '독립촉성중앙협의회'를 조직, 총재에 취임했으며 미국의 지지를 얻어 우익세력의 연합조직체인 남조선대한국민대표민주의원 의장, 민족통일총본부 총재를 역임하는 등 우익의 지도자로 각광을 받았다.

■ 초대 대통령 취임~제3대 대통령 : 1948년 5월 대한민국 제헌 국회의장에 오른 뒤, 7월 초대 대통령에 취임하여 철저한 반공정책을 폈다. 6·25전쟁 때는 휴전을 반대하였고, 1952년 재선이 어렵게 되자 헌법을 대통령 직선제로 개정, 2대 대통령에 재선되었다. 1954년 대통령의 연임제한을 철폐하는 4사5입 개헌을 강행하였고, 1956년 제3대 대통령에 당선되었다. 1960년 3월 15일 대통령 선거 때 여당(자유당)과 정부가 전국적, 조직적으로 부정선거를 감행하여 4선되었으나, 전국적으로 부정선거 규탄데모가 벌어짐으로써 4.19혁명이 발발하였다. 1960년 4월 26일 결국 하야성명을 발표하고 하와이로 망명하였다. 1965년 망명생활 중 사망하였고 국립묘지에 안장되었다.

국가공무원으로 한다(지방행정연구소: 1990).

그러나 정부 수립 직후 사회가 불안정하다는 이유로 연기되었다. 그 후로 1차 개정을 단행하였으나 다시 연기되고 6·25 전쟁을 맞게 된다. 이 때 이승만 대통령은 전쟁 중인 1951년 12월 31일 헌법개정과 함께 갑작스럽게 지방선거 실시를 발표하였다.

이에 따라 전쟁 중인 1952년 4월 25일 치안 불안 지역과 미수복 지역을 제외한 시·읍·면 의회 의원 선거 실시, 동년 4월 10일 서울, 경기, 강원을 제외한 7도에서 도 의회 의원 서거를 실시하였다. 이것은 이승만 정부가 야당이 우세한 국회에서 헌법 개정을 통한 재선을 보장할 수 없다는 판단 아래 지방의회를 구성하여 대통령 직선제 개헌을 통과시켜 정치적 기반을 확보하기 위한 차원에서 이용된 지방자치라고 볼 수 있다.

그러므로 이승만 정부의 지방자치 성격은 지방자치의 본래의 의미보다는 정권 유지의 차원에서 이용되었다. 그러나 이승만 정부는 헌법에 지방자치 조항을 삽입하고 지방자치법을 제정하여 지방자치의 법적 근거를 마련하였고, 정권 유지 차원에서 직선제이지만 지방자치 제도를 실시하였고, 지방의회를 구성하였던 점은 지방자치의 효시로써 평가할 수 있다.

2) 제2공화국 시기

이승만 독재정권이 4·19 민중혁명으로 종말을 고하자 민주당은 신파가 도지사의 임명제를 주장하고 구파는 직선제를 주장하는 등 논란을 겪었으나(김재균: 1990), 1960년 11월 1일 지방자치법을 전면 개정·공포(제5차 개정[9])하였다. 제5차 개정을 보면 장면 정권의 지방자치는 충분한 주민참정을 실현하려는 것이였다. 제2공화국의 장면 정권은 가장 충실한 지방자치제도를 마련하고 1960년 12월 12일에 도의원선거, 19일에 시·읍·면의원 선거, 26일에 시·읍·면장 선거를 실시하였다. 그런데 이 때의 지방선거는 무소속이 시·읍·면의원의 81.2%, 시·도의원의 44.4%, 시·읍·면장의 75.5%를 차지하는 이변을 나타내었다. 이러한 결과는 민주당이 신·구파로 분열

9) 지방자치법 제5차 개정 주요내용 : ① 자치단체장은 직선제로 한다. ② 선거연령을 20세로 낮춘다. ③ 부재자 선거제도를 채택한다. ④ 의장단에 대한 불신임제도를 채택한다. ⑤ 가예산제도는 폐지한다. ⑥ 특별시장·도지사·시장이 법령을 위반하면 내무장관이, 읍·면장이 법령을 위반하면 도지사가 징계를 청구할 수 있게 한다. ⑧ 12월 정기회를 제외한 회기 일수를 서울시는 80일, 도와 인구 50만 이상의 시는 70일, 기타 시는 60일, 읍·면은 30일로 한다.

된 데다 중앙정치만 넘겨받았을 뿐, 지방은 자유당 조직이 온존하고 있었고, 또 민주당의 선거 체제마저 미비하여 주민들이 인물 본위로 투표한 결과로 본다(김재균: 1990).

장면 정권의 지방자치는 충실한 제도는 마련하였으나 충분히 시행해 보기도 전에 5·16쿠데타로 폐기되고 말았다.

3) 제3공화국과 제4공화국

1961년 5월 16일 군사 쿠데타에 의해 정권을 잡은 국가재건최고회의 의장인 박정희는 군사혁명위원회 포고 제4호에 의해 1949년 7월 4일 제정 공포된 지방자치법에 의해 성립된 지방의회를 해산하고, 또한 국가재건최고회의 포고 제8호에 의해 지방의회 기능을 읍·면에서는 군수, 시에서는 도지사, 특별시·도에서는 내무부 장관의 승인을 얻어 집행 기관의 장이 시행하게 됨으로써 군을 지방자치단체로 신설하고 읍·면을 단순한 군의 하부기관으로 개정하고 지방자치단체의 장을 임명제로 하면서 국가 공무원으로 충당하였다.

그러므로 지방자치에 의한 주민 자치는 중단되고 단체 자치만 실시하였다. 또한 1962년 2월 9일 서울특별시 행정에 관한 특별조치법에 의해 서울특별시는 국무총리 직속으로 하고, 서울특별시의 의회 의결 사항은 국무총리의 승인을 받도록 하였으며, 1963년에는 직할시를 신설하였다. 그래서 서울특별시에서는 일정한 사항에 관해서만 국무총리의, 직할시·도에서는 내

한국 지방선거의 역사

우리나라의 지방자치제도는 1948년 7월 17일 제정 공포된 제헌 헌법에서 처음으로 근대적인 지방자치 제도의 도입 근거가 마련, 1949년 7월 4일 지방자치법(법률 제32호)이 제정됨으로써 지방의회를 구성할 수 있게 되었다. 1950년 6·25 동란으로 지방의회의 구성이 지연되다가 1952년에 첫 지방 선거가 실시되었으며 1961년 5·16. 쿠데타까지 9년간 3대에 걸친 지방의회가 구성·운영된 바 있다. 이후 지방자치는 계속 유보되다가 1980년 제8차 헌법 개정시 지방자치제의 순차적 실시 원칙을 규정하고 1988년 제9차 개정 헌법에서 지방의회 구성의 유보조항이 삭제되고 1988년 4월 6일 지방자치법 개정(법률 제4004호)으로 그 부활 가능성을 보였으며 1990년 12월 31일 지방자치법 제9차 개정(법률 제4310호)으로 1991년 6월 지방선거를 실시. 1994년 3월 16일 최초의 통합선거법인 "공직선거 및 선거 부정방지법"이 법률 제4739호로 제정 공포되었고 이법 부칙 제7조의 규정에 의하여 도지사, 시장, 군수, 도의원, 시, 군의원 등 제1회 전국 동시 지방선거가 1995년 6월 27일 실시되었다.

무부 장관의, 시·군에서는 도지사의, 교육·학예에 관하여는 문교부 장관의 승인을 얻어 당해 지방자치단체장이 시행하도록 하므로 국가 중심의 관치적 지방행정 체제로 돌아가게 되었다. 그리고 지방의회는 조국 통일이 이루어질 때까지 구성하지 아니한다(제4공화국 헌법 부칙 제10조)고 명시하여 박정희 행정부의 지방자치는 암흑기라고 말할 수 있다.

4) 제5공화국과 제6공화국

지방자치의 부활은 1987년 6·29 선언에 의하여 1987년 헌법을 개정하여 "지방자치단체의 재정자립도를 감안하여 순차적으로 구성하되 그 구성 시기는 법률로 정한다"라는 유예 규정을 삭제함으로써 1988년 4월에는 지방자치법의 7차 개정을 보게 되어 지방자치 부활의 근거를 마련하게 된다.

그러나 제6공화국에서 전면적인 지방자치제의 실시를 지연시킬 목적으로 지방자치법의 개정안을 정부 입법으로 1991년 9월 국회에 상정한 후 방치해 두었다가, 1993년도 문민정부에 들어와서야 개정안(법률 제4741호)이 공직선거 및 선거부정방지법, 정치자금에 관한 법률 등과 같이 이른바 정치개혁에 관련된 법률의 일환으로 개정·공포되었다(1994. 3. 16). 또한 주민투표제 도입 조항을 넣어 주민의 직접 참정의 기회를 부여하도록 하였다(지방자치법 제13조의 2). 도·농 복합 형태의 지방자치단체를 설치할 수 있도록 하였다(지방자치법 제7조 제2항). 지방의회의 규칙 제정권을 명문화하였다(지방자치법 제37조의2). 지방의회 의원의 지위와 신분을 강화하였다(지방자치법 제32조). 법률에 따라 1991년 3월 26일 기초의원 선거를 실시, 마침내 1991년 4월 14일 초대 시의회가 구성되었고, 또한 자치단체장선거가 중단된 지 34년만에 1995년 지방화 시대라는 구호 아래 민선자치 시대가 탄생하였다.

한편 1980년대 중반 이후에 지방자치문제가 다시 거론되기 시작한 것은 5공화국 말기인 1980년대 중반이었다. 그 요인으로는 정치적으로 1985년 2월 12대 총선에서 야당인 민주통일당이 대약진에 성공한 것이 중요한 계기로 작용하였다. 또한 고도경제성장으로 시민사회의 신장, 재벌로 대표되는 자본가계급의 국가의 개입에 대한 반발, 노동자계급의 양적·질적 성장, 경제성장과정에서 축적된 국력신장으로 안보 부담의 축소, 동서냉전체제의 약화, 1980년대 말 시작된 사회주의권의 붕괴, 부와 권력의 중앙집중이 자원낭비와 관리의 비효율성을 초래하는 등 국내외적, 정치·경제·사회적 요인들이 작용하였다. 이를 배경으로 1980년대 중반 이후 민주주의에 대한 국민들의 열망이 높아지면서 지방자치제는 정치권의 주요현안으로 대두하였다.

1987년 당시 민정당대표인 노태우의 '6·29선언'에 의하여 지방의회의 전면구성이 새롭게 제안되었다. 또한 같은 해 11월 17일 정부와 여당은 13대 대통령 선거공약으로 지방자치제의 전면실시를 발표하였으며 나머지 정당들도 지방자치제의 실시를 지지하였다.

13대 대통령선거에서 노태우가 당선되고부터 그가 취임하기 이전까지 지방자치제 실시문제와 관련 여야간에 정치적 협상이 전개되었다. 그러나 여야가 끝내 합의를 이루지 못한 가운데 민정당은 1988년 3월 8일 임시국회 본회의에서 지방자치법과 지방의회의원 선거법 등을 단독으로 변칙처리했다. 같은 해 4월 6일 공포된 지방자치법 부칙에 의하면 시·군·구의회는 1989년 4월 30일까지, 시·도의회는 1991년 4월 30일까지 구성하기로 하였으나, 지방자치단체장 선출시기에 대해서는 침묵했다. 1988년 4월 26일 실시된 13대 국회의원 선거결과, 이른바 '여소야대'로 인하여 야권3당은 여당의 독주를 견제할 수 있게 되었다. 야권3당은 지방자치문제를 논의하기 위하여 공조체제를 마련했고, 1989년 3월 4일에 지방자치법 중 개정법률안을 성안하여 3월 15일 임시국회에서 통과시켰다. 정부·여당은 야당이 통과시킨 개정법률안에 대해서 재의(再議)를 요구하면서도, 당시까지 유효하게 남아있던 지방자치제 관련 현행법률 즉, 1989년 4월 30일까지 시·군·구의회를 구성한다는 법률적 약속마저 이행하지 않았다. 이에 따른 비판으로 여야4당은 지방자치문제를 원점으로 돌려 재협상하기로 하고 마침내 1989년 12월 19일 새로운 지방자치법개정안이 여야합의에 의해 만들어졌다. 이제 시행만이 남은 듯 보였던 지방자치문제는 1990년 1월 민정당과 통일민주당, 신민주공화당이 이른바 3당통합을 결행함으로써 다시 표류하기 시작했다. 새로운 거대 집권여당으로 등장한 민주자유당은 1989년 12월에 합의한 지방자치제 관련법안의 전면적 재검토를 선언한 것이다. 정부와 여당은 당시까지 법적으로 효력을 지니고 있던, 1990년 6월 30일 이전에 기초 및 광역 자치단체지방의회를 구성한다는 정치적 약속과 법률적 의무를 또다시 이행하지 않았다.

이에 대한 여야간 첨예한 대립 끝에 1990년 12월 31일 151회 정기국회에서 여야만장일치로 지방자치법 중 개정법률안, 지방의회의 개정법률안, 그리고 지방자치단체장 선거법안 등이 통과되었다. 그러나 정부와 여당은 지방자치단체장선거를 준비하지 않는 등 지방자치제의 전면적 실시에 미온적인 태도를 드러냈다. 그리고 마침내 1992년 연두기자회견에서 노태우 대통령은 단체장 선거의 연기를 일방적으로 선언하기에 이르렀다.

5) 문민정부: 김영삼 정부 시대

집권여당인 민자당이 비타협적 태도를 견지한 채 1992년 12월에 14대 대통령으로 김영삼이 당선되었다. 김영삼은 선거캠페인에서 '95년 단체장선거 실시를 공약했었다. 그후 1994년 3월 4일에 마침내 단체장선거를 포함한 이른바 4대지방선거를 1995년 6월 27일에 실시한다는 내용을 담은 지방자치법을 국회에서 통과시키고 16일에 공포하였다. 그리고 마침내 1995년 6월 27일에 역사적인 4대지방선거가 실시되었다. 이로써 지방의회는 제2기의 출범을 기록했고 지방자치단체장선거는 1960년대 이후 30여 년만에 부활했다.

지난 1991년 지방의회 선거로 지방자치제가 부활되었으나 지방자치단체장 선거는 없는 반쪽 지방자치제였다. 1995년 6월 27일 처음으로 지방단체장과 의회의원들을 선출하는 온전한 지방자치제가 자리잡게 되었다.

위에서 살펴본 바와 같이, 지방자치제도는 오래전의 역사속에서부터 그 토대를 다져왔으며, 우리나라에 본격적인 지방자치제가 실시된 것은 20년이 넘은 상태다. 이제까지의 역사적 발전을 토대로 우리나라도 다른 선진국에 못지 않은 체계적이고 효율적인 지방 자치제를 실시하여 국가의 발전과 국민의 편의를 계속해서 도모해야 할 것이다.

인물탐구

김영삼(金泳三): 1927.12.20~2015.11.22 대한민국의 정치가, 제14대 대통령

경남 거제(巨濟) 출생이며, 대한민국의 제14대 대통령을 역임하였다. 1952년 서울대학교 철학과를 졸업하고 국무총리 장택상(張澤相)의 비서가 되었다. 1954년 26세의 최연소자로 3대 민의원 의원에 당선된 후 5·6·7·8·9·10·13·14대 의원에 당선됨으로써 9선의원이라는 기록을 세웠다. 그 사이 민주당 대변인 2번, 민중당 등 야당 원내총무 5번을 역임하고 1974·1979년의 신민당과 1987년의 통일민주당 등 야당총재를 3번 지냈다. 1980년 이후 전두환(全斗煥) 정부에 의해 2년 동안 가택연금되어 정치활동을 못 하였고, 1983년 5월 18일~6월 9일 민주화를 요구하며 단식투쟁을 전개, 5공화국하에서의 민주화운동의 구심적 역할을 하였다. 1985년 김대중(金大中)과 함께 민주화추진협의회(민추협) 공동의장직을 맡았고, 신민당 창당을 주도하여 민한당을 와해시켰다. 1987년 통일민주당을 창당, 총재가 되고 그해 12월 13대 대통령선거에 출마하였으나 낙선하였다. 1989년 6월 북방정책의 일환으로 한국 정치지도자로는 처음으로 소련을 방문하였다. 1990년 민주정의당 총재 노태우(盧泰愚), 신민주공화당 총재 김종필(金鍾泌)과 통합, 민주자유당을 창당, 대표최고위원이 되었다. 1992년 12월 14대 대통령선거에서 당선, 1993년 2월 취임함으로써 32년간의 권위주의적 통치를 종식시키고 문민(文民)정부를 출범시켰다. 1994년 마틴루터킹센터가 수여하는 세계적인 인권운동 평화상인 비폭력평화상을 받았으며 1995년 뉴욕에서 열린 국제연합 50주년 기념총회에서 연설하였다.

6) 국민의 정부: 김대중 정부 시대

국민의 정부는 16차 개정(1999. 8. 14)에서 지방자치에 관한 주민의 직접 참여를 확대하기 위하여 주민의 조례 제정·개폐 청구제와 주민감사청구제를 도입하고 국가와 지방자치단체 간 또는 지방자치단체 상호 간의 갈등을 효과적으로 조정할 수 있는 제도적 장치를 마련하는 한편, 각급 지방자치단체의 장 또는 지방의회의 장이 전국적 협의체를 마련하는 등 현행 제도의 운영상의 미비점을 개선·보완하였다.

김대중 정부는 지방분권을 원활하게 추진하기 위하여 이전의 어느 정부보다도 적극적으로 국가사무의 지방이양을 추진하였다. 국가사무의 지방이양 추진을 위해 정권초기인 1999년 1월 29일 '중앙행정권한의지방이양촉진등에관한법률'과 1999년 7월 29일 동법 시행령을 제정하게 된다. 그 결과 국가사무 지방이양의 추진조직은 동법에 규정되어 있는 지방이양추진위원

인물탐구

김대중(金大中): 1926.1.6~2009.8.18, 대한민국의 정치가, 제15대 대통령

1926년 전라남도 신안군에서 태어났으며, 우리나라 15대 대통령을 역임하였다. 1950년 ≪목포일보≫ 사장이 되었고 1960년 민의원에 당선된 후 1971년까지 6·7·8대 국회의원을 역임하였다. 1963~1967년 민주당·민중당·신민당 대변인, 1968년 신민당 정무위원을 역임하였고, 1971년 신민당 대통령후보로 민주공화당의 박정희(朴正熙)와 겨루었으나 패배하였다. 그후 미국·일본 등지에서 박정희 정권에 맞서 민주화운동을 주도하다가 1973년 8월 8일 도쿄[東京]의 한 호텔에서 중앙정보부(지금의 국가정보원) 요원에 의하여 국내로 납치(김대중납치사건)되어 세계의 이목을 집중시켰다.

1976~1978년 민주구국선언사건으로 투옥되었고 1980년 초 정치활동을 재개하였으나, 같은해 7월 내란음모죄로 사형을 선고받고 복역하던 중 1982년 12월 형집행정지로 석방되어 미국으로 건너갔다. 1985년 귀국하여 김영삼(金泳三)과 더불어 민주화추진협의회 공동의장직을 역임하였고 1987년 8월 통일민주당 상임고문에 취임하였다. 1988년 4월 제13대 국회의원(전국구)에 당선되었고 1991년 9월 통합야당인 민주당을 창당하여 공동대표최고위원으로 선출되었다. 1992년 12월 제14대 대통령선거에 출마하였으나 다시 낙선하여 국회의원직을 사퇴하는 동시에 정계은퇴를 선언했다. 이후 1993년 영국으로 건너가 케임브리지대학교에서 연구활동을 하였고 1994년 귀국, 아시아·태평양평화재단(아태평화재단)을 조직하여 이사장으로 활동했다. 그러면서 당시 민주당의 최대 계파인 동교동계의 막후인물로서 영향력을 행사했고, 1995년 6월에 실시된 지방자치단체 선거에 적극적으로 참여하여 민주당을 승리로 이끌었다. 같은해 7월 정계복귀를 선언함과 동시에 동교동계 국회의원 54명과 함께 새정치국민회의를 창당, 총재가 됨으로써 제1야당의 총수로 정치활동을 재개하였다. 1997년 10월 자유민주연합과의 야권 후보단일화를 이끌어낸 뒤 같은해 12월 15대 대통령선거에서 당선되어 한국 정치사상 최초의 정권교체를 이룩하였으며, 1998년 2월 제15대 대통령에 취임하였다. 1998년 12월, 동남아시아국가연합(ASEAN)과 중국 및 일본과의 정상회담을 갖는 등 활발한 외교활동을 벌였으며, 1997년 11월부터 시작된 IMF(국제통화기금) 관리체제의 외환위기를 재정·금융 긴축과 대외개방, 금융 및 기업의 구조조정 등을 통해 위기를 극복하였다. 2000년 6월 13~15일 김정일 국방위원장의 초대로 평양을 방문하여 6·15남북공동선언을 이끌어냈다. 또한 50여 년간 지속되어 온 한반도 냉전과정에서 상호불신과 적대관계를 청산하고 평화에의 새로운 장을 여는 데 크게 기여한 공로로 2000년 노벨평화상을 받았다.

회가 담당하도록 하였다. 동위원회가 가지는 특성은 과거 지방이양합동심의회가 총무처 소속으로 법령상 설치근거가 없이 총무처직제(대통령령)와 국무총리 지시에 의한 조직관리지침으로 운영되던 것과는 달리, 법률에 명백한 근거를 두고 있다는 점이다.

우리나라의 지방이양추진위원회에서 국가사무의 지방이양이 필요하다고 판단되어 심의된 안건 745건의 단위사무중 심의보류된 사무 53건, 현행존치 159건, 안건삭제 2건을 제외한 531건의 사무가 이양되거나 위임되었다.[10] 또한, 예비심의단계라 할 수 있는 분과위원회에서도 그간 449건이 심의보류

〈표 3-12〉 국가사무의 지방사무 이양 유형 현황

(2002년 현재)

<table>
<tr><th colspan="3">이 양 유 형</th><th>빈 도</th><th colspan="2">퍼 센 트</th></tr>
<tr><td colspan="3">심 의 보 류</td><td>53</td><td colspan="2">7.1</td></tr>
<tr><td colspan="3">현 행 존 치</td><td>159</td><td colspan="2">21.3</td></tr>
<tr><td colspan="3">안 건 삭 제</td><td>2</td><td colspan="2">0.3</td></tr>
<tr><td rowspan="11">지방이양</td><td rowspan="2">① 시도이양</td><td>국가 → 시도</td><td>239</td><td>49.6</td><td>32.1</td></tr>
<tr><td>국가+시도 → 시도</td><td>1</td><td>0.2</td><td>0.1</td></tr>
<tr><td>② 국가·지방이양</td><td>국가 → 국가+시도</td><td>8</td><td>1.7</td><td>1.2</td></tr>
<tr><td rowspan="4">③ 시군구 이양</td><td>국가 → 시군구</td><td>12</td><td>2.5</td><td>1.6</td></tr>
<tr><td>국가+시도+시군구 → 시군구</td><td>4</td><td>0.8</td><td>0.5</td></tr>
<tr><td>국가+시도 → 시군구</td><td>3</td><td>0.6</td><td>0.4</td></tr>
<tr><td>시도 → 시군구</td><td>197</td><td>40.9</td><td>26.4</td></tr>
<tr><td rowspan="4">④ 시도 · 시군구 이양</td><td>국가 → 시도+시군구</td><td>2</td><td>0.4</td><td>0.1</td></tr>
<tr><td>국가+시도→특별 · 광역시+시군</td><td>12</td><td>2.5</td><td>1.6</td></tr>
<tr><td>시도 → 특별 · 광역시+시군구</td><td>2</td><td>0.4</td><td>0.3</td></tr>
<tr><td>시도 → 시도+시군구</td><td>2</td><td>0.4</td><td>0.3</td></tr>
<tr><td></td><td>소 계</td><td></td><td>482</td><td>100.0</td><td>63.2</td></tr>
<tr><td>국가이양</td><td>⑤ 국가이양</td><td>시군구 → 국가</td><td>2</td><td colspan="2">0.3</td></tr>
<tr><td colspan="3">⑥ 시도위임</td><td>47</td><td colspan="2">6.3</td></tr>
<tr><td colspan="3">합계</td><td>745</td><td colspan="2">100</td></tr>
</table>

주: 행정자치부(2002), 「지방이양추진팀 내부자료」.

10) 지방이양추진위원회는 그 산하에 지방이양추진실무위원회를 두고 있으며, 위원회의 심의절차는 3심제도로서 1차 심의는 지방이양추진실무위원회를 3분과로 나누어 분과별로 심의하고 2차 심의는 전체 지방이양추진실무위원회에서 심의하며, 3차 심의는 지방이양추진위원회에서 심의한다. 이후 위원회의 결정사항은 국무회의의 의결을 거쳐 입법화과정을 거치게 된다.

된 바 있기 때문에 이를 합칠 경우 심의보류된 안건은 500건이 넘는다. <표 3-12>는 국가사무의 지방이양을 유형별로 분류한 것이다.

7) 참여정부: 노무현 정부 시대

2003년에 3월 1일에 등장한 참여정부는 2003년 7월 4일에 지방분권을 추진하기 위한 로드맵을 발표하였다. 구체적인 내용으로는 7대 기본방향 및 20대 주요과제를 선정, 분류하였는데 중앙-지방정부 간의 권한배분, 획기적인 재정분권의 추진, 지방정부의 자치역량강화, 지방의정활성화 및 선거제도 개선, 지방정부의 책임성강화, 시민사회활성화, 협력적 정부 간 관계정립이 이에 속한다. 이를 다시 세분화하여 보면 20대과제가 되나 크게는 중앙정부의 권한과 재정의 지방이양과 지방정부의 수권기반의 조성으로 대별될 수 있다.

또한, 전략적으로 지방분권의 원활한 추진을 위하여 분권의 유발효과가 큰 것부터 우선적으로 추진한다는 것인데, 경찰분권화, 지방교육행정체제개편, 특별지방행정기관의 정비 등이다. 즉, 중앙의 재원을 지방에 획기적으로 이양함으로써 중앙정부의 사무권한을 지방에 이양토록 한다는 전략인 것이다.

참여정부는 권력과 자원의 중앙집중이라는 심각한 현실 문제에 대해 두 가지 차원에서 접근하고 있다. 하나는 정치·행정적 측면에서의 권한집중이고, 다른 하나는 사회·경제적 측면에서의 지역격차라고 할 수 있다. 전자는 분권에 대비되는 집권화 현상이고, 후자는 분산에 대비되는 집중화 현상이다(성경융·박양호: 2003).

행정적 의미에서의 지방분권(decentralization)은 중앙집권에 대칭되는 개념으로서 중앙정부에 집중되어 있는 권한과 사무 그리고 재원을 보다 많이 자치단체에 이양하려는 것이다. 그리고 이와 함께 수도권에 집적되어 있는 정부, 기업, 대학 등의 중추관리기능과 경제력을 비수도권 지역에 분산시키는 지역분산(deconcentration)도 추진하고 있다. 이는 지역분권이 지역분산과 부합되는 측면이 있지만 지역분산을 보증하지 않으며, 지역분산의 필요조건은 될지언정 충분조건은 되지 못하는 사실에 근거한 조치라고 할 수 있다. 상기와 같은 취지를 정책에 반영시키기 위하여 노무현 정부는 지방분권의 필요성을 다음과 같이 4가지로 집약하여 설명하고 있다. 첫째, 21세기 지식정보사회의 변화된 정치 환경은 국가운영 패러다임을 관에서 민으로 그리고 중앙에서 지방으로 소외에서 참여로 전환시키고 있다. 둘째, 세계화의 현상은 국가역할의 변화와 지방의 역할 증대를 요구하고 있다. 셋째, 21

인물탐구

노무현(盧武鉉): 1946.8.6~2009.5.23, 대한민국의 정치가, 제16대 대통령

1946년 8월 6일 경상남도 김해시 진영읍에서 태어났다. 진영중학교를 거쳐 1966년 부산상업고등학교를 졸업한 뒤, 1975년 제17회 사법시험에 합격하였다. 1977년 대전지방법원 판사를 거쳐 이듬해 부산에서 변호사 사무실을 개업하고, 1981년 제5공화국 정권의 민주화 세력에 대한 용공조작 사건인 부림사건(釜林事件)의 변론을 맡으면서 이후 학생·노동자 등의 인권사건을 수임하는 인권변호사의 길을 걸었다. 1985년 부산민주시민협의회 상임위원장을 역임하고, 1987년에는 민주헌법쟁취국민운동본부 부산본부 상임집행위원장을 맡아 6월항쟁에 앞장섰다.

같은 해 대우조선사건 때 이석규의 사인 규명 작업을 하다 구속되어 변호사 업무 정지 처분을 받은 뒤, 1988년 부산 동구에서 제13대 국회의원(통일민주당)으로 당선되었다. 같은 해 제5공화국비리조사특별위원회 위원으로 활동하면서 날카로운 질문과 정연한 논리로 전국적 지명도를 가진, 이른바 청문회 스타로 떠올랐다. 1990년 3당 통합을 통한 민주자유당 창당을 거부하고 민주당 창당에 동참해 이듬해 통합민주당 대변인이 되었고, 1992년 제14대 국회의원총선거에 출마하였으나 낙선하였다. 그 해 제14대 대통령선거 민주당 청년특위위원장·물결유세단 단장을 거쳐 1993년 통합민주당 최연소 최고위원이 되었고, 같은 해 지방자치실무연구소를 열었다. 1997년 새정치국민회의 부총재 및 수도권 특별유세단 단장을 역임하고, 이듬해 서울 종로구 국회의원 보궐선거에 출마해 당선되었다. 2000년 종로구의 지역구를 포기한 채 '지역주의 타파'를 내걸고 부산에서 출마하였으나 한나라당 돌풍에 휘말려 또 한 차례의 고배를 마신 뒤, 새천년민주당 부산 북강서(을) 지구당 위원장을 거쳐 그 해 8월부터 이듬해 4월까지 해양수산부장관을 지냈다. 같은 해 새천년민주당 상임고문·최고위원을 거쳐 2002년 초 국민경선제를 통해 새천년민주당 제16대 대통령 후보로 선출되었고, 2002년 11월 18일에는 국민통합21의 대통령 후보인 정몽준(鄭夢準)과 후보 단일화에 합의한 뒤, 국민 여론조사를 거쳐 단일 후보가 되었다. 이후 '낡은 정치 청산, 새로운 대한민국 건설, 행정수도의 충청권 이전' 등을 기치로 내걸고 선거전에 들어가, 마침내 12월 19일 치러진 선거에서 유효투표총수 2476만 141표 가운데 1201만 4277표(48.91%)를 얻어 1144만 3297표(46.59%)를 얻은 한나라당의 이회창(李會昌) 후보를 물리쳐, 2003년 2월 25일 제16대 대통령에 취임하였다. 저서에는 ≪학습노트≫(전3권, 1989), ≪여보, 나 좀 도와줘≫(1994)가 있다.

세기 정치현상은 지식정보의 공유, 주체성과 책임성 확립, 개방성과 다양성 발현에 기초한 국가운영을 요구하고 있다. 넷째, 지방분권을 통한 지방 활력은 시대적 명제이다(임승빈 외: 2003).

8) 이명박 정부의 지방자치

이명박 정부는 정권 초기에 다음과 같은 지방자치과제를 내걸었다.[11]

첫째는, 지방행정분야의 과제로써 지방이양의 확대이다. 구체적인 과제로서는 자치경찰제의 도입인데 기존의 정부안을 약간 수정하여 기초자치단체(시군구)중심으로 도입하되 특별시와 광역시의 경우는 광역자치단체의 관여의 정도를 높이는 방안이다. 교육자치의 경우는 중앙행정기관의 권한을 시도교육청으로 대폭이양하고 시도교육청의 자치권한을 확대시키겠다는 것이다. 또한, 지방해양수산청을 비롯한 특별지방행정기관의 지방이양을 단기

11) 임승빈(2008), "신정부의 지방자치과제와 추진체계", 한국행정학회 춘계학술대회 발표원고를 참고로 수정하였음.

간 내에 적극적으로 추진하겠다는 것이다. 지방이양을 촉진시키기 위해서는 사전심사제도를 도입하겠다는 것도 개혁의 내용이다. 즉, 지금까지는 중앙의 개별부처가 지방과 관련이 깊은 정책을 자체적으로 입안하고 법령을 제정하여 집행과정에서 지방과 충돌이 되어 지방이양에 관한 심의를 했던 것을, 사전에 지방과 관련이 있는 법령을 제정하는 경우에는 심의하자는 것이다.

다음으로 지방재정에 관한 개혁추진내용을 보면 지방의 자율성과 경쟁의 강조이다. 참여정부에서 가장 미진한 부분이 재정분권이었으나 이명박정부에서는 이를 실제적으로 추진하기 위하여 지방재정의 확충을 위한 교부세율의 상향조정, 분권교부세율을 폐지하고 포괄보조금의 확대, 지방소비세의 검토 등을 추진하겠다고 했으며 2009년도에 관련법을 개정·제정하였다.

또한 2009년도에는 대대적인 시·군 통합을 추진하려 했으나 결과적으로는 지역주민들의 의견통합실패 및 통합대상 지자체 간의 주도권 쟁탈전 과열 등의 문제로 창원시(마산·창원·진해) 및 청주시(청주시·청원군) 등 일부

인물탐구

이명박(李明博): 1941.12.19~, 대한민국의 정치가, 제17대 대통령

일제강점기인 1941년 12월에 일본의 조선인 정착 지역에서 4남 3녀 중 3남으로 태어났다. 광복 직후인 1945년 11월 귀환하여 경북 포항에 정착하였다. 당초 경제적인 사정으로 고등학교 진학을 포기하려고 하였으나 동지상고(현 동지고등학교) 야간부에 입학하였다. 그 후 서울로 가서 1년간 노동자 생활을 하다 독학으로 고려대학교 경영학과를 입학, 아침 청소부 생활을 하며 학비를 조달하며 졸업하였다. 대학교 2학년 재학 중 군에 입대하였으나, 훈련소에서 기관지확장증으로 군대를 면제 받았다. 3학년 때에는 상과대학 학생회장으로 선출되었고, 1964년에는 총학생회장 직무대행으로 한일 국교 정상화를 반대해 6.3 학생운동을 주도하다가 수배되었다가 자수하여 계엄사령부에서 조사를 받고 징역 3년 집행유예 5년을 선고받아 6개월간 서울교도소에서 복역하였다.

학생운동으로 복역한 전과 때문에 취직이 어렵게 되자 박정희 전 대통령에게 정부의 부당한 '취직방해'를 비판하는 편지를 썼고, 1965년 현대건설에 평사원으로 입사하게 된다. 입사한 지 2년차에 대리로 승진한 것을 시작으로 29세 이사에 이어 입사 12년만인 1977년 35세의 나이로 현대건설의 사장이 되었으며, 1988년에는 회장이 되었다. 1999년에는 '20세기 한국을 빛낸 30대 기업인'에 선정되기도 하였다.

1992년 민주자유당 14대 전국구 국회의원으로 정계에 진출하였으며, 1995년 지방선거에서 정원식 전 국무총리와 민주자유당 서울시장 후보 경쟁을 벌였다. 그 후 15대 총선에서 종로에 출마하여 이종찬, 노무현에게 승리함으로써 15대 국회의원이 되었다. 그러나 선거비용관련 문제로 재판을 받게 되었고 이 와중에 스스로 의원직을 사퇴하였다. 국회의원직 사퇴 후 미국에서 체류하다가 돌아와 금융사업을 시작하였고, 2002년에는 32대 서울시장으로 당선되었다. 재임하던 시절, 청계천 복원사업과 숭례문 개방, 대중교통 체계 개편 등을 추진하여 성공을 이루면서 영국 파이낸셜 타임즈가 선정한 '2005 세계의 인물대상'에 선정되기도 하였다. 그러나 4대강 사업에 22조원이라는 천문학적 정부예산을 투입했음에도 불구하고 사업의 성과에는 끊임없이 많은 논란을 낳고 있다.

2007년 12월 19일 각기 26%와 15%의 지지를 받은 대통합 민주신당 대표 정동영 후보와 무소속 이회창 후보를 제치고 49%의 지지를 받으며 제17대 대통령에 당선되어 2008년 2월 25일 공식 취임하였다. 주요저서로는 1995년 〈신화는 없다〉, 2002년 〈절망이라지만 나는 희망이 보인다〉, 2005년 〈청계천은 미래로 흐른다〉 등이 있다.

시 · 군 · 구만 통합되는 데 그쳤다.

이밖에도 시도 및 시군구 자치단체의 의견을 수렴하기 위한 제도적인 기반구축, 중앙사무의 권한이양을 촉진시키기 위한 지방이양추진위원회 권한의 확대, 중앙과 지방의 인사 교류를 활성화하기 위한 제도 등도 이명박 정부에서 추진하였으나 큰 성과는 없었다.

9) 박근혜 정부의 지방자치

4대강 사업을 중점으로 국책사업을 크게 일으킨 전임 이명박 정부에서는 지방자치발전이 실종이 되었다고 해도 과언이 아니었다. 반면에 박근혜 정부는 대형국책사업을 계획하고 있지 않고 오히려 사회복지재정의 확충이라는 관점에서 추진하는 가운데 국가사무와 자치사무의 혼재와 재정적 책임 소재여부 등을 둘러싸고 논란의 핵심이 되고 있다. 이 같은 현상은 지금까지의 개발정책과 관련하여 중앙과 지방정부 간의 갈등에서 복지 정책의 기능과 재원의 재조정이라는 새로운 관점에서 양자 간의 갈등이 발생하고 있다. 뿐만 아니라 이명박 정부에서 강력하게 추진하고자 했던 자치행정구역 통폐합을 위한 '지방행정체제개편위원회'와 '지방분권추진위원회'를 통폐합하여 '지방자치발전위원회'로 발족시켰다. 동 위원회는 파급효과가 크고 자치단체의 자율성과 역량을 강화할 수 있는 6개 핵심 과제를 선정하여 중점적인 추진과제로 선정했다. 6대 과제는 ① 자치사무와 국가사무구분체계 정비 및 중앙권한의 지방이양, ② 지방재정 확충 및 건전성 강화, ③ 교육자치 개선, ④ 자치경찰제도 도입 방안 마련, ⑤ 특별 · 광역시 자치구 · 군의 지위 및 기능 개편, ⑥ 주민자치회 도입으로 근린자치 활성화 등이다. 또한, 주무부서인 행정자치부는 상기의 지방자치발전과 관련한 주요한 4가지 정책분야인 1) 강력한 지방분권 기조 추진, 2) 자율역량 강화로 생산적 자치기반 확보, 3) 근린자치 및 시민사회 지역공동체 활성화, 4) 지방재정 확충과 건전성 강화 등에서 20개 과제를 추진하겠다고 했으나 실제적으로 집행이 되지 않아 이들 정책에 대한 평가는 긍정적이지 않다.

박근혜 정부에서는 주민자치회를 전국 읍면동 단위에서 2015년 30여 개 지역에서 시범실시했으나 이 역시 주민자치회를 구성하는 거버넌스 체계와 주민의 역할과 관의 역할에 대한 재정립이 불분명하고 주민 중심의 공동체 활성화를 위한 정책목표를 달성하지 못했다. 즉, 주민과 행정기관 사이에서 역량강화, 사업기획 등을 전문적으로 지원하는 중간지원조직을 활성화시키

인물탐구

박근혜(朴槿惠): 1952.2.2 ~, 대한민국의 정치가, 제18대 대통령

본관은 고령(高靈)이며, 1952년 경상북도 대구시 삼덕동(지금의 대구광역시 중구 삼덕동)에서 아버지 박정희와 어머니 육영수(陸英修) 사이의 첫째 딸로 태어났다. 1963년 아버지 박정희가 제5대 대통령으로 선출되었다. 성심여자중학교를 거쳐 1970년 성심여자고등학교를 졸업한 뒤 서강대학교 전자공학과에 진학하여 1974년 공학사 학위를 취득하였다. 그 해에 프랑스의 그르노블대학으로 유학하였다가 8월 15일 광복절 기념식장에서 어머니 육영수가 문세광(文世光)의 저격으로 사망하자 귀국하였다.

이후 1979년까지 '퍼스트 레이디' 역할을 대행하였으며, 이 시기에 구국봉사단(후에 새마음봉사단으로 개칭)을 조직한 최태민(崔太敏)과 함께 국민정신 개조운동인 새마음운동을 전개하였다. 1979년 10월 26일 박정희 대통령이 중앙정보부장 김재규(金載圭)의 저격으로 서거한 뒤 청와대를 떠났다. 어머니 육영수가 1969년에 설립한 육영재단(育英財團) 이사장(1982~1990), 정수장학회(正修奬學會) 이사장(1994~2005) 등을 지냈다.

1997년 한나라당에 입당하여 제15대 대통령선거에 출마한 이회창(李會昌)을 지원하는 유세를 하며 정계에 입문하였다. 이듬해 4월에 치러진 대구광역시 달성군 국회의원 보궐선거에서 당선되어 15대 국회의원이 된 뒤 제18대 총선까지 달성군에서 4선을 하였고, 제19대 총선에서는 비례대표로 당선되어 5선 의원이 되었다. 1998년 10월부터 한나라당 부총재로 일하다가 2002년 2월 탈당한 뒤 5월에 한국미래연합을 창당하여 당대표로 취임하였으나, 제16대 대통령선거를 1개월 앞둔 2002년 11월에 한나라당과 합당하는 형식으로 복당하였다.

2004년 3월 한나라당 대표로 선출되었다. 2006년 6월 당 대표직에서 물러나 2007년 제17대 대통령선거의 한나라당 후보 경선에 출마하였으나 이명박(李明博) 후보에게 패하였다.

'준비된 여성대통령'을 슬로건으로, 경제민주화와 생애주기별 맞춤형 복지 등을 주요 공약으로 내세워 선거운동을 전개하여 2012년 12월 19일 치러진 대통령선거에서 1577만 3128표(득표율 51.55%)를 얻어 대한민국 헌정 사상 첫 여성 대통령으로 당선되었다. 그러나 헌정 사상 최초로 2017년 3월 10일 탄핵되어 대통령직에서 파면되게 된다.

는 방안 등에 대해서는 구체적인 계획이 결여되었다는 평가이다. 따라서, 박근혜 정부에서의 지방자치에 대한 평가는 전반적으로 부정적이었으며 정부차원에서도 추진에 대한 뚜렷한 의지를 보여줬다고 평가할 수 없다.

10) 문재인 정부의 지방자치

박근혜 전대통령의 탄핵 이후 등장한 문재인 정부의 핵심적인 과제는 문재인 대통령 스스로가 언급했지만 연방수준의 강력한 지방분권을 강조하고 있다. 특히 문재인 정부는 과거 노무현 전 대통령의 참여정부와 비교되는데, 참여정부에서는 지방분권을 통해 수도권 과밀화를 비롯한 여러 문제들을 해결하려 했다. 그 예로 2003년 4월 '정부혁신지방분권위원회'라는 대통령자문기구를 설치하고 지방분권정책을 추진했다. 약 3개월 후인 7월 '지방분권추진로드맵'을 작성하면서 박차를 가했다. 또한 아울러 국토균형발전을 내세웠다. 분권, 분산, 분업을 정책기조로 삼고, 세종시라는 행정중심복합도시건설을 비롯해 전국 6개 지역에 기업도시가 시범적으로 만들어졌다. 이후 공기업을 이전하는 등 구체적인 실행에 들어갔다. 그러나 참여정부 후반으로 들어가며 다른 이슈에 묻혀서 이는 차순위가 된 바 있다. 지방분권에 대한 목소리는 약해졌고, 국토균형발전계획은 그 맥만 이어가는 상태가 됐다. 문재인 대통령은 후보 시절부터 참여정부의 지방정책 승계를 공론화했다. 2017년 1월 방송에 출연한 문 대통령은 "참여정부보다 더 강력하고 발전된 국가균형발전 정책을 펼치겠다"며 "지방재정의 어려움 해결하기 위해선 재정분권으로 가는 강력한 지방분권이 필요하다"고 역설한 바 있다. 이에 발맞춰 역시 지방분권을 강조했던 김부겸 의원이 행정안전부 장관직에 오르게 됐다. 김부겸 장관은 자신의 인사청문회에서 "지방분권과 균형발전은 시대적 소명"이라며 "중앙정부에 집중된 권한을 지방에 이양하고, 수도권에 편중된 자원을 골고루 나누는 데 사명과 임무를 다하겠다"고 공언한 바 있다. 따라서 문재인 정부에서의 지방자치는 분권과 균형발전이라는 양대 축이 참여정부와 같이 추진될 가능성이 농후하다. 더불어 제19대 대선과정에서도 핫 이슈였던 지방분권적 개헌 문제를 문재인 대통령 스스로가 2018년 6월 지방선거가 치러지기 이전에 논의를 끝내고 국민투표에 붙이자 하는 의지표명을 한 바 있었으나 실현되지 못했다. 2020년 12월에는 약 30여년만에 지방자치법 전부개정이 이뤄져 지방분권과 주민자치가 강화되는 기반을 구축하였다. 그 밖에 지방자치와 관련된 공약으로서 자치경찰제의 도입을 실시했다. 문재인 정부에서는 경찰에 대한 민주적 통제 강화 및 광역단위 자치경찰제를 추진한 것이다. 이를 통해 지방행정과 연계되는 치안행정의 지방분권을 위해 '경찰위원회'의 실재화를 통해 경찰에 대한 민주적 통제를 강화시키고 범죄수사 전담의 국가경찰과 민생 전담의 자치경찰을 분리 추진하였다. 즉 2021년 7월부터 제주특별자치도에서만 시행한 자치경찰을 전국적으로 확대하여 민생치안 등 지방행정과 연계되는 치안행정을 지방분권화를 추진한 것이다.

인물탐구

문재인(文在寅): 1953.1.24~, 대한민국의 제19대 대통령

대한민국의 법조인이자 정치인. 제16대 대통령이었던 고(故) 노무현과 함께 부산광역시에서 노동 및 인권 분야 변호사로 왕성히 활동했고, 그를 도와 참여정부 탄생에 일조했다. 고(故) 노무현대통령이 청와대에 입성한 뒤로는 청와대 민정수석 2번과 시민사회수석을 거쳐서 대통령 비서실장을 지내기도 했다. 2012년 12월 19일에 열린 제18대 대통령 선거에서 후보로 나서기는 했으나 48.02%의 득표율에 그쳐 새누리당 박근혜 후보에게 3.53%p의 차이로 대권을 내주었다. 박근혜 대통령 탄핵 심판이 인용되면서 조기 대선이 현실화되자 더불어민주당의 대선 후보 경선에 출마하여 57%의 득표율을 얻어 더불어민주당의 대통령 후보로 선출돼 대선 재도전에 나섰다. 그리고 2017년 5월 9일 치러진 제19대 대통령 선거에서 41.1%의 득표율로 제19대 대통령에 당선됐다.

11) 윤석열 정부(2022~2025)

2022년 0.73%의 역대 최저 득표율 차이로 등장한 윤석열 정부의 지방자치 과제로는 국정목표 6번째인 '대한민국 어디서나 살기 좋은 지방시대'에 압축 되어 있다고 볼 수 있다. 윤석열 정부의 지방시대를 열기 위한 국정과제는 자유와 균형적 성장이라는 가치를 걸고 중앙정부 주도에서 지방자치단체와 지역사회 주도로, 관 중심에서 민간의 자율 혁신 체제를 강화하겠다는 것이다. 즉, '지자체 간의 정책 경쟁 및 자기 책임성 강화로 지방 주도 지역발전 실현'이 국정과제의 하나로 명시된 것이다. 균형발전 정책에 있어서 주로 지역개발사업에 치중한 점에 이전 정부와 차이점이 있다고 볼 수 있다. 예를 들어, 그동안 논의되어 왔던 '국가균형발전위원회'와 '지방분권추진위원회'를 통합하여 새롭게 '지방시대위원회'를 발족시켰다.

인물탐구

윤석열(尹錫悅): 1960.12.18.~, 대한민국의 제20대 대통령

2022년 5월 10일 대한민국의 제20대 대통령으로 취임하였고, 2027년 5월 9일까지 대통령으로서 직무를 수행할 예정이다. 1983년 서울대학교 법과대학을 졸업하고 9수끝에 1991년 제33회 사법시험에 합격하여 1994년 검사로 임용되었다. 2016년 12월에는 박근혜-최순실 게이트 규명을 위한 특별수사를 맡게 된 박영수 특검팀에 합류하였다. 이 사건으로 인하여 2017년 3월 10일 박근혜 전 대통령이 파면되었고, 동년 5월 10일 문재인 정부가 출범하자 문재인 전 대통령으로부터 서울중앙지방검찰청 검사장으로 등용되어 이명박 정부 및 박근혜 정부에 대한 이른바 '적폐청산' 수사를 진행하며 승승장구하였다. 이러한 성과를 인정받아 2019년 제43대 검찰총장으로 임명되었으나, 검찰총장 취임 직후 발생한 조국 사태를 기점으로 문재인 정부를 겨냥한 수사를 진행하기 시작하였다. 이로 인해 문재인 정부와 갈등을 빚어 2020년 말 추미애 전 법무부장관에 의해 헌정 사상 최초로 검찰총장 정직 사건을 겪었다.이와 같은 과정에서 대통령이 임명한 현직 검찰총장임에도 불구하고 보수 대선주자로서 지지율이 폭등하였다. 이후 3월 4일에 검찰총장직에서 자진 사퇴하였다. 2021년 6월에 제20대 대통령 선거 출마를 공식적으로 선언하였고, 동년 7월 국민의힘에 입당하며 정계에 발을 내디뎠다. 2022년 3월 8일 실시된 20대 대선에서 역대 대선 최다인 16,394,815표를 얻어 더불어민주당 이재명 후보를 꺾었다. 이는 0.73%p라는 역대 대선 최소 득표율 차이였으며 첫 공직선거 출마에 바로 대통령으로 당선되는 기록도 함께 세우게 되었다. 그러나 2024년 12월 3일 위법적이며 위헌적인 계엄선포에 의하여 국회에서 탄핵되어, 2025년 4월 4일 헌법재판소가 탄핵결정을 하여 대통령직을 상실했다.

12) 이재명 정부(2025~2030)

2022년 3월 9일에 치러진 제20대 대통령 선거에서 국민의힘 윤석열 후보에게 0.73%p차이로 밀려 2위로 낙선하였다. 이후 2022년 6월 보궐선거에서 인천 계양乙 국회의원 선거구에 출마, 당선되면서 원내에 입성하였다. 같은 해 8월 28일에 열린 더불어민주당 2022년 전당대회에서 77.77%를 득표하여 더불어민주당의 제6대 당대표로 선출되었다. 2024년 12월 3일 12.3 비상계엄 사태가 발발하자 당일 밤 국회의사당으로 향해 본회의장에 진입하는 데 성공했고, 국회의 비상계엄 해제 요구 결의안 가결에 동참했다. 계엄 해제 후 국회의 윤석열 대통령 탄핵소추안 가결에 참여했으며, 대표적인 야권 정치인으로서 계엄 사태를 규탄하고 탄핵 찬성 측 집회에 참석하는 등 헌법재판소의 윤석열 대통령 탄핵 심판 인용을 촉구하는 데 앞장섰다. 2025년 4월 4일 헌법재판소가 8:0 재판관 전원일치 의견으로 탄핵 인용 결정을 내려 윤석열 대통령을 파면하면서, 60일 이내에 조기 실시하게 된 제21대 대통령 선거를 앞두고 가장 유력한 대권주자로 떠올랐다. 2025년 6월 3일에 실시된 제21대 대통령 선거에서 국민의힘 김문수 후보를 상대로 8.27%p 차이로 승리하여 대통령에 당선되었다. 그의 대표적 정책 구상인 '기본 사회'는 기본소득, 기본 주택, 기본 금융 등을 통해 국가가 모든 국민이 최소한의 인간다운 삶을 누릴 수 있도록 적극적으로 보장해야 한다는 신념에서 비롯되었다. 이는 '적극적 복지국가'의 청사진이며, 복지를 국가의 존속과 사회적 지

인물탐구

이재명(李在明): 1963.12.8. ~, 대한민국의 제21대 대통령

경상북도 안동군 예안면 도촌동 출생. 1976년 안동시에서 초등학교를 졸업한 후 집안 사정으로 인해 경기도 성남시로 이주하여 공장에서 소년공으로 생활했다. 6년 동안 공장 노동과 공부를 병행하며 검정고시를 통해 중졸·고졸 학력을 취득한 뒤 1982년 중앙대학교 법과대학에 진학했고, 1986년 대학을 졸업한 뒤 같은 해 제28회 사법시험에 합격하여 법조계의 길로 들어섰다. 이후 경기도 성남시 일대에서 성남시립병원 설립 운동을 주도하는 등 변호사 겸 시민사회 운동가로 활동했다. 2010년 제5회 전국동시지방선거에서 성남시장에 처음 당선되었고, 2014년 제6회 전국동시지방선거에서 성남시장 재선에 성공하였다. 성남시장으로 재임한 8년 동안 6,642억 원이었던 성남시 부채를 모두 해결하고 2018년 제7회 전국동시지방선거에서 경기도지사에 당선되었다. 경기도지사로 재임하면서 아주대병원에 전국 최초 24시간 운영되는 응급의료 전용 '닥터헬기'를 도입하고, 도내 계곡에 설치된 불법 시설물을 철거했다. 신천지 대구교회 코로나19 집단 감염 사건 발생 당시 과천시 소재 교회 본부를 둔 이만희 총회장의 방역당국에 대한 비협조적인 태도에 가평군 교회 연수원을 직접 찾아가 이만희를 상대로 강제 검체 채취에 나서는 등 엄정한 행정 집행으로 대중의 주목을 끌어 더불어민주당의 차기 대권주자로 발돋움했다.

속가능성을 위한 필수 인프라로 재정의하고 더불어민주당이 추구하는 포용국가 모델로 자리매김했다.[12]

요 약

지방자치단체는 법인격을 부여받은 지방 통치기구이다. 지방자치단체의 권한인 자치권과 사무권한 그리고 자치단체장의 역할에 대해서 위 3장에서 고찰해보았다. 이 장에서 지방자치단체의 발달 연혁에서 보면 지방자치단체가 고유의 자치권을 갖는 것으로 인정하는 한도에서만 이를 향유할 수 있다는 생각이 일반적이다. 따라서 국가를 떠나 지방자치단체의 관념이 성립할 수 없으며, 국가의 통치권으로부터 완전히 독립하여 고유의 자치권의 관념을 인정하는 여지도 없을 것이다. 또한 지방자치단체가 수행하는 기능의 범위는 인간생활의 거의 모든 과정의 일이 해당될 정도로 광범위하다. 지방정부가 수행하는 지방자치사무는 중앙정부와의 관련 속에서 그 범위가 설정되는 것이 일반적이라 할 수 있겠다.

지방자치단체장은 지방자치단체의 집행기관의 하나이다. 집행기관은 의결기관이 결정한 의사에 따라 지방자치단체의 목적을 구체적·적극적으로 실현는 기관으로서 자치단체장을 중심으로 살펴보았으며, 이에 따라 지방자치단체장의 지위와 권한에 대해서 파악하고 집행부와 지방의회의 갈등관계에 있어서 어떠한 역할을 하는가를 외국과의 비교를 통해 보았다.

민주주의란 국민자치이고, 지방자치는 국민자치의 뿌리이다. 그러므로 지방자치가 실시되지 않는 민주주의는 곧 진정한 민주주의가 될 수 없다. 우리는 1961년 이후 지방자치를 폐지했다가 1991년에 지방의회를 구성했고, 1995년에 와서야 비로소 지방자치의 형식을 제대로 갖추게 되었다. 민주주의와 지방자치에 대한 이러한 인식을 바탕으로 하면서 반만 년 우리 역사 중 일제강점기 시대부터 현 참여정부까지의 지방제도를 간략히 살펴보았다. 제3·4·5공화국에서 우리의 역대 정부가 민주정치를 표방하면서도 지방자치를 실시하지 않은 이유와 우리의 짧았던 지방자치의 경험을 역사적으로 살펴보았다. 지난 각 정부마다 어떤 식으로 지방자치를 운영해 왔는가에 대해서는 많은 시사점을 안겨주었다.

제6공화국은 민선 단체장이 부활되는 등 성과도 있었으나 박근혜 제18대 대통령의 탄핵에 이르기까지 민주주의 후퇴자는 평가를 받는 등 진보와 보수의 대결이 심각해졌다. 2017년 등장한 문재인 정부가 지방재정규모를 늘린 점과 2021년 7월부터 시·도의 자치경찰제를 실시한 점은 긍정적으로 평가할 만하다.

---

12) 나무위키(2026-01-03 10:48:23)에서 인용 요약.

중요개념

- 지방자치단체의 자치권
- 자치입법권
- 자치조직권
- 자치행정권
- 사무권한 · 사무구분
  (자치사무, 단체위임사무, 기관위임사무)
- 외국의 지방자치단체장의 역할
- 광복이전의 지방행정
  (일제시대 지방행정, 미군정시대 지방행정)
- 광복이후의 지방행정
- 단체장의 지위 · 권한

예 제

1. 집행부의 지방의회에 대한 권한대립에 대하여 논하시오.
2. 자치단체의 자치권한에 대하여 그 범위 및 의의에 대하여 논하시오.
3. 우리나라 자치입법권의 특징과 한계에 대하여 기술하시오.
4. 자치단체의 사무유형(기관, 단체, 고유)에 대하여 각각 논하시오.
5. 우리나라 지방자치의 역사를 개관하시고 그 교훈에 대하여 논하시오.

참고문헌

국사편찬위원회(2013), 「한국사」, 38~42권.

김익한(1996), "1910년대 일제의 지방지배정책-행정구역 통폐합과 면제를 중심으로-", 「한국의 사회제도와 사회변동」(문학과지성사).

———(1996), "1920년대 일제의 지방지배정책과 그 성격 -면행정제도와 '모범부락' 정책을 중심으로", 「한국사연구」, 93.

———(1997), "1930년대 일제의 지방지배와 면 행정", 「한국사론」, 37(서울대 국사학과).

김재균(1990), 「한국의 민주주의와 지방자치」(서울: 한마당).

김태웅(1997), "開港前後~大韓帝國期의 地方財政改革研究", 서울대학교 박사학위논문.

———(2012), 「한국근대지방재정연구」(서울: 아카넷).

내무부(1979), 「지방행정발전사」.

내무부 지방행정연구원(1988), 「韓國地方行政史(1948-1986)」, 上下卷(서울: 한국지방행정연구원).

노융희 외(1986), 「외국의 지방자치제도 비교연구」, 창간호(한국지방행정연구원).
박천오 외(2002), "한국지방의회와 집행기관간의 대립 · 갈등에 관한 실증적 조사연구: 관련자들의 인식을 중심으로", 「한국행정논총」, 40(1).
서울특별시사편찬회(1997), "제3장 일제강점기" 「서울行政史」(서울시사편찬위원회).
성경융 외(2003), 「지방분권형 국가만들기」(서울: 나남출판).
손정목(1992), 「한국지방제도 · 자치사연구(상)-갑오경장~일제강점기」(일지사).
이규환(1999), 「한국도시행정론-이론과 실제」(서울: 법문사)
이기우(1996), 「기능분담: 지방자치발전을 위한 사무배분의 과제」(민선자치1년 평가와 앞으로의 과제).
이대희(2015), "조선 시대 지방행정사", 한국행정학회 행정연구회, 2015년 5월 23일 발제문, 장소; 한국외환은행 본점.
이대희 외(2001), 「한국의 행정사」(서울: 대영문화사).
———(2014), 「한국행정사」 제2판(서울: 대영출판사).
이대희 · 임승빈 외(2015), 「한반도 지방행정의 역사」, 행정자치부 연구보고서
이승종(2003), 「지방자치론」(서울: 박영사).
이정은(1992), "일제의 지방통치체제 수립과 그 성격", 「한국독립운동사연구」, 6.
임대식(1995), "1930년대 말 경기지역 조선인 대지주의 농외투자와 지방의회 참여", 「한국사론」, 34(서울대 국사학과).
임도빈(2004), 「한국지방조직론」(서울: 박영사).
임승빈(1997), "일본 지역사회에 있어 전통적 주민조직의 역할", 「지방행정연구」, Vol.12, No.1(한국지방행정연구원).
———(2003), "신정부의 정책우선순위 결정에 관한 연구"(한국행정연구원: 03-02)
———(2008), "한국의 지방 자치제도 형성과 동인(動因) 분석", 「한국행정학보」, 제42권 제2호.
———(2015), 일제 강점기의 지방행정사, 한국행정학회 행정연구회, 2015년5월23일 발제문, 장소; 한국외환은행 본점.
장병구(2000), 「지방자치행정론」(서울: 형설출판사).
정세욱(2002), 「지방자치학」(서울: 법문사).
조선총독부 경기도, 「조선총독부 경기도 통계연보」.
지방행정연구소편(1990), 「지방자치법 축조해설」.
진덕규(1981), 「해방전후사의 인식」(서울: 한길사).
한긍희(1999), "일제하 전시체제기 지방행정 강화정책 -읍면행정을 중심으로", 「국사관논총」 88(국사편찬위원회).
행정자치부(1999), 「지방행정구역요람」.
———(2002), 「지방이양추진팀 내부자료」.
———(2004a), 「지방분권특별법 해설집」.
———(2004b), 「행자부 내부편람」.

홍순권(1997), "일제 초기의 면운영과 '조선면제'의 성립", 「역사와 현실」 23(한국역사연구회).

吉村正(1977), 「シティ・マネ(ジヤ): 理論と実際」(東京: 東海大学出版会).
森田郎・村上順 編(2003), 「住民投票が拓く自治」(東京: 公人社).
新戸市地方自治研究会訳(1986), 「アメリカの地方自治: 州と地方団体」(東京: 勁草書偏).
阿部志郎編(1993), 「小地域福祉活動の原点」(東京: 全国社会福祉協議会).
園田恭一(1979), 「現代コミュニティ論」(東京: 東京大学出版会).
林承彬(1995), 「包括奉仕型の政策執行」(東京大学校総合文化研究科博士学位論文).
越智唯七(1917), 『新旧対照朝鮮全道府郡面洞里名称一覧』.

Aldrich, J. H. & Nelson F. D.(1984), *Linear Probability, Logit, and Probit Models*, Sage Publications.
Ashford, Douglas E.(1982), *British Dogmatism and French pragmatism*, London: George Allen & Unwin.
Berman, E. and J. West(1995), Municipal Commitment to Total Quality Management: A survey of Recent Progress, *Public Administration Review,* 55(1).
Hogwood, B. W.(1982), "The Regional Dimension of Industrial policy Administration", In B. W. Hogwood and M. Keating(eds.), *Regional Government in England*, Oxford: Clarenton Press.
Hohrmann, F.(1967), Bundesgesetzliche Organisation landessunmittelbarer Selbstverwaltungs körper-schaften, Berlin S.22.
Morphet, Janice(1993), *The Role of Cheif Executives in Local Government*, London: Longman.
Stonecash, Jeffrey M.(1995), *American State and Local Politics*, New York: Harcourt Brace College Publishers.
Jessup, G.(1991), *Outcomes: NVQs and the Emerging Model of Educational and Training*, Falmer Press.
Langrod, Georges(1997), "Local Government and Democracy", in *Public Administration*, Vol. XI(Spring 1997).
Morse, Suzanne W.(1998), "Five Building Blocks for Successful Communities", In Frances Hesselbein(ed.), *The Community of the Future*. San Francisco: Jossey-Bass Publishers.
Norton, Alan(1994), *International Handbook of Local and Regional Government: A Comparative Analysis of Advanced Democracies*, London: Edward Elgar.
Oates, William(1972), *Fiscal Federalism*. New York : Harcourt Brace Javanovich.

Ostrom, V., C. Tiebout, and R. Warren(1961), "The Organization of Government in Metropolitan Areas: A Theoretical Inquiry", *American Political Science Review*, 55: 873.

Rowat, Donald C.(1980), *International Handbook on Local Government Reorganization: Contemporary Developments*, Westport, Conn.: Greenwood Press.

Toffler, A.(1980), *The Third Wave,* N.Y.: Bantham Books, Inc.

Zimmerman, Joseph F.(1978), *State and Local Government*, Harper & Row Publish.

———(1983), *State-Local Relations: A Partnership Approach*. New York: Praeger.

제 4 장 정부 간 관계 및 사무배분

제1절 정부 간 관계 이론

1. 정부 간 관계의 의의

지방정부의 재조직화 문제는 근대 민주주의 국가들이 직면하고 있는 가장 집요하고 다루기 힘든 과제이다. 지방자치가 실시되고 지방자치단체가 민의에 의해 구성된 독립된 행정주체로 등장하면서 중앙정부가 지방자치단체간의 관계, 또 지방자치단체와 지방자치단체간의 관계가 예전과 같지 않다. 우리나라에서도 갈등과 비협조로 국책사업이 지연되는 등 민선체제 이전에 볼 수 없었던 양상이 벌어지고 있는 것이다.

중앙정부와 지방자치단체, 또 지방자치단체와 지방자치단체 간의 이러한 관계 변화와 함께 미국을 비롯한 자치선진국에서 논의되어온 '정부 간 관계'가 큰 관심영역으로 떠오르고 있다.

미국에 있어 연방정부와 주정부 간의 관계는 건국 이래 상당한 변화를 겪어 왔다. 건국 초에서부터 1930년대에 이르기까지는 소위 '이중연방제'(dual federalism)라고 불리우는 시기로 연방정부와 주정부의 상호작용이 최소화되고 있었다. '이중'(dual)이라는 말이 뜻하는 바와 같이 두 계층의 정부가 별 상호작용 없이 독자적인 기능을 독자적으로 수행하고 있었던 것이다. 중앙정부인 연방정부의 규모는 대단히 작았고 또한 권한 또한 비교적 제한되어 있었다. 헌법 제1조에 명시된 '위임된 권한'을 비교적 좁게 해석한 상태에서 명시된 권한만을 독자적으로 수행할 뿐이었다. 주정부 또한

연방주의의 변천 – G, Starling의 견해 –

1. 이중연방제(dual federalism: ~1937)

Andrew Jackson은 주정부의 권리를 강조하였다. 이는 미국이라는 나라가 독자적인 식민지 개척후 연합한 연합국가의 형태였기 때문으로 풀이되는데, 이러한 연방형태를 층별로 구분된 layercake federalism이라 부르기도 한다.

2. 협력적 연방제(cooperative federalism: 1933~1966)

1930년대 대공황이 발생하자 주정부와 지방정부에 연방정부의 적극적인 개입이 시작되었다. F. Roosevelt 대통령에 의한 뉴딜정책에 의해 연방정부의 역할이 매우 강해진 것이다. 이런 정부간 상호긴밀한 연계 및 협력형태를 marble -cake federalism이라고 한다.

3. 창조적 연방제(creative federalism: 1960~1968)

연방개입이 한층 더 강화된 시기. L. Johnson(1963~1968) 대통령의 위대한 사회(Great Society)프로그램에 의해 주정부와 지방정부에 대한 연방의 지원은 종전의 두배에 가깝게 되었다. 창조적연방제는 연방정부가 주나 지방정부에 많은 영향을 미치게 된 계기가 되었다.

4. 신연방제(new federalism: 1968 ~현재)

신연방제는 연방의 개입을 약화시키고 주정부의 권한과 기능을 강화하는 분권적 흐름이다. R. Nixon과 R. Reagan 등을 거쳐 현대에 이르고 있다. 닉슨은 주정부에 국고보조금의 국고보조금의 자율적 사용권을 부여하고 자율성을 신장하려하였고 레이건은 연방의 기능을 주정부에 돌려주고자 하였다.

주어진 권한을 독립적으로 수행하고 있었다. 연방정부에 비해 비교적 강한 권한을 행사하고 있었으나 거의 대부분의 경우에 있어 그 권한을 연방정부와는 특별한 연계없이 독립적으로 행사하였다. 산업혁명에 따른 문제 등 도전적 성격의 문제가 발생하기도 했으나 이 역시 연방정부는 연방정부대로 주정부는 주정부대로 독자적으로 대처해 나갔다. 상호협력이나 상호충돌은 좀처럼 볼 수 없었던 시기로서 '정부 간 관계'가 논의의 대상이 될 수 없었던 시기라 하겠다. 그러나 연방정부와 주정부의 이러한 관계는 1930년대 초반 경제공황이 시작되면서 크게 변화되었다. 주정부와 지방정부의 재정이 악화되면서 이들 정부가 연방정부에 재정적으로 의존하기 시작한 것이다. 의존관계가 커지면서 연방정부와 주정부, 그리고 연방정부와 지방정부 간의 상호관계가 심화되어 갔다. 점차적으로 '정부 간 관계'가 거론될 수밖에 없는 상태가 된 것이다.

1930년대 들어 시작된 이러한 경향을 흔히 '협력적 연방제'(cooperative federalism)라 부르는데 이러한 체제는 1960년대 초반까지 지속되었다. 이 기간 동안 연방정부는 금융부문과 농업경제, 그리고 노동정책분야 등에 걸쳐 그 기능을 크게 확대했다. 연방정부가 재정을 부담하고 주정부가 집행을 책임지는 공동사업을 대거 입안하여 추진해 나가기도 했다. 이중연방제 체제에서는 볼 수 없었던 상호의존관계 또는 상호협력관계가 자리잡아 갔던 것이다. 미국 전체 정부가 지출한 사회복지비용 중 연방정부가 담당한 부분의 추이를 보면 1930년에서부터 1960년 사이에 연방정부의 역할에 크게 증대되었다. 사회보험의 경우 1930년에 17%에 불과하던 것이 1960년에는 74%가 되어 있고, 전체 지출도 1930년에는 20%에 불과하던 것이 1960년에는 48%가 되고 있다. 이 시기, 즉 협력적 연방제 체제에 있어 한 가지 특기할 것은 연방정부의 역할이 커지기는 하였으나 이것이 주정부나 지방정부의 역할과 권한을 축소시키는 것이 아니었다는 점이다. 연방정부의 기능이 강화되기는 하였으나 이는 대부분 주정부나 지방정부의 어려움을 덜어주기 위한 것이었고, 연방정부의 지원 또한 연방정부의 의지를 반영하기 위한 것이라기보다는 주정부 및 지방정부의 어려움을 덜어주기 위한 것이 대종을 이루었다.

연방정부와 주정부 및 지방정부의 관계는 1960년대 들어 또 한번 크게 변화되었다. 연방정부가 연방정부의 권한을 확대하는 입법과 법원의 판결을 통해서, 또 목적별 보조금(categorical grants)과 같은 재정지원제도를 통해서 그 권한을 크게 확대하고, 이를 바탕으로 독자적인 정책목표를 적극적으로 추진하기 시작한 것이다. 협력적 연방제 체제에서와 달리 독자적인 정책목표와 지침을 세우고 주정부나 지방정부의 참여를 요구하거나 주정부

인물탐구

토머스 우드로 윌슨(Thomas Woodrow Wilson): 1856.12.28~1924.2.3, 미국 제28대 대통령

토머스 우드로 윌슨(Thomas Woodrow Wilson)은 미국의 28번째 대통령이자 프린스턴 대학 총장을 지낸 학자, 교육자이다. 남북 전쟁 이후 미국의 대통령에 당선된 첫 남부 출신이기도 하다. 윌슨은 민족자결주의를 전 세계에 널리 알린 위대한 대통령으로 평가된다. 그는 또한 미국 행정학의 아버지로서 윌슨은 19세기 말에 미국 정치를 좌지우지하던 엽관주의의 폐해를 극복하기 위해, 정치와 행정의 분리를 골자로 하는 펜들턴 법을 제정하였으며, 행정을 정치 권력적 현상이 아닌 관리 기술로 보아야 한다는 점을 강조하는 정치행정이원론을 주장했다. 1887년에 〈행정의 연구〉라는 저서를 통해 이러한 이론을 발표했는데 이는 사실상 미국 내에서 행정학을 정치학으로부터 독립된 개념의 학문으로 보는 최초의 이론이기 때문에 우드로 윌슨을 '미국 행정학의 아버지'라 부르기도 한다. 그러나 그에 대한 비판은 업적만큼 많다. 민족자결주의는 세계식이 아닌 미국식 잣대로 본 세계평화론으로, 이는 어디까지나 제1차 세계 대전 승전국들이 패전국들의 식민지를 자신들이 가로채려고 만든 것이었다. 백인우월주의자라는 의혹을 받기도 한 그는 흑인을 탄압하지는 않았지만, 흑인에 대해 벌어지는 범죄에 무관심했다는 비판을 받았다. 또한 그가 세계를 융통성 있게 바라보고 의회와 타협하여 국제 연맹에 가입했다면 제2차 세계 대전도 일어나지 않았을 가능성이 높다는 분석도 있다(https://ko.wikipedia.org).

key concept

– 연방제(federalism)–
연방제란 용어는 주로 연방과 주 간의 관계를 중심으로 한 연방주의 개념으로 사용된다.

–정부 간 관계 (IGR: Intergovernmental Relations) –
앤더슨은 정부 간 관계를 '연방체계 안에서의 모든 유형과 여러 수준의 정부 단위사이에 발생하는 행위와 상호작용의 중요한 형태'라고 정의

–정부 간 관리 (IGM: Intergovernmental Management)–
행정연결망의 정치, 공사부문의 혼합

의 권한에 속하던 영역에까지 개입하는 경우가 크게 늘어났다. 그 결과 연방정부와 주정부 및 지방정부의 관계는 마치 '피켓으로 담장을 엮어 놓은(picket-fence)' 모습처럼 복잡한 구도를 이루게 되었다. 종적 관계가 거의 없던 1930년 이전의 '이중연방제'와 달리 종적 관계가 하나의 주된 구도로 나타나게 된 것이다.

연방정부와 주정부 및 지방정부의 이러한 상호작용 또는 상호의존관계는 정부 간 관계를 미국 정부운영의 가장 중요한 부분으로 만들고 있었다. 정부간 관계를 이해하지 않고서는 미국정부를 이해할 수 없는 상황에 이르고 있었다고 해도 과언이 아니었다. 정부 간 관계 자문위원회의 초대 위원장을 지낸 에드문드 머스키(Edmund Muski)의 다음과 같은 언급은 이러한 상황을 잘 대변해 주고 있다.

정부 간 관계는 정부의 '숨겨진 부분'이라 할 수 있으며, 국민의 요구에 부응함에 있어 정부 간 관계는 제4부의 역할을 하고 있으며 (중략) 정부 간 관계가 미국 국민의 일상생활에 중대한 영향을 미친다는 사실은 고속도로, 주택, 공적부조, 병원, 공항, 보건, 실업수당지급, 교육 등 갖가지 중요한 사업들이 이러한 정부 간 관계에 의해 이루어진다는 사실이 잘 증명하고 있다.

루스벨트와 뉴딜(New Deal)정책

뉴딜정책은 미국 제32대 대통령 F. D. 루스벨트의 지도 아래 대공황(大恐慌) 극복을 위하여 추진하였던 제반 정책이다. 정부가 적극적으로 개입하여 자유주의 경제에 대한 수정을 하였던 점으로 미국사상 획기적 의의를 가진다. 1929년 10월 24일에 뉴욕 주식시장의 주가 대폭락을 계기로 시작된 경제불황은 미국 전역에 파급되고, 그것이 연쇄적으로 세계적인 대공황으로 확대되었다. 당시의 대통령 H. 후버(재임 1929~1933)의 필사적인 방지대책에도 불구하고 물가는 계속 폭락, 1932년까지 국민총생산(GNP)을 1929년 수준의 56%로 떨어뜨리고, 파산자가 속출하였다. 이에 따라 실업자가 날로 늘어나 1,300만 명에 이르렀다.1932년의 대통령선거는 이와 같은 심각한 불황 속에서 시행되었는데, 민주당에서는 당시의 뉴욕 주지사로서 불황 극복에 착실한 업적을 올리고 있던 루스벨트를 대통령 후보로 지명하였다. 루스벨트는 경제사회의 재건, 빈궁과 불안에 떠는 국민의 구제 등을 목적으로 한 새로운 정책, 즉 '잊혀진 사람들을 위한 뉴딜(신정책)'을 약속함으로써 공화당의 후버를 누르고 대통령에 당선되었다. 당선 후 1933년 3월 루스벨트는 특별의회를 소집하여 6월 16일까지의 100일 동안, '백일의회(百日議會)'라고 불리는 특별회기내에 적극적인 불황대책을 정부 제안의 중요 법안으로서 입법화하였다.

뉴딜 제법안의 작성에 대통령 측근의 경제·법률 분야에서 진보적인 학자와 전문가 그룹, 즉 브레인 트러스트(brain trust)가 기용된 사실은 유명하다. 이렇게 하여 1933년에 입법화된 주요 정책은 다음과 같다. ① 긴급은행법(緊急銀行法)을 제정하여 재기 가능한 은행에는 대폭적인 대부(貸付)를 해줌으로써 금융공황으로부터 은행을 구출하여 은행업무의 정상화를 도모하였다. ② 금본위제(金本位制)를 폐지하고 관리통화법(管理通貨法)을 도입하여 통화에 대한 정부의 규제력을 강화하였다. ③ 농업조정법(農業調整法)을 제정하여 농업의 구제를 도모하였다. 이것은 주요 농산물의 생산제한으로 과잉생산을 없애고 농산물가격의 하락을 방지하여 균형가격(均衡價格)을 회복하려는 의도에서였다. 또, 농민에게 자금원조를

해줌으로써 농업구제에 대한 시도를 하였다. ④ 전국산업부흥법(産業復興法)을 제정하였다. 이것은 각 산업부문마다 공정경쟁규약(公正競爭規約)을 작성하게 하여 지나친 경쟁을 억제시켰으며, 생산제한 · 가격협정을 인정하고 적정한 이윤을 확보시키는 한편 노동자의 단결권 · 단체교섭권을 인정하는 동시에 최저임금과 최고노동시간의 규정을 약속하여 노동자에 대한 안정된 고용과 임금을 확보하게 하려는 데에 그 뜻이 있었다. ⑤ 테네시강(江) 유역 개발공사(開發公社)를 설립하였다. 이것은 이 지역의 발전(發電)과 치수관개용(治水灌漑用)의 다목적댐을 건설하여 종합적인 지역개발을 실행하려는 것으로서, 정부에 의한 전력(電力)생산사업이라는 점에서도 획기적인 정책이었다. ⑥ 자원보존봉사단(資源保存奉仕團) · 연방임시구제국(聯邦臨時救濟局)을 설립하였다. 이것은 정부자금에 의한 실업자와 궁핍자(窮乏者)의 구제책으로서 설립한 것으로, 지방자치단체의 구제활동을 연방정부가 원조하려는 시도이기도 하였다. 34년의 중간선거는 뉴딜에 대한 국민의 지지를 나타내는 것이었으나, 경기회복과 함께 대자본가측으로부터의 뉴딜정책에 대한 비판이 커져 갔다. 루스벨트는 33년의 대통령 당선 초에는 대자본가들도 포함한 전계급적인 국민의 지지를 얻으려는 자세를 가졌으나, 이때부터는 노동자 · 농민 · 도시거주자의 복지를 우선으로 하려는 자세로 방향전환의 필요를 느끼게 되었다. 따라서 35년에 제정된 전국노동관계법(全國勞動關係法)과 사회보장법(社會保障法)은 그와 같은 전환을 보인 대표적 정책이었다. 전국노동관계법은 연방대법원의 위헌판결(違憲判決)을 받은 전국산업부흥법에 대체되는 것으로서 제정되었는데, 이것은 1938년에 제정된 공정기준법(公正基準法)과 함께 노동자의 보호정책 확립의 기반이 되었으며, 사회보장법은 실업보험 · 노령자부양보험 · 극빈자와 장애자에 대한 부조금제(扶助金制) 등을 규정한 것으로, 사회보장제도 확립의 기반이 되었다. 36년 대통령으로 재선된 루스벨트는 "부유한 사람들을 더욱 부유하게 하는 것이 아니라, 가난한 사람들을 풍요하게 하는 것이야말로 진보의 기준이다"라고 주장하여 뉴딜의 방향전환을 분명히 밝혔다.

뉴딜은 구제 · 부흥 · 개혁 등을 목적으로 하고 연방정부의 기능과 대통령의 권한확대를 실현하면서 적극적으로 구제정책(救濟政策)을 전개하여 많은 성과를 올렸다. 또한 뉴딜은 대공황으로 마비상태에 빠진 미국의 자본주의와 혼란해진 사회의 재건을 위하여 새로운 정책을 잇달아 실험하였다. 미국의 전통적인 자유방임주의(自由放任主義)가 포기되고, 정부권력에 의한 통제가 행하여졌으며, J. M. 케인스의 경제학을 받아들여 미국 자본주의를 수정하게 되었다. 그리고 7년의 장기간에 걸친 뉴딜은 단순한 경제정책(經濟政策)에 그치지 않고, 정치 · 사회 전체에도 커다란 영향을 끼쳐 미국의 항구적인 제도로서 확립되었기 때문에 역사적 의의도 크다.

⬅ 미국 제32대 대통령 F. D. 루스벨트

⬅ 은행 앞에서의 난투극 / 1929년 경제 대공황시 은행들의 파산으로 미국의 시민들은 궁지로 내몰렸다.

학자들에 의해서 '흡수적 연방제'(cooptive federalism)로 불리우는 이러한 경향은 1980년대 초까지 계속되었다가 레이건(Reagan)과 부시(Bush)가 이끄는 공화당 정부의 분권화정책이 실시되면서 다소 변화를 보이기 시작한다. 그러나 이들 공화당 정부조차도 '흡수적' 성격을 다소 완화시켰을 뿐

1) 조지프 스티글리츠(2013), 불평등의 대가, 이순희, 역, 서울: 열린책들, pp. 5~6. (원저제목: The price of inequality, w.w. Norton&Company press.)

key concept

시장실패
(market failure)

시장실패란 시장이 효율적인 결과를 산출하지 못하는 것이다. 경쟁이 불완전한 경우에는 개인이 받는 보수와 사회의 수익이 정확히 일치하지 않는다. 경쟁이 불완전한 경우란, '외부 효과'가 존재하는 경우(어느 한 사람의 행동이 다른 사람들에게 막대한 부정적 혹은 긍정적 영향을 미칠 수 있는데도, 그 사람은 이런 결과로 인해서 어떤 대가도 치르지 않고 어떤 이득도 얻지 않는 경우), 정보의 미비함이나 불균형이 존재하는 경우(어떤 사람이 시장 거래와 관련해서 남들이 알지 못하는 것을 알고 있는 경우), 위험 보장 시장 혹은 기타 시장이 부재한 경우(예컨대 사람들이 눈앞에 놓인 중대한 위험에 대한 보험에 가입할 수 없는 경우)를 들 수 있다.[1)]

라이트(D. Wright)가 말하는 '피켓 펜스'의 기본 골격을 근본적으로 변화시키지는 못했다. 연방정부와 주정부 및 지방정부 간의 종적 관계가 여전히 중요한 의미를 지니고 있다는 말이다.

2. 정부 간 관계의 개념

'정부 간 관계'(intergovenmental relations)라는 용어는 연원적으로 보아 1930년대 미국에서부터 쓰이기 시작하였다. 라이트(D. Wright)에 의하면 정부 간 관계라는 용어는 스나이더(Clyde F. Snider)가 미국정치학회보 1937년 10월호에서 최초로 사용하였고 비슷한 시기에 앤더슨(William Anderson)도 유사개념을 사용하였다고 한다.

1930년대를 지나 1940년대에 들면서 '정부 간 관계'는 연방정부와 주정부 간, 주정부와 지방정부 간의 상호작용을 지칭하는 보다 일상적인 용어가 되어갔다. 1940년 1월에는 미국에 있어서의 정부 간 관계(Intergovermental Relations in the United States: A Broad Survey of Recent Developments in the Fields of American Government at All Levels)라는 주제하에 정기간행물이 발행되었고, 학자들 사이에서도 '정부 간 관계'라는 이름 하에 연방과 주(州), 그리고 지방정부 간의 상호작용에 대한 토론이 확대되어 갔다.

이러한 경향은 1950년대에 들어 의회가 '정부 간 관계'라는 용어를 법률명이나 의회에 의해 만들어진 위원회의 명칭에 사용하면서 더욱 강화되었다. 1953년에 의회에 구성된 '정부 간 관계 임시위원회'(The Temporary Commission on Intergovernmental Relations)와 1959년 만들어진 '정부 간 관계 자문위원회'(The Advisory Commission on Intergovernmental Relations)가 그 대표적인 경우라 하겠는데, 의회에 의한 이러한 공식적인 사용, 특히 '정부 간 관계 자문위원회'의 경우는 '정부 간 관계' 또는 'IGR'이 정부간의 상호작용을 나타내는 일상적인 용어가 되는 데 큰 기여를 하였다.

1960년대에 들면서 정부 간 관계는 미국정부를 이해하는 데 필요한 가장 핵심적인 개념의 하나가 되었다. 법률 등에 공식적으로 정부 간 관계라는 개념이 사용(1968년 Intergovernmental Cooperation Act)되며 보편적 개념이 되었는데(Deil S. Wright: 1988) 그 시작이 어디였건 간에 '정부 간 관계'는 이제 영국을 비롯한 지방자치 선진국은 물론 이제 지방자치를 시작한 우리나라에 있어서까지도 널리 사용되는 개념이 되었다. 그러나 이와 같이

미국의 연방정부와 주정부간관계에 대한 모형(Wright, 1988).

1. 자치모형은 연방정부와 주정부의 관계가 거의 독립적이며 자치적. 19세기 말 브라이스(Bryce)의 사상에 기초하여 발달된 자치모형은 공존 연방제(Dual Federalism)의 개념하에 탄생. 주정부와 지방정부와의 관계는 딜론의 법칙에 따라 결정됨. 따라서 지방정부는 주정부의 피조물로서 명시적으로 위임된 사항외에는 권한이 없는 것으로 해석. 이와 같은 자치모형은 19세기 말의 미국의 정치 행정 현상에 적합한 것으로 평가된다(Elazar, 1984).
2. 계층모형은 연방정부는 주정부를, 주정부는 지방정부를 지시 또는 통제할 수 있는 관계형태를 상징하며 연방정부의 정책이 연방정부의 주정부나 지방정부에 대한 영향력이나 지시에 따라 집행될 수 있음을 암시. 계층모형은 연방정부에 정치 행정 권한이 집중되어 있고 주정부나 지방정부는 단순한 행정기관으로 인식. 연방정부에 정치 행정권한이 집중되어 있다는 것은 많은 연구에서 확인되고 있다. 권력 엘리트적 관점, 기술 다원주의적 관점, 경제 연방주의적 관점, 행정지향적 관점의 연구들이 연방정부에의 정치권력 집중을 주장. 계층모형이 미국의 정부간 관계를 설명하는데 타당성이 높은 것은 사실이나 정부간 관계의 두드러진 현상을 설명하는 데에는 미흡. 행정적 정부 간 관계를 나타내는 Marble-cake federalism, Picket fence federalism, Bamboo fence federalism 등이 계층모형을 뒷받침하는 연방주의 이론이다.
3. 협상모형은 상기의 자치모형과 계층모형의 대안으로 제시된 모형. 자치모형이 연방정부와 주정부의 독립성과 자치성에 초점을 두고 있는 반면 계층모형은 연방정부의 권력적 우월성을 강조하고 있어, 주정부와 지방정부가 연방정부에 종속되는 것으로 인식. 이러한 자치모형과 계층모형이 미국의 복잡하고 다양한 정부간 관계를 대변하지 못한다는 비판으로 제시된 것이 협상모형임. 협상모형은 자치모형이 발전된 형태. 많은 면에서 연방정부, 주정부, 지방정부는 상호 독자성을 인정. 그럼에도 불구하고 연방 주, 지방 정부가 공통적으로 관련되어 있는 영역이 많다고 보는 것이 협상모형임. 세 레벨의정부가 관련된 영역에서는 어느 레벨의 정부도독자성이나 자율성이 크게 보장되지 않고 특정 정부의 독자적인 영향력이나 권한도 크지 않음. 따라서 연방정부, 주정부, 지방정부가 공통적으로 관련되어 있는 영역에서는 세 레벨의 정부간에 협상에 의하여 업무가 처리. 현재 미국의 정부간 관계를 가장 적절하게 나타내는 모형. 지역적 민주주의 (Territorial Democracy)와 상호의존(Interdependence), 선출직 공무원과 임명직 공무원과의 관계에 초점을 맞춰 논의되는 정치적 측면에서의 정부간 관계가 협상모형을 뒷받침한다.

널리 사용되고 있음에도 불구하고 그것이 구체적으로 무엇을 의미하느냐에 대한 명확한 합의는 이루어져 있지 않다. 중앙정부와 지방정부, 그리고 지방정부와 지방정부 간의 상호관계를 말한다는 막연한 합의가 없는 것은 아니지만, 그 안에 포함되는 상호관계의 성격과 내용 등에 있어 적지 않은 이견이 있기 때문이다. 예컨대 정부 간의 동태적 상호작용에 초점을 맞추어 정부간의 법률적 관계 등 정태적인 부분은 '정부 간 관계'의 범위에서 제외

인물탐구

윌리엄 앤더슨(William Anderson): 1888.10~1975.5, 미국의 정치학자

1913년 미네소타대학 졸업, 1914년 하버드대학 석사, 1917년 동교 철학박사, 1915~17년 동교 정치학 강사, 1917~ 57년 미네소타대학 정치학 교수, 1942년 미국 정치학회 회장, 1953년~55년 미연방정부 주제관계위원회 위원, 1957년 이후 미네소타대학 명예교수, 1966년 성토마스대학 명예법학박사, 전공분야: 정치체계론, 미국정부론

주요저서: ≪A History of the Constitution of Minnesota≫(1921), ≪The Units of government in the United States≫(1934), ≪Federalism Intergovernmental Relations≫(1946), ≪Man's Quest for Political Knowledge:The Study and Teaching of Politics in Ancient Times≫(1964).

하는 경우가 있는가 하면 동태적인 부분과 정태적인 부분을 모두 포함하여 이해하는 경우도 있다. 또 중앙정부와 지방정부 간의 종적 관계를 중심으로 이해하는 경우가 있는가 하면, 지방정부 간의 횡적 관계를 함께 포함하여 이해하는 경우도 적지 않다.

이견이 있는 만큼 정부 간 관계를 한 마디로 정의하기는 쉽지 않다. 그러나 횡적 관계보다는 종적 관계를 중심으로, 또 정태적인 측면보다는 동태적인 측면을 중심으로 파악하는 것이 일반적 경향인 것으로 보인다. 참고로 1930년대부터 미국 정부 간 관계에 관심을 기울여 온 윌리엄 앤더슨(William Anderson) 교수의 견해와 샤프리츠(Jay M. Shafritz)가 펴낸 행정학 사전(The Dictionary of Public Administration)에 소개된 정의를 소개하기로 한다. 모든 정부 간의 모든 형태의 관계를 나타내는 포괄적인 성격을 지니기는 하나 종적 관계와 동태적 측면을 중시하고 있음을 주목할 필요가 있다.

앤더슨(Anderson)은 "정부 간 관계는 '미국 연방체제 내에서' 모든 계층과 모든 형태의 정부 간에 일어나는 상호작용과 행위의 총체(an important body of activities or interactions occurring between governmental units of all types and levels within the 'U.S.' federal system)이다"라고 했으며 Shafritz의 행정학 사전에 의하면 "정부 간 관계는 상급정부가 하급정부와 재정을 포함한 여러 가지 자원을 나누어 쓰는 재정 및 행정과정이다(fiscal and administrative processes by which higher units of government share revenues and other resources with lower units of government)."라고 정의하고 있다.

3. 정부 간 관계론에 대한 연구 경향

정부 간 관계의 연구 경향은 다원론적 시각과 엘리트론적 시각, 동반자(partner)적 시각과 대리인(agent)적 시각 등 분류기준과 내용에 따라 다양한 시각을 볼 수 있다.

1) 권한 및 자원의 배분 및 상호의존관계에 관한 연구

정부 간 관계 연구에 있어 중앙정부와 지방정부 간의 사무 및 권한의 배분, 중앙정부와 지방정부의 재정적 관계 등에 관한 연구가 상당부분을 차지하고 있다. 재정관계에 관한 연구는 앞서 소개한 라이트(Wright) 교수의 고전적 저술인 "Understanding Intergovernmental Relations"를 비롯한 대부분의 기본서들이 이 부분을 집중적으로 다루고 있다. 중앙정부의 권한강화와 중앙정부에 대한 지방정부의 의존이 재정적 요인에 의해 초래되었음을 반영한 것이라 하겠다. 라이트 교수 저술의 경우 전체 열 두개의 장(章) 중 4개의 장(章)을 재정적 관계에 할애하고 있다. 재정적 관계에 관한 연구와 함께 사무배분에 관한 연구도 상당한 부분을 차지한다. 사무배분에 관한 연구는 미국보다는 한국과 일본 등 단체자치적 전통이 강한 단일국가에서 많이 나타나는 경향이 있다. 사무배분이 미국과 같은 연방제국가나 주민자치적 전통이 강한 나라보다도 복잡한 양상을 띠고 권위주의적 행정문화를 반영한 것이라 하겠다. 재정적 관계와 사무배분을 포함한 전반적 분권화 상황에 관한 연구도 적지 않다. 재정적 관계나 사무배분을 집중적으로 살펴보는 연구들과 달리 분권화를 측정할 수 있는 조작적 정의(operational definition)와 지표를 개발하는 등 계량적 방법을 사용한 경우를 많이 볼 수 있고, 국가간 비교를 한 경우 또한 적지 않게 볼 수 있다. 라이트(Deil S. Wright)의 논의를 정리하면 다음과 같다.

라이트는 미국의 정부 간관계에 대한 접근방법은 다음의 3가지 모델을 제시하고 있다(Deil S. Wright: 1982). 첫째는 연방정부, 주정부, 지방정부의 3자가 상호독립적으로 행동하는 것을 내용으로 하는 분리권위모델(Separated Authority Model)이며, 둘째는 연방정부가 주(州)를 포괄하는 포괄권위모델(Inclusive Authority Model)이며, 셋째는 3자가 상호의존적인 중첩권위모델(Overlapping Authority Model)이다. 또한 라이트는 미국의 정부 간관계의 역사적 변천에 대해 <표 4-1>과 같이 분류하고 있다.

〈표 4-1〉 정부 간 관계의 변천

위상묘사	주요과제	참가자의 인지	정부간관계의 메카니즘	연방제와의 비유	시기구분
분쟁형 (Conflict)	경계고유영역	적대적 대항적 배타적	연방법 재판소 규제	레이어케익	19C ~1930s
협력형 (Cooperative)	경제불황 국제적 불안	협동 보완적 상호성 지원적	전국계획 정식보조금 조세신용제도	마블케익	1930s ~1940s
집중형 (Concentrated)	서비스 수요 물적개발	전문성 개관성 기능주의	특정보조금 서비스표준	집중화 및 채널화	1940s ~1960s
창조형 (Creative)	도시대도시권 비특권적 고객	국가목표 위대한 사회	시책기획 사업보조금 주민참여	증식・융합	1950s~ 1960s
경쟁형 (Competitive)	조정시책의 유효성 공급시스템 시민억세스	불일치 긴장 대립	보조금통합 세입분쟁 재조직화	분절화	1960s~ 1970s
타산형 (Calculative)	예산책임, 파산, 구속, 의존, 연방역할, 국민신뢰	게임즈 맨십 부담 과중	일반원조 수종권	대결적	1970s~ 1980s

<표 4-1>에 대한 해석은 미국의 통치구조가 연방정부와 주(州)의 관계를 레이어케이크형태의 이원적 연방주의가 아니라 연방정부와 주정부의 권한・기능이 상호밀접하게 관련되어 있다는 것이다. 미국의 정치행정학자인 그로진즈(M. Grodins)도 역시 미국이 정부 간 관계를 마블케이크로 비유하고 행정에의 정치개입은 지방이익의 연방유입과정이라고도 하였다(M. Grodzins: 1966).

즉 다시 말해 정치의 행정화, 행정의 정치화가 현대미국의 정부 간 관계의 특징이라고 할 수 있다. 이익단체의 승리가 지방자치단체의 승리일 수도 있다. 연방과 주의 관계뿐만 아니라 주와 자치단체와의 관계도 경계선이 구분된 레이어케이크의 형태가 아니고 혼합된 마블케익의 형태이며 상호간은 수동적인 참가자의 관계 아니며 건설적인 파트너로 변하고 있는 것이다.

2) 정부 간 상호작용 및 갈등에 관한 연구

권한 및 자원배분에 관한 연구와 함께 정부 간의 실질적 상호작용 및 갈등에 관한 연구도 상당한 부분을 이룬다. 최근 들어서는 정책문제를 둘러싼 정부 간 갈등에 관한 연구도 크게 늘어나고 있다. 님비(NIMBY) 또는 핌피(PIMFY) 등으로 불리우는 지역이기주의 분쟁이 크게 문제되고 있기 때문인데, 지방자치의 실시와 함께 갖가지 정부 간 분쟁을 겪고 있는 우리의 경우도 이에 대한 연구가 크게 늘고 있다.

3) 정부 간 관계의 성격에 대한 연구

정부 간 관계의 성격을 규명하고자 하는 연구 또한 상당수 진행되어 왔다. 일찍이 파트너십 모형과 대리인 모형에 대한 심도있는 논의가 이루어져 왔으며, 이러한 관계를 유형화하려는 시도 또한 심도 있게 진행되어 왔다. 최근에는 콕번(Cynthia Cockburn), 선더스(P. Saunders), 그리고 던칸(Simon Duncan)과 굿윈(Mark Goodwin) 등 정치경제학적 접근을 하는 학자들이 이에 가세함으로써 이러한 유형의 연구는 더욱 활기를 띠고 있다. 이들은 지방정부를 국가체계의 일부인 '지방국가'(local state)로 보고 접근하고 있는데, 이들 중 콕번(Cockburn)은 자본주의체제 아래에서의 지방국가는 중앙국가의 대리인에 지나지 않는다고 주장하여 큰 논쟁을 불러 일으킨 바 있다. 그런가 하면 선더스(Saunders)는 이중국가(dual state) 이론, 즉 중앙 국가는 생산부문을 주로 담당하고 지방 국가는 소비부분을 주로 담당한다는 이론을 내어놓고 있다. 이론의 타당성을 떠나 논의를 활성화시키는 데 크게 기여하고 있다고 하겠다.

그러나 미국의 정부 간 관계에서 연방과 주정부 그리고 기초지방정부와의 관계가 과연 수평적 권력분립인가하는 문제제기는 끊임없이 있어 왔다. 딜런의 법칙(Dillon's Rule)이라고 하는, 주의회가 명백하게 부여하지 않는 권한은 지방정부가 그것을 보유할 수 없다는 엄격한 해석이 엄연히 존재한다. 앞서 라이트(Light)의 3가지 모델 가운데 포괄권위 모델이라고 볼 수 있다. 반면에, 지방정부의 권한이 아니라고 명백하게 부정되지 않으면 지방정부가 그 권한을 갖는다는 홈-룰의 법칙(Home-Rule)도 있다.

한편, 일본의 중앙정부와 지방정부 간의 관계에 대하여 연구한 리드(S. Reed)의 지적은 오히려 우리나라의 정부 간 관계를 이해하는 데에도 참고할 만하다.

리드(Reed)의 논의는 일본의 3개의 현(県)[2]의 주택정책, 환경정책 등의

> **참고자료**
>
> **한국의 정부 간 관계모형**
>
> 중앙정부의 지방에 대한 통제력은 매우 강함. 자치단체에 대한 감시통제권(지방자치법167조), 지방사무의 위법, 혹은 부당한 처분에 대해 시정명령을 내릴 수 있으며(지방자치법169조), 단체장에게 특정한 직무수행을 지시할 수 있는 직무이행명령을 하달할 수 있다(지방자치법170조의2). 이 외에도 중앙정부는 자치사무에 대한 감사(지방자치법171조)위법·부당한 지방의회의 의결은 재의토록 지시, 재의된 내용에 문제가 있을 경우 중앙정부가 대법원에 직접제소할 수 있다(지방자치법172조). 광역자치단체와 기초자치단체관계도 유사. 따라서 미국의 연방, 주, 기초지방정부간의 모형으로 설명하기는 힘들지만, 1995년 민선단체장의 선출이후 우리나라의 정부 간 관계도 일방적 상하관계에서 점차적으로 중앙-지방 간의 관계는 상호의존적 관계로 바뀌어 가고 있음을 알 수 있음.

---

2) 일본은 전국을 47개의 광역자치단체로 나누고 있다. 그 구성은 1개의 도(都:

> **참고자료**
>
> **NIMBY 현상**
>
> 'Not in My Backyard'에서 각 단어 머리글자를 따서 만든 조어로 '내 뒷마당에서는 안 된다'는 이기주의적인 의미로 통용되는 말. 늘어나는 범죄자, 마약중독자, AIDS 환자, 산업폐기물, 핵폐기물을 수용 또는 처리하는 마약퇴치센터나 방사능폐기물처리장 같은 시설의 필요성을 인정하면서도 이들이 '남의 뒷마당'에서 이루어지기를 원하는 자기중심적인 공공성 결핍증상을 가리킨다. PIMFY는 반대의 개념.

비교를 통해서 종래의 법제도적인 연구방법을 중시하는 집권·분권 패러다임에 대해 다음과 같이 반론하고 있다(Steven Reed: 1981).

첫째로 법적 권한의 결여에 대해서 중앙정부의 법률은 지방자치단체의 활동을 통제하며 그 통제는 문서상 꽤 상세하나 그 통제가 정부 간 관계의 현실이 아니라고 말하고 있다. 예를 들면 법외의 조치가 가능한 것이다.

둘째로 국가위임사무에 관하여 지방자치단체의 공무원이 이 업무처리를 위해 전력을 다하고 있다는 것에 대해 리드(Reed)는 지방정부의 관료가 '고유사무'와 '국가위임사무'를 똑같은 감각으로 받아 들이고 있다고 지적하고 있다.

셋째로 비공식적인 통제에 관해서 지시·감독행정, 중앙의 인사권의 남용 등 종적인 중앙과 지방의 계열화를 들고 있다. 지시·감독에 대해서는 그것이 중앙정부가 지방정부에 영향력을 행사하려고 하기 위해서 시행되는 것은 극히 드문 일이며 대체적으로는 의사전달의 수단으로서 이용되고 있다고 말한다. 또한 지방자치단체의 장은 지방정치의 영향력 집단(의회 혹은 이익단체)을 감소시키기 위해 중앙으로부터 전직해온 중앙출신관료를 이용하려고 한다는 것이다. 아울러 행정의 종적현상이라는 것은 일본만의 독특한 현상이라고 말할 수는 없고 정도의 차이는 있으나 현대의 대부분의 국가에서 일어나는 일반적인 현상 중의 하나라고 말하고 있다.

넷째로 재정면에서 보조금과 예산집행 등에 의한 중앙의 힘이 그다지 크지 않다고 말하고 있다. 그러나 지방의 과세권이 제약되고 있는 사실에 대해서는 전통적인 집권·분권론에서의 설명을 인정하고 있다.

다섯째로 일본의 정치문화 가운데 집권의 전통에 대해서 부정하지는 않았다.

한편 미국의 신연방주의 하에서의 정부간관계를 비판적으로 보는 대표적인 학자는 우리에게 '정의론(2010)'의 저자로 유명한, 스스로 공공철학자라고 말하는 마이클 샌델(Michael Sandel)이다. 레이건의 행정부의 등장 배경과 신연방주의에 대한 그의 견해는 흥미롭다. 그에 의하면 미국의 경우 1970년대가 되자 지금껏 유지되었던 유복한 생활과 독보적인 외교와 국방의 힘은 점차 약화 되어갔고 1960년대 후반부터 시작된 10여년에 걸친 인플레와 디플레의 반복, 베트남전쟁의 패배, 1978년 주식의 대폭락에 이어 레이건 행정부가 등장하게 되었다는 것이다. 동시에 전통적인 가족, 이웃, 도시와 마을, 종교와 민족 공동체 등은 붕괴되거나 쇠락했고 이제 개인들은

東京), 1개의 도(道: 北海), 2개의 부(府: 大阪, 京都), 43개의 현(縣)이다.

무장해제되어 경제와 정부의 비인간적인 권력에 홀로 대면해야 했다. 지역을 기반으로 하는 기초지방정부의 자치의 쇠퇴에 대해 레이건이 제시한 해결책은 연방정부의 지출을 삭감하고 규제를 해제하고 분권화함으로써 연방정부의 권력을 주정부와 지방정부로 이양하자는 것이었다. 연방사법제도는 기존의 간섭을 배제하고 낙태, 포르노 허용기준, 학교 내에서의 기독교 의례허가 등과 같은 것을 공동체가 결정하도록 했다. 그러나 이런 과거식 연방제 부활은 시민권력으로 통제권을 회복시키려는 것이었으나 실패가 예견된 것이었다. 그 이유는 이러한 접근법이 애초에 연방정부를 낳은 조건을 간과했기 때문이다. 이들 조건에는 전국적(세계적) 규모로 기업세력이 커져서 정치분권을 해도 시장을 통제하기는 힘들고 기업도 지역에 있을 뿐이지 지역기업이 아니기 때문이다. 19세기말에 나타난 정치권력의 집중(연방주의 강화)은 경제력의 집중에 대항하려고 나타났고 민주적 통제권을 강화시키기 위한 시도였던 것이었으나 레이건의 신연방주의는 이를 무시했거나 의도적으로 피했던 것이다. 즉, 경제를 분권화하지 않고 정부를 분권화하려는 것은 반쪽짜리 자치였던 것이다(샌델, p. 304, 306, 310).

4. 연방정부와 단방정부의 차이

한국은 단일형 국가로 중앙정부와 지방정부 2계층으로 구성되어 있어 미국이나 독일과 같은 연방국가는 중앙정부, 주정부, 지방정부 3계층으로 구성되어 있는 것과 다르다. 우리나라의 광역자치단체와 기초자치단체간의 관계는 연방국가에서의 주정부와 지방정부간 관계와는 전혀 다른 성격을 지닌다. 연방국가의 경우 주정부의 수평적 연합체로서 연방정부가 존재하는 반면, 지방정부는 주정부에 의하여 대부분 탄생되었기 때문에 주정부의 수직적 영향력 아래에 있다. 물론 모든 주정부가 지방정부를 탄생시킨 것은 아니지만 대개의 경우에는 한 마을이 일정한 규모를 넘어서면 주정부에 의하여 도시로서의 권한을 부여받아 지방정부가 탄생되었다. 이렇게 탄생된 지방정부들은 자치권한(home rule)을 부여받는데, 수많은 지방정부가 행사하는 자치권한은 지방정부가 어떻게 탄생되었는가에 따라 다르고, 따라서 주별로 자치권한의 강도 역시 다르다. 그러나 지방정부와 주정부 간에 과세권이나 그밖의 사안에 대한 분쟁이 발생하였을 경우 궁극적인 권한은 주정부에 있다는 것이 미국 자치권한(home rule)해석의 다수설이다(山崎正: 1989).

영국의 정부 간 관계를 대변하는 이론적 모형

① 집행기관모형: 지방정부를 단순히 중앙정부의 집행기관으로 보는 모형이다. 벤덤의 공리주의 사상에 기초한 모형으로서 지방정부는 자치권이나 재량권이 없으며 중앙정부의 정책과 지시대로 집행만 하는 관계로 인식하고 있다. 1930년대 이후 지방정부가 수행하던 많은 기능을 중앙정부로 이양하면서 집행기관모형이 설득력을 갖게 되었다.

② 동반자모형: 집행기관모형에 대한 비판을 토대로 발전되었다. 비록 중앙정부의 권한이 헌법적으로 강대해졌다고 하더라도 지방정부의 운영 면에서 나타나는 지방정부간의 다양성을 근거로 중앙정부와 지방정부의 관계를 동반자로서 인식하고 있다.

③ 대리인모형: 집행기관모형을 다소 변형한 것이다. 집행기관모형이 지방정부를 단순히 중앙정부의 집행기관으로 인식하고 있음은 앞에서 논의하였다. 반면 대리인모형은 중앙정부에 정치 행정권력이 집중되어 있음은 인정하나 지방정부를 단순히 집행기관으로 파악하지 않고 지방정부가 행사할 수 있는 재량권에 주목한다. 단순한 집행 기관이라기 보다는 재량권을 가진 중앙정부의 대리인으로 파악하고 있다.

④ 상호의존모형: 동반자모형을 발전시킨 것이 상호의존모형이다. 중앙정부와 지방정부가 보유하고 있는 자원의 상이점에 초점을 두고 있다. 중앙정부가 지방정부를 지시할 헌법적, 정치적 권한과, 정책을 수립할 수 있는 권한이 있으나 집행할 기구는 갖고 있지 않다. 반면 지방정부는 중앙정부가 보유하지 않는 인력, 조직, 정보, 집행에 요구되는 전문성을 갖고 있다. 아울러 지방정부를 단순히 집행기관이나 대리인으로 파악하는 것은 부분적이나마 지방정부의 과세자주권과 역사적 전통을 가진 민주적 기초를 간과한 것이라고 주장한다.

상호의존모형에 따르면 중앙정부와 지방정부가 서로 상이한 자원을 갖고 있기 때문에 상호 협상에 의하여 양자의 관계가 설정된다. 정치권력을 절대적으로 파악하지 않고 상황에 따라 변화될 수 있다는 점을 강조하고 있다. 1979년 대처수상 이후 강력한 중앙집권의 정책에도 불구하고 지방정부의 역할이 유지되고 있는 것은 지방정부가 보유하고 있는 인력, 조직 등의 자원에 기초하고 있다. 1980년 이후 가장 설득력 있는 모형이다.

이러한 측면에서 단일형 국가에서의 중앙정부와 지방정부의 관계는 연방국가에서의 주정부와 지방정부 간 관계와 대칭적이며, 우리나라의 지방자치 구조를 논의할 때에는 이러한 지방정부 구조의 다양성에 주의를 기울일 필요가 있다. 특히 외국의 사례가 예로 사용될 때에는 그 외국이 연방국가인가 단일국가인가, 그리고 예에서 사용되는 정부간 관계가 연방정부와 주정부의 관계인지, 아니면 주정부와 지방정부의 관계인지에 주의를 기울일 필요가 있다.

우리나라의 지방자치법에 따르면 광역자치단체와 기초자치단체는 거의 대등한 관계를 갖고 단지 계층에 따라 수행하는 기능이 다르다. 물론 광역자치단체가 기초자치단체에 대하여 행사하는 권한은 광역자치단체의 고유권한으로부터 비롯된 것이 아니라 중앙정부에 의하여 부여된 권한이다. 때로 광역자치단체의 권한을 확대할 것인가, 축소할 것인가가 중앙정부 차원에서 자유롭게 논의된다는 점이 이와 같은 사실을 반영한다.

우리의 경우 민선체제 출범 이전의 중앙정부와 지방자치단체 관계는 완전한 상하관계로서 지방자치단체는 그 독자성을 전혀 부여받지 못하고 있었다. 형식상 자치단체로서의 법인격을 부여받고 있었으나 이러한 지위는 그야말로 형식에 그치고 있었다. 정부간의 역동적인 상호작용을 가리키는 정부 간 관계라는 말이 성립될 수 없었음은 물론이다.

그러나 1995년 민선체제의 출범과 함께 일방주의적 정부 간 관계는 지방자치단체가 하나의 자율적인 기구가 되면서 중앙정부와 지방자치단체 간의 관계와 지방자치단체 간의 관계가 보다 역동적인 모습을 보이게 된 것이다. 중앙정부의 의지로 입안된 중요한 국책 사업들이 지방자치단체의 반대로 수행될 수 없는 상황이 발생하는가 하면, 지방자치단체 간의 갈등으로 지역주민이나 국가적 이익이 피해를 입는 경우가 적지 않게 발생되기도 하였다. 이제 막 관심이 고조되고 있는 분야인지라 체계적인 연구를 위한 기본적인 문헌과 자료가 크게 부족하고 연구방향과 영역에 대한 토론조차 제대로 이루어지지 않고 있는 상황이다. 그러나 분명한 경향은 중앙정부와 지방정부의 관계가 과거의 수직적 관계에서 점점 상호의존적·수평적 관계로 옮아가고 있다는 점은 말할 수 있겠다.

제2절 우리나라 정부 간 관계의 특성

1. 수직적 통제·감독관계

1) 국가감독의 필요성

국가와 지방자치단체는 하나의 동일한 목적을 추구하는 별개의 권력주체로 파악할 수 있다. 지방자치단체가 처리하는 업무는 종국적으로 국가의 이익과 무관하지 않다. 국가는 국민전체의 이익을 보호하기 위하여 지방자치

일본의 정부 간 관계

일본의 정부 간 관계는 분권적인 막부체제, 명치헌법의 중앙집권체제, 전후 평화헌법에 의한 자치체제 등을 거쳐 발전하였는데 법률적인 측면에서 보면 커다란 변화와 발전이 이루어졌다고 할 수 있으나 현실적 운영에 있어서는 지방정부가 적절한 대우를 받고 있지 못하다. 1990년도 행정개혁 과정에 있어서 중앙정부는 지방정부를 정치 행정의 동반자로서 대접하지 않고 지방정부도 이에 대한 적절한 인식이 없었다고 지적한다.

일본의 중앙정부도 입법적 관여, 사법적 관여, 행정적 관여를 통하여 지방정부와의 관계를 형성하고 있는데 전자는 법률의 위임이나 집행을 위한 명령에 따른 관여로서 일반 제도적인 성격을 띠고 있는 반면 후자는 사후적인 성격을 띠고 있다.

중앙정부와 지방정부와의 관계는 대부분 행정적 관여에 의하여 이루어지며 행정적 관여는 권력적 관여로써 승인, 인가, 명령, 지휘감독, 지시, 허가, 취소 등의 용어가 사용되고 있다. 1994년 총무청 조사에 의하면 1,218건의 업무영역에서 권력적 관여가 이루어지고 있고, 비권력적 관여는 보고, 계출, 통지, 제출, 권고, 협의, 조언 등에 의하여 이루어지는데 2,075건의 영역에서 발생하고 있다. 이와 같은 사실은 영국의 정부간 관계가 공식적인 측면에 초점이 있고 일본의 정부간 관계가 비공식적인 측면에 초점이 있다는 주장을 뒷받침하고 있다.

단체의 업무수행에 감독권을 행사한다. 즉 보충성의 원칙에 의하여 지방자치단체가 공공사무에 대해 원칙적으로 일차적인 업무수행권한을 갖고 자기책임 하에 업무를 처리하지만 국가는 지방자치단체의 자율성을 침해하지 아니하는 범위 내에서 감독권한을 가짐으로써 국가 전체의 통합적인 업무의 수행을 가능하게 할 수 있다.

지방자치단체에 대한 자치권의 보장이 지역적인 특수성을 존중하기 위한 국가로부터의 분리를 의미하는 원심력(遠心力)으로 작용한다면, 지방자치단체에 대한 국가의 감독은 지방자치단체가 국가 속에서 다양성을 지니면서도 통합을 이루도록 하는 구심력(求心力)으로 작용한다. 국가의 지나친 감독은 지방자치단체의 자치행정의 존립을 위태롭게 하고, 지나친 방임은 무정부상태를 초래할 수 있다는 점에서 양자의 균형을 유지할 필요가 있다. 지방자치단체에 대한 국가의 감독은 우선 지방자치행정이 헌법과 법률에 합치되도록 한다. 지방자치단체는 행정주체로서 법치행정의 원칙에 구속된다. 법률의 존재가 곧 그 준수를 의미하는 것은 아니므로 국가는 전체 국민의 이익을 대표하여 지방자치행정의 합법성을 보장하기 위하여 지방자치단체를 감시하고 통제한다. 이런 의미에서 감독권을 행사하는 국가는 법질서의 수호자로서의 지위에 있게 된다. 또한 법률은 동시에 국민 전체의 의사를 표현하고 있으며 국민의 일반적인 공익을 보장하기 위한 기준이 된다. 따라서 지방자치행정의 적법성을 보장하는 국가감독은 동시에 전체국민의 공동체인 국가의 이익을 보장한다. 그러나 국가감독은 지방자치단체가 위법행위로 인하여 기능이 마비되는 것을 방지하고, 지방자치단체의 행정능력이 부족한 경우에 이를 지원하여 지방자치 행정이 원활하게 수행되도록 보장한다는 점에서 지방자치단체의 이익을 보호하는 기능도 수행한다는 점에서는 긍정적이다. 즉, 지방자치단체에 대한 감독자로서의 국가는 한편으로는 통제자로서, 다른 한편으로는 협력자로서의 지위에 있는 것이다.

2) 감독기관의 성립과 역할

시・도에 대하여는 대체로 행정자치부가 감독기관이 되고 시・군・자치구에 대체로 시・도가 지도 감독기관이 된다. 이 경우에 감독권을 행사하는 시・도지사는 국가의 기관위임사무로서 감독권을 행사한다. 국가와 지방자치단체 간의 원만한 관계를 정립하기 위해서 감독기관은 지방자치단체와 국가를 가교하여 지방자치단체의 이익을 국가의 정책결정에 반영시키고 또한 국가의 정책결정을 지방자치단체의 활동에 반영시키는 통로로서의 구실을 하여야 한다. 그리하여 지방자치단체는 업무수행의 어려움을 해결하기 위하여 감독관청을 파트너로서 찾을 수 있도록 분위기가 조성되어야 하며 또한 지방자치단체가 감독관청과 접촉하는 경우에 실질적인 도움이 되어야 한다(이기우, 1996: 352).

3) 국가감독의 근거와 기준

지방자치단체의 국가감독은 국가의 행정작용에 속한다. 따라서 국가의 감독청은 법치행정의 원칙에 따라 법률에 근거하여 (법률유보의 원칙) 법률의 범위 내에서 (법률우위의 원칙)만 감독권을 행사할 수 있다. 국가감독의 근거가 되는 법률로는 지방자치법과 그 밖의 관련 개별법이 있다.

국가감독과 관련하여 가장 문제되는 것은 감독의 기준이다. 지방자치단체는 주민의 복리에 관한 자치사무를 자기 책임 하에서 처리할 수 있으므로 외부의 간섭을 받음이 없이 무엇이 합목적적인지를 스스로 결정할 수 있다. 국가가 지방자치단체의 합목적성의 판단에 간섭하는 것은 지방자치단체의 자기책임성을 본질적으로 침해하는 것이므로 허용되지 아니한다. 국가에 의한 합목적성의 통제가 허용된다면 그것은 더 이상 자치행정이 아니라 위임행정을 의미한다. 따라서 지방자치단체의 자치사무에 관한 한 국가감독은 엄격히 합법성의 통제인 법적 감독에 한정되며 감독의 기준은 법률이 된다. 감독의 기준과 관련하여 실무상 특히 문제되는 것은 승인의 경우이다. 감독관청은 승인여부를 위법성 여부에 관한 심사뿐만이 아니라 합목적성의 심사까지를 하여 결정하고 있으나 이는 명문의 법적 근거가 없는 한 법적으로 적용되지 아니한다고 보아야 한다.

4) 감독수단

지방자치단체에 관한 국가의 감독은 국가의 행정작용에 속하므로 법률유보의 원칙에 구속된다. 국가는 감독목적을 달성하기 위하여 모든 감독수단을 행사할 수 있는 것이 아니라 법률에 의하여 수권받은 감독수단만을 행사할 수 있다. 국가 감독수단에 대한 근거법으로는 지방자치법과 각 개별법을 들 수 있다.

지방자치법은 제9장 국가의 감독수단에서 일반적인 감독수단을 규정하고 있다. 지방자치법과 개별법에서 인정되는 감독수단으로는 조언, 지원, 감사, 시정명령, 취소 · 정지, 재의요구, 제소, 직무대행자의 선임, 분쟁조정, 승인의 유보 등을 들 수 있다. 이 중에서 조언과 지원은 지방자치단체의 자치권을 침해하지 아니하는 비구속적인 감독수단에 속하고 다른 것은 지방자치단체의 자치권에 대한 제한을 수반하는 구속적인 감독수단에 속하는 것이 원칙이다. 시정명령이나 취소 · 정지는 주로 집행기관의 위법한 작위(作爲)에 대한 감독수단에 속하며 재의요구(再議要求)와 제소(提訴)는 지방의회의 위법한 의결에 대한 감독수단이다.

지방자치단체의 집행기관이나 의결기관의 위법한 부작위(不作爲)에 대해서는 조언을 통한 시정의 권고나 감사권을 통한 사실의 규명 이외에는 이를 시정할 수 있는 감독수단이 미비되어 있다. 단체장에게도 직무이행명령이라는 감독목적을 달성하기 위해서는 위법한 부작위도 위법한 작위와 마찬가지로 시정할 수 있는 감독수단 있다. 위법한 부작위에 대한 감독수단으로 독일의 경우 지방자치법은 이행명령(履行命令)과 대집행(代執行)을 규정하고 있다.

2. 수평적 협력관계

1) 지방자치단체 간 협력의 필요성

동급의 지방자치단체는 서로 대등한 입장에 있으며 상호 독립하여 각자 그의 업무를 수행한다. 지방자치단체가 처리하는 업무 중에는 그 영향이 당해 지방자치단체의 행정구역의 범위를 넘어서 다른 지방자치단체에 미치는 것이 있으며 두 개 이상의 지방자치단체가 협력하여야만 처리할 수 있거나 그렇게 하는 것이 경제적이고 효율적인 경우가 있다. 이와 같이 두 개 이상의 지방자치단체가 공동으로 업무를 처리하는 것을 지방자치단체 간의 협력이라고 한다.

18세기적인 지방자치는 공간적으로 폐쇄된 자족적인 생활공동체를 전제로 하는 것이었으나 오늘날 교통과 통신 및 교역의 확대로 사회생활이 광역화되고 상호의존성이 증대되어 지방자치단체 간의 협력의 필요성을 증대시키고 있다.

2) 협력의 방식

지방자치단체 간의 협력형태에 대하여 지방자치법 제8장은 사무의 위탁, 행정협의회, 지방자치단체조합을 규정하고 있으며 지방공기업법 제50조에 의한 공동설립회사를 규정하고 있다. 여기에 대한 자세한 설명은 제2장 제4절 광역행정 부분에서 다루었기 때문에 생략하기로 한다.

(1) 사무위탁

사무의 위탁은 지방자치단체가 다른 지방자치단체와 협의하여 그의 사무의 일부를 다른 지방자치단체 또는 그 지방자치단체의 장에게 위임하여 처리하는 것을 의미한다.

사무위탁에 의한 지방자치단체 간의 협력은 새로운 권리주체를 탄생시키지 아니하고 이에 따른 기관을 조직하지 아니함으로써 지방자치단체조합에 비하여 비용이 덜드는 협력방식이다. 사무의 위탁에 관한 법적 규율이 그다지 까다롭지 아니하고 당사자의 의사에 의한 구체적인 내용의 결정이 가능하기 때문에 융통성과 적응성이 강한 면에서 장점이 있다.

(2) 행정협의회

지방자치단체는 2개 이상의 지방자치단체에 관련된 업무의 일부를 공동으로 처리하기 위하여 관계 지방자치단체의 행정협의회를 구성할 수 있다. 행정협의회는 두 개 이상의 지방자치단체 간의 결합이긴 하지만 별개의 법인격을 가지는 사단도 아니며 관계 지방자치단체의 독자성도 원칙적으로 제한하지 아니한다는 면에서 지방자치단체조합에 비하면 상당히 느슨한 형태의 지방자치단체 간의 협력방식이라고 볼 수 있다.

행정협의회에 의한 협력의 대상이 되는 업무에는 제한이 없다. 오늘날 주민들의 생활영역의 반경이 증대하게 됨에 따라 지방자치단체의 구역은 주민의 일상생활에서 큰 의미를 갖지 못하는 경우가 증대되었다. 예컨대 직장생활, 쇼핑, 레저, 공적시설의 이용관계 등이 이에 해당된다. 지방자치단체가 이러한 업무를 효율적으로 수행하기 위해서는 상호간의 정보교환과 협력의 필요성이 꾸준히 증대되고 있다. 행정협의회는 이들 문제를 종국적으로 해결하기 위한 행정기관으로서의 지위에 있다기보다는 지방자치단체 간에 보다 집중적인 협력을 수행하기 위한 전단계로서의 의미를 갖는다고 보는 것이 타당하다.

원래 행정협의회는 지방자치단체 간의 문제를 지방자치단체 간의 비구속적인 정치적인 해결을 통하여 해결하려고 한다는 측면에서 관계 지방자치단체의 자기책임성을 가장 덜 침해하는 협력형태라고 할 수 있으나 우리나라에서는 협의회의 결정에 구속력을 인정하고 조정제도를 도입함으로써 오히려 지방자치단체의 자기책임성을 침해하고 있는 것이 문제점으로 지적될 수 있다.

(3) 지방자치단체조합

제2장 4절 광역행정에서도 언급하였듯이 지방자치단체조합이라는 지방자치법 제159조에 따라 두 개 이상의 지방자치단체가 하나 또는 둘 이상의 사무를 처리하기 위하여 결합한 공법상의 사단법인이다.

따라서 지방자치단체조합은 관련 지방자치단체와는 별개의 권리주체로서 권리와 의무의 귀속주체가 된다. 이 점에서 별개의 법인격체를 형성하지 아니하는 사무의 위탁이나 행정협의회에 의한 협력의 방식과는 차이가 있다. 다만 주의를 요하는 것은 지방자치단체조합의 구성원은 관계되는 지역의 주민을 구성원으로 하는 것이 아니라 공법상의 법인인 지방자치단체를 구성원으로 하는 단체라는 점이다.

지방자치단체조합은 관련 지방자치단체의 업무에 속하는 사무를 관련 지방자치단체와 독립하여 자기책임하에 처리하는 권리와 의무를 갖는다.

(4) 사법(私法) 형식의 협력

지방자치단체 간의 협력방식에는 앞에서 설명한 공법상의 협력형태만 있는 것은 아니고 사법의 형식에 의한 협력도 가능하다. 사법(私法)의 형식에 의한 업무의 공동처리는 융통성이 크고 지방자치단체의 자기책임성을 최소로 침해하며 융통성과 적응력이 강하다는 면에서 유용성이 높다고 할 수 있다. 다만 고권적인 공권력의 행사를 수반하는 업무의 공동처리에는 부적합하다. 사법상의 협력형태에는 여러 지방자치단체가 공동으로 주식회사를 설립하거나 사단법인 혹은 재단법인을 설립하여 이들로 하여금 지방자치단체의 업무를 수행하게 하는 방식이 포함된다.

3) 지방자치단체 간의 협력활성화 방안

우리나라에서 이제까지의 지방자치단체 간의 협력형태는 거의가 행정협의회의 방식에 의존하고 있는 실정이나 충분한 성과를 거두고 있지 못하다. 지방자치단체 간의 협력을 활성화시키기 위해서는 다음과 같은 개선노력이 요청된다.

(1) 다양한 협력방식의 활용

지방자치단체 간의 다양한 협력형태 중에서 절대적으로 하나의 협력방식만이 우수한 것이 아니다. 협력하고자 하는 사무의 종류에 따라, 협력으로 달성하고자 하는 의도에 따라 다양한 협력방식이 이용될 수 있다. 지방자치단체 간의 협력이 성공적으로 이루어지기 위해서는 구체적인 업무의 성격이나 달성하고자 하는 목적에 따라 그에 적합한 협력방식을 선택하는 것이 중요하다.

비권력적인 서비스의 효율적인 제공을 위해서는 사법적인 협력방식이 활용될 수 있다. 지방자치단체 간의 협력과 유도와 의견의 타진과 교환 및 협조분위기의 조성을 위해서는 사법적인 협력방식이 활용될 수 있다. 다른 지방자치단체만이 특정한 업무를 수행할 능력이나 여건을 구비한 경우나 효율적인 경우에는 사무의 위탁에 의한 협력방식이 활용될 수 있다. 특정한 사무에 대한 업무의 공동처리를 관련 지방자치단체로부터 독립하여 효율적·지속적으로 수행할 필요가 있을 경우에는 지방자치단체조합에 의한 협력이 적극적으로 이용될 수 있다.

그러나 우리나라에서 조합의 운영이 잘 되지 않고 있는 이유에 대해서 행정문화에 기인한다는 설명도 있으나, 그보다는 우리나라 자치단체 규모가 커서 조합을 만들 필요성을 느끼지 못하는 데에 있다고 본다.

(2) 각종의 협력방식에 대한 제도적 보완

지방자치단체의 협력에 관한 규정을 지방자치법에 통합적으로 규율하는 방식도 있겠으나 전문성을 높이기 위하여 지방자치법에 기본적인 사항만을 정하고 개별법으로서 가칭 지방자치단체 간의 협력에 관한 법을 제정하는 것도 생각하여 볼 수 있다. 또한 분쟁해결을 위한 제도적 보완도 필요하다.

(3) 중앙정부의 역할증대

지방자치단체에 대한 감독기관은 지방자치단체 간의 협력을 유도하기 위하여 지방자치단체 간의 협력에 관한 정보와 전문지식을 구비하여 관련 지방자치단체의 문의에 대하여 능동적으로 대처할 수 있어야 한다. 따라서, 중앙정부는 자치단체 간 협력을 증진시키는 방안으로써 재정적 인센티브를 준다든가 해서 동기를 유발시켜야 할 것이다.

3. 중앙정부에 대한 지방정부의 참여

1) 지방자치단체의 국가에 대한 영향력 행사

국가의 구성부분인 지방자치단체는 전체공동체인 국가의 의사결정에 참여함으로써 쌍방적인 상호관계를 실현할 수 있게 된다. 지방자치단체의 국정참여가 필요한 이유는 다음과 같다.

(1) 민주주의 원칙으로부터의 참여 요구

민주주의 원칙으로부터 지방의 국가의사결정과정에 참여가 요구된다. 민주주의는, '아래에서 위로'의 의사결정을 요구한다. 지방분권적인 권력구조는 시민에 가까운 의사결정을 가능하게 함으로써 아래에서 위로의 의사결정을 가능하게 하는 제도적 장치에 속한다. 국가전체의 의사를 결정함에 있어서도 하위공동체인 지방자치단체의 참여를 보장함으로써 아래에서 위로의 의사결경을 가능하게 할 필요가 있다. 이러한 아래에서 위로의 의사결정을 통하여 지방의 혁신적인 아이디어와 경험 및 지방적인 이익을 국가의 의사결정과정에 반영할 수 있다. 대부분의 법령이 지방자치단체에 의하여 집행된다는 점을 고려한다면 그 법령의 문제점이나 개선방향에 대해서는 지방자치단체가 가장 잘 알고 있다. 지방의 참여를 통하여, 지방의 정치적, 행정적인 경험을 전체국가를 위하여 활용할 수 있게 된다.

(2) 법치국가적인 요청

지방분권의 가장 중요한 기능은 (수직적인) 권력분립을 통하여 국가권력의 남용을 방지하여 시민의 자유와 권리를 보장하려는 데 있다. 권력분립을 통한 권력남용방지의 목적을 실현하기 위해서는 권력의 배분과 독립성을 보장하는 것으로 충분하지 않으며 상호 견제와 균형을 가능하게 하는 제도적인 장치가 요구된다. 만약 국가의 지방자치단체에 대한 영향력의 행사만을 보장하고 그 반대방향의 영향력을 인정하지 아니하는 경우에는 균형은 파괴되고 국가의 지방에 대한 견제만이 있게 되어 국가권력의 남용에 대한 지방자치단체의 견제기능은 상실되고 만다. 국가권력의 남용을 방지하기 위하여는 지방자치단체에 의한 국가공권력의 통제와 견제가 요구된다. 더구나 오늘날 지방자치단체의 업무수행이 대부분 국가의 법률에 의하여 거의 완벽하게 일방적으로 정해지는 상황 하에서 지방정치적 기능의 상실을 보충하기 위해서는 지방자치단체의 입법과정에 대한 참여가 매우 절실히 요구된다.

(3) 국가 통합의 역할

국가의 실질적인 통합을 위하여 지방자치단체의 참여가 요구된다. 국가의 지방자치단체에 대한 영향력의 행사가 위로부터 밑으로의 일방적이고 강제적인 통합력의 행사라고 한다면 지방자치단체의 참여에 의한 공동체의 의사형성은 아래에서 위로의 자발적인 통합을 가져온다. 지방의 국정에 대한 참여를 허용함으로써 국가의 실질적인 통합을 가능하게 하고 지방자치단체의 자발적인 협력을 기대할 수 있게 된다. 지방자치단체가 국가의 의사결정과정에 참여하여 국가기관과 의견을 교환하고 대립되는 이해관계를 조정하고 합의점에 도달하려고 노력함으로써 불필요한 갈등과 대립을 극복하고 공통분모를 찾아 나갈 수 있게 된다.

(4) 지방분권적 정치체제 유지

지방자치단체의 자치권을 수호하고 지방분권적인 정치체제를 존속시키기 위하여 지방의 참여가 요구된다. 만약 지방에 대한 의사결정이 중앙에 의하여 일방적·하향적으로 결정되는 경우에 지방자치단체의 자치권은 거의 무방비 상태에 있게 되며 이로 인하여 지방분권적인 정치체제는 그 존립을 위협받게 된다. 예컨대 지방재정, 지방자치단체의 업무영역 등이 국가에 의하여 정하여지므로 이를 국가가 일방적으로 정하도록 맡겨두는 경우에 자치권은 심대한 영향을 받게 된다.

2) 실태와 개선방안

헌법이 지방분권적인 권력구조를 보장하고 있음에도 불구하고 지방자치단체가 국가의 의사결정에 영향력을 행사할 수 있는 제도적인 장치는 거의 존재하지 않는다. 이는 지방분권화의 실질화하는데 필요한 제도적인 장치가 거의 결여되어 있음을 말한다. 지방분권의 표방에도 불구하고 국가의 의사결정이 위에서 아래로 일방적으로 이루어짐으로써 중앙집권적인 전통을 극복하지 못하고 있다. 지방자치를 실질화하기 위하여 지방이 국가의 의사결정과정에 참여할 수 있는 여러 가지 제도적인 장치를 강구할 필요가 있다. 이를 위하여 고려되는 것으로는 다음과 같은 것이 있다.

(1) 입법과정에 대한 참여

지방자치단체에 대한 국가의 영향력행사가 법률에 근거하여 이루어진다는 점에서 입법과정에 대한 지방자치단체의 참여는 매우 절실히 요구된다.

지방자치단체의 업무수행의 원활화와 공동관심사의 효율적인 추진을 위하여 지방정부를 구성원으로 하는 지방자치단체연합을 구성하여 법률안 제출권을 보장하는 방식으로 입법권에 관여하는 것을 생각해 볼 수 있다. 이 경우에 법률안 제안권뿐만 아니라 지방에 관련된 법률안에 대한 의견제시권을 인정하는 것이 바람직하다. 국회의 입장에서도 지방자치단체연합이 갖는 전문지식을 활용하고 지방적인 관심사에 대한 의견을 수렴하여 입법의 합리화를 꾀할 수 있다는 측면에서 지방자치단체연합의 결성과 그 참여의 보장은 매우 필요하다고 본다. 지방 자치단체의 입장에서도 상호간의 경험과 정보를 교류하고 지방자치단체 간의 공통적인 관심사를 실현하기 위하여 지방자치단체연합을 구성할 필요가 있다.

(2) 행정부의 정책결정과정에 대한 참여

지방자치단체는 국회의 입법에 의하여만 영향을 받는 것이 아니라 행정부의 명령, 행정규칙, 감독활동에 의하여 자치권이 제한될 수 있다. 지방자치단체는 행정부의 정책결정과정에 대하여도 참여하여 지방자치단체의 관심사를 반영시킬 필요가 있다. 특히 행정 각부의 장관실의 의사결정과정에 대한 참여가 중요하다. 지방자치단체가 행정부의 정책결정과정에 참여하는 방법으로는 지방원을 통한 방식, 지방자치단체연합을 통한 방식, 국무회의의 참여를 통한 방식 등이 검토될 수 있다. 예컨대 중앙정부의 명령이나 행정규칙이 지방자치단체의 이익에 관련된 경우, 지방원이나 지방자치단체연합에 통보하고 의견을 청취하도록 하는 절차를 마련하고, 국무회의에 지방자치단체연합의 대표자를 참석하게 하는 방식 등이다. 공식적인 참여절차의 보장도 중요하지만 사적이고 비공식적인 접촉도 효과적인 참여수단이 될 수 있다.

(3) 압력단체 방식의 참여

우리나라는 2023년 현재 전국 시・도지사협의회, 전국 시・도 의회의장협의회, 전국 시장・군수・구청장 협의회, 전국 시장・군수・구청 의회의장협의회 등 4단체가 지방자치에 관한 중앙정부의 주요한 의사결정에 영향을 미치기 위하여 구성되어 있다.

그러나, 이들 단체는 임의 단체적 성격을 띄고 있기 때문에 중앙정부가 이들 단체의 의견을 꼭 청취・협의 하여야 한다는 법적 기준은 없다. 따라서 이들 단체에서는 자신들의 이익을 대변하기 위하여 압력단체와 같은 역할을 하려고 하고 있으며, 일본의 유사한 6단체(지사, 시・정・촌의 각 단체장 및 의장회의)와 같은 공익 법인의 자격과 권한을 가지려고 노력하고 있다.

제3절 중앙과 지방 간의 사무배분

1. 사무구분 체계 개편 논의

정부는 정권이 바뀔 때마다 중앙과 지방의 사무구분 체계개선을 위해 노력을 해왔으나 큰 진전이 없다는 평가가 지배적이다. 따라서 2017년 등장한 문재인 정부에서는 종래의 단위사무 조정에서 기능단위로 지방이양을 추진하고자 하며 재정 권한도 함께 이양해야 한다는 취지를 밝히고 있으나 관련법 재개정이 필요한 것이라 쉽지는 않다.

사무구분을 명확히 하여야 하는 것은 국가와 지방간의 기능조정에 필수부가결한 요소이다. 지방분권적 관점에서 국가와 지방 간의 기능조정에 필수부가결한 요소로서 지방사무와 국가사무의 명확한 구분과 정비기간의 명시, 국가사무의 포괄적·일괄적 이양과 추진실적의 공표, 자주재원 확충보장, 자치입법권 확대는 필요한 개선 사항이다. 참여정부 시절에도 사무구분 체계 개선을 위한 시도는 수차례 있었으나 성과는 없는 상태였다. 지방자치단체의 사무체계에 대해서는 지방자치법이나 그 밖의 법률에서 규정이 매우 불충분하여 이론에 맡겨져 있는 형편이다.

우리나라의 경우 현재 지방자치단체가 처리하는 사무를 자치사무와 단체위임사무, 기관위임사무로 구분하는 것은 법률상 명백하지 않다. 더구나 자치사무가 어떤 성질을 갖는지, 위임사무나 기관위임사무는 어떤 특성을 갖는지에 대해서 법률에 명시적인 규정이 없어 학설에 맡겨져 있으나 학설은 주장이 일치하지 않는다. 지방의회의 관여, 비용부담의 주체, 감독의 기준과 감독기관, 국가배상의 주체 등에서 사무의 종류마다 차이가 있음에도 불구하고 법률에 명백한 규정이 없는 것은 국가와 지방자치단체, 지방자치단체 상호간의 분쟁과 갈등의 원인이 될 수 있다. 더구나 사무체계가 복잡하여 이를 그대로 유지할 필요가 있는지에 대해서 오랜 동안 논쟁이 지속되어 왔으나 아직 해결을 보지 못하고 있다.

2. 근대 유럽에서의 국가와 지방 간의 사무구분 논의[3)]

지방자치단체의 사무체계론은 시대에 따라 끊임없이 변화하는 국가와 지방자치단체 간의 관계를 반영하고 있다. 18세기말까지 국가와 지방자치단체의 관계는 중세시대의 도시가 국가로부터 완전한 자유를 향유하였던 하나의 극단과 절대주의 국가하에서 국가권력에 완전히 종속되었던 또 다른 극단으로 표현되었다. 19세기 입헌군주국가하에서 프랑스혁명사상과 스타인(Freiherrn von Stein)의 개혁에 의해 발전된 사무체계는 이러한 양극단의 역사적인 타협으로 볼 수 있다(Dehmel, 1970: 19). 14세기에 절정에 달했던 중세시대에 도시에서 지방자치는 사실상 국가 속의 독립된 국가에 근접하는 것이었으며, 상급권력인 국가에 의한 구속은 정치적인 것에 불과했다. 국가와 도시 사이의 법적인 관계는 국가가 도시에 특권과 자유증서(Freiheitsbriefe)를 수여하는 것에 그쳤다. 모든 공법상의 관계에 있어서 법적인 귀속주체는 도시가 되었다. 영주의 마지막 권력인 재판권도 적지 않은 경우에 양도, 매매, 혹은 저당을 통하여 도시로 넘어갔다. 도시는 다른 도시와의 관계에서 연맹을 맺고 평화조약을 체결하는 등 국제법적인 지위를 누렸다. 이 당시 도시의 사무체계는 고유사무만 존재했다고 볼 수 있다.

30년 전쟁의 영향으로 인한 도시의 재정빈곤, 도시의 내부적 권력투쟁, 영주들의 권력확대욕 등으로 17세기말에 도시들은 쇠퇴하게 되고 이어 등장한 절대주의하에서 도시는 자치권을 상실하고 국가의 행정구역으로 전락하게 된다. 특히 빌헬름1세(1713∼1740)의 치하에서 프로이센은 전통적인 도시의 자유를 완전히 박탈하는 조치를 취했다. 시민에 의해 선출된 대표를 국왕에 의해 임명된 직업관료가 대체하게 되고 도시의 재산은 국가재산으로 선언되었다. 도시의 조세징수권과 재판권은 박탈되거나 엄격한 국왕의 감독을 받게 되었다. 공권력의 주체는 오로지 자연인인 국왕과 그의 관리에 한정되었다. 공공행정은 군주와 동일시되는 국가에 귀속되었다. 이에 따라 도시의 사무로는 국가사무만 존재했다.

입헌군주체제하에서 독일의 지방자치단체 사무체계는 지방자치단체의 행정을 둘러싼 국가와 사회 간의 권력투쟁의 결과를 반영하였다(전게서, 26). 고유사무는 사회영역에 속하는 사무로서 지방자치단체 수준에서 사회

---

3) 임승빈・이기우 외(2008). 국가와 지방간의 사무구분 체계 개선방안. 행정안전부 연구보고서: 한국자치법학회 간행.

가 국가를 어느 정도로 몰아내었는가하는 범위를 나타내는 것이었고, 위임사무는 지방자치단체가 절대주의적인 의미에서 어느 정도로 아직 국가기관으로 간주되고 있는가를 의미했다. 즉 이원적인 사무체계는 절대주의적인 지배체제에 대응한 입헌군주적인 대응을 의미했다. 사무이원론은 절대주의적인 국가의 포괄적인 지배요구에 대하여 지방자치단체의 자유를 추구했던 프랑스와 독일의 개혁구상으로부터 출발한다. 오스트리아의 지방입법도 지방자치단체의 사무체계를 이해하는 데 중요한 단서를 제공한다.

1) 프랑스의 지방사무체계가 독일에 미친 영향

1794년에서 1798년에 걸쳐서 라인서부지역(linksrheinische Gebiete)이 프랑스에 의해 정복되고 프랑스의 데파르트망으로 편입되었으며, 1810년에는 뮌스터란트 지역의 일부가 프랑스에 합병되었다. 이들 프랑스 소속지역에서는 프랑스행정조직이 시행되었으며 이를 통해 독일에 영향을 미치게 된다. 프랑스 구체제하에서 시정(市政)은 그 사무를 자기책임하에 처리하는 것으로 인정받지 못하였기 때문에 고유사무와 위임사무간의 구별이 존재하지 아니하였다. 시청에 부여된 사무는 전체적으로 국가적인 사무에 관한 것이라고 파악되었다. 지방자치단체의 수준에서 두 가지의 사무영역이 대립하게 된 것은 1789년 12월 14일 및 22일의 프랑스지방자치법에서 나타났다(Korte, 1970: 1). 이에 의하면 지방자치단체의 기관은 국가에서 위임된 사무를 국가의 공무원으로서가 아니라 시민의 선출된 대표로서 수행했다. 국가와 지방자치단체의 관계는 국가와 시민의 관계를 모방한 것이었다. 지방자치단체는 개인과 마찬가지로 법인격체로서 국가에 복종하며, 공권력의 주체가 아니라 사법(私法)상의 권리를 지닌 것으로 보았다(Jellnek, 1905: 278). 지방자치단체는 국가의 일부를 이루는 것이 아니었으므로 국가권력의 통일성 및 불가분성이론은 유지될 수 있었다. 지방자치단체가 사법(私法)상의 주체로서 수행하는 고유사무는 1789년의 법률에 의하면 경제영역과 지역경찰행정으로 구성되었다(Dehmel, 1970: 31). 여기서 고유사무를 국가사무로부터 분리시켜 지방자치단체가 사법상의 권리주체로서 수행하도록 하고 지방자치단체로 하여금 국가의 행정구역으로서 국가사무를 수행하도록 한 것은 지방자치단체의 사무를 이원적으로 파악하였다는 점에서 오늘날의 사무이원주의와 맥락을 같이하지만 공법상의 사단으로서의 지위를 인정하지는 않았다는 점에서 차이가 있다.

2) 프로이센 도시법에 의한 사무체계

지방자치단체가 공법상의 사단으로서 수행하는 사무를 고유사무와 위임사무로 구분한 것은 1808년의 프로이센도시법에서 발견된다(Korte, 1970: 4). 스타인(Freiherrn vom Stein)과 그의 협력자들에 의하여 수행된 개혁작업은 시민계층에게 지방사무의 행정을 맡김으로써 박탈된 시민의 권리를 회복시키는 것을 목적으로 했다(Ritter, 1931: 383). 절대주의국가에 의하여 박탈된 권리를 도시에 의하여 자신의 이름으로 자신의 책임하에 수행하도록 하되 프랑스와는 대조적으로 사적인 기능을 수행하는 것이 아니라 국가로부터 승인된 공권력적인 기능(자치사무)을 수행하는 것으로 보았다(Becker, 1956: 196). 또한 프로이센 도시법 제 166조는 “국가는 시(市)에 자신의 경찰관청을 설치하거나 혹은 경찰권의 행사를 시청에 위임할 수 있다. 시에 설치된 특별경찰행정청이 상급 경찰행정청의 아래에 있는 것과 마찬가지로 경찰사무를 위임받은 시청은 경찰행정과 관계된 모든 점에서 상급 경찰행정청의 아래에 있다. 이 점에서 시청은 국가의 하급행정청으로 간주된다. 시청은 그에게 경찰사무가 위임되는 경우에 이를 거부없이 수임하여야 한다. 또한 모든 시민계층은 이 경우는 물론 경찰사무를 자신의 행정청(국가행정청)을 설치하여 수행하는 경우에도 지원하여야 한다.”라고 함으로써 위임사무의 존재를 인정하고 이 경우에 시가 국가의 행정구역으로 되는 것이 아니라 시의 기관이 위임된 경찰사무에 한하여 국가의 행정청으로 간주되고 취급됨을 분명히 하고 있다. 1831년 개정된 도시법 제84조는 “각 도시는 관헌으로서 이중적인 관계를 가진 집행기관(Magistrat)을 갖는다: a) 지방사무의 관리자로서 b) 국가권력의 기관으로서.”라고 함으로써 양 사무영역의 구분을 명확히 했다.

3) 오스트리아 지방자치법상의 사무체계

1849년의 오스트리아 지방자치법 제4조는 “Ⅰ. 자유국가의 기초는 자유지방자치단체이다. Ⅱ. 자유지방자치단체의 사무영역은: a) 자연적인 사무영역 b) 위임된 사무영역이 있다. Ⅲ. 자연적인 사무영역은 지방자치단체의 이익에 관계되고 그 구역내에서 완전히 수행될 수 있는 모든 사무를 포함한다. 위임된 사무영역은 지방자치단체가 국가로부터 위임에 의하여 수임받은 일정한 공공사무의 관리를 포함한다. Ⅳ. 지방자치단체의 자연적인 사무영역에 속하는 행정은 지방자치단체 자체의 사무이고 그의 대표 다수에 의해서 결정된다. V. 위임된 사무영역에 관해서는 지방자치단체의 장은 집행기관이 된다"라고 함으로써 자연적인 사무영역과 위임된 사무영역의 이원적인 사무체계를 명백히 하였다. 여기서 자연적인 사무영역은 1862년의 지방자치법 제4조에서는 '독립적인 사무영역'으로 표현된다. 자연적인 사무영역은 후에 고유사무라는 개념으로 통상 사용되었지만 역시 자연법적인 의미를 갖는 것으로 해석되었다(Dehmel, 1970, 38). 독일법학은 이를 곧바로 수용하였다(Stein, 321).

4) 사무이원론의 연혁적인 의미

전통적으로 지방자치단체의 고유사무영역은 국가로부터 자유로운 사회의 영역으로 간주되었다(Jesch, 1960: 739). 지방자치단체는 다른 단체와 마찬가지로 국가조직의 밖에 존재하였으며 자치행정은 국가행정과는 다른 원칙에 근거하는 것으로 보았다(Korte, 1970: 4). 오스트리아의 입법에서 보는 것처럼 고유사무는 지방자치단체의 자연적인 사무영역으로서 지방자치단체의 본질에 관한 자연법적인 견해의 결과라고 할 수 있다(Dehmel, 1970: 38). 자연법학파는 지방자치단체의 자유는 시원적(始原的)으로 그에게 속하는 권리로서 국가와 무관하게 또한 국가이전에 형성된 것이라고 보았다(v. Aretin/ v. Rotteck, 1824: S.25). 지방자치단체사무의 시원성을 인정하는 견해는 여기에 속하는 사무의 수행은 원칙적으로 국가의 간섭을 받지 아니하고 다만 국가는 감독권한만을 가진다는 결론에 도달하였다.

이에 대하여 위임된 사무는 그 사무의 성질에 의하여 지방자치단체에 귀속된 사무가 아니라 국가적인 사무로서 위임에 의하여 지방자치단체가 수행하지만 국가사무로서의 성질을 잃지 아니한다고 보았다((Dehmel, 1970: 42). 국가적인 사무를 수행하는 지방자치단체의 기관은 국가의 기관으로서, 국가의 최하급행정청으로서 그 사무를 수행하였으며 상급국가기관의 지시에 복종하였다.

이에 대해서 영미법은 지방자치단체의 단체위임사무나 기관위임사무의 개념을 구별하지 않는다. 즉, 사무체계를 자치사무 외에 단체위임사무나 기관위임사무를 두고 있는 것은 독일을 비롯한 대륙법계의 고유한 산물이라고 할 수 있다. 영미에서는 지방자치단체는 자치사무를 중심으로 하고 국가사무는 국가가 자신의 하부기관을 통하여 처리하는 것을 원칙으로 한다. 독일에서 국가의 사무를 직접 국가의 하부기관을 통하여 처리하지 않고 위임사무로 지방자치단체나 그 기관으로 하여금 처리하게 한 것은 국가가 그 하부기관을 각지방에 설치하게 되는 경우에 드는 경비를 절감하기 위하여 지방자치단체가 이미 설치하고 있는 조직과 기관을 이용하여 경비를 절감하고자 한 것이다. 지방자치단체로서는 비록 국가의 지시를 받기는 하지만 그 활동영역을 넓힌다는 긍정적인 측면도 있는 반면에 국가의 개입을 불러들이는 통로가 된다는 부작용도 있다.

5) 독일의 사무일원론 및 이원론이 갖고 있는 이론 및 현실적인 문제점(이기우, 2008)

지방자치단체의 사무를 고유사무와 위임사무로 구분한 사무이원론의 근거는 국가와 지방자치단체 간의 본질적인 이질성을 긍정하는 자유주의적인 사상이다. 19세기의 입헌군주제하에서 지방자치는 군주적인 관헌행정에 대립되는 민주적인 정당성에 근거했다. 이 당시의 자치행정과 국가행정의 구분은 의사결정의 방법에 의하여 구분되었다(Dehmel, 1970: 62). 즉 자치(自治)하는 개인으로서 시민은 치자(治者)인 동시에 피치자였지만, 국가의 신민으로서 시민은 자신의 의사와는 무관한 국가행정에 복종하였다. 여기서 국가의 권력은 국민으로부터 나오는 것이 아니라 주권자인 군주로부터 전래된 것이었다. 이러한 이원적인 공권력 체계하에서는 국가와 지방자치단체 간의 이원적인 대립론은 국가영역으로부터 시민의 자유로운 지방영역을 지키기 위하여 나름대로 설득력을 가졌다.

그러나 민주국가가 헌법적으로 보장됨으로써 모든 국가권력은 국민으로부터 나오게 되었다.[4] 이로써 지방자치단체뿐만 아니라 국가도 역시 민주적인 정당성을 획득하게 되었다. 만약 지방자치의 본질을 자기책임적인 사무수행으로부터 찾지 않고, 행정에 대한 국민의 참여의 측면에서 파악하는 본다면 국가행정과 자치행정의 질적인 차이는 부정될 수밖에 없다(Dehmel, 1970: 63).

자치행정이나 국가는 공통된 민주적인 근원을 가진다는 점에서 양자는 일치한다.[5] 자치행정과 국가행정의 본질적인 동질성은 전통적인 지방자치의 폐지를 주장하는 견해의 이론적인 기초가 되기도 했다. 오늘날 지방자치

4) 이를 가리켜 사회에 의한 국가의 완전한 정복이라고 표현하기도 한다(Dehmel, 1970: S. 63).

5) 이런 의미에서 국가행정을 자치행정이라고 표현하기도 했다(Drews, 1919: 361ff).

의 의미는 더 이상 국가영역으로부터 고립된 사회의 자유영역의 확보에 있는 것이 아니라 국가를 계층적인 분권구조로 형성하는 데 있다. 이런 의미에서 지방자치단체는 국가전체의 행정계층구조의 일부분을 이루며 국가의 최소단위를 이룬다고 볼 수 있다.

따라서 국가와 지방자치의 본질적인 이질성과 대립성에 근거하여 지방자치단체가 처리하는 사무 중에서 비국가적이고 사회적인 사무를 고유사무 내지 자치사무로 보고, 국가사무를 위임사무로 보는 사무이원론은 오늘날 더 이상 유지되기 어렵다. 사무이원론은 사회에 의한 국가의 정복이 불완전했던 입헌군주국가에 있어서 군주의 영역을 존치시키고 이를 정당화시키며 동시에 시민의 자유영역을 군주의 간섭으로부터 방어하는 이론적인 근거로 작용하였고 나름대로 이유가 있었다. 오늘날 모든 국가권력이 국민으로부터 유래되는 민주국가에서는 사회와 국가가 뿌리를 같이하게 되었으므로 양자의 구별은 이론적인 의미를 상실하였다.

3. 일본의 2000년도 기관위임사무의 폐지

2000년 4월에 시행된 지방분권일괄법에 의해 그동안 문제점으로 지적되었던 기관위임사무제도가 전면적으로 폐지되었다. 중앙집권행정 시스템 중의 하나인 기관위임사무제도의 폐지는 지금까지 국가가 포괄적인 지휘감독권으로 처리해왔던 사무방식을 지방자치단체의 실정에 맞는 종합적인 행정으로 가능하게 하였다. 다음의 <표 4-2>는 기관위임사무의 폐지 이후 그 사무구분 및 국가와 지방의 관여관계를 나타낸 것이다.

한편, 2000년 4월의 지방분권일괄법의 시행은 국가의 권한을 도도부현에, 또한 도도부현의 권한을 시정촌으로 이양하게 되었다. 즉, 지방자치법 개정에 의해 20만 이상의 인구규모를 갖는 시에는 권한을 일괄하여 이양하는 '특례시제도'를 창설(지방자치법 제252조 26의 3～제252조 26의 7)하며, 또한 도도부현에서 시정촌으로 권한이양의 경우는 '조례에 의한 사무 처리의 특례제도'를 창설(지방자치법 제252조 17의 2～제252조 17의 4)하여 지역의 실정에 맞는 사무이양을 추진하도록 하였다.

이로 인하여 제도상으로는 지방의 독자성과 자율성을 보장해 주는 계기를 마련하게 되었다. 특히, 국가와 지방 간의 경비부담구분의 원칙 및 국고부담금과 국고보조금의 구분의 명확화는 성과라고 볼 수 있다. 예를 들어,

〈표 4-2〉 기관위임사무 폐지 전후의 국가의 관여방식의 변화[6)]

• 단체사무 (공공사무 · 단체위임사무 · 행정사무) • 조언/권고(제245조) • 자료의 제출요구(제245조) • 시정조치요구(제246조의2) ※ 그밖에 개별법에 기초한 관여	• 기관위임사무(432) • 포괄적인 지휘감독권 (제150조, 제151조) 허가권 · 훈령권 · 감시권 · 취소정지권 등 수단방법에 대해 법령의 규정불필요 • 조언/권고(제245조) • 자료의 제출요구(제245조) • 시정조치요구(제246조의2) • 직무집행명령(대집행: 제151조의2) ※ 그밖에 개별법에 기초한 관여
• 자치사무(단체사무+298) 〈관여의 기본유형〉 • 조언/권고(제245조의4) (시정권고: 제245조의6) • 자료의 제출요구(제245조의4) • 협의 • 시정요구(제245조의5) ※ 그밖에 개별법에 기초한 관여 • 동의, 허가/인가/승인, 지시 기본유형에 따른 최소한의 것에 한정 • 대집행, 그밖의 관여 가능한 설정하지 않는다.	• 법정수탁사무(247) 〈관여의 기본유형〉 • 조언/권고(제245조의4) • 자료의 제출요구(제245조의4) • 협의 • 동의 • 허가/인가/승인 • 지시(시정요구: 제245조의7) • 대집행(제245조의8) ※ 그밖에 개별법에 기초한 관여 가능한 설정하지 않는다.

주: 지방자치법에 일반적인 근거규정을 둔 관여이며, 직접 동법에 의거하여 행할 수가 있는 것.
기관위임사무 폐지 후, 그 사무 중에는 사무자체가 폐지(40)된 것과, 국가의 직접직행사무(51)가 존재한다.
괄호안의 수는 법률수를 나타내며 사무구분 간에 있어서의 중복 등으로 인해 상호숫자가 맞지 않는다.

지방재정법 개정을 통하여 국가와 지방의 경비부담에 대해서, 고유사무, 단체위임사무, 기관위임사무라는 해당사무의 성격에도 불구하고, 지방자치단체가 실시주체가 되는 사무 · 사업의 비용은 지방자치단체가 전액 부담하는 것을 기본으로 하고 있다(지방재정법(1948년 법률 제109호) 제9조). 단, 지방자치단체가 하는 사무에 대해서, 국가가 경비의 전부 또는 일부를 부담 또는 보조할 수 있도록 했다. 이것은 기관위임사무제도의 원칙적 폐지에 대한 합의에 따라, 지방자치단체가 담당하는 사무에 대해서는, 자치사무를 원

6) 「スタート지방분권」 지방분권추진본부, 2000년 3월, 5혈 및 8혈을 재구성.

칙으로 하고, 법정수탁사무를 예외로 하는 새로운 사무의 구분을 행하는 것으로 하나, 국가와 지방의 경비부담의 상태에 대해서는, 현재 지방재정법에 의해, 해당사무에 대한 국가의 이해의 합리 등에 응하여 정해져 있는 사고방식을 기본으로 하였다.

4. 현행 우리나라 사무구분 체계의 문제점

1) 담당자도 구분이 안 되는 사무구분 체계의 모호성

1988년도의 제7차 개정, 1995년도 지방자치법 개정 그리고 2020년 12월 전부개정 등의 과정을 거친 현행 지방자치법은 근본적으로 중앙정부-광역-기초자치단체 간의 관계에 대하여 상하관계로 설정하여 국가사무를 위임사무 방식으로 처리하도록 한 점은 변함이 없다. 이는 1988년도 제7차 개정된 우리의 지방자치법이 일본의 지방자치법(1947년 제정)으로부터 영향을 받았으며 독일의 대륙법 체계로부터도 영향을 받았다고 볼 수 있다. 이러한 국가와 지방의 현행 사무구분체계의 문제점으로서는 법령상 국가사무-위임사무-자치사무 간의 사무구분이 모호함에 따른 책임의식의 부재(예, 법령상 사무처리의 주체를 ① 국가・지방자치단체(장), ② ○○장관, 시・도지사, 시장・군수・구청장, ③ 관리청, 소속청, 허가청 등 다양하게 표현), 사무성질에 따른 법령 제・개정 유도 시스템 불비, 광역행정사무의 구별기준의 모호로 인한 갈등과 비효율의 초래, 공동사무의 책임성・효율성 저하 우려 등이 지적되어 왔다.

1999년 한국행정연구원이 전국의 지방공무원 중 표본집단을 상대로 조사한 바에 따르면 <표 4-3>에서 나타나는 바와 같이 전국적으로 약 66.8%의 지방공무원들만이 기관위임사무에 해당하는 사무를 구별해낼 수 있었다. 더욱이 실제 일선에서 기관위임사무를 직접 처리하는 기초자치단체 공무원들의 경우에 이러한 비율은 약 66%에 지나지 않는 것으로 나타나고 있다. 이러한 연구결과는 그 이후의 조사연구에서도 유사한 비율로서 지방공무원들의 기관위임사무처리 비중이 높다.

이들 조사결과에 의하면 기관위임사무뿐만 아니라 자치사무와 단체위임사무의 경우에도 그 식별수준이 유사하게 낮은 것으로 나타나고 있는데, 이는 사무구분의 곤란성이 일정한 유형의 사무에 국한된 문제가 아니라 사무구분 전반에 걸쳐 나타나는 문제라는 판단을 가능케 한다. 이에 더하여 정

〈표 4-3〉 자치단체 공무원의 사무의 종류에 대한 구분가능 정도[7]

(단위: 점[8])

	군	시	자치구	특별시 · 광역시	도	전국
자치사무	3.52	3.84	3.79	4.75	4.33	3.76
단체위임사무	3.24	3.30	3.33	4.00	3.00	3.29
기관위임사무	3.19	3.35	3.36	4.25	3.78	3.34
재위임사무	2.95	3.63	3.39			3.28
공동사무	2.85	3.03	3.08	3.75	3.67	3.03

부나 각종 연구기관 등에서 발표하는 '전체 지방자치단체수행사무 대비 기관위임사무 등 개별사무의 비율'에 관한 통계자료들마저도 일관되어있지 못한 현실을 감안한다면, 실질적인 판별수준은 더욱 낮아질 수도 있다. 결국 기관위임사무의 정의와 정체성을 밝히는 것은 직접적으로 단체위임사무나 자치사무의 정체성을 명확히 하는 것을 포함하여 전체로서의 우리 지방자치의 현황을 정확하게 파악하기 위해서도 요구되는 과업이라 할 수 있다.

2) 지방재정과의 연계성 모호

사무구분 체계에서 가장 큰 문제점은 다음의 <표 4-4>와 같이 기관위임사무의 경우 경비부담은 지방재정법 제21조에 의하여 국가가 전액부담으로

〈표 4-4〉 사무 구분에 따른 경비부담의 원칙

	자치사무	단체위임사무	기관위임사무
경비 부담	자치단체 부담 (국고보조 가능) (지방재정법 제20조)	국가 부담(일부 또는 전부) (지방재정법 제21조)	전액 국가 부담 (지방재정법 제21조)
자치 입법	의회 · 행정입법 - 조례, 규칙	의회 · 행정입법 - 조례, 규칙	행정입법(의회입법불가) 규칙, 조례 불가
행정적 관여 (감독)	소극적 관여 (적법성 · 사후적관여)	소극적 관여(적법성 · 합목적성 · 사후적관여)	적극적 · 소극적 관여(적법성 · 합목적성 · 사전 · 사후적 관여) (지방자치법 제156조)
지방의회 관여	가능	지방의회와 의결, 동의, 사무감독, 회계감사 등 대부분 가능	사무수행에 필요한 경비분담에 관한 사항외에는 원칙적으로 불가

7) 홍준현, 중앙사무 지방이양 추진사업의 개선방안, 1999, 한국행정연구원.

8) 거의 구분할 수 없는 정도를 1점으로 하고, 확실히 구분할 수 있는 정도를 5점으로 한 '5점 척도' 하에서의 평균값을 나타냄.

되어있으나 실제로 국가가 전액 부담하는 경우는 국민기초생활자 등에 대한 보조 등 극히 제한적이다.

지방자치단체의 실정을 고려하지 않은 국가사무의 위임경향이 지방의 재정부담을 가중시키고 있으며, 특히 재정자립도가 낮은 지방의 경우 위임사무에 소요되는 경비부담으로 지방의 고유 사무처리에 지장을 받고 있는 실정이기도 하다. 또한 기관위임사무의 과다로 지방의 자율성 저해 및 책임소재의 불분명을 초래하며, 사무배분에 대한 법령과 자치법규의 내용이 모호하여 소관주체에 대한 구분이 불분명하여 책임소재가 불분명한 실정이며, 특히 대・중・소 사무의 구분이나 그 범위가 모호하고, 광역과 기초자치단체간의 사무구분이 불명확하여 중복되는 업무가 상당수에 달하고 있는 실정이다.

자치단체의 특수성, 행정수요의 차이, 행정적 재정적 능력 차이, 인구규모를 고려하여 사무배분이 이루어지는 것이 바람직하나 현행 지방자치법에서는 획일적으로 사무배분이 규정되어 있다. 지방자치법에서는 광역자치단체와 기초자치단체간의 사무배분에 대해서는 특례를 인정하고 있으나 지방자치단체별 특수성을 고려한 사무배분은 아직 이루어지지 않고 있다는 점이다.

5. 우리나라 사무구분 체계 개선사항

2022년 현재 17개 시도인 광역자치단체의 기능으로서 광역행정기능, 보완・대행기능, 연락・조정기능, 감독・지도기능 등 4가지로 구분하고 있으나, 지금까지의 사무 비중을 보면 감독・지도기능이 가장 많고, 다음이 연락・조정기능인데 이러한 연락・조정기능은 단순한 매개기능으로서 광역자치단체의 본질적인 기능과는 거리가 멀다.

또한, 국가와 지방간의 공동사무에 대한 문제점도 개선되어야 할 것이다. 현행 공동사무의 성격은 행정실제상 국가와 지방자치단체가 사무를 공동으로 수행하는 것이 공동사무로서 국가의 협력이 필요한 경우 내지 양자가 공동으로 이해를 가지는 경우를 의미한다. 주로 공간계획과 지방자치단체에 대한 국가의 재정지원 분야에서 활용하고 있다. 예를 들어, 개별법에서는 '국가 또는(및) 지방자치단체는 …사무를 처리한다, ○○장관 또는(및) 시・도지사는 …사무를 처리한다'라고 규정하는 형식이다. 국가와 지방의 공동사무가 증가되는 이유는 현대 행정의 특성상 그 이해관계가 국가와 지방자치단체 모두에게 있어서 상호 협력하여 처리하는 사무가 많아지기 때문이다. 예를 들어, 도시계획·지역개발·환경관리·사회복지·재해관리 등 어느 한 계층의 행정주체가 단독으로 자기 완결적으로 처리할 수 있는 성질의 사무가 아닌 분야의 경우에는 공동사무 실행이 필수라는 견해도 있다. 그러나, 공동사무는 국가가 재정분담의 노력 없이 지방에 대한 감독을 강화시키는 경향이 높으며, 중앙정부 기능의 지방이양 회피수단으로 전락할 수 있다는 문제점 등이 지적된다. 우리나라의 경우, 사무 처리주체를 복수로 규정하면, 실제 사무수행이 양자 간 공동의 합의나 계획에 의하여 수행하기보다 지방정부가 계획을 세워 중앙정부의 보조금을 받거나, 국가가 일방적으로 집행을 강요하는 등 부작용이 존재하고 있다. 공동사무는 중복행정 또는 책임회피의 우려가 있고, 명확한 사무구분이 책임성과 효율성을 제고할 수 있으므로 입법론적 관점에서도 공동사무는 가급적 축소시키는 것이 바람직하다는 의견을 제시하고 있다. 사무처리 주체가 이원적인 경우 중복행정 또는 책임회피 우려가 있으므로 국가가 직접 수행하는 경우에는 국가사무로, 지방자치단체가 직접 수행하는 경우에는 자치사무로 분류하도록 기준점을 제시하는 것이 타당하다.

요 약

정치·행정학에서 정부 간 관계에 대한 논의가 활발하게 진행되기 시작한 것은 1960년 이후이다. 정부 간 관계는 1960년대 '위대한 사회의 건설'이라는 존슨 행정부의 사회 프로그램의 실시 이후 연방정부, 주정부와 지방정부 간에 다양하고 동적인 관계를 지칭하는 용어가 되었다. 미국의 경우 "Picket Fence Federalism", "Bamboo Fence Federalism" 등은 중앙정부와 지방정부의 정부 간 관계를 특징 지우는 용어이다.

영국과 일본은 물론 우리나라에서도 '정부 간 관계', 또는 '중앙정부와 지방정부의 관계'라는 용어로 정부간관계가 논의되고 있으나 정부간 관계의 기원 및 논의 대상은 나라마다, 그리고 논자에 따라 차이를 갖는다.

우리는 이상에서 미국, 영국, 일본 및 우리나라의 정부 간 관계에 관한 차이점을 비교 분석함으로써 정부 간 관계의 개황과 지방자치에 보다 근접하였다. 지방자치가 실시되고 지방자치단체가 민의에 의해 구성된 독립된 행정주체로 등장하면서 중앙정부와 지방자치단체 간의 관계, 또 지방자치단체와 지방자치단체 간의 관계에 대한 관심이 매우 높아지고 있다.

우리의 경우도 이러한 미국의 경우와 크게 다르지 않다. 민선체제 출범 이전의 중앙정부와 지방자치단체 관계는 완전한 상하관계로서 지방자치단체는 그 독자성을 전혀 부여받지 못하고 형식상 자치단체로서의 법인격을 부여받고 있었다.

그러나 민선자치단체 출범과 동시에 지방자치단체는 하나의 자율적인 기구가 되면서 중앙정부와 지방자치단체 간의 관계와 지방자치단체 간의 관계가 인식되기 시작하였다. 중앙정부의 의지로 입안된 중요한 국책사업들이 지방자치단체의 반대로 수행될 수 없는 상황이 발생하는가 하면, 지방자치단체 간의 갈등으로 지역주민이나 국가적 이익이 피해를 입는 경우가 적지 않게 발생되기도 하였다. 일례로 쓰레기 매립장 건설을 중앙 정부가 추진할 때, 지방 정부의 아무런 잡음 없이 이루어지는 경우를 찾아보기란 이제는 매우 어렵게 되었고 중앙과 지방자치단체 간 혹은 지방자치단체 상호 간의 갈등과 비협조로 인하여 국책사업조차 연기되는 경우가 나타나게 되었다. 이러한 상황은 지역이기주의나 포퓰리즘(populism)으로 당리당략이나 '차기'를 확보하려는 단체장의 행태 등도 지적될 수 있겠지만, 중앙과 지방의 관계의 재정립이 무엇보다도 중요한 과제로 나서게 되는 것이다. 과거와 같이 중앙의 일방적 의사만이 존재하고 지방은 단지 그 집행자에 지나지 않았을 때와는 다른 중대한 변화가 나타난 것이다. 우리가 새롭게 '정부 간 관계'에 대해서 관심을 갖는 것도 이 때문이다.

중앙정부와 지방자치단체, 또 지방자치단체와 지방자치단체 간의 이러한 관계 변화와 함께 미국을 비롯한 자치선진국에서 논의되어온 '정부 간 관계'는 지방자치의 성패를 가름할 매우 중요한 분야로 연구되어야 할 것이다.

중요개념

- 연방주의
- 정부 간 관리
- 정부 간 상호작용
- 정부 간 관계
- 사무의 배분

예제

1. 사무배분의 원칙에 대하여 논하시오.
2. 미국에서의 정부 간 관계의 변천과정에 대하여 논하시오.
3. 국가의 지방자치단체에 대한 수직적 통제와 수평적 통제에 대하여 각각 장단점을 분석하시오.

4. 지방자치단체의 국정참여 필요성에 대하여 논하시오.

5. 2021년 단행된 우리나라 지방자치법 전부개정의 의의와 내용에 대하여 기술하시오.

참 고 문 헌

김성호 · 김재훈 · 홍준현 · 안영훈(2003), "사무구분 및 배분체계 재정립방안", 「이제는 지방분권시대!」, 정부혁신지방분권위원회/한국지방행정연구원.

김정훈 외(2000), 「지방재정조정제도의 개편방안」, 24(2)(한국조세연구원).

배준구(1989), "프랑스 지방자치단체의 조직과 권한배분에 관한 연구", 「地方과 行政硏究」, 지방자치학회편(부산대학교 행정대학원 지방행정연구소).

안성호(1995), 「한국지방자치론」(서울: 박영사).

이기우(1991), 「지방자치행정법」(서울: 법문사).

———(1995), 「지방자치이론」(서울: 학현사).

———(1996), 「지방자치이론」(서울: 학현사).

이성복(1993), 「도시행정론: 한국의 도시를 중심으로」(서울: 법문사).

정세욱(1997), 「정부간관계」(서울: 법문사).

정정길(2002), 행정과 정책연구를 위한 시차적접근방법: 제도의 정합성 문제를 중심으로, 「행정학회보」, 36(1).

조창현(1997), 「지방자치론」(서울: 박영사).

———(2000), 「지방재정론」(서울: 박영사).

최우용(2002), 「현대행정과 지방자치법」(서울: 세종출판사).

임승빈(2006), 「지방자치론」 제2판(파주: 법문사).

임승빈 · 이기우 외(2008), "국가와 지방간의 사무구분 체계 개선방안". 「행정안전부 연구보고서」(한국자치법학회).

하미승(1992), "중앙-지방간 기능배분 업무의 효율화를 위한 전문가 지원체계(ESS)", 「한국행정학보」, 26(2)(한국행정학회).

한국지방자치학회(1995), 「한국지방자치론」(서울: 삼영사).

———(1995), 「廣域行政と事務配分」, 關西經濟聯合會(東京: きようせい, 1978).

한국지방행정연구원편(1997), 「지방지대의 행정 변화」.

홍준현(1999), "중앙관리체계의 추진사업의 개선방안"(한국행정연구원: 99-01).

辻山幸宣, "機關委任事務概念の機能と改革の展望", 「都市問題硏究」 35卷6號.

鹽野宏, "機關委任事務の法的問題點", 「月刊地方財政」 315號.

地方分權推進本部(2000), 「スタート地方分權」.

地方自治法令硏究會(2008), 「自治六法」(ぎょうせい).
西尾勝・新藤宗幸(2007), 「今, なぜ地方分權なのか」(實務敎育出版).

Dregger, Alfred(1959), Probleme der Auftragsverwaltung, Der Stätetag, S. 192f.

Ashford, D. E.(1982), *British Dogmatism and French Pragmatism: Central-local policymaking in welfare state*, George Allen & Unwin. Ltd.

Audit Commission(1997), *Competitiveness and Contracting Out of Local Authority Services,* London: HMSO.

Bardach, Eugene(1997), *The Implementation Game: What Happens Aftera Bill Becomes a Law,* Cambridge, M. A.: MIT Press.

Drews, Bill(1919), Verwaltungsreform, Deutsche Juristenzeitung, SP. 361 ff.

Byrne, Tony(1985), *Local Government in Britain,* England: Penguin Books.

Daniela Birkenfeld-Pfeiffer/Alfons Gern(2001), Kommunalrecht, Baden-Baden.

Schweer, Dieter(1956), Die Pflichtaufgaben nach Weisung nach der Gemeindeordnung von Nordrhein-Westfalen, DVBl, S.706 f.

Jesch, Dietrich(1960), Rechtsstellung und Rechtsschutz der Gemeinden bei der Wahrnehmung "staatlicher" Aufgaben, DöV, S.739.

Ehlers, Dirk(1990), Die Rechtsprechung zum nordrhein-westfälischen Kommunalrecht der Jahre 1984-1989, NWVBl. 1990, S.48.

Edzard Schmidt - Jortzig(1993), Gemeinde- und Kreisaufgaben, DöV, S.977

Ehrenberg, Rudolph H. & Stupak, Ronald J.(1996), Total Quality Management: Its Relationship to Administrative Theory and Organizational Behavior in the Public Sector, *Public Administration Quarterly.*

Elderveld, Samuel J., Lars Stromberg, and Wim Derksen(1995), *Local elites in western democracies: A comparative analysis of urban political leaders in the U.S., Sweden, and the Netherlands*, San Francisco: Westview Press.

Becker, Erich(1956), Die Selbstverwaltung als verfassungsrechtliche Grundlage der kommunalen Ordnung in Bund und Ländern, in: H. Peters(hrsg.), Handbuch der kommunalen Wissenschaft und Praxis, Berlin u.a., Bd.1, S.113 ff.

Meier, Ernst v.(1904), Das Verwaltungsrecht, Encyklopädie der Rechtswissen-schaft, 2. Bd., 6. Aufl., Leibzig u. Berlin.

Forsthoff, Ernst(1973), Lehrbuch des Verwaltungsrechts, 1. Bd: Allgemeinerteil, 10.Aufl., München u. Berlin.

Ferris, J.(1986), The Decision To Contract Out: An Empirical Analysis. *Urban Affairs Quarterly,* 22.

Klein, Friedrich(1956), Das Probleme der gemeindlichen Weisungsaufgaben,

SKV(Staats- und Kommunalverwaltung), S.72.

Jellinek, Georg(1905), System der sujektiven öffentlichen Recht, 2.Aufl. Tübingen 1905.

Ritter, Gerhart(1931), Stein. Eine politische Biographie, Stuttgart, Bd.1, Berlin.

Püttner, Günter(1999), Kommunalrecht Baden-Würtemberg, Stuttgart. u.a.

Wolff, Hans J.(1967), Verwaltungsrecht Ⅱ, 2.Aufl. München und Berlin.

Vietmeier, Hans(1992), Die Staatlichen Aufgaben der Kommunen und ihrer Organe, Berlin.

Dehmel, Hans-Hermann(1970), Übertragener Wirkungskreis Auftragsangelegenheiten und Pflichtaufgaben nach Weisung, Berlin.

Harrison, Michael I.(1987), *Diagnosing Organizations: Methods, Models, and Processes*, Sage.

Korte, Heinz W.(1970), Die Aufgabenverteilung zwischen Gemeinde und Staat unter besonderer Berücksichtigung des Subsidiaritätsprinzips, Verwaltungsarchiv Bd. 61, S.1 ff.

Burmeister, Joachim(1977), Verfassungstheoretische Neukonzeption der Kommunalen Selbstverwaltung, München.

Aretin, Joh. Christ v./Karl v. Rotteck(1824/1828), Staatrecht der konstitutionellen Monarchie, Altenburg 1824/1828, 2.Bd.

Makswit, Jürgen(1984), Finanzierung kommunaler Fremdverwaltung unter besonderer Berücksichtigung des finanzverfassungsrechtlichen Konnexitätsprinzip, Frankfurt am Main.

Zuhorn, Karl/Werner Hoppe(1962), Gemeinde-Verfassung, 2. Aufl., Siegburg

Key, V. O.(1949), *Southern Politics*, Ch.4, New York: Random House.

Kimberly, J. R. & Evanisko M. J.(1981), Organizational Innovation: The Influence of Individual and Contextual Factors on Hospital Adoption of Technological and Administrative Innovations, *Academy of Management Journal*, 24(4).

Stern, Klaus(1964), Art.28, in: Kommentar zum Bonner Grundgesetz. 2.Bearbeitung, Hamburg, Rdnr. 94.

Leach, S. and J. Stewart(1992), *The Politics of Hung Authorities*, London: Unwin-Hyman.

Lineberry, R. L., and E. P. Fowler(1967), "Reformism and Public Politics in American Cities", *American Political Science Review*.

Stein, Lorenz(1869), Die Verwaltungslehre. Erster Teil: Die vollziehende Gewalt, 2. Aufl., Stuttgart 1869.

Grodzins, M.(1996), *The American system*, Rand McNally.

Marcus, Leonard J.(1988), Processes of New Organizations: A Case Study,

Administration in Social Work, Vol.12.

Gönnenwein, Otto(1963), Gemeinderecht, Tübingen.

Hendler, Reinhard(1984), Selbstverwaltung als Ordnungsprinzip, Köln.

Senger, Richard(1957), Zur Frage der Pflichtaugaben nach Weisung in Nordrhein-Westfalen, DVBl, S.11.

Kirchhof, Roland(1977), Abscheid von den Pflichtaufgaben zur Erfüllung nach Weisung?, Verwaltungsrundschau, S.371.

Reed, Steven(1981), "Is Japanese Government Really Centralized?", *Journal of Japanese Studies:* October 1981.

Scheebarth, Walter(1958), Gedanken zum neuen nodrdrh.-westf. Ordnungsbehördengesetz, DVBl S.84.

————(1953), Gibt es weiterhin "Auftragsangelegenheiten" im Land Nordrhein-Westfalen, DVBl S.264.

Wright, Deil S.(1988), "Understanding Intergovernmental Relations", *Pacific Grove*, California: Brooks Publishing Company.

제 5 장 지방공무원제도

제1절 공직분류

1. 개 념

2023년도 현재 우리나라 전체 공무원 중 국가직 행정부만 한정했을 때 국가직은 181,707명, 지방직은 387,453명으로서 지방직이 두 배 이상으로 규모가 크다.

공직 분류는 직위를 일정한 기준에 따라 질서 있게 배열하는 것이다. 이러한 공직 분류는 정부활동의 기본이 되는 인적자원을 동원하고 배분하는 인사관리의 토대로, 각 국가의 관료집단의 골격을 형성하여 공직 분류 체계를 형성하고 정부 인사관리의 기준과 방향을 제시해준다.

공무원의 종류는 각 국가와 시대에 따라 다양하게 분류된다. 정부의 규모가 작고 공무원 수도 적으며, 행정기능이 양적으로나 질적으로 확대, 심화되지 않았던 과거에는 공무원의 종류도 간단했으나, 정부의 규모가 크고 공무원 수도 많아지며 행정기능이 다양해짐에 따라 공무원의 종류도 다양하게 확대되었다. 공무원을 분류하는 기준은 임용주체, 소속, 경비부담, 실적, 신분보장 등을 들 수 있으나 각 국가의 사정에 따라 여러 기준이 복합적으로 적용되어 분류된다.

지방자치제를 실시하는 모든 국가는 공직을 1차적으로 임용주체나 소속에 따라 국가 공무원과 지방공무원(미국의 경우는 연방공무원과 주, 지방공무원으로 구분하고, 프랑스의 경우 국가공무원, 지방공무원, 보건의료 공무원으로 구분)으로 분류하고, 다시 실적의 적용이나 신분보장에 따라 공직을 분류한다. 미국은 임용형태에 따라 경쟁직 공무원과 제외직 공무원으로 분류하고 프랑스는 실적의 적용과 신분보장 여부에 따라 경력직 공무원과 비경력직 공무원으로 분류한다. 그리고 영국도 신분보장과 실적의 적용여부에 따라 경력직 공무원과 비경력직 공무원으로 분류하고, 일본도 실적의 적용과 신분보장의 여부에 따라 일반직과 특별직으로 분류한다.

우리나라의 공무원은 다음에서 살펴보는 바와 같이 임용주체에 의하여 국가공무원과 지방공무원으로 분류하고, 다시 실적의 적용과 신분의 보장 여부에 따라 경력직 공무원과 특수경력직 공무원으로 분류한다.

2. 공무원분류의 개념적 차이

1) 국가공무원과 지방공무원

자유민주주의 정치체제를 채택하고 있는 대부분의 현대국가는 정도의 차이는 있지만 대개 중앙정부(국가)의 사무와 지방자치단체의 사무를 구분하여 실행하고 있다. 중앙정부에서 수행하는 국가사무는 중앙부처나 특별지방행정기관 또는 중앙정부의 위임에 의하여 지방자치단체의 행정기관에서 수행하며, 지방자치단체의 자치사무는 시·도와 시·군·구 등 보통지방자치단체 혹은 특별지방자치단체의 행정기관에서 수행된다. 따라서 중앙정부의 국가사무와 지방정부의 자치사무를 수행하기 위하여 대부분의 국가는 국가공무원과 지방공무원을 두고 있다.[1)]

그러나 국가공무원과 지방공무원을 명확하게 구분하는 기준은 없다. 대개의 경우 임용주체에 의하여 중앙정부(국가)가 임용하는 공무원을 국가공무원이라고 하고, 지방자치단체에 의하여 임용되는 공무원을 지방공무원이라고 한다. 또한 행정주체를 기준으로 하여 중앙정부의 국가사무를 담당하는 공무원을 국가공무원, 지방자치단체의 자치사무를 담당하는 공무원을 지방공무원으로 구분하기도 한다. 또한 보수 기타 경비의 부담 주체를 구분기준으로 하여 국가에서 경비를 부담하는 공무원을 국가공무원, 지방자치단체가 경비를 부담하는 공무원을 지방공무원으로 구분하기도 한다.

---

1) 미국의 경우 연방공무원과 주정부공무원, 그리고 지방정부의 공무원을 두고 있다. 이는 미국이 연방국가이기 때문에 국가공무원 대신 연방공무원을 두고 있으며, 연방공무원이 주정부에서 근무하는 경우도 있다.

지방자치단체에 근무하는 국가공무원이 항상 국가사무만을 담당하는 것도 아니며 지방공무원이라고 해서 항상 자치사무만 담당하는 것도 아니다. 또한 국가공무원이 지방자치단체로부터 보수나 수당을 지급받는 경우도 있고, 그 반대의 경우도 있다. 따라서 국가공무원과 지방공무원의 구분기준은 임용주체가 국가인가 지방자치단체인가에 따라 구분하는 것이 가장 타당하며, 한국의 경우 경비부담자로 구별하고 있다.2)

역사적으로 국가공무원과 지방공무원을 구분하는 제도는 서구 여러 나라의 지방자치 제도의 발달과 관련하여 중요한 의미를 가졌다. 서구 각국의 경우는 지방자치가 일찍부터 발달하여 지방공무원의 공직 분류체계가 중앙정부의 그것과는 달랐다. 지방공무원은 대개 선거에 의하여 선임되는 명예직 공무원이었으며, 임용에 의하는 경우에도 중앙정부의 임용방식과 다르고, 보통 거주지 제한을 하는 등 중앙정부와 별개의 행정체제를 유지해왔다. 그러나 오늘날 국가공무원과 지방공무원의 성격이나 인사절차상의 차이가 줄어들고 있다.

특히 지방자치제가 본격적으로 실시되지 않고 있는 국가의 경우 국가공무원과 지방공무원을 구별하는 것은 인사행정상 의미가 별로 없다.

우리나라 역시 국가공무원과 지방공무원에게 적용하는 법체계를 달리하고 있지만, 현재 지방자치단체의 행정기관에는 지방공무원뿐 아니라 국가공무원이 함께 있으며, 사무도 국가사무와 자치사무를 엄격하게 구분하여 담당하지 않고 있다. 그리고 동일한 직급의 지방공무원을 국가공무원으로 또는 국가공무원을 지방공무원으로 임용하고자 하는 경우에는 특별임용시험을 면제하여 특별채용 할 수 있게 함으로써 지방공무원과 국가공무원을 상호교류 할 수 있게 하고 있다.

현실적으로는 우리나라의 동일 직급의 시·군·구 지방공무원은 조직서열상 국가공무원보다 낮게 인식되어 있으며, 지방공무원이 국가공무원으로 파견된 후 복귀할 때에는 승진할 가능성이 높은 대우를 실제로는 받고 있다.

인사제도 운영적인 측면에서도 우리나라의 경우 국가공무원법과 지방공무원법은 각각의 공무원에게 적용할 인사 기준의 근본을 정하는 것이라고는 하지만, 인사행정의 원리는 국가공무원이나 지방공무원이나 근본적으로 대동소이하다. 다음의 <표 5-1>은 이상 설명된 바와 같이 현재 국가공무원과 지방공무원간의 공통점과 상이점을 정리하면 다음과 같다.

 key concept

– 국가공무원 –
국가공무원법과 정부조직법에 근거하여 국가가 임용하며 국가에 대한 근무의무를 지고 국가로부터 보수를 받는 공무원

– 지방공무원 –
지방공무원법과 지방자치법에 근거하여 지방자치단체가 임용하여 지방자치단체로부터 보수를 받는 공무원

2) 한국 지방공무원법 제2조에서는 지방공무원을 지방자치단체의 경비로써 부담하는 공무원을 말한다고 규정하고 있다.

〈표 5-1〉 국가공무원과 지방공무원의 비교

구 분	국가공무원	지방공무원
법적근거	국가공무원법, 정부조직법	지방공무원법, 지방자치법, 조례
임용권자	·3급 이상 – 대통령 ·6급 이하 –소속장관 또는 위임된 자	지방자치단체
보수재원	국비	지방비 + 교부금
공직분류	일반직 : 1~9 급 10직군 57직렬 91직류	일반직 : 1~9 급 8직군 38직렬 73직류
	연구직(연구관, 연구사): 7직군 15직렬 38직류	연구직(연구관, 연구사): 6직군 14직렬 37직류
	지도직(지도관, 지도사): 1직군 3직렬 12직류	지도직(지도관, 지도사): 1직군 3직렬 12직류
채용시험	·5급 이상 행정직렬등 16개 직렬은 행정안전부 장관 ·기타시험은 소속장관	·5급 이상은 행정안전부 장관 ·6급 이하는 시·도 인사위원회
인사교류	·국가기관간 교류 ·지방자치단체와의 교류	·지방자치단체간 교류 ·국가기관과의 교류 ·특별채용
승진심사	·보통승진심의위원회(임용권자 내지 임용제청권자별)	·지방인사위원회

주: 1) 위 표는 국가공무원법, 지방공무원법, 공무원임용령, 지방공무원임용령, 기능직 공무원규정, 연구·지도직 공무원규정 등을 참고하여 작성한 것임.
2) 고위공무원단 신설로 인하여 임용은 5급 이상인 경우 대통령이 함.

2) 지방공무원의 기준

상기 1절에서 언급한 지방공무원의 분류에 따라 지방공무원의 기준은 다음과 같이 3가지로 나누어 파악할 수 있다.

첫째는, 종사하고 있는 사무의 성질이 지방자치단체의 사무인가 아닌가 하는 기준이다. 둘째는, 자치단체의 장에게 임명받았는가 하는 기준이다. 셋째는, 자치단체로부터 보수를 받고 있는지에 대한 문제이다. 따라서 지방공무원이란 상기 3가지의 기준점을 만족하는 자를 말한다.

그러나 지방자치단체 내부에는 지방공무원만이 존재하는 것은 아니고 국가직 공무원도 있으며 이들과 같이 업무수행을 같이하고 있는 특성이 있다. 자치단체 내부에서 이러한 이중적 인사체제는 다음과 같은 장점도 있다.

첫째는, 지방자치단체업무는 국가위임사무와 자치사무로 구분되어 있기 때문에 전국가적인 통일적인 업무인 국가위임사무를 국가공무원이 담당한다는 것은 행정의 효율성을 높일 수 있다는 장점이 있다. 둘째는, 국가직 공무원의 지방자치단체 내부조직관리 및 정책입안은 지방공무원의 자질 향상에 도움이 된다는 점이다. 그러나 이러한 장점이 있음에도 불구하고 지방자치단체에 국가직 공무원이 존재하는 자치단체 인사체계의 이중구조에 대한 문제점 또한 제기되고 있다.

문제점의 첫째는, 중앙의 획일적인 행정이 강조되기 때문이다. 둘째는, 상위직급은 국가직 공무원이 차지하는 의사결정의 비중이 크므로 자치단체 조직내부의 지방공무원에게는 사기저하의 요인이 되고 있다는 점이다.

현재 우리는 정부차원 혹은 자치단체 차원에서 인적관리시스템을 재조명하는 움직임이 활발하다. 그 이유는 현재의 공무원제도 행정환경변화에 적응하는 대응력을 미비하고 있기 때문이라고 할 수 있다. 즉, 국가경쟁력향상을 위해 생산성이 높은 작은 정부의 구성이라는 목표를 이루기 위해서는 현행의 인적관리시스템의 개선이 필요한 것이다.

〈표 5-2〉 3가지 기준에 따른 국가공무원과 지방공무원의 구분[3)]

기 준	지 방 공 무 원	국 가 공 무 원
임용주체	지방자치단체의 장과 임용권을 위임받은 자	대통령(소속장관)과 임용권을 위임받은 자
보수부담	지 방 비	국 비
담당사무	지 방 자 치 사 무	국 가 사 무
※ 적용법	지 방 공 무 원 법	국 가 공 무 원 법

자료: 행정자치부. 시 · 도지방공무원교육원(2002)의 자료를 필자가 재구성.

3) 경력직과 특수경력직

우리나라는 1981년 국가 공무원법 개정에 의하여 그 이전의 일반직과 별정직의 구분을 폐지하고 경력직과 특수경력직의 분류로 공직을 나누었다.

3) 임용주체, 보수부담주체, 담당사무 등을 기준으로 다음과 같이 구분할 수 있다.

(1) 경력직 공무원

실적과 자격에 의하여 임용되고 정치적 중립성이 적용되는 공무원을 말한다. 즉, 그 신분이 보장되고 평생토록 공무원으로서 근무할 것이 예정되는 공무원을 말한다. 실적주의 및 직업공무원제의 적용을 받고 시험을 통하여 임용된다. 명칭은 다르지만 미국의 분류직 혹은 경쟁직, 영국의 항구직, 일본의 일반직이 이에 해당한다.

① 일반직 공무원

행정 일반 또는 연구, 기술에 대한 업무를 담당하며 완전공개채용을 통하여 임용되며 행정일반에 대한 업무를 담당하고 직군, 직렬로 구별되는 공무원을 말한다. 계급은 보통 1급에서 9급에 해당하며 연구직이나 지도직은 연구관과 연구사, 지도관과 지도사로 계급이 구분되어 있다.

② 특정직 공무원

법관, 검사, 외무공무원, 경찰공무원, 소방공무원, 교육공무원, 군인, 군무원, 국가정보원, 경호공무원(청와대 경호실 근무)의 직원과 기타 특수분야의 업무를 담당하는 공무원으로 법률이 특정직 공무원으로 지정하는 경우를 의미한다.

특정직 공무원은 일반직 공무원과 마찬가지로 실적과 자격에 의하여 임용되고 신분이 보장되는 점에서는 동일하지만 개별법이 우선적으로 적용되며 담당직무가 특수하여 거기에 필요한 자격, 복무규율, 정년, 보수체계, 신분보장 등에서 특수성을 인정할 필요가 있어 별도로 분류한 것이다.

(2) 특수경력직 공무원

특수경력직 공무원이란 직업공무원제의 적용을 받지않는 공무원을 말한다.

따라서 특수경력직 공무원은 직업공무원제처럼 신분이 철저히 보장되지 않으므로 평생공무원으로 예정되어 있지 않고 정치적이거나 특수한 직무를 수행하기 위하여 임용되는 공무원이다. 미국의 제외직 혹은 비분류직, 영국의 비항구직, 일본의 특별직이 이에 해당한다.

① 정무직 공무원

정무직 공무원이란 담당업무의 성격이 정치적 판단이나 정책결정을 필요로 하여 책임의 정도가 높은 공무원을 의미한다.

이는 선거에 의해 취임하거나 임명에 있어서 국회나 지방의회의 동의를 요하는 직책이나 기타 다른법령 또는 조례로 정무직으로 지정하는 공무원을 말한다. 지방공무원의 정무직은 선거에 의해 임용되는 시장이 대표적이며 그 밖에 조례로 지정할 수 있다.

② 별정직 공무원

정무직을 보좌하는 직책이며 특정업무를 담당하기 위하여 일반직 공무원과는 다른 절차와 방법에 의하여 임용되고 다른 법령이나 조례에 별정직으로 지정하는 공무원을 말한다. 비서관/비서 등 보좌업무를 수행하는 경우가 많다.

제 2 절 공직분류체계 내용

정부조직 내에는 수많은 직위와 공무원이 있다. 이러한 수많은 직위와 공무원을 개별적으로 관리한다는 것은 인사행정상 여러 가지 불편과 낭비 및 혼란을 초래한다. 따라서 정부조직 내에 있는 수많은 직위와 공무원을 일정한 기준과 원칙에 따라 질서있게 분류하고 배열하는 것은 인사행정에서 가장 기본적이고 필수적인 요소이다. 이와 같이 수많은 직위와 공무원을 일정한 기준과 원칙에 따라 질서 있게 분류하고 배열하는 것을 공직분류체계의 형성이라 한다.

공직의 분류체계를 형성하는 방법은 여러 가지가 있을 수 있다. 일반적으로는 직무를 중심으로 공직을 분류하는 직위 분류제와 사람을 중심으로 공직의 계층적 구조를 형성하는 계급제를 나누어 볼 수 있다. 이러한 공직 분류체계의 형성은 인사행정의 성공여부를 결정짓는 중요한 관점이 되고 인사행정 전반의 특성을 파악하여 인사행정의 관리 수단을 강구하는 데 중요한 토대가 된다. 그러나 공직 분류체계를 형성하는 직위분류제와 계급제는 정부조직 내에 있는 모든 직위와 공무원을 대상으로 하는 것이 아니라 실적제가 적용되는 공무원을 그 주된 대상으로 한다.

1. 직위분류제

직위를 그 직위간의 유사성과 상이성에 따라 집군하는 것으로 직위를 업무의 내용, 곤란성, 책임도, 자격 요건 등의 차이에 따라 직렬과 직급으로 분류, 정리하여 등급화하는 제도이다. 즉, 직무의 성질에 따라 유사한 종류별로 종적인 구분을 하고, 직무수행의 난이도와 책임도에 따라 횡적으로 수준을 책정, 구분하는 제도이다.

2. 계 급 제

직위, 직무를 중심으로 하는 직위분류제와 달리 사람을 중심으로 학력, 자격, 경력, 능력을 기준으로 계급을 부여하여 공무원을 분류하는 제도로, 채택국가로는 농업사회를 배경으로 관료제의 전통을 지닌 영국, 독일, 프랑스 등과 일본, 파키스탄, 우리나라 등을 들수 있다. 계급제를 채택하고 있는 국가의 대부분이 신규임용자는 당해 계급의 최하위로부터 승진해야 하며, 동일계급 내의 중간위치에 외부인사의 임용이 금지되는 폐쇄형을 채택하고 있다. <표 5-3>은 계급제와 직위분류제를 비교한 것이다.

〈표 5-3〉 계급제와 직위분류제의 비교

구 분	계 급 제	직위분류제
채 용 자 격	일반적 교양/잠재능력	전문적 지식, 기술/현재능력
인 력 이 동	융통성	경직성
능 력 개 발	인사관리자	전문관리자
신 분 보 장	강함	약함
조직구조설계	인간적, 유기적 조직구조	직무중심, 기계적 조직구조

3. 개방형과 폐쇄형

1) 개방형(open system)

공직의 상위 또는 중간직에 결원이 발생하였을 때, 외부에서 신규채용으로 충원하는 형태로 직위분류제를 채택하는 나라의 공직구조이다.

개방형의 장단점은 다음과 같다.

- 장점

① 외부로부터 참신하고 유능한 인재를 필요할 때마다 쓸 수 있어 신진대사를 촉진할 수 있다.

② 행정의 전문성을 제고한다.
③ 공직의 유동성을 높여 관료주의화 및 공직사회의 침체를 방지할 수 있다.
④ 행정에 대한 민주적 통제가 용이하다.

- 단점

① 사기저하의 우려가 있다.
② 신분 불안정으로 행정의 안정성, 일관성을 저해한다.
③ 직업공무원제의 확립을 곤란하게 한다.

2) 폐쇄형(closed system)

최하위급에만 문호가 개방되어 있고 내부승진으로 재직자 중에서 충원하는 형태로 계급제를 채택하는 나라의 공직구조이다.

폐쇄형의 장단점은 다음과 같다.

- 장점

① 공무원의 신분보장이 강화되어 행정의 안정성 확보에 유리하다.
② 재직 공무원의 승진기회가 많아 사기가 앙양된다.
③ 직업공무원제의 확립에 유리하다.
④ 조직에 대한 소속감이 장기경험을 활용할 수 있게 하여 행정능률을 향상시킨다.

- 단점

① 신진대사가 곤란하다.
② 전문성 및 능력발전이 곤란하다.
③ 관료주의화 및 공직사회의 침체를 초래한다.
④ 관료제에 대한 민주통제가 곤란하다.

<표 5-4>는 G. E. Caiden의 개방형과 폐쇄형을 상호 비교한 것이다.

〈표 5-4〉 G. E. Caiden의 개방형과 폐쇄형의 비교

구 분	개 방 형	폐 쇄 형
신분보장	임의적	보장적
배경제도	실적주의, 직위분류제	직업공무원제, 계급제

key concept

직위분류제의 구성요소(개념정리)

직 위
1인에게 부여할 수 있는 직무와 책임을 말한다. 순수한 이론상에는 직위의 수는 공무원의 수와 동일하다. 일명 직책이라고도 한다

직 급
직무의 종류와 곤란도, 책임도가 같은 직위의 집단을 말한다. 동일직급에 대하여는 임용자격, 시험 보수 등을 같이 취급한다.

직 렬
직무의 종류는 유사하나 곤란도, 책임도가 상이한 직급의 군을 말한다.

직 군
직무의 종류가 광범위하게 유사한 직렬의 군을 말한다. 우리나라 분류구조를 살펴보면 행정직렬과 세무직렬, 관세직렬, 감사직렬, 사서직렬 등의 직무는 행정 직군으로 묶여진다.

직 류
동일한 직렬 내에서 담당분야가 동일한 직무끼리 묶어 놓은 것을 말한다. 즉, 직렬을 세분화시켜놓은 것을 말한다.

등 급
직무의 종류는 다르나 곤란도, 책임도, 자격 수준이 유사하여 동일한 보수를 받을 수 있는 모든 직위를 포함하는 것을 말한다.

모 집	모든 계층	계층의 최하위
임용자격	직무수행능력	반교육
보 수	직무급	활급
훈 련	외부교육기관	직장내부교육기관
승진기준	능력, 개방적 경쟁	서열, 폐쇄적 경쟁
육성공무원	전문가	일반가
직원관계	사무적	온정적
연 금	기여금	비기여금

4. 현행 공직분류체계의 문제점

우리나라 일반직 공무원의 경우 외형상으로 직위 분류제의 모습과 비슷하다. 그러나 직급이 직무의 중요성, 곤란도, 책임성에 따라 엄격히 구분되지 못하고 계급 개념으로 구분되어있다. 이러한 현상은 일반직 1~9급 공무원의 경우뿐만 아니라 연구직, 지도직 공무원의 경우도 마찬가지이다. 한국정부의 공직분류체계는 계급제를 근간으로 하면서 직위분류제를 확대, 적용하는 절충형의 형태라고 할 것이다(강성철 외: 2000).

이러한 우리나라의 공직분류체계 형성에 대하여는 크게 두 가지의 주장이 제기되고 있다. 그 하나는 계급제와 직위분류제를 적절히 절충하여 계급제의 장점과 직위분류제의 장점을 취해야 한다는 절충주의적 입장이고 다른 하나는 절충주의가 오히려 원래의 장, 단점을 적절히 조화하지 못하고 상호배타적으로 작용할 가능성이 있으므로 다시 계급제로 재정비하여야 한다는 주장이다. 전자는 현재의 공직분류체계를 좀더 직위분류제에 가깝게 접근시켜야 한다는 주장이고 후자는 계급제로 접근시켜야 한다는 주장이다.

물론 두 주장의 근저에는 추구하는 목표 내지 강조점이 다르다. 전자는 우리 나라 행정의 전문화 요청에 부응하고 행정의 효율성을 극대화하기 위하여 직위분류제로의 접근이 필요하다는 주장인데 비하여, 후자는 우리 나라 공무원의 철저한 공익수호 역할과 진정한 정치발전을 위한 정치적 보완자의 역할을 수행하기 위하여 계급제로의 재정비가 필요하다고 주장한다.

한국정부의 공직분류체계를 계급제와 직위분류제를 절충하되, 직위분류제적 요소를 더욱 강화해야 한다는 절충주의적 입장은 현재 한국 공직 분류체계의 문제점을 다음과 같이 지적하고 있다(오석홍: 1993).

첫째, 정확한 직무평가에 의한 직급구분이 아니라 계층의식에 근거한 계급구분으로 되어 있다.

둘째, 계급이나 직급의 구분이 모호하여 제반 인사 운영의 적절한 기준을 제시하지 못한다.

셋째, 일반직 공무원의 계급 구분이 9계급으로 획일화되어 있어(연구직, 지도직의 경우는 2계급) 조직운영이나 직무수행상 계급구분을 달리할 필요성이 있을 때 이를 반영하지 못한다.

넷째, 현재 세분화되어 있는 직렬과 직류는 직무의 성격을 정확히 조사하고 분석해서 이루어진 것이 아니라 업무의 유사성에 따라 추상적으로 행해진 것이다.

다섯째, 직급별로 직급의 배치가 차등적으로 되어 있는 점이다. 직군에 따라 그에 포함된 직류들이 5급이나 4급 이상 혹은 3급 이상에서 하나의 직렬이나 직군으로 통합되고 있는데, 이러한 차등이 어떠한 근거로 이루어졌는지 알 수 없다. 이는 물론 하위직급에서는 직위분류제적 요소를 좀더 확대하여 행정의 전문화를 추구하면서, 상위직으로 오를수록 공무원이 폭넓은 시각과 이해력을 가지고 행정업무를 통합하고 조정하며 국가전체의 발전프로그램을 추진하도록 하는 계급제의 장점을 취하려는 것으로 이해할 수 있다. 하지만 이러한 현상은 직군별로 다르며, 어떤 직군은 하위직에서 너무 세분되고, 상위직에서는 과도하게 통합되어 9계급제의 틀안에서 직렬별 직급배치가 불균형을 이루고 있다.

이러한 분류제도상의 문제점을 개선하면서 직위분류제적 요소를 더욱 융통성있게 확대하여야 한다는 것이 절충주의적 입장이다.

한편, 이러한 절충주의의 입장에 반대하는 소위 정치이론적 입장은 계급제와 직위분류제의 절충 주장을 기술적 절충주의라고 하면서, 이러한 기술적 절충주의는 계급제와 직위분류제의 정치 이론적 의미를 고려하지 않고 단순히 양 제도를 인사행정에서 하나의 기술로만 인식하고 양제도의 평면적 혼합만을 시도한 것이라고 비판하고 있다(정성호 · 조임곤: 1993).

직위분류제와 계급제에 대한 정치이론적 입장은 직위분류제가 특정 직위의 직무가 요구하는 기술적 전문성을 요구하며 공직 전반에 대한 직업의식보다는 직무명세서에 규정된 일만을 하는 소극적 행정인을 만들 가능성이 있다고 한다. 그에 반하여 계급제는 공익 수행자로서의 공무원의 투철한 작업의식 내지 직업윤리 의식의 형성을 강조하는 제도로서, 공무원이 진정한 정치 발전을 위한 정치 보완자 내지는 공익 수호자로서 적극적 행정을 수행

> **Focus On**
>
> 전통적으로 직업공무원제를 채택하고 있는 나라들은 직업공무원제의 단점을 보완하기 위하여 미국식의 직위분류제와 개방형 공무원제 및 전문가주의의 특성을 도입하고자 하는 반면, 미국은 미국식 공무원제도의 문제점을 극복하기 위해 계급제나 폐쇄형 공무원제의 장점을 도입하려 노력하고 있다. 두 가지 제도의 장점을 절충하려는 노력은 실제로 양 제도를 상당히 접근시키고 있다.

할 수 있도록 공직 분류체계를 직위분류제보다 계급제에 접근시켜야 한다는 주장도 있다. 그러나, 참여정부에서는 행정과정의 복잡성 증대와 공직자에 대한 전문성의 요구가 증대되는 사회환경의 변화와 함께 대통령이 민간인재를 유치하겠다는 강한 의지를 보이면서 개방형 직위제도가 도입되어, 2020년 현재 중앙과 지방자치단체 모두 개방형 직위제도가 확대되어 가는 추세이다.

제3절 지방공무원제도 개요

1. 지방공무원제도 도입 및 개념

1) 우리나라 지방공무원제도의 도입 및 정의

지방공무원에 대한 규정으로써 최초라고 할 수 있는 것은 1950년 2월 10일 대통령령(제276호)이다. 당시에는 지방공무원을 직종별로 최상위직 1급에서 최하위직 4급으로 구분하였다. 1급(지방이사라고 불렀음)이 지금의 4급 이상이며 2급(지방참사라고 불렀음)은 5급, 3급(지방주사라고 불렀음)은 지금의 6급 내지 7급, 4급(지방서기라고 불렀음)은 지금의 8급 내지 9급에 해당된다고 볼 수 있다. 그 외 지금과 같은 직렬제도는 운영하지 않았으며 직종과 직급을 연계시켰으므로 간호사, 보건원, 보모인 경우는 최하위급인 4급 이외에는 승진이 안 되었다. 급여는 지급과 호봉을 연동시켰으므로 계급제방식이라고 볼 수 있겠다.

※ 지방공무원의 실정법상의 개념

○ 지방공무원령(1950.2.10 대통령령 제276호 제정) : "지방자치법상 관계 규정에 의하여 두는 시비(市費)공무원 및 시·군·자치구비 공무원"

○ 지방공무원법(1963.11.1 법률 제1427호 제정) : "지방자치단체의 공무원"

○ 현행 지방공무원법(1999.5.31 법률 제4370호 개정) : "지방자치단체의 공무원(지방자치단체의 경비로써 부담하는 지방공무원)"

2) 외국의 지방공무원제도

외국의 예를 보면 영국과 미국은 국가직공무원이 자치단체에 근무하는 경우는 없다. 이와 같은 이유는 전통적으로 양국 모두 지방자치단체 형성이 국

가형성보다 먼저 이루어진 경우도 있으나 국가위임사무가 지방에 위임되는 것이 없기 때문이라고 할 수 있다(임승빈: 1996). 지방에 대한 통제는 우리나라와 같이 인사권의 행사보다는 재정, 감사 등의 수단을 사용하는 것도 하나의 요인으로 작용하고 있다고 볼 수 있다. 그러나 일본과 같이 1970년대 초기까지는 우리와 유사한 지방사무관제도를 운영하고 지금은 아마쿠다리(天下り)라는 인사체제를 운영하여 국가직공무원이 실제적으로 자치단체에 있는 경우(임승빈 외: 1996), 그리고 남부독일과 같이 게마인데에 주(Land)정부공무원이 파견되어(Werner Becker-Blonigen: 1995) 있는 경우는 우리와 비슷한 이유로 지방자치단체인사체제의 이중구조를 가지고 있는 것이다.

따라서 지방자치단체에 있어서 인사체제의 이중구조문제는 각국에서 규정하고 있는 자치단체의 역할에 따라 달라지는 것이다.[4)]

우리와는 달리 미국은 공직자 분류가 세분화되어 있다. 세분화되어 있다는 의미는 공무원의 전문성을 강조하고 이를 바탕으로 실적제를 운용하자는 것이다.

미국의 연방공무원제도에 관한 기본법은 1883년에 제정된 팬들턴법(Pendleton Act)이다. 이 법은 연방공무원제도를 관장하는 인사행정기관의 조직과 권한 등에 관한 규정과 실적주의에 의거한 공개경쟁시험의 원칙 등을 규정하고 있다. 미국 지방공무원의 인사제도는 각 지방정부의 내정자치(home rule) 원칙에 따라 각 주정부의 권한과 책임으로 모든 인사관리를 집행하도록 주법으로 규정하고 있다.

미국의 지방공무원제도는 주정부의 독립성이 강조되는 연방제의 국가정부체제에 따라 전체 지방공무원에게 적용되는 일률적인 제도가 존재하고 있지 아니하며, 주정부의 헌법·법률의 개별규정에 의거하여 각각의 지방자치단체들이 자치권능의 부여형태에 따라 스스로 지방공무원들에 관한 법령을 제정·운영하고 있는 실정이다.

미국 지방공무원제도가 갖는 특징을 간략히 살펴보면, 우선 미국의 지방공무원들은 일반적으로 실적주의제에 입각하여 임용되고 있는바, 이 제도는 1970년에 제정된 정부 간 인사법(Intergovernmental Personnel Act)에 의한 재정적·기술적 지원에 힘입어 많은 지방자치단체들이 채택하고 있는 공무원 인사제도 중의 하나로서 공무원 임용과 승진에 있어서 정당과의 관

---

4) 미국의 경우는 연방공무원과 주정부공무원, 그리고 지방정부의 공무원을 두고 있다. 이는 미국이 연방국가이기 때문에 국가공무원 대신 연방공무원을 두고 있으며, 연방공무원이 주정부에서 근무하는 경우도 있다.

련 있는 인적 배경에 의하지 않고 할당된 업무에 적합한 능력과 지식·기술을 갖춘 자를 선발하는 것을 원칙으로 하고 있다.

또한, 미국의 지방공무원들은 연방공무원과 마찬가지로 해치법(Hatch Act)의 규정에 따라 정치적 중립성이 요구되는바, 이는 공무원들이 정치적인 강압에서 벗어날 수 있게 하며 공무원의 지위를 이용한 특정 입후보자 또는 정당의 지원을 억제하고 있다. 지방공무원들의 봉급은 원칙적으로 엄격한 직위분류제에 입각한 직무의 곤란성과 책임 및 그 직무에 필요한 자격요건, 그리고 성과에의 기여 정도에 따라 정해지도록 규정되어 있으며 근래에 들어서는 중간관리자들을 대상으로 근무평정결과에 따라 봉급을 차등지급하는 능력급제도 또는 성과급제도가 많은 지방자치단체들에 의해 채택되고 있는 경향이다.

일본의 지방공무원제도를 정하는 기본적인 법률은 지방공무원법이다. 이외에도 지방공무원제도를 규정하는 법령은 많이 존재하고 있다. 이것은 그 성격상 다음 4개의 그룹으로 구분된다. 첫째는, 조직법에 속하는 규정으로써 지방공무원의 설치에 관하여 규정한 것이다(지방자치법·지방교육행정의 조직 및 운영에 관한 법률·경찰법·소방조직법). 둘째는, 신분법으로써 지방공무원의 신분취급을 규정하는 것이다(지방공무원·지방자치법·그 외의 신분법). 셋째는, 지방공무원을 기본법으로 한 경우 이것에 대한 특례를 정한 특별법이다(교육공무원특례법·지방교육행정의 조직 및 운영에 관한 법률·경찰법·소방조직법·지방공영기업법·지방공영기업노동관계법·노동기준법·지방공무원공제조합법·지방공무원재해보상법). 넷째로는, 지방자치단체가 조례, 규칙 그 외의 규정에서 정한 지방공무원제도에 관한 법령으로써의 자주입법이 그것이다(인사위원회의 규정 등). 일본은 미국의 직위분류제와는 다른 우리나라의 계급제와 비슷한 직계제도를 운영하고 있다. 일본 지방공무원법에서는 인사위원회를 두고 지방자치 단체장이 인사권을 행사하고 있는 것은 우리와 같다.

일본 지방자치법 제2조 제2항에 따르면 지방자치단체는 공공사무 및 법률 또는 그에 의거한 정령에 따라 정해진 사무 외에도 그 구역 내에서 기타 행정사무로서 국가의 사무에 속하지 않는 것을 처리하도록 규정되어 있다. 입법적 관여는 각종의 행정 법규에 의한 기본적인 관여로서 지방자치단체의 입법권이나 행정권은 기본적으로 '법률의 범위 내에서' 보장되는 것이다. 법률이 국가의 입법기관인 국회에서 제정·폐지되는 것이란 점에서 볼 때, 일본의 지방자치단체는 국가가 정하는 법률의 범위를 넘어설 수 없다.

2. 지방공무원의 종류

지방공무원의 종류는 직무내용에 따라 다음의 [그림 5-1]에서 보는 바와 같이 임용자격, 실적주의 신분보장, 보수 등을 달리하는 경력직 공무원과 특수경력직 공무원으로 구분된다.

지방공무원은 지방자치단체의 장이 이를 임면한다(지방공무원법 제6조 제1항). 이 임면에 대하여는 지방공무원법이 정하는 바에 따른다. 소속 직원의 임면권에 대해서는 보조기관, 그 소속기관의 장에게 위임할 수 있다(동 제2항). 그런데 지방직영기업의 관리자의 권한에 속하는 사무집행을 보조하는 직원에 대해 관리자가 임면권을 갖지 않는 것이 우리의 제도이다(김기옥: 1996).

지방공무원은 지방자치단체에 대하여 근무 의무를 지고 지방자치단체로부터 보수를 받으며, 지방공무원법의 적용을 받는 공무원이다. 지방공무원제는 국가공무원제에 비하여 몇 가지 특성을 갖는데, 지방적 사무를 처리하기 위한 것으로서 주민생활과 직접 관련이 있는 일을 처리하며, 자주적으로 선임되고, 지역사회의 부담에 의하여 보수 또는 경비가 지급되며, 반드시 유급제 공무원제도를 요하지 않는 점 등이다.

[그림 5-1] 우리나라의 지방공무원의 종류

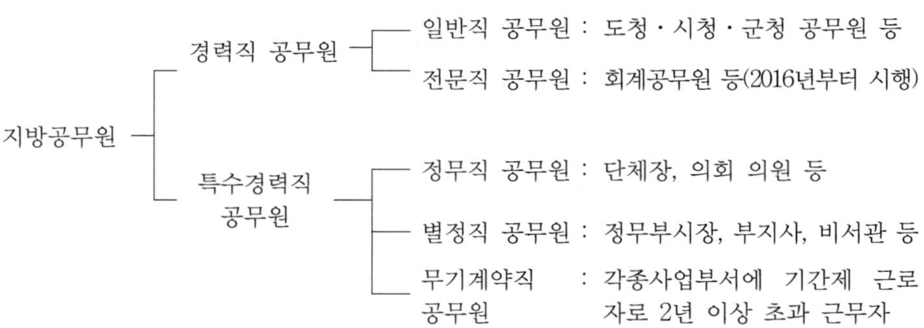

* 2020년 소방직공무원은 국가직으로 전환되었음.

1) 경력직 공무원

우리나라의 지방직 공무원의 경력직은 직업공무원으로서 신분보장을 받으며 실적과 자격에 따라서 임용되는 공무원을 의미하며 일반직 공무원, 특정직 공무원, 기능직 공무원이 이에 해당된다. 경력직 공무원의 분류 원칙은 국가공무원과 유사하지만 그 내용은 약간 차이를 보이고 있다.

(1) 일반직 공무원

일반직 공무원은 일반행정, 기술 또는 연구업무를 담당하며 직군·직렬별로 구분되는 공무원을 의미한다. 일반적으로 도청, 시청 및 군청 등에서 일선행정을 담당하는 공무원을 일반직 공무원이라 부를 수 있다.

(2) 전문직 공무원

행정안전부의 장관 시행령에 의해 2017년도 하반기부터 각 지자체 회계 공무원들은 전문직위로 지정되고, 대신 경력 평정시 우대를 받고 전문직위 수당 지급 등 혜택을 받는 "지방자치단체 회계 공무원 전문성 강화방안"이 시행되었다. 지방자치단체 회계(지출) 공무원은 2023년도 현재 지방직 공무원 총 387,453명에서 약 15% 내외를 차지하며 지방재정 운영의 최일선에서 예산 지출, 계약, 결산 등 중요한 일을 한다.

(3) 특정직 공무원

특정직 공무원은 공립 대학 및 전문대학에 근무하는 교육공무원, 지방소방공무원과 기타 특수 분야의 업무를 담당하는 공무원으로 다른 법률이 특정직 공무원으로 지정하는 공무원을 의미한다. 경력직 공무원에서 지방공무원 특정직은 소방공무원이 대표적이다. 2020년 소방사무는 시·도의 광역사무로 되어 있으나 소방공무원은 국가직 공무원으로 전환되었다. 특정직은 타 경력직과는 다른 별도의 보수체계와 승진체계 등 인사관리가 달리 적용된다.

2) 특수경력직 공무원

특수경력직 공무원은 경력직 공무원 외의 공무원을 가리키며, 그 종류는 정무직 공무원, 별정직 공무원 등으로 나누고 있다([그림 5-1] 참조). 이는 경력직 공무원과는 달리 임용에 있어서 실적과 자격을 반드시 요하지 않으며 신분이 보장되지 않고 계속 공무원으로 근무할 것이 예정되어 있지 아니한 공무원으로서 한시적이며 정치적 성격을 가지는 공무원을 말한다.

(1) 정무직 공무원

정무직 공무원은 선거에 의해 취임하거나 임명에 있어서 지방의회의 동의를 요하는 공무원, 기타 다른 법령 또는 조례가 정무직으로 지정하는 공무원을 가리킨다.

지방자치 단체장이나 지방의회의원 등이 이에 속한다.

(2) 별정직 공무원

별정직 공무원은 특정 업무를 담당하기 위해 다른 절차와 방법에 의하여 임용되고 일반직 공무원의 계급에 상당하는 보수를 받는 공무원을 가리킨다. 그리고 별정직 공무원은 신분보장을 받지 못하며, 소청심사청구도 할 수 없고, 직위해제 제도를 적용할 수도 없으며 휴직제도도 적용되지 않는다.

이는 법령에 근거를 두고 있는 별정직 공무원으로는 정무부시장・부지사, 시・도민방위국장, 비상대책과장, 사회복지전문요원 등이며 조례・규칙에 근거를 두고 있는 별정직 공무원으로는 의회전문위원, 농기계교관, 청소년지도교사, 생활관사감, 직업훈련교사, 위생감시원, 시사편찬위원, 공보편집원, 번역・통역원, 관광안내원, 문화재관리원, 위험물취급요원, 무대기사 등이 이에 속한다.

(3) 무기계약직 및 일반임기제 공무원

국가공무원법과 지방공무원법에 따른 공무원은 고용보험에 가입되지 않는다. 고용보험법 제10조(적용제외) 제3호의 예외 규정에 별정직공무원, 임기제공무원의 경우 본인의 의사에 따라 고용보험에 가입할 수 있다. 일반임기제공무원의 경우 대부분 5년이 고용한계점이다. 5년 동안은 물론이고, 재채용 후에도 승진 등의 기회는 없다는 것이 일반적이다. 이에 비하여 무기계약직은 5년의 한도는 없으나 승진 및 급여, 공무원 연금 등에서 시험에 의하여 선발된 일반경력직 공무원과는 다른 체계를 갖추고 있다.

3) 지방공무원제도에서의 직위분류제

(1) 수직적 분류

정부수립 이후 1950년에 제정된 지방공무원령에 의하면 지방공무원의 분류는 인사관련 법령의 적용대상 공무원과 그 외의 공무원으로 구분되었다.

인사관련 법령 적용대상 공무원의 계급은 1급에서 4급까지 4등급제를 채택하였다. 그 후 1961년에 시행된 지방공무원령 6차 개정에서 3급과 4급을 각각 갑류와 을류로 세분하여 지방공무원의 계급을 6등급으로 개정하였다. 그러나 지방공무원법(1963년)이 제정되면서 지방공무원의 계급체계는 2급이 갑류와 을류로 세분되고, 5급 갑류와 을류가 신설되어 모두 9등급으로 개정되었다(김필두 · 금창호: 1999). 그 후 1981년 지방공무원법 제8차 개정에서 현행과 같이 1급에서 9급까지의 계급체계가 형성되었다. 현행 한국 지방공무원의 일반 행정직의 계급 및 직급체계는 1급(지방관리관), 2급(지방이사관), 3급(지방부이사관), 4급(지방서기관), 5급(지방행정사무관), 6급(지방행정주사), 7급(지방행정주사보), 8급(지방행정서기), 9급(지방행정서기보)의 9등급으로 이루어져있다.

(2) 수평적 분류

지방정부의 공직은 업무의 성격에 따라 직군, 직렬, 직류로 공무원을 분류한다. 직군은 직무에 따라 가장 넓게 공무원을 분류한 것이다. 각 직군은 하위의 직렬을 가지고 있으며 직렬은 다시 직류로 세분된다. 1950년 지방공무원령이 제정될 당시에는 미군정 당시에 도입된 직위분류제의 일부가 그대로 적용되어 지방공무원을 일반직, 기술직, 의료직 등 3가지로 분류하였다. 그러나 1963년 지방공무원법과 지방공무원임용령의 제정을 통하여 지방공무원을 총 19개 직군, 25개 직렬로 정비하였다. 그 후 1996년 개정된 지방공무원임용령에 의한 지방공무원의 분류체계가 거의 매년 개정되면서 사용되고 있다(<표 5-5> 참조). 공무원은 자신의 직급 혹은 직군, 직렬에 따라 직위를 부여받는다. 예를 들면 충청남도의 경우 4급 일반직 지방공무원(서기관)의 경우 해당 직군 및 직렬에 의하여 담당 업무의 과장급 직위를 부여 받게 된다. 2급 또는 3급 일반직 공무원의 경우 실장이나 국장의 보직을 받게 된다. 또한 1급 일반직 국가공무원이 기획업무담당의 실 · 국장의 직위를 부여받을 수 있다.[5)]

또한 2013년도에는 중앙 및 자치단체에서 '지방공무원임용령'을 개정하여 방재안전 직렬을 신설한 바 있다.

다음 <표 5-5>는 2023년도 현재 지방공무원 3대 직군과 46개 직렬을 나타낸 것이다.

---

5) 지방자치단체의 행정기구와 정원 기준 등에 관한 규정 제10조 참조.

〈표 5-5〉 지방공무원의 직위분류

직 군	직 렬
행정 (8개)	행정, 세무, 전산, 교육행정, 사회복지, 사서, 속기, 방호
기술 (22개)	공업, 농업, 녹지, 수의, 해양수산, 보건, 식품위생, 의료기술, 의무, 약무, 간호, 보건진료, 환경, 항공, 시설, 방재안전, 방송통신, 위생, 조리, 간호조무, 시설관리, 운전
관리운영 (16개)	토목, 건축, 통신, 전화상담, 전기, 기계, 열관리, 화공, 가스, 기후환경, 선박항해, 선박기관, 농림, 사육, 보건, 사무

4) 지방공무원의 인사자율성 확대

문재인 정부에서는 2019년 '지방공무원법', '지방공무원 교육훈련법'을 국무회의에서 의결하고 별도로 지방공무원 임용령도 시행하여 하반기부터 해당 자치단체의 지방공무원 직류를 신설할 수 있는 권한을 지방자치단체에 부여했다. 이러한 제도의 변화는 그동안 자치단체에 지역 여건에 맞는 공무원 직류 신설 권한이 중앙에 있었던 것을 자치단체 부여한다는 측면에서 본다면 지방의 자율성을 확장시키는 것이다. 반면에 지자체 인사·시험 관련 통계는 공개하도록 해 인사전횡을 막는 책임성도 강화했다. 자치단체의 인사와 시험에 관한 통계를 홈페이지를 통해 공개하도록 하여 인사 관련 정보가 공개되지 않아 깜깜이 인사가 이뤄져도 파악이 어려운 실정을 개선하고자 하는 것이다. 공개 대상도 지속 확대해 주민들이 직접 감시하고 통제할 수 있는 여건을 조성한다는 것을 기본적인 개선의 방향으로 잡은 것은 바람직하다고 할 수 있다.

또한, 반드시 행안부 협의를 거쳐야 했던 전문경력관 직위 지정도 자치단체에 자치권을 확장한다는 의미에서 일임했다. 전문경력관은 계급·직군·직렬 분류를 적용하지 않는 일반직공무원으로 행정수요에 따라 전문가를 유연하게 채용할 수 있는 제도이다.

3. 현행 지방공무원 직렬제도의 문제점

1) 행정직 편중으로 인한 전문성의 부족

일반직 지방공무원의 직군분포를 살펴보면 행정직이 현재에도 약 65% 이상 시설, 농림수산, 보건위생, 환경, 광공업, 통신의 직군보다 많은 비중을 차지하고 있다. 또한 일반행정직 지방공무원의 직렬분포를 보면 행정직군이 세무, 교육행정, 사회복지, 기업행정 등보다 행정직군이 절대 다수를 차지하고 있다. 일반행정직에서 행정직렬이 포함되어 있는 행정직군에 속하고 있는 지방공무원이 전체 일반직 지방공무원의 반 이상을 차지하고 있다는 것이 문제점으로 지적될 수 있다. 따라서 우리나라 공무원제도의 문제점으로써 비전문화된 인사관리, 전문화 및 실용화를 결여한 교육훈련, 행정수요변화에 대한 경직성, 신규채용의 폐쇄성, 과학적인 인력관리의 부족 등을 들고 있다.

이러한 행정직과 기술직의 관계에서의 문제점은 행정의 전문성을 해치고 있을 뿐만 아니라 인력계획에도 지장을 주고 있다는 것이라고 볼 수 있다. 즉, 현재 시·군·구에서 기술직공무원을 채용하는 방법은 두 가지 방식을 취하고 있다. 첫째는, 토목·건축 등 기술직 공무원은 도에서 실시하는 공채시험을 통해 채용하는 방식이다. 둘째는, 시·군에서 지역출신 및 인근 지역거주자를 대상으로 제한경쟁을 통해 특별임용해 오고 있다는 것이다.

그러나 공채에 의해 배치되는 공무원은 대부분 일정기간 근무 후 연고지로 전출을 희망하고 특별임용의 경우도 급여수준과 근무여건의 열악으로 이직하는 비율이 높다는 것은 익히 알려진 사실이다. 특히 행정수요가 늘어나고 있는 도시계획, 환경분야에서는 일반민간회사와의 채용경쟁에서 낙후하는 입장에 처해 더욱 더 지방공무원의 전문성이 요구되는 분야라고 할 수 있다. 이러한 원인은 다음의 두 가지로 문제점을 분석할 수 있겠다.

첫째는, 직무와 연결이 안된 급여체계에 대한 불만이다.

둘째는, 기술직 등 희소직렬에 해당되는 직렬이 대부분인 기술직은 근무평정에서 불이익을 당하며 결과적으로는 승진에서 불이익을 당할 수 있다는 것이다.

2) 직렬 구분의 일관성과 형평성의 문제

현행 직렬체계는 엄격한 직무분석과 직무평가를 통하여 직군·직렬·직류로 분류된 것이 아니라 인사관리상 편의에 의해 편성되어 분류의 원칙과 기준이 아직도 취약하다는 것이다. 이는 우리나라의 공직분류가 아직은 완전한 직위분류제를 도입하고 있지 못하기 때문이라고 볼 수 있다. 또한, 직군과 직렬 간의 형평성의 문제가 여전히 개선이 안 되고 있다는 점 역시 문제점으로 지적할 수 있겠다. 2021년 현재 3개 직군과 46개 직렬 간 규모의 형평성 부족은 임승빈(1997), 오석홍(1993) 등 선행연구에서 지적되는 점이다. 그 내용은 직렬 간 상대적 규모에 있어서 즉, 행정직군의 행정 직렬 이외의 희소직렬에 대해서 승진과 전보 등에 있어서 형평성이 부족하다는 점이다. 그 이유는 행정직군이 상대적으로 인원수가 많으며 특히, 행정직렬이 다수를 차지하고 있어 근무평정에 있어서 희소직렬이 상대적으로 불이익을 받을 가능성이 크다는 점이다. 이에 대한 개선방안으로 직렬체계의 빈익빈 부익부 현상을 개선하기 위하여 행정직을 보다 세분화 시키는 것도 하나의 방안이 될 수 있다. 예를 들어, 행정직렬을 조직인사직렬, 예산관리직렬, 법무직렬, 정책평가분석, 국제통상직렬, 금융직렬 등으로 세분화 시키자는 주장이다.

제 4 절 우리나라 지방공무원의 인사관리제도

1. 법적 근거

지방자치법과 지방공무원법을 토대로 공무원연금법, 공무원교육훈련법 등의 법률에 의하여 우리나라 지방정부의 인적 자원관리가 이루어지고 있다. 그리고 위의 법률들을 구체적으로 집행하기 위하여 제정된 시행령(대통령령 및 부령, 조례, 규칙)에 따라 지방인사행정이 이루어진다. 그리고 지방자치단체가 제정하는 조례와 규칙도 인사행정의 법원이 되는 것은 물론이다. 이러한 법규 명령과 자치 법규는 다음과 같은 것들이다.

먼저 법규 명령으로는 지방공무원 임용령(대통령령), 지방전문직공무원 규정(대통령령), 지방공무원 보수규정(대통령령), 지방공무원 수당규정(대통령령), 지방공무원 명예퇴직수당지급규정(대통령령), 정치운동이 허용되는 지방공무원의 범위에 관한 규정(대통령령), 지방연구직 및 지도직 공무원의 임용 등에 관한 규정(대통령령), 지방공무원의 영리업무의 한계에 관한 규정(대통령령), 지방공무원 교육훈련법시행령(대통령령), 지방공무원의 징계 및 소청 규정(대통령령), 지방공무원 평정규칙(행자부령), 지방공무원 인사기록 및 인사사무 처리규칙(행자부령), 지방공무원 인사통계보고규칙(행자부령), 지방공무원 인사교류규칙(행자부령), 행자부장관이 시행하는 5급 이상 지방공무원 임용시험시행규칙(행자부령), 지방공무원 특수지 근무수당 지급

대상자 지역 및 기관과 그 등급별 구분에 관한 규칙(행자부령) 등이 있다.

그리고 위와 같은 법령에 기초하여 행정안전부가 마련한 준칙, 지침, 기준 등으로서 공무원 정원관리지침, 여성 채용목표제 운영지침, 전문분야별 보직관리제 운영기준, 공무원 경고 등 처분에 관한 규정 등에 의하여 지방 인사행정이 이루어진다.

자치 법규로는 지방고용직 공무원 임용 등에 관한 조례, 지방공무원 복무조례, 지방별정직 공무원의 임용 등에 관한 조례, 지방공무원 인사규칙, 지방공무원 징계 양정에 관한 규칙, 지방공무원 근무규칙 등이 있다.

2. 임용과 채용

지방공무원의 임용은 시험성적, 근무성적·경력 평정 기타 능력의 실증에 의해 행하도록 규정되어서 실적주의 원칙을 표방하고 있다(지방공무원법 제25조). 임용은 크게 신규임용(외부충원)과 승진임용(내부충원), 전직, 전보, 겸임, 파견, 강임, 휴직, 직위해제, 정직, 복직, 면직, 해임 및 파면 등(지방공무원임용령 제2조 제1항)을 가리키고 있어 상당히 광범위한 개념이다. 다음은 신규임용과 승진임용으로 나누어 살펴본다.

지방공무원에게 효과적인 서비스의 공급을 통한 지방자치정부의 성공은 능력과 자질을 갖춘 우수한 인력의 확보 및 활용에 달려 있다(하태권: 1995)는 것은 잘 알려진 사실이다.

채용(staffing)은 사회의 여러 인력형성 기관에서 키워진 인력 중 적재를 선발하여 적소에 배치하는 것을 의미하고, 그것이 이루어지는 과정을 중심으로 모집, 시험 및 임용으로 대분하고 있다(박동서: 1997). 다음에서는 임용을 중심으로 알아보도록 한다.

1) 신규임용

지방공무원의 신규임용과 특별임용에 의한다.

(1) 신규임용 : 임용후보자 등록과 시보임용

신규임용은 공개경쟁시험[6]에 의해 채용하되 결원을 보충할 때는 공개경

6) 공개경쟁에 의한 임용시험은 동일한 자격을 가진 모든 국민에게 평등하게 공개하여야 하며, 시험의 시기 및 장소는 응시자의 편의를 고려하여 결정하여

쟁 임용시험 합격자 및 공개경쟁 승진시험 합격자를 우선 임용하여야 한다.[7] 신규임용의 기본 원칙은 다음과 같다(동법 제32조).

첫째, 6급 및 7급 지방공무원의 신규임용 시험은 시・도 단위로 시・도인사위원회에서 실시하나, 농촌진흥사업에 종사하는 연구 및 지도직 공무원에 대한 신규임용 시험은 따로 대통령령이 정하는 기관에서 실시한다.

둘째, 8급 및 9급 공무원의 신규임용 시험과 6급 내지 8급 공무원에의 승진시험, 6급 내지 9급 공무원의 전직 시험은 당해 지방 자치단체의 인사위원회에서 실시한다.

셋째, 5급 이상 공무원의 각종 임용시험은 대통령령으로 정하는 기관에서 실시하지만, 임용예정직에 관련이 있는 자격증 소지자의 특별 임용 시험은 시・도 인사위원회에서 실시한다.

넷째, 임용권자는 신규임용 후보자 또는 승진 후보자가 없거나 인사행정 운영상 특히 필요하다고 인정되는 경우에는 그 직의 신규임용 또는 승진시험에 상당한 국가 또는 다른 지방자치단체의 시험에 합격한 자를 그 직의 신규임용 및 승진시험에 합격한 자로 보아 임용할 수 있다.

다섯째, 시장・군수・구청장은 우수 인력의 확보 또는 시험관리상 필요하다고 인정할 때에는 시・도 인사위원회에 시험의 실시를 위탁할 수 있다.

이러한 신규임용의 방법 및 절차는 우선 지방자치단체의 장이 당해 지방자치단체의 인사위원회에서 실시한 신규임용시험에 합격한 자를 대통령령이 정하는 바에 따라 신규임용후보자 명부[8]에 등재하여야 한다. 다음으로 신규임용 후보자 명부를 작성한 지방자치단체의 장이 그 명부에 등재된 자 중에서 공무원을 신규임용할 때에는 신규임용 후보자 명부의 최고 순위자로부터 3배 이내의 범위 안에서 임명하여야 한다.

야 한다. 또한 공개경쟁 시험을 실시할 때에는 임용 예정 직급, 응시자격, 선발예정인원, 시험의 방법・시기 및 장소, 기타 필요한 사항을 상당한 기간 공고하여야 하며, 결원 보충을 원활히 하기 위하여 필요한 경우에는 근무 예정 지역 또는 근무예정기관을 미리 정하여 공개경쟁 신규임용 시험을 실시할 수 있다(지방공무원법 제33조 내지 제35조).

7) 행정자치부 장관 또는 교육부 장관은 지방자치단체의 5급 이상 공무원의 결원을 보충할 때 공개경쟁 임용시험 합격자・공개경쟁 승진시험 합격자 및 일반 승진시험 합격자에 의한 충원 임용이 적절한 균형을 유지할 수 있도록 이를 조정하고 규제하여야 한다(동법 제30조).

8) 임용 후보자 명부의 유효 기간은 5급 공무원 공개경쟁 임용시험에 합격한 자는 5년으로 하고, 기타 신규 임용 후보자 명부의 유효 기관은 2년의 범위 안에서 대통령령으로 정한다. 다만, 시험 실시기관의 장은 필요에 따라 1년의 범위 안에서 그 기간을 연장할 수 있다(동법 제36조).

(2) 특별임용

특별임용은 다음과 같은 경우에 실시한다(지방공무원법 제27조).

① 지방자치단체의 폐치 분합 및 직제와 정원의 개폐 또는 예산의 감소 등에 의하여 폐직(廢職) 또는 과원(過員)이 되어 퇴직하거나 신체·정신상의 장애로 장기 요양을 요하는 등 휴직기관 만료로 인하여 퇴직한 경력직 공무원을 퇴직한 날로부터 3년 이내에 퇴직시에 재직한 직급의 경력직 공무원으로 재임용하는 경우 또는 경력직 공무원인 자가 특수 경력직 공무원이나 다른 종류의 경력직 공무원으로 되기 위하여 퇴직한 자를 퇴직시에 재직한 직급의 경력직 공무원으로 재임용하는 경우이다.

② 공개경쟁 시험에 의하여 임용하는 것이 부적당한 경우에 임용 예정 직무에 관한 자격증 소지자를 임용하는 경우이다.

③ 임용 예정 직급과 동일한 직급에서 대통령령이 정하는 기간 동안 근무한 경력이 있는 자 및 임용 예정 직급에 상응한 근무 또는 연구 실적이 3년 이상인 자를 임용하는 경우이다.

④ 임용 예정직에 관련된 특수목적을 위하여 설립된 학교(대학원 포함) 중 대통령령으로 정하는 학교 졸업자로서 국가기관 또는 지방자치단체에서 실무 수습을 마친 자를 임용하는 경우이다.

⑤ 1급 공무원으로 임용하는 경우이다.

⑥ 공개경쟁 시험에 의한 결원 보충이 곤란한 특수한 직무 분야·환경 또는 도서(島嶼)·벽지(僻地) 등 특수한 지역에 근무할 자를 임용하는 경우이다.

⑦ 국가공무원을 당해 직급에 해당하는 지방공무원으로 임용하는 경우이다. 국가기관 또는 다른 자치단체에 근무하는 국가공무원을 당해 자치단체의 공무원으로 특별 임용하고자 할 때에는 다른 지방자치단체의 장의 동의를 얻어야 한다.

⑧ 임용 예정직에 관련된 실업계·예능계 및 사학계의 고등학교·전문대학 및 대학(대학원 포함)의 학과 중 대통령령으로 정하는 학과 졸업자로서 행정자치부 장관 또는 교육부 장관이 정하는 바에 따라 당해 학교장의 추천을 받은 자를 연구 또는 기술직렬의 공무원이나 기능직 공무원으로 임용하는 경우이다.

⑨ 대통령령으로 정하는 임용 예정직에 관련된 과학기술 및 이에 준하는 특수 전문 분야의 연구 또는 근무 경력이 있는 자를 임용하는 경우이다.

⑩ 지방자치단체의 장은 우수한 공무원의 확보를 위하여 필요한 경우에

교육법 기타 법률에 의하여 설치된 각급학교(기능대학과 학위 과정이 설치된 교육기관을 포함)의 재학생으로서 공무원으로 임용되기를 원하는 자에게 장학금을 지급하고 졸업 후 일정한 의무복무기간을 부과하여 공무원으로 근무할게 할 수 있다.

⑪ 외국어에 능통하고 국제적 소양과 전문지식을 지닌 자를 임용하는 경우이다.

⑫ 연고지 기타 지역적 특수성을 고려하여 일정한 지역에 거주하는 자를 그 지역에 소재하는 기관에 임용하는 경우 등이다.

지방자치단체의 폐치 분합 및 직제와 정원의 개폐 또는 예산의 감소 등에 의하여 폐직(廢職) 또는 과원(過員)이 되어 퇴직한 자는 우선적으로 임용되어야 하며, 동일한사유에 해당하는 다수인을 제한 경쟁의 방법에 의하여 임용할 수 있다.

(3) 시보임용

5급 지방공무원을 신규임용하는 경우에는 1년, 6급 이하 공무원 및 기능직 공무원을 신규임용하는 경우에는 6월의 기간 시보로 임용하고, 그 기간중에 근무성적이 양호한 경우에는 정규 공무원으로 임용된다. 시보 임용기간은 승진 소요 최저 연수에 산입된다(지방공무원임용령 제33조). 그러나 휴직한 기간, 직위 해제 기간 및 징계에 의한 정직 또는 감봉처분을 받은 기간은 시보 기간에 산입하지 않으며, 시보임용 기간중에 있는 공무원이 근무성적 또는 교육훈련 성적이 불량한 때에는 면직할 수 있다(동법 제28조).

2) 승진임용

승진은 좀더 중책을 담당하게 되는 것 또는 하위 직급에 재직중인 공무원을 상위 직급에 임용하는 것을 말하며, 보편적으로 승진은 더욱 더 높은 책임의 증대를 수반하며 보수가 증가되고 좀더 큰 지위를 가지게 된다(김중양: 1994).

계급 간의 승진임용은 근무 성적 평정·경력 평정 기타 능력의 실증에 의한다. 다만, 1급 내지 3급 공무원에의 승진임용에서는 능력과 경력 등을 고려하여 임용하며, 5급 공무원에의 승진임용에서는 승진시험을 거치도록 하되, 필요하다고 인정할 때에는 대통령령이 정하는 바에 의하여 인사위원회의 의결을 거쳐 이용할 수 있다(동법 제38조). 승진임용의 경우도 일반승진과 특별승진으로 구분해 볼 수 있다.

(1) 일반승진

일반승진은 시험에 의하되 승진 시험은 일반승진 시험과 공개경쟁 승진 시험으로 구분한다.

일반승진 시험은 승진 후보자 명부의 고순위자 순으로 임용하고자 하는 결원 또는 결원과 예상 결원을 하한 총결원의 2배수 내지 5배수 인원의 범위 내의 자에 대하여 실시하며 시험 성적 점수 및 승진 후보자 명부에 의한 평정 점수를 하한 종합성적에 의하여 합격자를 결정한다.

공개경쟁 승진 시험은 5급 공무원으로의 승진에 한정하되, 지방자치단체 간의 승진 기회의 균형 유지와 유능한 공무원을 발탁하기 위하여 필요한 경우에 실시하며, 시험성적에 의하여 합격자를 결정한다(동법 제39조의2).

(2) 특별승진

첫째, 청렴과 투철한 봉사정신으로 직무에 정진하여 공무집행의 공정성 유지와 깨끗한 공직사회 구현에서 다른 공무원의 귀감이 되는 자, 둘째, 직무수행 능력이 탁월하여 행정 발전에 지대한 공헌을 한 자, 셋째, 제안의 채택 시행으로 국가 또는 지방자치단체 예산의 절감 등 행정 운영 발전에 현저한 실적이 있는 자, 재직중 공적이 특히 현저한 자가 명예 퇴직할 때, 재직중 공적이 특히 현저한 자가 공무로 인하여 사망한 때는 특별승진 임용할 수 있다.

3. 인사교류

인사교류란 임용권자를 달리하는 지방자치단체 상호간의 수평이동을 말한다(김종호: 1996). 이 제도는 공무원의 다양한 능력 발전을 기하고, 기관 간 업무의 원활한 협조를 위하여 필요한 제도로 인식된다. 또한 시·도간 행정 인력의 균형있는 배치와 행정기관 상호간 협조체제 증진 및 발전도모를 하고 지방공무원의 생활근거지 배치 등 안정적인 근무 분위기를 조성하여 인사고충 해소 및 사기 진작을 도모하고자 한다.

인사교류는 중앙정부와 지방자치단체, 그리고 지방자치단체 간에 이루어질 수 있다. 행정안전부 장관 또는 교육부 장관은 인력의 균형 있는 배치와 지방자치단체의 행정 발전을 위하여 행정안전부 또는 교육인적자원부와 지방자치단체 상호간에 인사교류의 필요가 있다고 인정할 때에는 행정안전부 또는 교육부에 두는 인사교류협의회가 정한 인사 교류 기준에 따라 인사교류안을 작성하여 당해 지방자치단체의 장에게 인사교류를 권고할 수 있으며, 이 경우 당해 지방자치단체의 장은 정당한 사유가 없는 한 이에 응하여야 한다(안용식 외: 2000).

시・도지사는 당해 지방자치단체 및 관할구역 안의 지방자치단체 상호간에 인사교류의 필요가 있다고 인정할 때에는 당해 시・도에 두는 인사교류협의회에서 정한 기준에 따라 인사 교류안을 작성하여 관할 구역 안의 지방자치단체의 장에게 권고할 수 있다. 이 경우 당해 지방자치단체의 장은 정당한 사유가 없는 한 이에 응하여야 한다.[9]

지방자치단체의 인사교류의 절차는 먼저 인사교류계획을 수립[10]한 다음 수요 조사를 실시(매년 1회 이상 인사교류 수요조사 실시)하고, 인사교류를 요청(소속 공무원의 시・도 간 인사교류가 필요하다고 여겨지면 지방자치단체의 장은 행정안전부 장관 또는 시・도지사에게 요청한다)하고, 인사교류계획을 확정 통보하고, 인사교류 결과를 보고하게 된다. 이때 시장・군수・구청장은 시・도지사에게, 시・도지사는 다시 행정안전부 장관에게 인사교류 결과를 보고하도록 되어 있다.

4. 직권면직 및 직위해제

1) 직권면직

직권면직이란 의원면직과는 달리 지방공무원이 일정한 사유에 해당되었을 때 본인의 의사와는 무관하게 임용권자가 그의 공무원 신분을 박탈하여 공직으로부터 제거하는 제도로서 시・군・의 5급 이상 공무원의 직권면직

9) 인사교류의 대상은 대통령령, 인사 교류 협의회의 구성 및 운영, 인사 교류 절차 기타 인사 교류에 필요한 사항은 행정자치부령, 교육부령, 또는 시・도 규칙으로 정한다.

10) 인사교류계획의 수립: 시・도 간 인사교류가 필요하면 행정자치부 장관은 인사교류 계획을 수립하여 '지방공무원 인사교류협의회'에 심의를 요청한다. 광역-기초자치단체, 기초-기초자치단체 간 인사교류가 필요한 경우에는 시・도지사가 인사교류 계획을 수립하여 '시・도 지방공무원 인사교류협의회'에 심의를 요청한다.

은 시 · 도 인사위원회의 동의가 필요하다.

지방공무원의 직권면직이 되는 사유는 첫째, 지방자치단체의 폐치 · 분합, 직제 · 정원이 개폐, 예산의 감소 등에 의하여 폐직 또는 감원이 된 때, 둘째, 휴직기간의 만료 또는 휴직사유가 소멸된 후에도 직무에 복귀하지 아니하거나 직무를 감당할 수 없을 때, 셋째, 직위해제되어 대기명령을 받은 자가 그 기간 중 능력 또는 근무성적의 향상을 기대하기 어렵다고 인정된 때, 넷째, 전직시험에서 3회 이상 불합격한 자로서 직무수행능력이 부족하다고 인정된 때, 다섯째, 징병검사, 입영 또는 소집의 명령을 받고 정당한 이유없이 이를 기피하거나 군복무를 위하여 휴직 중에 있는 자가 재영근무를 이탈하였을 때, 여섯째, 당해직급에서 직무를 수행하는 데 필요한 자격증의 효력이 상실되거나 면허가 취소되어 담당 직무를 수행할 수 없게 된 때이다.

2) 직위해제

직위해제란 지방공무원으로서의 신분을 보유하면서 직무담임을 해제하는 행위를 말한다. 휴직과 다른 점은 본인의 무능력 등으로 인한 제재적 의미를 가진 보직의 해제이며 복직이 보장되지 않는다. 임용권자는 첫째, 직무수행능력이 부족하거나 근무성적이 극히 불량한 자, 둘째, 파면 · 해임 · 정직에 해당하는 징계의결이 요구 중인 자, 셋째, 형사사건으로 기소된 자에게는 직위를 부여하지 아니할 수 있다. 넷째 고위공무원단에 속하는 일반직공무원으로서 적력심사를 요구 받은 자(지방공무원법 제65조의 3 제1항).

지방공무원이 직위해제된 때에는 직무에 종사하지 못하며 따라서 출근의무가 없다. 직위해제가 된 자는 봉급의 8할밖에 지급받지 못하며 위의 둘째, 셋째 사유로 직위해제된 자가 3개월이 경과하여도 직위를 부여받지 못한 때에는 3개월이 경과한 후에 5할이 지급된다.

다만 위의 셋째, 넷째 사안의 경우 징계위원회의 의결 또는 소청심사위원회의 결정에 의하여 징계의결요구가 기각되거나 징계처분이 취소된 때 또는 법원에서 무죄선고를 받은 경우에는 차액을 소급하여 지급한다. 한편 직위해제기간은 승진소요 최저연수 및 경력평정기간 그리고 공무원 연가기간 계산에서 제외된다.

5. 교육훈련

1) 지방공무원 교육훈련

우리나라의 지방공무원 교육훈련은 직무 수행상 필요한 지식과 기술을 습득시키고 그들의 가치관과 태도를 발전적으로 지향시키고자 하는 인사기능이다(김중양: 1996). 모든 공무원과 시보공무원이 될 자는 담당 직무와 관련된 지식, 기술 및 응용 능력의 배양을 위하여 법령이 정하는 바에 따라 교육훈련을 받아야 한다. 또한 지방정부의 장 및 각급 감독 직위에 있는 공무원은 일상 업무를 통하여 계속적으로 부하 직원을 훈련시킬 책임을 지며 이러한 훈련성적은 인사관리에 반영시켜야 한다(지방공무원법 제74조). 지방공무원의 교육훈련을 위하여 행정안전부는 산하 공무원교육원을 두고 있으며 각 광역자치단체도 산하에 공무원교육원을 두고 있다(박천오 외: 2000).

교육훈련은 교육훈련 기관교육과 직장교육, 특별훈련의 세 가지로 크게 나눌 수 있다.

(1) 교육훈련 기관교육

이는 직급별 교육과 직무 분야별 전문교육, 장기교육, 시책교육으로 나뉜다.

① 직급별 교육기관

직무수행에 필요한 기본 지식과 일반 소양을 함양시키고 새로운 행정환경에 대응한 정책개발 및 관리능력과 민주적·창의적 사고 배양을 목적으로 한다.

② 직무 분야별 전문교육기관

국제화·산업화·정보화·지방화 등 새로운 행정수요에 대응한 관리 능력의 배양 및 직무수행에 필요한 지식, 기술 함양을 목적으로 한다.

③ 장기교육

지방행정에 평생 봉사할 수 있는 공직자 양성, 전인적인 인격도야 및 직무 전문지식 습득을 목적으로 하고 있다.

④ 시책교육

일선 지위관으로서 책임감과 소명의식을 심어 주고 국정 방향과 시책의 이해와 지방적 구현을 목표로 하고 있는 정책관리자 시책과정, 읍·면·동시책과정 등이 있다.

(2) 직장교육

정신교육과 직무교육으로 나뉘는 직장교육은 기관 단위로 월 1회 이상 전직원을 대상으로 실시되는 집합교육으로서 정부시책, 주요 정책과제를 교육하게 된다. 그리고 문서교육, 문서보존 교육 등도 포함된다.

(3) 국내위탁훈련

전문행정인을 양성하기 위하여 특수 전문 분야의 위탁교육을 실시하게 되는데, 주로 정부에서 실시하기 어려운 특수전문 분야의 교육을 학사학위 소지자로서 행정 경력이 3년 이상인 공무원을 대상으로 국내 대학원에 위탁교육을 실시하고 있으며, 외국어연수원교육도 그 중 하나이다.

(4) 국외교육훈련

지방자치단체장은 지방공무원 교육훈련법에 의해 시·도·군에서는 유능한 공무원을 선발하여 미국과 일본 등 해외 주요국(대학기관)에 파견하기도 한다. 지방자치단체의 이러한 해외 교육은 계속 늘어날 전망이다.

2) 지방공무원 교육훈련의 문제점과 개선방안

교육훈련의 궁극적인 목표는 '사람'을 교육시키는 것이다. 우리나라 지방자치정부의 공무원 능력 발전을 위한 교육훈련은 다음과 같은 문제점을 안고 있다(이원희: 1995).

① 체계적이고 과학적인 훈련수요 조사가 이루어지지 않고 있다는 점이다. 그래서 교육대상자는 자발적인 참여의식이 결여되며, 부서별로 강제 배분되기도 한다. 그래서 공무원 스스로도 교육훈련에 대한 자발성이 높지 않음을 나타내는 연구결과도 있다(경남지역사회연구원: 1996).

② '선교육 후승진' 원칙은 교육훈련을 형식화시키는 문제가 있다. 교육훈련을 받는 공무원들이 이것을 통하여 자신의 능력을 발전시키는 진정한 기회로 삼기보다는 승진을 위한 수단으로서 생각한다. 이로써 성적에만 관심을 기울이는 경향이 나타나고 있는바, 교육훈련 참가의 동기를 묻는 조사에서 43%가 '승진을 위한 필수과정이기 때문'에 참여했다고 하였다.

③ 교육훈련 예산의 부족을 들 수 있겠다. 이는 인력 1인당 교육훈련 투자액을 비교할 때 잘 드러나는데 한국 상장 제조업체의 평균 교육비는 4억 7천만원이며, 종업원 1천명 이상 기업체 1인당 교육비는 357,000원이다. 그러나 1994년도 P광역시의 연간 전체 교육비는 2억 5천만원으로 공무원 1인당 교육비는 75,000원에 불과해 민간기업체 교육훈련비의 21%에 불과한 실정이다(김홍배: 1997), 지방공무원에 대한 예산은 현재 점차적으로 늘려가고 있으나 이와 같은 경향은 여전하다고 보겠다.

이와 같은 문제들을 해결하기 위한 방안으로는 공무원 개인의 자발성이 반영되는 교육훈련의 수요 판단이 이루어져야 하며, 이는 교육훈련의 성과가 고객지향적인 주민서비스로 연결될 수 있도록 공무원 개개인의 문제해결능력과 신기술 및 전문성을 배양하는 수요자 중심의 실제적인 교육훈련이 되어야 한다(김홍배: 1997).[11]

승진의 수단, 즉 능력평가를 위한 교육과정이 아니라 능력 배양을 위한 교육과정이 되도록 개선이 필요하고, 교육기관간의 프로그램 연계와 교환을 통하여 예산의 낭비를 막고 교육의 질은 높이도록 해야 하며, 각 교육기관의 교수요원의 질 향상을 위한 노력이 필요하고, 보직관리와 연계된 교육훈련이 되도록 하여야 하며, 교육훈련의 새로운 방향 설정을 통하여 인적자원의 질을 향상시켜야 할 것이다.

6. 인사기관

지방정부의 인사기관은 자치단체장과 그 위임을 받은 기관, 인사위원회, 그리고 지방공무원 소청심사위원회 등이 있다.

1) 임용권자

지방공무원법 제6조는 다음과 같이 지방공무원의 임용권자를 규정하고 있다. 각 시·도의 교육감을 포함한 시·도지사와 시장·군수·자치구청장 등 지방자치단체의 장이 된다. 지방자치단체의 장은 소속 공무원의 임용,

---

11) 미국의 경우, 공무원들은 직속상사와의 상담 및 고충처리를 통해 수요자 중심의 교육원칙을 마련하고 있다. 또한 개인발전계획서(Individual Development Plan)를 작성하고 여기에 요구되는 훈련은 기관장의 조정으로 지역별 교육개발위원회(Training and Development Office)의 집행절차를 통해 이의를 제기함으로써 구제될 수 있다.

휴직, 면직과 징계를 행하는 권한을 가진다. 지방자치단체장의 임용권은 보조기관이나 소속 기관장, 지방의회의 사무처장(사무국장, 사무과장) 또는 교육위원회의 사무국장에게 위임할 수 있다.

2) 인사위원회

2023년 현재 우리나라의 지방인사위원회는 지방공무원 인사에 관한 일정한 사무를 그 임용권자로부터 어느 정도 독립하여 결정・집행하는 합의제 집행기관, 즉 행정위원회이다.[12]

인사위원회는 지방자치단체에 임용권자별로 설치하도록 되어 있다. 임용권을 위임받은 자는 제외되지만 시의 구청장을 비롯하여 자치단체장이 필요하다고 인정하는 소속 기관의 장은 인사위원회를 둘 수 있다.

인사위원회의 기능은 공무원 충원계획을 사전 심의하고 각종 임용시험을 실시하며, 보직관리 기준 및 승진・전보임용 기준의 사전 심의, 승진임용의 사전 심의, 임용권자의 요구에 의한 징계 의결, 자치단체장이 제출하는 공무원 인사와 관련된 조례안 및 규칙안의 사전심의, 기타 법령의 규정에 의하여 그 관장에 속하는 사항을 처리한다(지방공무원법 제8조).

인사위원회의 회의는 위원장이 필요하다고 인정하는 때에 소집하며, 재적위원 3분의 2 이상의 출석과 출석위원 과반수의 찬성으로 의결한다. 인사위원회의 운영에 관한 사항은 대통령령으로 정하도록 규정하고 있다.

3) 지방공무원 소청심사위원회

공무원 소청심사위원는 징계 기타 그 의사에 반하는 불이익처분에 대한 지방공무원의 소청을 심사・결정하는 준사법적 합의제기관이다. 또한 시・도와 시・도교육청에만 설치하도록 되어 있다. 그리고 심사위원회는 7인의 위원으로 구성되며, 위원은 법관・검사 또는 변호사, 그리고 부교수 이상의 대학 법률학 교수, 국장급 이상의 공무원 가운데서 시・도지사 또는 교육감이 임명 또는 위촉하며, 인사위원은 심사위원이 될 수 없다.

---

12) 행정위원회(administrative committee or commission)라 함은 준입법권 및 준사법권을 가지고 집행권도 가지면서 행정수반으로부터 어느 정도 독립한 지위에 있는 합의제 행정기관을 말한다. 따라서 행정위원회는 다음과 같은 요건을 갖추고 있어야 하는 것이다.
첫째, 집행권을 가지고 있을 것(즉, 행정관청일 것)
둘째, 준입법권 및 준사법권을 가질 것.
셋째, 행정수반으로부터 어느 정도 독립한 지위에 있을 것.

요 약

한 국가의 공무원은 크게 국가공무원과 지방공무원으로 분류될 수 있다. 국가공무원은 국가공무원법의 적용을 받으며 국가의 경비로 운영되는 공무원을 의미하며, 지방공무원은 지방공무원법의 적용을 받으며 지방정부의 경비로 운영되는 공무원을 의미한다. 앞서 살펴본 바와 같이 지방공무원법 제1조에서는 '지방자치행정의 민주적이며 능률적인 운영을 도모함을 목적'으로 명시하고 있다. 지방정부가 행정의 경쟁력을 강화하고 주민복지의 향상과 효율적인 행정서비스를 제공하기 위해서는 업무수행의 주체인 지방 공무원들을 효율적으로 관리하는 것이 무엇보다도 중요하다고 할 수 있겠다. 5장에서 살펴본 바와 같이 지방공무원의 공직분류의 문제점과 개선방안을 살펴보았으며, 지방자치단체 간 인사교류의 확대와 전문인력의 지역 간 불균형을 해소할 수 있는 실질적인 인사교류, 그리고 지방인사위원회의 운영상의 문제점 및 개선방안을 살펴보았다.

중 요 개 념

- 공직분류
- 국가공무원
- 지방공무원
- 경력직 · 특수경력직 공무원
- 직위분류제
- 계급제
- 개방형 · 폐쇄형
- 임용권자
- 인사위원회
- 지방공무원 소처심사위원회
- 인사관리제도
- 임용 · 채용
- 인사교류
- 직권면직 · 직위해제
- 교육훈련

예 제

1. 우리나라 광역 지방자치단체 내부에는 지방공무원뿐만 아니라 국가직 공무원도 있어 함께 업무수행을 하고 있다. 자치단체 내부의 이러한 이중적 인사체계의 장 · 단점을 논하시오.

2. 공직분류란 일정한 기준에 따라 공무원 또는 직위를 구분하여 정부조직 내의 직업구조를 형성하는 과정 및 결과를 말한다. 공공조직의 인사정책에서 공직분류가 갖는 중요성을 논하시오.

3. 지방공무원들 간의 인사교류의 장점 및 한계에 대하여 논하시오.

4. 지방공무원의 직권면직과 직위해제를 비교하여 차이점을 논하시오.

5. 현행 지방공무원 인사위원회제도의 문제점과 개선방안을 논하시오.

참 고 문 헌

강성철 외(1996), 「새인사행정론」(서울: 대영문화사).

경남지역사회연구원(1996), 「일선종합행정기관 행정개혁 방안연구Ⅱ」(경상남도 자치법규법).

김기옥(1996), 「지방자치행정론」(서울: 법문사).

김복규(1998), "지방공무원의 효율적 관리방안", 「한국행정연구」, 7(1).

김영기(1997), 「지방자치행정론」(서울: 대영문화사).

김웅기(2001), 「미국의 지방자치」(서울: 대영문화사).

김종호(1996), 「지방공무원 인사제도」(마산: 도서출판경남).

김중양(1994), 「한국인사행정론」(서울: 법문사).

———(1996), 「한국인사행정론」(서울: 대영문화사).

김판석 · 권경득(1999), "지방자치단체의 인사제도 개혁", 「한국행정학보」, 33(1).

김필두 · 금창호(1999), "지방공무원 공직분류체계의 개선방안", 「한국지방행정연구원 연구보고서」, 99-21.

김홍배(1997), "지방화시대 지방공무원 교육전략", 「한국지방자치학회보」, 9(4).

박동서(1997), 「인사행정론」(서울: 법문사).

박응격(1996), "통일이후를 대비하는 정부인력관리의 과제와 대책", 「한국행정연구원연구보고서」, 96-01.

박천오 외(2004), 「인사행정의 이해」(서울: 법문사).

안용식 외(2000), 「지방행정론」(서울: 대영문화사).

오석홍(1993), 「인사행정론」(서울: 박영사).

이원희(1995), "지방공무원의 교육훈련 강화해야 한다", 「월간 지방자치」(현대사회연구소).

임승빈(1996), "중앙 · 지방간 인사교류 활성화", 「지방행정정보」, 제55호(한국지방행정연구원).

———(1997), "지방공무원 직렬재조정방안에 관한 연구", 「연구보고서」, 96-24, 통권 제245권(한국지방행정연구원).

———외(1996a), "일본의 권력구조", 「기획세미나 논문집-통일한국을 대비한 권력구조」(국제평화전략연구원).

———외(1996b), "외국의 자치단체장 역할과 선거제도", 「정책연구지: 지방행정분야」, 95-1(한국지방행정연구원).

장병구(2000), 「지방자치행정론」(서울: 형설출판사).

정성호 · 조임곤(1993), 「우리나라 지방자치발전을 위한 지방자치 단체장의 역할」(서울: 집문당).

하태권(1995), "지방공무원의 임용실태와 개선방안", 「한국행정연구」(한국행정연구원)

행정자치부(2002), 「시 · 도 지방공무원 교육원」.

Becker-Blonigen, Werner(1995), "인사문제에 있어서 독일의 지방행정과 지방주권" 「지방자치와 지방인사제도」(서울: 한양대학교 지방자치연구소, 세미나 시리즈 95-01).

Nigro, Felix A. & Lloyd G.Nigro(1981), *The New Public Personnel Adminisration*, (Peacock Publishers: Illinois), 황갑손 역(1985), 「최신인사행정론」(서울: 대왕사).

自治体国際化協会(1996), 「英国地方団体の人事制度」, CLAIR REPORT 114

自治体国際化協会(1993), 「フランスの地方公務員制度 - 第1部」, CLAIR REPORT NO 066

自治体国際化協会(1993), 「フランスの地方公務員制度 - 第2部」, CLAIR REPORT NO 070

Hyde, Albert C. & Jay M. Shafritz(1985), "Position classification and staffing", Steven W Hays & Richard C. Kearney edited, *Public Perxonnel Administration*, Prentice-Hall.

Bauman, Paul and Louis Weschler(1992), "The Rockey Mountain Program: Advanced Learning for the Complexities of Public Management." *Public Productivity & Management Review*, 15(4).

Osborne, David & Ted Gaebler(1993), *Reinventing Government*, New York: Plume.

Cozzetto, Don A., Theodore B. Pedeliski & Terence J. Tipple(1996), *Public Personnel Administration*, Prentice-Hall: 51.

Richard C. Kearney(1985) ed., *Public Personnel Administration*, Prentice-Hall.

Drewry, Gavin & Tony Butcher(1988), *The Civil Service Today*, London: Basil Blackwell.

The City of Los Angeles(1992), *Your Government At A Glance.*

Winter, William F.(1993), *Hard Truths/Tough Choices: An Agenda for State and Local Reform. The First Report of National Commission on the State and Local Public Service.* Albany, New York: The Nelson A. Rockfeller Institute of Government.

제 6 장 지방선거

제 1 절 지방선거의 의의

1. 지방선거의 의의

지방선거라 하면 일반적으로 지방정부의 기관구성을 위한 선거를 말한다. 구체적으로 지방의회 구성을 위한 의원선거와 지방정부의 대표 또는 집행부를 구성하는 선거를 말한다.

우리나라 지방선거는 지방자치단체의 장을 선출하는 선거와 지방의회 의원을 선출하는 선거가 있다. 헌법은 이들의 선거방법을 법률사항으로 유보하고 있으며(헌법 제118조 2항), 이에 따라서 "공직선거법"에 구체적인 규정을 정하고 있다.

2. 지방선거의 기능

일반적으로 선거의 기능은 다양한 공직의 대표자를 선출하는 것이지만 보다 넓은 의미로 선거는 대표선출, 선택대안의 제공, 정부구성의 통로, 정부에 대한 정통성 부여, 정치교육, 그리고 정당구조의 정비 등의 정치적 기능을 수행한다.

이러한 기능 외에도 선거는 국민의 정치참여 기회의 확대, 책임정치의 실현, 평화적 정권교체, 정의사회의 구현, 그리고 정치는 물론 사회통합의 기능을 수행한다. 특히 지방선거는 다음과 같은 기능과 역할을 수행한다.

우리나라 주요한 지방선거의 실시 역사

- 1952년: 시 · 읍 · 면의회 의원선거
  - 1950년 5월 1일에 개정 · 공포된 지방자치법에 의거하여 1952년 4월 25일 제1차 시 · 읍 · 면의회 의원선거 도의회의원 의원선거
  - 1952년 5월 10일 7개도에서 도의회 의원선거: 서울, 경기도, 강원도, 전라북도 일부 지역 제외
  - 1953년 5월에 그 동안 치안사정으로 선거를 치루지 못하였던 지역 선거 실시
- 1956년 지방선거: 시 · 읍 · 면의원 선거
  - 1956년 제3차 지방자치법의 개정에 따라 8월 8일 제2차 시 · 읍 · 면의원 선거 실시
  - 1956년 8월 13일 도와 서울특별시 의회의원 선거
  - 1956년 제1회 시 · 읍 · 면장 선거가 6개시, 30개읍, 544개 면에서 실시 1960년 지방선거
  - 시읍면 의원 선거: 1960년 12월 19일
  - 도와 서울특별시의원 선거: 1960년 12월 12일
  - 시읍면장 선거: 1960년 12월 20일
  - 서울특별시장 및 도지사 선거: 1960년 12월 29일
- 1991년 지방선거 부활: 30년간 공백
  - 3월 26일 기초의회 의원선거
  - 6월 20일 서울특별시, 5개직할시 및 9개도에서 광역의회 의원선거 1995년 지방선거
  - 1995년 6월 27일 치러진 지방선거는 지방의회의원선거뿐 아니라 지방자치단체의 장선거도 동시에 치러짐
  - 광역단체장 15명, 광역의회의원 970명, 기초자치단체장 23명, 기초의회의원 4,541명 등 총 5,756명 선출 1998년 지방선거
  - 1998년 6월 광역단체장 16명, 기초단체장 232명, 광역의원 690명, 기초의원 3490명 등 총 4,428명 선출

※ 여성의원: 광역의원의 경우 비례대표를 제외할 때 14명으로 2.3%, 기초의원 역시 56명으로 1.6%

1) 지방정부의 대표 선출과 주민의 정부 구성

지방정부의 대표, 즉 수장 및 지방의회의 의원을 선출할 뿐만 아니라 기타 법률이 정하는 공직자를 선출한다.

지방정부의 구성형태에 따라 선출되는 공직자의 종류가 다르지만 특히 미국의 강시장제에 있어서는 시장 이외에도 많은 시공무원이 주민에 의하여 선출된다. 이와 같이 지방정부의 대표가 중앙정부에 의해 임명되는 것이 아니고 주민에 의해 선출되기 때문에 지방선거는 주민의 정부를 구성하게 된다.

2) 주민의 정치 참여 확대

지방선거는 중앙선거보다도 그 횟수와 종류가 다양하기 때문에 그만큼 주민의 정치 및 행정참여를 확대시키는 기능을 한다. 그러나 전세계적으로 중앙선거에 비해 지방선거가 투표율(참여율)이 낮다는 것이 문제이다.

3) 주민의 의사를 정책에 투입

지방정부는 주민에게 가장 가까이 있는 정부이고 또한 지역의 문제는 주민에게 가장 밀접하고 예민한 것들이기 때문에 이들 문제에 대한 주민의사가 가장 구체적이고 상세하게 선거를 통해 정책에 투입될 수 있다.

4) 정치교육

선거의 중요한 기능 중의 하나가 정치교육이지만 특히 지방선거는 이러한 기능을 활성화시킨다. 지방의 많은 선거를 통하여 선거 및 정치적 경험과 훈련을 되풀이 하는 가운데 주민은 정치의식의 수준이 향상될 수 있고 또한 많은 정치지도자가 양성될 수 있다. 외국의 사례를 살펴보더라도 지방정치를 통하여 훈련된 정치지도자들이 국가지도자로 충원되고 있다. 그래서 지방정치는 민주주의의 학교라고 한다.

5) 지역공동체 형성

지방선거는 지역사회내의 이해와 갈등, 주민의사의 분산·대립을 통합하는 기능을 한다.

선거과정에서 지역사회의 모든 문제들이 노출되고 이들에 대한 토론과격렬한 논쟁이 전개되지만 선거결과에 의하여 사회통합이 이루어지기 때문에 주민들간에 지역공동체의식이 강화되고 지역사회의 발전이 촉진된다. 일시적으로 선거과정에서의 과열된 논쟁들이 지역사회를 분열시키는 것처럼 보이지만 궁극적으로는 지역사회를 통합하고 발전시키는 원동력이 된다.

6) 책임정치의 실현

지방선거는 선거직 공직자에 대한 책임을 묻는 기회를 제공한다. 임기 동안에 주민에 대한 공약의 실천 또는 실적에 대한 평가를 투표로서 결정하는 것이기 때문에 공직자의 책임정치를 확보할 수 있다.

〈표 6-1〉 한국의 역대 선거(1952~2022)

선거명	선거일	선거실시 지방자치단체수 (선거구수)	정 수 (단위, 명)
시 · 읍 · 면의회의원선거	1952.04.25(금)	1,397	17,559
도의회의원선거	1952.05.10(토)	7	306
시 · 읍 · 면의회의원선거	1956.08.08(수)	1,458	16,961
시 · 읍 · 면의 장선거	1956.08.08(수)	580	1,491
시 · 도의회의원선거	1956.08.13(월)	10	437
시 · 도의회의원선거	1960.12.12(월)	10	487
시 · 읍 · 면의회의원선거	1960.12.19(월)	1,468	16,909
시 · 읍 · 면의 장선거	1960.12.26(월)	1,468	1,468
서울시장선거 · 도지사선거	1960.12.29(목)	10	10
구 · 시 · 군의회의원선거	1991.03.26(화)	3,562	4,304
시 · 도의회의원선거	1991.06.20(목)	866	866
제1회 전국동시지방선거	1995.06.27(화)	4,885	5,758
제2회 전국동시지방선거	1998.06.04(목)	4,347	4,428
제3회 전국동시지방선거	2002.06.13(목)	4,099	4,180
제4회 전국동시지방선거	2006.05.31(수)	2,180	3,872
제5회 전국동시지방선거	2010.06.02(수)	2,307	3,991
제6회 전국동시지방선거	2014.06.04(수)	2,248	3,952
제7회 전국동시지방선거	2018.06.13(수)	2,510	4,016
제8회 전국동시지방선거	2022.06.01(수)	2,086	4,120

* 제8기 지방선거에서 선거구는 감소한 반면에 정수가 증가된 이유는 기초의원 선거에서 일부 중대 선거구가 증가했기 때문이다.

참고자료

정당공천

민선 제4기 지방선거부터 2005년 8월에 "공직선거법 47조" 개정에 의하여 처음으로 기초지방의원까지 정당공천제가 확대되어 실시되었다. 정당공천제 확대실시는 장단점이 있으나 이로 인해 공천과정비리심화, 정책과 인물중심이 아닌 정당 중심의 투표, 지방정치의 실종 등 많은 문제점들도 야기시켰다.

제2절 외국의 지방선거

1. 미국의 지방선거제도

key concept

– 시장 – 의회체제 –
(Mayor–Council Form)
시장-의회형은 시민에 의해 선출된 시장과 의원들이 각각 집행기관과 의결기관을 나누어 맡아 양 기관이 시민에게 각각 책임을 지는 전형적인 기관구성 형태로서 대다수의 시자치단체가 시장-의회형 또는 여기서 약간 변형된 기관구성을 지니고 있다. 주로 인구 50만 이상의 대도시나 2만 5천명 이하의 소도시의 지방자치단체에서 많이 채택하고 있다.
① **약시장 – 의회형**은 정부권력이 한 명의 시장에게 편중되는 것을 막기 위한 취지에서 만들어진 기관구성 형태로, 여러 명의 의원으로 구성된 의회가 고위직 공무원에 대한 인사권과 행정운영에 대한 감독권을 지니고 있다. 시장은 시민에 의해 선출되지만 인사권, 거부권, 행정권의 행사 등에 많은 제약을 받으며 시장 외에 많은 공직자들(재정관, 검사, 전문위원회위원)이 시민에 의해 직접 선출되기 때문에 시장의 권한범위가 매우 축소되어 있다. 이러한 형태의 기관구성은 인구 1만명 이하의 소도시에서 많이

1) 미국 지방선거제도의 특징

미국의 지방선거제도는 지방자치단체의 형태와 구조에 따라 그 틀이 정해진다는 점에서 볼 때, 미국의 지방선거제도는 지방자치단체가 취하고 있는 다양한 구조와 형태만큼이나 다양한 제도를 갖고 있다.

따라서 다양한 지역 특성과 여건을 반영하고 있는 미국의 여러 지방선거제도는 그 도입취지나 필요성을 이해하고 분석하는 것을 통하여 한국의 지방선거제도 연구에도 많은 시사점을 줄 것으로 기대되며, 또한 미국 지방정부의 3분의 2 정도가 정부구조를 적어도 한 번 이상 바꾸어 왔다는 점에서 미국의 지방선거제도는 우리에게 다양한 간접 경험과 교훈을 제공해 줄 것으로 기대된다.

미국의 대표적인 지방정부의 구조인 단체장-의회형과 의회-시지배인형을 중심으로 이들이 채택하고 있는 지역의 특성과 선거제도의 차이점을 비교하면 다음과 같다. 먼저 지역적 특성을 살펴보면, 우리나라와 같은 형태인 단체장-의회형을 취하고 있는 지역은 대부분의 미국 대도시와 상당수의 중소도시가 이에 해당하고 있으며 의회의 규모도 다른 데에 비해 상당히 큰 것을 볼 수 있다. 예컨대, 가장 큰 시카고시와 뉴욕시의 의원정수는 각각 50명 · 36명이다.

이와 비교하여 의회 - 시지배인형은 비교적 동질적인 인구구성을 지니고 있는 지역에서 가장 성공적으로 운영되고 있다.

보통 25만명 이하의 중산층 중심의 근교지역에서 많이 발견되나, 댈러스, 신시내티, 캔사스와 같은 몇몇 대도시에서도 이러한 체제를 발견할 수 있다.

의회의 의원정수는 보통 5인에서 9인 정도의 소규모의회로 운영되며, 시지배인은 의회에서 임명되어 대개 5년의 임기로 행정적 권한을 부여받고 있다.

의회-시지배인형의 취지는 정치 · 행정의 분리와 지방정부의 경영적 효율성 및 전문성을 강조하는데 있으며, 참고로 의회-시지배인형에서의 시장은 의회에 의해 선출되는데 대개 윤번제나 선거에서 최다 득표를 얻은 의원이 선출되며, 의회의 구성원이기도 한 시장은 의결권을 가지지 못한다.

지방의회의원의 수는 지방정부의 구조와 도시규모에 따라 다르게 나타나고

있다. 단체장-의회형의 구조를 취하며 비교적 도시규모가 큰 지역에서는 많은 수의 지방의회의원을 선출하고 있는데 비해, 의회-시지배인형의 지방정부는 중소도시에서 많이 발견되며 소수의 지방의회의원을 선출하는 것을 볼 수 있다.

한편, 지방정부구조에 따라 나타나고 있는 선거제도상의 차이는 선거구의 크기와 정당참여의 허용 여부에서도 발견할 수 있다. 의회-시지배인형에서는 대부분의 도시가 소선거구제(district system) 혹은 소선거구제와 대선거구제를 혼용하며 대개 정당참여를 허용하고 있는 반면, 의회-시관리인체제에서는 대다수의 도시가 대선거구제(at large system)와 함께 비정당참여를 택하고 있는 것을 볼 수 있다.

지방정부형태에 따른 선거구제의 차이는 소선거구제와 대선거구제가 지니고 있는 성격, 즉 지방의원의 대표범위에 따라 그 책임성이 다르게 강조된다는 점에서 지방정부가 관할하고 있는 지역의 특성이 반영되고 있다.

다시 말해, 각 구역의 대표성이 강조되는 소선거구제는 각 구역의 이해와 이익을 대표하는 것에 지방의원들의 책임성이 우선되며 따라서 대도시와 같이 다양한 인종, 민족, 소득계층 등 서로 상이한 문화와 이해를 지니고 밀집된 주거권을 형성하고 있는 지역에서 많이 발견되는 것을 볼 수 있다.

소선거구제를 택하는 많은 대도시가 정당의 참여를 허용하고 있는 것도 다양한 이해와 갈등의 조정자 역할이 강조되기 때문인 것으로 해석된다.

이와 비교하여 대선거구제는 소수의 이익보다는 보다 광범위하고 전체적인 관점에서 자치단체의 이익을 강조하므로 대선거구제만을 채택하고 있는 경우는 소수의 이익이 대표되지 않는다는 점에서 위헌의 소지가 있는 제도라고 비판받고 있다.

소선거구제와 함께 대선거구제를 병행하여 채택하는 경우, 소수이익의 대표(소선구제)와 자치단체 전체의 이익과 발전(대선거구제)이란 장점이 상호보완을 이룬다는 점에서 대도시에서 많이 채택하고 있다.

지방선거에서의 정당참여는 대도시에서는 허용하나, 허용하지 않는 곳도 많다. 특히 의회-시지배인형의 중소도시, 특히 동질적인 성격을 지니고 있는 지방자치단체에서 많이 발견되며, 대선거구제로 소수의 의원을 선출하고 있고 비정당선거를 채택하고 있다(Wolfinger and Field: 1966). 중소도시에서 발견되는 이러한 특성은 다음에 설명할 1920~30년대의 개혁운동에 많은 영향를 받은 결과이다.

발견(예외: 시카고)되며, 규모가 큰 도시의 경우 많은 수의 의원(50명 이상)으로 의회가 구성되어 있는 것을 발견할 수 있다.

② 강시장 - 의회형은 일반적으로 시장과 의원들만이 주민에 의해 직접 선출됨으로써 지방자치단체의 조직구조를 단순화시키고 조직규모를 축소시키면서 약시장-의회형에 비하여 시장의 권한을 대폭 강화시킨 기관구성형태이다. 여기서는 시장에게 지방행정에 대한 전적인 책임과 통제권을 부여함으로써 시장은 부서자에 대한 인사권, 예산안제출권, 의회의결거부권 등을 보유하게 되며 지방자치단체의 내·외부에 있어서 강력한 정치적 리더십을 행사하고 있다. 이러한 기관구성형태는 대부분의 대도시와 많은 소도시에서 발견되고 있으며, 대도시의 경우 시장이 행정적인 책무를 수행하는데 많은 시간이 소요될 수 있기에 전문적인 수석행정관(chief administrative officer)을 시장이 임명하여 부서장의 감독이나 예산안의 준비, 인사상의 문제 등을 담당케 하고 있다.

- 의회-시지배인체제 -
(Council-Manager Form)

의회-시지배인형은 의회에서 선임되는 시지배인에게 모든 행정권한을 위임하는 기관구성 형태로써 시지배인은 의회가 결정한 정책을 책임지고 능률적으로 집행하는 일을 담당하며, 의회의 동의를 받아 행정부서장에 대한 임명·파면 등의 인사권을 지니는 실제적인 행정의 총책임자가 된다. 의회-시지배인형 기관구성에서 시장은 주민에 의해 직선되는 경우도 있으나 일반적으로 의원들 가운데 선출(윤번제로 운영되거나 선거에서 최다 득표를 얻은 의원)되며, 어떤 경우든 의례적이고 명목적인 기능만을 수행한다. 따라서 시장은 누구를 임명하거나 파면하는 인사권을 지니고 있지 못하며, 의원을 겸직하지 않는 한 시지배인에 대한 어떤 영향력도 행사할 수 없다.

2) 미국 지방선거제도의 개혁과 변화

(1) 개혁운동

미국 지방선거제도의 개혁은 특히 1800년대 말부터 1900년대 초까지 미국 지방자치단체의 가장 심각한 문제였던 정치적 보스(political boss) 중심의 기관정치(machine politics)를 타파하려는 20세기 초반의 진보운동(progressive movement)과 깊은 관련이 있다.

엽관주의적 성격이 강한 기관정치 때문에 지방정부는 정경유착에 따른 부정부패 문제가 심각했을 뿐 아니라 지방정부의 전통적인 약시장체제와 많은 선출직 공무원 숫자 등이 지방공직자들의 책임성을 불투명하게 만들며, 정치적 보스들의 영향력을 강화시키는 요인으로 작용하고 있어 이에 대한 개혁의 필요성이 요구되었다. 따라서 진보운동과 함께 지방정부의 개혁운동(municipal reform movement)은 지방정부의 비정치성, 민주성, 전문성, 효율성에 초점을 두고 부정부패의 온상인 보스의 영향력을 약화시키면서 정부운영의 효율성을 높이기 위한 방안을 마련하기 위한 것이었다.

지방선거제도와 관련된 개혁운동의 내용을 살펴보면 다음과 같다.

첫째, 부패와 선거비리를 엄벌하는 법규제정과, 둘째, 민선 공직의 수를 축소(short ballot)시키며, 셋째, 직접 예비선거(direct primary)를 통해 정당후보를 공천하게 함으로써 소수 정당간부의 영향력을 감소시키고, 넷째, 지방선거에 정당의 참여를 억제하고 주선거나 연방선거와는 다른 시기에 실시함으로써 주선거나 연방선거에서 영향력이 높았던 보스의 영향력을 지방선거에서 막고, 지방정치를 주나 연방정치와 분리시키고자 하였다.

그밖에도 개혁의 내용에는 정책제의권, 주민투표·주민소환제 등 직접민주주의의 형태를 제도적으로 도입함으로써 유권자의 책임을 강조하였으며, 집권화된 행정리더십과 함께 공과에 의해 공무원을 채용하며, 당적에 의해 인사상의 불이익을 당하지 않도록 하는 공무원의 신분보장제도의 도입을 주장하였다.

또한 위에서 논의한 대선거구에 의한 소규모 의회 구성과 함께 의회-시지배인형에 비정당선거를 제안하였다.

(2) 개혁운동의 영향

개혁운동의 초점은 어떤 지도자 혹은 지도자 집단도 정당에서 확고한 지위나 막대한 영향력을 행사하지 못하도록 하는 것으로, 이러한 개혁운동은

미국 선거제도

1. 개 관

- 선출공직의 수는 일일이 헤아리기 어려우며 이를 입법·사법·행정과 각급 지방정부 단위를 기준으로 분류하더라도 19가지가 넘는데다 각 선거는 그 자체는 물론이려니와 보궐선거까지 모두 예비선거와 본선거의 2개 절차를 거치도록 되어있어 매우 복잡하다.
- 정기적으로 예정된 모든 선거를 그 실시시기를 기준으로 하여 여섯가지로 분류하고 아울러 선출공직자가 소속되는 주단위의 입법·사법·행정조직 및 지방정부의 조직을 간단히 살펴보기로 하다.

2. 정기선거의 선출직위

- 6개의 정기적으로 예정된 선거를 2년 주기로 치르는데, 홀수해에는 봄예비선거(spring primary)와 봄선거(spring elec- tion)가 있고 짝수해에는 봄예비선거, 봄선거, 정당예비선거(parissn primary) 및 총선거(general election)가 있다.
- 4로 나누어지는 짝수년도에는 봄선거와 동시에 대통령예비선거(presidential preference election)가 있고 총선거와 함께 대통령선거가 있다.

3. 선거일

봄예비선거: 2월 세번째 화요일
봄선거: 4월 첫번째 화요일
정당예비선거: 짝수연도 9월 두번째 화요일

– 봄선거 선출직

문교부장관, 각급법원의 판사, 카운티 감독관, 카운티 수석행정관, 시·읍·면 및 학교지구의 선출직

– 가을선거 선출직

- 주 헌법상 직위(Statewide Constitutional office): 주지사, 부지사, 총무처장관, 재무부장관, 검찰총장
- 연방상·하의원 및 주 상·하의원
- 카운티의 선출직 (Executive 및 supervisor 제외)

지방자치단체의 구조와 활동에 상당히 지속적이고 깊은 영향을 미친 것으로 평가받고 있다.

개혁운동은 특히 경제적으로 부유하고 교육수준이 높으며 백인이 압도적으로 많은 프로테스탄트 지역에서 많은 호응을 얻었으며, 중소도시(인구 25~50만 규모)와 남부나 서부의 신흥도시에서 이러한 개혁안이 많이 채택된 것을 발견할 수 있다(Boyd: 1976).

개혁운동 중 선거제도와 밀접한 관련이 있는 구체적인 내용과 그 영향을 정리하면 다음과 같다.

① 비정당선거제도 도입

비정당선거란 투표용지에 후보의 소속정당이 표시되지 않는 제도로서 도시 정당조직의 부패를 해결(예: 시카고)하고 지역의 주요현안과 후보에 대한 관심을 높힌다는 측면에서 개혁론자의 지지를 받았다.

비정당선거제도는 정당의 이름만으로 후보를 선택하는 것을 불가능하게 함으로서 이론상 정치지도자들이 교육수준이 낮은 많은 수의 유권자들을 동원하는 것을 어렵게 만들 수 있는 제도이다.

현재 하와이주를 제외한 모든 주에서 발견되는 비정당선거제도는 인구 2만 5천 이상 도시의 70%가 이 제도를 도입하고 있으며, 1910년 이후 생성된 도시의 거의 모두가 이를 채택하고 있다(Adrian: 1988).

② 민선 공직자 수의 축소(short ballot)

민선 공직의 수를 대폭 축소하는 것은 정당이 후보를 모집하거나 후원할 필요성이 감소되고, 따라서 정치보스들의 역할과 영향력도 줄어들게 될 뿐 아니라 유권자는 선택할 후보가 적어짐으로써 누가 무엇을 했는지 추적하기 쉬운 장점을 지니고 있다.

개혁론자들은 특히 지방의회의원의 수를 감축하는 소의회제도에 많은 관심을 기울였으며, 당시 선거구마다 선출하는 대의회제도는 많게는 100명 이상의 의원들이 출마지역의 대표자로서 무엇인가 공헌하려는 동기가 높을 수 밖에 없으며, 따라서 예산을 통과시키는 과정에 표의 협상(trade)이라는 값비싼 과정을 거쳐야 하기 때문에 폐단을 지니고 있었다(W. B. Stouffer: 1991).

만약 의원 한 사람 한 사람이 선거구를 대표한다면, 많은 수의 선거구는 곧 많은 수의 대표를 의미하며 이는 또 많은 그 무엇들을 의미하는 것이 되므로, 개혁론자들은 소의회(7~9명)제도가 전체적인 지방자치단체의 필요와 이해에 관심을 높힐 수 있게 하며, 의원들끼리 보다 잘 알게됨으로써 공동의 이해 속에 일하기도 쉽게 될 것으로 기대하였다.

③ 대선거구제(at large election)의 도입

대선거구제는 정치적 보스와 토호세력의 영향력을 줄이는 반면 중산층의 영향력을 제고할 수 있다는 측면에서 개혁론자의 지지를 받았으며, 이와 함께 대선거구제는 자치단체 전반의 지지연대를 형성하게 되어 자치단체 전체의 이익을 추구하게 될 뿐 아니라 의원의 자질이 높아진다는 장점을 지니고 있다.

그런데 민선 공직의 수를 줄이는 제도개혁(short bollot)이 도입됨에 따라 의회의원의 수가 크게 줄게된 후 소선거구의 크기가 자연히 확대됨으로써

대선거구제 도입의 필요성이 상당히 줄어들게 되었다.

④ 봄 선거실시

지방자치단체 선거에 비정당선거제를 도입하는 것과 함께 개혁론자들은 지방자치단체의 선거를 11월에 실시하는 주정부나 연방정부의 선거와 분리시키도록 봄에 실시하도록 하였다.[1] 따라서 비정당참여의 지방자치단체선거는 정당참여의 주선거나 연방선거에서 나온 이슈나 관심으로부터 '오염'될 가능성이 적어지게 되었다.

3) 시사점

미국에 있어서 지방정부의 개혁운동은 그 배경과 목적에 있어서 한국의 정치현실과 지방자치단체의 운영에 시사해 주는 점으로 미국의 개혁론자들이 주장하고 있는 내용 가운데 특히 지방정부는 주나 연방의 수준에서 발견되는 정당정치로부터 분리되어야 하며, 소속정당이나 개인의 이해보다 자치단체의 공동이익에 관심이 있는 사람의 지도력하에 경영자적인 입장에서 운영되어야 한다는 것을 들 수 있다.

미국의 지방선거제도 개혁은 지역의 토호세력화된 정당 지도자들로부터 과도하게 집중된 영향력을 제거하기 위해, 그리고 지방선거가 중앙 정치무대의 연장으로 이용되는 것을 막기 위한 목적으로 도입된 것이었다. 이러한 배경은 우리나라의 정치현실과 상당히 유사한 것으로 지적될 수 있다. 즉, 카리스마적인 정당지도자들에 의한 정당운영과 선거에 미치는 절대적인 영향력 그리고 지역패권주의로 요약되는 과거의 지방선거결과가 중앙정치의 영향을 그대로 반영해 준 것이라는 점은 미국의 지방선거제도 개혁의 배경과 거의 일치하는 점이라 할 수 있다.

민주적인 정당공천과 분권화된 정당운영 혹은 지방선거에 비정당선거를 도입하는 방안, 전문적인 시지배인을 고용하는 제도 그리고 의회의원의 수를 대폭 줄임으로써 의원의 자질을 높히고 자치단체 전체의 이익과 발전에 초점을 두게 하는 소의회제도 등 미국의 개혁안이 시사하는 바를 우리나라 상황에서 진지하게 검토해 볼 가치가 있다.

---

1) 인구 25,000명 이상의 자치단체의 83%가 주선거 또는 연방선거와 분리하여 지방의회 의원선거 및 단체장 선거를 실시하고 있다: Karnig, Albert, K. (1977). "Local Elections in the U.S.: Seperate and Unequal," NCR 66/4.

〈표 6-2〉 미국 시·읍·면의 정당공천 허용 및 금지비율 증감추이

공천연도	1975년	1981년	1986년	1991년	1998년
공천 허용	35.8%	29.8%	27.4%	25.5%	19.2%
공천 금지	64.2%	70.2%	72.6$	74.5%	80.8%

출처: ICMA, Washington, D.C.

2. 영국의 지방선거제도

1) 전체의회체제와 1/3의회체제

여기서는 잉글랜드와 웨일즈를 중심으로 영국의 지방선거제도를 살펴보고자 한다. 영국은 지방자치단체에 따라 전체의회체제와 1/3의회체제를 선택하고 있기 때문에 지방선거의 실시도 그에 따라 다르게 운영되고 있다.

전체의회체제 혹은 도체제(the whole council system or county system)라 불리는 선거제도는 4년 임기로 되어 있는 지방의원 전원을 매 4년마다 선출하는 방법으로서 대부분의 지방자치단체가 이를 택하고 있다.

이 체제를 택하고 있는 지방자치단체로는 잉글랜드와 웨일즈의 도(county), 교구와 커뮤니티(parish and community), 런던의 모든 지방자치단체 그리고 스코틀랜드의 모든 지방자치단체 등이며, 실시의 예로서 1985년, 1989년, 1993년에 이들 지역에서 지방선거가 치루어졌다.

한편, 대도시권의 자치구단위에서는 '1/3선거(election by thirds)'라는 독특한 선거제도를 실시하고 있는데, 1/3의회체제는 4년 임기의 지방의원들 가운데 정수의 1/3을 도선거가 없는 3년 동안에 걸쳐 선출하는 방법으로서, 6개 대도시(Greater Manchester, Merseyside, West Midland, Tyne and Wear, South Yorkshire and West Yorkshire) 내의 자치구단체(自治區團體)가 이를 택하고 있다. 실시의 예로서 1986년에서 1988년, 1990년에서 1992년, 1994년에서 1996년까지 매년 지방의원을 1/3씩 선출하였다.

1/3선거체제의 지지자들은 이 체제의 장점으로서 3년간 매해 선거를 치룸으로써 여론과 민심에 밀접하게 대응할 수 있으며, 의회운영의 연속성과 정책의 일관성을 유지할 수 있을 뿐 아니라 의회에 새로운 자극과 활력을 제공할 수 있다는 점을 들고 있다. 예컨대, 노동당(the Labour Party)은 1990년대에 들어서 모든 지방의회에 대하여 연차선거(1/3선거제도)를 하도록 주장하였다(장노순: 1994).

영국의 선거구

하원의원선거구 획정·조정은 공개적인 절차에 의하여 선거구획정위원회에서 안을 만들고 국회에서 가부만을 결정한다. 선거구에는 도시형 선거구와 농촌형 선거구로 구분되며 가장 큰 차이점은 선거비용제한액의 결정기준과 선거관리관이 누가 되느냐의 기준이 다르다.
(※ 도시형 선거구 – 시장 또는 의회의장, 농촌형 선거구 – High Sheriff). 선거구 조정의 최소단위는 Ward이며 선거구별 선거인구의 등가성이 선거구획정의 가장 중요한 기준이 된다. 도(County)간 경계는 분할할 수 없으나 도내에서 군(district)은 상호 겹치거나 분할할 수 있으며 런던의 구(borough)간 경계분할은 금지되고 특히 지방의회의원 선거구인 Ward는 분할이 금지된다.

선거구 조정·획정 과정에 정당이나 국회의원은 직접적인 참여는 할 수 없고 개별적인 의견제시는 가능하다.

지방의회의원 선거구획정·조정은 환경부산하독립기관인 지방정부위원회에서 하원의원선거구와 유사한 과정을 거쳐 이루어지며 최종결정은 환경장관이 한다.

이와 반대로 1/3체제의 반대자들은 선거를 자주 치름으로써 지방정당조직의 활동을 위한 방편으로 이용될 뿐이며 전격적인 교체가 불가능하기 때문에 개혁과 변화의 한계를 지니고 있으며, 선거비용의 증가와 유권자의 혼동 유발 등 공익이 감소되는 결과를 낳는다는 비판을 제기하기도 하였다.

마지막으로 비대도시권 시군의회는 두 체제 중 어느 하나를 스스로 선택할 수 있는데, 2/3 정도가 전체의회체제를 선택하고 있으며, 도(道: county) 선거의 중간 해에 정기적으로 실시하고 있다. 실시의 예로서 1987년, 1991년, 1995년에 전체의회체제를 택한 시·군에서 선거가 있었다.[2]

영국의 지방자치단체는 광역단체인 도(county)의 경우 4년 임기의 지방의원을 전체의회제제로 한번에 선출하고 있으며, 기초자치단체인 시군 및 자치구(district or borough)에서는 전체의회체제 혹은 1/3의회체제에 따라 지방의원을 전부 또는 일부를 선출하고 있다.

그러나 어느 체제를 택하던 간에 기초단체의 지방의원선거는 광역단체의 선거와 분리하여 다른 해에 치름으로써 기초자치단체의 지방선거가 광역의원선거의 관심과 이슈로부터 혼합되어 오염되는 효과를 감소시키려 했다.

2) 참고로 지방자치단체는 어느 때라도 선거일정을 바꿀 수 있지만 10년에 한번 이상은 안되며, 바꾸는 경우도 의회에서 60%의 찬성을 획득하여야 한다.

2) 선거구 및 선출방식

잉글랜드와 웨일즈지역에서는 광역단체인 도의회(county council)선거를 소선거구제에 따라 선거구마다 1인씩의 의원을 선출하고 있으며, 기초단체인 시군의회(district council)선거는 1명 이상의 의원을 선출하는 구역(ward)에 따라 비교 다수대표제를 택하고 있다(중앙선거관리위원회: 1993).

다수대표제는 승리를 지나치게 과장하고 진정한 결과를 왜곡시키는 제도상의 결함을 지니고 있기 때문에 영국에서도 이에 대한 문제점이 많은 비판을 받고 있다.

전체 유효투표수에 비해 당선된 자의 득표수가 낮은 경우, 즉 당선자를 지지하는 유권자보다 지지하지 않는 유권자가 더 많은 경우가 자주 발생하게 된다.

그런데 이러한 왜곡은 특히 지방선거에 정당참여를 허용하기 때문에 더욱 문제가 된다는 지적이 영국의 뿌리 깊은 양당체제의 전통하에서 중앙의 정치가 지방에 큰 영향력을 미치고 있는 현실과 함께 설득력있는 주장으로 주목받고 있다. 가령 어떤 의회에서 5명의 지방의원을 뽑는 경우, 특정 정당의 후보자가 모두 당선되어 정당으로서는 '완전한 압승'을 거두지만, 다른 정당후보들이 얻은 득표율과 비교해 보면 과반수를 겨우 넘거나 과반수에도 미치지 못하고 있는 경우를 발견할 수 있다. 예를 들어, Islington구의 경우 1982년 선거에서 노동당은 단지 득표율 51.9%로서 52개 의석 중 51개를 획득하였다.

이와 아울러 다수대표제도는 특정지역이 '안전한' 노동당 혹은 보수당 지방의회가 되도록 함으로서 지방자치단체에 대한 영구적인 주도권을 가져다 줄 가능성이 높기 때문에 효과적인 반대와 견제가 이루어지지 못함으로써 자만 내지는 심지어 부패가 나타날 위험도 지적되고 있다.

다수대표제도에서 파생되는 결함을 치유하기 위해, 각 정당이 획득한 득표의 양과 비례하여 의석을 할당하는 비례대표제(proportional representation)의 채택을 대안으로 제시하고 있는데, 이것은 자유민주당(The Liveral Democrats)뿐만 아니라, 88헌장(Charter 88: 사회적·정치적 권리와 자유를 증진시키도록 하는 비정당 운동)에 의해서도 주장되었으며, 대중으로부터도 상당한 지지가 있었다.

3) 정당참여

영국은 정당정치의 오랜 역사 속에서 지방선거에 대한 정당참여를 허용하고 있으며, 정당소속이 선거승리를 위한(충분조건은 아니라고 해도) 필요

영국 각당의 후보자 선출 절차

보수당
-중앙당이 후보자설정자문위원회에서 선거구별로 희망자를 면담한 후 유력 후보자 명단을 작성하여 선거구협회에 통지
-선거구협회는 후보자선정위원회를 구성하여 후보자신청자 중 면담을 통하여 4~6명의 잠정후보자명단을 작성한 후 총회에 상정
-총회에서 당비를 납부한 당원들이 투표에 의하여 최종 후보자 선출하는데 이 후보자가 예비후보자임.
-예비후보자는 중앙당의 승인을 받은 후 선거일이 발표되면 선거구협회총회에서 만장일치로 추대를 받아 공식적인 후보자가 됨.
※현역의원은 자동으로 예비후보자가 되는데 현역의원이 있는 선거구에서 후보자 선출을 다시 할 경우 지구당 총회에서 별도의 신임투표형태의 투표절차를 거쳐야 함.

노동당
-중앙당에서 유력 후보자명단과 후보자선출에 대한 지침을 선거구 당에 통지하면 선거구 당에서는 집행위원회에서 후보자 선출을 담당
-지구당연락소, 협력단체, 노동조합 등으로 부터 후보자 신청을 받은 후 면담과 서류심사를 통하여 5~6명의 잠정후보자 명단을 작성하여 일반위원회에 제출
-일반위원회에서는 후보자선출을 위한 당원대회에 제출할 최종 후보자명단을 확정
-당원대회에서는 후보자들의 간단한 연설을 들은 후에 당비를 낸 당원들의 투표에 의하여 예비후보자를 선출하고 예비후보자가 중앙당의 승인을 받으면 공식후보자가 됨.
※현역의원의 경우 지구당에 후보자 추천권을 가진 상하조직의 2/3 이상이 찬성하면 자동적으로 예비후보자가 되며 자동선출이 안될 경우 당대회에 제출하는 잠정후보자 명단을 의원 1인만으로 작성할 수 있음.

조건이 되어 버렸을 정도로 지방선거에 정당이 미치는 영향이 지대하다.

그러나 그런 만큼 이에 대한 문제점과 폐해에 대한 지적도 심각히 제기되고 있는 실정이므로, 영국에서 논의되고 있는 지방선거에서의 정당참여가 유발하는 문제점 가운데 우리에게 제공될 수 있는 시사점은 다음과 같다.

(1) 정당은 무소속의원을 배제케 함으로써 의회구성을 왜곡시키고 있으며, 또한 정당공천과정에 있어서 당에 대한 충성심과 공헌이 주요 기준이 되어 후보의 자질을 간과해 버리는 우려가 높고, 특히 일당 지배적인 의회의 경우 영속적인 도당제도로 변모할 위험이 높다. 따라서 특정한 정당이 지방의회를 지배하는 곳의 경우 유권자는 선거결과를 예측할 수 있기 때문에 투표에 참여하지 않게 된다.

(2) 정당참여의 가장 큰 문제점은 중앙의 이슈가 지방선거에 미치는 영향으로, 눈먼 충성심과 지방문제의 고려없이 지지정당에 투표를 하거나, 중

앙정부와 정당(여당) 정책에 따라 선택하는 정당을 바꾸는 현상을 볼 수 있다.[3] 총선과 지방선거의 투표유형간의 밀접한 관계는 지방자치단체의 선거가 축소판 총선이 되었고 그리고 아무리 훌륭한 지방의원이라 하더라도 소속정당이 국가적인 지지를 받지 못하면 능력을 인정받지 못하게 됨으로써 지방자치단체에서 공급하는 서비스질이 저하되는 위기에 봉착될 수 있다.

(3) 정당 중심의 의회가 지닌 문제점은 많은 안건을 정당의 문제로서 다루려는 경향에서 찾을 수 있는데, 안건의 내용에 따라 합리적으로 결정하기보다는 국가정책을 교조주의적인 형식으로 채택하는 것과 같은 양상을 보여주며, 반대당에 대한 반대에 주력함으로써 의사결정과 집행의 모든 과정이 지연되는 경우도 발생된다. 또한 의회운영에 있어서 정당체제는 비민주주의적인 요소를 지니고 있어, 지방의원들은 독창성 없이 정당간부회의의 결정사항이나 지시에 복종해야만 하기 때문에 독립적인 판단권한을 행사할 수 없다. 특히, 다수의석점유 정당에 의한 권한의 남용이 폭넓게 자행되고 있다.

한편, 이와 관련하여 1985년 정부는 위디콤위원회(Widdicome Committee)를 구성하여 "지방자치단체의 업무관리를 통제하는 실제와 절차"를 조사하였는데, 조사결과 위디콤위원회는 지방정부에서 정당정치가 증가해 왔고 더욱 강화되는 것을 확인하였으며, 정당체제의 장점으로서 증대된 민주주의적 선택, 향상된 조정, 보다 큰 일관성 및 책임성 등을 제시하였다.

그러나 이와 함께 직원임명의 정실 또는 정당개입, 기획개입, 서비스 배분이나 기금배분 등과 같은 남용과 부패의 사례도 발견하였으며, 또한 지방의회 사업 중에는 정당의 점수를 높이는 데 시간을 낭비하고, 지방적 문제보다는 국가적 문제에 시간을 소비한다는 비판도 제기되었다.

끝으로 지방선거에 대한 지금까지 지적된 정당참여의 문제점은 최근 나타나고 있는 정당의 영향력과 영역의 감소로 인해 자연스럽게 극복될 수 있을 것이란 낙관적인 주장도 제기되고 있다. 즉, 서비스의 기준이 전국적으로 보다 획일화되고 중앙정부에 의한 통제가 확대되면서 지방정당정치의 영역이 줄어들고 있으며, 정당정치에 대한 국민의 적대적인 정서를 그 이유로 들고 있다.

---

3) 예컨대, 대처정부에 대한 불만이 보수당후보의 자질이나 지방현안에 관계없이 전국적인 반보수당현상으로 나타났다.

4) 영국 지방선거의 개혁

(1) 1972년 개혁

1972년 지방자치법은 1888년의 지방자치법에 근거하여 신설되었던 도・자치구의회(county borough council) 82개를 폐지하였으며, 잉글랜드와 웨일즈의 도의회도 그 수를 축소(58개 → 47개)하는 한편 여기에 속해 있던 시군 및 자치구(district or borough)의회도 1/4 가량으로 축소하였다(1,249개 구 → 333개 구).

반면, 6개 대도시(Greater Manchester, Merseyside, West Midland, Tyne and Wear, South Yorkshire and West Yorkshire) 도시권 도의회(道議會: metropolitan county)를 신설함으로써 광범위한 환경서비스(기획, 교통, 간선도로) 기능을 맡도록 하였다. 도시권 도내에 36개의 대도시 자치구를 신설함으로써 주택, 교육, 복지, 환경・보건 등과 같은 기능을 맡도록 하였다.

1972년의 개혁은 사회환경적인 변화에 따른 것으로서 기존의 지방자치단체가 시대에 뒤떨어진 구조와 규모의 불일치, 행정적 혼란 그리고 책임의 분산 등과 같은 많은 결함을 노출시켜왔기 때문에 취해진 조치였다.

또한 많은 수의 지방자치단체가 너무 작고 빈곤하여 적정수준의 서비스를 제공할 수 없는 문제를 해결하기 위한 조정이었다고도 볼 수 있다(Morlan: 1980). 그러나 이러한 개혁이 시보다는 도(county)에 정치적 기반이 강한 보수당 정부의 정치적 입지를 강화시키려는 의도였다고 해석하기도 한다(Robson: 1974).

(2) 1985년 개혁

1985년 지방자치법(Local Government Act)에 따라 보수당정부는 1986년 6개 대도시 도의회(metropolitan county)와 The Greater London Council을 폐지시켰는데, 그 결과 이들 대도시권 지역에서는 기초자치단체의 선거만이 치루어지게 되었다.

이와 같은 7개 대도시 광역자치단체의 폐지는 보다 소규모적이고 지방적인 지방자치단체가 되도록 시군 및 자치구의회에 기능을 분배시킴으로써 국민에게 친근한 지방자치가 되도록 하기 위함이었다.

그러나 지방행정단위의 계층제구조문제에 대한 정당간의 의견일치가 명백하게 이루어지지 못하였을 뿐 아니라 보수당 정부의 정치적 목적에 의한 것이라는 지적과 함께 기능분배가 시·군 및 자치구의회뿐만 아니라 다른 특별행정기관으로 이전되는 등 기능조정(특히 런던)에 문제를 지니고 있었던 것으로 평가된다.

(3) 2000년 개혁

2000년 영국의 지방자치법(Local Government Act) 개혁의 주요 내용은 주민직선제(directly-elected mayors)의 도입이었다. 지방자치법 개정에 의하여 한국이나 미국의 일부 도시, 일본과 같이 단체장을 주민이 직접 선출하거나 위원회형으로 영국의 지방자치단체 기관구성이 바뀌었다. 지방자치법의 개정으로 2001년 런던시장 선거에서는 주민직선제를 통하여 시장을 선출하였고, 한국의 경우와 마찬가지로 기초 및 광역단체장으로 2층제의 구조로 환원되었다. 물론, 영국에서 주민직선제에 대한 반대도 많으나 최근에는 버밍엄(Birmingham)시(市)의 지방의회가 주민직선에 의해 시장을 선출하도록 결정함에 따라 2011년부터 시장 선출의 주민직선제 시행했다. 2000년 개혁 이후 2년이 지난 2002년에는 의회의 재무관리와 관련한 개정이 있었다.

(4) 지방의원의 보수

영국의 지방의원은 무보수 명예직으로서 유지되어 왔으나 지방의원의 자질향상과 전문성 제고 그리고 지방의원 후보 부족[4]의 해결책으로서 지방의원에 대한 보수지급의 도입이 1974~1975년 기구개혁과 함께 실행되었다.

특히 지방의원으로 입후보하기를 꺼리는 이유가 시간적·경제적 손실, 절차와 통제 혹은 정당정치에 따른 좌절 그리고 많은 대중으로부터 자신의 사업이익 혹은 그 밖의 자발적 활동에 간섭을 받게 될 것이라는 우려 때문인 것으로 나타났다(Byrne: 1985).

이에 따라 회의수당, 특별책임수당 그리고 모든 지방의원에 대한 고정액 지급이 이루어지게 되었으며, 전업직 지방정치인(현행 약 100명: 주로 노동

---

4) 상당히 많은 수의 비경쟁의석은 지방자치단체 선거의 문제점으로 지적되었다. 1967년 마우드 보고서(The Maud Report)는 모든 지방자치단체가 입후보자의 충원 때문에 어려움을 겪고 있으며 지방의원의 약 40% 이상이 경쟁선거를 치루지 않고 선출되었음을 지적하였다. 실제 1977년 잉글랜드주와 웨일즈주의 경우 비경쟁당선의원의 비율은 각각 12%·21%이며, 1985년의 경우 각각 1.6%·26%를 차지하였다.

당)의 수도 보다 증가하게 되었다. 그 결과 지방의원으로 하여금 지방자치단체의 재정체제와 재정관리요소와 같은 복잡하고 전문적인 영역에 익숙해지도록 하였으며, 더 나아가 지방의원과 공무원 간의 상호연계를 발전시킬 수 있도록 하였다(장노순: 1994).

1980년에는 지방자치단체, 기획 및 토지법(the Local Government, Planning, and Land Act)이 제정됨으로써 지방자치단체는 위원회 위원장과 같은 특정 지방의원에게 특수책임수당을 지불할 수 있도록 하는 비강제적 권한을 부여하였으며, 또한 지방의원의 출석수당은 재정손실수당으로 최고 1일당 29.70파운드까지 요구할 수 있도록 하였다.

위디콤위원회도 모든 지방의원에게(의회의 규모와 유형에 따라) 연간 정액급여수당을 지급하고, 모든 지방의원에게는 이에 추가하여 법적 특별책임수당을 지불해야 한다고 권고하였으며, 정부는 이를 수용하여 1,250~2,550파운드 사이의 기본수당, 출석수당 그리고 지방의원 중 1/3까지 최고한도 7,000파운드에 이르는 특별책임수당을 지급하고 있다. 노동당의 경우, 일부 지방의원(대규모 지방자치단체)에게는 정액보수가 지급되도록 하는 계획을 발표하였다(장노순: 1994).

참고로 많은 일당지배의 자방자치단체 출현, 지방의원의 연수부족과 부적절한 보수는 부정부패의 요인으로서 지적되어 왔는데, 이에 대응하여 1989년 윤리강령법(The Code of Conduct Act)이 제정되었다.

5) 시사점

영국의 지방자치단체는 대도시권이냐 아니냐에 따라 일층제 혹은 이층제 구조였던 종래의 형태에서 전반적으로 일층제로 옮겨가는 개혁을 시행하다가 노동당 정권 이후에는 다시금 이층제로 개편되고 있다.

그러나 영국의 지방자치단체가 어떤 계층구조를 지니고 있으며, 어떤 의회체제를 채택하고 있든지 간에 지방선거는 광역과 기초의 선거를 분리하여 다른 해에 실시하고 있는데, 이는 지방자치단체의 수준별 관심과 내용이 서로 상이하다는 점에서 선거실시의 분리 필요성을 강조한 결과로 해석된다.

영국의 지방선거제도가 지닌 문제점들에서 제기되는 부정적인 측면과 비판에도 주위를 기울일 필요가 있는데, 영국의 지방의원은 무보수 명예직으로서 그 수가 상당히 많기 때문에 그에 따르는 부작용과 비판은 경계해야 할 사항으로 지적된다.

즉 영국의 지방의회는 규모가 너무 커서 효과적인 의사결정이 방해될 뿐 아니라 지방의원들이 갖춰야 할 충분한 전문성과 시간의 제약 등으로 지방의회의 업무가 각종 위원회나 지방공무원에게 위임되고 있는 현실이다. 영국은 이러한 문제점에 대한 대응방안으로서 지방의원에게 적정한 보수를 지급하고 있는 한편, 행정전문가를 임명하는 수석행정관제도를 실시하고 있다. 특히 지방의원의 보수지급은 의원들의 자질향상뿐 아니라 후보자난에 따른 무투표당선의 문제를 감소시키는 데 도움을 준 것으로 평가된다.

또한 영국의 지방선거제도가 채택하고 있는 정당공천과 다수대표제의 문제점은 앞에서 지적하였듯이 무소속의원의 배제 등 의회구성의 왜곡, 중앙정치의 영향, 공천상의 불합리를 들 수 있다.

뿐만 아니라 특정지역이 '안전한' 노동당・보수당 등 영구적인 주도권을 지님으로써 일당지배적인 의회에서의 영속적인 도당화를 돕게 됨에 따라 효과적인 반대와 견제가 곤란하며, 부패의 위험까지도 지니고 있다. 정당공천과 다수대표제의 부정적 측면이 특히 1당 지배적인 지역에서 강하게 나타날 뿐 아니라 이러한 지역의 탄생을 조장할 수 있다는 점을 주목하여야 할 것이다. 그외에 영국의 지방자치에 있어서 우리에게 주는 시사점은 수석행정관제도의 특이성이라 할 수 있는데, 앞에서 살펴 본 바에 의하면 우리나라의 자치단체장의 역할은 명목상의 대표인 자치단체장으로서의 의장역할과 행정부의 집행관으로서의 수석행정관(chief-executive)의 역할을 합해 놓은 것이라고 할 수 있다.

실제적으로 행정적인 책임은 수석행정관이 지고 있으므로 이들의 역할에 대한 검토는 우리나라의 단체장역할과 부단체장역할 재정립에 관한 시사점을 줄 수 있다고 본다.

3. 프랑스의 지방선거제도

1) 레종의회(le conseil régional)의 선거제도

(1) 구 성

1982년 3월 2일의 법률은 레죵의 지위를 지방공적기관에서 지방단체로 승격시키면서 레죵의회의원을 직접・보통선거에 의하여 선임하도록 하였다.

레죵의회는 상・하의원과 지방의회의원의 대표에 의하여 구성되며 지방의회의원의 대표는 도의회의원, 도시권공동체의회의원, 그리고 인구 3만명 이상의 꼬뮨의회의 의원 가운데서 선출된다.

(2) 회 기

회기는 도의회의원의 회기에 준한다.

(3) 권 한

1982년의 법률에 의하면 레죵의회는 "레죵의 경제적 · 사회적 · 위생적 · 문화적 및 과학적 발전과 국토의 정비, 나아가서는 레죵의 일체성 확보를 위한 권한"을 가진다.

레죵회의의 권한이 곧 레죵의 권한이므로 이 규정으로 미루어 볼 때 레죵은 꼬뮨이나 도와 같은 완전한 권한을 지닌 지방단체가 아니라 지방공적기관에 가까운 특수화된 지방단체라고 할 수 있다. 현행 레죵의회의 권한은 다음과 같다.

첫째, 권한행사를 의결에 의하여 하며 공공시설의 건설, 레죵 간 협정, 국가나 지역단체 등이 이전한 권한 등이 이에 속한다.

둘째, 단순한 자문기관으로서의 역할을 가지는바, 이런 형식으로 행사하는 권한에는 레죵의 정비와 발전에 관한 의견제시, 레죵의 정비에 관한 연구에의 참여, 계획의 준비와 실행에의 참여, 국가투자의 유용성의 조건에 관한 의견제시, 계획과 투자의 실행에 관한 레죵장관(le préfet de région)의 연례보고에 대한 논평 등이 있다.

2) 도의회(le conseil général)의 선거제도

(1) 지위의 개혁

1982년 3월 2일의 법률이 행한 지방정부에 관한 3가지 개혁 중의 하나가 도지사(le préfet)에게 부여하였던 도의 집행기관으로서의 지위를 없애고 그것을 도의회의장(le président du général)에게 부여한 점이다.

그 외 두 가지는 지방자치단체(collectivité territoriale)에 대한 '행정적 후견'을 행정감독으로 대체한 점과 레죵의 지위를 지방공적기관(l'etablissement public territorial)으로 승격시킨 점이다.

프랑스의 지방의회

중앙집권적 성격이 강한 전통을 지닌 프랑스는 기관통합형을 취하되 행정기관우월주의에 입각하고 있는 모습을 발견할 수 있으며, 이러한 점은 그리스, 터키, 이란, 태국 등에서도 비슷한 예를 찾을 수 있다. 그 주요 특징을 살펴보면 다음과 같다.

첫째, 프랑스 지방자치는 민선에 의해 구성된 지방의회 및 지방의회에서 선임된 단체장이 수행하는 자치행정과 중앙정부에서 파견된 관선도지사에 의한 국가의 지방행정이 병존하는 구조를 지니고 있으며, 계층구조상 지방자치단체와 국가의 지방행정기관은 긴밀하게 연계되어 있다. 특히 꼬뮨과 같은 기초 지방자치단체의 장은 자치단체의 집행기관으로서의 지위와 국가의 하부 행정기관으로서의 지위를 이중으로 지니는 등 프랑스의 지방자치단체는 국가의 지방행정기관과 긴밀한 관계를 유지하고 있다.

둘째, 지방행정 구조는 피라미드형의 계층구조를 이루고 있으나, 자치단체의 경우 규모나 재정능력의 차이에도 불구하고 동일한 법적지위와 기관구조를 지닌다. 또한 국가의 지방행정 구조와는 달리 지방자치단체의 계층 간에는 수직적인 행정계서권이 존재하지 않으며, 기능과 사무분담 측면에서 상호 보완적인 역할을 수행하고 있다.

셋째, 영국 등 다른 기관통합형의 기관구성과 비교하여 프랑스의 지방자치단체 기관구성에서 특징적인 양상은 지위와 권한면에서 상당히 시장이 강한 모습을 보이고 있다는 점이다. 즉 시장은 시의회를 주재하는 등 의장의 권한을 지니고 있을 뿐만 아니라 집행부에 대한 지도·감독권한이 있다.

(2) 구 성

도의회의원은 직접·보통선거에 의하여 임기 6년으로 선출되며 3년마다 그 반수가 개선되는데 소선거구제가 채택되고 있으며 각 깡통(canton)으로부터 1명씩 선출된다.

깡통과 관련하여 문제가 되는 것은 첫째, 각 깡통 간의 인구의 격차가 심하여 도의회의 대표성이 문제시되며, 둘째로 깡통은 전통적으로 오히려 수개의 꼬뮨을 포함하고 있으나 인구의 도시집중화로 오히려 깡통이 꼬뮨내에 위치하게 되거나 수개의 꼬뮨의 부분들의 포함하게 되는 경우가 있어 조직상의 문제가 있다.

도의원은 명예직으로 보수를 받지 않으며 당해 도내의 꼬뮨의원, 당해 도에서 선출되는 국회의원, 중앙정부의 특정관직(장관 등)을 겸직할 수 있으며 상원의원의 선거인이 된다.

(3) 선거방식

선거는 보통 2회에 걸쳐 실시하는 단기명 다수득표제(le scrutin uninominal majoritaire)이며 절대 다수표를 획득하면 최초의 투표에서 당선된다.

제1회 투표에서 당선자가 없을 경우 제2회 투표에 들어가는데 제1회 투표에서 총유권자수의 12.5% 이상을 획득하지 못한 자는 제2회 투표에서 입후보할 수 없다.

제2회 투표에서는 상대적 다수로도 당선이 가능하며 동수일 때에는 연장자가 당선된다.

(4) 회 기

1982년 3월 2일의 법률은 도의회의 정례회제도를 없애고 다만 최소한 3개월에 한번씩 의장의 발의에 의해 소집된다. 그외에도 사무국의 요구 혹은 도의회의원의 1/3의 요구에 의하여 또는 예외적인 경우에 정령으로 소집한다.

1982년 전에는 도지사는 회기 중 출석·발언권이 있었으나 그 후에는 도지방장관(le représentant l'Etat)은 그와 도의회의장과의 합의에 의해서 또는 수상의 요청에 의해서 발언할 수 있다.

(5) 권 한

도의회(le conseil général)는 도에 관한 결의로써 처리하며 꼬뮨에서와 마찬가지로 도에 관한 사무의 개념이 명확하지 아니하다. 그 주요 권한을 살펴보면 다음과 같다. 첫째, 도의 공공사업체의 창설과 그 조직에 관한 사항, 둘째 도가 소유하고 있는 재산의 관리, 셋째 도의 소송과 계약에 관한 결의, 넷째 도의 예산결의, 다섯째 꼬뮨의 요청에 의해 꼬뮨의 권한행사에 대한 원조, 여섯째 직접 도의 사무에 관련된 것이 아니고 국가 또는 꼬뮨의 행정에 대한 협력으로서 그 권한을 행사하기도 한다. 즉 국가의 요청에 의하여 의견을 제시하거나 일반적 이익사항에 관하여 소원을 표명하기도 하며, 꼬뮨의 행정에 대해서는 결정, 의견, 재정적 원조 등을 통하여 협조한다. 도의회는 그 권한의 일부를 사무국에 위임할 수 있다.

3) 시의회(le conseil municipal)의 선거제도

(1) 구 성

시의회의 구성원인 시의원은 직접·보통선거에 의해 선임된다.

시의원의 수는 1982년 11월 19일의 법률 이전에는 당해 꼬뮨의 인구수에 따라 최저 9명에서 최고 49명이었으나 이 법률에 의하여 최저 9명에서 최고 69명으로 증원되었으며 의원으로 피선될 수 있는 최저 연령은 종전의 21세에서 18세로 낮아졌다.

의원의 해직 사유 중 특이한 것은 이른바 '병립불능'(incompatibilité)이 있는데 이는 일정한 공직취임에 따르는 의원자격상실사유를 포함하는 한편, 복수주체 간의 비업무적 지위의 신분에 관련되는 것으로서, 예를 들면 부부, 직계존비속 및 형제자매 등이 함께 의원으로 될 수 없는 것을 뜻한다.

(2) 선 거

선거방식은 1982년 11월 19일의 법률에 의해 대폭 개정되어 종전의 다수득표제에 비례대표제가 가미되었다. 이러한 새로운 선거방식은 인구 3,500명 이상의 꼬뮨에 의하여 적용되었는데 이에는 Toulouse와 Nice도 포함되나 Paris, Lyon, Marseille는 특별한 선거방식을 취한다(종전에는 Toulouse와 Nice 역시 특별한 방식을 취하였다).

① 선거구

선거구는 원칙적으로 꼬뮨 전체가 단일선거구를 이룬다. 그러나 3,500명 이상의 인구를 가진 꼬뮨에서의 선거구분할에 관한 이전의 규정이 그대로 유지되므로 3,500명 이상 30,000명 이하의 인구를 가진 꼬뮨에서는 도의회에 의하여 선거구가 분할될 수 있다. Paris, Lyon, Marseille, Nice, Toulouse에서는 선거구가 분할되어 있다.

② 선거방식

종전의 선거방식에 의하면 인구 30,000명 이상의 꼬뮨에서는 완전한 후보자 명부(list)에 대하여 투표하지 않으면 안 되며, 말소한다든지 기입한다든지 선택순위를 표시하는 일이 허용되지 않는 고정명부식투표였다.

30,000명 이하의 꼬뮨에서는 후보자명부에 대하여 순위를 붙이든지 성명을 말소 또는 기입하는 방법으로 후보자를 선택하는 비고정명부식투표였다.

또한 당선자 결정에는 다수득표제(scrutin majoritaire)를 취하여 보통 2회 실시하였는데 제1회 투표에 의하여 당선이 확정되기 위해서는 유효투표 총수의 과반수 및 등록유권자수의 1/4 이상의 득표를 필요로 한다.

제1회 투표에서 당선자가 없는 경우에는 제2회 투표가 실시되어 상대적 최다득표자가 당선된다.

새로운 선거방식은 다수득표제에 비례대표제가 가미되어 이때에도 보통 2회의 투표가 실시되는데 제1회 투표에서 유효표총수의 과반수를 취득한 명부(list)에 의석의 반이 주어지며(의석이 4 이상일 때는 반올림하여 의석이 4 이하일 때에는 반내림한다) 나머지 의석은 모두 명부(list)에 의하여 비례배분한다. 단 유효투표수의 4% 이상을 얻지 못할 경우에는 명부(list)는 제외시킨다.

유효투표수의 과반수를 획득한 명부(list)가 없을 경우에는 제2회 투표에 들어가며 제2회 투표에는 제1회 투표에서 유효투표수의 10% 이상을 얻지 못한 명부(list)는 참가할 수 없다.

제2회 투표에서는 명부(list)를 다음 조건하에서 변경시킬 수 있다. 즉 새로 입후보하는 후보자는 제1회 투표에서 다른 명부(list)에 등장하였어야 하며 그 명부(list)가 제2회 투표시에는 참가하지 못하여야 할 뿐 아니라 또한 그 명부(list)가 제1회 투표에서 적어도 유효투표수의 5%를 득표하였어야 한다.

제2회 투표에서는 최다득표한 명부(list)에 의석의 절반이 할당되며(득표수가 동일할 때에는 후보자의 평균연령이 가장 높은 명부(list)에 돌아감) 나머지 의석은 제1회 투표시와 같은 조건하에 모든 명부(list)에 비례배분한다.

③ 의원의 임기 및 보수

의원의 임기는 6년이며 보수는 받지 않으며 실비는 변상받는다. 파리시 의회의원은 종전대로 수당을 받으며 인구 40만 이상의 꼬뮨에서는 시의회가 의원들의 수당지급을 결의할 수 있다.

④ 회 기

1970년 12월 31일의 법개정 이후 정례회는 연 4회 개최하며 임시회는 시장(le maire), 정부위원(le commissaire de la république, 즉 도지사, 1982년 이전의 명칭은 préfet) 혹은 1/2 이상의 의원의 요청이 있을 때 시장에 의해 소집된다.

의장은 시장이 겸임하며 의결은 유효투표수의 절대다수에 의하여 채택된다.

⑤ 권 한

시의회(le conseil muincipal)는 꼬뮨에 관한 사항을 의결로써 처리하며 꼬뮨에 관한 사항에 대하여 일반적 권한을 가진다. 그러나 꼬뮨에 관한 사항이란 것이 명백한 개념이 아니며 앞으로의 입법에 의해 보다 자세한 규정을 두어야 할 것이다.

중요한 권한을 열거하면 다음과 같다. 첫째, 꼬뮨의 재산관리에 관한 사항과 계약과 소송에 관한 사항이며, 둘째 꼬뮨의 공공사업체의 창설과 그 조직에 관한 사항과 예산의 의결, 셋째 상급관청의 요구가 있거나 법률에 규정된 경우에 의견을 제시할 수 있으며 꼬뮨의 이익사항에 관한 소원을 표명할 수 있다. 소원의 표시에는 정치적인 것도 금지되지 아니한다. 1970년 12월 30일의 법률은 시의회가 그 권한의 일부를 maire에게 위임할 수 있게 하였다.

4) 꼬뮨의회(le conseil commune)의 선거제도

1983년의 지방선거제도에 관한 개혁은 프랑스 지방자치에 큰 영향을 미쳤다. 그 내용은 전년도에 실시한 파리시 선거제도개혁과 같이 꼬뮨선거를 비례대표제로 바꾸는 것이었으며 이제까지는 선거에서 승리한 정파가 전부

〈표 6-3〉 프랑스 지방의원 선거제도 개관

	꼬뮨(commune)	도(Départment)	광역(Région)
임기	6년	6년	6년
선거구	commune/ arrondissement (Paris, Marseille, Lyon)	canton	départment
지방의원 수	212,974명	3,493명	3,493명
선출 방식	주민 수 1,000명 이하 (결선다수투표제) 주민 수 1,000명 이상 (결선비례투표제)	결선다수투표제	결선비례투표제
의석배분 방식	다수대표/최고평균 방식	다수대표	최고평균방식
결선투표 봉쇄조항	10%	12.5%	10%
지방의회 의장 선거	3차 선거	3차 선거	3차 선거

자료: Ministére de I'lntérieur 자료를 기초로 재구성.

〈표 6-4〉 프랑스 꼬뮨 기초지방선거 결선투표 방식 및 의석배분 방식

1차 투표 승리 정당 의석배분 방식	봉쇄 조항	결선 투표 연합 명부 구성 조건	결선투표 승리 정당 의석배분 방식
A정당이 과반수 득표를 얻었을 경우 ⇨ 전체 50%의 의석과 추가로 1석을 할당 받음. 다른 정당은 '동트' 방식에 따른 의석을 배분 받음	–	–	–
어느 정당도 과반수 득표를 얻지 못하였을 경우, 10% 이상 득표한 정당만이 결선투표에 진출 가능	10%	–	A정당이 상대다수 및 절대다수의 득표를 얻는 경우 ⇨ 전체 50%의 의석과 '동트' 방식에 따른 의석을 추가로 배분 받음
10% 미만 5% 이상의 득표를 한 정당은 결선투표에 진출할 수 없으므로 결선투표에 진출할 정당과 연합명부를 구성할 수 있음	–	5%	연합명부에 참여한 10% 미만~5% 이상의 정당도 결선투표 결과에 따라 의석을 배분 받을 수 있음

자료: 광역선거의 경우: 1회 투표에서 과반수를 얻은 후보자명부에게는 1/4의 의석을 우선적으로 할당 → 결선투표 결과 절대다수나 상대다수를 획득한 A정당은 전체의석의 1/2을 가져가고 나머지 절반 의석은 A정당을 포함한 모든 정당에게 동트방식으로 의석배분.

의 의석을 차지하게 되었던 방식에서 인구 30,000명 이상의 꼬뮨에서는 소수파정당도 의석을 갖게 되었다.

그러나 1983년에 시행된 이 선거제도는 단체장의 권위에 견고한 기반을 주고 다수파명부의 존재를 가능하게 하기 위하여, 과반수 이상의 의석을 차지하고 승리한 정파일 경우에는 나머지 반에서도 비례대표를 받을 수 있게 하여 자치단체내부의 정치적 안정을 시도한 제도개혁이었다.

이 제도에서는 유효투표수의 5%를 획득하면 비례배분을 받을 수 있도록 하였으며 단순다수대표제와 비례대표제와 타협과 같은 이러한 지방선거제도 개혁은 인구 30,000명 이상의 꼬뮨뿐만 아니라 인구 3,500명 이상의 꼬뮨의회 선거에도 적용시켜 좌익의 진출을 용이하게 하였다(川埼信文: 1986).

5) 시사점

겸직제도 이외에 프랑스 지방자치제도의 특징은 한 지역에 대표자가 2인으로 되어 있는 것이다. 즉, 민선에 의해 구성된 의회에서 선출된 의장과

중앙정부의 임명직지사가 공존하고 있는데 이들의 역할은 비록 업무의 성질상 분류되어 있다 해도 혼동될 가능성이 크며 상호의존과 조정역할이 무엇보다 강조된다.

프랑스의 지방자치체제가 우리에게 주는 시사점은 중앙과 지방이 상하계층제로 연계되어 있는 것이 아니라, 단체장의 겸임가능이라는 네트워크형으로 연계되어 일견 중앙집권식처럼 보이나 실제적으로는 중앙정부와 지방간의 상호의사소통을 강조하고 있다는 점이다.

중앙과 지방의 네트워크형의 강조는 국가목표를 효율적으로 달성시키는데 유리할 뿐만 아니라 지방의 소리를 중앙에 전달할 수 있다는 점에 있어서 행정의 민주성 제고에도 이바지할 수 있다.

4. 일본의 지방선거제도

1) 일본의 지방선거제도의 특징

일본의 지방자치제도는 기관대립형의 기관구성을 비롯하여 우리나라와 여러 가지 면에서 상당히 유사한 체제를 지니고 있다. 일본 지방자치단체의 주요 특징을 살펴보면 다음과 같다.

첫째, 내각제를 취하는 중앙정부의 기관구성과는 달리 지방자치단체는 기관대립형의 기관구성을 취함으로써 단체장과 지방의원을 주민이 각각 선출하고 있으며, 양기관간의 권력 균형과 견제를 위하여 의회의 단체장 불신임 의결과 단체장의 의회해산 등 기관대립의 전형적인 제도적 장치를 갖추고 있다.

둘째, 지방자치단체는 광역과 기초의 2계층제를 지니고 있으며, 자치단체간 상호관계를 살펴볼 때 법적인 차원에서는 상하관계에 놓여 있지 않으나 실제로는 오랜 전통과 정치문화적 영향으로 상하의 계서적 관계를 발견할 수 있다.

셋째, 중앙과 지방자치단체간 관계에서 중앙정부는 지방자치단체의 행정수행에 대한 허가·지휘명령·취소 등 지방자치단체에 대한 권력적 간여와 재정적 통제를 중심으로 포괄적이고 실제적인 지도·감독이 이루어 지고 있다.

일본의 지방선거제도 또한 우리나라와 비교적 유사한 점이 많은데 지방자치 초기에는 선거권의 제약이 있어 지방자치의 미성숙만큼이나 불완전한 형태의 제도였다.

지방자치단체장의 경우 주민직선이 아닌 중앙에 의한 임명제였기 때문에 주민에게는 선거의 기회조차 주어지지 않았었다(한국지방행정연구원: 1995).

그러나 그 후 국가선거와 지방선거를 통합하는 공직선거법이 제정되고, 1947년 미군정하에서 제1회 통일지방선거가 실시된 이래 오늘에 이르고 있다.

일본의 지방선거는 제도적 측면에서 통합선거라는 동시선거제도를 채택하고 있고, 그 실제에 있어서도 일본 국민의 정치적·문화적·경제적 특징을 담아내는 독특한 측면을 포함하고 있어 그 시사하는 바가 크다고 본다.

일본의 지방의회

중의원의원: 2026년 현재 465석(289석 소선거구+176석 비례선출)
참의원의원: 248석
지방공공단체의의회의원: 지방자치법에 의함
선거사무관리 및 감독
중앙선거관리회: 중의원 (비례대표선출)의원 또는 참의원(비례대표선출)의원선거
都·道·府·県선거관리위원회: 중의원(소선거구선출)의원과 참의원(선거구선출)의원, 都·道·府·県의회의원·지사선거
市·町·村선거관리위원회: 市·町·村의회의원 및 장선거
선거권 및 피선거권
선거권: 일본국민으로 20세 이상의 자
(※3개월 이상 市·町·村구역 내에 주소를 두어야 지방공공단체 의회의원 및 장의선거권이 있음)
피선거권: 중의원의원: 25세 이상
참의원의원: 30세 이상
都·道·府·県 의회의원: 25세 이상
都·道·府·県 지사: 30세 이상
市·町·村 의회의원 및 장: 25세 이상

일본 지방선거제도의 입법체계는 '헌법', '지방자치법', '공직선거법', '지방자치단체의 의회의원 및 장의 선거기일 등의 임시특례에 관한 법률' 및 '지방자치단체 조례' 등으로 구성되어 있다.

이를 바탕으로 일본 통일지방선거에서의 선거기일과 선거권 및 피선거권, 정당참여문제 등을 중심으로 내용을 고찰해보면 다음과 같다.

(1) 선거기일

선거기일에 대해서는 특례법에 의하여 각 선거별로 정해져 있으나 종전부터 4월로 되어 있는데, 이것은 통일지방선거가 행해지는 해의 3월부터 5월 사이에 임기가 만료되는 지방자치단체의 의회의원 및 단체장 중 대다수가 4월 중에 임기가 만료되는 것으로 되어 있기 때문이다(藤島昇: 1995).[5]

즉, 일본의 통일지방선거에서는 광역과 기초로 나뉘어서 실시되는 것이 특징점이다. 3월 1일부터 5월 31일 사이에 임기가 만료될 것으로 예상되어 있는 지방자치단체의 의회의원 및 단체장에 대해서 4월 9일 도도부현(都道府県), 지정도시 선거와 4월 23일 시구정촌(市区町村) 선거가 실시되었다.[6]

(2) 선거권과 피선거권

속인주의의 일본지방선거제도는 만 18세 이상[7]의 일본국민이면 선거권을 가질 수 있으며, 귀화한 외국인에 대해서도 선거권이 주어진다(일본 헌법 제15조, 지방자치법 제10조 제1항, 공직선거법 제9조 제2항 제3항).

피선거권은 선거권의 요건과 동일하나 단지, 입후보연령 조건과 거주기간 등에서 차이가 있다.

① 연 령

선거권의 경우는 연령을 만 18세 이상으로 규정하고 있으나, 피선거권을 가질 수 있는 연령은 공직종류에 따라 다음과 같이 차이가 있다.

ⓘ 도도부현 의회 선거(都道府県 議会 選挙): 만 25세 이상

ⓘⓘ 도도부현 지사 선거(都道府県 知事 選挙): 만 30세 이상

---

5) 통일지방선거제도는 처음부터 일률적으로 확정되어 시작된 것은 아니었다. 즉, 미군정에 의해 1947년 4월 제1회 통일지방선거 이후 4년마다 정기적으로 선거가 실시되어 왔으나, 제1회부터 제4회까지는 실시방식이나 일자 등이 각각 달랐다. 그러나 제5회 선거부터는 도도부현(都道府県) 및 지정도시(指定都市)의 선거를 먼저 실시하고 2주 후에 시정촌(市町村) 및 특별구(特別區)의 선거를 실시하는 식으로 정착되었으며 제7회부터 제12회 선거까지는 4월 둘째주 및 넷째주 일요일을 선거기일로 정하게 되었다.

6) 광역과 기초자치단체간의 선거가 2주 간격으로 실시되는 까닭은 통상적으로 대규모 선거의 투표율이 상대적으로 낮아서 광역자치단체의 선거를 선행시켜 유권자의 관심을 높히고, 양 선거의 선거운동기간의 중복을 피하기 위함이다.

7) 연령은 '연령계산에관한법률'에 의하여 출생일로부터 기산하여 20년째의 생일 전날의 종료로서 20세에 달하는 것으로 본다. 예컨대, 1970년 9월 2일에 태어난 자는 1990년 9월 1일로서 만 20세가 되어 1990년 9월의 선거인명부 정기등록 연령요건을 갖춘 자로 취급된다.

ⓘⓘⓘ 시정촌 의회 선거(市町村 議会 選挙): 만 25세 이상

ⓘⓥ 시정촌장 선거(市町村長 選挙): 만 25세 이상

단, 피선거권 연령은 선거일을 기준으로 산정하므로 입후보시점에서 소정 연령에 달할 필요는 없다(공직선거법 제10조).

② 거주요건

거주요건은 선거권과 지방의회의원 피선거권의 경우 3개월 이상 해당 시·정·촌 관할구역 내에 주소지를 둔 자에 대해서만 주어지는데 반하여, 지방자치단체장(지사 및 시정촌장)의 피선거권의 경우에는 거주기간을 따로 규정하고 있지 않는 점이 특색이다.

ⓘ 지방의회 의원의 경우 거주요건을 부여하는 것은 의회의원이 갖는 지역과의 관계가 중시되고 있기 때문이다.

ⓘⓘ 지방자치단체장 선거에 거주요건을 두지 않는 것은 널리 인재를 등용시킨다는 측면에서 이루어진 것이다.

(3) 정당참여

명문규정은 없으나 원칙적으로 지방선거에 정당의 참여가 가능한 일본은 선거운동에 있어서 정당의 지원이 활발하게 이루어지고 있다.

일본의 지방자치선거에 있어서 가장 큰 힘을 발휘하는 것은 중앙관료들을 영입하여 초당파적 연합추천으로 옹립하는 것으로, 당선을 위한 기본상식으로 알려지고 있다.

예컨대, 1995년 4월에 실시된 제13회 통일지방선거에서 동경도지사 선거에는 자민당, 사회당, 공명당, 사키가케 등의 정당이 연합하여 일본 공무원의 대부로 알려졌던 이시하라(石原) 관방차관을 후보로 옹립했고,[8] 오사카府에서는 공산당을 제외한 모든 정당이 과학기술처 장관이었던 히라노(平野)씨를 동시에 추천했었던 것이 대표적인 예이다(강옥기: 1995). 그럼에도 불구하고 이들은 모두 낙선하였다.

2) 지방선거제도의 변화

일본의 지방선거는 약 120년의 역사를 가지고 변천해 오고 있다. 일본의 근대적인 선거제도는 1875년 제정된 부현회(府県会) 규칙으로부터 시작되

8) 이시하라(石原) 후보는 각 정당들로부터 연합공천을 받았음에도 불구하고 형식적으로는 무소속을 표방했었다.

었다고 볼 수 있는바,[9] 이 규칙 중에 선거에 대한 장(章)은 매우 자세하였으며, 일본 최초의 전국 공통의 지방선거법규로서 후에 중의원의회선거법(衆議院議員選挙法)을 제정할 당시 많은 참고가 되었다.

미군정하의 일본정부는 1945년 12월 선거법을 개정하여 보통선거제도를 확립하였고, 이후 1946년 지방자치제도의 민주화를 위한 대개정으로 도도부현과 시정촌으로 구성되는 2단계 지방자치제와 보통선거제를 확정하였다. 이러한 대개정은 1945년 10월 미국의 민주화를 위한 5대 개혁지령에 부응하기 위한 것이었다.

이와 아울러 1946년 11월 신헌법 실시와 함께 1947년 4월 지방자치법을 제정하여 메이지유신(明治維新) 이래의 기존의 지방제도 대신에 미국의 주민자치제를 도입 지방분권적인 자치제로 크게 전환하였다.

1947년 미군정에 의하여 전 지방자치단체의 의원과 단체장선거를 처음 실시한 이래 1950년에 이르러서는 각 선거마다 제정되었던 선거법을 통합한 공직선거법으로 단일 법전화하였다. 이후 여러 차례의 개혁을 통하여 국가감독의 상대적 축소, 지방의회의 권한 확충 등 지방자치의 자율성과 자주성의 확립의 길을 걸어왔으며, 1947년 이후 전국적으로 4년마다 '지방자치법'과 '공직선거법' 및 '지방자치단체의 의회의원 및 장의 선거기일 등의 임시특례에 관한 법률'에 의거 지방선거를 동시에 치르고 있다(신창호: 1995).[10]

일본에서 매번 특례법을 제정하여 통일지방선거를 실시하는 이유는 다음과 같다.

1950년 4월 15일 법률 제100호로 제정된 공직선거법(제119조~제127조)에 자치단체별로 의원과 장의 선거를 동시에 치룰 수 있다는 동시선거의 특례규정은 있으나, 전국적 통일선거의 규정은 없기 때문이다.

특히 공직선거법상 의원 및 장의 선거를 임기만료 등 그 사유에 따라 30일 또는 40일전 이내 등 선거기일이 정해져 있어도[11] 동일한 날짜에 통일선거를 실시하기 위해서는 법률에 의한 근거가 필요하기 때문이다(최민호: 1994).

---

9) 일본에서 근대적인 선거제도의 기원을 1875년부터 잡은 것은 이때부터 지방의회를 구성하여 운영해왔기 때문이다. 이 당시의 지방의회 구성은 의회의 운영과 선거의 훈련을 우선 府県에서 실시하여 국회 개설에 대비하기 위한 연습용이었다고 한다.

10) 일본은 제2차 세계대전 패전시까지 도도부현의 지사는 내무성의 관료가 임명되었었다.

11) 중앙선거관리위원회(1990). 일본공직선거법령집(제1권), pp. 68~70: 일본공직선거법, 제33조 제1항・제2항 및 제34조 제1항 규정.

이와 같이 특례법에 의한 통일지방선거는 선거홍수로 인한 국민생활의 불편을 최소화하고, 선거사무를 일원화함으로써 선거의 원활한 관리와 집행을 도모할 수 있으며, 주민의 선거에 대한 관심을 제고시킴으로써 투표율을 향상시키고 선거관리비용의 절감을 꾀할 수 있다는 데 그 실시의 목적을 두고 있다고 하겠다.

3) 시사점

여기서 일본의 통일지방선거제도가 우리에게 주는 시사점은 다음과 같이 요약될 수 있다고 본다.

첫째, 매 선거시마다 특례법을 제정하여 선거를 시행한다는 점이다. 일본은 제7회 통일지방선거 이후 4월 둘째 · 넷째 일요일에 선거를 실시하는 것으로 관례화되어 오고 있으나 현재까지도 특례법 제정은 지속되어 오고 있다.

둘째, 일본은 지방자치단체장의 피선거권 요건 중 거주기간에 대한 규정을 두고 있지 않는다는 점이다. 즉, 인재를 널리 등용하고 유능한 전문엘리트의 충원이라는 측면에 바탕을 둔 이러한 사고는 지방경영시대를 맞이하고 있는 우리의 실정으로 보아 고려해 볼 만한 가치가 있는 것으로 보인다.

셋째, 일본의 최근 지방선거결과에 의하면 투표선택에 있어서 정당보다는 후보자가 중시되는 경향이 강하게 나타나고 있다. 이는 일본의 정당체제가 다당제라는 것이 한 이유가 되겠으나, 보다 근본적인 이유는 50년대부터 지속되어 오던 보수와 혁신이라는 대립구도가 사라지고, 국민의 탈정치화 경향이 증가했기 때문인 것으로 볼 수 있다.

넷째, 무소속 입후보 특히, 단체장선거의 경우 무소속 입후보자가 높은 비율을 차지하고 그 중에서 상당수가 당선되었다는 점이다.[12] 예컨대, 일본의 지방선거에서 무소속 후보자들이 종종 당선되어 '유권자의 반란'으로까지 평가되기도 하였으나 내면적으로는 지방선거에서 정당간 연합구도를 형성하여 공천하는 후보자를 공식적으로는 무소속으로 후보등록을 시키는 것에 기인한 바가 크다고 하겠다.

---

12) 1995년 4월 23일 기초자치단체장 선거에서 무소속 후보가 시 · 구 단체장의 30%를 장악하였으며, 4월 9일 실시된 도도부현 지방의회 의원원선거에서도 자민당(1,275)에 이어 587석을 차지하였다: 경향신문(1995.4.11), 3면; 중앙일보(1995.4.25), 6면.

제3절 우리나라 지방선거제도의 특징과 극복과제

1. 정당 중심의 투표 현상

2012년 대선 이후 선거 때마다 매번 등장하는 핫이슈 가운데 하나는 기초지방자치단체장과 지방의원에 대한 정당공천문제이다. 항상 약 70%가 넘는 국민 다수가 기초지방선거에서의 정당공천 폐지에 동의하고, 많은 지방자치 전문가 및 시민단체, 지방자치 관련 기관과 단체 등에서 정당공천제도의 문제점에 대해 지적하며 폐지의 목소리를 높여 왔기 때문에 이와 같은 논의가 진행되고 있다고 여겨진다. 지방선거만을 국한해서 본다면 여전히 국민에게 가장 불신의 집단으로 낙인이 된 중앙의 유력정당들이 지역에서의 권력을 독점하고 있으며 유권자들도 선거 후에는 자신이 선출한 지방의원의 이름은 물론이고 단체장의 이름조차 기억 못하고 있는 경우가 허다한 실정이다.

그러나 2003년 대법원과 헌재의 판결에 의하여 광역과 기초의회 어느 한 곳만 정당 공천하는 것은 위헌으로 판정되어 2005년도 8월의 공직자선거법 개정이 이뤄졌고 정당공천제를 기초지방의원까지 확대된다. 2006년도 이후 지방선거에서는 정당공천제가 더욱 가속화되어 소위 묻지마 식의 투표행태가 사회적 문제로까지 대두된 바가 있으나 한편으로는 기초의원까지 비례대표를 각 정당에서 공천하여 여성 및 직능단체 전문가들이 등장하는 긍정적 효과도 나타났다.

2. 지방선거에서의 정당공천제의 장단점 논의

1) 정당공천제의 장점

정당공천의 장점으로 우선 언급하자면 첫째 지역일꾼으로서의 검증을 할 수 있다는 점이다. 공정하게만 진행된다면 정당공천을 받기 위해 각 당별로 서류 예비심사를 하고 경선이 있는 지역은 다시 경선 참여를 위한 또 다른 예비심사를 할 수 있어서 일차적으로 객관적인 능력 있는 사람을 선택할 수 있다. 정치지망생에게는 지방자치의 훈련장을 통해 중앙의 정치무대로 진출할 수 있는 통로 역할을 한다는 점이다(정세욱, 2000: 325-327). 둘째는 정치 신인의 진입이 가능하다는 점이다(예, 시민단체의 환경운동가, 보육과 친환경급식 전문가 등). 정치에 관심 있고 능력 있는 전문가들이 정당공천을 받음으로써 지역토착세력을 이겨낼 수 있는 토대를 만들 수 있다는 것이다. 셋째로는 정당정책과 함께 함으로써 구체적인 공약실현이 가능하다는 점이다. 개인적인 능력으로는 불가능한 공약이나 정책실현을 같은 당 동료의원들과 함께 협력하여 이루어낼 수 있다는 것이다(예, 친환경급식, 경로당 점심 쌀 제공 등). 물론 이 점은 주민을 위한 순수한 공약정책이 되어야 한다는 것은 당연한 일이며 다수 정당의 단체장을 위한 행사성 정책이나 이권 개입 여지가 있는 사업 등에 동조가 되는 구조로 가지 않도록 했을 때 장점으로 작용할 수 있다는 점이다. 즉, 정당의 책임정치를 실현하기 위하여 정당이 지역주민에게 정치와 행정의 책임을 묻고 대안을 선택할 수 있게한다는 점은 지방자치의 성격을 좌우한다는 데 있다. 키이 교수(Key, 1949)의 미국 남부지역정치에 대한 연구 이래 많은 학자들이 정당경쟁의 중요성을 인식하게 된 것도 이 때문이다. 그 이유로는 경쟁적인 환경에서 유권자의 투표참여가 높으며(Holbrook and Van Dunk, 1993: 955-962), 정당경쟁이 대체로 지방정부의 정책유형을 결정하는 데 관련이 있다고 보는 견해이다(Bibby and Holbrook, 1997: 103-109).

2) 정당공천제의 단점

성숙하고 활력있는 지방자치를 이루어 가는 데 있어서 큰 걸림돌로 지방선거 정당공천을 꼽는 목소리가 높다. 정당공천의 문제점을 드러내는 폐해 사례는 너무나 많아 일일이 기술할 수도 없지만 몇 가지만 언급하면 다음과 같다.

첫째는, 지방의원들이 의정활동은 팽개친 채 정당행사에 참석하거나 국회의원과 유력 정치인의 '수행원' 역할을 하고 있는 실태는 흔히 볼 수 있는 지방정치 현실이다. 공천과 관련된 비리도 급증하여, 지난 2006년 지방선거로 사법처리된 118명 중 공천비리와 관련된 건이 86건에 이르고 있다. 지역구 국회의원이 공천헌금은 물론 충성서약까지 공천조건으로 요구했다가 사법 처리되는 사례까지 발생했다. 국회의원 등 특정정치인에게 독점된 공천권으로 인해 지역정치인들은 주민의 이해에 기반한 행정과 의정을 펼치는 것이 아니라 지역구 국회의원의 눈치를 볼 수 밖에 없게 된다. 역량있는 지역정치인, 전문역량을 갖춘 새 인물들은 오히려 배제되고 특정정치인의 주변 인사들이 공천을 받는 경우가 많다. 공천의 기준으로 소위 '정당에 대한 기여도'가 공공연히 내세워지고 있다. 각 당에서 민주적이고 국민의사를 반영하는 형태로 공천 제도를 개혁한다고 했지만, 이미 지역 국회의원 등 특정정치인의 절대적인 영향력하에 있는 정당의 지역조직 내에서의 '민주적 절차'는 한계를 가질 수밖에 없어 연속된 지방선거에서 공천잡음이 끊이질 않았다. 둘째는, 정당공천은 지방선거를 중앙정치의 대결장으로 만들어버린다. 물론 선거의 속성이나 우리나라 선거일정상, 지방선거도 국가정책수행에 대한 평가의 의미를 갖는 것은 자연스럽고 어느 정도 필요한 일이긴 하다. 하지만 지역민의 구체적인 삶의 질과 지역발전, 지방행정의 민주적인 집행 등 지방의제가 지방선거에서 주요한 선택기준이 되지 못하는 선거풍토는 개선되어야 한다. 지방선거가 지역의 비전을 함께 세우고, 풀뿌리 민주주의의 토대를 쌓는 지역일꾼의 선출장이 아니라 또 한번의 정당 선택의 장이 되고 있는 것이다. 셋째는, 지역정치의 특정정당 독점으로 인해 견제

〈표 6-5〉 정당공천제 폐지 논리와 이에 대한 반박(김형준, 2013)

입장		폐지	유지
근거		지방자치는 생활정치이며, 중앙정치와는 달리 행정영역이므로 정당역할이 무의미	지방자치는 명백한 정치영역으로, 정당정치를 통해서 책임정치가 가능(행정영역이라면 선출이 아닌 능력 있는 공무원 임명이 필요)
		기존 정당의 공천과정이 공개적, 민주적이지 않아 중앙정치에 예속되는 문제 발생	중앙·지역이 '정당'을 매개로 유기적 협력관계를 통해 지방정부 감시견제 가능(지방토호세력에 의한 독무대가 펼쳐지는 문제가 더 심각할 것).
		현재와 같은 지역주의 정당구도에서 특정정당이 특정지역 의석을 싹쓸이 하는 현상 우려	정당설립 요건 강화를 통해 지역에 기반한 소규모 정당 활성화 필요(특정지역 특정정당의 싹쓸이 현상은 정치현실일 뿐 정당공천제 폐지로 해결할 수 있는 문제가 아님)
지지그룹	학계	행정학계	정치학계
	시민사회	경실련, YMCA, 한국여성유권자연맹 등	참여연대 등
	정치권	시군구의회의장협의회, 자치단체장협의회	새누리당, 민주통합당 여성위원회 등

(1) 지방정치의 본질에 대한 논쟁: 행정영역과 정치영역

행정영역이라는 주장	정치영역이라는 주장
• 지방자치의 본질이 주민의 일상생활에 미세하게 영향을 미치는 행정 영역 • 이념적인 측면이나 가치 분배적 측면이 강한 외교정책, 대북정책, 경제민주화와 같은 정책 영역보다는 생활밀착형 정책이 주를 이다 • 부패했던 미국의 머신정치(machine politics)에 대한 염증에서 출발한 비당파 모델(nonpartisan model)에 기초: 지방정부가 정치적이기보다는 행정적이어서 도로를 포장하고 휴지를 줍고 경찰과 소방 활동 등과 같은 비당파적 공공사무를 처리하면 충분하다고 주장 • 비당파 모델은 지방자치의 주요 정책결정자가 지역의 정치엘리트가 아닌 기업가 혹은 행정가의 리더십을 가져야 한다고 봄 • 지방자치는 철저히 비정치적 공간이기 때문에 정당 정치적이어야 할 이유가 없다고 주장	• 탈 정치화된 지방행정이 아니라 가치를 효율적으로 배분하기 위한 정치영역임을 강조 • 생활정치형 이슈에서도 정당의 역할은 중요하다: 정책을 집행하는 데 있어서, 여러 이해관계의 충돌과 상이한 가치의 충돌은 불가피하며 이러한 이익과 가치의 충돌을 체계적으로 통합하는 것이 정당의 역할 • 정당정치 모델(party politics model)에 기초: 정치의 우위를 강조하며 지방행정의 주요 정책결정과정에서 정당 그룹이 다양한 이해당사자들과 정치적 행위자들을 연결하고, 이들 간의 갈등을 조정하는 역할을 해야 한다고 봄 • 한국의 경우 지방자치의 부활은 행정영역을 강조하기 위한 목적이라기보다는 대의 민주주의적 정치를 강화하기 위한 목적을 갖고 있으며 따라서 정당정치모델이 더 부합된다고 할 수 있음

(2) 공천과정의 비민주성: 중앙정치 예속과 지방정치 강화

공천과정의 비민주성: 중앙정치에의 예속	공천과정의 민주화필요: 지방정치의 강화
• 지역구 국회의원의 과도한 영향력으로 인하여 지방정치가 중앙정치에 예속되고 지방자치가 퇴색된다는 점을 강조 • 정당의 개입을 통하여 지역 수준의 정책, 이슈를 평가하고 선택하는 지방선거, 지방자치의 의미가 퇴색된다고 주장	• 공천과정의 민주화를 통하여 오히려 지방정치를 강화할 수 있다고 주장: 정당공천제의 폐지는 오히려 지역단위의 정당을 약화시킬 것이며, 이는 정당보다 공적 성격이 약한 지방 토호세력들에 의한 사조직의 중요성을 더욱 증대시킬 것이라고 지적 • 지방정치와 중앙정치가 연계되어 있는 것을 부정적으로만 볼 수 없다는 입장: 지역단위 정당의 존재는 지방의 이슈 및 이익을 중앙으로 전달해 주는 역할을 수행하며 유럽의 선진 민주국가의 경우 정당이 지방정치와

	중앙정치를 연계해주는 중요한 기제로 작동하고 있음 • 정치엘리트 충원이라는 면에서도 지방선거에서 정당이 공천을 행사함으로써 각 정당의 엘리트들을 지역 수준에서 훈련시킨 후 향후 중앙정치로 진출시킬 수 있는 역할을 수행할 수 있다는 점에서 유리함 • 지방정치의 중앙정치에 대한 예속은 지방자치단체의 재정자립도의 문제이지 정당공천의 문제가 아니며 오히려 지방 정치의 영역이 확대될 때 지방정부의 권한과 자율성이 확대될 수 있는 기반이 강화될 수 있을 것임

(3) 지역주의와 정당정치

• 정당공천에 폐지를 주장하는 사람들은 현재의 지역주의적 정당구도 하에서는 정당공천제를 통해 특정 지역에서 특정 정당에 의한 싹쓸이 현상이 더 강하게 나타난다	• 독점적인 지역정당 구도를 완화하고 정당 경쟁을 촉진하기 위해서는 지역정당을 활성화해야 한다고 주장. 현재 정당의 설립 요건을 대폭 완화하여 각 지역에 기반을 둔 소규모 정당들이 지방선거 차원에서 활동할 수 있도록 할 것을 제안

와 균형이 작동하지 못하고 있는 현실도 심각하다. 거의 모든 지역에서 지방자치단체장과 지방의회가 '일당 독식' 형태의 권력을 유지하고 있다. 광역의회뿐만 아니라 기초의회의 경우는 더욱 심각하다. 동향에, 같은 학교에, 같은 정당소속으로 형님 동생하면서 화목하기는 하나 지방의회 본연의 임무를 망각하는 경우가 종종 있다. 또한 다수당의 소수당 무시, 소수당의 발목잡기 식의 의정파행 등도 중앙정당의 당론에 따르는 행태에서 발생하고 있다. 넷째는, 풀뿌리 생활정치의 측면에서도 정당공천이 악영향을 미쳤다. 지난 2006년 기초의원까지 정당공천이 확대되면서 어렵게 싹트던 풀뿌리 생활정치 참여 실험들의 싹이 잘리고 마는 현실을 경험한 바 있다. 풀뿌리 주민운동과 시민단체활동의 연장으로 생활정치의 장인 기초의회에 무소속으로 도전했던 후보들이 정당중심의 선거구도로 인해 대부분 낙선되었던 것이다.

3. 지방선거가 아닌 중앙선거의 대리

1995년도부터 민선지방자치가 부활되면서 치러진 역대 우리나라의 지방선거는 정당별 지지에 따른 소위 줄 투표가 이루어짐에 따라 중앙정치에 예속된 지방자치현실을 적나라하게 보여주었다. 지역사회비전과 이슈를 중심으로 유능한 지역일꾼을 뽑아야할 지방선거는 당초 취지와 달리 중앙정당의 대리전으로 왜곡되어 후보자의 정책과 공약에 따른 선택이 아닌 정당을 보고 선택하는 모습을 역력히 보여주었다는 점이 가장 큰 특징점이다. 정치권은 대선의 전초전, 현 정권에 대한 평가로 또다시 중앙정치에 예속된 지방선거로 만들고 말았다. 현 정부와 집권여당의 실정을 심판하는 국민의 목소리는 존중되어야겠지만 지역사회 일꾼을 뽑는 지방선거를 중앙정치의 정파적 이해로 변질시킨 정당의 지도부는 지방자치제도를 역행시켰다는 비난을 피할 수가 없다. 정당공천을 매개로 중앙정당, 광역단체장, 기초단체장, 지방의원의 후보자간의 카르텔이 형성되어 중앙정치의 예속과 정당에 따른 줄 투표가 이루어질 수밖에 없었다. 2003.1.30. 20미헌가 4 전원재판은 판결에서 기초의회의원 선거의 후보자에 대해서만 정당이 후보자 추천을 할 수 없도록 한 공직선거일 선거부정방지법 제47조 규정이 위헌이라고 판결했다. 이에 따라 2005년의 공직선거법이 개정되었다. 동법의 취지는 책임정치를 하기 위해서 기초지방의원에 대한 정당공천이 필요하다고 주장했지만 그 동안 자신들이 공천한 단체장 및 지방의원들의 비리사건에 대하여 그 책임을 당사자에 떠 넘기에 바빴지 정당의 어느 누구도 사과 한마디 없었다. 지금 지방에서는 지방선거를 앞두고 후보자들이 지역구 국회의원에게 줄을 대기 위한 경쟁이 치열하다. 공천은 곧 당선이라는 등식이 작용하는 지역의 경우, 충성경쟁이 요란하다. 유권자보다 국회의원에게 잘 보여야 공천을 받는 것 자체가 우리 지방자치의 서글픈 현실이다. 그리고는 이 모든 지방선거과정에서의 각종 부조리와 비리가 발생하면 그 책임을 지방에 돌렸던 것이 중앙정치권의 행태였다.

4. 다양한 유형의 공천비리 유발

단체장과 지방의원 후보들이 정당공천을 받기 위해 저지른 비리문제는 매우 심각하여 지방자치제도를 위협하는 수준이다. 공천과정에서의 비리는 드러난 것만 해도 그 유형이 매우 다양하여 유권자들의 정치혐오증까지 불러일으켜 투표참여율이 낮아진 원인도 되었다. 물론 공천과정에서의 이들 비리는 빙산의 일각만 밝혀지는 속성 때문에 더욱 더 큰 문제는 공천비리가 밝혀지지 않고 당선되는 단체장들과 지방의원들에 있다. 이들에 의해 비합리적인 예산이 집행될 것이며 그로 인한 지방행정의 책임성은 고스란히 주민의 몫으로 남는 것이다. 물론 그 가운데 일부는 지금까지 우리가 보아온 것처럼 선거사범, 공천과정에서의 비리 등으로 고발되거나 임기 중 인사청탁, 업자와의 결탁 등으로 구속되기도 하여 지방행정의 마비상태까지 이를 것이다. 그러나 그 수치가 다른 지방자치의 선진국과 비교하면 너무 많아 한탄스러울 지경이다. 우리 학계 및 시민단체의 대부분은 공천 비리는 지방행정을 마비시킬 가능성과 주민이 없는 정당만이 있는 지방자치의 실종에 대해 우려를 표명하고 백방으로 반대의견을 표명한 바 있다. 그 결과 기초의원, 단체장, 광역의원, 국회의원과의 선거 담합이 강화되는 등의 문제점도 나타났다.

5. 헛공약이 남발되어도 당선되는 구조

정당공천의 또 다른 폐해는 후보자들의 '헛공약' 남발을 부추기었다. 특히, 공천이 당선이라는 지역에서는 선관위 및 학계가 메니페스토 정신을 외친다 한들 유권자들에게는 전혀 비교기준으로써 작동하지 않았던 것이다. 정당민주주의가 우선이냐 지역민주주의가 우선이냐에 대하여 이상과 현실이라는 관점에서 접근할 것도 없다. 지방선거는 '정당의 정당에 의한 정당을 위한 것이 아닌 주민의 주민에 의한 주민을 위한' 정치적 행위인 것이다. 이렇게 될 때 주민들은 후보자들의 인물과 정책을 비교하며 과연 우리 지역에 맞는 공약을 합리적으로 내거는 후보가 누군가인가를 판단하게 되며 투표율도 자연스럽게 올라가게 될 것이다. 따라서 올바른 지방자치제의 정착을 위해서는 공직선거법 47조의 재개정을 통하여 기초단체장 및 기초의원의 정당공천을 배제하는 것이 필요하다고 본다.

제4절 우리나라 지방선거 제도 개혁: 지역정당 설립의 허용

지방정치의 분권화 추진은 수도권으로의 인구집중, 지방인구 감소, 특별자치시·도 확대 등 지자체별 여건 변화에 대응하기 위해 필요하다. 앞서 살펴본 바와 같이 1995년 민선 지방자치를 실시해서 최근 2022년까지의 치러진 현재의 우리나라 지방선거는 중앙선거의 대리전 양상을 띠며 지역의 일꾼을 뽑지 않는 중앙정당의 대리인을 선택하는 구조이다. 이러한 정당투표 현상은 지방의 생활자치마저도 중앙정치의 이념대결로 전화되어 갈등을 증폭시키는 상황이다. 지방의 자기결정권과 자치역량을 강화하기 위해 주민 대표기관인 의회 구성과 관련된 사항에 대한 시·도 단위의 지방자치단체에서 자율성을 강화하는 방안이 필요하다. 이를 위해 OECD선진국 대부분이 채택하고 있는 지역정당의 설립을 용이하게 하여 중앙과 분리된 지역의 현안을 집중적으로 다루고 정책을 수립·추진할 수 있도록 지역정당을 추진하는 것이 매우 중요한 과제라고 생각한다.

예를 들어, 대부분의 OECD 가맹국들 가운데 선진국들은 지역정당의 활성화를 위해 중앙정당과 차별성 있는 지역정치를 보장하고 있다. 미국과 독일을 비롯한 연방정부를 갖는 국가들은 물론 이탈리아와 영국 같은 단방정부를 갖는 국가들도 활발한 지역정당의 활동을 보여주고 있다. 일본에서는 2023년도 현재 도쿄와 오사카 등에서 출마한 지역정당 출신 지사들이 선거에서 당선되었다. 또한, 이탈리아 북부의 분리 독립·연방제를 주장하는 동맹이나 캐나다의 퀘벡주 분리 독립을 주장하는 블록·케베코, 영국의 스코틀랜드 국민당 등은 지방 정당의 대표적인 사례로, 지방의회뿐만 아니라 중앙의회에서도 의석을 확보하고 있다. 독일 바이에른 주에서 활동하는 바이에른 기독교 사회 동맹도 지역정당이지만, 전 독일에서 활동하는 독일 기독교 민주 동맹과 협력 관계를 맺고 있으며 연방 의회에서도 통일회파를 형성하고 있다는 점은 주지의 사실이다.

이와 같이 지역정당을 통해 지방자치를 활성화시키고 있는 타국의 사례를 참조해서 우리나라에서도 다음과 같은 지역정당이 설립이 용이하도록 제도 개선이 필요하다. 첫째는, 지방의원(시도) 선거구획정위원회 설치 및 운영 방안 개정을 추진해야 한다. 현재는 현행 시도 지방의원에 대한 선거구획정위원회에 관한 규정이 없어 국회에서 「공직선거법」을 개정하여 시도 의원의 정수와 선거구를 결정할 수 있도록 해야 한다. 다시 말해, 지방의회 의원의 정수산정(시도, 시군구)과 선거구 획정(시도) 권한을 시도(세종시 제외)에 부여해야 한다. 둘째는, 지역정당의 창당을 용이하게 하기 위해 정당법 개정을 추진해야 한다.

결론적으로 따라서 현행 정당법인 중앙당을 서울에 위치시키고, 5개의 시・당과 각 시・도당에서 1,000명의 당원을 확보하도록 규정하고 있는 규정을 개정할 필요성이 있다. 그러나 가장 큰 장애요인은 양대 정당이 장악하고 있는 국회가 될 것이다. 따라서 지방자치의 단점과 국민적 우려를 지방자치단체장 및 지방의원들 스스로 극복하고 지방정치의 분권화가 국정에 오히려 도움이 된다는 국민적 합의를 이끌어 내는 것이 중요하다. 그 결과 지역정당의 활성화가 지역의 각종 현안들이 중앙정치의 이념적 대결에서 벗어나고, 지역을 기반으로 한 지역정치가 육성됨으로써 지방자치가 민주주의 학교로서의 역할을 수행할 것으로 기대된다.

요 약

지방선거라 하면 일반적으로 지방정부의 기관구성을 위한 선거를 말한다. 구체적으로 지방의회 구성을 위한 의원선거와 지방정부의 대표 또는 집행부를 구성하는 선거를 말한다. 우리나라 지방선거는 지방자치단체의 장을 선출하는 선거와 지방의회 의원을 선출하는 선거가 있다. 일반적으로 선거의 기능은 다양한 공직의 대표자를 선출하는 것이지만 보다 넓은 의미로 선거는 대표선출, 선택대안의 제공, 정부구성의 통로, 정부에 대한 정통성 부여, 정치교육, 그리고 정당구조의 정비 등의 정치적 기능을 수행한다. 이러한 기능 외에도 선거는 국민의 정치참여 기회의 확대, 책임정치의 실현, 평화적 정권교체, 정의사회의 구현, 그리고 정치는 물론 사회통합의 기능을 수행한다.

그러나 지방선거가 가지고 있는 문제점으로써 낮은 투표율과 투표 결과에 의하여 지역사회의 분열, 선거부정 등의 역기능적 요소도 가지고 있다. 특히, 지난 1995년 민선지방자치제 부활 이후 지방선거는 지역의 문제보다는 중앙의 문제에 대하여 유권자가 민감하게 반응하기 때문에 단체장과 지방의회의 의원 모두가 다수당이면서 같은 소속이라는 문제점이 있다. 또한, 기초자치단체의 지방의원 선거는 소선거구제를 기본으로 하고 있어서 작은 단위의 지역이기주의적 양상이 나타나고 있다. 그 결과 지역의 현안문제가 해결이 안 된다거나 혹은 나눠먹기식 예산편성을 하고 있다는 비판도 받고 있다.

따라서 지방선거를 활성화하고 중앙정치와 분리시키는 방안 등으로써 의무투표제 실시, 지방의원의 정당공천제 폐지, 중대선거구 제도 도입, 비례대표제의 비중 강화 등이 거론되고 있는 실정이다. 또한, 제대로 된 지방선거가 되기 위해서는 정당법 등의 개정을 통해 지역정당 설립을 용이하게 해야 한다.

중 요 개 념

- 지방선거 의의
- 지방선거의 기능
- 한국의 지방선거
- 미국의 지방선거
- 선거관리
- 영국의 지방선거
- 프랑스의 지방선거
- 일본의 지방선거
- 지역정당

예 제

1. 지방선거에 있어서 선출직에 대한 정당공천제 유지와 폐지에 대하여 각각 장단점을 논하시오.

2 지방선거에서 지역구 선출과 비례대표 선출과의 장·단점 비교를 해보시오.

3. 소선거구제도와 정당명부식 투표제도를 장단점을 중심으로 비교, 분석하시오.

4. 영국과 프랑스의 지방선거제도의 특징점에 대하여 논하시오.

5. 일본의 경우는 통일지방선거를 광역과 기초로 나누어 실시하고 우리는 동일한 날자에 실시하고 있는데, 그 이유에 대하여 쓰시고 우리나라에 적용할 경우 개선방안에 대하여 논하시오.

참 고 문 헌

강영기(1995), "일본의 지방선거를 보는 견해", 「자치행정」, 5월호.

강원택(2004), "정치개혁의 과제와 전망: 정당, 선거, 정치자금." 「KISDI 보고서」, 04-40.

경향신문(1995), 4.11.

국회대안정치연구회(2002), "정당에 대한 국고보조금 - 합리적 운용을 위한 개선방향", 「정책토론회 보고서」.

김동엽(2007), "정치자금법 주요내용과 개정 방향", 한국지방자치학회 공청회.
김동훈(1999), 「지방정부론」(충남대학교 출판부).
김순은(1992), "지방의회의 상임위원회 운영실태 및 개선방안", 「지방의회연구」, 3.
김순은(2006), "월정수당제의 적정규모", 「지방의원의 보수액 책정에 관한 공청회 자료집」, (사)한국공공자치연구원 주최.
김영래(1998), "정치자금제도의 개선방안", 경실련주제발표원고.
김웅기(2001), 「미국의 지방자치」(서울: 대영문화사).
김 원(1989), 「도시행정론」(서울: 박영사).
김형준(2013), "정당공천제 폐지 논리와 이에 대한 반박", 아산정책연구원 발제문, 2013년 4월 29일.
부패방지위원회(2005), "지방선거의 정치자금제도 개선방안," 「위원회 보고서」.
신창호(1995), "일본의 지방선거 제도와 실태", 「자치단체 국제교류」, 5·6월호(서울: 지방자치체국제화재단).
윤기석(2014), "프랑스 지방선거제도와 2014년 지방선거 분석: 꼬뮨 기초선거 결선 비례대표제의 정치적 효과", 『입법과 정책』 제6권 제1호, 국회입법조사처.
이관희(2004), "개정 정치자금법의 특징적 내용과 평가", 「헌법학연구」, 제10권 제2호.
이삼성(1999), "미국 선거정치와 정치자금: 제도개혁의 한계와 개혁론", 기획논문.
이승종(1995), "자치단체장의 역할과 자질", 한국행정학회 하계학술대회 발표논문.
이종수(2004), "한국 지방정부의 혁신에 관한 실증분석: 혁신패턴, 정책행위자 및 영향요인을 중심으로", 「한국행정학보」, 38(5).
이주희(2006), "지방의원 보수액 책정 권고안", 「지방의원의 보수액 책정에 관한 공청회 자료집」, (사)한국공공자치연구원 주최.
임승빈 외(2000), 「효율적인 행정계층 및 구역에 관한 연구」(서울: 한국행정연구원).
임승빈 외 1인(1996), "민선자치단체장의 바람직한 역할정립을 위한 제도개선방안" (서울: 한국지방행정연구원).
임승빈(2007), 정당공천제 반대, 동아일보 시론, 2007.5.10.
―――(2009), 「지방자치론」 제3판(서울: 법문사).
―――(2010), 지방자치와 국가발전, 제480호; 정책&지식 포럼(2010.3.8.), 장소:서울대행정대학원.
―――(2013), "기초지방선거에서의 정당공천제 폐지 논리", 아산정책연구원 발제문, 2013년 4월 29일.
―――(2013), 「지방자치론」 제6판(서울: 법문사).
장노순(1994), 「풀뿌리 민주주의: 영국지방자치의 이해」(강원대학교 출판부).
정병운(2005), "한국정당의 정치자금 제도화에 관한 연구 - 정치자금의 공급적 측면을 중심으로", 박사학위논문(경원대학교).
중앙선거관리위원회(1993), "외국의 선거·정당·정치자금제도", 영국, 독일, 벨지움, 일본, 선거참고자료(선위선-93-018).

중앙일보(1995), 4.25.
최민호(1994), “일본의 통일지방선거(1)”, 「지방자치」, 4월호.
최봉기(1996), “지방정부의 자치역량강화와 국제화 전략”, 「지방자치연구」, 8(3).
한국지방행정연구원편(1986), “외국의 지방자치제도 비교연구”, 「한국지방행정연구원」.
———(1990), “일본의 선거제도에 관한 연구”, 「한국지방행정연구원」(정책실과 90-5).
———(1995), “일본통일지방선거제도”, 「한국지방행정연구원 연구자료집」, 94-6, 제35권.
황아란(1995), “지방선거 개선방안에 관한 연구”, 「한국지방행정연구원」, 05-01.
황아란 · 김성호(2000), “지방정치의 부패구조 개혁방안”, 「한국지방행정연구원 연구보고서」, 2000-02.
행정자치부(2000), 「선진외국의 지방자치제도(I) · (II)」.

藤島昇(1995), “平成 7年統一地方選挙について”「選挙時報」第4編 第1号.
川崎信文 外編訳(1986), 「フランス政治百科」(東京: 勁草書房).

Boyd, William J. D.(1976), “Local Electoral Systems: Is There a Best Way?”, *NCR*. 65(3).
Byrne, Tony(1985), *Local Government in Britain*, Middlesex: England: Penguin Books.
Adrian, Charles R.(1998), “Forms of City Government in American History”, in the Municipal Yearbook.
Harrigan, John J.(1976), *Political Change in Metropolis*. Boston: Little Brown.
Hoffmann, T.(1999), “The Meanings of Competency”, *Journal of European Industrial Training*, 23(6).
Horton, S. (2000), “Competency Management in the British Civil Service”, *The International Journal of Public Sector Management*, 13(4), 354-368.
Hayward, Jack(1983), *Governing France*, London: Nicolson Ltd.
Jackman, R.(1988), “Local Government Finance and Microeconomic Policy”, in S. J. Bailey and R. Paddition ed., *The Reform of Local Finance in Britain*, London: Routledge.
Burns, James M.(1985), *Leadership*. Harper Collins Publishers.
Karning, Albert K.(1997), “Local Elections in the U.S.: Seperate and Unequal”, *NCR*. 66(4).
Lineberry, Robert L. and Edmund Fowler(1967), “Reformism and Public Policies in American Cities”, *APSR*, Vol.61.
Lucia, Annotoinette D. & Lepsinger, Richard(2000), *The Art and Science of Competence Models*. San Francisco: Jossey-Bass Co.
Robert L. Morlan(1980), “Consolidation vs. Confederation in European Municipal

Reform", *NCR*. 69(11).

Robson, William A.(1974), "The Reform of Local Government in England and Wales", *NCR*. 63(10).

Sanders, Heywood T.(1980), *Govermental Structure in American Cities*, Washington, D.C.: ICMA.

Stouffer, W. B.(1991), *State and Local Politics: The Individual and the Government*, N.Y: Haper Collins Publishers.

Wolfinger, Raymond E. and John Osgood Field(1966), "Political Ethos and the Structure of City Government", *APSR*, Vol.60.

Yukl, G.(1989), *Leadership in Organizations*(2nd ed.), Englewood Cliffs, NJ: Prentice Hall.

http://tokyouto.or.jp

http://www.lawnb.com/lawinfo/law/info_law_searchview.asp

제 1 절 지방의회의 의의 및 지위

1. 지방의회의 의의

1) 지방의회의 본질

서구에서의 지방자치의 시작과 발달은 지방의회의 시작과 발달과 같다.

지방의회(council of local government)는 그 지역주민에 의해 선출된 의원을 구성원으로 하여 설립하는 합의제 기관으로서 주민(시민)이 직접선거를 통해 선출한 지방의원들로 구성된 조직을 의미한다.

대부분의 국가에서 지방의회는 두 가지 종류로 대별되는데, 광역의회와 기초자치의회가 그것이다. 지방의회의 본질적 의의 중 하나는 반드시 주민으로부터 직선을 통해 선출된 지방의원으로 구성되어야 한다는 것이고, 다른 하나는 자치단체의 중요한 의사를 다루며 결정하는 기관이라야 한다는 점이다. 동시에 지방의회는 헌법기관이며 지방자치단체의 의사기관일 뿐만 아니라 주민대표로 이루어진 합의제 기관에 해당한다(김택 외: 2000).

 key concept

– 한국 지방의회의 성격 –

① 헌법기관
② 주민대표기관
③ 입법기관
④ 집행부의 감시 · 견제 기관
⑤ 최고의결기관

국가의 국회가 국민의 대표기관이듯이 지역의 지방의회는 집행부와 더불어 주민의 대표기관이다. 주민대표의 개념은 국회와 마찬가지로 대의제의 원리를 근거로 둔다. 지방의회는 “주민이 그의 대표를 통하여 간접적으로 정치적 결정에 참여하는 대의민주주의 원리”에 따라 주민의 대표기관으로서 지위를 갖게 되며, 지방의회가 결정한 의사는 주민의 의사이다. 헌법과 지방자자치법에는 지방의회를 주민의 대표기관으로 명문으로 규정하고 있지 않으나 지방자치단체에 의회를 두도록 규정하고 있는 헌법과 이에 근거한 지방자치법의 내용에 비추어 볼때, 지방의원 각자는 주민의 대표자를 의미하고, 주민의 대표자로 구성된 지방의회는 주민의 대표기관으로서 지위를 갖는다고 할 수 있다. 따라서 지방의회는 주민대표로 구성된 지방자치의 중심기관이고 민주주의 상징이다.

우리나라의 지방의회는 법률적인 의미에서 본다면 ① 헌법기관 ② 주민대표기관 ③ 입법기관 ④ 집행부의 감시, 견제기관 ⑤ 최고의결기관으로서의 지위를 유지하고 있다. 단지 지방의회가 국회와 크게 다른 점은 전자가 지방자치단체와 주민의 이익을 전제로 하고 있는데 반해 후자인 경우는 국가와 국민의 이익을 대표하고 있다는 점이다.

> **Focus On**
>
> **합의제기관**
>
> 지방의회는 주민들의 선거에 의해 선출된 다수의 의원들로 구성되기 때문에 합의제 성격을 지닌다.
>
> – 의회운영은 민주주의 방식인 다수결 원칙

> **참고자료**
>
> **영국의 지방의회 1**
>
> 영국의 지방자치단체들은 지방의회가 의결기관인 동시에 집행기관으로서 의결과 집행이 통합된 기관구성형태를 취하고 있으며, 의장직을 겸직하는 시장은 시를 의례적으로 대표하는 상징적 존재의 의미만을 지니고 있을 뿐 행정수반으로써 실질적인 집행권한은 지니고 있지 않다. 즉 지방의회가 자치행정의 중심이 되고 모든 권한이 지방의회에 속하며, 지방의회의 각 위원회가 의회의 예비심사기관으로서 뿐만 아니라 회의에서 전달된 사항의 집행도 담당한다. 따라서 집행기관이 따로 존재하기보다는 각 국장은 각 소관위원회의 지휘에 따라 집행하며 책임도 소관위원회에 대해서 진다.

2) 우리나라 지방의회의 변천사

(1) 최초의 지방의회

1949년에 '지방자치법'이 제정되고 이 법에 의거하여 1952년에 최초로 지방선거를 실시함으로써 지방의회가 구성되었다. 그러나 1961년 5·16군사쿠데타의 발발로 지방의회는 군사혁명위원회포고 제4호에 의하여 해산되었으며, 그 이래 제5공화국까지 지방의회를 구성하지 않았다. 다만 제5공화국헌법은 지방의회의 구성시기에 관하여 "…지방자치단체의 재정자립도를 감안하여 순차적으로 구성하되, 그 구성시기는 법률로 정한다"(부칙 제10조)고 규정함으로써 "조국통일이 이루어질 때까지" 지방의회를 구성하지 아니한다(부칙 제10조)고 규정했던 제4공화국헌법에 비하여 지방의회를 구성가능성에 비교적 밝은 전망을 보여 주었다. 그 동안 지방의회가 구성되지 않았으므로 지방의회의 의결을 요하는 사항의 처리는 '지방의회의의결사항의처리의건'(1961년 5월 23일 국가재건최고의회포고 제8호), '지방자치에 관한 임시조치법', '서울특별시행정에관한특별조치법', '부산시정부직할에관한법률', '대구직할시및인천직할시설치에관한법률', '교육법' 등에 의하여 서울특별시에서는 일정한 사항에 관해서만 국무총리의, 직할시·도에서는 내무부장관의, 시·군에서는 도지사의, 교육·학예에 관하여는 문교부장관의 승인을 얻어 당해 지방자치단체의 집행기관이 시행하였다.

그러나 제6공화국헌법은 지방의회의 구성시기에 관한 제한을 없앴다. 이에 따라 제7차 지방자치법개정법률(1988.4.6)은 최초의 지방의회를 시·군 및 자치구부터 구성하되 그 선거는 이 법 시행일로부터 1년(1989.4.30) 이내에 실시하고, 최소의 시·도의회는 시·군 및 자치구의회가 구성된 날로부터 2년 이내에 구성한다고 규정하였다(부칙 제2조). 그 후 제8차 개정법률(1989.12.30)은 모든 지방의회의원선거를 1990년 6월 30일 이내에 실시하도록 규정했으나 실시되지 않았고 제9차 개정법률(1990.12.31)에 의하여 1991년 6월 30일 이내에 실시하기로 연기하였다. 이에 따라 기초의회의원선거는 91년 3월에, 광역의회의원선거는 '91년 6월에 각각 실시되었다(정세욱: 2000).

(2) 지방의회 발달과정 변천사

최초의 지방자치법(1949년 7월)은 지방의회의원정수를 서울특별시의회는 25인 이상, 시의회는 20인 이상, 읍의회는 15인 이상, 면의회는 10인 이상으로 각각 책정함으로써 인구에 비하여 유럽제국의 의원정수보다는 적고 미국의 그것보다는 많게 정하였다. 그러나 지방자치법은 공포된지 불과 5개월후인 1949년 12월에 개정됨으로써 지방선거를 실시해 보지도 못한 채 시의회를 제외한 지방의회의 의원정수는 감소되었다.

제1차 개정법률에 의거, 전쟁중인 1952년 4월 25일에는 시·읍·면의회의원선거를, 5월 10일에는 도의회의원선거를 각각 실시하였는데, 시의회 의원정수는 20~46명, 읍·면의회 의원정수는 각각 15~20명, 10~14명이었고, 도와 서울특별시의회 의원정수는 20~61명(평균 44명)이었다.

이와 같이 구성된 지방의회에서 시·읍·면장을 선출함으로써 우리나라 역사상 처음으로 지방자치가 실시되었다. 그러나 당시의 지방의회 구성은 이승만 정권의 연장을 위하여 읍·면 단위까지 직선제를 실시한 경위가 있다(정세욱: 2000).

4·19혁명 이후 민주당정부는 1960년 11월에 제5차 지방자치법개정을 단행하여 서울특별시와 도의회의원정수 책정기준을 변경하였다. 이 개정법률에 의하여 1960년 12월 19일에는 서울특별시와 도의회의원선거를, 12월 12일에는 시·읍·면의회의 그것은 제2대 때와 같았으며, 서울특별시·도의회의원정수는 18~80명(평균 49명)으로 증가하였다.

그 후 군사쿠데타 정부에 의하며 지방의회 구성이 중단되었다가, 제6공화국이 출범한 1988년 4월의 제7차 지방자치법개정법률은 시·도의회의원정수를 25~70명, 시 및 자치구의회의 그것을 15~25명, 군의회의원정수를

> **참고자료**
>
> **영국의 지방의회 2**
>
> 영국의 지방자치는 다른 유럽 국가에서 발견할 수 있는 분권화의 경향과는 달리 중앙집권화의 추세로 나아가는 것을 발견할 수 있으며 유럽의 다른 어떤 국가보다는 지방자치단체에 대한 중앙간여의 정도와 갈등이 높은 것으로 평가되고 있다. 지방자치단체의 지위에 대한 논의는 중앙-지방 간의 관계외에도 지방자치단체에 대한 주민의 성원과 지지를 고려해야 할 것이다. 다른 유럽국가의 지방자치체제와 비교하여 영국이 지니는 개별성은 다음의 세 가지 측면에서 시사점을 찾을 수 있다.
>
> ① 일반적인 자치권의 행사에 있어 영국의 자치단체는 다른 유럽국가와는 달리 주민을 대신해서 자치단체가 권력을 행사한다기 보다는 특정한 활동을 수행할 수 있는 일련의 권한을 부여받고 있다는 점에서 취약한 지위에 놓여 있다.
>
> ② 리더십 발휘에 있어 영국의 자치단체장은 프랑스의 시장이 누리는 명성과 인지도에 비교하여 크게 못 미친다.
>
> ③ 주민과 자치단체와의 관계에 있어서 자치 단체는 기술적인 능력이나 전문성에 있어서 인정받고 있다. 자치단체의 큰 규모로 인하여 주민이 일체감을 갖는데 어려움이 있다.

> **참고자료**
>
> **프랑스의 지방의회 1**
>
> 중앙집권적 성격이 강한 전통을 지닌 프랑스는 기관통합형을 취하되 행정기관우월주의에 입각하고 있는 모습을 발견할 수 있으며, 이러한 점은 그리스, 터키, 이란, 태국 등에서도 비슷한 예를 찾을 수 있다. 그 주요 특징을 살펴보면 다음과 같다.
>
> 첫째, 프랑스 지방자치는 민선에 의해 구성된 지방의회 및 지방의회에서 선임된 단체장이 수행하는 자치행정과 중앙정부에 파견된 관선도지사에 의한 국가의 지방행정이 병존하는 구조를 지니고 있으며, 계층구조상 지방자치단체와 국가의 지방행정기관은 긴밀하게 연계되어 있다.
>
> 특히 꼬뮨과 같은 기초지방자치단체의 장은 자치단체의 집행기관으로서의 지위와 국가의 하부 행정기관으로서의 지위를 이중으로 지니는 등 프랑스의 지방자치단체는 국가의 지방행정기관과 긴밀한 관계를 유지하고 있다.

10~20명으로 정하였다(제27조, 제28조). 이 의원정수는 과거의 각급 지방의회 의원정수와 비교할 때 별로 차이가 없는 것이었다. 그러나 제8차 지방자치법개정법률은 의원정수에 관한 규정을 삭제하였다(제27조~제30조). 1990년 12월에 제정·공포된 지방의회의원선거법은 시·도의회의원정수를 17명~131명, 시·군·자치구의회의원정수를 7명~50명으로 정하였다(제13조, 제14조).

이 법에 의하여 1991년 3월과 6월에 기초의회의원선거와 광역의회의원선거를 각각 실시하였다.

1994년 3월에는 단체장 직선제를 시행하기 전에 '공직선거및선거부정방지법'(1994. 3. 16)이 제정되었다. 그러나 지방의회의원 정수를 줄여야 한다는 국민들과 학계의 거듭되는 주장에도 불구하고 국회의원들은 그들의 경쟁자를 키울 수 없다는 편협한 이기주의에 집착하여 지방의원정수를 줄이는 법개정을 하지 않았다. 오히려 '95년 통합지방 선거를 앞두고 공직선거법개정법률(1995.4.1)에 의하여 지역구 시·도의원정수의 10/100을 비례대표 시·도의원으로 뽑도록 함으로써 시·도의원정수는 더 증가하였다. 이 법에 의하여 1995년 6월 27일에 지방선거를 실시했는데, 시·도의회의원 정수는 20~147명, 시·군·자치구의회의원정수는 7~50명으로 시·도의회의원정수가 더 늘어났다. 그후 2002년도와 2006년도 공직선거법을 개정하여 시·도의회의원정수를 줄였으며 2026년 9기까지 선거를 실시하고 있다. 그동안 지방의회 선출방식은 소선거구, 중대선거구제, 정당비례대표제 도입 등 다양한 제도개선을 해왔다.

2. 지방의회의 지위

1) 지 위

우리나라의 지방의회는 기관 대립형의 조직 형태를 취하고 있기 때문에 지방의회의 지위도 이러한 기관 대립주의적 시각에서 살펴 볼 필요가 있다. 흔히 지방의회의 지위로서 주민 대표기관, 의결기관, 입법기관, 감시기관 등을 예시하고 있는데 이 중 주민 대표기관으로서의 성격은 지방의회나 지방자치단체의 장 모두에 속하는 것이며, 기타의 지위는 기관 대립적 입장에서 지방의회가 갖는 지위이다(안용식 외: 2002).

(1) 주민대표기관으로서의 지위

지방의회는 주민에 의하여 선출된 의원들로 구성된 기관이므로 주민의 대표기관으로서 주민을 대표하여 지방자치단체의 의사를 결정하고, 그 집행기관을 감시하는 지위를 갖는다. 따라서 지방의회를 구성하는 지방의원은 그를 선출한 출신 지역이나 주민만을 대표하는 것이 아니라 자치단체의 전 지역을 대표하는 지위를 갖추고 있다. 따라서 지방의원은 헌법과 법률에 규정된 바에 따라, 그리고 자신의 양심과 판단에 따라 주민 전체를 위하여 조례 등을 제정하는 등의 활동을 하여야 한다.

우리와 달리 프랑스는 지방의원의 겸직이 매우 활발하다. 아쉬포드(Ashford, 1982)에 의하면 프랑스의 지방의원이 기초와 광역, 심지어는 국회의원까지 겸직 가능한 것은 중앙정부와의 상호작용을 강화시켜 실용적인 지방자치가 가능하게 한다는 것이다. 그러나 이럴 경우 거물급 정치인 중심으로 지방의회가 운영될 수 있다는 점이 비판점으로 지적될 수 있으며 주민대표기관으로서의 지위는 약화되리라고 예상된다.

> **참고자료**
>
> **프랑스의 지방의회 2**
>
> 둘째, 지방행정 구조는 피라미드형의 계층구조를 이루고 있으나, 자치단체의 경우 규모나 재정능력의 차이에도 불구하고 동일한 법적 지위와 기관구조를 지닌다. 또한 국가의 지방행정구조와는 달리 지방자치단체의 계층 간에는 수직적인 행정계서권이 존재하지 않으며, 기능과 사무분담 측면에서 상호보완적인 역할을 수행하고 있다.
>
> 셋째, 영국 등 다른 기관통합형의 기관구성과 비교하여 프랑스의 지방자치단체 기관구성에서 특징적인 양상은 지위와 권한면에서 상당히 시장이 강한 모습을 보이고 있다는 점이다. 즉 시장은 시의회를 주재하는 등 의장의 권한을 지니고 있을 뿐만 아니라 집행기관에 대하여 인사권과 조직권 등 실제적인 집행권한을 지니고 있다.

(2) 의결기관으로서의 지위

우리나라의 지방조직은 기관 대립주의에 입각하여 의결기관과 집행기관으로 구분된다. 의결 기능은 지방의회에 집행기능은 지방자치단체의 장이 관장한다. 따라서 의결기관으로서의 지방의회는 첫째, 주민의 대표기관일 뿐이지 지방자치단체의 단독적 대표기관은 아니므로 집행기관의 장과는 상호 견제와 균형의 원리에 의해 주민의 의사를 대변할 수 있어야 한다. 둘째, 의결기관이므로 자문기관적 성격을 지니는 것은 아니다. 자문기관은 어떤 정책을 결정할 때 단순히 의견을 개진하는 데 그치지만 의결기관으로서의 지방의회는 지방의 의사나 정책을 최종적으로 결정하는 권한을 갖는다. 그러므로 법령에 의하여 지방의회의 의결을 거치지 않은 집행은 당연히 무효가 된다.[1] 셋째, 지방의회의 의결 행위는 일정한 제약을 받는다. 즉 지방의회는 지방 자치단체의 의사결정 기관이므로 당해 지방자치단체의 중요한 의사결정이 의회에서 이루어짐은 말할 것도 없지만 지방의회가 의사결정해야 할 사항에 대해서 현행 지방자치법에서는 한정열거주의(限定列擧主義)를 채택하고 있으므로 지방자치단체의 모든 의사결정이 지방의회에서 이루어지는 것은 아니다.[2] 지방의회의 권한에 속하지 않는 기타의 의사결정은

---

1) 자치단체장의 선결처분권은 예외이다.

각 집행기관의 권한에 속하는 것이다. 이러한 의미에서 지방자치단체의 의회는 국회가 국권의 최고기관인 것과 대비하여 반드시 지방자치단체의 최고기관의 지위에 있는 것은 아니라고 할 수 있다.

> **참고자료**
>
> **일본의 지방의회 1**
>
> 일본의 지방자치제도는 기관대립형의 기관구성을 비롯하여 우리나라와 여러 가지 면에서 상당히 유사한 체제를 지니고 있다. 일본 지방자치단체의 주요 특징을 살펴보면 다음과 같다.
>
> ① 내각제를 취하는 중앙정부의 기관구성과는 달리 지방자치단체는 기관대립형의 기관구성을 취함으로써 단체장과 지방의원을 주민이 각각 선출하고 있으며, 양기관 간의 권력균형과 견제를 위하여 의회의 단체장 불신임 의결과 단체장의 의회해산 등 기관대립의 전형적인 제도적 장치를 갖추고 있다.

(3) 입법기관으로서의 지위

국회의 가장 기본적인 권한이 법률을 제정하고 개・폐하는 것이라면, 지방의회의 가장 기본적인 권한은 자치법규인 조례를 제정하고 개・폐하는 것이라 할 수 있다. 지방의회는 자치입법권으로서의 조례 제정권을 갖는다. 그러나 입법기관으로서의 지방의회는 많은 한계를 지니고 있는 것이 사실이다. 우선 자치입법권의 내용적 한계를 들 수 있다. 앞서 제기한 바와 같이 지방의회의 자치입법권은 많은 한계를 지니고 있어 명실상부한 입법기관으로서의 지위를 갖는다고 보기는 어렵다. 둘째, 의회의 입법 기능이 전문성이라는 측면에서 약화되고 있다. 행정기능이 복잡・다기화됨에 따라 상당한 전문 지식을 요구하게 되었으나 지방의회의 비전문성으로 인해 대부분의 조례안이 집행기관에 의해 입안되어 지방의회에서는 이를 통과시키는 거수기의 역할만 하고 있다는 점이다. 그러나 비록 집행기관에 의해 조례안이 입안되었다 할지라도 심의 과정을 통해 여론의 소재와 주민의 의사를 확인하고, 이를 올바르게 대변해야 할 책임이 있기 때문에 입법기관으로서의 지방의회는 중요한 의미를 지닌다고 할 수 있다. 셋째, 지방의회의 입법 기능은 지리적 한계를 지니고 있다. 지방의회에서 의결된 조례는 국가 전체를 대상으로 한 것이 아니며 지역에 국한되는 것이므로 지역간 상이한 조례가 나타날 수 있다. 이에 따라 지방의회의 입법 기능에 대해서는 상급기관의 표준조례 제정, 조례 승인 권한 등 일정한 통제가 일정하게 이루어지고 있다.

2) 지방의회의 기능

지방의회는 국회보다는 협소하지만 매우 다양한 기능을 수행한다. 특히 정치발전을 통한 민주화가 성숙되고 뒤이어 민주화의 공고화(consolidation of democracy) 단계가 도래하게 되면 지방의회는 생활정치를 제도화하는

2) 지방의회는 지방자치법 제39조 제1항에 열거된 사항 및 제2항에 의거 조례로서 규정하는 사항, 그리고 지방자치법 개별 규정 또는 다른 법령에 의거, 지방의회에 의결을 거치도록 규정된 사항에 한하여 의결권을 갖는다.

데 결정적인 역할을 할 것으로 기대되고 있다. 국회가 보통 체제 유지기능, 대표기능, 그리고 정책결정기능을 가진다는 점이 지적되고 있는데(Mezey, 1979: 3-7), 지방의회도 그 성격과 범위가 다르긴 하지만 기본적으로 위의 세 가지 기능을 가지는 것으로 볼 수 있다. 지방이라는 맥락에서 체제의 유지를 하는기능, 주민을 대표하는 기능, 그리고 지방정부의 기본적인 업무를 결정하는 의사기능, 감사기능이 지방의회의 4대 기능이라고 볼 수 있다(이달곤: 2004).

참고자료

일본의 지방의회 2

② 지방자치단체는 광역과 기초의 2계층제를 지니고 있으며, 자치단체 간 상하관계에 놓여 있지 않으나 실제로는 오랜 전통과 정치문화적 영향으로 상하의 계서적 관계를 발견할 수 있다.
③ 중앙과 지방자치단체 간 관계에서 중앙정부는 지방자치단체의 행정수행에 대한 허가·지휘명령·취소 등 지방자치단체에 대한 권력적 간여와 재정적 통제를 중심으로 포괄적이고 실제적인 지도·감독이 이루어 지고 있다.

key concept

지방의회의 4대 기능

① 의결기능
② 체제유지기능
③ 대표기능
④ 감사기능

(1) 의결기능

지방의회 기능의 생성과정에 초점을 둔 것이 대표기능이라면 그 활동에 초점을 맞춘 것으로 가장 중요한 것이 의결기능이다. 이 기능은 조례의 재정과 개정권한을 가지는 입법기능과 집행기능을 감시·감독하는 통제기능으로 세분할 수 있다. 사실상 의결기능이 없는 대표기능은 허구일 수밖에 없다. 따라서 지방의회의 의결기능은 국회의 정책결정기능과 같이 매우 중요한 것이다.

지방정부의 운영에 골간이 되는 입법을 할 수 있는 권한이 지방의회에 속한다는 것은 바로 의회가 기본적 사항을 결정하는 중요한 기구임을 의미하는 것이다. 이러한 기본적 범주 아래서 집행부의 업무가 처리될 수 있다. 그리고 의결기구와 집행기구가 분립된 기관분립형 지방정부에서 지방의회는 집행부에 대해서 행정의 조사와 감독활동을 펴는데 이것도 주민을 대표해서 가지는 의결기능이 있음을 전제로 해서 가능한 것이다.

의결기능은 의회라는 기관의 성격에서 알 수 있는 바와 같이 결정하는 기능이며 그것은 합의제라는 특징을 가지고 있다. 합의제는 단독기관이 정하는 개인의 결정이 아니고 다수의 평등한 권한을 공유한 집단이 가지는 의사결정방식으로 주로 다수결을 사용하기도 하고 그 과정에서 협상과 타협이 존중된다. 의결기능은 의회가 전체 주민의 대표이기 때문에 간접민주주의의 기능이다. 다만 지방의회의 의결기능은 지방정부가 가지는 일정한 한계에 따라 그 범위가 한정되며 합의제 기구의 특성이 반영되어 그 구체성도 제약을 받는다.

(2) 체제유지기능

지방의회의 체제유지기능은 지방민주주의의 이념을 실현하는 규범과 제

> **참고자료**
>
> **각국의 기초 지방의회 의원정수**
>
> ① **미국**: 지방의회의 전문성과 능률성 중시로 적게둠(소수주의 소의회형) – 2~4명
>
> ② **프랑스**: 시·읍·면의회(conseil municipal) 의원정수 9명~69명
>
> –특례로서 파리시의회 의원 정수는 163명
>
> ·마르세이유시의회 101명
>
> ·리용시의회 73명으로 시·읍·면규모에 비해 의원수 많은 편임
>
> ③ **스웨덴**: 시·읍·면의회(kommun-fullmaktige)와 도의회(landsting) 의원정수 31명~71명
>
> ④ **일본**: 동경도의회 의원정수 130명 이내 도부현의회는 40명~120명 시의원 30~100명 정촌의회 12명~30명 다만 조례로서 의원정수 감소할 수 있음

도를 유지하는 것에서 찾아볼 수 있다. 의회는 지방자치라는 민주주의의 기초 이념을 체화하고 이를 구체적인 삶의 현장에서 구현하는 생활정치의 장으로서 의미를 가지는 것이다.

이러한 체제유지기능은 의회를 통하여 주민의 요구와 지지(demand and support)가 반영되고 이것이 의회의 활동을 거치면서 하나의 성과로 탈바꿈하는 정치체제적 관점(political systems aspects)에서 이해될 수 있다. 하나의 하위체제인 정치체제가 상위체제 속에서 존속하고 발전하기 위해서는 환경과 부단한 생산적 관계를 유지하여야 함은 물론이고 하나의 통합적 체제로서 투입과 전환, 그리고 산출과 환류기능을 유기적으로 수행하여야 한다.

(3) 대표기능

대의민주주의 체제에서 지방의회는 체제를 부인하지 않는 개인과 정파가 선거에 나오고, 이들 중에서 주민들이 유효하게 선출한 의원들로 구성된다. 따라서 의회는 민주적 대표성(democratic representation)을 가진다. 주민의 대표기관이기 때문에 전체 주민을 대표하는 기능과 대표성에 기초하여 활동의 정당성을 확보하고 권한을 행사할 수 있다.

주민의 의사를 대표하여 이를 지방정부의 의사결정과정에 반영하는 이 기능은 어떤 개인이나 집단의 대리인(agent)으로서의 기능이 아니고 주민 전체의 일반의지(general will)를 의회활동과정에 반영한다는 간접 민주주의의 원리를 반영하는 것이다. 따라서 그 범위는 대단히 포괄적이며 지방의회는 주민과의 관계에서는 물론이고 중앙정치권, 중앙정부, 집행부와의 관계에서 이러한 기능을 발휘한다. 의회의 대표기능은 의회의 권한과 의무를 규정하는 데도 하나의 중요한 원리가 된다.

(4) 행정사무조사 및 감사기능

지방의회는 자치단체 집행부에 대한 행정사무조사 및 감사를 행사하는 기능을 수행하고 있다. 이러한 감사의 목적은 지역주민을 대신하여 집행부에 대한 의회통제 기능이라고 볼 수 있다.

그러나 행정사무에 대한 조사와 감사기능은 그 실효성에 대하여 문제를 제기하는 경우가 많다. 구체적인 내용에 대해서는 본 장의 4절에서 상세히 살펴보기로 하겠다.

제2절 지방의회의 기관 특성

지방의회의 위상과 권한에 대해서 검토해보기로 한다. 이 주제에 대하여 검토를 하려면 먼저 '기관'이라는 것에 대해서 먼저 알아야 할 필요가 있다. 기관이란 무엇인가? 사전적 의미는 "이는 어떤 목적을 이루기 위한 수단으로 설치된 기구로서 법인이나 단체의 의사결정이나 그 실행에 참여하는 지위에 있으며, 그 행위가 법인단체의 행위로 보는 개인 또는 그 집단"을 말한다. 지방자치제도의 관점에서 볼때 기관이라고 할 수 있는 것은 지방자치단체와 지방의회이다. 일본의 경우에는 독립된 감사위원회, 교육위원회 등도 기관으로 간주하고 있다. 우리나라에서도 지방자치단체인 도 · 시 · 군 · 구와 그 지역의 지방의회를 기관으로 보고 있다.

1. 지방자치단체의 기관구성 의의

지방자치단체는 일정한 자치구역 내에서 질서유지, 주민복지 그리고 자치단체의 업무를 해결하기 위해 중추적인 기능을 수행한다. 지방자치단체 기관은 자치단체의 의사를 결정하게 되는 이른바 의결기관과, 다른 한편으로는 이미 결정된 단체의사를 집행하는 집행기관으로 구성되어 있는 것이 일반적이다(김택 외: 2000).

2. 지방자치단체 기관조직의 유형

다음에서는 기관통합형, 기관대립형, 절충형의 지방정부를 가지고 있는 국가에서의 지방의회의 권한에 대하여 살펴보도록 하겠다.

1) 기관통합형에서의 지방의회

기관통합형은 영국의 지방정부들과 미국의 위원회형 지방정부들이 활용하고 있는 방식인데, 주민선출로 구성된 지방의회가 정책결정기능과 정책집행 기능을 모두 담당하는 형태로서 이른바 기관단일주의 권력통합형이라고도 부르고 있다. 따라서 국가권력구조에 있어서는 의원내각제와 유사한 모

> **Focus On**
>
> **기관 통합형**
> 의결기관과 집행기관이 일원화된 형태
> ① **영국**: 의회내에 집행기관을 두는 형태로서 의회 단일주의형태
> ② **미국**: 위원회형으로서 주민이 직접 선출한 위원(의원)을 중심으로 공공정책을 의결하고 시행하는 지방정부유형을 말하는바, 의원 중에서 시장을 임명한다.

[그림 7-1] 기관통합형의 모델

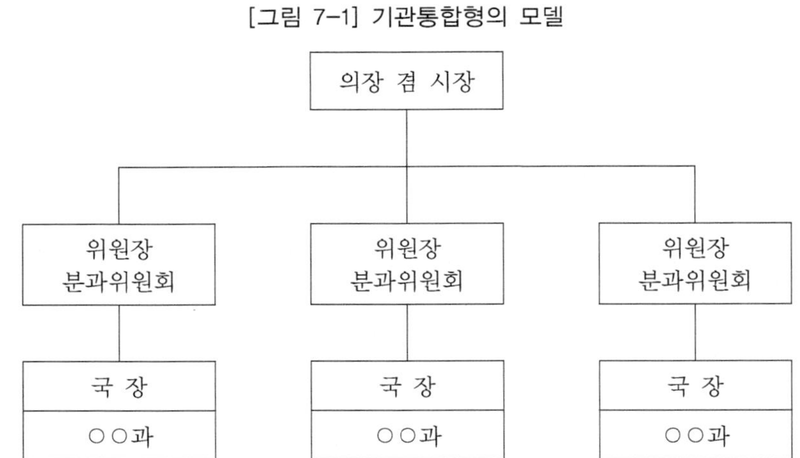

형이라고 볼 수 있다(손재식: 1991). 이 유형은 지방자치단체를 형식적으로 대표하는 상징적인 존재에 불과하다. 실질적으로 지방자치단체의 최고행정권은 지방의회의 각 분과위원회가 관장하는 것이 특징이다([그림 7-1]).

이와 같이 입법기관과 집행기관이 하나로 되어 있는 기관통합형은 모든 권한과 책임이 주민의 대의기관인 의회를 핵심으로 해서 완전하게 통합되고 집중되고 있기 때문에 ① 정부형태의 민주화를 실현할 수 있고, ② 행정업무의 원활하고 분명한 수행, ③ 기관분립의 경우 발생하기 쉬운 대립과 마찰의 여지를 제거함으로써 행정의 안정성 확보, ④ 정책결정과 행정집행의 유기적 관련성 도모, ⑤ 다수의 위원들과 조화에 의해 자치행정의 신중한 운영을 할 수 있다는 장점을 가지고 있다. 그에 반해 양기능이 단일 기관에 의해 이루어지다 보니 행정집행을 총괄하고 조정할 최종책임자나 행정의 중추적 인물이 없어서, ① 각부서 간의 할거행정이 격화될 우려가 있으며, 행정의 총제적 통일성과 종합성을 확보하기가 어려운 점, ② 정치권력의 개입 가능성이 크고 자치행정에 대한 감시와 비판기능, 상호간 규제가 조화가 결여되어 권력남용이 우려된다는 점, ③ 선거에 의해 선출되는 위원이 유능한 행정인이라는 보장이 없어 행정의 전문성이 결여될 수 있다는 단점도 동시에 지니고 있다(한국지방자치학회: 1999).

2) 기관대립형에서의 지방의회

다음 [그림 7-2]에서 보듯이 기관대립형에서의 지방의회는 양기관의 상대적 지위에 따라 ① 단체장이 지방의회보다 상당히 강한 권한을 행사하는

강시장-의회형 형태, ② 지방의회가 상대적으로 강한 권한을 행사하는 약시장-의회형 형태, 그리고 ③ 시장을 보좌하는 행정전문인을 수석행정기관으로 두고 있는 강시장-수석행정관(관리인 또는 지배인)형 등으로 크게 구분된다(김병준: 1998).

강시장-의회형은 약시장-의회형에 비해서 시장의 권한을 대폭 강화시킨 기관구성 형태이므로 지방의회의 권한은 상대적으로 약하다. 시장은 지방자치단체의 전반에 대한 강력한 권한과 통제권을 가지고 있으며, 시장은 소속공무원에 대한 인사권, 예산안 제출권, 의회의결 거부권 등을 보유하여 강력한 정치적리더십을 행사할 수 있다. 또한 시장은 지방자치단체를 위한 행정적 수장인 동시에 단일 정치 수장으로서 자치단체를 대표하는 의례적 기능도 하고 있다(한국지방자치학회: 2000).

약시장-의회형은 권력이 단체장에게 집중되는 것을 막기 위하여 여러 명의 의원으로 구성된 지방의회가 고위 공직자에 대한 인사권과 행정운영에 대한 감독권을 지니고 있다. 그래서 단체장은 주민에 의해서 선출되었지만 인사권, 거부권, 행정권의 행사 등에 많은 법적 규제를 받으며, 시장 외에 많은 공직자들이 시민에 의해서 직접 선출되고 있기 때문에 단체장의 권한과 책임범위가 상당히 축소되어 있다.

> **Focus On**
>
> **기관 대립형**
>
> ① 권력분립주의에 토대를 두고 의회와 집행기관들의 권한을 각 기분리 독립시켜 상호견제와 균형 유지
> ② 강시장 – 의회형
> ③ 약시장 – 의회형
> ④ 강시장 – 수석행정관형 (관리/지배인)

[그림 7-2] 기관대립형의 자치단체 기관구성의 유형

<강시장・의회형> <약시장・의회형> <의회・시지배인형>

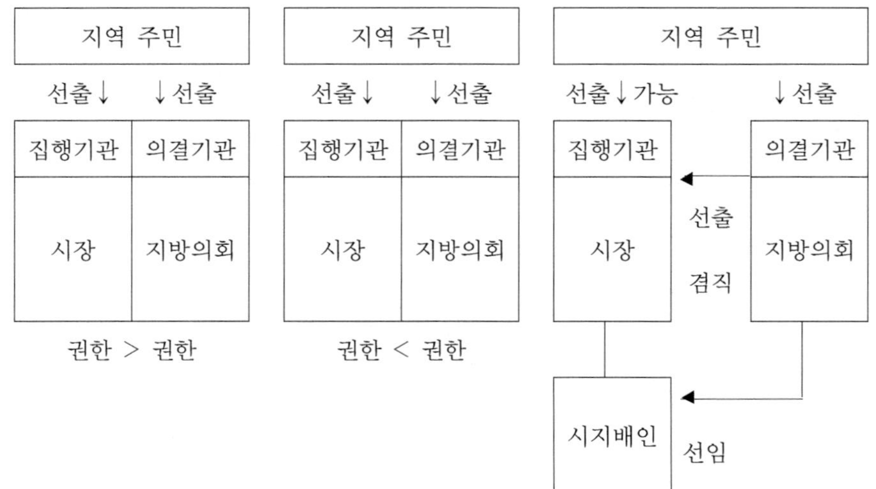

의회-시지배인형은 주민이 직접 선출한 단체장이 정치적·행정적 문제에 대하여 전반적으로 완벽하게 직무를 수행 할 수 없기 때문에 실질적으로 집행기관을 총괄할 수 있는 시지배인을 의회가 선임하여 하는 것이 특징이다. 이것은 단체장은 정치적 기능을 수행하고, 행정전문가로 임명된 시지배인은 행정의 전문성과 효율성을 고려하여 보다 능률적으로 행정집행을 하도록 하는 제도이다. 지배인형은 행정운영에 대한 일반적인 감독권, 예산편성·관리권과 의회의 동의를 받아 행정부서장에 대한 인사권 등 행정전반에 대한 실질적인 총책임자로서의 권한을 가지고 있다(최창호: 2000).

3) 절충형에서의 지방의회

Focus On

절충형

① 의결기관과 집행기관을 별도로 설치·운영하고 있음에도 불구하고 상호 대립시키지 않는 형태

② 북유럽국가: 스웨덴, 노르웨이, 덴마크

절충형은 의결기관과 집행기관을 별도로 설치·운영하고 있음에도 불구하고 상호대립 되지 않는 지방정부와 지방의회 형태이다([그림 7-3] 참조). 양자를 대립시키지 않는 점에서 기관통합형의 요소를 가지고 있고, 양기관을 분리시키고 있는 점에서는 기관대립형의 요소를 지니고 있는 절충형이다. 지방의회가 그 산하에 소수의 소속의원으로 집행기관의 성격을 지니는 위원회를 별도로 구성하여 이 위원회로 하여금 행정문제를 처리하게 하는 의회-집행위원회형과 지방정부의 운영에 있어서 의회의 주도권을 그대로 유지하면서 의회가 지닌 행정상의 비전문성을 전문인의 영입을 통하여 해

[그림 7-3] 절충형

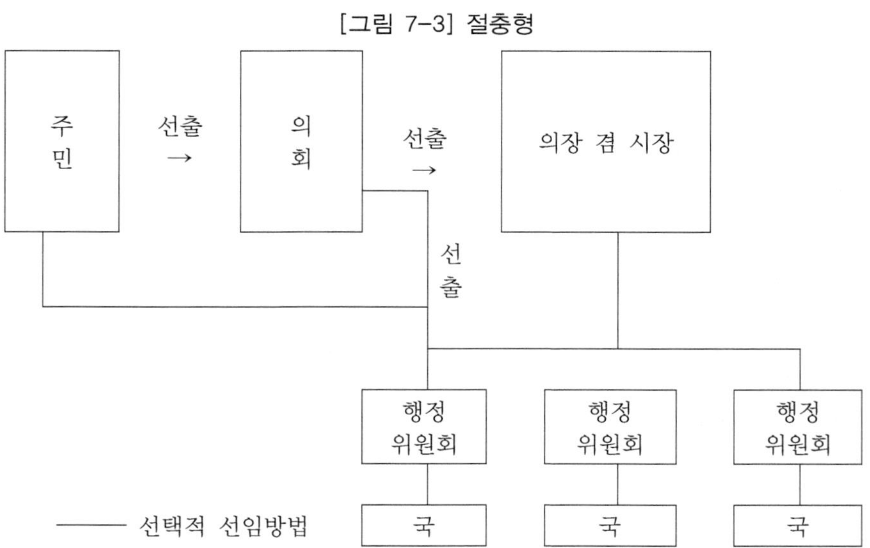

자료: 김영기(1999), 「지방자치제의 이해」(서울: 대영문화사).

결하고자 하는 제도인 시정관리관형이 그 대표적인 예이다(김병준, 1998). 이러한 유형의 장점으로는 집행기관인 시장과 의결기관인 의회의 중간적 형태로서 두 유형의 장점을 살려 대립과 갈등을 최소하여 기관 상호 간의 협력체제를 유지할 수 있으며, 자치주민의 의사를 충분히 반영하면서도 공정하고 신중한 행정집행을 도모할 수 있다는 장점을 지니고 있다. 반면에 지방자치단체는 행정이 2원화되거나, 또한 회의제 행정집행으로 인하여 중요한 정책결정의 지연과 책임소재의 불명확으로 책임행정이 어렵다는 것을 단점으로 들고 있다.

이러한 절충형의 정부형태를 선택하고 있는 국가는 나라마다 그 유형의 특징을 달리하고 있다. 북유럽의 국가인 스웨덴, 노르웨이, 덴마크에서는 의회가 선출한 5~13명의 위원으로 구성된 집행위원회를 지방의회의 아래에 두어 집행기능을 담당하게 하고, 스웨덴의 경우 집행위원회 이외에 시·읍·면장을 따로 두지 않고 있다. 또한 덴마크에서는 지방의회에서 구성된 상임위원회가 의회를 대신하여 지방자치단체의 집행기능을 담당하며, 시장도 지방자치단체의 집행권을 가지고 있으나 매우 제한적으로 인정하고 있다(김영종: 2000).

4) 뉴욕시 의회 조직(the City of New York)

미국은 연방국가로 주정부 차원에서 그리고 다시 지방정부별로 다양한 지방행정기관이 존재하고 있으며 주별로 헌법이 존재하여 의회와 집행기관의 운영형태가 다양하고 의회 및 의원의 명칭이나 인원, 임기, 급여 등의 기준이 다르다. 따라서 지방의회의 성격도 다양하기 때문에 의회사무기구의 조직도 지역마다 다르다. 대부분의 미국 지방정부 의회는 우리나라의 지방의회처럼 일정하게 정해진 회기가 있는 것이 아니라 일반적으로 주 1회 또는 격주로 회의를 개최하며, 지방의원들이 자신들의 직업을 가지고 있기 때문에 회의는 주로 일과시간 이후인 평일 저녁에 개회하는 것이 보통이다. 의회의 회의에는 특별한 경우가 아니면 관계 공무원들은 참석하지 않고 지방의원들과 지역주민들이 참석하여 토론을 통해 공개적으로 결정하고 있다. 따라서 비상근인 의원들이 주민들의 질의에 충분히 답변하기 위한 사전회의(Pre-meeting)부터 회의 진행, 입법 지원 등의 업무를 지원기관이 총괄하여 수행하여야 한다.

뉴욕시 의회(New York City Council)는 시장-의회형으로 기관분리형제도를 채택하고 있다. 다음의 뉴욕시 의회 조직도에서 보이는 바와 같이 시민대변인(public advocate)과 뉴욕시 5개 버로(Borough)의 51개 선거구에서 선출된 51명의 시의원으로 구성된다(뉴욕시정부헌장 제24조).

뉴욕시 의회의 업무처리와 관련하여 우리나라 지방의회 사무기구의 의회사무처장과 같은 역할을 수행하는 뉴욕시의회의 city clerk(시의회 법무의정국장)은 소위 별정직(선출직 포함)인 고위공무원단 소속의 공무원 중에서 시의회가 임명하도록 하고 있다. 시의회 법무의정국장의 임기는 6년이며 의회의 동의를 받아 의회직원에 대한 인사권을 행사하고 있다(뉴욕시 헌장 제28조 이하). 뉴욕시 지방의회는 시의회 의장실에 별도 직원이 배치되어 있고 각 상임위원회 담당직원이 있으며, 또한 의회 개원 시 회의장 관리와 회의진행 중 의장의 명을 수행하는 의회경호원(Sergeant at Arms)을 두고 있다. 또한 시의회와 함께 업무를 수행하는 시민대변인은 본인이 자율적 임명권을 가진 개인보좌관(최소한 2명 이상) 및 사무국(appropriate board, body or committee)을 설치하여 주민청원 등 의정활동을 지원받을 수 있다(뉴욕시 헌장 제24조 9-d조).

[그림 7-4] 뉴욕시의 조직 및 시의회 지원체제 조직도

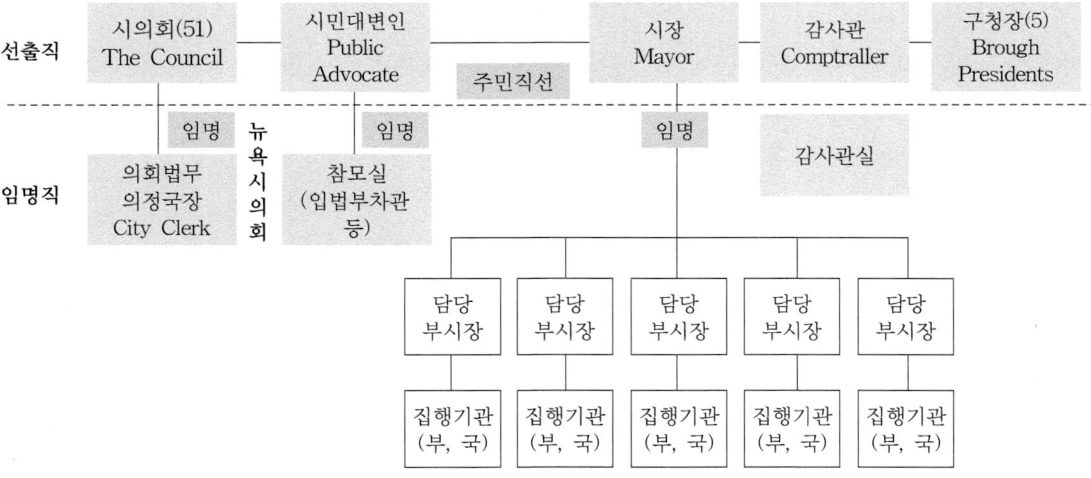

자료: 안영훈(2013), 「지방의회 의정활동 역량강화 방안」(한국지방행정연구원), p. 68.

제3절 지방의회의 법률적 권한

우리나라에서는 지방정부 구성에 기관대립형을 채택하고 있고, 모든 자치단체의 지방의회에 그 권한을 법률적으로 통일하고 있다. 지방자치법 제5장 제3절에 규정된 지방의회의 권한(지방자치법 제39조 제1항, 제2항)으로는 의결권, 행정감사권, 선거권, 청원처리권, 자율권 등이 있다.

지방의회는 지방자치단체의 의결기관이며 지방자치단체의 중요한 사항에 대한 의사결정기관이다. 지방자치단체의 의회가 가지는 본래의 권한은 지방자치단체의 의사결정을 하는 권한인데, 일반적으로 지방의회의 의사결정 권한은 크게 다섯 가지로 분류될 수 있다.

① 지방자치단체의 의사결정에 관한 권한

② 집행기관과의 관계에서 집행기관을 견제·감시하는 권한

③ 의회의 의사를 표명하는 권한

④ 의회의 조직 및 운영에 관한 자율적 권한

⑤ 지방의회 사무국직원 인사권한

지방의회의 권한을 형식면에서 분류하면 ㉠ 의결권, ㉡ 선거권, ㉢ 행정사무 감사권, ㉣ 의견진술 요구권, ㉤ 조사권, ㉥ 청원수리권, ㉦ 징계 의결권, ㉧ 회의규칙 제정권, ㉨ 동의권, ㉩ 결의권, ㉪ 승인권, ㉫ 보고 등이 있다.

이를 도식화하면 다음 [그림 7-5]와 같다.

일반적으로 지방의회는 입법기관이라 하지만 국정의 경우에 국회와 행정부와의 관계와 같은 것은 아니다. 따라서 지방의회의 지위는 국회와 동일한 의미에서 지방자치단체의 최고의결기관은 아니며, 지방자치단체의 장도 또한 의회의 권한으로부터 독립하여 규칙제정권을 가지고 있기 때문에 이러한 의미에서 지방의회는 지방자치단체의 유일한 입법기관이 아니다.

의결과 결의의 구분에 관하여 설명하여 보면, 일반적으로 지방의회가 법령상의 권한에 기초해서 지방의회의 의사결정을 행하는 경우에 의결이라는 용어를 사용하고, 지방의회가 법령상의 권한에 기초하지 않고 사실상 의회의 의사결정을 행하는 경우에는 결의라는 용어를 사용하고 있다.

예를 들면, 지방자치법 제39조 규정에 의한 지방의회의 의결사항에 대한 의사결정은 지방의회의 의결이라고 하고, 법령에 그 근거가 없는 의장의 신임에 대한 의사결정은 의장의 불신임 결의라고 하는 것이 일반화되어 있다. 따라서 지방의회의 의결에 대해서 일정한 법적 효과가 발생하는 것은 당연하지

key concept

강시장 – 의회형

시장이 의회에 대하여 상대적으로 강력한 권한 행사

국가: 미국의 대도시, 한국, 일본 등

key concept

의회의 권한

① 지방의회의 의결권
② 발의권
③ 행정감사권
④ 선거권
⑤ 자율권
⑥ 청원수리 및 처리권

key concept

〈집행부 ↔ 의회갈등 1〉 집행부의 의회에 대한 불만

· 권위적인 의사진행
· 무리한 출석 요구
· 과다한 자료제출 요구
· 의원집단이기주의
· 무리한 예산요구
· 대안없는 반대
· 질문 후 답변내용경시
· 핵심없는 장황한 질문
· 중복질문 등

[그림 7-5] 집행기구에 대한 지방의회의 권한

집행기관		의회						주민 기타 관계인
	← 행정사무감사권 ← 보고요구권 ← 의견진술권 ← 동 의 권 ← 조 사 권 ← 승 인 권	의결권	선거권	결의권	징계의결권	회의규칙제정권	조사권 ⟶ ⟵ 주민소환권 청원수리권 ⟶	

※ 2006년 5월 2일 국회에서 주민소환법이 통과됨에 따라 주민이 의회를 견제할 수 있게 되었다. 2020년 지방자치법 전면개정에 의하여 2022년 부터 의회 사무국 직원 인사권한을 갖게 되었다.

만 의회의 결의에 대해서 그것이 의회의 의사결정으로써 사실상의 효과, 즉, 정치적인 중요성을 가진다고 하더라도 일정한 법적 효과가 발생하지는 않는다.

다만 법령에 기초하지 않은 사실상의 결의는 어느 범위까지 허용되어 있는가 하는 것이 문제이다. 지방자치법과 기타 규정의 근거는 없지만 지방의회는 국가나 지방자치단체에 대한 각종의 요망결의 같은 것이 있다. 이러한 결의는 지역주민의 대표기관인 지방의회라고 하는 입장에서, 어떠한 분야에 대해서도, 그리고 어떠한 내용의 결의라 하더라도 지방의회는 원칙적으로 자유스럽게 할 수 있다.

그러나 일반적으로 의회는 지방자치단체의 의결기관이기 때문에 결의도 스스로 일정한 한계를 가지게 된다. 따라서 지방자치단체의 사무에 관한 사항이나 또는 적어도 지방자치단체의 공익에 관한 사항에 한정하는 것이 타당하다. 그러므로 순수한 사인(私人)의 문제에 관한 것과 또는 국가가 직접 담당하는 외교문제에 관하여 지방의회가 결의하는 데는 상당히 문제점이 있다 하겠다.

현행 지방자치제도하에서 지방의회의 의결사항으로서의 권한은 지방자치법, 지방재정법, 지방세법, 공직선거법 중에 규정되어 있다. 예를 들어, 조례제정, 의견, 의결, 감사, 조사, 요구, 선거, 발의, 심사, 회의규칙, 허가, 청구, 승인, 동의, 협의, 보고, 수리, 제출 등의 형태로 되어 있다.

1. 지방의회의 의결권의 의의와 내용

의결권은 광의로 지방자치단체의 의사와 의회의 의사를 결정하기 위하여

의회에 부여되어 있는 권한이라고 하며, 협의로는 지방자치단체의 의사를 결정하기 위하여 의회에 부여된 권한이라고 한다. 지방의회가 지방자치단체의 의결기관으로서 존재하기 때문에 의결권은 지방의회의 본래적인 권한이며, 지방의회의 권한 중 가장 중요한 것이라 할 수 있다. 지방의회의 의결권은 지방자치단체에 관한 모든 사항에 미치는 것이 아니고, 지방자치단체의 의사결정 중에서 기본적인 사항과 중요한 사항에 한정되어 있는데, 이것을 의결사항이라 한다. 의결사항은 지방의회의 의결이 없는 한 집행기관이 이를 집행할 수 없으며, 의결사항에 속하지 않는 것은 지방의회의 권한이 아니라, 지방자치단체의 장의 권한이다. 지방의회가 의결권을 행사함으로써 지방자치단체의 의사가 결정되고, 또한 지방의회의 기관의사가 결정되고 있지만, 지방자치단체의 의사결정은 일반적으로 지방자치단체의 장이 집행을 함으로써 비로소 대외적인 효력을 발생한다. 지방의회의 권한으로 되어 있는 사항에 대하여, 만약 지방자체단체의장이 의회의 의결을 거치지 않고 집행하였을 때는 무권한의 행위로 간주되어 무효가 된다.

> **key concept**
>
> **〈집행부 ↔ 의회갈등 2〉**
> **의회의 집행부에 대한 불만**
> · 성의없는 답변
> · 사후조치 미흡
> · 심의안건에 대한 사전 검토 시간 부족
> · 의회와의 사전협의 부족
> · 의원에 대한 무관심
> · 의회경시풍조
> · 단체장 독주행정
> · 재의요구의 남발
> · 인사운영에서 소홀

지방의회의 의결 사항은 지방자치법 제39조에 "지방의회는 다음 사항을 의결한다"라고 규정하여 제한열거주의를 채용하고 있다. 따라서 지방의회 의결사항은 일반적으로 지방자치법 제39조 제1항에 다음과 같이 한정되어 있다.

- ▣ 조례의 제정 및 개폐
- ▣ 예산의 심의・확정
- ▣ 결산의 승인
- ▣ 법령에 규정된 것을 제외한 사용료・수수료・분담금・지방세 또는 가입금의 부과와 징수
- ▣ 기금의 설치・운용
- ▣ 대통령령으로 정하는 중요 재산의 취득・처분
- ▣ 대통령령으로 정하는 공공시설의 설치・관리 및 처리
- ▣ 법령과 조례에 규정된 것을 제외한 예산외 의무 부담이나 권리의 포기
- ▣ 청원의 수리와 처리
- ▣ 외국 지방자치단체와의 교류협력에 관한 사항
- ▣ 기타 법령에 의하여 그 권한에 속하는 사항

지방자치법 제39조 제1항 제11호는 기타 법령에 의하여 그 권한에 속하는 사항도 규정하고 있기 때문에 지방의회의 의결사항은 광범위하다고 보겠다. 이와 같이 지방자치단체의 책임체제를 확립하고 사무의 능률화를 위

해서 지방의회의 권한을 제한·열거하고 있지만, 민주적 운영과 능률적 운영의 조화를 이룩하고, 의결기관인 지방의회의 지위를 존중하기 위하여, 조례로써 지방자치단체에 관한 사무에 대해서 지방의회의 의결을 거치도록 규정하고 있다(동법 제47조 제2항). 지방자치법 제39조 제1항 각 호에 규정하고 있는 의결사항 중 가장 기본적인 것은 조례제정권과 예산의결권이다. 그 이외의 것은 지방자치단체의 장이 구체적이고 개별적 권한의 집행을 수행하는 데 있어서 적정성을 확보하기 위하여 의회의 의결사항으로 규정하였다.

2. 지방의회의 조례제정권의 의의와 범위

1) 헌법과 지방자치법에서의 권한 부여

헌법은, "지방자치단체는 주민의 권리에 관한 사무를 처리하고 재산을 관리하며 법령의 범위 안에서 자치에 관한 규정을 제정할 수 있다"(제117조 제1항)고 규정하고 있기 때문에 자치권, 다시 말하면 자치입법권으로서의 조례제정권은 헌법에 의하여 포괄적으로 보장되고 있다. 따라서 자치입법권은 권한적인 측면에서, 그리고 활동지역의 전면성으로 보아 자치사무에 대한 자기 책임의 원칙이 적용된다. 헌법이나 법률이 국가나 다른 공공단체의 사무로서 유보되지 아니하는 한 지방자치단체는 지방적 사무에 대한 포괄적 입법자치권을 보장받고 있을 뿐만 아니라 지방자치단체는 자치사무에 대하여 국가의 지시나 후견적 감독 없이 법의 테두리 안에서 자주적으로 처리될 수 있다. 지방자치법 제28조는 헌법 제117조의 규정에 의거 "지방자치단체는 법령의 범위 안에서 그 사무에 관하여 조례를 제정할 수 있다"라고 규정하고 있다. 따라서 조례는 '법령의 범위 안에서'제정할 수 있다는 것이고 또한 조례는 '지방자치단체의 사무에 관하여'만 제정할 수 있다는 것이다. 전자를 조례의 법적 한계라고 하고, 후자를 조례의 사무적 한계라고 한다. 이리하여 지방자치단체는 조례를 제정하는 데 이 두 가지 면에서 타당성이 검토되지 않으면 안 된다. 조례는 자치입법권의 한 형식으로 지방자치단체에 부여된 것으로서 국가의 법체계의 일환을 이루고 있기 때문에, 국가의 법체계가 일관성을 가지고 있는 한 조례도 그 안에서 일관성을 가져야 한다. 헌법과 지방자치법에서 "법령의 범위 안에서 조례를 제정할 수 있다"라고 규정하고 있는 것은 지방의회가 제정하는 조례가 헌법과 법령에 위반되어서는 안 된다는 것을 의미한다. 따라서 조례는 국가의 최고 법규인 헌법에 위반되어서는 아니 되며, 예를 들면 헌법이 보장하고 있는 기본 인권이 조례에 의해서 제약되어서는 안 된다는 것이다. 또한 조례는 단순히 법률뿐만 아니라 각종 법들의 시행령과 이에 준하는 명령 및 규칙에도 위반해서는 안 된다는 것이다. 조례제정권은 지방자치가 전개되는 과정에서 헌법과 법률에서 정하는 바와 같이 전국적인 수준에서 획일적으로 이루어지는 것이 아니고 지역의 실정에 따라 조례가 제정되어야 한다는 반론은 끊임없이 제기되고 있는 실정이다.

2) 조례제정의 권한과 범위

조례를 제정하는 것은 지방의회의 전권적인 권한이나 조례의 발의권은 지방의회의 전권이 아니다. 조례의 발의권은 지방의회와 지방자치단체의 장 양쪽이 갖고 있다. 현행법상 지방자치단체의 사무는 자치사무와 법령에 의하여 지방자치단체에 속하는 단체위임사무로 분류되는데, 지방자치법 제9조 제2항에 지방자치단체의 사무를 다음과 같이 예시하고 있고, 동법 제10조 제2항에 의거, 지방자치법 시행령으로 시·도와 시·군 및 자치체 간의 사무 배분에 의하여 사무를 분류하고 있다.

- ▣ 지방자치단체의 구역, 조직 및 행정관리 등에 관한 사무
- ▣ 주민의 복지 증진에 관한 사무
- ▣ 농림, 상공업 등 산업 진흥에 관한 사무
- ▣ 지역개발 및 주민의 생활환경 시설의 설치·관리에 관한 사무
- ▣ 교육·체육·문화·예술의 진흥에 관한 사무
- ▣ 지역 민방위 및 지방소방에 관한 사무

이와 같은 지방자치단체의 사무가 바로 조례제정권의 범위에 속한다고 할 수 있다. 지방자치단체의 행정사무에 대하여 조례를 정하는 지방의회의 권한은 지방자치법상 다음과 같은 것이 있다.

- ▣ 일비와 시비(施費)의 지급 기준(법 제40조 제2항)
- ▣ 행정사무 감사 및 조사 절차(법 제49조 제3항)
- ▣ 지방의회 또는 위원회에 출석·답변할 수 있는 공무원(법 제51조 제3항)
- ▣ 위원회의 설치 및 위원회에 관한 사항(제71조)
- ▣ 의회사무처와 사무국 및 사무과의 설치(법 제102조)

- ■ 사무직원의 정원과 임명(법 제103조 제1항)
- ■ 사업소 및 출장소 설치(법 127조, 제128조)
- ■ 사용료, 수수료 또는 분담금 징수(법 제156조 제1, 2항)
- ■ 재산 및 기금의 설치(법 제159조)
- ■ 재산 관리처분(법 제160조)

조례안이 지방의회에서 의결된 때는 의장은 의결된 달로부터 5일 이내에 그 지방자치단체의 장에게 이를 이송하는데(지방자치법 제32조 제1항), 지방자치단체의 장은 이송 받은 조례안에 대해 이의가 있을 경우에는 20일 이내에 지방의회로 환부하고 재의를 요구할 수 있다(동법 제32조 제3항). 조례는 지방의회의 의결에 의해서 확정되지만 현실적인 효력을 발생하기 위해서는 20일 이내에 공포해야 된다. 지방자치단체의 장도 조례의 이송을 받은 경우 재의 또는 기타의 조치를 위한 필요가 없다고 인정되면 이것을 공포해야 하고, 그 조례안은 조례로서 확정된다(동법 제32조 제5항). 조례는 특별한 규정이 없는 한 공포한 날로부터 20일을 경과함으로써 효력이 발생한다(동법 제32조 제8항). 조례의 효력은 시간적·지역적·인적으로 제한이 있다. 시간적 제한이라는 것은 조례는 원칙적으로 공포 날짜 이전으로 소급해서 효력을 가지지 않는다. 다만 주민의 권리를 제한하고 의무를 부과하는 등의 불이익을 주는 이외의 조례는 필요에 따라서 소급 적용도 허용해 주는 경우가 있을 수 있겠지만, 이 경우는 반드시 그 취지를 조례에 명기할 필요가 있다. 지역적인 제한에 대해서는 조례가 지방자치단체의 자주입법이기 때문에 당연히 당해 지방 지역단체의 구역에 한하여 효력을 가진다. 인적 제한으로서는 당해 지방자치단체의 주민에 한하여 조례의 효력이 있다는 것이다.

3) 조례제정의 권한의 제약

지방자치법 제28조 단서에 의하면 '주민의 권리 제한 또는 의무 부과에 관한 사항이나 벌칙'은 법률의 위임이 있어야만 조례로 정할 수 있기 때문에 이것은 지방자치법상 지방자치단체의 조례제정권에 제한을 주고 있다. 즉, 법령이 조례보다 상위에 있기 때문에 조례는 법령에 위반될 수 없다는 점에서 조례제정권은 제약을 받고 있다고 보며 조례는 법령이 정하는 이상으로 주민에게 불리하게 제정한다면 그 조례는 위법·무효가 된다는 것이

법의 해석이다.

이 밖에도 구체적으로 국가사무에 대해서는 광역과 기초자치단체 모두 지방자치법 제15조에 열거한 외교·국방·사법 등의 다음 7개 사무는 국가적 사무로서 지방자치단체가 법령에 다른 규정이 있는 경우를 제외하고는 처리할 수 없으며, 따라서 조례제정권의 제약이 된다.

- ▣ 외교·국방·사법·국세 등 국가의 존립에 필요한 사무
- ▣ 물가정책, 금융정책, 수출입 정책 등 전국적으로 통일적 처리를 요하는 사무
- ▣ 농림·축·수산물 및 양곡의 수급 조절과 수출입 등 전국적 규모의 사무
- ▣ 국가종합경제개발계획, 국가 하천, 국유림, 국토종합개발계획, 지정 항만, 고속국도, 일반국도, 국립공원 등 전국적 규모 또는 이와 비슷한 규모의 사무
- ▣ 근로기준, 측량 단위 등 전국적으로 기준의 통일 및 조정을 요하는 사무
- ▣ 우편, 철도 등 전국적 규모 또는 이와 비슷한 규모의 사무
- ▣ 고도의 기술을 요하는 검사·시험·연구, 항공관리, 기상행정, 원자력개발 등 지방자치단체의 기술 및 재정 능력으로 감당하기 어려운 사무

또한, 지방자치법 제14조 제1항 및 시행령 별표에 열거한 광역자치단체의 사무는 기초자치단체의 조례제정권 범위에서 제한된다.

- ▣ 행정처리 결과가 2개 이상의 시·군 및 자치구에 미치는 광역적 사무
- ▣ 시·도 단위로 동일한 기준에 따라 처리되어야 할 성질의 사무
- ▣ 지역적 특성을 살리면서 시·도 단위로 통일성을 유지할 필요가 있는 사무
- ▣ 국가와 시·군 및 자치구간의 연락·조정 등의 사무
- ▣ 시·군 및 자치구가 독자적으로 처리하기에 부적당한 사무
- ▣ 2개 이상의 시·군 및 자치구가 공동으로 설치하는 것이 적당하다고 인정되는 규모의 시설의 설치 및 관리에 관한 사무

3. 발의권(지방자치법 제76조 제1항)

발의권은 스스로 의제를 채택해 심의 의결할 수 있는 권리로서 의결할 의안을 재적의원 5분의 1 이상 또는 의원 10인 이상의 연서로 발의하는 것이다. 이러한 발의권에도 또한 제약의 요소들을 볼 수 있다. '발의'라는 것은 의제를 채택해서 심의하는 것인데 우리나라의 경우 지방의원들의 행정적인 전문지식의 수준이 조금 떨어지기 때문에 무엇을 의제로 채택해야 되는지에 대한 인식부족과 그로 인한 소극적인 태도, 정책능력의 부족 등의 이유로 발의권에서 근본적인 제약을 받고 있다.

발의권 행사의 제약으로서는 지방의원과 정책능력의 문제, 의결권 제약요인들, 정책보좌기구의 협소, 정보 부족 등을 들 수 있겠다.

4. 행정조사 · 감사권

지방의회가 집행기관의 행정사무 처리상황을 확인 · 점검하여 그 결과를 법령에 따라 처리함으로써 행정의 적법 타당성을 확보하는 과정을 행정사무 감사 또는 조사라고 한다. 이를 위해 감사 및 조사권을 가지며 자치단체장의 출석과 질의응답을 요구할 수 있다. 그러나 집행부에 대한 불신임권은 현재 인정되지 않고 있다. 또한 적절한 감사 권한을 행사하기 위하여 행정사무에 대한 조사권한도 가지고 있다.

5. 선 거 권

지방의회는 의결기관으로서의 권한을 가지는 것 이외에 선거기관으로서의 권한도 가진다. 우리나라에 있어서 지방의회의 선거권은 기관(의회)의 구성원으로 선거할 권리를 말한다. 지방의회의 선거권은 범위는 자치단체의 기관구성형태에 따라 나라마다 다르다. 자치단체의장을 간선하는 제도 아래서는 자치단체의 장 등 집행기관의 중요 직위를 지방의회가 선거하는 경우가 많다(강동식: 2001). 지방의회는 다음과 같은 선거를 행한다.

① 의장 · 부의장 · 임시의장의 선거(지방자치법 제57조, 제60조)

② 분과위원회 위원의 선거(동법 제64조 제3항)

6. 자 율 권

지방의회는 그 내용과 내부사항에 있어서 집행기관이나 선거민을 포함한 외부세력(국가의 관여나 자치단체의 장)으로부터의 관여가 배제된다. 이는 의회주의 사상과 권력분립원칙에 기초한 권한이라 할 수 있다.

1) 내부조직권

지방의회는 의장 및 부의장의 선거, 임시의장의 선출, 의장 또는 부의장 궐위시 보궐선거의 실시, 상임위원장 또는 특별위원장의 선출과 구성에 관한 권한 등을 갖는다. 2022년 지방자치법 전면개정에 따라 사무국(사무처)의 공무원 인사권한도 갖게 되었다.

2) 의사자율권

지방의회는 회의 및 의사진행을 자율적으로 행한다.

첫째, 회의 규칙의 제정이다. 즉, 지방의회는 의사진행・징계 등에 관하여 회의규칙을 정한다(지방자치법 제83조, 제101조).

둘째, 개・폐회 등의 자주적 결정이다. 즉, 지방의회는 개회・휴회・폐회와 회기를 자주적으로 결정하되, 다만 그 회의일수에 관하여는 일정한 제한이 있다(동법 제56조).

셋째, 회의공개의 정지이다. 즉, 지방의회의 회의는 공개되어야 하며, 필요한 경우 자율적 결정에 의하여 이를 공개하지 않을 수 있다(동법 제75조 제1항).

3) 의원 신분사정권

지방의회는 의원의 신분에 관하여 심의・결정하는 권한을 가진다.

첫째, 의원의 사직 허가이다. 지방의회는 의원의 사직을 허가하며, 다만 의회의 폐회 중에는 의장이 그 허가를 행한다(동법 제89조).

둘째, 의원의 자격에 관한 심사・의결이다. 즉, 위원의 자격의 유무에 관하여는 법원의 판결로 확정되는 경우는 제외하고는, 지방의회가 자율적으로 심사・의결한다(동법 제91조, 제92조). 의원의 자격의 유무에 관한 지방의회의 의결은 일종의 쟁송상의 판단행위라고 보아야 할 것이다.

셋째, 의원에 대한 징계이다. 즉, 지방의회는 지방자치법 또는 회의규칙에 위반하는 행위를 한 의원에 대하여 의결로써 징계할 수 있다(동법 제98조, 제101조). 징계의 종류로는 경고, 사과, 출장정지, 제명이 있는데, 제명에 있어서는 재적의원 3분의 2 이상의 찬성이 있어야 한다(동법 제100조).

7. 기타 권한(청원수리 · 처리권)

지방의회는 청원을 접수 · 처리한다(헌법 제25조, 제65조, 지방자치법 제75조 제1항). 청원이란 주민이 지방자치단체에 대하여 불만 또는 희망을 진술하고 그 시정 또는 구현을 요구하는 것을 말한다.

청원사항은 법령에 어긋나는 것, 재판에 간섭하는 것, 국가원수를 모독하는 것을 제외하고(청원법 제5조, 지방자치법 제86조), 피해구제 · 비위공무원처벌 · 법령개폐 · 공공시설운영 및 기타 지방자치단체의 기관의 권한에 속하는 사항이다(청원법 제4조). 해당 지방자치단체의 주민이면 이해당사자이든 아니든 누구나 청원인이 될 수 있으며, 청원의 기간이나 형식에도 제한이 없다. 다만 지방의회에 청원하는 자는 의원의 소개를 받고, 청원서에 청원자의 주소 및 성명을 기재하여야 한다(지방자치법 제85조).

청원을 접수한 지방의회는 이를 성실 · 공정 · 신속히 검사 · 처리하고, 의장은 그 결과를 청원인에게 통지하여야 한다(청원법 제9조, 지방자치법 제87조, 민원처리에 관한 법률 제4조, 제27조). 수리한 청원이 그 자치단체의 장이 처리함이 적당하다고 인정될 때에는 의회는 의견서를 첨부하여 이를 자치단체의 장에게 이송하며, 이 경우 자치단체장은 그 청원의 처리사항을 지체없이 의회에 보고하여야 한다(지방자치법 제76조).

제4절 사무조사 · 감사권한

1. 지방의회 사무감사의 의의 및 성격

1) 사무감사의 의의

지방의회의 행정사무감사는 매년 일정한 기간을 정하여 당해 지방자치단체의 행정사무전반에 관하여 그 상태를 정확히 파악하고, 의회활동과 예산심사를 위한 필요한 자료 및 정보를 획득하며 행정의 잘못된 부분을 적발・시정요구할 수 있게 하여 행정이 효율적으로 수행될 수 있도록 하기 위한 것이다(지방자치법 제49조 제1항).

2) 사무감사의 성격

행정사무감사는 일반적으로 상임위원회나 특별위원회가 주관이 되어 실시하게 되나 본회의에서도 실시할 수 있다. 행정사무감사는 위원회의 회의가 아니라 사전에 작성된 계획서에 의하여 실시되는 활동으로 보는 것이 일반적이다.

그러므로 감사 시에는 의사일정을 상정하거나 회의차수를 붙이지 아니한다. 또한 감사도중에 감사계획서를 변경한다든지 감사와 관련된 사항을 결정할 때에는 감사를 중단한 후 그 자리에서 위원회를 개회하여 결정하든지 종료한 후에 위원회의 회의를 개회하여 결정한다.

감사는 회의형식으로 진행되고 있는데 이는 감사를 실시하는 인원이 다수이고 감사를 효율적으로 진행하기 위해서 회의형태로 감사를 실시하는 것에 불과한 것이다.

그러나 감사도 회의형태로 진행하게 되므로 의사정족수 등 필요한 사항은 지방자치법이나 조례, 회의규칙 등을 가급적 준용하는 것이 바람직할 것이다.

3) 사무감사실시 시기 및 기간결정

행정사무감사는 조례가 정하는 바에 따라 매년 정례회 기간 중에 실시한다. 일반적으로 감사는 11・12월 중에 집회되는 제2차 정례회 중에 실시한다. 감사기간은 정례회 기간 중에 시・도의회는 14일 이내, 시군구 의회는 9일 이내에서 실시한다. 따라서, 감사를 실시하기 위해서는 본회의에서 언제부터, 어느 기간 만큼 감사할 것인가를 정하기 위해 실시시기 및 기간을 먼저 결정해야 한다.

4) 감사실시 장소

행정사무감사는 지방의회의 회의실에서 하든 감사대상기관에 출장하여 실시하든간에 아무런 문제가 없다. 그러나 감사의 효과성과 현장감을 살리기 위하여 행정사무감사는 감사대상기관에 출장하여 실시하는 것이 일반적이다. 따라서, 감사실시 통보를 받은 기관은 그 기관의 적의한 장소에 위원회와 같은 형식의 감사장소를 준비하여야 할 것이다.

[그림 7-6] 행정사무감사의 시기 및 기간결정 과정

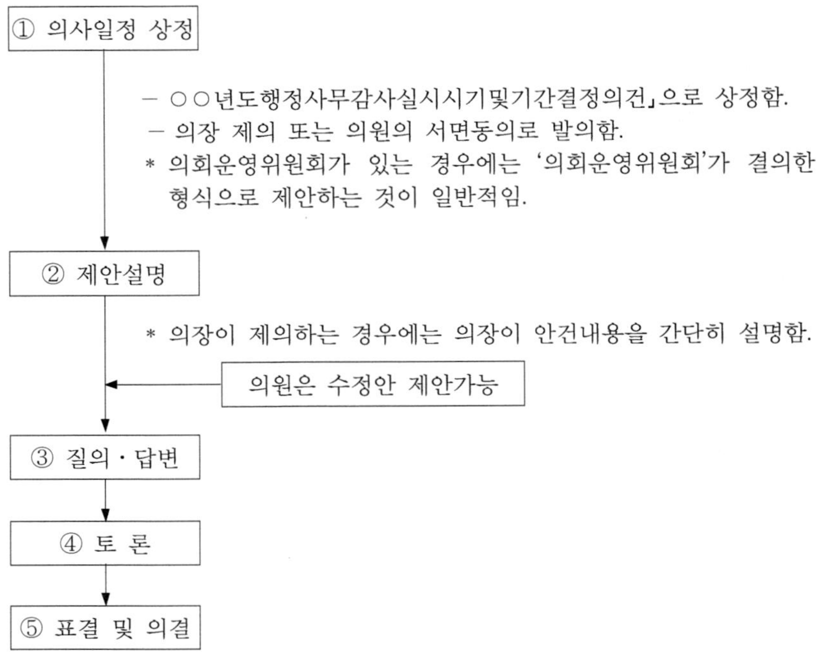

2. 사무감사대상 사무

지방의회의 행정사무감사 대상사무는 당해 자치단체가 처리하는 고유사무와 국가 또는 시·도의 위임사무(단체위임사무+기관위임사무) 모두 그 대상이 된다. 다만, 위임사무에 대해서 국회나 시·도의회가 직접 감사하기로 한 사무에 대해서는 감사를 실시할 수가 없다 . 위임사무에 대해서 시·도의회나 시·군·구의회가 감사를 실시하는 경우 국회와 시·도의회는 그 감사결과와 관련하여 당해 지방의회에 필요한 자료를 요구할 수 있다.

그러나 국회나 시·도의회가 시·도나 시·군·구를 감사할 경우에 단체위임사무는 위임 받은 단체의 의사에 의하여 집행되는 사무이므로 감사를 자제하고 기관위임사무에 대해서만 감사하는 것이 바람직할 것이다(지방자치법 제49조 제3항).

그리고 지방의회는 그 구성일 이후에 처리된 사무만의 감사가 가능하다. 또한 시·도의회의 경우에는 교육·학예에 관한 사무도 감사가 가능한데 특정사안이 있는 경우 본회의의 승인을 얻어서 감사를 실시할 수 있다.

1) 사무감사대상 기관

행정사무감사 대상기관은 감사의 주체인 위원회가 당연히 감사할 수 있는 기관과 본회의의 승인을 얻어야 감사가 가능한 기관으로 나누어진다.

감사대상기관은 각 지방의회의 조례로 정해 지는데 대체로 다음의 <표 7-1>, <표 7-2>와 같다.

(1) 당연 사무감사대상기관

〈표 7-1〉 당연 사무감사대상기관

대상기관	내 용	비 고
① 당해 지방자치 단체	○ 시・도본청의 실・국・과 ○ 시・군・구본청의 실・국・과	
② 자치단체의 소속행정기관	○ 직속기관 : 소방기관, 교육훈련기관, 보건진료기관, 시험연구기관, 중소기업 및 농업지도기관 ○ 사업소, 출장소 ○ 합의제행정기관	지방자치법 제126조～제130조의 2
③ 하부행정기관	자치구가 아닌 구・읍・면・동(행정동) * 하부행정기관은 시군구의회의 감사대상기관이라 볼 수 있음.	지방자치법 제131～제134조
④ 지방공기업	○ 지방자치법(146)에 의해 설립된 지방공기업 − 의료원, 지하철공사, 도시개발공사 등	

(2) 본회의 승인대상기관

〈표 7-2〉 본회의 승인대상기관

대상기관	내 용	비 고
① 교육・과학 및체육에관한 기관(시・도의회의 경우)	* 교육・과학 및 체육에 관한 감사는 원칙적으로 교육위원회가 감사를 실시하고, 지방의회는 그 감사결과를 보고받음으로써 감사에 갈음함. 단, 특정한 사안에 대해서는 시・도의회의 감사가능, 교육감 보조기관 및 소속 교육기관 : 교육행정기관, 연구기관, 연수기관, 수련기관, 도서관, 교원・학생후생기관, 과학관 등 하부교육기관 : 시군구의 교육청	교자법 3, 25 자치령 17의3 ① 지방자치법 시행령
② 자치단체의 사무위임・위탁단체 또는 기관	○ 지방자치법 규정에 의하여 당해 자치단체의 사무를 위임・위탁받아 처리하는 단체 또는 기관(자치단체에 사무를 위임・위탁한 경우에는 제외) ○ 관할 지방자치단체나 공공단체 이외에 사업소, 출장소 등으로부터 사무를 위임・위탁받아 처리하는 단체 또는 기관도 포함됨.	자치령 17의3 ① 지방자치법 시행령

③ 지방공사·공단외의 출자·출연법인	○ 지방공기업법 제79조의2의 규정에 의한 지방공사·공단외의 출자·출연 법인중 자치단체가 1/4 이상 출자 또는 출연하는 법인(출자·출연에 관련된 업무·회계·재산에 한하여 실시함)	자치령 17의3 ① 지방자치법 시행령

(3) 관계 지방의회의 상호협의기관

감사대상기관이 2개 이상 자치단체의 사무를 관장하는 경우에 그 기관에 대해 감사하려고 하면 관계된 지방자치단체의 의회와 협의가 이루어져야 한다.

여기서 '상호협의'는 '감사를 실시할 의회가 다른 의회에 감사실시 사유의 통보권'과 이에 대한 다른 지방의회의 '의견제시권'이 포함되어 있다고 보아야 할 것이다. 구체적으로는 감사할 위원장이 이를 의장에게 보고하고 의장은 관련 지방의회 의장에게 감사이유 및 일시 등을 기재한 공문으로 협의를 요청하는 행위가 될 것이다.

2) 지방의회의 사무감사대상기관에 관한 기타 논쟁점

2005년 6월 관련법 개정에 의하여 교육위원회는 시도 지방의회의 상임위원회가 되었다. 따라서 교육위원회는 감사대상기관이 아니다.

첫째는, 시·도의회의 시·군·구 감사여부이다. 시·군·구가 시·도로부터 위임받아 처리하는 업무에 대해 자치법에서는 시·도의회의 감사가 가능하도록 되어 있다. 그러나 시·군·구에도 지방의회가 있고, 시·군·구의회가 시·도의 위임사무도 감사할 수 있도록 규정되어 있으므로 시·도의회의 시·군·구 감사는 최소한에 그치거나 가능한한 자제하는 것이 바람직하다.

둘째는, 보조금을 지급한 기관의 감사여부이다. 자치단체에서 공공기관 또는 민간단체(법인)에게 행정목적 실현을 위해 보조금을 지원하는 경우 보조금을 받는 민간단체(법인)에 대해 감사를 실시할 수 있는가이다. 단순히 보조금을 받았다고 하여 감사대상기관이 되는 것은 아니다. 지방의회에서는 보조금을 지급한 부서(국·과)의 감사를 하면서 보조금의 집행현장 확인, 직접 관계된 자의 증인·참고인으로 출석요구 등을 통해 감사목적을 달성할 수 있을 것이다.

셋째는, 업무를 위임·위탁한 타 단체의 출장소에 대한 감사여부이다. 행정협약으로 행정업무를 위임·위탁받아 처리하는 타 단체의 출장소는 업무를 위탁한 자치단체의 지방의회 감사대상기관이 아니다. 왜냐하면 타 단체의 출장소는 당해 자치단체의 기관이 아니기 때문이다.

3. 사무감사준비 및 실시 · 결과보고

1) 사무감사과정개요

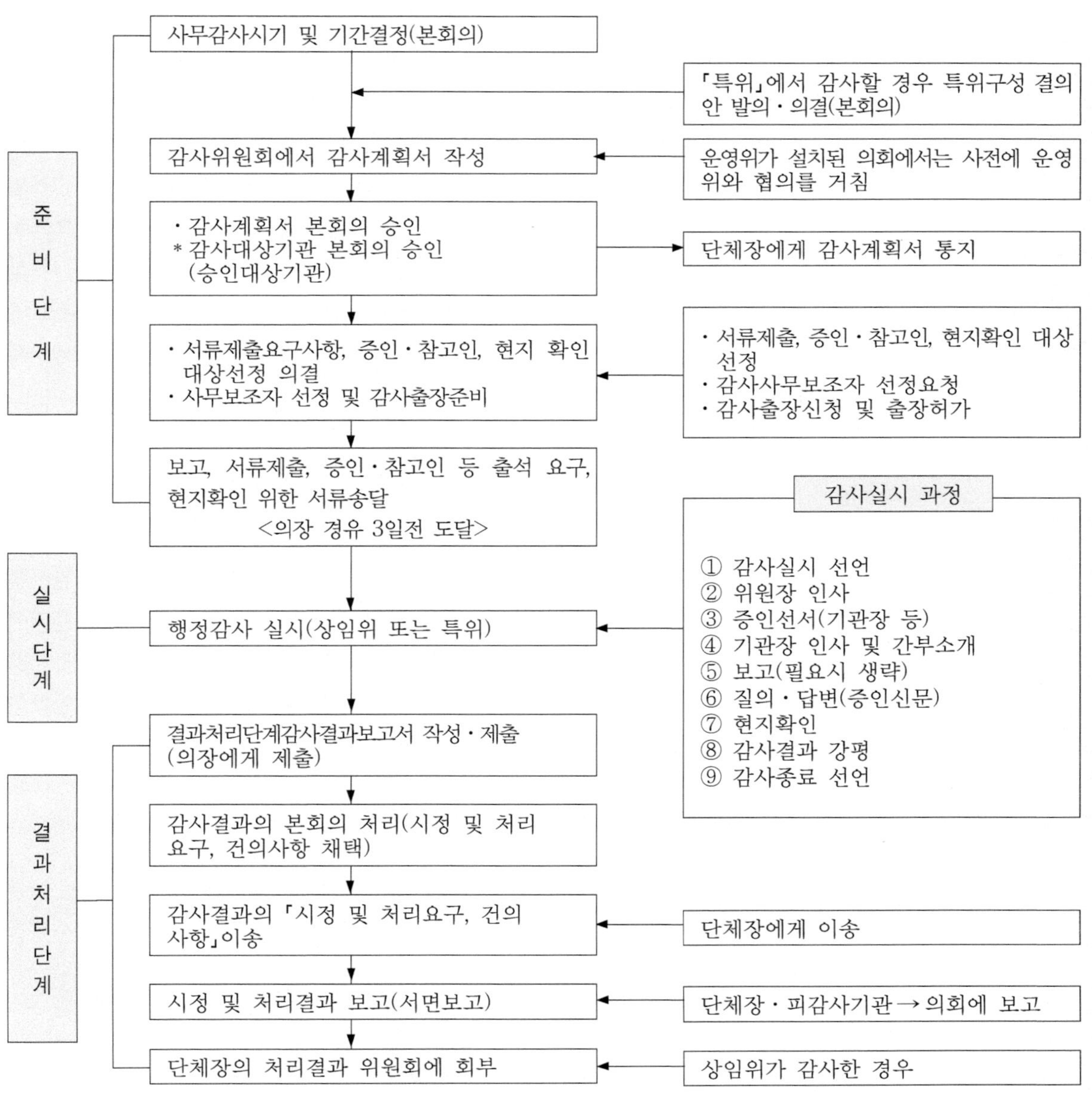

2) 피감사기관에 이송

본회의에서 감사결과보고서가 채택되면 의장은 각 위원회의 감사보고서 중 지방자치단체 및 감사를 실시한 기관에 대한 시정요구사항, 처리요구사항, 건의사항을 위원회별로 종합하여 단체장이나 피감사기관의 기관장에게 이송한다.

3) 단체장의 처리결과 보고 및 접수

감사결과를 이송 받은 단체장 또는 해당 기관장은 이송된 사항들을 지체 없이 처리하고 그 결과를 지방의회에 보고하여야 한다. 단체장 및 피감사기관장의 '처리결과보고서'가 의회에 접수되면 의장은 이를 각 상임위원회에 회부하고 편집·인쇄하여 모든 의원 및 관계직원에게 배부하게 된다. 특별위원회를 구성하여 감사를 한 경우에는 감사특별위원회가 소멸되었으므로 바로 본회의에 처리결과를 보고하게 된다. 이 경우 자치단체의 처리결과 보고를 따로 의사일정으로 상정하여 구두보고를 받는 형식을 취하는 것이 아니라 의장은 단체장이 제출한 '처리결과보고서'(유인물)를 감사위원회에 회부하고 이 사실을 설명하면 족할 것이다.

4. 사무감사의 한계

지방의회의 감사권은 집행기관에 대해 의회가 가지고 있는 통제권한을 유효적절하게 수행하기 위한 보조적 권한이라는 측면에서 볼 때 감사권에는 그 본질에 내재되어 있는 일정한 한계가 인정될 수밖에 없다. 또한 감사제도의 목적을 일탈하거나 권한의 범위를 초월하여 기관분립주의에 입각한 견제와 균형의 원리가 손상되어서는 안 된다.

1) 위임사무에 대한 감사의 한계

지방의회의 감사대상사무는 자치단체의 고유사무와 단체위임사무는 물론 기관위임사무까지도 포함된다. 그러나 위임사무 중에서 국가의 위임사무를 국회가, 시·도의 위임사무를 시·도의회가 직접 감사하기로 한 사무는 당해 지방의회가 감사할 수 없다.

2) 사법권과 관련한 한계

지방의회의 감사는 계속 중인 재판 또는 수사 중인 사건의 소추에 관여할 목적으로 실시하지 못 한다.

3) 개인 사생활과 관련한 한계

지방의회의 감사는 알권리를 실현하고 그 단체의 행정집행에 공정성과 효율성을 제고하기 위한 것이다. 그러나 개인의 사생활을 침해하는 감사를 실시할 수 없으며, 감사를 실시함에 있어 개인의 기본권이 침해되는 경우 감사할 수 없다.

4) 행정작용에 대한 불간섭

지방의회의 감사는 의회기능의 실효성을 제고하고 사무집행에 잘잘못을 감시하기 위한 것이므로 감사는 그 영역의 범위 내에서 실시되어야 한다. 따라서 감사는 행정을 구체적으로 직접 집행하거나 정치적 압력을 가하는 것을 목적으로 실시할 수 없다고 본다.

5) 다른 지방의회와의 상호협의

2개 이상의 자치단체사무를 동시에 관장하는 기관을 감사하기 위해서는 관련된 지방자치단체의 의회와 사전에 상호협의가 이루어져야 한다.

제5절 지방의회의 구성

1. 지방의회의 조직

지방의회를 단원제로 할 수도 있고, 양원제로 할 수도 있으나, 세계 각국에서는 대부분 단원제로 하고 있다.[3] 우리나라에서도 단원제를 채택하고 있다. 위원회중심의주의와 본회의 결정주의 방식을 채택하고 있다. 단원제는 양원제에 비해 신속한 의사결정을 할 수 있으며 의회의 경비를 절감할

---

3) 미국의 주(state)정부는 양원제이나, 연방제 국가의 특성상 주(state)는 중앙정부로 간주된다.

수 있는 이점이 있다.

우리의 지방의회는 본회의를 원칙으로 한다. 그러나 안건이 양적으로 증대되고 질적으로 복잡·고도화됨에 따라 이들 안건 처리의 능률화와 전문화를 기하기 위하여 위원회를 구성하고 있다. 위원회의 심사 결과는 본회의에 보고되고 본회의에서 최종적으로 심의·의결된다. 지방자치법 제31조는 보통, 평등, 직접, 비밀선거에 의해 지방의회의원을 선출하고, 의장, 부의장, 위원회, 사무국과 사무직원으로 의회를 구성하도록 규정하고 있다.[4)]

1) 의장단

본회의에는 "의회를 대표하고 의사(議事)를 정리하며 회의장 내의 질서를 유지하고 의회의 사무를 감독"하는 의장 1인과, 이러한 의장이 "사고가 있을 때" 그 직무를 대리하는 부의장을 둔다. 부의장은 시·도의회에는 2명, 시·군·자치구에는 1명이 된다(지방자치법 제48조 1항). 이들 모두 임기는 2년이며 무기명투표에 의해 선출된다(지방자치법 제48조 1항 및 2항). 그리고 "법령을 위반하거나 정당한 이유없이 직무를 수행하지 아니한 때에는 재적의원 4분의 1이상의 발의와 재적의원 과반수의 찬성"으로 불신임될 수 있다(지방자치법 제55조).

2) 위원회

(1) 위원회제도의 의의와 필요성

상임위원회와 특별위원회가 있다. 위원회는 그 소관에 속하는 의안과 청원 등 또는 지방의회가 위임한 특정한 안건을 심사하는 심사권을 갖는다(지방자치법 제58조). 따라서 위원회는 의안에 대한 본회의의 심의에 앞서 예비적으로 심사하도록 소수의 의원으로 구성된 합의체 기관이다. 의회의 의안이 양적으로 증대되고, 질적으로 전문화되어 있기 때문에 소수의 의원으로 구성된 위원회로 하여금 전문적인 기능에 입각하여 이를 심의하도록 함으로써 의회의 의안 처리를 좀더 능률화하고 합리화하고자 함에 그 의의와 목적이 있다. 위원회는 의회의 내부기관이기 때문에 위원회에서 의결된 사항은 대외적으로는 어떠한 효력도 인정되지 않는다.

---

4) 불신임 의결은 재적의원 1/4 이상의 발의와 재적의원 과반수의 찬성으로 행하며, 불신임 의결이 있는 때에는 이들은 그 직에서 해임된다(지방자치법 제55조 제2항 및 제3항).

위원회 제도는 의안 처리의 전문성과 효율성을 높여 좀더 능률적인 의회의 운영을 도모할 수 있는 장점이 있는 반면에, 첫째 위원회와 관련 행정부서 간에 쉽게 유착될 소지가 없지 않기 때문에 의회의 견제 기능이 악화될 우려가 있고, 둘째 각종 이익단체의 접근이 용이한 까닭에 의안 처리의 공정성을 해할 염려가 없지 않으며, 셋째 당리 당략을 배제하기 어려울 뿐만 아니라, 마지막으로 의원들의 폭넓은 의안 심의 기회가 발탁되는 단점이 있다(안용식 외: 2000).

(2) 종 류

① 상임위원회

상임위원회는 제3기(2006.7.1. 이전 지방의회)까지는 광역의회와 13인 이상의 기초의회에서 구성할 수 있는데, 2006년도 자치법개정에 의하여 기초의회의 상임위원회 설치 기준은 조례로 정하도록 하였다(지방자치법 제64조).

상임위원회를 구성하는 방법은 집행기관의 실・국에 따라 구분하거나 사무의 내용 및 유형에 따라 구분되는 것이 원칙이며, 위원회에 포함되는 의원의 정수는 조례로 규정한다. 상임위원회는 위원장과 간사 1인으로 구성되고 모든 의원은 한 상임위원회의 위원이 되며 둘 이상의 상임위원을 겸할 수 없다.

위원은 지방의회 의원 중에서 의장의 추천으로 본회의의 의결로 선임되며, 위원장은 상임위원 중에서 선거한다. 간사는 위원장의 직무를 대리한다.

지방의회 의장은 조례 또는 규칙을 제정하여 위원회에 출석하여 발언할 수 있다.

② 특별위원회[5]

특별위원회는 상임위원회 제도보다 앞서 등장한 제도로서 광역의회나 기초의회 모두 설립이 가능하지만, 한시적인 기간 동안만 운영된다. 특별위원회는 수 개의 상임위원회 소관과 관련되거나 특별한 사안에 대한 조사 등이 필요한 경우에 본회의의 의결로 설치할 수 있다. 특별위원회를 설치할 때에는 그 활동 기간을 정해야 하며, 본회의 의결로 그 기간을 정해야 하며, 본회의 의결로 그 기간을 연장할 수 있다.

5) 예산결산특별위원회나 징계자격특별위원회가 대표적인 예이다.

key concept

비례대표제

우리나라는 2004년 제17대 국회의원선거에 비례대표제 도입.
정당의 존재를 기초로 하여 당선 기준표에 초과한 표를 일정한 방식으로 이양하여 정당이 정한 후보자에게 이전하는 방식으로, 사표를 줄이고 정당을 발전시키는 등의 장점이 있는 것으로 알려져 있다. 이 방법은 각계의 전문가나 여성과 같은 특수한 사람의 진출을 가능하게 하고 동시에 소수 정당의 의회진출을 보장할 수 있다. 지방의원의 경우 그 직무가 생활과 직결된 것으로 전문성 못지않게 봉사적 자세가 중요하며 실제 운용에 있어서도 중앙의 정치적인 배려가 작용하는 등의 특징이 있다.
2006. 5. 31. 제4대 지방선거에서는 기초의회와 광역의회 모두 비례대표제가 도입되었다.

특별위원회는 조례의 제정을 통해 설치되며[6] 그 구성은 상임위원 중에서 선임된 위원으로 구성된다. 의원 정수는 의회의 의결로 선임하며 위원장과 간사를 둔다.

특별위원회의 기능으로는 의회의 의결에 의해서 명확히 회부된 안건에 한하며, 이를 벗어난 안건을 관장, 처리할 수 없다.

(3) 운 영

위원회는 회기 중 본회의의 의결이 있거나 의장 또는 위원장이 필요하다고 인정하거나 재적 위원 3분의 1 이상 요구가 있는 때에 개회된다. 다만, 폐회 중에는 본회의희 의결이 있거나 의장이 필요하다고 인정할 때, 재적 위원의 3분의 1 이상 요구 또는 지방자치단체의 장이 요구가 있는 때에 한하여 개회할 수 있다(지방자치법 제70조). 위원회에서는 당해 지방의회 의원이 아닌 자는 위원장의 허가를 얻어 방청할 수 있으며, 위원장은 질서를 유지하기 위하여 필요한 때에는 방청인의 퇴장을 명할 수 있다(지방자치법 제69조). 또한 소관 사항의 심사를 위해 공청회를 개최할 수 있다.

3) 사무기구

각 지방의회는 원만한 기능 수행을 위하여 행정사무의 뒷받침이 필요하다. 그래서 일정한 조직과 직원을 두게 되며, 시・도의회는 사무처장과 직원을 두며(지방자치법 제102조 제1항) 그 밑에 총무담당관, 의사담당관 및 전문위원을 둔다.

그리고 사무직원의 정수는 조례로 정하도록 되어 있으며, 임명은 의장의 권한으로 2022년 개정되었다. 그리고 사무직원의 신분은 지방공무원법을 적용한다. 시・군・구의 경우 역시 의회사무국을 두고 시・도 의회사무처와 유사한 기능을 수행하고 있다.

4) 시・도 의회직원의 인사권 분리

문재인 정부에서는 그동안 시・도의회 의장이 추천한 인물을 자치단체장이 지방의회 소속 사무직 지방공무원으로 임용하는 탓에 의회 소속 공무원이 자치단체장의 눈치를 볼 수밖에 없다는 문제점을 개선하기 위하여 2019

---

6) 필요 시마다 조례를 제정해야 하는 번잡성으로 인해 조례는 기본 사항만 규정하고 본회의 의결로 설치하는 것이 필요하다.

년도 6월에 '지방공무원법', '지방공무원 교육훈련법'을 국무회의에서 의결하고 별도로 지방공무원 임용령도 시행하였다. 그 내용은 시·도의회 의장에게 의회 소속 공무원 인사권을 부여해 지방의회의 인사 자율성과 독립성 보장하는 것이다. 따라서 시·도의회 의장의 경우에는 직접 인사위원회를 구성하고 채용·보직관리·교육훈련 등 인사 전 단계를 관할해 의회 소속 공무원에 대한 책임을 시도 의회의 의장에게 권한을 이양하였다.

5) 주민직선제와 비례대표제에 의한 구성

지방의회는 지역주민의 대표기관이므로 그 지역주민의 직접 선거로 구성하는 것이 바람직하다. 대부분의 구미 제국은 이 원칙에 따르고 있으나 간혹 여기에 직능 대표제 또는 비례대표제를 하는 경우가 있다. 그리고 예가 많지는 않지만 전의원을 비례대표제로 선출하는 경우가 있다. 프랑스는 직능대표제를, 스페인은 비례대표제를 활용하고 있다.

우리나라에서도 광역의회에서는 직능대표제와 비례대표제의 취지를 살리고 있다.

비례대표제는 정당의 존재를 기초로 하여 당선 기준표에 초과한 표를 일정한 방식으로 이양하여 정당이 정한 후보자에게 이전하는 방식으로, 사표를 줄이고 정당을 발전시키는 등의 장점이 있는 것으로 알려져 있다. 이 방법은 각계의 전문가나 여성과 같은 특수한 사람의 진출을 가능하게 하고 동시에 소수 정당의 의회진출을 보장할 수 있다. 지방의원의 경우 그 직무가 생활과 직결된 것으로 전문성 못지 않게 봉사적 자세가 중요하며 실제 운용에 있어서도 중앙의 정치적인 배려가 작용하는 등의 특징이 있다.

지방의회의원의 일부를 직능대표로 선출하는 제도의 장점은, 첫째, 지방의회가 인기 위주로 운영되지 않을 수 있고, 둘째, 지방의회와 단체장 간의 대립과 반목을 줄일 수 있으며, 셋째, 지방의회의 안건심의를 전문화·내실화할 수 있고, 넷째, 의회의 운영과정에 사상 및 계급, 사회적 약자 등의 문제에 균형을 취할 수 있고, 마지막으로, 의회 내에서 지연·학연·혈연 등에 의한 파벌을 완화시킬 수 있다는 것이다.

그러나 직능대표제를 가미하면 농업·공업·상업·서비스업 등의 직업단위로 의원정수를 책정해야 하는데, 직능들을 합리적으로 구분하여 의원직을 배분하기가 쉽지 않다. 대부분의 경우, 농민단체, 변호사회, 약사회, 노동단체, 환경단체, 경영자 단체, 의사회, 교육자단체 등이 선거모체가 된다. 의

> **key concept**
>
> **일부개선제와 전원개선제란?**
>
> 지방의회의 의원은 일시에 전원 선거할 수도 있고, 또 의원정수의 3분의 1 혹은 2분의 1식 차례로 개선할 수도 있다. 전자를 전원개선제(全員改選制)라고 하고 후자를 일부개선제(一部改選制)라고 한다. 영국, 프랑스, 미국의 일부 시와 카운티에서는 일부 개선제를 채택하고 있는 반면에 우리나라에서는 대부분의 선출직은 전원개선제를 채택하고 있고 지방의원도 이러한 관례를 따르고 있다.

안심의나 조례제정 과정에서 공익이나 주민의 일반의사보다는 특수이익이나 부분적 의사를 옹호하게 되는 단점도 나타날 것이다. 특히 일부 이익단체의 의사를 대변하는 기관으로 전락하는 경우 내부 갈등은 물론이고 공익의 신장에도 지장을 초래한다. 오히려 직업 간, 계급 간 갈등이 의회활동 과정에서 증폭될 가능성도 없지 않다.

프랑스나 영국에서는 지방의회의원의 일부 또는 전원을 기초나 광역 의회의원으로서 선임하거나 겸직시키는 제도가 있다. 대도시권에서 기초자치단체 의회의원으로 하여금 광역자치단체 의회의원을 겸하게 하거나, 시의회 의원으로 하여금 그 관할구역 내의 구의회 의원을 겸하게 함으로써 이들 자치단체 간의 조정과 협조를 원활하게 하고 경비도 줄일 수 있다는 방안이 활용되기도 한다.

2. 지방의원의 권한과 의무

1) 권 한

지방의원은 회의체로서의 의회와는 달리 지방정부의 최고의사결정기구인 지방의회의구성원으로서의 권리와 의무를 가진다. 지방의원은 국회의원에게 부여된 불체포특권(헌법 제44조)이나 면책특권과 같은 특권(헌법 제45조)을 가지지는 않는다. 그것은 지방의원 3권 분립된 구조에서 국정을 다루는 국회의원과 그 여건과 업무가 다르기 때문이다.

외국의 경우에는 지방의원은 국회의원과 같이 면책특권과 불체포특권을 누리기도 한다.

우리나라의 경우에는 지방의원의 권한으로는 ① 임시회의 소집요구권(재적의원 1/3 이상, 지방자치법 제54조 제2항)과 ② 의사참여 및 결정권(동법 제73조), ③ 의안제출권(법 제76조 제1항, 조례로 정하도록 함), ④ 청원소개권(동법 제85조), ⑤ 모욕에 대한 징계요구권(동법 제87조 제2항) 등이 있다.

2) 의 무

지방의원의 의무에는 ① 회의에 출석하고, ② 공공의 이익을 우선시하며 ③ 양심에 따라 그 직무를 성실히 수행하여야 할 의무와 ④ 청렴과 품위를 유지할 의무를 함께 지니고 있다(동법 제44조 제1, 2항). 이에 지방의원은 지역주민의 대표자로서 도덕성의 자질이 요구된다. 지역사회와 지방행정의 전반적인 과정을 감독하는 감독자로서 또 지방정부 민주주의를 공고화시키는 주요 행위자로서 일정 수준의 전문성도 요구된다. 또한 지역사회에 있어서 이해관계가 얽혀있는 문제에 대하여 합리적으로 해결할 수 있도록 봉사정신과 더불어 지역사회의 앞날을 내다볼 수 있는 자질도 필요하겠다.

3) 지방의원의 정당(政黨)관여 허용

우리나라지방의회 의원의 정당관여는 과거의 지방자치 실시에서도 허용되었고, 현행의 지방자치제도에서도 허용되고 있다. 다만, 의원의 공천제의 있어서 제4대 의회(1991～1995)부터 시·도의회 의원의 경우에는 이 제도를 채택하고, 시·군·자치구 의회의원의 경우에는 이 제도를 배제하고 있었다(공직선거법 제47조). 그러나, 2003년도 헌법재판소의 위헌판결에 의해 2005년도 공직선거법 개정이 이루어졌으며 기초의회에서도 정당공천이 가능하게 되었다.

4) 지방의회 의원의 금지사항

지방자치법 제31조 2에 따라 지방의회의원은 주민의 보통, 평등, 직접, 비밀선거에 의해 선출되는데 주민의 대표자로서 여러 가지 의무와 권리가 따르게 된다. 그러나 지방의원에게는 국회의원이 가지고 있는 면책특권(헌법 제45조)이 인정되지 않고 있다. 지방의원이 직무수행과 관련해 다음과 같은 권리와 의무 및 금지사항들이 규정되어 있다.

또한 금지사항에는 ① 지방자치단체와 영리행위금지(제43조 제5항), ② 이해관계에 있는 안건참여금지(제82조), ③ 모욕 및 사생활에 관한 발언금지(제83조), ④ 의사진행 및 발언방해금지(제96조) 등이 있다.

또한, 2005년 8월에 지방자치법 일부 개정 법률안에 의하여 지방의원의 윤리 강령을 조례로서 규정할 수 있게 되었다(제46조).

5) 지방의원의 보수(무급제에서 유급제로)

2005년도 지방자치법 개정에 의한 “의정활동비·월정수당·여비의 지급기준”에 의하면 동법 제40조 제2항의 규정에 의거 지방의회 의원에게 지급하는 기준이 바뀌었다. 바뀐 지급 기준은 당해 자치단체의 의정비심의위원회가 당해 자치단체의 재정능력을 감안하여 정하는 금액 이내에서 조례로

> **key concept**
>
> **지방자치법의 개정**
> (2006.4.16 수정가결)
> · 제34조의3(지방의회 의원의 의무등)신설
> · 제41조(개회·휴회·폐회와 회의일수) 연간 회의 총 일수와 정례회 및 임시회의 회기는 당해 지방자치단체의 조례로 정한다.
> · 제50조(위원회 설치): 제2항의 상임위원회 설치 기준 삭제
> · 제50조2(윤리특별위원회) 신설
> · 제51조2(전문위원) 신설: 위원회에 두는 전문위원에 대한 규정 신설
> · 제83조(사무직원의 정원과 임명) :의원사무직원 중 별정직, 기능직, 계약직 공무원에 대한 임용권을 지방의회 사무처장, 사무국장, 사무과장에게 위임

정하도록 하였다. 특히 월정수당의 경우 ① 지역주민의 소득수준 ② 지방공무원 보수 인상률 ③ 지방의회 의정활동실적 등을 고려하여 정하게 되어 지방마다 자의적 해석의 여지를 남겼다. 또한, 적용은 2006. 1. 1부터 소급하여 실시함으로 인해서 많은 비판을 낳았다.

〈표 7-3〉 외국의 주요 도시 간의 의원과 시장 보수와 비교사항

비교도시	의원의 보수	의원의 정수	시장의 보수	도시의 인구	비고
동경도	월 108만 엔	130명 (법정정원)	월 164만 엔	1,229만 명	2003년 5월 기준
런던시	연 ￡49,266	25명	연 ￡133,997	742만 명	2004년도 기준
뉴욕시	연 $55,000	51명	연 $130,000	720만 명	1992년 기준
로스앤젤레스	연 $60,000	15명	시의원보다 30% 많음	360만 명	1994년 기준

자료: 임승빈(2006.4). 지방의원의 보수액 기준설정에 관한 연구. 전국사도지사협의회 토론회.

제6절 지방의회의 운영

1. 지방의회 운영의 기본 원리

의회의 운영이란 의회에 부여된 기능을 구체적으로 수행하고 행사하는 절차와 방법을 그 내용으로 하는 것이다.

1) 회기제의 운영

의회의 활동 기간은 총선거에 의하여 선출된 의원의 임기가 개시되는 때로부터 개시되어 이들 의원의 임기가 만료되거나 의회가 해산됨으로써 종료된다. 우리의 경우 의회 해산 제도가 인정되고 있지 않기 때문에 총선에 의하여 선출된 의원의 임기 동안 활동하게 된다. 그러나 의회는 상시(常時)로 개최하여 활동하는 것이 아니라 회기제에 의하여 일정 기간씩 활동하게 된다. 즉 의회가 실질적인 활동 능력을 갖게 되는 기간을 회기라 한다. 회기는 다시 정례회와 임시회로 구분되며, 지방의회의 개회,[7] 휴회,[8] 폐회[9]와

7) 개회(開會)는 의회의 회기가 시작됨을 의미하며, 폐회(閉會)는 의회의 회기

회기는 지방의회가 의결로 정한다.

2006년도 지방자치법 개정 이전의 제3기 지방의회까지는 총선거가 실시되는 연도의 제1차 정례회는 7월·8월 중에 집회할 수 있다(동법시행령 제19조의 4). 정례회의 집회일 또는 기타 정례회의 운영에 관하여 필요한 사항은 대통령령이 정하는 바에 의하여 당해 지방자치단체의 조례로 정한다(동법 제38조 제2항). 정례회의 회기는 연 2회를 합하여 시·도의회의 경우 40일 이내, 시·군 및 자치구 의회의 경우 35일 이내로 하였다(동법 제41조).

임시회는 다시 총선거 후 최초로 집회되는 임시회와 일반적인 임시회로 구별되는데, 총선거 후 최초로 집회되는 임시회는 지방자치단체의 장이 지방의회 의원 임기 개시일로부터 25일 이내 소집하고 일반적인 임시회는 자치단체의 장이나 재적 의원 3분의 1 이상의 요구가 있을 때 15일 이내에 의장이 소집해야 한다. 임시회의 소집은 시·도에서는 집회일 7일 전에, 시·군 및 자치구에서는 집회일 5일 전에 공고하여야 하지만, 긴급을 요할 경우에는 그러하지 아니하다(동법 제39조). 그러나, 회의일수는 지방자치법 개정(2006.4.6)에 의하여 해당 지방자치단체의 조례로 정하도록 바뀌었다.

2) 의회의 회의 원칙

의회의 회의 운영에서 지켜야 할 기본 원칙들은 다음과 같다.

(1) 의사 정족수의 원칙

다수인으로 구성된 합의체 기관의 회의란 항상 구성원 전원이 출석할 수

가 끝남을 의미한다. 즉 개회란 의회가 법적으로 활동 능력을 갖추어 활동을 개시하는 기점이므로 의회가 회기중에 회의를 개시하는 개의(開議)와 구별된다. 의회를 개회하고자 할 경우에는 집회 당일 개회식을 갖추어야 한다.

8) 휴회는 회기중에 본회의를 열지 않는 기간을 의미한다. 휴회는 본회의에 한하여 인정되는 제도로 위원회에서는 인정되지 않으며, 일반적으로 위원회의 활동을 위하여 본회의를 휴회하게 된다. 휴회 중 자치단체의 장의 요구, 의장이 긴급한 필요가 있다고 인정한 때, 재적 의원 3분의 1 이상의 요구가 있을 때는 본회의를 재개(再開)한다.

9) 폐회가 되면 의회는 법적으로 활동 능력을 상실하게 되고 소집 전의 상태로 돌아가게 된다. 폐회는 의장이 선포하게 되는데, 회기의 최종일에 의원이 정족수에 미달하여 회의가 유회된 채회기가 종료되거나, 회의가 진행되다가 정회(停會)되어 다시 속개하지 못하고 회기가 끝난 때에는 의장의 폐회 선포가 없다 할지라도 자연히 폐회된다. 의회는 회기중 의회의 의결로서 폐회할 수 있다.

없기 때문에 합의체로서의 기능을 수행함에 필요한 최소한의 출석 구성원 수를 정하여 활동하는 것이 통례이며, 지방자치법에서는 이를 의사 정족수라 하여 재적 의원 3분의 1 이상의 출석으로 의회의 회의를 개의[10]하도록 규정하고 있다.

의사 정족수는 의회의 유효한 활동을 위한 법정 요건으로 회의 개의의 요건일 뿐만 아니라 회의 계속의 요건이기도 하다. 정족수에 미달하는 상황에서 의사가 진행되는 경우에는 무효이며, 의장은 회의의 중지[11] 또는 산회[12]를 선포한다(지방자치법 제72조). 특히 이미 결정·고지된 본회의의 개의 시간으로부터 1시간이 경과할 때까지 출석 의원수가 의사 정족수에 미달한 경우 의장은 유회(流會)[13]를 선포하는데, 유회가 한 번 선포되면 그 날은 회의를 더 이상 열 수 없는 것이 관례이다.

(2) 의결 정족수의 원칙

의사는 특별히 규정된 것을 제외하고는 재적의원 과반수의 출석과 출석의원 과반수의 찬성으로 의결한다. 의장은 의결에서 표결권을 가지며 가부동수인 때에는 부결된 것으로 본다(지방자치법 제73조).[14] 따라서 의사 정족수가 회의 능력을 의미한다면, 의결 정족수는 의결 능력을 의미한다.

그러나 예외로 의장과 부의장의 불신임 의결은 재적 의원 과반수의 찬성, 의원의 자격 상실 의결과 의원의 제명 의결은 재적 의원 3분의 2 이상의 찬성, 비공개회의의 의결은 출석 의원 3분의 2 이상, 재의 요구에 따른 조례안과 기타 의안 및 예산안 등의 재의결은 과반수의 출석과 출석 의원 3분의 2 이상의 찬성이 있어야 하는데, 이는 특별히 신중한 처리를 요하기 때문이다.

---

10) 개의(開議)란 하루를 단위로 한 그 날의 회의를 여는 것을 의미한다. 따라서 의회의 회기가 시작되어 의회가 법적으로 활동 능력을 갖게 되는 개회(開會)와는 구별된다.

11) 회의의 중지란 회의 중 의사 정족수에 미달한 때, 회의장의 질서 유지가 곤란한 때, 심의안건에 대한 이견 조정, 질의 또는 질문에 대한 답변의 준비, 의원의 식사시간 확보 등을 위하여 필요한 시간 동안 진행중인 회의를 일시 중지하는 것으로 정회(停會)와 같은 뜻으로 사용된다. 정회를 해제하여 회의를 다시 진행하는 것을 속개(續開)라 한다.

12) 그 날의 의사 일정이 모두 처리·완료되어 본회의가 폐의(閉議)되는 것을 의미한다.

13) 이와 비슷한 용어로 공전(空轉)은 의원 간 또는 정파 간의 이견으로 인해 회의를 열지 못하는 경우이다.

14) 지방의회에서는 의장의 casting vote는 인정되지 않는다.

(3) 회의 공개의 원칙

의회주의의 본질에서 가장 기본 원칙으로 지방의회의 회의는 공개한다. 따라서 지방의회의 회의 운영에서는 방청의 자유, 보도의 자유, 기록의 공개 등이 보장되어야 한다. 그러나 의원 3인 이상의 발의로써 출석 의원 3분의 2 이상의 찬성이 있거나 의장이 사회의 안녕질서를 위하여 필요하다고 인정하는 경우에는 비공개로 할 수 있다(지방자치법 제65조).

(4) 회기 계속의 원칙

지방의회에서 의결할 의안은 지방자치단체의 장이나 재적 의원 5분의 1 이상 또는 의원 10인 이상의 연서로 발의해야 했으나 자치법 개정으로 회의규칙으로 정하도록 한다. 이렇듯 지방의회에 제출된 의안은 회기중에 의결되지 못한 이유로 폐기되지 아니하지만, 지방의회 의원의 임기가 만료된 때에는 이 원칙이 인정되지 않는다(동법 제79조).

(5) 일사부재의(一事不再議)의 원칙

의회에서 한 번 부결된 의안은 같은 회기 중에 다시 발의 또는 제출할 수 없다(지방자치법 제80조). 이는 의사(議事)의 능률성과 소수파에 의한 무리한 의사 방해를 방지하는 데 목적이 있는 원칙으로 동일 회기(同一會期)·동일 안건(同一案件)의 경우에만 해당된다. 그러나 자치단체의 장이 요구할 수 있는 재의 요구권 및 행정자치부 장관 또는 시·도지사의 요구에 따른 자치단체의 장의 재의 요구가 있는 경우는 예외이다.

(6) 심사 독립의 원칙

이는 위원회에 한하여 적용되는 원칙으로 위원회는 본회의로부터 회부된 안건을 심사할 때 독립된 위치에서 자유로운 판단에 따라 심사하며, 본회의나 다른 위원회로부터 어떠한 제약이나 간섭을 받지 아니한다. 예외적으로 첫째, 의장은 안건의 내용이 긴급을 요할 때에는 심사 기일을 정하여 위원회에 회부할 수 있으며, 이 경우에 위원회가 이유 없이 기간 내에 심사를 마치지 아니한 때에는 중간 보고를 들은 후에 다른 위원회에 회부하거나 본회의에 바로 부의할 수 있다. 둘째, 본회의는 위원회에서 심사한 안건의 심사 보고를 받은 후 필요하다고 인정할 때에는 본회의 의결로써 그 안건을 같은 위원회에 재회부하거나 다른 위원회에 회부할 수 있다. 또한 위원회에서 폐기된 의안인 경우에도 위원회의 결정이 본회의에 보고된 날로부터 폐회 또는 휴회중의 기간을 제외한 7일 이내에 의장 또는 재적 의원 3분의 1 이상의 요구가 있는 때에는 그 의안은 본회의에 부의하여야 한다.

(7) 제척의 원칙

지방의회의 의장이나 의원은 본인·배우자·직계존비속 또는 형제자매와 직접 이해관계가 있는 안건에 관하여는 그 의사(議事)에 참여할 수 없다. 다만, 의장 또는 의원이 제척 사유에 해당되는 경우에도 의회의 동의가 있을 때에는 의회에 출석하여 발언할 수 있다(지방자치법 제82조).

(8) 발언 자유의 원칙

지방의회의 의원은 기본적으로 발언의 자유를 갖고 있으나, 모든 의원의 평등한 발언권 보장과 질서 유지를 위해 일정한 제약이 가해진다. 우선 지방의회 의원이 본회의 또는 위원회의 회의장에서 법 또는 회의규칙에 위배되는 발언 또는 행위를 하여 회의장의 질서를 문란하게 한 때에는 의장 또는 위원장은 이를 경고 또는 제지하거나 그 발언의 취소를 명할 수 있다. 이러한 명령에 응하지 아니한 의원에 대해서는 의장 또는 위원장은 그 의원에 대하여 당일의 회의에서 발언을 금지시키거나 퇴장시킬 수 있으며, 의장 또는 위원장은 회의장이 소란하여 질서를 유지하기 곤란한 경우에는 회의를 중지하거나 산회를 선포할 수 있다(지방자치법 제94조). 둘째, 지방의회의 의원은 본회의 또는 위원회에서 타인을 모욕하거나 타인의 사생활에 대한 발언을 하여서는 안 되며, 모욕을 당한 의원은 회의 중에 폭력을 행사하거나 소란한 행위를 하여 타인의 발언을 방해할 수 없으며, 의장 또는 위원장의 허가 없이 연단이나 단상에 등단하여서는 안 된다(동법 제96조). 그 이외에 발언 횟수, 발언 시간이 제한되며, 의제 외 발언, 의사진행의 방해(filibuster)를 위한 발언이 금지되어 있다. 특히 지방의회 의원은 국회의원과 달리 면책 특권이 인정되지 않으므로 의회에서 공적으로 행한 발언인 경우에도 민법상·형사상의 책임이 면제되지 않는다.

(9) 기타의 원칙

의원은 성별, 연령, 학력, 전력(前歷), 당선 횟수에 관계 없이 평등한 지위를 갖는 의원 평등의 원칙, 대화와 타협, 토론의 과정을 통해 소수의 의견이 존중되어야 한다는 소수 의견 존중의 원칙, 그리고 1일 1차 회의의 원칙을 예시할 수 있다. 1일 1차 회의의 원칙은 의사 정족수가 미달하여 의장이 유회(流會)를 선포하거나 당일의 의사(議事)가 종료되어 의장이 산회(散會)를 선포한 때에는 그날은 다시 회의를 열 수 없다. 또한 밤 12시를 넘어서까지 계속해서 회의를 열어야 할 필요가 있을 때에는 의장 또는 위원장은 밤 12시가 되기 바로 전에 의사진행을 잠시 중단하고 1일 1차 회의의 원칙을 설명한 다음 12시가 되면 당일회의의 산회를 선포한 뒤 바로 이어 다음 차수(次數)의 회의를 개의해야 한다.

2. 지방의회의 회의 유형

1) 본회의

우선 지방의원 전원으로 구성되는 본회의를 들 수 있다. 지방의회의 의결·승인·결정이란 바로 본회의의 의결·승인·결정을 의미한다. 즉 본회의의 의결로서 의회의 의사가 결정된다. 본회의는 원칙적으로 의원 전원이 참석하여야 하나 의사정족수제(議事定足數制)에 입각하여 재적 의원 3분의 1 이상의 출석으로 개의할 수 있고 별도의 규정이 없는 한 재적의원 과반수의 출석과 출석 의원 과반수의 찬성으로 의결한다. 본회의의 의사 운영은 안건 제출, 본회의 보고, 위원회 회부, 위원회 심사, 위원회 심사보고, 본회의 부의, 위원장의 심사보고, 질의 답변, 토론, 표결 및 의결의 순으로 이루어진다.

(1) 안건의 제출 및 처리

안건이란 의회에 제출되어 의회가 처리해야 하는 사안으로 다시 의안(議案), 동의(動議), 청원 등의 유형이 있다.

의안은 의회의 의결을 요하는 사항에 대하여 안(案)을 갖추어 서면으로 작성·제출된 것으로 지방자치단체의 장과 지방의회 의원 모두가 제출하거나 발의할 수 있다.[15] 그러나 일부 예외적으로 집행기관의 조직에 관한 사

---

15) 의안은 누가 발안(發案)하느냐에 따라 그 표현을 달리하는데, 의원의 발안은 발의(發議), 자치단체장의 발안은 제출(提出)이라고 한다.

항과 같이 지방자치단체장의 권한에 속하는 안건은 전적으로 지방자치단체의 장만이 제출할 수 있다. 반대로 위원회의 조례에 관한 사항과 같이 지방의회의 고유의 권한에 속하는 안건은 지방의회만이 발의할 수 있다. 이는 기관 대립 형태의 지방정부 조직을 채택하고 있기 때문이다.

동의는 의안과는 달리 보통 의사 진행 과정에서 제기되는 것으로 안을 갖출 필요 없이 의원의 구두(口頭)로 발의하며, 동의자 이외에 1인 이상의 찬성이 있으면 의회의 의결을 요하는 의제로서 성립된다. 또한 동의는 주로 회의의 진행과 그 절차에 관한 것을 내용으로 하기 때문에 자치단체의 장은 이를 제출할 수 없다. 그러나 의안에 대한 수정 동의,[16] 집행 기관의 출석 요구, 의원에 대한 징계 요구, 회의 시간 변경이나 질의·토론의 종결,[17] 번안 동의[18] 등과 같이 중요한 동의는 서면으로 발의하여야 하므로 동의와 의안의 엄격한 구별은 어렵다.

이상의 안건은 의장이 본회의에 상정할 때 의제로 성립되며, 의장은 해당 위원회에 안건을 회부하고 위원회의 심사를 거쳐 본회의에 부의한다. 보통 안건은 삼독회제(三讀會制)를 취하는데, 본회의 상정, 위원회 심사 및 보고, 본회의 의결의 순으로 처리된다.

(2) 질의 답변

질의는 안건의 내용을 명확히 하기 위해 토론 및 표결에 앞서 의문 사항이나 안건의 법률적·정책적 내용에 대한 설명을 구하거나 소견을 묻는 발

16) 심의중인 의안의 내용 일부 또는 전부를 변경할 목적으로 발의되는 것으로 서면으로 행해야 하나, 지방자치단체장의 고유한 권한에 속하는 사항은 수정 동의의 대상이 아니다.

17) 회의시간의 변경, 질의·토론 등의 종결에 대한 동의는 다른 안건에 우선하여 처리되어야 할 동의로서 선결 동의 또는 우선 동의라 한다. 그러나 선결 동의가 동시에 둘 이상 발의되어 상호 경합되는 경우 한 동의의 표결이 다른 동의의 표결 기회를 잃게 하지 않도록 처리되어야 한다. 예를 들어 의사 연기 동의와 토론 종결 동의가 상호 경합하는 경우 의사 연기 동의부터 처리해야 한다. 또한 어떤 상황을 긍정하는 동의와 부정하는 동의가 상호 경합되는 경우 긍정의 동의를 우선적으로 처리해야 하며, 소정의 절차를 거치고자 하는 동의와 이를 생략하고자 하는 동의가 경합할 경우에는 전자를 우선적으로 처리해야 한다.

18) 번안 동의는 이미 의결된 안건의 의결 내용을 번복하여 다시 심의·의결하기 위하여 발의되는 동의로 의회의 의결에 명백한 착오가 있거나 의결 이후 여건이 달라진 경우에 이를 수정할 기회를 갖기 위해 인정되는 제도이다. 그러나 의결된 안건이 자치단체의 장에게 이송된 이후에는 이를 번안할 수 없다.

언이다. 본회의에서 질의는 일문일답 방식과 일괄 질의 방식으로 구분되는데, 보통 일괄 질의 방식에 따라 전반적 의문 사항을 한꺼번에 질의 답변하는 형태를 취한다. 또한 질의 과정 중에는 찬반 의견을 개진하지 않는 것이 기본 원칙이다.[19)]

(3) 토 론

안건에 대하여 표결하기에 앞서 찬반의 의견을 표명하는 과정이다. 일반적으로 상호 토론의 원칙에 따라 반대 측에서부터 발언하는 것이 기본이며, 표결권이 없는 자는 참가가 불가능하다.

(4) 표결 및 의결

표결은 의제로 상정된 안건에 대한 지방의회 의원들의 최종적인 의사표시 행위로 의결을 위한 선행절차이다. 지방의회 의원들은 표결할 때 조건부로 표결하거나 표결 수정 행위를 할 수 없으며, 회의에 참석하지 않은 인원은 표결에 참가할 수 없는 것이 기본 원칙이다.

의결은 표결에 이은 최종적인 절차로 지방의회의 최종적인 의사를 결정하는 것이다. 의결은 보통 의결 정족수(재적 의원 과반수의 출석과 출석 의원 과반수의 찬성)로 의결되지만, 앞서 살펴본 바와 같이 특별 의결 정족수를 요구하는 안건도 있다. 따라서 안건별로 요구되는 보통 의결 정족수 및 특별 의결 정족수에 미달하거나 의결 내용 및 절차상의 하자가 있을 때에는 당연히 무효가 된다. 또한 기관 의사는 지방의회의 의결로 대외적인 효력을 갖지만, 단체 의사는 지방의회의 의결과 집행기관의 대외적 의사표시 행위(공포 절차)가 있어야 효력을 갖는다.

(5) 의회의 회의록

회의록은 회의 공개의 원칙에 따라 의회의 회의 내용을 객관적으로 기록한 문서로 회의 내용을 알리는 자료로서의 의미를 지닌다.

지방의회는 회의록을 작성하고 회의의 진행 내용 및 결과와 출석 의원의

---

19) 질의가 의제로 된 안건에 대하여 의문나는 사항을 묻는 행위인데 비하여 질문은 자치단체의 행정 전반에 대하여 의문나는 사항을 묻는 행위이다. 질의는 단지 의제가 된 안건의 심의 절차상의 한 과정인데 비하여 질문은 하나의 독립된 의사 일정 사항으로 취급된다.

성명을 기재하여야 한다. 회의록의 작성 방법은 의사진행 과정을 순서에 따라 속기 또는 녹음으로 기록 보존하여야 하며, 회의록에는 의장과 의회에서 선출한 의원 2인 이상이 서명하여야 한다. 의장은 회의록의 사본을 첨부하여 회의의 결과를 회의가 끝난 날로부터 30일 이내에 그 지방자치단체의 장에게 통고하여야 하는데, 통고를 받은 지방자치단체의 장은 행정자치부장관 또는 시·도지사의 요구가 있는 때에는 5일 이내에 회의록 사본을 첨부하여 이를 보고하여야 한다. 이러한 회의록은 의원에게 배부되며 공개되는 것이 원칙이나, 비밀을 요한다고 의장이 인정하거나 지방의회에서 의결한 사항은 공개하지 않는다(지방자치법 제84조, 동법시행령 제56조).

2) 위원회

위원회는 본회의에 앞서 예비적, 전문적으로 심사하기 위하여 설치되는 의회의 제1차적 심사기관이자 예비적 심사기관이다. 위원회의 심사 결과는 본회의의 의결에 아무런 법적 구속력을 갖지 않으며 비록 위원회에서 의결된 사항이라 할지라도 대외적으로는 어떤 효력도 지니지 아니한다. 그러나 안건을 심사할 때 있어 위원회는 원안을 수정할 수 있고 이를 본회의에 부의(附議)하지 아니할 수도 있다. 위원회의 의사 운영은 안건의 회부, 제안자의 취지 설명, 질의 답변, 축조 심사(逐條審査),[20] 표결 및 의결의 순으로 이루어진다.

3) 소위원회

위원회는 필요하다고 인정할 때에는 소위원회를 설치할 수 있다. 소위원회는 위원회에 회부된 안건에 대하여 소수 의원으로 가급적 격의 없이, 그리고 심도 있게 심사하기 위하여 또는 조례안, 건의안, 결의안, 수정안 등을 마련하기 위하여 구성된다. 소위원회는 일반적으로 위원장의 제의 또는 위원의 동의에 의하여 위원회의 의결로써 구성되며 그 소관 사항은 이를 구성할 때 정해진다. 소위원회가 안건의 심사를 마친 경우에는 심사 경과와 결과를 위원회에 보고하여야 하며 보고된 안건이 위원회에서 심사·의결되어 그 처리가 종료된 때에는 해체된다. 소위원회는 위원회의 내부조직에 불과하기 때문에 위원회의 권한을 대행할 수 없으며 자치단체의 장 또는 관계 공부원 등의 출석 요구를 하고자 할 때에도 위원회의 의결을 얻어 의장

---

20) 축조 심사는 위원회의 의결로써 생략할 수 있다.

을 경유해야 한다.

3. 지방의회 발전방안

1) 위원회 구성

우리나라 지방의회의 구성과 운영상의 문제점을 지적하면, 첫째 지방의원의 정수는 물론 위원회의 구성 등에 있어서도 지방자치단체의 자율적 운영이 제약되어 있으며, 조례에 의해 지방자치단체 스스로 정해도 될 만한 사안까지도 법률에 의해서 정해져 있다(예: 위원회의 설치와 운영 · 방청문제 등).

2) 지방의회의 심의의결 권한 확대

지방자치법 제47조(지방의회의 의결사항)에 지역의 모든 중요한 문제는 지방의회에서 심의 · 의결될 수 있도록 하기 위해 다음과 같은 조항 등이 추가되어 지방의회의 심의의결 권한을 확대하는 것이 필요하다. ① (대통령령으로 정하는) 중요시책 · 사업의 심의 · 승인, ② (대통령령으로 정하는) 중요계약의 체결승인, ③ 손해배상과 손실보상액의 결정, ④ 주요공무원에 대한 인사동의 및 해임요구 등이다.

3) 집행부에 대한 감시 · 견제 기능의 강화

특히 지금의 형식적으로 행사되고 있는 행정사무감사 및 조사에 있어서의 지방의회의 권한 강화가 필요하다. 예를 들어 예산심의와 결산의 효율성을 제고하기 위해 지방의회에 감사위원회와 상임위원회를 두어 지방재정을 상시적으로 감시 · 통제할 수 있도록 하는 제도를 도입하여 현재와 같이 특별위원회로 예산 · 결산심의와 의결을 하는 것을 개정토록 하여야 할 것이다.

반면에 일본의 지방의회는 집행부에 대해 상당한 견제권을 가지고 있다. 광역자치단체의회인 동경도 의회의 기본적 권한은 우리와 마찬가지로 동경도의 단체의사를 결정하는 기본적 의사결정기관이다. 즉, 조례제정과 개폐, 예산결정, 의결권, 선거관리위원의 선거권, 부지사, 출납장(예산 및 회계담당관) 등 지사가 수행하는 중요한 인사에 대한 동의권을 갖고 있는 것이다. 일본의 지방의회는 단체장과 지방의회 간의 견제와 균형관계를 유지하기 위하여 집행부는 의회가 심의 의결한 안건에 대한 재의 청구권한을 그리고 의회 해산 권한을 가지고 있다. 반면에, 지방의회는 단체장에 대한 불신임결의를 할 수 있어 집행부에 대한 강한 견제권을 갖고 있는 점 역시 특이한 점이다.

4) 지방의회에 대한 외부통제권을 강화

지방자치를 하는 이유는 지방자치단체에 권한을 주는 데 목적이 있는 것이 아니고 중앙에 있는 집중된 권한을 지역단위까지 분산시켜 지역공동체 단위에서 주민들의 참여와 자치를 통해 보편적인 국민주권원리를 구체적으로 실현시키기 위하는 데 있다. 참여보장이 실효성을 가지기 위해서는 권한을 가진 자와 이를 통제할 수 있는 집단이 있어야 하나 지금같이 대부분의 지방자치 단체장과 지방의회의 다수당이 같은 정당으로 구성되어 있는 상황에서는 건전한 견제세력이 없다고 해도 과언이 아니다.

읍·면·동사무소를 주민자치센터로 바꾸어 주민자치위원을 구성하고 학교는 운영위원회를 구성하여 지역의 민주적 분권화를 구축했다고 하나 실상은 전혀 그렇지 않다. 오히려 사전 선거운동이 합법적으로 가능하도록 장을 제공해주고 있다. 주민자치위원회의 위원선출에서는 해당지역의 지방의원과 읍·면·동장의 영향력이 여전히 강하다. 대부분의 자치단체에서는 위원 선출과정이 지역주민에게 공개된 바도 없으며 자원할 사람은 자원하라는 벽보 한 장 내걸리지도 않는다. 학교운영위원회 역시 마찬가지로 코드에 맞는 사람끼리만 하고 있다. 이와 같이 지방자치단체의 집행기관과 지

[그림 7-7] 서울특별시 임시회 본회의 장면

방의원들간의 강력한 삼각축이 형성될 것이며 이들은 합법적인 사전선거운동을 하게 될 것이다.

5) 지방의회 전문성 강화

뉴욕시 의회는 의회의 전문성을 강화하기 위해 의회 내 전문직제를 설치하여 입법전문직 공무원제(Legislative professional staff)를 운영하고 있다(뉴욕시 헌장 제27조). 이들 전문직 공무원은 지방의회 각 위원회와 의원들을 보좌하여 지방정부 조례 제정, 집행기관의 경영실적 평가 등에 관한 지원활동을 수행한다. 뉴욕시 사무직원은 시의회 운영관련 행정 등을 담당하는 일반직원(central staff members)이며 이 중에서 각 위원회별로 전문위원(Committee staffing) 등이 있다. 의원 개개인이 2명까지 둘 수 있는 개인보좌관제와 별도로 상임위원회나 전당대회와 같은 특수한 목적을 위하여 일정한 분야의 연구 인력을 한시적으로 고용할 수도 있다. 그리고 이와는 별도로 51명 뉴욕시 의원 개인별 보좌인력(aides) 등을 두고 있다.

뉴욕시의 경우 사무처장은 의회의 관리책임자로서 정당에 속하지 않고 상·하 양원 의장의 공동지명으로 임명된다. 사무처장은 재정 및 의사관련 업무 등 전체적인 입법서비스와 하위 각 부서의 운영에 대한 통제와 책임을 진다. 임명권은 각 주마다 차이가 있는데 '시장-의회형'은 일반적으로 지방의회 사무처장을 지방의회에서 선출하거나 임명하고 사무직원에 대한 인사권은 사무처장이 가지나, 지방의회의 동의를 받도록 함으로써 궁극적으로 지방의회에 귀속하도록 하고 있다.[21] '의회-지배인'형은 시 지배인이 집행기관을 운영하는 데 필요한 조직권과 인사권을 가지도록 하며, 의회사무직원에 대한 임명권은 지방의회 의장을 겸직하는 단체장이 지방의회의 동의를 받아 행한다. 주 의회 도서관은, 단순히 도서의 출입만 담당하는 것이 아니라 의정활동과 관련한 각종 연구 자료를 작성하고 간행물을 발행하여 의원들에게 제공하는 역할을 하고 있다.

우리나라의 경우에도 광역의회는 입법정책기구를 별도로 설치하여 의원들의 입법 활동을 지원하고 있다. 광역의회의 입법정책담당관은 주로 2005년 이후에 신설되기 시작하여 최근까지 지속적으로 확대되고 있다. 그러나

21) 미국 지방정부 기관구성에 있어서 기관대립형인 시장-의회형을 선호하고 있으며 미국 산위 25개 대도시의 60% 이상이 이를 채택하고 있다. 이는 단순히 시장-의회형이 아니라 바로 전문경영인 체제가 포함된 제도 운영이 다수를 이루고 있다.

[그림 7-8] 미국 지방정부의 의원전문성 강화 자원체제(의원보좌관 포함)

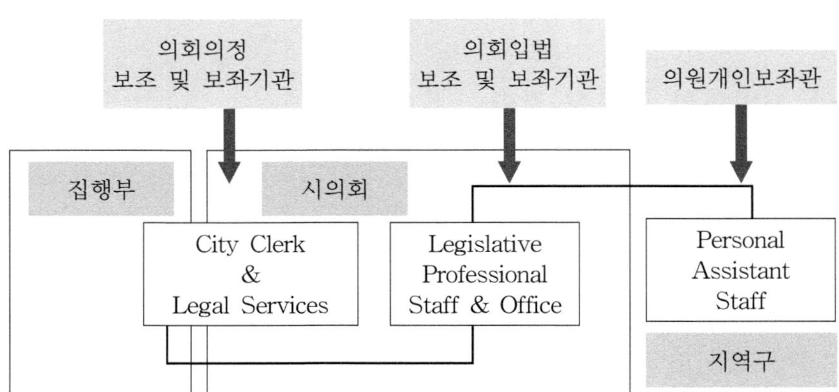

자료: 안영훈(2013), 「지방의회 의정활동 역량강화 방안」(한국지방행정연구원), p. 66.

지방의회 사무기구에 별도의 입법 및 정책지원기구를 설치하는 것은 광역의회에 국한되어 있다. 기초의회의 경우에도 인구가 많은 대도시를 중심으로 설치하고 있는데 수원시의회 의회사무국은 사무국장 산하 전문의원과 의정담당관을 두고 있으며 담당관 산하 4개 팀 중 입법팀이 입법보좌기구에 해당한다. 성남시의회의 경우에는 사무국장 산하 전문의원과 4팀을 두고 있으며, 이 중 정책보좌기구로 입법지원팀을 운영하고 있다. 용인시의회도 사무국장 산하 전문의원과 의정담당관을 두었으며, 의정담당관 산하 4대 팀 중 입법지원팀이 입법을 보좌하고 있다. 그러나 이러한 경우를 제외하고는 기초의회의 경우 정책지원 기능은 매우 미약한 수준이다.

이러한 의정활동의 한계로 의원별 유급보좌관제도 도입을 지속적으로 추진하고 있지만 아직은 제도화되지 않았다.[22] 서울특별시를 비롯하여 광역시의회 의원들은 개인단위로 정책 활동을 하여야 하고 상임위원회의 지원을 받기 어려운 상황이다. 의원의 정책 활동은 지속성을 요구하고, 의원화 정책문제를 바라보는 시각이 유사하거나, 의원과 같은 열정을 가지고 일할 것이 의원의 지원인력에게는 요구되는데 이러한 조건을 상임위원회 소속 공무원이 제공하는 것은 한계가 있다.[23]

2022년 지방자치법 전면개정에 의해 의원정수의 1/2까지 정책보좌 인력을 두도록 한 점은 긍정적으로 평가할 수 있다.

22) 하혜영(2018), "지방의회 의정지원 강화방안: 직원인사권 및 정책지원인력을 중심으로", NARS 현안분석 Vol. 5. p. 13.

23) 김찬동(2011), "지방의회 보좌인력 강화방안", 한국지방정부학회 학술대회 자료집, p. 186.

6) 지방의원 선거제도의 개선

지방의원 선출에 대한 법·제도적 문제점으로는 ① 지방의회의원 선거법에서는 선거운동의 지나친 제한을 앞서 지적하였고 ② 정당에 유리하고 무소속에 극히 불리한 불평등한 선거법 조항을 지적하였다. 이에 대한 개선책으로는 선거운동의 지나친 제한과 관련된 대안은 현재 선전벽보, 선거공보, 합동연설회, 소형 인쇄물, 현수막 등에 의한 극히 제한된 선거운동방법을 개선하여 후보자가 개인연설회 등을 통해 유권자들에게 집접적으로 자기를 알릴 기회를 훨씬 많이 갖게 하는 방향으로의 전향적인 선거법 개정이 필요할 것으로 보인다. 또한, 무소속에 극히 불리한 선거법 문제에 대한 대안 역시, 공정한 룰(rule)에 의한, 공정한 게임(game)을 통한 민의의 수렴 과정이 민주주의의 필수적 요건임을 감안할 때, 정당이나 정당추천후보자에게 극히 유리하고 무소속후보에게는 극히 불리한 현행 선거법의 불평등한 요소는 반드시 평등한 선거법으로 하루 빨리 개정되어야 할 것이다. 특히, 제4대 지방선거(2006.5.31)에서는 기초의원까지 정당공천이 확대되어 정책 인물선거가 아닌 정당선거가 되어 지방정치의 중앙에의 예속화를 가속화시켰다.

7) 조례에 의한 지방의원정수의 자율결정

일본헌법 제93조는 지방자치단체의 "그 의사기관(議事機關)으로서 의회를 설치한다"라고 정하고 있으며 의회의 의원은 주민이 직접 선출할 수 있도록 하였다. 지방자치법 제89조에서도 의회설치를 명문화시키고 있다. 단 정촌(町村)은 의회를 조례로서 두지 않고 대신하여 선거권을 가진 주민들로 구성되는 총회를 둘 수 있다(자치법 제94조). 그러나 실제적으로 정촌총회(町村総会)를 두고 있는 곳은 없다. 지방의회의 기본적인 조직은 지방자치법에 규정해 놓고 있으며 세세한 부분은 조례 및 규칙으로 규정하고 있다. 의원의 임기는 4년이며 신분 상실은 임기만료, 피선거권의 상실, 겸업·겸직금지에의 취직, 의회의 제명, 주민에 의한 의원의 해직 청구 등이다. 겸직금지는 국회의원, 재판관, 공무원이 해당되며 겸업금지는 자치단체의 사무를 처리하는 법인의 간부가 되는 것을 말한다. 지방의회의 정례회는 대개가 매년 3월, 6월, 9월, 12월 년 4회 개최하고 있으며 이외에 임시회를 개최할 수 있다. 자치단체가 정수를 증가시키는 것은 불가능하지만 조례로써 감소시키는 것은 가능하다. 지방의원정수변경은 원칙적으로 시정촌(市町村)이 통폐합 및 경계변경이 있을 경우에는 임기 중에도 조례로서 증감하는 것이 가능하다(자치법90의 491의 3, 4). 따라서 이미 국민소득 3만 불 시대를 보고 있는 2016년의 우리나라의 지방자치의 수준을 고려하여 보더라도 조례에 의한 지방의원정수를 결정해도 큰 혼란은 없고 오히려 자치단체별로 특색 있는 지방의회를 운영할 수 있으리라 보여진다.

본장에서 마지막으로 강조하고자 하는 바는 앞에서 본 바와 같이 지방의회 스스로의 개혁도 필요하다. 그 동안의 지방의회에서의 각종 결정은 주민생활과 밀접한 관계가 있음에도 불구하고 지방의회의 회의과정은 주민들과 사실상 차단되어 왔다. 지방의회 본회의가 아닌 각종 중요한 결정을 하는 상임의회의 회의내용조차 공개되지 않고 있고 일반시민들의 방청도 제대로 허용되지 않고 있다는 점은 지방의회에 대한 신뢰성을 오히려 떨어뜨리는 역할을 하고 있다. 소위원회의 많은 결정들이 상임위원회와 본회의를 거의 수정 없이 통과하고 있음에 비추어 볼 때 소위원회의 운영내용이 기록조차 남겨지지 않고 비공개적으로 운영되고 있는 것은 지방의회의 민주적 운영에도 걸맞지 않기 때문에 지방의정활동의 공개성 확보가 될 수 있도록 각 지방의회에서 제도적으로 보완하는 노력을 하여야 할 것이다. 즉, 지금까지의 지방의정 활동의 폐쇄적 운영은 집행부에 이익단체의 압력이나 로비를 자유롭게 허용하여 결국 부패나 결탁이 개입할 소지를 넓히게 되어 이 역시 지방의회에 대한 주민들의 신뢰성을 상실시키는 요인으로 작용하고 있는 것이다. 결론적으로 지방의정활동의 공개를 통해 주민과 지방의회 간의 상호신뢰를 구축하여야 할 것이다. 구체적인 방안으로는 지역방송을 통한 회기 중 상임위원회 및 예결산위원회, 각종 특별위원회에 대한 중계방송, 지방의회 활동에 관한 인터넷 정보의 온라인(One-Line)화, 지방의회상임위원회, 소위원회의 회의 결과기록 및 공개 의무화 등을 통해 지방의회의 투명성을 보장해야만 상기와 지방의정을 위한 발전 방안이 될 것이다.

요 약

지방자치단체의 기관구성형태는 지방자치단체를 구성하는 기관의 지위·권한·조직·선임방법 등을 기준으로 하여 기관통합형, 기관대립형, 절충형, 주민총회형으로 나눌 수 있다. 우리나라 지방자치단체는 기관대립형 중에서 지방자치단체장의 권한이 지방의회의 권한보다 상대적으로 큰 강시장·의회형 혹은 집행기관 우위적 기관대립형의 기관구성형태를 획일적으로 채택하고 있다.

지방의회는 주민의 대표기관이며, 동시에 합의제 기관이라는 성격을 가지고 있다. 우리나라의 지방의회는 정책결정권으로서 의결권과 발의권, 감시권, 기타 권한(선거권, 청원수리·처리권, 자율권, 의견표명권)을 가지고 있다.

지방의회는 문제발견자 및 정책제안자, 집행의 감시·독려자, 분쟁조정자, 민원해결자, 합리적 분권운동가 등의 역할을 수행하여야 한다. 또한 지방의회의 구성 및 운영상의 개선방안으로는 지방선거제도의 개선과 정당참여의 전면적 배제, 지방의회의 권한강화, 운영상의 자기결정권의 확대, 지방의원의 유급제 등이 있음을 지적하였다.

우리나라의 지방자치단체장은 대표권, 사무의 관리·집행권, 집행부 업무에 대한 감독, 소속직원에 대한 임명권, 규칙제정권, 의회운영에 관한 권한 등 광범위한 권한을 갖고 있으며, 지방자치단체장은 지역의 정치지도자, 정책개발 및 정책추진자, 지방경영자, 이해관계 조정자, 관리·집행자, 중앙정부와의 교섭자로서의 역할을 수행하여야 한다. 이에 비하여 지방의회의 권한은 약하다고 볼 수 있다.

따라서 지방의회와 지방자치단체장은 평상적으로 상호접촉하여 협력 또는 견제관계를 가진다고 하지만 힘의 불균형은 인정하지 않을 수 없다. 우리나라에서는 지방의회와 지방자치단체장 간 대립관계에 관한 비상적 수단으로 자치단체장의 재의요구권과 선결처분권 및 의회의장의 조례공포대행권이 인정되고 있으나, 지방의회의 자치단체장 불신임의결권과 자치단체장의 의회해산권은 인정되지 않고 있어 강시장-약의회형이라고 볼 수 있다.

한편, 문재인 정부 들어서 오랜 숙원이었던 지방의회 소속 사무직원의 인사권이 집행부와 분리되어 시·도 의장에게 권한이 이양되었다는 점은 긍정적으로 평가할 수 있다.

중 요 개 념

- 지방의회의 지위
- 지방의회의 기능
- 지방의회의 권한
- 위원회
- 지방의회의 구성방법
- 의회사무처 분리

예 제

1. 지방의회의 집행부에 대한 견제권한에 대하여 논하시오.

2. 지방의원의 명예직과 유급직의 장단점에 대하여 논하시오.

3. 2022년도부터 시행된 지방의회 사무직원의 인사권한에 대하여 논하시오.

4. 우리나라 지방의회의 형성과 폐지 그리고 부활에 관한 역사를 개요적으로 서술하시오.

5. 지방의회와 지방자치단체장 간의 협력관계와 대립관계를 사례를 들고 설명하시오.

참고문헌

21세기 정책개발연구소편(1997), 「한국과 외국의 지방자치행정환경 차이점 비교분석」(연구보고서 01).

강동식(2001), 「지방자치의 이해」(제주대학교 출판부).

김병준(1998), "지방의회의 구성과 운영", 「한국행정연구」, 제7권 제1호: 봄호.

———(2000), 「한국지방자치론」(서울: 법문사).

김수신(2004), 「지방자치행정론」(한국방송통신대학교 출판부).

김순은(2006), "지방의회 출범 15년의 성과와 과제", 「지방의정」, 제8권 제4호(서울: 지방의회발전연구원).

김영기(1999), 「지방자치제의 이해」(서울: 대영문화사).

김영종(2000), 「지방자치론」(서울: 형설출판사).

김영지(1997), 「지방자치행정론」(서울: 대영문화사).

박종흡(1990), 「국정감사·조사와 청문회」(서울: 법문사).

손재식(2001), 「현대지방행정론」(서울: 박영사).

안용식 외(2000), 「지방행정론」(서울: 대영문화사).

이달곤(2004), 「지방정부론」(서울: 박영사).

이승종(2000), "지방의원의 유급제 문제", 「지방자치제도 개선을 위한 국민대토론회」, 한국지방자치학회·한국지방행정연구원.

장지호(1981), 「지방행정론」(서울: 대왕사).

정세욱(1995), 「정부간 관계」(서울: 법문사).

———(2000), 「지방자치학」(서울: 법문사).

조창현(2000), 「지방자치론」(서울: 박영사).

진영재(2000), "지방의회의원 선거제도 개선", 지방자치제도 개선을 위한 국민대토론회, 한국지방자치학회·한국지방행정연구원.

최창호(2001), 「지방자치의 이해」(서울: 삼영사).

행정자치부(2000), 「자치운영과 내부자료」.

황아란(1998), "지방자치단체의 기관구성모형", 「한국지방행정연구원 연구보고서」, 제292권.

Abueva, Jose(1970), *Administrative Reform and Culture, Administrative Reform in Asia*. Manila, Philippines: EROPA.

Aldrich, J. H. & Nelson F. D.(1984), *Linear Probability, Logit, and Probit Models*. Sage Publications.

Ashford, D. E.(1982), *British Dogmatism and French Pragmatism: Central-local policymaking in welfare state*. George Allen & Unwin. Ltd.

Becker and Whisler(1967), The innovative organization: A selective view of current theory and research, *Journal of Business* No.40.

Bingham, R.(1976), *The Adoption of Innovation by Local Governments*. Lexington, MA: Lexington Books.

Brudney, J. L. & Selden S. C.(1995), The Adoption of Innovation by Smaller Local Governments: the Case of Computer Technology, *American Review of Public Administration*, 25(1).

Cancian, Frank(1979), *The Innovator's Situation: Upper-Middle-Class Conservatism in Agricultural Communities*.

Deci, E. L.(1980), Intrinsic motivation and personality, in E. Staub (ed.), *Personality: Basic aspects and current research*, Englewood Cliffs: Prentice Hall.

Delbert, Miller C.(1991), *Handbook of Design and Social Measurement*, fifth edition, London · NewDelhi: Sage Publication.

Deutsch, Karl W.(1985), "On Theory and Research in Innovation", *Innovation in The Public Sector*, edited by R.L. Merritt & A. J. Merritt, Beverly Hills: Sage Publications.

Dougherty, Deborah & Cynthia Hardy(1996), Sustained Product Innovation in Large, Mature Organization: Overcoming Innovation-to-Organization Problems, *The Academy of Management Journal*, Vol.39, No.5.

Ehrenberg, Rudolph H. & Stupak, Ronald J.(1996), Total Quality Management: Its Relationship to Administrative Theory and Organizational Behavior in the Public Sector, *Public Administration Quarterly*.

Fry, Brian and Richard Winters(1970), The politics of redistribution. *American Political Science Review*, 50.

Gray, Virginia(1976), Models of Comparative State Politics: A Comparison of Cross-Sectional and Time Series Analysis. *American Journal of Political Science*, 20.

Hage, Jerald & Michael Aiken(1970), *Social Change in Complex Organizations*. New York: Randum House.

Hibbs, Douglas(1987), *The American Political Economy: Macroeconomics and Electoral Politics in the United States*. Cambridge: Harvard University Press.

Hill, Hermann & Helmut Klages(1996), *Quality, Innovation and Measurement in the Public Sector*. Frankfurt am Main · Berlin · Bern · New York: Peter Lang.

Leach, S. and J. Stewart(1992), *The Politics of Hung Authorities*. London: Unwin-Hyman.

Leavitt, H. J.(1965), Applied organizational change in Industry: Structural, Technological and Humanitic Approaches, James G. March (ed.), *Handbook of Organizations*, Rand McNally.

McGuire, R., R. Ohsfeldt, and N. van Cott(1987), The Determinants of Choice Between Public and Private Production of a Publicly Funded Service. *Public Choice*, 54.

Morgan, D. and England, R.(1988), The Two Faces of Privatization. *Public Administration Review*, 48/3.

Rich, R. C.(1977), Distribution of service: studying the products of urban policy making, in D. R. Marshall, ed., *Urban Policy Making*, Beverly Hills: Sage.

Sassen, S.(1994), *Cities in a World Economy*. Thousand Oaks, CA: Pine Forge Press.

Sayre, Wallace S.(1968), *American Government*, 15th edition. New York: Branes & Noble, Inc.

Stever, James A.(1988), *The Fragmented Philosophy and Ideology of Post-Progressive Public Administration. The End of Public Adminisrtation: Problems of the Profession in the Post-Progressive Era*. Dobbs Ferry, NY: Transnational Publishers, Inc.

UNDP(2000), The UNDP Role in Decentralization and Local Governance. http://magnet.undp.org.

제2부

지방재정

제 1 절 지방재정의 의의

1. 지방재정의 의의

1) 지방재정의 개념

지방재정(local public finance)은 지방자치단체가 자치재정권(自治財政權)을 가지고 독립된 경제주체로서 활동할 수 있는 지위와 권능을 부여한다. 따라서 지방재정(local public finance)이란 경제주체로서 자치단체가 수행하는 종합적인 활동을 의미한다.

지방재정은 자치행정과 긴밀한 관계를 가진다. 그 이유는 구체적인 행정기능과 유리된 순수한 경제적 측면만으로는 지방재정의 의의를 찾을 수 없으며, 반대로 재정적 지원을 고려하지 않는 자치행정기능은 실효성이 없기 때문이다. 따라서 자치행정활동의 계수적 표현인 지방재정은 그 행정기능의 내용이 구체적으로 명시될 것을 이론적 전제로 한다(정세욱: 2000).

지방재정은 주민생활의 안정을 도모하고 지역발전을 촉진하기 위해 필요한 소요재원을 확보하고 확보된 재원을 집행하는 일련의 경제활동을 의미한다. 지방재정과 지방행정은 표리의 관계에 있으며 그 나라의 지방재정을 이해하기 위해서는 지방행정제도의 내용과 운영을 동시에 이해하여야 한다.

지방자치가 이루어지기 위해서는 주민, 지역, 자치권의 3가지 요소가 필요하다. 자치권은 자주조직권, 자주입법권, 자주재정권 등으로 이루어지며

 key concept

지방재정

지방자치단체가 행정서비스를 수행하기 위하여 재원을 확보하고 이를 이용하는 작용을 말한다. 이는 지방자치단체가 그의 기능을 수행하기 위하여 필요한 재원을 획득하고 지출하며 관리하는 계속적인 경제 활동의 총체를 말한다. 여기에서는 관리작용뿐만 아니라 권력작용도 포함된다. 지방자치법은 지방재정에 관한 원칙, 예산과 결산, 수입과 지출 등에 관하여 규정하고, 이 법에 정한 것을 제외하고는 따로 법률로 정한다고 규정하여 지방재정법을 제정 · 시행하고 있다.

이 중에서 자주재정권은 주민에 대한 서비스수준과 직결되는 요소이다. 자주재정권이 중요시되는 이유는 지방자치단체가 재정적 기반이 취약하면 지방예산의 상당부분을 국가로부터의 지원에 의존하여야 하고, 이는 결국 건실한 지방자치제의 발전을 저해하기 때문이다. 자주재정권이 성립되기 위해서는 지방자치단체가 처리해야 할 공공사무의 범위가 명확히 획정되어 있어야 하고, 필요한 소요재원이 골고루 배분되고 자주적으로 확보할 수 있는 제도가 확립되어 있어야 한다.

오늘날 세계화, 지방화, 정보화라는 국내외의 급격한 환경 변화는 지방재정의 적극적인 역할 변화와 이에 대한 인식의 전환을 요구하고 있다. 1996년에는 우리나라가 OECD(경제협력개발기구)에 가입하였고 2001년 11월에는 도하개발아젠다(뉴라운드)[1]가 발효되어 경제의 개방화가 가속화되었다.

2) 국가재정과의 비교

오늘날 경제는 국경 없는 개방체제이다. 이러한 개방된 경제체제하에서 경제주체는 가계부문, 기업부문, 정부부문(수출, 수입)으로 구성되며, 정부부문은 다시 국가재정과 지방재정으로 나누어진다. 그런데 국가재정과 지방재정은 행정서비스를 제공하기 위한 재정현상이라는 측면에서는 유사한 점이 많이 있으나 다음의 <표 8-1>과 같이 지방재정은 국가재정과 여러 측면에서 차이가 있다.

〈표 8-1〉 국가재정과 지방재정의 비교

비교 기준	국가 재정	지방 재정
재정의 기능	포괄적 기능	자원배분의 조정에 주안
서비스의 성격	순수공공재의 성격이 강함	순수공공재의 성격이 약함
재원조달의 방식	조세의존적	다양한 세입원
보상 관계	일반적 보상관계 위주	개별적 보상관계 첨가
부담의 설계	응능(應能)부담원칙의 중시	응익(應益)부담원칙의 가미
평가 기준	공평성 중시	효율성 중시
대표성의 수준	일반적 대표성	지역적 대표성

자료: 오연천(1987), 「한국지방재정론」(서울: 박영사) p. 15.

1) 도하개발아젠다(DDA)란 WTO(세계무역기구)가 주관하는 새로운 다자간무역협상이다. 2001년 11월 카타르의 도하에서 개최된 4차 WTO각료회의에서 농산물 및 서비스시장의 추가개방뿐만 아니라 공산품의 관세인하 등 광범위한 의제를 포괄적인 협상방식으로 2005년 1월 1일까지 마무리하였다.

2. 지방재정의 특징

1) 복수성과 다양성

국가재정은 세입이 국세로 일원화되고 세출주체도 기획재정부로 일원화된다. 그러나 지방재정은 상호 독립된 다수의 지방자치단체의 재정을 망라한 것이다. 따라서 2018년 현재 우리나라의 지방재정은 243개 지방자치단체(17개 시・도, 226개 시・군・자치구)가 각각 세입과 세출의 주체가 된다.

각 지방자치단체는 위치・지형・기후 등 자연적・지리적 환경과 인구・산업구조・지역총생산 등 경제・사회적 여건이 달라 재정규모와 구조가 다르다. 또한 광역자치단체와 기초자치단체 그리고 같은 행정계층의 지방자치단체 간에도 천차만별한 양상을 보이고 있다.

2) 자율성과 타율성

지방자치단체는 자기의 책임 아래 지역주민에게 지방행정서비스를 제공하기 위하여 전체적인 국가법질서 아래서 자체수입을 최대한 확보하고 재정지출을 행한다. 최근에는 민・관 협력형태의 제3섹터 방식이 광범위하게 도입되고 있다.

그러나 지방자치단체는 국가의 제도적 산물로서 국가재정이라는 커다란 제도적 틀 안에서 운영되어야 하므로 국가는 지방세에 대한 통제, 지방재정조정재원의 교부, 지방채발행의 승인 등을 통하여 지방재정 운용에 관여하고 있다. 우리나라는 IMF 경제위기를 겪으면서 지방재정에 대한 국가의 관여 범위에 대한 논의가 활발하게 이루어지고 있다(인센티브제와 페널티제 운용 등).

◉ Focus On

– 사경제와 구별 –

사경제에 비해 지방재정은 공공경제로서 공공성과 강제성 및 계획성의 특징을 갖는다.

– 국가재정과 구별 –

지방재정은 국가재정에 비해 ① 조세 이외에도 다양한 수입원을 갖고 있기 때문에 다양성을 지니며 ② 지방세입의 상당부분이 중앙정부의 이전재원에 의존하기 때문에 중앙정부의 영향력이 개입한다는 점에서 때때로 타율성을 띠며 ③ 지방 재정은 일반적으로 응익주의(應益主義)원칙을 많이 따르므로 응익성이 강하다.

인물탐구

머스그레이브(Richard Abel Musgrave): 1910.12~2007.1, 미국의 재정학자

독일에서 출생하였으며,1933년 하이델베르크대학교 졸업 후 미국 프린스턴대 교수로 있으면서 재정학의 이론적 수준을 높이는 데 크게 공헌하였다. 주요 저서인 재정이론 ≪The Theory of Public Finance≫(1959)은 치밀한 추상이론의 구성과 전개가 일관되며, 조세의 소득재분배효과, 저축・자본 형성에 미치는 조세 효과에 대한 실증적 연구에 있어서도 주목할 만한 성과를 발표하였다. 예산의 결정이 정치적 절차를 통하는 결정이라는 점과 케인스류의 경제학이 범하기 쉬운 경제안정의 목적에만 봉사하는 것이 아니라는 점을 강조하고 있다. 즉, 그것은 공사(公私) 용도 간에 있어서 자원의 효율적 배분, 소득분배의 적정화, 경제의 안정화라는 3대 목적을 실현하는 데 기여하도록 해야 하는데, 경제안정 목적에만 중점을 두어 자원의 효율적 사용을 혼란시키는 결과가 되어서는 안 된다고 주장하였다.

3) 정치성과 경제성

지방자치단체가 제공하는 행정서비스도 다른 행정서비스와 같이 비경합성(non-rivalry)과 비배제성(non-excludability)의 성격을 갖는 것으로써 지방정치와 지역경제를 연결하는 교량이라고 할 수 있다. 특히 지방재정은 예산과정을 통하여 지방공무원, 지방의원, 지역주민 등 이해관계인의 다양한 의견이 정치적 수렴과정을 거쳐 반영된다는 특징을 갖고 있다.

지방재정도 경제현상이므로 경제적 관점에서 합리성이 요구된다. 따라서 운용과정에서 계획적이고 생산적인 지방재정의 운용과 과학적인 관리방법의 도입 등이 요구된다.

4) 의존성

어느 나라나 국가로부터의 완전한 지방재정자립이란 불가능하다. 따라서 국가재정의 의존정도는 그 나라의 경제발전 정도, 통치체계, 자치단체의 재정구조 등에 따라 다양한 현상을 보이기 마련이다.

우리나라의 지방자치단체는 지방자치제도가 활성화된 선진국들에 비해 국고보조금, 지방교부세 등 국가로부터의 의존재원의 비율이 매우 높기 때문에 재정자립도가 전반적으로 낮은 수준이다. 따라서 지방재정의 국가재정에의 의존도가 매우 높은 실정이다.

key concept

지방재정의 특징

① 응익성(應益性)
국가재정은 조세의 부담능력에 따른 응능성(應能性)의 성격이 강한 반면, 지방재정은 국가재정에 비해 순수공공재로서의 성격이 약하고 행정서비스의 대가로서의 성격이 강하다(사용료, 수수료, 부담금).

② 타율성(他律性)
지방재정은 국가로부터 제한, 감독을 받는다.

③ 다양성(多樣性)
재정수요는 지역에 따라 다르다.

④ 경비부족성
재정수요의 팽창으로 각 지방재정은 세입보다 세출소요액이 초과되고 있다.

3. 지방재정의 기능과 운영원칙

1) 지방재정의 기능

머스그레이브(R.A. Musgrave)는 재정의 3대 기능으로 소득재분배, 경기조절 또는 경제의 안정, 자원배분의 조정기능을 들고 있다. 과거 전통적인 입장은 소득재분배와 경기조절 또는 경제의 안정은 주로 국가가 전국적 차원에서 수행하고 자원배분기능도 대규모사업과 경제개발은 국가가 담당해야 한다고 주장하면서 지방자치단체는 최소한의 공공재 공급만을 담당해야 한다는 소극적 입장이었다(R. A. Musgrave: 1984). 그러나 지방자치가 실시되고 지방재정의 규모가 커지면 국가와 지역발전을 위하여 지방재정의 기능을 적극적으로 보아야 할 것이다.

(1) 소득재분배 기능

소득 및 부의 분배상태를 조정하는 소득재분배 기능(income redistribution)은 전통적으로 국가재정이 전국적으로 통일된 형태로 누진세형태의 조세체계와 저소득층에 대한 사회적 이전지출과 사회서비스 제공을 통하여 수행하는 것이 효과적이라고 주장되어진다.

그러나 오늘날 지방자치단체는 국민 또는 주민에게 최소한의 기본수요(national or civil minimum)를 충족시키기 위하여 국고보조금 형태로 국가로부터 재정 지원을 받아 주민의 기초생활을 보장하고 또한 원가 이하로 지방행정서비스(예: 지하철, 지방공사 의료원 운영 등)를 제공하고 있어 제한적이나마 소득재분배 기능을 담당하고 있다.

> **key concept**
>
> **지방재정의 기능**
>
> 국가나 지방자치단체가 제공하는 서비스는 공경제 분야에서의 서비스로 이를 지탱해 가는 재정은 국민경제의 여러 면에 영향을 주게 된다. 이러한 재정일반의 기능으로 첫째 민간경제분야에서 공급하기 어려운 공공서비스를 제공하는 자원배분 기능, 둘째 국민계층 간 소득격차를 시정하고 소득재분배를 행하는 소득재분배 기능, 셋째 경제의 안정적 성장을 유지하는 경기조정 기능 등을 들 수 있다.이 중 지방재정에서는 자원배분 기능이 중요하다.

(2) 경기조절 및 경제안정 기능

경기조절 또는 경제의 안정(economic stabilization)은 국가경제 전체적인 입장에서 재정지출, 감·증세 등 재정정책과 이자율의 조정을 통한 금융정책, 임금·물가·환율정책 등 이용 가능한 모든 정책수단(policy mix)을 동원하여야 효과를 발휘할 수가 있다. 따라서 이와 같은 여러 가지 정책수단을 보유하고 있는 국가재정이 경기조절기능을 수행하는 것이 효과적이라고 여겨져 왔다. 왜냐하면 국가재정은 그 규모가 크고 그 효과도 전국적으로 미치기 때문에 국가가 거시적으로 집행하여야 한다는 논리 때문이었다.

그러나 오늘날 각 지방자치단체는 지역경제를 안정시키기 위하여 지방물가 안정대책을 추진하고 있고, 지역경제를 활성화시키기 위하여 IT산업(Information Technology), BT산업(Biology Technology), CT산업(Culture Technology), ET산업(Environment Technology) 등 지역전략산업과 재래시장 기반확충사업 등을 다양하게 추진하고 있다.

(3) 자원의 배분 기능

자원배분(resource allocation)기능이란 정부부문에서는 시장을 통하여 공급될 수 없거나 또는 공급되는 것이 바람직하지 않은 행정서비스를 제공하여야 한다는 것이다. 국방, 외교, 국토개발과 같이 국가유지에 필요한 행정서비스는 국가재정에서 공급하고, 상·하수도, 지방도로, 청소 등 지역주민이 소비하고 주민생활과 직결되는 지방행정서비스(local public service)는 그 지역을 관할하는 지방자치단체가 공급하는 것이 바람직하다. 이는 지방재정의 기능 중 가장 중요시되는 기능으로서 주민의 생활의 질을 향상시키고 지역발전을 도모할 수 있는 기능이다.

티부(C.M. Tiebout)는 '발에 의한 투표(voting with feet)'이론을 제시하고 지방행정서비스의 공급은 주민에게 가까운 정부에서 이루어지는 것이 바람직하고, 집합적 결정(collective action)은 지역사회의 중위수준 주민이 좋아하는 것으로 결정된다고 주장하고 있다. 그 지역을 관할하는 지방자치단체가 지역주민의 선호를 가장 잘 반영할 수 있으며 사람들은 그들의 효용이 극대화될 수 있는 지역으로 이주한다는 모델을 설정하였다(Tiebout, 1956: 420) 후속연구에서는 경제적인 요인뿐만 아니라 교육, 교통, 주택 등 사회적인 요인도 크게 작용한다는 것을 밝혀내고 있다(Samuel R. Stately & John p. Blair, 1955: 21-33).

2) 지방재정의 운영원칙

우리나라 지방재정법은 제1조에서 "지방자치단체는 그 재정을 수지균형의 원칙에 따라 건전하게 운영하여야 한다. 국가는 지방재정의 자주성과 건전한 운영을 조장하여야 하며, 국가의 부담을 지방자치단체에 s넘겨서는 안 된다."라고 규정하고, 지방재정법은 그 제3조에서 지방자치재정의 운영원칙으로 "지방자치단체는 그 재정을 건전하게 운영하여야 하며, 국가의 정책에 반하거나 국가 또는 다른 지방자치단체의 재정에 부당한 영향을 미치게 하여서는 안 된다."라고 규정하고 있다.

티부가설 (Tiebout Hypothesis)

1. 티부가설의 정의
   지방공공재의 경우 소위 "발로 하는 투표"(voting with feet)에 의해서 선호표출이 이루어지기 때문에, 지방정부로 구성된 분권화체제하에서는 효율적인 공급이 이루어질 수 있다고 주장하였다.

2. 기본적인 가정
   ① 한 나라가 수많은 지방정부로 구성되어 있고,
   ② 각 지방정부는 주민들의 의사에 따라 공공지출과 조세에 대한 의사결정을 할 수 있으며,
   ③ 개인들은 아무런 비용을 들이지 않고 자유롭게 지역간 이주가 가능
   - 이러한 가정하에서 각 개인들은 자기의 선호에 가장 부합하는 공공서비스-조세부담의 조합을 제공하는 지방으로 이주함으로써 자신의 선호를 표출하게 되고, 각 지방정부는 경쟁을 통해 적정한 수준의 지방공공재를 공급하게 되는 것이다.

인용: Tiebout, C.(1956) "A Pure Theory of Local Expend: The Journal Political Economy, Vol. 64. 15: 416-434"

이 규정들은 지방자치재정 운영에 있어서의 원칙을 명시하고 지방자치단체의 의무와 책임을 명문으로 규정한 것이다.

> **key concept**
> **지방재정의 운영원칙**
> • 수지균형의 원칙
> • 재정구조 탄력성 확보의 원칙
> • 행정수준의 확보 · 향상의 원칙
> • 재정운영 효율화의 원칙
> • 재정운영 공정의 원칙
> • 재정질서 적정화의 원칙
> • 장기적 재정안정의 원칙

(1) 건전재정의 원칙

지방자치재정을 건전하게 운영하여야 한다는 것이다. 첫째로 수지에 있어 적자가 생기지 않게 할 뿐만 아니라, 둘째로 자치단체의 세출을 지방채 이외의 재원으로 충당하고, 일시차입금을 해당 회계연도의 수입으로 상환하여야 하며, 셋째로 최소의 경비로써 최대의 서비스를 행할 수 있도록 그 재정을 보다 합리적이고도 능률적으로 운영하여야 하는 것이다.

(2) 국가재정질서 유지의 원칙

국가정책에 반하는 재정운영을 하여서는 안 된다는 것이다.

첫째로 지방자치단체는 지역주민의 공공복지의 증진을 위하여 설치된 통치단체이므로 정책수준의 향상을 도모하도록 재정을 운영해야할 뿐만 아니라, 둘째로 재정을 공정하게 운영하여야 하며, 셋째로 지방자치단체는 국가시책의 구현을 위해 노력하며, 국가정책과 조화되는 한도 안에서 그 재정을 운영하여야 하는 것이다.

(3) 장기적 재정안정의 원칙

재정을 장기적인 재정안정을 고려하여 운영하여야 한다. 예산의 편성 · 집행, 정책과 사업계획의 수립, 수지증감의 원인이 될 행위 등을 하고자 할 때에는 해당 연도는 물론, 그 다음 연도 이후의 재정사정을 충분히 고려하여 재정의 장기적인 안정이 유지되도록 하여야 하는 것이다.

제2절 우리나라 지방재정 현황

1. 지방재정의 현황

1) 지방재정자립도와 지방재정자주도의 약화

종전에는 지방자치단체의 재정역량 측정지표로서 재정자립도를 주로 활용했다. 그러나 재정자립도 산정 방식이 전체 재원에서 자주재원(지방세+세외수입)의 비율만을 산정하고 교부세를 포함시키지 않음으로써 실질적인 지방의 재정역량을 나타내기에 미흡했기 때문에 지금은 지방재정 자주도로 지방재정의 역량을 파악하고 있다. 그렇다고 해서 재정자립도가 틀린 지표는 아니다. 재정자립도가 지방자치단체의 재원조달 면에서의 자립 정도를 나타내는 것이라면, 재정자주도는 재원 사용면에서의 자주권, 자율권을 나타내는 지표로서 활용가치가 있다는 점이다. 즉, 지방재정 자주도란 지방자치단체가 자주적으로 재량권을 가지고 사용할 수 있는 재원이 전체 세입 가운데 얼마나 되는가를 나타내는 지표로서, 자율적으로 사용할 수 있는 지방교부세 등을 지표에 포함시킴으로써 실질적인 자치단체의 재원 활용 능력을 나타낸다.

지방재정 자주도의 지표가 갖는 의의 및 활용도는 첫째, 자치단체의 세입 중 어느 정도를 재량권을 가지고 쓸 수 있는가를 보여주는 데 활용 가능하

〈표 8-2〉 국가와 지방자치단체의 재정사용액(통합재정 지출액 기준)

(단위: 억 원 / %)

* 재정자주도 = (자체수입(지방세 + 세외수입) + 자주재원(지방교부세 + 조정교부금)×100)/일반회계 총계예산 규모
  - 전국 및 시도별 평균을 산출하는 경우에는 순계 예산규모로 산출하는 것이 일반적이다.
  - 지방자치단체별로 산출하는 경우는 총계 예산규모로 산출하는 것이 일반적이다.

용어해설
-자체수입: 지방세(보통세 + 목적세(지방교육세 제외)+과년도 수입)+세외수입(경상적세외수입+임시적세외수입)
-자주재원: 지방교부세 + 조정교부금 및 재정보전금
-자치단체 예산규모: 자체수입(지방세 중 지방교육세 제외) + 자주재원 + 보조금 + 지방채 및 예치금회수

다. 둘째는, 지방재정조정제도에 의한 재원 재분배결과를 포함하여 측정 가능하다. 따라서 지방재정조정지표의 유효성을 보여주는 지표로도 사용 가능하다는 점이다.

우리나라 지방자치단체의 재정자주도의 추이는 행정안전부 2021년도 '지방자치단체 통합재정개요'에 따르면 2021년 재정자주도(70.8%)는 전년 대비 3.1%p 감소, 2019년 대비 3.4%p 감소하여 점차적으로 약화되고 있는 실정이다. 따라서 지방자치단체들의 자생적이고 지역경제 생태계 조성 위한 재정지원 등의 강화가 필요하다.

2) 지방재정 운영주체와 수단

실제로 우리나라 지방재정의 운영주체는 다음의 표에서와 같이 중앙정부, 지방자치단체, 그리고 지방교육청 3주체로 구분되어질 수 있다.

- 운영주체
  - 중앙재정, 지방재정(일반재정 + 교육재정)
- 운영수단
  - 예산(일반회계 + 특별회계), 기금

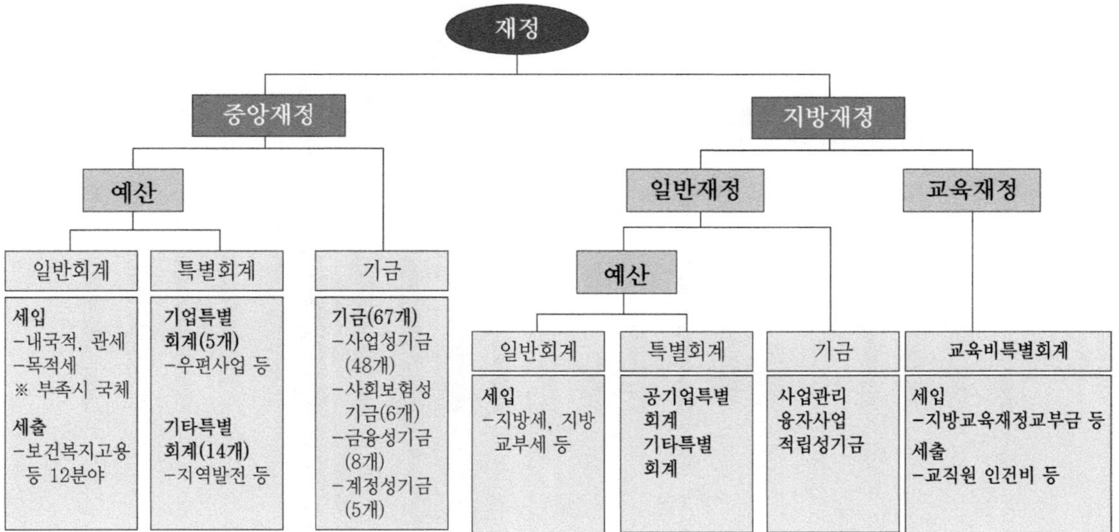

재정규모는 OECD평균에는 낮으나 저출산, 고령화에 따른 복지비용 지출 증가로 평균수준에 이를 전망이다.

• 2024년 중앙정부 총지출(본예산)은 656.6조 원(2023년, 638.7조 원)

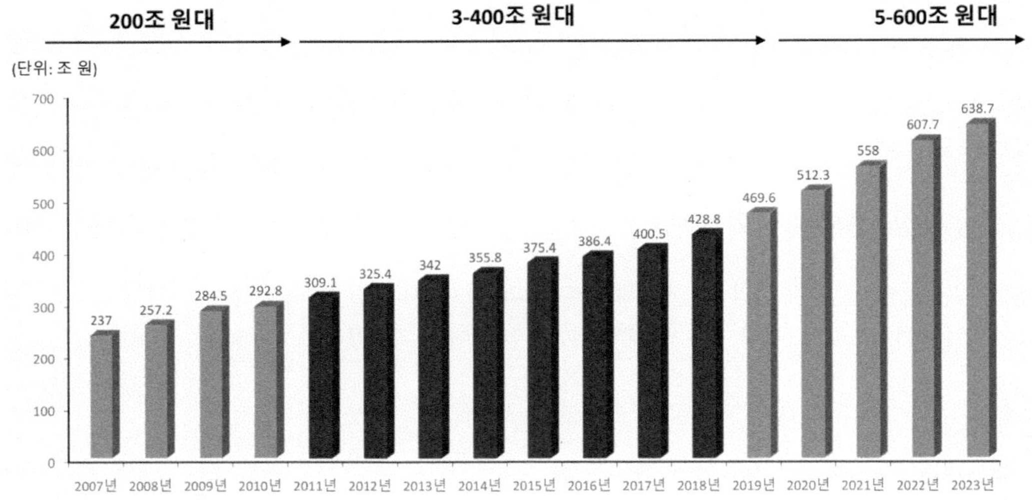

주: 본예산 기준

• 2023년 지방정부예산 305.4조 원, 지방교육 97.4조 원, 중앙정부 441.1조 원

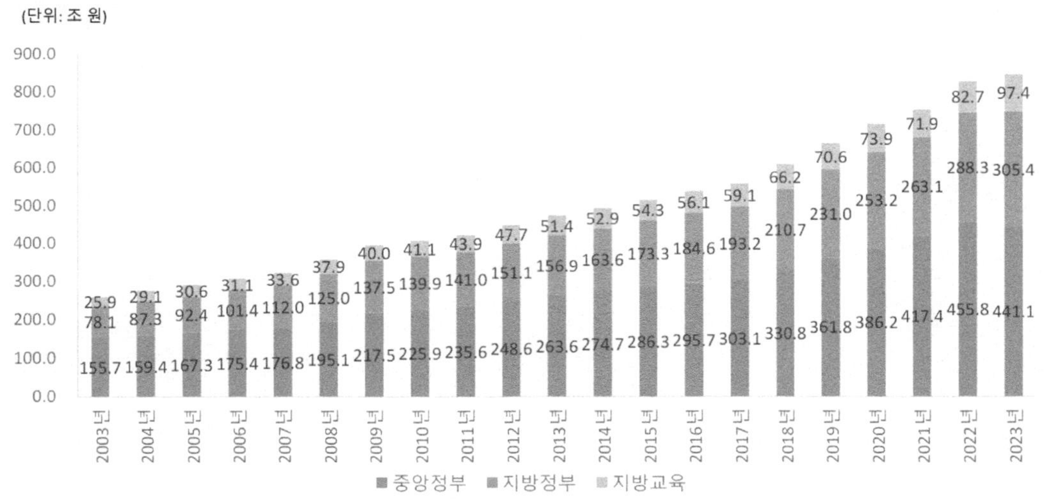

주: 당초예산(순계 기준, 일반회계+특별회계), 지방정부 재정은 2023년 당초예산(잠정치) 기준

3) 지방자치단체의 세입과 세출

2023년 결산기준(행정안전부 공시)에 따르면 다음의 다이어그램과 같다.

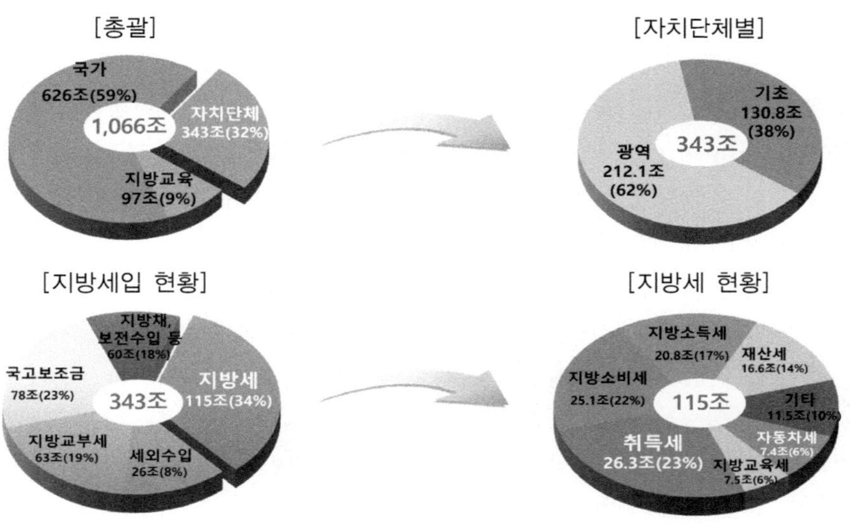

이를 세목별로 상세히 살펴보면 다음과 같다.

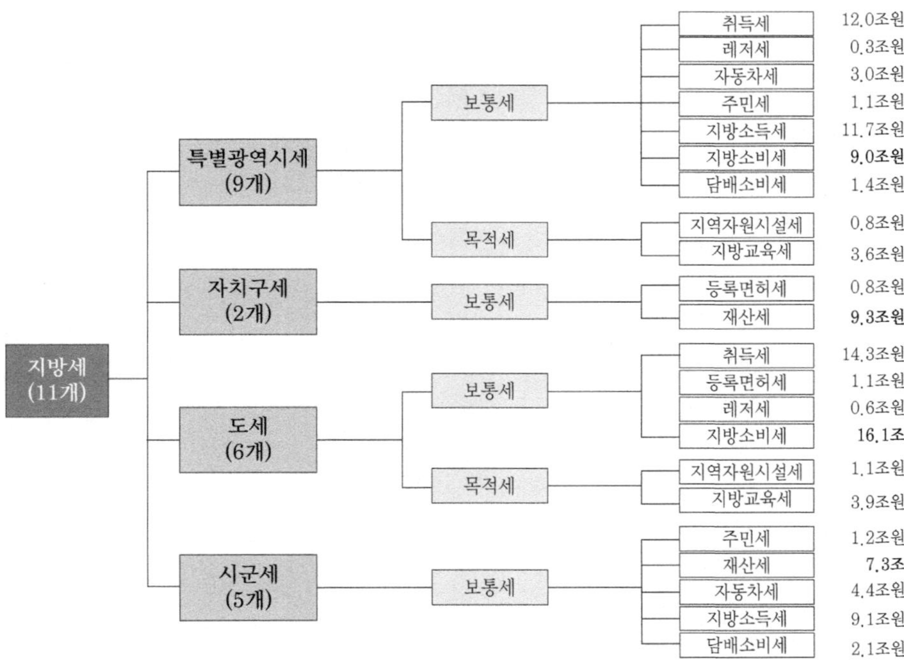

※46개 세목(45년 광복)→15개 세목(95년 지방자치 부활)→11개 세목(11년 세목 개편)

2. 국가균형발전특별회계

1) 도입배경

2003년도 등장한 참여정부에서는 지방분권, 지방분산, 지방분업 등 3분 정책과 더불어 국가균형발전을 위한 국정기조의 한 원리로 천명하면서 지역 내 혁신주체 상호 간의 네트워킹, 공동학습, 혁신의 창출 과정, 성과 향상을 위한 지역혁신체제 구축을 통한 혁신주도형 지역발전을 도모하는 방향을 제시한 바가 있다.

이에 따라 국가균형발전과 관련된 법 제정 및 제도개선의 내용에는 국가균형발전특별법의 제정을 필두로 국가균형발전위원회의 설치 운영, 지역혁신체제의 구축, 지역전략산업의 활성화, 지방대학 육성, 지역기반시설의 확충 등이 포함되어 있었다. 국가균형발전특별법은 2003년 12월 29일 국회를 통과하여 2004년 1월 17일 공표되었다. 국가균형발전특별법은 지역 간 불균형을 해소하고 자립형 지방화를 촉진하는 방안으로 국가균형발전특별회계를 설치·운영함으로써 일관성 있고 지속적인 국가균형발전을 도모하는 것을 목적으로 하며 특별법의 핵심내용으로는 국가균형발전 5개년 계획수립을 정점으로 국가균형발전특별회계의 신설, 수도권과 지방의 발전 격차 해소, 지방의 창의성과 다양성을 살린 지역개발, 낙후지역 지원방안 등이 있다.

이와 같이 국가균형발전특별회계는 국가균형발전특별법을 실천적으로 실현해 주는 제도적 장치로 탄생되었으며, 국가균형발전특별회계의 주요재원은 주세, 과밀부담금, 개발부담금, 타 회계로부터의 전입금으로 구성되며 지역 간 균형발전과 지역산업의 혁신을 도모하는 중추적 기능을 담당한다. 그러나, 이명박 정부에 들어서는 균형발전에 대한 재검토를 하여 2009년 4월 관련법을 개정하여 광역·지역발전특별회계로 바뀌었다.[2] 그러나 문재인 정부에서 동법을 개정하여 국가균형발전특별회계로 2018년도부터 새로이 운영되었고 윤석열, 이재명 정부에서도 기본적인 형태는 변하지 않고 있다.

(1) 사회·경제적 배경

우리나라는 1960년대와 1970년대에 국가주도의 고도경제성장을 달성하

2) 임승빈·배인명(2008). 지역발전인센티브 제도 도입 및 지역발전사업 평가체계 개선 방안. 국가균형발전위원회보고서: 한국지방정책연구소 간행.의 일부 내용을 요약·발췌했음.

였는데, 이 과정에서 채택된 수도권 중심의 불균형전략으로 인하여 수도권과 비수도권의 격차가 심각하게 벌어지게 되었다. 노무현 정부가 들어서기 직전인 2002년에 지역내총생산(GRDP) 기준의 지역별 경제규모는 전국 대비 지역별 지역내총생산(GRDP) 비중은 서울(21.9%), 경기(21.1%)가 월등히 높았고, 제주(0.9%), 광주(2.3%), 대전(2.4%), 강원(2.5%) 등의 지역이 가장 낮게 나타났다. 1986년~2002년 중 지역별 연평균 GRDP 성장률은 지역별 경제성장의 추이를 보면, 경기(11.4%)가 가장 높고 강원(4.2%), 전북(4.4%)이 가장 낮은 수준을 보인 것 외에는 대체로 5~7%대의 비교적 고른 성장을 보여주었다. 이는 이미 상당한 성장을 이룬 수도권과 그렇지 않은 비수도권의 격차가 더욱 커지고 있다는 것을 의미한다. 기타 지표들을 살펴보아도 수도권과 비수도권과의 격차가 증가하고 있음을 알 수 있다. 수도권 인구비중도 1998년도 45.6%에서 2001년도에는 46.5%로 증가하였으며 지역혁신을 주도하는 연구개발능력도 수도권에 집중되어, 연구개발비, 연구인력, 연구개발기관, 전문기술행정인력의 60% 내외가 수도권에 몰려 있는 것으로 나타났다. 지식산업의 수도권비율이 1997년도 33.7%에서 2000년도에는 40.5%로 증가하였다. 즉, 수도권 대 비수도권의 경제력 격차가 국가균형발전특별회계가 도입된 원인이 되었다.

(2) 정치적 배경

16대 대통령선거과정에서부터 노무현 후보 측은 균형발전과 지방분권을 중요한 선거공약으로 내세웠다. 이러한 선거공약은 국가의 균형발전을 위하여 행정수도의 건설, 공공기관의 지방이전, 국가균형발전특별법 제정, 지방교육여건의 획기적 개선, 기업이전 촉진 및 국토균형발전기획단 설치를 제안하였다. 그 이후 이명박 정부와 박근혜 정부에서는 광역지역발전특별회계로 지역균형 사업을 실시하였다. 그러나 2017년에 등장한 문재인 정부로 인하여 이전 참여정부와 같이 국가균형발전특별회계로 개편하게 되는 것은 국가균형발전 특별법이 개정된 2018년도 이후이다. 특히, 개정되는 과정에서 국고보조사업에서 일정금액 이상 투여되는 사업에서 비용타당성 분석을 실시하지 않아도 되어서 비수도권의 지역개발 사업에 대한 투자가 활발히 되는 계기가 되었다.

(3) 행정적 배경

국가균형발전특별회계의 설치는 꼬리표 달린 국고보조금제도의 문제점 해결을 위해 도입된 방안 중의 하나로도 볼 수 있다. 국고보조금은 국가가 특정한 정책목적을 위해서 또는 지방자치단체의 재정사정상 필요하다고 인정할 때 용도를 정하여 비용의 일부를 지방자치단체에 지원하는 자금을 의미하며 다음과 같은 문제점들을 지적할 수 있을 것이다. 첫째, 국가가 사업을 선정하고 사업수행방식도 정해서 지원하는 하향식 국고보조방식은 지방공무원들의 기획능력과 창의력 개발을 저해하고 있다. 둘째, 국고보조금제도는 지방자치단체의 한정된 자금을 그 지역에서 가장 필요한 부문에 사용하지 못하고 중앙정부의 판단에 의하여 지출하여야 한다는 점에서 일종의 '지역자원의 징발(conscription of local resources)'을 초래하며, 이는 지방자치의 본질을 훼손할 수 있다. 셋째, 부처 간 칸막이식, 중복적 사업 지원으로 인하여 비효율적인 재원배분이 이루어지고 있다는 문제점이 있다. 넷째, 국고보조금사업 및 보조율의 결정이 자의적으로 이루어지고 있다.

이상의 국고보조금제도의 문제점을 해결하기 위하여 노무현 정부에서 국가균형발전특별회계를 도입하게 되었으며, 문재인 정부에서 국가균형발전특별회계로 계승・발전케 된다.

2) 기 능

국가균형발전특별회계는 국고보조금과 유사한 특정보조금(special grant)이면서 중앙과 지방 간의 자원배분 수단으로서 다음과 같은 측면에서 매우 중요한 역할과 의의를 가지고 있다. 첫째, 국가차원에서 중요한 행정서비스에 대하여 전국적으로 일정한 최소수준(national minimum)을 유지하는 기능을 담당한다. 예를 들면 의무교육이나 사회보장 등 국가가 중대한 이해와 책임을 갖는 행정서비스에 대하여 국가가 그 경비의 일부를 부담함으로써 자치단체의 재정력에 관계없이 해당사업의 실시와 일정한 행정수준의 유지를 가능케 한다.

둘째, 주요사회기반 공공시설을 계획적으로 중점적으로 정비하는 기능을 담당한다. 시민의 생활수준 향상에 필요한 공공시설은 원칙적으로 지방자치단체가 자주적인 사업주체가 되어 건설・정비에 나서는 것이 원칙이지만 대규모 도로, 항만, 하천 등의 경우 국가가 적극적으로 나서서 계획적으로 정비・지원할 필요성이 있었다. 국가차원의 시책을 보급하고 정착시키는 기능을 하고 있다. 예를 들면 지방행정사무로서 아직 충분히 정착되지 않거나 국가 입장에서 새로운 사업을 지방단위에 정착시키거나 혹은 보급을 장려하고자 할 경우 국가가 경비의 일부를 부담하여 보조하는 정책은 바람직하고 효과적인 정책으로 기능한다.

셋째, 행정서비스의 공급과 관련하여 국민의 실질적 부담을 조정하는 기능을 담당한다. 행정서비스는 유형과 성격에 따라 혜택의 범위가 달리 나타나는데, 그 것은 기본적으로 특정서비스가 창출하는 외부효과(external effect)나 누출효과(spill-over effect)에 의해 결정된다. 지방자치단체의 재정을 지원하는 기능을 담당하고 있다. 재정기반이 취약한 자치단체에 대해 국가가 특별히 재정을 보조함으로써 자치단체의 재정 건전성을 유지시켜 주는 동시에 지역간의 재정력 격차를 시정하는데 기여할 수 있다는 것이다.

즉, 원칙적으로 국가가 수행해야 할 사업에 대하여 국가가 경비를 부담하고 그 사업의 실시를 자치단체에 위임함으로써 국민의 편익을 향상시키고 해당 사무처리에 소요되는 국가적 비용을 억제하는 기능을 담당하는 것이다. 국가자원 배분기능(resource allocation)을 담당하는 상당수의 지자체들은 자신이 제공하는 행정서비스에 필요한 경비를 지방세로 충당하지 못하는 상황에 처해 있으며 이때 국고보조금이나 균특회계 등을 통해 국고의 일부를 지자체에게 지원해 주는 국가자원의 배분이 이루어지는 기능이 있는 것이다.

3) 예산편성 방식

국가균형발전특별회계는 2025년 현재 5개 계정으로 바뀌었다. 5개 계정은 지역자율 계정, 지역지원 계정, 세종특별자치시 계정, 제주특별자치도 계정, 초광역 계정 등이다. 주요재원으로서 지역자율재정의 재원은 주세의 40% 등, 지역자원 계정은 주세의 60% 등에 의존하고 있다. 2026년도 현재 예산규모는 13조원 가량이다.

지자체 자율편성사업은 사전에 지자체에 통보된 지출한도 범위 내에서 자율 편성하여 중앙부처에 예산신청서를 제출한다. 기획예산처는 지자체별 예산신청한도를 매년 5월초까지 마련하여 시・도・시・군・구에 통보하되 시・군・구 지출한도는 균형발전 기반 지원사업의 계속사업에 한하며 시・도지사는 예산신청서를 종합하여 5월말까지 중앙부처 및 지방시대위원회에 제출해야 한다. 이때 지역발전기반 지원사업의 경우 시・도지사는 시・군・구에서 제출한 예산신청내역을 조정하지 않고 종합만 하여야 한다.

[그림 8-1] 국가균형발전예산

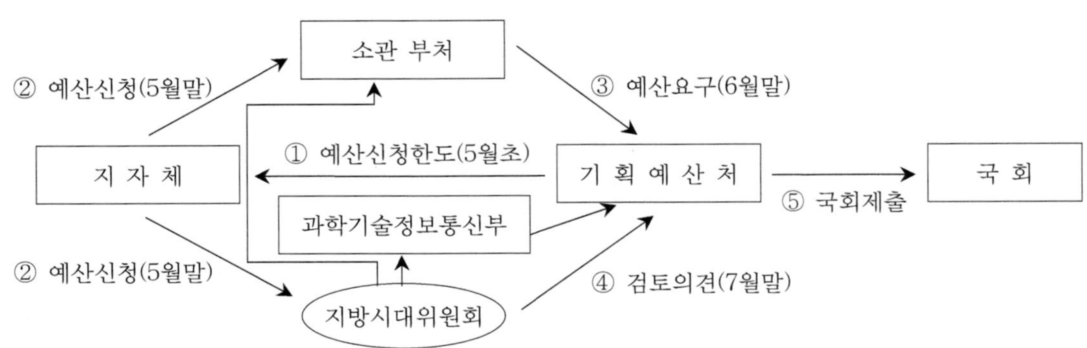

자료: 국가균형발전위원회, 국가균형발전특별회계 예산안 편성 지침(2026).

중앙행정기관은 시・도의 예산신청서를 종합하여 예산요구서를 작성하되 시・도의 신청금액을 조정하지 않고 요구내용의 적정성, 조정방향 등에 대한 검토의견만 제출할 수 있다. 다만, 균형발전기반 지원사업과 혁신계정 중 지자체 자율편성사업은 신규 사업에 대해서는 부처별 지출한도 범위 내에서 지자체의 신청내용을 고려하여 적정 소요를 요구할 수 있다. 중앙행정기관은 지자체의 예산신청서 및 자체 조정 예산안을 마련하여 기획예산처에 6월말까지 예산요구서를 제출하여야 한다.

지방시대위원회는 시・도지사가 제출한 예산신청서에 대하여 지역발전 및 지역혁신사업과의 정합성, 지자체 사업우선순위의 타당성 등을 중점 검토하여 검토의견서를 7월말까지 기획예산처에 통보하여야 한다.

단, R&D 사업에 대해서는 각 지방자치단체의 사업 신청내용과 국가균형발전계획과의 연계성, 지방자치단체별 중복신청 등을 중점 검토하여 지역발전위원회의 검토의견을 국가과학기술위원회에 제출하고 국가과학기술위원회는 지방시대위원회가 제시한 사업에 대한 의견을 반영하여 7월말까지 검토의견서를 기획재정부에 제출한다. 기획예산처는 각 중앙부처 및 지방시대위원회의 검토의견을 종합 반영하여 지자체와 협의・보완한 후 예산안을 편성하도록 되어 있다.

재해예방 관련사업 및 신규지역 및 지구지정 등 국가 직접편성사업은 자율편성사업과는 달리 각 중앙부처별로 설정된 지출한도 범위 내에서 예산안을 편성한다. 기획예산처는 부처별 지출한도를 4월말까지 부처에 통보하며 지자체는 사업별 필수 소요를 5월말까지 중앙부처 및 지방시대위원회에 예산신청을 한다. 지자체의 예산신청안을 바탕으로 중앙부처는 지출한도

[그림 8-2] 국가 직접편성사업 편성 절차

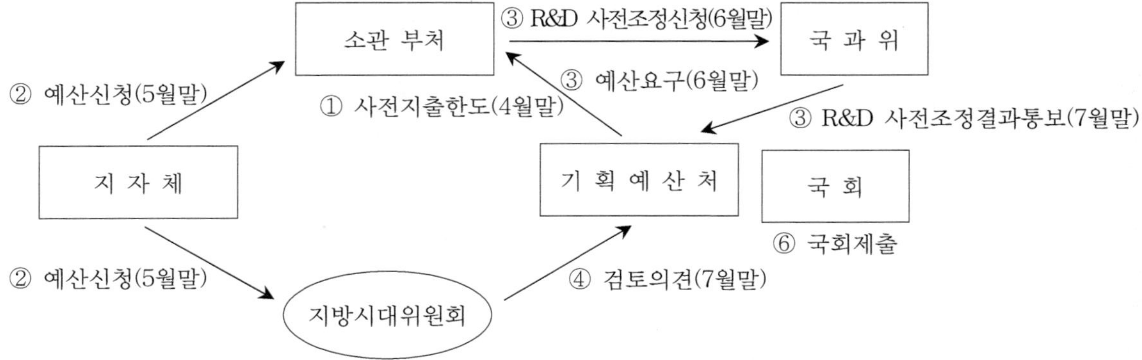

자료: 기획재정부 자료를 기초로 하여 필자가 재구성.

범위 내에서 사업을 조정하여 6월말까지 기획예산처에 예산요구를 하며 R&D 사업의 경우는 지방시대위원회의 검토의견과 국가과학기술위원회의 사전조정결과를 7월말까지 기획재정부에 통보한다. 기획예산처는 각 중앙부처의 예산요구에 대해 지방시대위원회의 의견을 종합하여 협의·보완한 후 예산안을 편성한다. [그림 8-2]는 국가가 직접 편성하는 사업의 편성 절차를 나타낸 것이다.

제 3 절 지방재정조정제도

1. 지방재정조정제도의 의의

지방재정조정제도(Local finance equalization scheme)란 지방자치단체 간 경제력의 차이 등으로 인한 재정상의 불균형을 완화하기 위하여 국가나 상위자치단체가 재정력이 취약한 지방자치단체로 재원을 이전하여 주는 제도이다.

우리나라에는 국가와 지방자치단체간, 광역자치단체와 기초자치단체 간 재원 이전에는 두 가지 유형이 있으며, 전자에는 지방교부세, 국고보조금이, 그리고 후자에는 조정교부금과 재정보전금, 사용료 및 시·도세 징수교부금제도 등이 있다. 이는 <표 8-3>에서 잘 나타내고 있다.

여러 가지 지방재정조정제도는 그 성격과 재원이 다르므로 앞으로 지방

> **Focus On**
>
> **지방재정조정제도**
>
> ① 의 의
>
> 재원의 재분배제도로 여기에는 중앙이 지방에게 내려주는 수직적 조정과 지방 간의 조정인 수평적 조정이 있음
>
> ② 필요성
>
> - 자치단체간 재정력 격차의 균형기능
> - 일정한 행정수준의 확보를 위한 재정보장 기능
> - 자원의 효율적 배분 기능
> - 지방자치단체의 자주성 보장 기능
>
> ③ 종 류
>
> - 지방교부세
> - 국고보조금
> - 광역지역발전특별회계

〈표 8-3〉 우리나라 정부간 재정조정제도 현황

주체		도구	내용
수직적 재정조정 관계	중앙정부 ↔ 지방자치단체	조세	국세－지방세
		이전재원	지방교부세, 국고보조금, (균특회계)
	광역자치단체 ↔ 기초자치단체	조세	특별·광역시세－자치구세 도세－시·군세
		이전재원	특별·광역시 → 자치구: 자치구 조정교부금, 시비보조금 도 → 시·군: 시·군 조정교부금, 도비보조금
	중앙정부 ↔ 교육자치단체	조세·이전재원	지방교육재정교부금(교육세포함), 국고보조금
수평적 재정조정 관계	동일계층 자치단체	조세·이전재원	지역상생발전기금, 서울시 재산세 공동세
	광역자치단체 ↔ 교육자치단체	조세·이전재원	지방교육세, 담배소비세 및 시도세 전입금 등

주1) 지방교부세는 특별·광역시의 자치구에는 직접 교부되지 않음, 2015년 소방안전교부세가 신설됨.
주2) 도에서 시·군에 교부되는 재정보전금은 2015년부터 시·군 조정교부금으로 명칭이 변경됨.
주3) 서울시 재산세 공동세(50%)는 형식적으로는 수직적 재정이전이지만 실질적으로 수평적 재정 이전에 해당함.
주4) 지역발전특별회계는 이전재정은 아니며, 중앙정부의 지역정책의 일환으로 지정되는 제도임.

자치단체의 입장에서 필요한 재원을 보장하고 지방의 자율성을 확대해 주는 방향으로 발전시켜 나가야 할 것이다.

발과 림(R. W. Bahl and J. F. Lim)은 국가가 지방자치단체에게 지방재정을 조정하는 재원규모의 결정방식과 배분방식에 따라 <표 8-4>와 같이 분류한다. 재원조달이 임의적인 방법으로 결정되거나(G), 특정부문에 대한

〈표 8-4〉 지방재정조정제도의 분류

배 분 방 식	재원규모의 결정방식		
	국세조세수입의 일정률	임의적 결정	특정지출에 대한 지원
징세지원칙	A	n.a	n.a
공식에 의한 배분	B	F	n.a
특정사업에 대한 경비지원	C	G	K
임의적 배분	D	H	n.a

주: n.a = not available.
자료: Bahl, R. W and J. F. Lim(1992).

필요경비를 고려하여 결정되는 경우(K)에는 국가의 지방자치단체에 대한 규제수단으로는 효과적일 수 있으나 지방자치단체의 자율성과 계획성을 저해한다. 국세특정세목의 일정율로 재원규모가 결정되는 경우(C)에는 지방재정의 재원을 확충하는 효과가 있다.

우리나라의 국고보조금은 대체로 G 또는 K에 속하고, 지방교부세는 B, 광역지역발전특별회계 보조금은 C의 한 형태에 속한다.

2. 지방재정조정제도의 지급 유형

1) 특정보조금 · 일반보조금

첫째, 특정보조금(개별보조금 · 보조금)과 일반보조금(일반교부금 · 교부금)의 구분이다. 장소 · 시기 · 논자에 따라 명칭은 다양하지만 내용적으로 전자는 수취 정부회계의 용도 항목에 제한을 가하는 반면에 후자는 제한을 가하지 않는다. 사업수단의 자원 구성의 측면에서 보면 재원과 결부된 용도 선택의 권한 차이에 주목한 분류이다. 이것은 제한의 범위에 따라 상대적으로 무수한 구분이 가능하다. 제한 범위가 다소 넓은 것을 포괄보조금(block grant)이라고 부르는 경우도 있다.[3)]

재정조정 프로그램의 경우에는 일반보조금이 중심적인 사업수단이 된다. 그 이유는 첫째, 특정보조금보다도 자치 목적에 합치된다고 생각되기 때문이다. 그러나 실제로는 복잡한 요인이 복합적으로 작용하므로 보조금 유형에 따른 실제의 효과는 단순하게 일반화시키기에는 무리가 있다. 오히려 주된 이유는 실시확보와 관련된 다음과 같은 이유에서 일 것이다. 특정보조금을 통해 대상 정부의 전분야에 미치는 재정조정을 시행하기 위해서는 각종의 특정보조금의 재정조정 작용을 감안하여 전체적으로 통합하는 동시에 각 보조금과 연계된 개별 행정프로그램과의 조율도 필요한데, 문제는 그것이 기술적으로나 부처 간의 정치적인 측면에서나 쉽지 않다는 것이다. 따라

---

3) 이 용법은 주로 미국의 것이다. 영국에서는 다른 의미를 가진다. 첫째, 대문자로서는 1980년의 일괄교부금(BG)을 가리킨다. 그리고 역사적으로 1929년의 일반국고지급금(General Exchequer Contribution, GEC)을 가리키는 경우도 있다. 둘째, 비율 보조금(percentage grants)과 대비시킨 의미의 정액 보조금을 가리키는 경우도 있다. GEC는 일정 기간별의 정액 보조금이다. 셋째, 미국과 비슷한 용법으로서 용도가 세세하게 정해진 개별보조금(allocated grants)과 대비시킨 보조금이다.

서 재정조정의 실시확보를 위해서는 특정보조금·개별 프로그램으로부터 비교적 독립한 편제가 필요하다. 이렇게 다른 프로그램으로부터 상대적으로 독립한 사업수단이 될 수 있는 것은 일반보조금인 것이다.

다만 특정·일반의 구분은 상대적이다. 첫째, 이러한 상대성은 정부회계의 성격에 기인한다. 예를 들면 교육보조금은 특정 또는 포괄보조금이라고 생각되지만, 학교의 입장에서는 일반보조금이라고도 할 수 있는 것이다. 이것은 정의의 문제이지만 여기서는 다음과 같은 입장을 취한다. 특정·일반의 구분은 수취 정부회계의 활동 범위를 고려하여 상대적인 관점에서 결정되는 것으로 이해한다. 만약 수취 정부회계의 관점에서 일반적이라면 재정조정에 있어서 각 보조금 간의 통일성을 확보할 필요성은 감소하게 된다.

둘째, 특수한 유형의 특정보조금도 있다. 예를 들면 오스트레일리아 연방은 주에 대하여 지방재정조정 목적을 위한 특정보조금을 교부한다. 이는 헌법상 연방정부가 직접적으로 지방정부에 자금을 교부할 수 없기 때문이다. 프로그램 대상의 지방정부로서는 일반적이지만 주로서는 특정보조금이 되는 것이다. 영국은 거주용·혼합용 자산에 대한 레이트 경감에 따른 지방정부의 세수 감소분을 보전한다. 경감률은 중앙정부에 의해 설정된다. 거주요소는 감세 목적의 특정보조금으로서 실질적으로는 거주용·혼합용 레이트 납세자에 대한 보조가 된다. 그러나 지방정부 회계로서는 일반보조금을 받는 것과 동일하다. 단지 그 액수가 감세분에 상당하는 것일 따름이다.

2) 정액보조금·대응보조금

다음으로는 정액보조금(lump-sum grant)과 대응보조금(matching grant)의 구분이다. 그리고 대응보조금은 수취자 측의 부담 가운데 일정 비율을 보조하기 때문에 비율보조금(percentage grant)이라고 불리는 경우도 있다. 공공경제학에서는 보조금이 정부회계의 지출 행동에 서로 다른 영향을 미치는 측면이 주목되는 경우가 많다. 프로그램이 영향을 받지 않는 반면에 대응보조금의 경우는 수취회계의 행동에 따라 프로그램이 좌우된다는 점이다. 따라서 대응보조금을 수단으로 하게 되면 프로그램의 불확실성은 높아지게 된다. 그런 의미에서 순수공유세·정식교부금·애드혹교부금의 경우 수취 회계의 행동에 대한 대응의 필요성은 대응보조금인 비용상환교부금보다 작다고 할 수 있다.

3) 수취 · 부담

세 번째로 특정한 정부회계에 초점을 맞추게 되면 재정이전은 교부금 수취와 교부금 부담 가운데 어느 한쪽에 해당하게 된다. 교부금에 초점을 맞추면 어떤 회계로부터 지출되어 다른 회계로 수취된다. 부담 측은 교부금 지출의 대가로서 무언가를 요구하고, 반대로 수취 측은 자기에게 유리한 조건으로 수취하고자 한다. 보다 단적으로 부담 측은 지출 삭감을 위해 노력하고 수취 측은 수취 확대에 주력한다. 부담 측과 수취 측의 이해는 대립되기 때문에 항상 분쟁의 가능성을 갖고 있다. 이렇게 부담 · 수취 양측이 대립하고 부담 · 수취가 재정이전의 불가분의 양면이라고 한다면 부담 · 수취의 편제방식은 중요하다. 즉 분배방식과 재분배방식 간의 선택의 문제이다. 이것은 보통 수평조정의 국면에서 발생한다. 수직조정은 일반적으로 재분배방식이다. 분배방식이라는 것은 대상 정부에 부족분을 배분하는 부족분 지불(deficiency payment), 즉 대상 정부가 수취 측이 된다. 재분배이전(re-distributive transfer)이고, 대상 정부의 재원부담이 존재한다.

일반적으로 수평조정에 있어서 재분배방식의 평형화 효과는 강력하지만 분쟁을 일으키기 쉽다고 생각되고 있다. 그래서 분배방식이 채택되는 것이 보통이다. 다만 분배방식으로 한다고 하여 항상 분쟁을 회피할 수 있는 것은 아니다. 그 이유로 첫째, 분배총액은 어떤 정부회계든지 부담하는 정부회계가 존재하기 마련이므로 결국 재정조정 프로그램은 항상 재분배방식이라고 할 수 있다. 둘째, 분배총액 내에서의 배분 과정에서도 배분액을 둘러싼 이해는 대립하게 마련이다.

3. 지방재정조정제도의 필요성

1) 지방자치단체 간 재정력 격차해소

대도시로 인구와 산업이 집중하면서 대도시와 중소도시 간, 시지역과 군지역간 지역경제규모면에서 격차를 가져오고 이는 다시 지방자치단체 간 지방재정력의 격차를 초래하게 된다. 이와 같은 형상을 수평적 재정불균형(horizontal fiscal imbalance)이라고 한다. 이는 국가전체입장에서뿐만 아니라 해당 지방자치단체 입장에서도 결코 바람직하지 못하고 있다. 따라서 국가와 광역자치단체 차원에서 이의 해소 또는 조정이 필요하다.

2) 일정한 행정수준 유지재원의 보장

국가 또는 지방자치단체는 지역주민에게 상·하수도, 도로, 사회서비스 등 최소한의 행정수준(national or civil minimum)을 제공하기 위한 서비스를 제공하여야 한다. 이를 위하여 1차적으로 지방자치단체가 필요한 재원을 충당하여야 하며 그것이 부족한 경우 국가나 상위자치단체가 이를 보전해 주어야 한다.

3) 국가·지역 시책사업의 구현유도

국가나 광역자치단체차원에서 필요한 시책적인 사업을 추진하기 위하여 특별교부세나 국고보조금의 형태로 목적사업을 구체적으로 정하여 지원함으로써 의도하는 바를 실현할 수 있다. 이를 잘 이행하는 경우는 인센티브를, 어기는 경우에는 회수는 물론 해당 지방자치단체에게 페널티(penalty)를 줄 수도 있다.

4) 천재지변 등 각종 재해의 신속복구

천재지변 등 자연재해뿐만 아니라 폭발사고 등 인위적인 재난이 발생할 경우 이의 복구에 많은 재원이 일시에 소요되는 경우가 있다. 이 때에 필요재원을 신속히 지원함으로써 민생안정을 도모하고 위기관리를 할 수 있다. 또한 이의 예방을 위한 경우에도 미리 지원하여 체계적으로 관리할 수 있다.

4. 일본의 지방재정조정제도

1) 지방교부세

2020년도 현재 일본은 우리나라의 지방교부세제도와 비슷한 제도를 유지하고 있다. 지방교부세의 재원은 소득세, 법인세 및 주세수입액의 32%와 소비세 수입액의 24%, 그리고 담배세의 25%를 합산한 금액이다. 지방교부세 총액의 94%가 보통교부세이고, 6%가 특별교부세로 지원된다. 일본의 지방교부세의 특징은 특정세원에 제한하고 있다는 점이며, 또한 영국과 달리 교육교부금을 분리하지 않고 통합운영하여 지방교육계의 반발을 사고 있다는 점이다.

2) 지방양여세

소비양여세(소비세수입의 1/5), 지방도로양여세(전액), 석유가스양여세(석유가스세 세수의 1/2), 특별양여세, 자동차중량양여세(세수의 1/4), 항공기연료양여세(세수의 2/3)의 6개 세가 재원이다. 이 중 소비양여세와 특별양여세는 용도에 제한이 없으나 기타 양여세수입은 용도가 사전에 정해져 있다.

3) 국고지출금

우리의 국고보조금제도와 비슷하며 보조금, 부담금, 위탁금 등의 명칭이 혼용되어 사용되기도 한다. 그 밖에 중국의 수직적 재정조정제도외에 지방정부가 국가에 재원을 재배분해주는 수직적 역재정조정제도와 독일의 재정력이 강한 지방자치단체가 동급자치단체에 재원을 이전해주는 수평적 재정조정제도(역교부세제도, 주정부 간 수평적 재정조정제도)[4] 등이 있다.

제 4 절 지방교부세와 국고보조금

1. 지방교부세

1) 지방교부세의 의의

(1) 지방교부세의 개념

지방교부세(local allocation tax)란 국가수입 중 일부(내국세총액의 15%에서 2005년도부터는 19.24% 등)를 재원으로 확보하여 재정력이 취약한 지방자치단체에게 일정한 기준에 따라 교부하는 제도로 지방재정조정제도의 가장 본질적인 제도라고 할 수 있다. 지역 간의 재정력 격차를 해소 또는 완화하고 국민최저생활수준(nation or civil minimum)을 보장하기 위하여 이 제도를 운영하고 있으며, 각 나라별 특성 및 여건에 따라 그 배부방식 및

> **key concept**
>
> **지방교부세**
>
> 용도지정이 없는 일반재원으로 기준재정수요액보다 기준재정수입액이 부족하여 재정상의 결함을 국가가 교부하여 주는 것으로 내국세 총액 19.24%의 금액에 해당된다. 관리는 행정안전부 장관이 한다.

---

4) 주정부 간 재정조정은 기본법에 명시된 연방주의(federalism)에 따라 각 주마다 독립된 국가적 지위를 인정하되 주 간의 연대감을 바탕으로 연방내 주들의 균등한 생활 수준을 실현하기 위해 주의 1인당 세수력을 전체 평균 세수력의 95%에 근접하도록 재정력이 강한 주가 재정력이 약한 주들에게 교부금을 지원한다.

운영형태는 각기 다르다고 할 수 있다(교부금 또는 보조금의 형태로 교부).

지방교부세 재원은 지방재정법 제4조(교부세의 재원) 제1항에서 다음과 같이 정하고 있다(개정 2014.12.23.). 1. 해당 연도의 내국세(목적세 및 종합부동산세, 담배에 부과하는 개별소비세 총액의 100분의 20 및 다른 법률에 따라 특별회계의 재원으로 사용되는 세목의 해당 금액은 제외한다. 이하 같다) 총액의 1만분의 1,924에 해당하는 금액. 「종합부동산세법」에 따른 종합부동산세 총액. 「개별소비세법」에 따라 담배에 부과하는 개별소비세 총액의 100분의 20에 해당하는 금액. 제5조 제3항에 따라 같은 항 제1호의 차액을 정산한 금액. 제5조 제3항에 따라 같은 항 제2호의 차액을 정산한 금액. 제5조 제3항에 따라 같은 항 제3호의 차액을 정산한 금액이다.

또한, 교부세의 종류별 재원은 다음 각 호와 같다<개정 2014.1.1., 2014.12.23., 2014.12.31.>. 보통교부세는(제1항 제1호의 금액 + 제1항 제4호의 정산액) × 100분의 97. 특별교부세는(제1항 제1호의 금액 + 제1항 제4호의 정산액) × 100분의 3 등이다. 부동산교부세는 제1항 제2호의 금액 + 제1항 제5호의 정산액. 소방안전교부세: 제1항 제3호의 금액 + 제1항 제6호의 정산액 등이다.

(2) 지방교부세의 기능

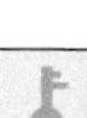

지방교부세의 의의와 기능

① **의의:** 지방자치단체 간의 재정격차를 완화하기 위한 국고지출금제도이다.
② **기능:** 자주성보장기능, 재원의 균형화기능, 재원보장기능 등이 있다.

① 재정조정기능(재원의 균형화)

국가가 지방자치단체 간의 재정력 격차를 해소하기 위하여 지방교부세의 적정한 배분을 통하여 지방자치단체 상호 간의 과부족을 조정하고 지방재정력 수준의 균형화를 도모한다.

② 재원보장기능(재원의 보장)

거시적으로는 지방교부세총액을 내국세의 19.24%로 법정화하여 지방재원을 총액으로 보장하고, 미시적으로는 기준재정수요액과 기준재정수입액이라는 일정한 기준을 설정하여 지방자치단체가 행정의 계획적인 운영이 가능하도록 필요한 재원을 보장한다.

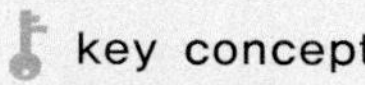

지방교부세의 특징

① 의존재원, 공유의 독립재원(교부세율 법정: 내국세 총액 19.24%)
② 일반재원, 용도제한의 금지

지방교부세는 특히 지방자치단체 간 재정조정기능과 지방자치단체의 재원보전기능을 수행하여야 하나 100% 보전을 의미하는 것은 아니다. 즉 일정한 수준의 지방행정서비스를 제공하기 위해 생산 및 공급비용과 지방세 수입의 차이를 보장해 주고, 이를 통하여 지방자치단체 간의 재정력 격차를 줄이는 데에 목적이 있다.

〈표 8-5〉 지방교부세의 의의와 현황

• 지방교부세
– (의의) 모든 자치단체가 일정한 행정수준을 확보할 수 있도록 국세의 일부를 자치단체 행정운영 재원으로 운용
– (규모) '23년 75.3조원(정부 본예산)

구 분	목 적	재 원	'23년 예산
보통교부세	기본적인 행정수준 유지	내국세의 19.24%(정률분)	66.6조원
특별교부세	예상치 못한 재정수요 대응	보통: 정률분의 97% 특별: 정률분의 3%	2.1조원
부동산교부세	시・군・구 균형재원	종합부동산세 전액	5.7조원
소방안전교부세	소방 및 안전강화	담뱃값의 개별소비세액 45%	0.9조원

※ '23년 보통교부세 불교부단체(4개): 서울, 경기, 성남, 화성

③ 재정자율성 제고기능

국고보조금은 재원의 용도가 국가에 의해 지정되어 지원되므로 어느 정도 국가의 계획이나 정책을 지방자치단체가 따르도록 유도시키는 수단으로 작용하면서 지방재정을 관리하는 기능을 갖고 있다. 그러나 지방교부세는 지방자치단체의 일반재원으로서 지방교부세법 제1조(목적)도 지방자치단체의 독립성을 강화하고 지방행정의 건전한 발전을 목적으로 규정하고 있다.

2) 지방교부세의 종류[5)]

(1) 보통교부세

지방자치단체가 행정의 일정수준을 유지하기 위하여 기본적으로 소요되는 일반재원을 보장하고자 하는 것으로 매년도 기준재정수입액이 기준재정

5) 지방교부세는 아니나 광역자치단체인 서울특별・광역시와 도가 관할구역 내에 있는 기초자치단체인 시・도・자치구를 대상으로 하는 지방재정조정제도로 조정교부금과 재정보전금이 있다. 조정교부금이란 1988년 지방자치법의 개정으로 서울특별시와 광역시의 행정구가 자치구형태의 지방자치단체가 되면서 도입된 자치구 간의 지방재정조정제도이다. 즉 자치구 간 재정불균형을 해소하고 자치구간 일정한 행정수준을 보장하기 위하여 시세중 일부세목을 일정한 기준에 따라 교부하는 제도이다.
재정보전금이란 2000년부터 시행된 제도로 종전의 도세징수교부금(당해 시・군에서 징수하는 도세의 징수에 대한 수수료)을 인구 50만 이상 시는 47%, 잔여 시・군은 27%를 교부하였으나 여러 가지 부작용이 지적되어 이를 재원으로 하여 도세징수교부금은 일률적으로 3%로 통일하고 나머지 재원은 시・군에 대한 재정보전금으로 교부하고 있다.

수요액에 미달하는 지방자치단체에 대하여 그 미달액(재정부족액)을 기초로 산정하여 교부하는 재원을 말한다. 각 지방자치단체의 실정과 잘 부합하고 객관적이고 간단한 방식으로 운영되는 것이 원칙이다.

참고자료

특별교부세 교부 사유

① 기준재정수요액의 산정방법으로써 포착할 수 없는 특별한 재정수요가 있을 때
② 보통교부세 산정기일 후에 발생한 재해로 인하여 특별한 재정수요가 있거나 재정수입의 감소가 있을 때
③ 자치단체의 청사 또는 공공복지시설의 신설, 복구, 확장, 보수 등의 이유로 인하여 특별한 재정수요가 있을때

Focus On

지방교부세의 보통교부세

① **교부재원:** 보통교부세의 교부재원은 총교부재원의 10/11을 점한다.
② **교부액 배정:** 보통교부세는 각급 지방자치단체의 기준재정소요액에서 각급 지방자치단체의 기준재정수입액을 차감한 금액을 기준으로 비율별로 각급 지방자치단체에 배정된다.
③ **일반재원:** 보통교부세는 그 용도에 대해서 아무런 제한이 없는 일반재원이다.

(2) 특별교부세

특별교부세는 잔여교부세 총액의 4%에 해당하는 액을 재원으로 하며 보통교부세의 기능을 보완해서 지방교부세제도 전체의 타당성을 확보하기 위한 제도이다. 보통교부세의 산정방법으로는 보전할 수 없는 재정수요나 보통교부세 산정후 발생한 재해로 인한 특별한 재정수요가 있거나 지방자치단체청사 또는 공공복지시설의 신설·복구·확장·보수 등의 경우에 특별히 교부되는 재원이다. 돈의 용처의 제한이 가능하고 보통교부세 불교부단체도 특별교부세를 받을 수 있다.

(3) 부동산교부세

부동산교부세는 종합부동산세를 재원으로 조성되었다. 제주도를 제외하고 각 지자체의 배분액은 재정여건에 크게 좌우되며, 다음으로 사회복지수요와 교육수요, 즉 인구가 영향을 미친다.

2009년도에는 3조 1,328억 원까지 불어난 후 종합부동산세 개편과 부동산 경기침체 등에 따라 2010년 이후 1조~1조2,000억 원 수준으로 떨어졌으며 2015년도 부동산교부세 예산이 정산분을 포함, 1조 4,104억 원 수준이었다. 그러나, 배분기준과 배분액을 놓고 중앙(행정자치부)과 자치단체 간에 끊임없이 분쟁이 이어지고 있다. 예를 들어, 지방자치단체의 사회복지수요 증가에 따라 2016년도부터는 부동산교부세 배분기준 중 사회복지 비중을 현행 25%에서 35%로 확대한 관계로 각 자치단체의 여건에 따라 이해가 상충되기 때문이다.

(4) 소방안전교부세

소방안전교부세의 탄생은 안타깝게도 2014년 4월에 발생한 세월호의 안전대책의 일환으로 도입된다. 소방안전교부세의 교부기준 등을 주요내용으로 하는 지방교부세법 시행령 개정안을 통하여 지방교부세법 개정('15.1.1. 시행)의 후속조치로 시행되었다. 소방안전교부세의 재원은 담배에 부과하는 개별소비세 총액의 100분의 20에 해당하는 금액이며 2015년도에는 총

규모가 3,141억 정도이었으며 2016년도에는 5천억 원 정도로 그 규모가 커진 바 있다. 소방안전교부세는 지방교부세로써 합리적인 교부산식에 따라 지자체에 교부하되, 소방안전교부세의 도입 목적과 취지 등을 감안하여 지자체에서 소방·안전시설 및 안전기능 강화사업에 한하여 투자하도록 하고 지자체의 소방·안전시설 등에 대한 투자 노력도에 따라 차등하여 교부함으로써 지방의 소방 및 안전기능이 획기적으로 강화되도록 설계하였다.

소방안전교부세의 투자대상은 노후 소방장비 교체의 시급성 등을 감안하여 2023년까지 소방분야에 75% 이상 투자하도록 일몰 규정이 연장되었다. 또한, 예산서에 소방안전교부세를 표시하게 함으로써 지자체에서 교부받은 소방안전교부세를 타목적으로 사용하지 못하도록 한 점이 특징이다. 또한 문재인 정부 들어서 그동안 시·도 단위의 소방공무원들에 대한 처우의 형평성 문제 등을 시정하기 위하여 2020년 4월 1일부터 소방직 공무원이 국가직으로 전환되었다.

3) 보통교부금 산정방법

일반교부세의 산정방법은 대단히 복잡하고 기술적이기 때문에 이론적 가치가 있는 분야에 국한하여 소개하려고 한다. 개별자치단체별 지방교부금은 기준재정수요에서 기준재정수입을 뺀 차액의 일정분이 된다.

또한 각 지자체의 특수사정을 고려한 조정률은 다음과 같다.

조정률(지방교부세법 시행규칙 제3조)

$$\bullet\ \text{조정률} = \frac{\text{보통교부세의 총액}}{\text{재정부족액이 발생한 지방자치단체의 재정부족액 총액}}$$

여기서 기준재정수요액이라는 것은 각자치단체가 필요로 하는 공공경비의 측정항목(단위)에 단위비용을 곱하여 산출되는 것으로 공공경비의 종류로는, 일반행정비, 보건 및 생활환경개선, 사회보장비, 교통관리비 등의 10여개 항목이 있고 각 항목에는 상당수의 세항목이 있다. 이 세항목을 산식에서 계수화하는 단위인 측정 단위로는 인구수, 가구수, 공무원정원, 경지면적, 도로면적, 하천연장 등이 있다.

> **Focus On**
>
> **지방교부세의 특별교부세**
>
> ① **특별교부세**는 보통교부세의 획일성·경직성을 보완하기 위한 탄력적인 교부세로서 의미를 가진다.
>
> ② **교부재원:** 특별교부세의 교부재원은 잔여교부세 총액의 4%을 차지한다.
>
> ③ **교부대상:**
> - 보통교부세의 산정에 사용된 기준재정소요액의 산정으로는 포착할 수 없는 특별한 재정수요가 있을 때.
> - 보통교부세의 산정기일 이후에 발생한 재해로 인하여 특별한 재정수요가 있거나 또는 재정수입의 감소가 있을때.
> - 지방자치단체의 청사 또는 공공시설의 신설, 복구, 확장, 보수 등의 사유로 인하여 특별한 재정수요가 있을 때 한하여 교부된다.
>
> ④ **특정재원:** 특별교부세는 특정목적에만 충당할 수 있는 특정재원이다.

기준재정수요액은 그 지역의 기본적 행정수요(administrative demand)를 예산으로서 책정하는 것이다.

한편 기준재정수입액은 각 지방자치단체의 지방세수입의 80%로 책정되어 있다. 지방세수입의 100%로서 기준재정수입을 가름하면 지방정부는 독자적인 징세노력을 하지 않을 것이다. 그래서 20%는 따로 떼어놓고 80%만 고려하는 방식이다. 그러나 적정한 비율을 산정하는 것이 쉽지 않다.

4) 지방교부세 운영상의 문제점

(1) 지방세원과의 불일치

지방교부금의 현황을 살펴보기 위해 일반회계세입구조에서 교부세가 차지하는 비중을 보아야 한다. 일반회계세입 중 가장 큰 비중을 차지한 것은 지방세이고 그 다음은 세외수입, 국고보조금, 지방교부세의 순서이다. 그러나 지방에 따라서는 지방교부금이 아주 중요한 재원이 된다. 광역지방정부의 경우 지방세 비중은 기초지방정부에 비하여 상대적으로 높지만, 지방교부세 비중이 낮다. 그러나 시·군·자치구는 상대적으로 지방세 비중이 낮고 교부금의 비중이 높다. 특히 군의 경우지방교부세는 중요한 재원으로 자리매김하고 있다.

분권화가 더욱 진행되어서 중앙정부의 많은 기능이 지방정부로 이전되면 지방의 재정수요는 더욱 늘어날 것이다. 지방의 균형발전이 제대로 되지 않으면 지방정부 간의 재정격차가 심화될 것이고 경제력이 취약한 지방정부의 재정역량으로는 주민의 기본적 행정수요를 충족시키는 것이 어려워진다. 국세를 지방세로 전환하는 경우에도 지역 간의 재정력 균형을 회복하기는 어려울 것이므로, 지방정부의 재정력 확대와 지역 간의 재정균등화를 위해서는 현재의 지방교부금을 상향조정할 필요도 제기될 것이다. 물론 이때에도 국민의 담세수준이나 중앙정부의 재정수요도 함께 고려되어야 할 것이다.

(2) 자치단체간 재정력 측정의 한계

2022년도 현재도 226개의 기초지방자치단체와 17개 광역지방자치단체는 모두 다른 행정환경에 처해 있기 때문에 행정안전부가 기준재정수요액을 객관적·과학적으로 측정하고 있으나 실제적으로는 불가능하다.

왜냐하면 기준재정수요란 지방행정환경변화에 의해 결정되는데 자치단체마다 각기 다른 환경에 처해 있기 때문에 이를 객관적으로 측정한다는 것이 어렵다는 것이다.

(3) 제도적 이슈

교부세율과 관련된 문제는 두 가지로 나누어지는데, 하나는 지방교부세율을 법률에 의해 고정시키는 것이 바람직한 것인가 하는 문제이고, 다른 하나는 현행 법정교부율이 적정 수준인가 하는 것이다. 먼저 지방교부세율을 법정화하는 것은 지방재정의 안정성과 계획성을 보장하고 자의적 교부금 배정을 방지하는 장점이 있다. 그럼에도 불구하고 법정화는 중앙재정을 경직화하고 교부금에 대한 초과수요를 상존시켜서 재원배분상의 효율을 저하시키는 단점도 있다.

다음으로 현행 교부세율이 적정한가에 대한 논란이다. 2019년도 현재 현행 교부세 비율 19.24%는 1972년의 8·3조치 이후 여러 번 조정되어 온 것인데 합리적 계산에 의한다기보다는 정치적 타협의 결과라고 볼 수 있다. 앞으로 지방정부의 기능이양의 폭과 직접적인 관련이 있으며, 지방세제, 지방양여금제도, 법정외 지방세 등과 같은 제도적 변화와 더불어 지역균형발전 정책과도 관련된 문제이다.

(4) 효과에 대한 의문

중앙정부의 지출대비 자치단체로의 이전재원 규모는 2012년 100조원을 조금 넘어 60% 초반에서 2021년 175조원을 상회하여 70% 이상 상승하는 등 중앙에의 의존성은 점점 커지고 있다(기획재정부 연도별 예산서). 따라서 과연 지방교부금의 목적이 실현되고 있는가 하는 점이다. 재정력이 취약한 지방정부에 대한 재원보전효과는 통계처럼 인정될 수 있지만, 지방교부금의 수평적 재원균등화 기능에 대해서는 회의적인 연구결과가 많다. 군의 경우에는 재정력의 균등화 기능이 있는 것으로 파악되고 있지만, 도시지역의 경우 오히려 재정력 격차를 심화시켜 수평적 불균형을 심화시키고 있다는 주장도 있는 것이다.

이는 현행 지방교부금이 지방정부의 지출수요와 자체 수입간의 차액을 보전함으로써 수직적 재정불균형을 시정하는 목적에 치중하고 있기 때문이다. 또 기준재정수요의 판단기준이 되는 공공경비의 측정단위가 대부분 인구수, 공무원 정원, 도로면적, 건물 연면적 등으로 구성되어 있기 때문에 기존의 인원, 기구 및 시설규모가 방대한 지방정부에 더 많은 교부금이 배분됨

> **Focus On**
>
> **지방교부세 제도의 문제점**
>
> ① 교부세재원이 너무 적다.
> ② 중앙정부와 지방정부간의 업무의 명확한 획정이 되어 있지 않을 뿐 아니라, 위임사무에 대한 재정적 분담의 불합리로 지방재정조정에 역행하는 현상을 가져왔다.
> ③ 교부대상단체를 특별시·광역시·도·시·군의 5종류로만 구분하고 있어 불합리하다.
> ④ 모든 지방자치단체의 보통세수입의 80%를 기준재정수입액으로 획일적 책정을 함으로써 불합리성·불균형을 가중시키고 있다.
> ⑤ 현재 있는 상태만 고려하여 기준재정소요액을 책정하고 있다.

> **Focus On**
>
> **지방교부세 제도의 개선방안**
>
> ① 중앙정부와 지방정부 간의 명확한 업무획정이 있어야 하며, 국가사업의 지방전가에 있어서는 이에 소요될 재정적 뒷받침이 수반되도록 배려하여야 할 것이다.
> ② 교부대상단체구분의 명세화로 교부의 균형·합리성을 확보해야 한다.
> ③ 지방자치 단체간의 행정·재정규모 및 수준 등을 감안하여 기준재정수입액 책정의 기준을 다양화·탄력화하여야 한다.
> ④ 현재있는 상태만이 아니라 없는 상태와 미래 상태의 예측까지 고려하는 기준재정소요액의 책정이 요구된다.

으로써 지방정부 간의 수평적 재정 불균형을 더욱 심화시키는 경향이 있다.

물론 반대의 결과도 보고되고 있다. 지방교부세가 지역경제력과 재정력(다년간, 기준재정수입액/기준재정수요액)에 반비례되도록 배분되고 있어, 재정력 격차를 완화시켜 주고 있다는 주장이다. 지방교부세를 당해 지역의 내국세 납세액과 비교하여 재정력의 격차완화에 기여하고 있음을 주장하기도 한다.

마지막으로 특별교부세의 규모와 운영에 대한 다양한 지적이 있다. 그 동안 운영의 개선이 있어 왔지만, 규모가 크고, 중앙정부(행정자치부)의 개입폭이 넓음에 대해서 비판이 제기되어 왔다. 특별히 용도가 지정되어 있는 시책분, 특별분과 용도가 정해져 있지 않은 일반분으로 구분되어 운용되고 있는데 문제는 일반분이 작다는 것이다. 아울러 재정격차의 해소에도 기여하지 못하고 있는 점이 지적되고 있다. 이는 지방정부의 자율적 재원의 이전이란 본래의 취지에도 부합하지 않는다.

2. 국고보조금

1) 국고보조금의 의의

> **key concept**
>
> **국고보조금의 개념**
>
> 국고보조금이란 국가가 지방자치단체에 대하여 그 행정을 수행하는데 요하는 경비의 재원을 충당하기 위하여 용도를 특정해서 교부하는 것을 말한다.

국고보조금(national subsidy)이란 국가정책상 필요가 있거나 또는 지방자치단체의 재정사정상 특히 필요하다고 인정될 때 국가예산의 범위 안에서 지방자치단체에 교부하는 것으로 보조금 이외에 부담금, 조성금, 장려금, 위탁금의 명칭도 사용된다.

보조금은 대부분 용도와 수행조건 등을 지정하는 조건이 붙게 되며 피보조자나 단체는 그 자금의 집행에 관하여 보조자의 행정감독과 재정적 통제를 받을 의무가 주어진다. 보조금은 항상 일정한 자부담을 하여야 하고 보조금 중 남은 잔액은 이런 용도로 쓸 수 없고 반드시 교부자에게 정산하여 보고하여야 한다.

보조금에 관한 일반법인 보조금 관리에 관한 법률과 지방재정법 그리고 각 개별법인 생활보호법 등 법령과 지방자치단체의 조례의 적용을 받는다.

2) 국고보조금의 특성

(1) 특정재원

국고보조금은 국가로부터 교부되므로 지방자치단체의 자주재원인 지방세나 세외수입과 구별된다. 또한 교부시 그 용도가 구체적으로 정해지므로 일반재원인 지방교부세와도 구별된다.

> **key concept**
>
> **국고보조금의 성격**
>
> 국고보조금은 의존재원 및 특정재원으로서의 성격을 지녀서, 중앙통제 수단으로서의 의미가 강하다.

(2) 지방비부담

국고보조율이 100%인 국고보조금은 거의 없고 어느 정도의 지방비와 자부담 등을 요구하고 있다. 따라서 지방비부담의무가 없는 지방교부세와는 구별된다.

(3) 규모의 비법정화

지방교부세는 앞서 살펴본 바와 같이 법정비율에 의하여 그 규모가 어느 정도 예측 가능하나 국고보조금은 국가예산에 의하여 결정되므로 매년 변화가 있을 수 있다. 따라서 예측가능성이 떨어지므로 자치단체에서는 합리적 예산편성을 만들기에는 한계가 있다.

3) 국고보조금의 종류

국고보조금이 활용되는 용도와 그에 따라 사용되는 국고보조금을 분류하

[그림 8-3] 국고보조금의 분류

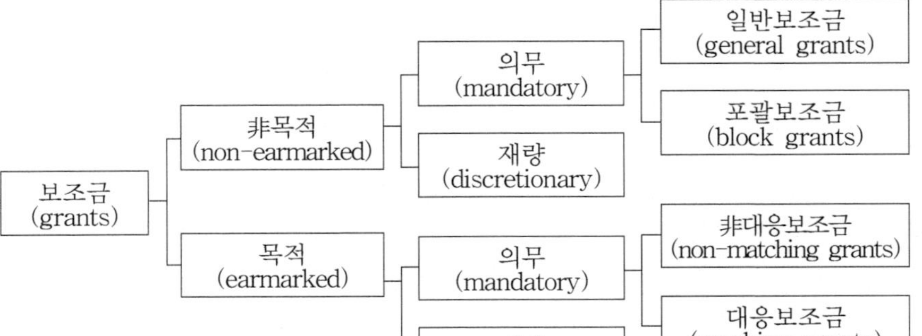

주: 의무보조금은 중앙정부가 법령이나 규정에 따라 보조금 공여의 의무를 지는 보조금, 재량보조금은 이러한 의무 없이 임의로 공여하는 보조금

자료: 국회예산정책처(2010), 광역·지역발전특별회계 포괄보조사업 평가 보고서, 11쪽.

면 앞의 [그림 8-3]에서 보는 바와 같다.

(1) 경비의 성질에 의한 분류

① 교부금

국가가 스스로 행하여 할 사무를 지방자치단체 등에 위임하여 수행하는 경우에 국가가 그 소요경비의 전액을 교부하여 주는 것이다. 이에는 국민투표, 국회의원선거, 외국인 등록, 병사교부금, 민방위교부금 등 기관위임사무의 경우에 교부한다.

② 부담금

지방자치단체 또는 그 기관이 법령에 의하여 처리해야 할 사무로서 국가와 지방자치단체 상호 간에 이해관계가 있는 경우에 그 사무를 원활하게 처리하기 위하여 국가에서 부담하여야 할 경비를 국가가 일부 또는 전부를 부담하는 경비이다.

③ 협의의 보조금(장려적 보조금)

국가가 특정한 행정사무의 집행을 장려 · 조장하거나(장려적 보조금), 지방재정의 어려움을 지원하기 위하여 교부하는 경비(재정지원적 보조금 또는 지방재정보조금)이다. 지하철 건설, 경지정리사업 등과 같은 주로 자치사무의 경우에 보조한다.

(2) 보조형태에 의한 분류

① 정률보조금

비례적 보조금이라고 하며, 지방자치단체가 지출하는 경비의 일정비율에 해당하는 금액을 국가가 보조하는 것으로 대부분이 정률보조금이다. 그 보

〈표 8-6〉 우리나라 국고보조금의 용도와 종류

국고보조금의 용도	종 류
국가위임사무의 처리(기관위임사무)	교부금
광역사무의 처리(단체위임사무)	부담금
지방의 특수시설의 장려(고유사무)	협의의 보조금
지방의 특수행정수행의 장려(고유사무)	
지방행정수준의 향상(고유사무)	

조비율은 국가의 재정사정, 지방비부담능력, 주민의 요구정도, 당해사무에 대한 국가의 관심도 또는 장려의 정도 등을 감안하여 결정되나 대부분 법령에 의하여 정해진다.

② 정액보조금

특정한 사업에 대하여 일정액의 보조금을 정액으로 교부하는 것으로 보조대상사업의 양에 일정단가를 곱한 금액을 교부하는 방법과 매건별로 일정액을 교부하는 방법이 있다. 특정사업에 대한 장려적 효과와 재정지원적 효과가 있다.

③ 차등보조금

일정비율 또는 일정금액에 의한 일률적인 보조금제도의 결점을 보완하기 위하여 지방자치단체의 재정력 또는 특별한 필요성을 감안하여 크기에 따라 상이한 보조율을 적용하여 보조하는 유형이다. 보조금 관리에 관한 법률에 규정하고 있으나 현실적으로는 해당 지방자치단체의 반발 등 부작용을 우려하여 아직 적용하지 못하고 있다.

(3) 신청여부에 의한 분류

① 신청보조금

보조사업을 수행하려는 자가 보조하려는 자에게 관계법령 및 지침에 의하여 예산계상을 신청하고 이에 따라 받는 보조금으로 대부분의 보조금이 이와 같은 형태를 취한다.

② 무신청보조금

보조사업을 수행하려는 자의 신청이 없도록 국가시책 수행상 부득이하여 보조하려는 자의 주관에 의하여 예산에 계상(計相)하여 보조하는 것이다. 국가가 소요경비의 전액을 교부하는 보조사업의 경우, 재해발생 등 사전에 예기치 못한 사유로 인하여 보조금의 교부가 불가피한 경우, 기타 기획재정부 장관이 국가의 주요시책수행상 보조금의 교부가 불가피하다고 설정하는 사업의 경우에 가능하다.

(4) 교부조건에 의한 분류

① 일반적 보조금

일정한 범위 또는 지역의 사업이나 일정한 효과를 가져오는 사업의 추진을 도모하기 위하여 그러한 취지에 맞는 사업에 소요되는 경비를 지원하면서 총액과 비도(費途)만을 정해주고 교부하는 보조금을 말한다. 외국의 포괄보조금(block grants)이 이에 해당한다.

② 특정보조금

특정사업에 필요한 경비를 원조하기 위하여 그 사용처를 한정하여 지출하는 보조금으로서 이미 국가로부터 교부되는 시점에서 그 용도가 사전에 구체적으로 지정된다.

(5) 시행주체에 의한 분류

① 직접보조금

국가로부터 교부된 보조금을 지방자치단체가 직접 집행하는 경우로서 우리나라에서는 재해위험지구 정비사업비, 자전거도로 정비사업비 등의 보조금이 있다. 이와 같은 형태의 보조금이 제일 많다.

② 간접보조금

국가로부터 교부된 보조금을 지방자치단체를 통하여 실수요자인 민간(단체)이나 타기관에 재교부하는 보조금을 말한다. 우리나라에서는 공동양식장 사업비, 일반경지정리 사업비, 조림 사업비 등의 경우 어촌계나 농업기반공사, 산림조합 등에 재교부하여 사업을 집행케 하고 있다.

4) 국고보조금의 문제점과 개선방안

우리나라의 국고보조금은 중앙정부 주도의 국가발전방식 때문에 많은 종류의 세분화된 보조금사업이 있는 것이 특징이었다. 즉, 중앙정부의 주무부처가 용도를 구체적으로 정하여 통제지향적인 관리관행에 따라 운영해 왔다. 이러한 국고보조금 방식을 참여정부에 들어와서는 대대적으로 개선하여 2004년부터는 일부 국고보조금을 포괄보조금화시켰다. 지방의 자율을 보다 존중하는 운용방법이라고 하겠다. 그럼에도 불구하고 지방정부의 보조사업 수행에 대해서 중앙정부가 불만을 표시하고 지방에 중앙부처의 지방사무소를 신설하려는 동기를 버리지 못하고 있다. 환경부, 보건복지부, 농림부, 해양수산부 등의 중앙부처의 국(局)단위에서는 예산의 상당부분이 지방재정에 대한 보조금이므로 보조금정책이 부처의 주요한 업무가 된다. 사업의 성격상 중앙부처가 직접 수행하기에는 어려움이 따르기 때문에 지방정부에 책임을 맡기고 뒤에서 통제하려는 의도가 여전히 많다.

이렇게 보조금이 부처에 의하여 세분되어 운용되는 경우 자원배분을 왜곡할 가능성이 커진다. 이것은 보조금제도 자체가 가지고 있는 문제이기도 하지만, 중앙정부의 의도가 개입된 사업에 지방정부가 재정력이 취약함에도 불구하고 상당히 높은 대응부담금을 부담하면서도 공공재의 가격을 낮추어 주는 효과에 매료되어 사업을 맡는 경향이 널리 퍼져있다. 이것은 자원의 효율적 배분에 왜곡을 초래하여 보조사업이 지역의 후생을 증대시키지 못하게 될 수도 있다.

이상과 같은 일반적인 상황에 추가하여 현행 제도가 안고 있는 문제점과 개선방안을 간략하게 정리하면 다음과 같다.

첫째, 보조사업 선정상의 문제점이다. 국고사업을 선정하는 데 있어 중앙과 지방 간의 기능배분이 명확하지 않아서 객관적인 선정기준이 결여되어 있다. 국고보조금은 중앙과 지방이 상호 이해관계를 가지고 있으면서 국가의 기능에 속하는 일이지만 지방이 수행하는 것이 국가전체에 효과적인 사업에 국한되어야 한다. 그러나 현실은 어떤 사업의 성격과 사무의 현실상 소속 계층이 다른 것이 적지 않다. 보조사업의 범위와 보조율에 대한 합리적인 개선이 필요하다.

둘째, 국고보조율이 낮고 지방정부의 보조금부담비율 상승이 문제되고 있다. 과도한 지방부담금이 문제로 제기된다. 보조금 중에서 100% 보조금은 극히 일부분에 한정된다. 보조사업의 기본보조율이 중앙과 지방정부의 귀속정도를 나타내는 지표로서 그 성격이 반영되어야 할 것인데 그러하지 못한 경우가 적지 않다. 따라서 지방정부는 과도한 대응부담금을 투입함으로써 지방재정의 경직성을 높이는 문제를 안게 된다.

그리고 보조금이 지방정부에 인센티브로 작용할 만큼 충분한가 하는 점도 검토되어야 한다. 중앙부처의 의도를 잘 반영하는 지방정부에 대해서는 지원을 강화할 필요도 있다. 그런데 현실은 일률적으로 30%, 50%, 70%, 100% 등이고, 대도시와 농어촌 그리고 시・도별 시・군・구별로 차등적으로 규정되어 있다. 차등보조율의 경우에도 원칙이 불분명하고 그 대상사업이 소수에 불과하고 경제적 유인효과가 적은 실정이다.

셋째, 보조사업이 영세하고 중복적이며 다른 지방재정조정제도와의 연계가 미흡하다. 부처별 전체규모가 소규모인 것도 있지만 개별사업으로 보면 너무 영세한 보조사업이 많다. 경제발전으로 사업규모가 커지고 있는 현실을 감안할 때 소규모지원은 사업을 매년 조금씩 단절적으로 추진할 수밖에 없게 만들어 재원의 투자효과도 떨어뜨리고 간접행정비를 증대시킨다. 이러한 상황을 개선하기 위해서 보조사업의 규모를 늘리고, 비도(재량적 한도)가 넓은 포괄적 보조금(block grants)의 범위를 점차로 확대시키면서 동시에 다른 지원사업과의 연계를 강화하여야 한다.

지방정부가 수행하는 사업 중에서 중앙정부와 광역지방정부가 함께 보조하는 사업의 경우 뚜렷한 원칙 없이 중앙의 보조와 도비 보조가 혼재한다. 그리고 동종이거나 유사한 업무를 위해서 중앙관련부처와 상위지방정부가 다수의 영세한 보조금을 운영한다. 보조의 취지나 목적을 알기 어렵고 성과를 추정하기 어려운 경우도 있다.

보조금 사업의 부처 간 연계는 물론이고 지방교부세나 연계없이 결정되어 지원된다. 물론 교부세 불교부단체에는 보조율을 하향조정하고 있으나 보조금을 받는 지방정부의 재정력에 대한 고려나 전국적 균형발전 전략을 고려하는 단계가 없다. 일반행정과 교육행정과의 연계도 재정부문에서 고려되어야 할 것이다. 관련부서의 입장에서는 세분화된 보조금을 독자적으로 운용하는 것이 편리하다. 그러나 이전재정의 경제적 상승효과를 제고하기 위해서는 사업의 성격, 지원받는 정부의 재정상황, 전국적 균형발전 전략 등과 같은 상위의 필요성이 개별보조금의 결정과정에서 충분히 고려되어야 할 것이다.

넷째, 보조금의 실질적인 성과에 대한 의문이 제기된다. 보조금은 보조자가 직접 업무를 집행하거나 서비스를 전달하지 않고 일종의 계약에 의하여 대리인을 사용하는 행위이다. 지방정부가 대리인인 경우가 적지 않는데 문제는 대리인이 업무를 수행하는 데 있어서 유인이 작동하지 않는 체제를 가지고 있다는 점이다. 지방정부가 보조금을 '보조금 관리에 관한 법률'에 의하여 신청하고 있지만 신청 시에 과년도의 실적이 참고되어야 함에도 불구하고 문제가 발견되지 않으면 기계적으로 보조금이 책정되어 교부되는 경우가 대부분이다. 따라서 보조사업을 개선할 별도의 유인을 지방정부로서는 찾지 못하고 있다.

보조사업 수행의 정확성, 창의성, 효과성 등을 평가하여서 차기 보조금 교부 시에 이를 참조하고 보조사업 도중에 진행되는 중간조사나 감사 등은 축소되어야 한다. 이러한 방법은 대리인 비용을 줄이는 데 기여하고 정부 내의 규제완화에도 기여한다. 또 형식적으로 운영되는 보조금 사업계획 심사평가업무는 성과평가(performance evaluation)와 연계되어 개선되어야 한다.

물론 보조금의 지역균형화 효과에 대해서는 적극적인 연구보고도 있다.

그러나 다른 이전재정과의 연계 효과는 상당히 적은 것으로 나타나고 있다.

일부 지방정부에서는 다수의 보조금을 수혜로 보지 않고 귀찮게 보아서 거부하는 입장을 나타내기도 한다.

3. 포괄보조금 제도

1) 개 념

포괄보조금(block grants)은 중앙정부가 특정 목적을 지정하지만 지방정부가 대강의 요건을 만족시키는 범위 한에서 활용할 수 있도록 구체적인 통제는 하지 않는 종류의 보조금을 지칭한다. 포괄보조라는 개념의 특징과 정의를 정립하는 공식적인 공표는 1970년대 미국의 정부관계위원회(Advisory Commission on Intergovernmental Relations; ACIR)에 의해서 명확해졌다고 할 수 있다. 1966년에 최초로 미국에서 포괄보조금제가 시행된 이래(GAO, 1995), "포괄보조는 보조금을 받는 정부의 재량권하에 있는 광범위한 기능적 영역에서 성문법적인 공식에 따라 주로 일반정부 단위에 제공되는 프로그램에서의 기금"으로 정의되었다(Waller, 2005). 따라서 ACIR의 정의를 해석한다면, 중앙정부에서 지방정부로의 이전재원이라는 성격, 정책집행에서의 포괄성을 기초로 하는 성격, 배분에서의 재량을 주요 가치로 지향하고 있다고 할 수 있다.

또한, 위키피디아(Wikipedia, 2010)[6] 정의에 따르면 포괄보조금이란 "사업비 지출에 대한 최소한의 일반규정을 가지고 중앙정부가 지역정부에게 대규모로 보조한 금액이며, 이는 어떻게 재원이 사용될 것인지에 대한 엄격하고 명확한 규정을 가진 특정보조금과는 대조적인 보조금"이라고 정의하고 있다.

2) 포괄보조금의 유형과 활용 방식

포괄보조제도 정의가 하나로 획일화되지 않은 관계로 실용성 측면에서 다양한 형태의 세부유형이 존재한다(www.grant.gov). 포괄보조금제도를 두 가지로 크게 이대분한다면, 일반포괄보조금과 조건부포괄보조금으로 나눌 수 있다. 일반포괄보조금은 지출용도에 특별한 제한없이 포괄보조금의

6) http://en.wikipedia.org

원래 목적대로 일반재원으로 이용된다. 이와 달리 조건부 포괄보조금(Conditional Block Grant)은 완전조건부, 제한적 조건부, 그리고 일반 조건부 포괄보조금으로 나뉜다(윤영진, 2006). 조건부 포괄보조금 중에서 완전조건부 포괄보조금은 당해 기능영역에 국한하여 사용가능한 재원을 재량적으로 지출하는 유형의 포괄보조금이다. 제한적 조건부조금은 성과와 관련성이 높은 제한된 영역에서 지방정부에 배분된 재원 중 일정비율을 해당 기능영역에 재원전환이 가능한 유형이다. 마지막으로 일반 조건부 포괄보조금은 특별한 기능영역 간 관련성의 요건을 요구하지 않고 재원총량의 범위내에서 일정의 비율만큼을 다른 기능영역에 배분하는 행위가 허락되는 포괄보조금제도이다(이재원, 2009). 따라서 포괄보조금 제도는 중앙정부와 지방정부가 사업에 대한 권한과 책임을 공유하면서 사업에 대한 전략적 기획과 집행재량의 확대를 위해 활용하는 형식의 하나라고 볼 수 있다.

3) 포괄보조금 제도의 활용 목적

중앙정부의 자치단체에 대한 이러한 포괄보조금의 지원방식은 중앙정부의 국고보조사업을 분권적 방식으로 관리하기 위한 재정정책 수단으로서 활용되기도 한다. 그 이유는 포괄보조금을 통한 사업이 자치단체에게는 행정관리 편리성 제고, 개별 사업에서의 집행재량권 강화, 총량적 지방재정 규모의 확충 등의 효과가 기대되기 때문이다. 포괄보조금 제도의 활용에 대하여 보다 상세히 살펴보면 이 제도는 현실 정책의 실용적인 제도 운용 과정에서 파생된 용어로서 대체로 네 가지 공통적 성격이 있다고 한다(이재원, 2009). 첫째는, 중앙정부의 개별 정책 담당 부처에서 분야별로 재원을 관리하고, 지방정부에 대해서 포괄적으로 규정된 정책 목적 내에서 폭넓은 활동에 대해 권한을 부여한다는 것이다. 즉, 포괄적으로 규정된 정책 목적이 존재한다는 점에서 일반재원으로 운영되는 보통교부금과 다르며 단순히 유사한 보조 단위사업들을 통합한 형태의 통합보조금과도 구별된다. 둘째는, 지방정부는 프로그램의 구체적인 내용을 기획하고 세부사업별 재원 배분에서 실질적인 재량권을 갖게 된다. 왜냐하면 일정 비율의 재원이 상대적으로 제한된 포괄적 정책 목적을 넘어 지출되는 것도 허용 가능하기 때문이다. 셋째는, 국가적인 정책 목적 달성 여부를 확인하기 위해 중앙정부 부처들에서는 행정관리, 재정보고, 기획 및 기타 조건만을 설정하고 자치단체의 재량권을 주는 특성을 갖고 있다. 넷째는, 포괄보조금 제도에서의 자치단체에 대한 중앙정부의 재정지원을 개별 사업단위로 산정하지 않고, 프로그램의 재정수요 특성을 반영하는 법정 공식(公式)에 따라 총량적으로 배분하는 방식이다.

재정분권을 위한 포괄보조금 제도의 활용의 또 다른 목적으로는 자치단체 사업의 결과 지향적 성과 관리를 강화하겠다는 의도와 중앙정부가 재정적자 위기를 극복하려는 의도로 재정자율과 총액감축을 교환하는 정책수단으로서도 볼 수 있다.

4) 포괄보조금 사업과 지역발전에 대한 기여도

포괄보조금에 의한 지역발전의 효과는 현재까지는 전반적으로 낮은 것으로 평가되고 있다. 이러한 원인은 기초생활권계획 등 지역개발사업의 경우, 창의적·통합적 신규사업의 발굴 노력이 미미하고, 지자체 부서간 칸막이 행정으로 유사사업의 통합이나 관련사업의 연계 추진이 부진하며, 외부재원에 과다하게 의존하거나 지자체의 재원부담 능력을 고려하지 않은 사업 추진이 문제점으로 지적되고 있다(국회예산처, 2010). 또한 대부분의 지자체에서 포괄보조금사업방식의 취지를 살리지 못하고, 과거 균특회계 시기의 사업을 신청하거나 주로 계속사업에 치중하는 등 실질적으로 내역사업 위주로 예산을 편성하고 있어서 포괄보조금체계가 작동하지 않고 있다는 지적도 있었다(국회예산처, 2010).

그러나 포괄보조금제도가 실질적으로 시행된 2010년부터 포괄보조금의 지역발전에 대한 전반적인 효과를 측정하는 데에는 한계가 있다는 지적에 따라서 2019년도에는 예비타당성 분석을 하지 않아도 되는 사업을 결정하는 등 국가균형발전위원회가 노력을 기울였다.

5) 포괄보조금 제도의 장·단점

다양한 포괄보조금 제도를 활용하고 있는 미국의 경우 재량 축소와 범주화 문제를 갖고 있다. 포괄보조금 제도가 정착되면서 특정보조에서와 같은 의회 규제가 작동하기 시작했고, 의회는 예산심의 과정에서 추가적 제약을 부여하여 포괄보조의 재량을 억제하는 결과를 가져온다고 한다. 즉, 유사한 목적을 가진 새로운 보조금이 신설되기 시작했다는 것이다. 또한, 실제로 행정 효율성이 창출되었는지에 대한 회의적 시각도 존재한다(이재원, 2009). 아울러 연방정부의 요구조건이 완화되고 행정 부담이 감소하기는 했으나.

주정부의 경우 종전에 없던 새로운 프로그램에 대한 관리 부담이 증대하는 역효과가 발생했다는 것이다(GAO, 1995; 이정희 · 박경돈(2010) 재인용).

따라서 포괄보조금 제도의 목표가 명확하게 설정 · 합의되고 지방정부의 역량과 의지가 담보된다면 포괄보조금 제도는 정부 간 재정관계에서 '집행재량'과 '성과책임'의 바람직한 교환 구조의 모델이라고 할 수 있으므로 이러한 장점을 살리는 것이 중요하다.

제5절 지방재정의 위기와 개선방향

1. 재정위기의 개념과 유형

1) 재정위험의 개념

재정위험(fiscal risk)이란 재정건전성의 반대 개념이고, 유사 용어와 비교하면 <표 8-7>과 같다.

〈표 8-7〉 재정위험의 개념

구 분	내 용
재정압박 (fiscal stress)	재정위기의 징후로서 재정지출의 지속적 팽창 과정에서 이를 충당할 만한 재정수입이 확보되지 않아 재정 유동성에 문제가 발생하여 재정적자가 누적되는 상황(허명순, 2011). 재정지출과 수입 간의 괴리로 인해 현금흐름에 문제가 발생한 경우로 일시적인 반면 이러한 문제가 악화되어 구조적이고 장기적으로 적자가 누적된다면 재정난과 재정위기상태로 볼 수 있음(조기현 · 신두섭, 2008).
재정고통 (fiscal distress) 또는 재정위기 (fiscal crisis or emergency)	재정압박으로 인한 재정적자의 누적현상이 지속되어 사회문제로 표출되는 상태. 자구적 노력이나 외부의 지원과 감독을 필요로 하며 미국이나 일본 등에서는 구체적인 기준을 제시함.
재정파산 (fiscal bankruptcy)	재정위기 상태를 자력으로 극복하지 못하는 최악의 상황을 의미함(김종순 외, 2010). 자치단체가 채무상환능력을 상실하여 자치단체로서 기능을 할 수 없는 단계로 미국은 1930년대 제정된 연방파산법에 지방정부 재정파산의 성립조건과 행정적 · 사법적 절차를 규정함(허명순, 2011).

종합적으로, 재정위험은 재원대책이 제대로 마련되지 않거나 불충분하여 재정적자가 발생하고, 이로 인해 국가부채나 지방채무가 누적적으로 증가하며 우발채무가 발생하여 재정의 지속가능성을 위협하는 상황이라고 정의할 수 있다.[7)]

2) 재정위험의 유형

재정위험은 강도·지속성 기준으로 재정압박→재정고통→재정파산으로 진화한다. 재정압박은 현금흐름의 건전성이 일시적으로 저하, 재정고통은 재정압박을 거쳐 구조적 장기적 위험 노출, 재정파산은 채무상환능력을 상실하는 것으로 분류할 수 있다.

〈표 8-8〉 Polackova에 의한 재정위험의 유형

구분	직접채무 (모든 상황에 채무 부담)	우발채무 (특정 상황 발생시 채무 부담)
명시적 채무 (법률 또는 계약)	• 대내외 정부부채 (차입금 및 국채) • 예산상의 지출 • 법적 구속력을 가지는 정부지출 (공무원 인건비 및 연금)	• 지방정부 및 공공·민간기관(개발은행 등) 차입에 대한 정부보증 • 여러 형태의 융자에 대한 포괄적 정부보증(주택저당융자, 학자금융자, 농어민융자, 중소기업융자) • 정부보증(수출입보증, 민간투자에 대한 보증 등) • 국가보험제도(예금보험, 기업연금보험 등)
암묵적 채무 (도덕적 책임)	• 미래에 발생할 다년도 공공투자 사업의 비용 • 법적 의무가 없는 공적연금급여 • 법적 의무가 없는 사회보장급여 • 법적 의무가 없는 의료지출	• 정부보증을 받지 않는 지방정부 또는 공공·민간기관의 채무불이행 • 민영화된 공기업의 부채 청산 • 은행파산(예금보험 부보대상 초과분 정부지원) • 연금보험 부보대상이 아닌 연금기금, 고용기금, 또는 사회보장기금의 파산 • 중앙은행의 채무불이행 • 급격한 해외자본 이탈에 따른 구제금융 • 자연환경 복구, 재해구호, 국방지출 등

자료: 손희준(2013), 지방재정 위기의 원인과 현황, 경기개발연구원 분권혁신위원회 발제문, 2013년 7월 19일 인용.

7) 손희준(2013), 지방재정 위기의 원인과 현황. 경기개발연구원 분권혁신위원회 발제문, 2013년 7월 19일.

2. 지방재정을 압박하는 사회복지 예산의 팽창

1) 사회복지 지출의 증대

최근 지자체의 사회복지 재정 부담이 급격히 증가하고 있다. 이는 급속한 고령화 진행과 국가시책 복지사업의 확대로 기인하는 것이며 이에 따라 자치단체의 재정부담이 가중되고 있는 것이다. 예를 들어 지난 5년간 총예산 증가율 10%에 비해 사회복지예산 증가율은 22%에 달하고 있다. 다음의 <표 8-9>는 2010년 이후 해마다 증가하고 있는 자치단체의 총예산 가운데 사회복지예산의 비중을 보여주고 있다.

지방자치단체 사회복지예산(보건 포함)은 비중의 산출방식은 <표 8-10>과 같다.

〈표 8-9〉 지방사회복지예산(보건 포함) 변화

구분	2010	2011	2012	2013	2014	2015	2016	2017
전체예산(억원)	1,398,565	1,410,393	1,510,950	1,568,887	1,635,793	1,732,590	1,845,825	1,931,532
사회복지+보건예산(억원)	287,592	304,714	329,982	373,244	424,971	467,564	495,197	526,014
비중(%)	20.6	21.6	21.8	23.8	26.0	27.0	26.8	27.2

자료: 행정안전부, 2017 통계연보.

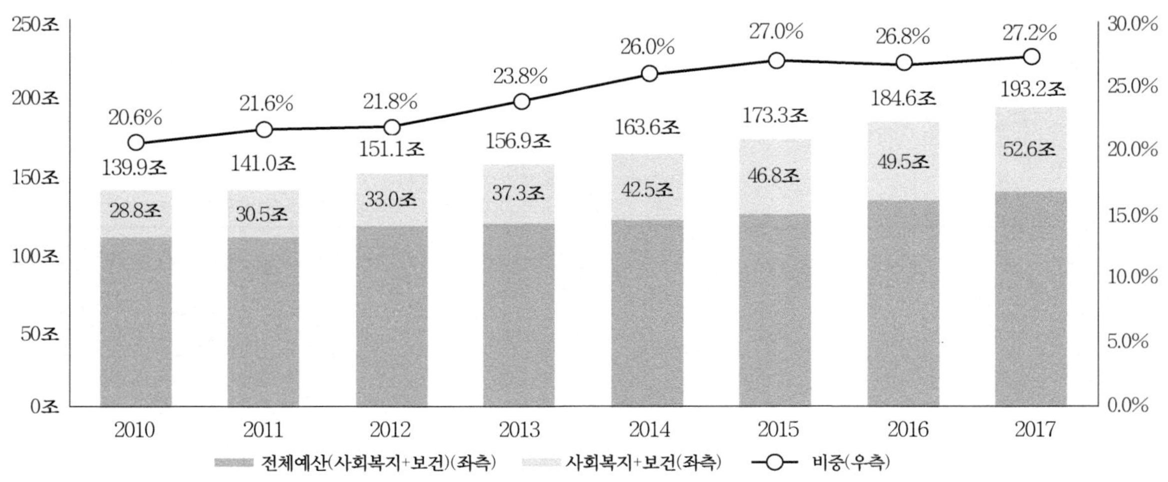

〈표 8-10〉 지방자치단체 사회복지예산(보건 포함) 비중의 정의와 산출방식

정의	사회복지비(보건포함)가 전체 예산액에서 차지하는 비율
산식	자치단체 사회복지예산 비중 = {(사회복지예산[1]) + 보건예산[2])) / 전체예산[3])} × 100 1) 사회복지예산: 기초생활보장, 취약계층지원, 보육・가족및여성, 노인·청소년, 노동, 보훈, 주택, 사회복지일반 2) 보건예산: 식품의약품안전, 보건의료 3) 전체예산 = 일반회계 + 특별회계(순계예산 기준)

자료: 지방재정365(www.lofin.mois.go.kr) /「지방자치단체 공무원 인사통계」,「지방자치단체 통합재정개요」.

<표 8-9>와 <표 8-10>에서 보여지는 바와 같이 2017년 사회복지예산은 52조6,014억 원으로 전년대비 6.2%(3조 817억 원) 증가했으며, 전체 예산에서의 비중(27.2%) 또한 전년대비 0.4%p 증가하고 있으며 고령화사회의 가속화로 더욱 증가되고 있다(행정안전부, 통계연보 2017).

2025년 지방자치단체 예산 총규모(순계)는 약 326조 원으로 증대되었으나 자치단체 사회복지예산도 30% 이상 상회하고 있다. 특히, 서울시의 경우 사회복지 지출이 2025년 기준 17조 4,619억 원으로써 전체예산의 40%를 차지하고 있다.

2) 사회복지 사무의 중앙과 지방 간 관계

이와 같이 사회복지 수요의 급증세는 당분간 지속될 전망이나 중앙-지방 간 복지재정 관계는 지나치게 경직적이라는 지적이다. 향후 10년간 65세 이상 인구는 38% 증가(507만명('08년) → 700만명('18년)), 기초생활수급자 및 등록장애인수도 비슷한 속도로 증가한다는 예정이나 사회복지분야는 보조사업 비중이 87.4%로 매우 높고, 보조금 기준보조율 및 광역-기초 간 부담비율 등이 법률로 지정되어 있어 기초자치단체의 재정적 부담이 커져가고 있다.

또한, 국가가 사회복지서비스 직접 제공에 전혀 나서지 않은 결과 많은 문제점들이 노출되고 있다. 이른바 미인가시설이 양산돼 취약계층 인권보호의 사각지대로 방치돼 있고 여기에서 전환된 개인운영신고시설의 경우 시설기준을 완화하고 국고보조금도 지원되지 않아 문제를 연장시키고 있고, 대형 안전사고, 열악한 서비스 제공, 인권유린행위 등 취약계층 보호기관들의 문제가 발생할 때마다 시설폐쇄 및 타 기관수용 등의 미봉에 그치고 있고, 장애인생활시설 등 취약계층을 보호하고 있는 기관들의 경우 생활인의 삶의 질 보장, 서비스 개선, 시설현대화, 시설개방을 통한 지역사회의

견제, 종사자의 처우개선 등 산적한 과제들을 해결하지 못하고 있고, 전부 민간공급에 의존함에 따라 공급부족 등 수급불균형이 구조화 돼 광범위한 보호의 사각지대 문제가 해결되지 못하고 있다.

3. 자치단체의 재정파산

지방자치단체의 재정 파탄[8]은 우리에게도 생소한 뉴스는 아니다. 일본의 북해도에 위치한 유바리시(夕張市)가 2006년 6월 시의회 의결을 거쳐 총무성에 파산신청을 했고, 2007년 3월 6일 승인에 따라 재정재건단체로 지정된 바가 있다. 기업이 아닌 자치단체가 파산하는 사태가 발생하자 일각에서는

미국의 지방재정 파산제도 사례[9]

미국은 대공황 시기인 1934년 지방자치단체 파산 및 회생 절차를 담은 '연방파산법 9장(Chapter 9)'을 제정했다. 1950년대 이후 이 법에 따라 파산을 신청한 자치단체는 61곳이다. 네브래스카주가 가장 많았고, 이어 캘리포니아주-텍사스주의 순이었다. 이 가운데 디트로이트는 부채 규모에서 역대 최대를 기록했다.
최근 주요 파산 보호 신청 사례로 꼽히는 것은 기존 최고액 채무 지방자치단체였던 앨라배마 제퍼슨 카운티다. 제퍼슨 카운티는 2011년 11월 42억 달러의 빚을 지고 파산 보호를 신청했다. 하수도 시스템에서 발생한 채무가 주된 원인이었다. 제퍼슨 카운티는 이후 공무원 1300명을 해고하는 등 뼈를 깎는 구조조정을 거쳤고, 이후 채권자들이 40% 손실을 감당한다.

미국 역대 고액 파산 지방자치단체 부채규모 단위: 달러

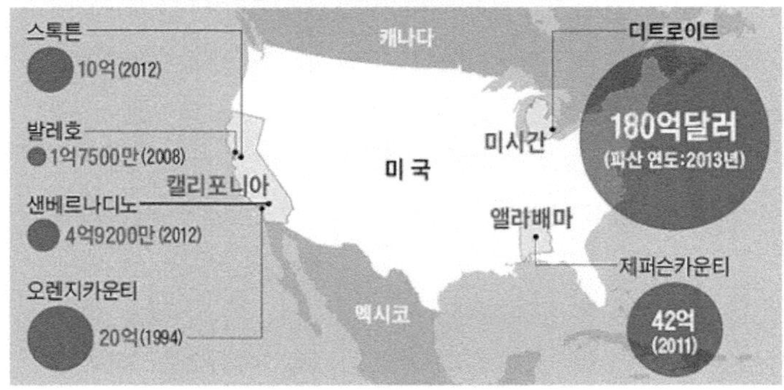

2012년 6월 파산 보호를 신청한 캘리포니아의 인구 29만의 도시 스톡튼은 도시 단위에서는 디트로이트 이전 최대 규모였다. 수년에 걸친 부실 재정 경영에 집값 폭락의 여파가 더해지며 파산 보호에 들어갔다. 법원은 지난 4월 채권자들의 파산 보호 신청 소송을 기각하며 스톡튼에 채무 조정 계획 제출을 허용했다.

8) 일본경제신문, 2011년 12월 5일, 29면
9) 조선일보, 2013년 7월 20일, A8면.

파산원인을 파악하고 제2·제3의 유바리시(夕張市)가 발생하지 않도록 하기 위한 방안모색에 부심하는가 하면, 재정재건계획상의 세입확보를 위한 부담증가와 공공서비스의 질적 저하를 우려하는 시민들이 지역을 떠나는 등 문제가 심각해지고 있다. 유바리시(夕張市)는 향후 18년간(2007~24) 353억 엔을 변제해야 하는데, 이를 위해 고령자·자녀양육·교육에 대해서는 배려하지만 세입확보·세출삭감을 실행하고, 인건비 대폭 삭감과 사무·관광사업·병원사업의 근본적인 재검토 및 시설 통폐합 등이 이루어져야 한다.

이와 같은 자치단체의 재정파산은 미국에서도 연이어 일어나고 있다.

2008년 금융위기 이후 세수의 격감과 연금(年金) 채무가 그 큰 원인으로 지적되고 있다. 상당수의 미국의 도시들은 지방재정이 어려워지자 별의별 방안을 다 동원했다. 공립학교 교사를 줄이고 공무원을 감원하는 것은 물론 남아 있는 공무원들도 격일제 근무를 실시했다. 공무원 급여를 최저임금 수준으로 줄이는 경우도 있었다. 심지어 교도소 운영비를 절감하기 위해 재소자를 조기 출소시키는 방법까지 동원됐다.

지자체가 재정 악화로 공무원 급여조차 조달하지 못하는 상항에 직면하면 중앙정부가 궁극적으로 책임을 지는 지방채 발행을 승인하는 우리와는 다르다.

4. 지방재정의 개선방안

1) 선택적 과세제도의 활용

오늘날 국가의 경제, 사회발달과 더불어 지방재정수요는 필연적으로 증대될 것이고 재정부담은 해를 거듭할수록 더 한층 증대될 것이다. 이러한 부담의 증가는 국가와 자치단체 간의 적절한 세원배분에 의해서 우선적으로 충당되어야 하지만 경우에 따라서는 새로운 지방세원을 통한 지역주민의 재정적인 추가부담에 의해서 보충될 수밖에 없다.

선택적 과세제도란 지역의 부존세원에 대하여 지방세법에서 과세요건을 구체적으로 정하고 지방자치단체가 조례로 과세여부를 결정하는 것을 말한다. 즉, 자치단체의 특수성을 반영하여 해당 자치단체에만 부과하자는 것이다. 물론 새로운 세원이 세수(稅收) 면에서 볼 때 큰 것은 못 된다 하더라도 날로 증가되는 지방재정수요에 따른 공급의 격차를 줄일 수 있고, 지역주민의 부담의 형평을 도모한다는 점에서 타당성을 갖는다. 따라서 중앙정부는 전국적으로 획일화된 법정세목 외에 지역의 특수여건에 따르는 새로운 세목을 설정할 수 있는 권한을 부여하여 독자적인 세원을 개발할 수 있도록 해야 한다. 생각해 볼 수 있는 세원으로서는 관광세, 항공기유류세, 상품권 발행세, 택지개발세, 카지노세, 환경세, 수자원세, 도로사용세 등이 전문가들을 통하여 제기되고 있다.

2) 지방재정건전화를 위한 지방재정 파산제도 도입

우리나라는 미국, 일본 등과 달리 '지방재정 건전화를 위한 자치단체 파산제도'가 없다. 지방자치단체에 지방재정재건제도가 적용된다는 것은 중앙정부의 지도·감독하에서 재정재건계획을 수립하고, 세입·세출에 대해 철저하게 재검토를 받게 된다는 것을 의미한다. 또한, 자치단체로서 주체적인 자치능력 발휘와 자기책임 완수가 불가능해지므로 중앙집권 강화 내지는 자치권 상실을 의미한다. 앞서 언급한 일본의 유바리시(夕張市)의 사례가 우리에게 주는 교훈은 지방자치단체도 파산에서 자유로울 수 없다는 점에서 특별대책을 마련해서 사전에 이것을 예방하고 재정건전화를 도모해야 한다는 점이다.

현행 우리나라의 경우는 개발 사업에 나섰던 자치단체 혹은 소속기관인 지방공기업이 빚더미에 앉으면 지방자치단체가 대신 갚아야 하고, 재정이 열악한 지자체는 국가가 국민이 낸 세금으로 지원해 준다.

전임 민선 4기 때 '호화청사 신축'에 3,220억 원을 쏟아 부은 경기도 성남시는 2010년에 모라토리엄을 선언한 바 있다. 5년간 예산 7,287억 원을 들인 '용인 경전철' 사례 역시 수요 예측 잘못과 재정 부담 등의 이유로 개통하였으나 현재는 세금먹는 하마로 전락하고 있다.

이미 많은 지방자치단체가 자신들의 재정의 능력을 고려하지 않고 무리하고 방만하게 대규모 개발 사업을 추진하면서 재정난을 불러들여, 전문가들 사이에서는 이러한 연쇄 부도 재정위기 상황을 사전차단하기 위해 자치단체 파산제도에 필적하는 강력한 재정통제(건정성)시스템의 도입 필요성을 제기하고 있는 실정이다.

3) 사회복지 사무의 중앙과 지방의 역할 명확화와 전달체계 개선

향후 지속적인 고령화 진행과 사회복지 수요 증대에 따라 중앙-지방 간 사회복지 역할관계의 재편이 필요하다. 사회복지는 국가최저한도(national minimum) 보장이 필요한 분야가 많아 본질적으로 국가사무이기도 하나 복지수요의 다변화, 지역별 인구특성 편차로 중앙의 획일적 프로그램의 적용 곤란, 지방자치의 보충성의 원칙 등의 관점에서 보면 지방자치 사무이기도 하다. 이에 따라 사회복지 성숙도 및 지자체 간 자치역량 편차 등을 고려하여 국가사업과 지방사업의 적절성 여부에 관한 전면적인 재검토가 필요하다.

또한, 지방의 재정여건을 고려한 사회복지 재정분권 설정이 중요하다. 즉, 일방적 지방비 부담이 지시되는 공공부조의 정책결정 과정인 국회와 중앙정부의 입법과정에서 자치단체 대표가 참여하여 자치단체 재정여건을 반영할 수 있도록 제도화시키는 방안도 고려되어야 할 것이다.

그 밖에도 사회복지분야에서의 포괄보조금제도의 도입에 관하여 검토가 되어야 할 것이다. 포괄보조금은 분권교부세의 내국세 일정비율 고정으로 인한 재원부족문제 없이, 증가하는 복지수요에 탄력적 대응이 가능하다는 장점이 있다. 특히 공공부조 등 현행 국고보조금 사업의 경우 국고보조율이 높아 부정수급 사례 등 자치단체의 도덕적 해이가 발생할 가능성이 높음으로 포괄보조금을 통한 자율성의 부여로 효율성을 제고하며 모니터링 체계를 강화하여야 할 것이다.

특히 현재 민간사회복지기관들은 공공을 대신해 사회복지공급에서 중추적인 역할을 맡고 있지만 운영 면에서 개선할 과제들을 갖고 있다. 예를 들면 지역주민인의 삶의 질과 인권보장, 시설의 현대화, 전문화, 다기능화, 지방의회 · 지역사회와의 연계와 주민통제 강화 등의 과제가 있다. 따라서 이들 민간 사회복지관의 경우에도 정부의 보조를 받는다면 거버넌스 체제에 대한 지역사회 참여 · 통제 강화 등의 과제가 있다.

참고자료

민간사회복지기관들의 운영을 개선하기 위해서는 자치단체가 사회복지 시설운영에 관한 조례 등을 제정할 필요가 있음. 현재 사회복지종사자 월평균 임금은 164.8만 원으로 공공 및 사회복지부문 전산업종사자 평균임금 대비 61.4%로 열악한 수준임. 복지선진국들의 예를 볼 때 사복지종사자의 비중이 매우 커질 것이고, 이들에 대한 처우가 국민에 대한 사회복지서비스의 질을 좌우한다는 점에서 이는 매우 심각한 문제임. 사회복지계의 노력 끝에 2011년 3월 사회복지사 등에 대한 처우를 개선하고 신분보장을 강화해 사회복지사 등의 지위를 향상하도록 함으로써 사회복지증진에 이바지하는 것을 목적으로 '사회복지사 등의 처우 및 지위향상을 위한 법률'을 제정했음. 사회복지사 등의 처우개선에 대한 책임이 국가와 지방자치단체에 있음을 법률로 명시한 바임.

참 고 자 료

재정자립도: 지방자치단체가 재정활동에 필요한 자금을 어느 정도나 자체적으로 조달하고 있는가를 나타내는 지표(전국평균 및 시·도별 평균 순계예산, 자치단체별 평균 총계예산 규모로 산출)

산식 재정자립도 = {(지방세[1)] + 세외수입[2)]) / 자치단체 예산규모[3)]} × 100

1) 지방세: 보통세+목적세(지방교육세 제외)+과년도 수입
2) 세외수입: 경상적세외수입+임시적세외수입
3) 자치단체 예산규모: 지방세(지방교육세 제외) + 세외수입 + 지방교부세 + 조정교부금 + 보조금 + 지방채 + 보전수입 등 및 내부거래

재정자주도: 지방자치단체 재정수입 중 특정 목적이 정해지지 않는 일반재원 비중

산식 재정자립도 = {(자체수입[1)] + 자주재원[2)]) / 자치단체 예산규모[3)]} × 100

1) 자체수입: 지방세(보통세 + 목적세(지방교육세 제외) + 과년도 수입) + 세외수입 (경상적세외수입+임시적세외수입)
2) 자주재원: 지방교부세+조정교부금
3) 자치단체 예산규모: 자체수입(지방세 중 지방교육세 제외) + 자주재원 + 보조금 + 지방채 + 보전수입 등 및 내부거래

자료: 지방재정365(www.lofin.mois.go.kr).

재정자립도로 본 전국 평균

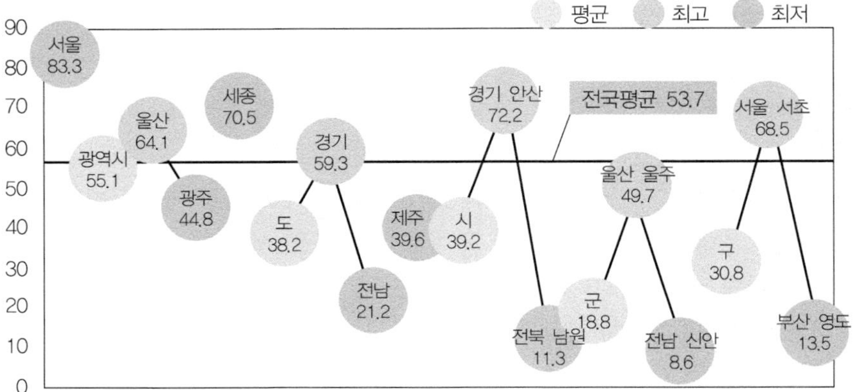

구 분	특별시	광역시	특별 자치시	도	특별 자치도	시	군	구
평균	전국평균 53.7							
	광역자치단체 51.7					기초자치단체 32.0		
	83.3	55.1	70.5	38.2	39.6	39.2	18.8	30.8
최고	서울 83.3	울산 64.1	세종 70.5	경기 59.3	제주 39.6	경기 안산 72.2	울산 울주 49.7	서울 서초 68.5
최저		광주 44.8		전남 21.2		전북 남원 11.3	전남 신안 8.6	부산 영도 13.5

자료: 『2017년 지방자치단체 통합재정개요』, p. 271.
작성기준: 일반회계를 대상, 전국평균 및 시・도별 평균은 순계예산 규모로 산출, 자치단체별 평균 총계예산 규모로 기준.

재정자주도로 본 전국평균

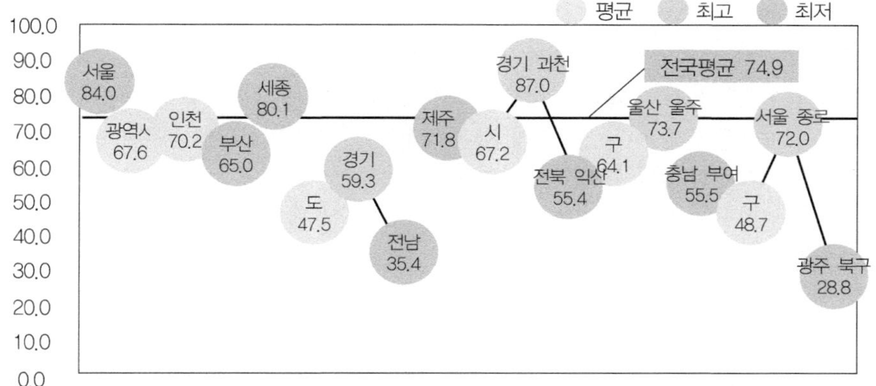

구 분	특별시	광역시	특별자치시	도	특별자치도	시	군	구
평균	전국평균 74.9							
	광역자치단체 61.0					기초자치단체 61.8		
	84.0	67.6	80.1	47.5	71.8	67.2	64.1	48.7
최고	서울 84.0	인천 70.2	세종 80.1	경기 59.3	제주 71.8	경기 과천 87.0	울산 울주 73.7	서울 종로 72.0
최저		부산 65.0		전남 35.4		전북 익산 55.4	충남 부여 55.5	광주 북구 28.8

자료: 「2017년 지방자치단체 통합재정개요」, p. 305.
작성기준: 일반회계를 대상, 전국평균 및 시·도별 평균은 순계예산 규모로 산출, 자치단체별 평균 총계예산 규모로 산출.

요 약

지방재정이 국민의 일상생활과 관련이 있는 행정 서비스의 대부분을 지탱하고 있고, 국민경제상으로도 극히 중요한 역할을 수행하고 있음을 알고 있는 사람은 그다지 많지 않다. 더욱이 매년 국가의 예산편성 시기가 가까워지면 지방재정은 어떻게 될 것인가 하는 보도가 있지만, 국가 예산과 지방재정이 어떤 관련을 갖고 있는지는 알려져 있어도 양자가 매우 긴밀한 관계에 있음을 정확히 이해하고 있는 사람은 거의 없다.

그러나 국가가 적절한 지방재정 대책을 강구하지 않으면, 지방단체의 재정은 그 운영이 궁핍하게 될 뿐만 아니라 국가의 행정은 외교, 방위 등을 제외하고 그 대부분의 사무·사업은 국가와 지방의 협동하에 행해지고 있으므로 지방재원이 부족하고 지방행정이 원활하게 실시될 수 없음은 곧 국가의 시책도 정체된다는 것을 의미하는 것이다. 공공사업이든 산업진흥 시책이든 민생 시책이든 국가 시책의 상당 부분이 지방자치단체의 예산인 지방재정을 통해 실시되므로 소위 국가에서의 행정 서비스는 지방재정을 기반으로 하고 있다고 해도 좋을 것이다. 이와 같이 지방재정은 국민의 일상생활을 유지하는 기반이 되고 있고 국민경제의 동향에도 적지 않은 영향을 미치는 입장에 있다. 그러면 지방재정이란 무엇인가 그리고 국가 재정과 어떻게 역할을 분담하면서 어떠한 기능을 수행하고 있는지에 대해 알아보았으며 제8장에서는 또한 최근의 논쟁점의 하나인 광역지역특별회계 등에 대해서도 함께 살펴보았다.

중요개념

1) 지방재정의 개념
- 지방재정의 특징
- 지방재정의 기능과 운영원칙

2) 재정적 운영과 재정분권
- 인센티브/페널티제도 의의
- 인센티브/페널티제도 문제점
- accountability와 responsibility 차이

3) 재정조정제도
- 지방교부세
- 국고보조금

예 제

1. 지방 간의 재정격차를 완화하고 최소한의 행정수준을 유지하는데 필요한 재원을 보장할 목적으로 운영하는 재정조정제도에 대하여 그 의의 및 종류에 대하여 논하시오.

2. 지방자치단체의 탄력세율제도의 의의 및 그 기능에 대하여 서술하시오.

3. 문재인 정부의 지방재정조정제도에 대하여 논하시오.

4. 지방교부세의 비율은 내국세의 13.27% → 15.0% → 19.24%로 조정되었다. 이와 같은 교부세율의 변동과 지방재정에 미치는 영향에 대하여 논하시오.

5. 자치단체별로 지방재정의 세입부분이 물론 다르다. 군(郡) 단위 자치단체의 재정수입의 특징점에 대하여 논하시오.

6. 국고보조금제도의 문제점과 이를 개선하기 위한 문재인 정부의 개선방안에 대하여 논하시오.

참고문헌

국회예산정책처(2010), 「광역·지역발전특별회계 포괄보조사업 평가보고서」.
권형신 외(2001), 「한국의 지방재정-이론과 실무」(도서출판 해남).
기획예산처(2007), 「08년도 국회대비 자료」.
김기재(1993), "지방교부세의 재정효과에 관한 연구", 동국대 대학원 박사학위논문.
김대영(2003), "탄력세율제도의 활성화 방안", 미발표 자료.
김동기(2003), 「한국지방재정학」(서울: 법문사).
김수근(2001), "지방재정의 인센티브 강화 및 페널티제도 도입", 「월간 지방재정」, 2월호(한국지방재정공제회).
손희준(2013), "지방재정위기의 원인과 현황", 경기개발연구원 분권혁신위원회 발제문.
송미령(2008), "지역개발정책의 성과향상을 위한 과제", 「지역균형발정 정책의 새로운 도전과 구상」(정책토론회 자료집), (한국농촌경제연구원).
안종석(2002), "재정의 지방분권화: 남미국가들과 미국 캘리포니아주의 사례와 시사점"(한국조세연구원).
오연천(1987), 「한국지방재정론」(서울: 박영사).
윤영진(2006), "지방정부 예산구조 하에서의 사회복지 재정범위에 관한 논고", 「한국지방재정논집」, Vol.11, No.1.
이계식 외(1995), "지방재정조정제도와 재원배분"(한국개발연구원).
이달곤(2004), 「지방정부론」(서울: 법문사).
이상용(2002), "지방재정 위기관리제도의 도입방안", 「정책개발연구」, 2(1)(한국정책개발연구원).
———(2003), "참여정부의 지방재정 과제와 전망", 「한국자치행정연구」, 3(3).
이재원(2009), "포괄보조 방식을 통한 분권 지향적 국고보조금 운용 과제: 분권교부세, 균특회계, 그리고 지역사회서비스투자사업을 중심으로", 「한국지방재정논집」, Vol.14, No.1.
이정희·박경돈(2010). "복지포괄보조금제도의 도입에 관한 연구", 「한국행정연구원 2010년 보고서」.
이 효(1997), "국가와 지방자치단체간의 재원배분에 관한 연구"(한국지방행정연구원).
임성일(1996), "외국의 지방재정조정제도", 「월간 지방재정」, 제3호(한국지방재정공제회).
임승빈·배인명(2008), "지역발전인센티브 제도 도입 및 지역발전사업 평가체계 개선 방안", 「국가균형발전위원회보고서」(한국지방정책연구소).
정부혁신지방분권위원회(2003), 재정·세제전문위원회.
정부혁신지방분권위원회(2003), 참여정부 지방분권추진 로드맵.
정세욱(2000a), 「지방자치학」(서울: 법문사).
———(2000b), "지방교부세율조정의 내용과 효과", 「월간 지방재정」, 제2호, 통권 103호(한국지방재정공제회).

조계표(2002), "지방재정 건전성을 위한 인센티브와 페널티제도의 발전방향", 인하대 대학원 박사학위논문.

카나이 토시유키(金井利之), 이정만 譯(2003), 「재정조정의 일반이론」(도서출판 두남).

한국농촌경제연구원(2011), "포괄보조금 제도운영의 실태와 개선방안".

행정안전부(2010), 「지방자치단체 예산개요」.

행정자치부(2000a), 「보통교부세 산정내역」.

————(2000b), 「선진외국의 지방자치제도 I」.

————(2000c), 「지방재정연감」.

————(2003), 「재정분석종합 보고서」.

高奇承三(1997), 「地方分権と助金改革」(地方自治ジャーナルツクレシト) No. 18.

Shah, Anwar and Zia Qureshi(1994), *Intergovernmental Fiscal Relations in Indonesia*, Issues and Reform Options, World Bank Discussion Paper.

Bahl, Roy(1995), *The Decentralization of Government.*

———— and J. F. Linn(1992), *Unban Public Finance in Developing Countries.* Oxford University Press.

———— and L. Schroeder(1984), "The Role of Multi-year Forecasting in the Annual Budgeting Process for Local Government." *Public budgeting and Finance.* Vol.4, No.1(Spring).

Blank, Rebecca(1985), The impact of state economic differentials on household welfare and labor force behavior, *Journal of Public Economics* 28

Braswell, Ronald, Karen Fortin, and Jerome S. Osteryoung(1984), *Financial Management for Not-for-Profit Organizations.* New York: John Wiley & Sons.

Brennan, G., Grewal, B. S. & Groenrwegen, P.(1988), "Taxation and Fiscal Federalism", *Australian National University Press.*

Coe, Charles K.(1988), "The Effects of Cash Management Assistance By States to Local Government." *Public Budgeting & Finance*, 8(2).

Fabozzi, F. J., T. D. Fabozzi and S. G. Feldstein(1995), *Municipal Bond Portfolio Management.* New York: Irwin, Inc.

Gregory, William(1992), "Local Government for Profit", *Local Government Studies.* Vol. 18, No.3(Autumn).

Heller, Walter W.(1966), *New Dimension Economy.* Cambridge-Harvard Uni. Press.

David J. Roessner(1997), "Incentives to Public and Private Organizations", *Administration and Society*, Beverly Hills, California: Sage Publications.

Kenneth, Howard(1968), "Budget Execution vs. Flexibility", *Midwest Review of Public Administration,* Vol.2(Feb.).

Musgrave, Richard A. and Peggy B. Musgrave(1984), *Public Finance in Theory and Finance,* New York: McGraw-Hill.

Oates, Wallace E.(1972), *Fiscal Federalism.* New York: Harcourt Brace.

──────(1977), *The Political Economy of Fiscal Federalism.* New York: Heath and Company.

Musgrave, R. A. and P. B. Musgrave(1984), *Public Finance in Theory and Practice*, 4th ed., New York: McGraw-Hall.

Prud'homme, Remy(1994), "On Dangers of Decentralization", *Policy Research Working Paper*, World Bank.

Stately, Samuel R. & John P. Blair(1995), "Institutions, Quality Competition and Service Provision: The Case of Public Education", *Constitutional Political Economy* 6, No.1.

Smith, Michael Peter(1991), *City, State and Market: The Political Economy of Urban Society*, Oxford: Blackwell.

Tiebout, C.(1956), "A Pure Theory of Local Expendures", *The Journal of Political Economy*, Vol.64, No.5.

────(1956), "Exports and Regional Economic Growth", *The Journal of Political Economy*, Vol.64, No.2.

제 9 장 지방세 및 지방채

제1절 지방세의 개념과 역할

재산세 탄력세율 적용과정을 보면 중앙정부에 대항하는 지방정부를 볼 수 있어 재정적 자율성도 확보되어 가고 있는 추세이다. 그러나, 지방세를 통한 재정 책임성 부여는 지방재정에서 지방세가 차지하는 비중이 여전히 낮다는 비판은 어느 정부에서나 끊임없이 제기되고 있는 실정이다.

본 장에서는 이에 현행 지방세의 위상과 역할, 그리고 향후 변화될 지방세 환경과 현행 지방재정이 안고 있는 문제를 개략적으로 관망해보고자 한다.

> **key concept**
>
> **지방세**
>
> 지방세란, 각 지방자치단체가 그 존립목적을 수행하는데 필요한 재정적 수요를 충족시키기 위하여 그 주민으로 부터 개별적인 대가 없이 무상으로 강제 징수하는 재화를 말한다.
> 따라서 지방세법 제2조에서는 그 법에서 사용하는 여러 가지 용어의 정의를 규정하고 있으며, 제3조에서는 지방자치단체에 과세권을 부여하고 있다
> 또 지방자치단체는 지방세의 세목, 과세객체, 과세표준 및 세율, 기타 부과징수에 관하여 필요한 사항을 정함에 있어서는 조례를 정해야 하며, 이 조례를 정함에 있어서도 도는 행정부장관, 시·군은 도지사의 승인을 얻어야 한다.

1. 지방세의 개념

1) 지방세 규정

헌법에서 "모든 국민은 법률이 정하는 바에 의하여 납세의 의무를 진다"(제38조), "조세의 종목과 세율은 법률로 정한다"(제59조)고 규정하여 조세법률주의 원칙을 선언하고 있다. 법률로 정하여야 할 것은 조세의 종목(種目)과 세율(稅率)에만 한하는 것이 아니고, 과세대상·과세표준·납세의무자 등 조세의 부과와 징수에 대한 구체적 사항이 모두 포함되며, 법정세라 함은 지방세법의 규정에 세목이 있는 조세로서 임의세를 제외하고는 과세요건에 해당하는 한, 반드시 과세해야 하는 세를 말하는데, 이를 의무세와 임의세로 구분할 수 있다. 의무세는 통상 보통세를 말하는데 이는 천재(天

災) 등의 사유로 인하여 감면 또는 불균일과세 등 특별한 경우를 제외하고는 지방세법이 규정하는 바에 따라서 반드시 과세가 강제되는 세목을 말하며, 임의세는 지방자치단체가 과세지역과 과세방법 등을 조례로 정하여 과세하게 되므로 반드시 과세가 강제되지는 않는 세(稅)로서 지방세의 도시계획세・지역개발세 등이 여기에 해당된다.

법정외세라 함은 지방자치단체의 자주재정권에 의해서 지방자치단체 스스로의 필요성과 의사에 의해 조례로서 세목을 설치하여 과세하는 조세를 말하는데, 이러한 법정외세의 세원은 특정 자치단체에 편재해 있기 때문에 이러한 세원을 포착해서 그 지역에 적합한 세목과 세율로서 과세를 하여 재정수요에 적절히 대처해 가기 위한 것인데 현재 우리나라에는 채택하지 않고 있는 조세이다.

2) 과세자주권

지방세는 지방자치단체가 과세권을 가지고 자주적으로 행사하여야 하는 바, 탄력세율의 적용, 과표의 결정, 적용비율의 고시, 과세면제조례의 제정 시행과 같은 사항은 과세자주성에 기인한 것이다. 그런데 우리나라는 헌법에서 조세법률주의를 규정함으로써 지방자치단체는 과세자주권이 없다.

헌법은 제117조 제1항에서 지방자치단체에 '재산을 관리할 권한' 즉, 재산을 형성하고 유지할 권한(자치재정권)을 부여하고 지방자치법 제135조에서 "지방자치단체는 법률이 정하는 바에 의하여 지방세를 부과・징수할 수 있다"라고 규정하고 있다. 또한, 지방세법 제3조 제1항에서는 지방세법의 범위 안에서 지방세의 세목, 과세객체, 과세표준, 세율 기타 부과・징수에 관하여 필요한 사항을 조례로 정할 수 있음을 규정하고 있다. 따라서 일견하면 헌법과 지방자치법에서 지방자치단체의 과세자주권을 보장하는 것 같이 보이나 지방자치단체가 조례로써 세목을 새롭게 신설할 수 있느냐의 문제이다. 자치단체가 주도적으로 주민들에게 부과・징수할 수 있는가, 즉 이른바 '세목창설권'에 관한 논쟁점이 핵심인 것이다. "먼저 세목창설에 긍정설은 조세법률주의의 예외로서 지방자지단체가 조례로써 세목을 신설할 수 있다고 주장한다. 과세자주권은 헌법 제117조에 따라 법률유보 없이 지방자치단체의 권한이라는 것이다. 반면 부정설은 지방자치단체는 조세법률주의와 법률유보원칙에 바탕을 두고 지방세법의 범위 안에서 지방세를 정할 수 있을 뿐이라는 견해다(최성근, 2007: 309). 판례는 지방자치법 제22조의 법률유보원칙이 위헌이 아니라고 본다. 따라서 법률의 근거 없이 지방세의 세목, 과세표준, 세율 등을 조례로 정하는 것은 무효(헌재 1998. 4. 30. 96헌바62)라고 보기 때문에 우리나라 지방자치단체의 과제자주권한은 없다"(오동석, 2017: 161).

3) 재정불균형 해소

국세와 지방세의 비율은 매년 약간씩 달라지지만 대체로 80 : 20(2009년 현재)으로 되어 있다. 이러한 국가와 지방자치단체 간의 재원배분비율이 과연 사무배분에 걸맞는가 하는 것이 문제이다. 우리나라 지방자치단체는 많은 국가사무를 위임받아 처리하고 있지만 재원이 부족하여 주민을 위한 행정을 수행하는 데 어려움을 겪고 있다. 그 이유는 세원이 풍부한 세목은 국세로, 세원이 빈약한 세목은 지방세로 하고 있기 때문이다. 그렇다고 해서 국세중 일부를 지방세로 이양하기도 곤란하다. 지역간 세원의 격차가 너무 크기 때문이다. 지방교부세제도가 필요한 이유는 여기에 있다. 그러나 지방교부세제도는 제 기능을 발휘하지 못하고 있다(강윤호: 2000). 과거 10여 년간 내국세 총액의 13.27%를 재원으로 하여 지방재정조정을 해왔지만 그 규모가 너무 적어서 15.0%, 그리고 2006년도부터는 19.24%로 상향조정되었다.

4) 탄력세율제도

베일리(Bailey)는 지방세를 "지방정부가 ① 세율과 (혹은) 세목을 결정하여 세수입을 정하고, ② 그 수입을 독자적으로 사용하기 위해 보유하는 것"으로 정의하고 있다(Bailey, 1999: 152). 지방세로 간주되고 있는 이러한 기준으로 볼 때에는 우리나라 국회에서 제정된 지방세법이란 이름만 지방세일뿐 사실상 지방세가 아니라고 할 수 있다. 더구나 전국적으로 획일적인 지방세제로는 지방자치의 본래의 목적이라 할 수 있는 지방의 다양한 재정수요를 적절하게 충족시킬 수 없음은 말할 것도 없다.

이런 비판 때문에 과세에 대한 법률우선주의하에서도 지방의 과세자주권은 우리의 법체계 내에서도 상당한 정도 도입되었거나 또는 도입이 논의되고 있다. 이들은 지방도 포괄적인 과세권을 갖는다는 주장에서부터 제한적이나 지방의 과세자주권을 인정해야 한다는 입장[1] 등 다양하다(김석태:

1) 실정법체계 내에서 과세권을 확대하기 위한 노력으로 탄력세율제의 확대, 과세표준 결정에 대한 지방의 권한 인정, 지방자치단체의 조세감면권 인정범위

2001).[2)]

후자의 입장에서 헌법상의 조세법률주의와 충돌하지 않으면서 지방의 공공서비스 조달에 필요한 재원을 결정할 수 있는 방안 중에 하나가 탄력세율제도이다. 우리나라의 탄력세율제도는 1991년 지방세법 개정 시에 자동차세, 도시계획세, 지역개발세, 도축세, 사업소세 등의 세목에 처음으로 도입되었다. 그 후 1993년에 공동시설세가, 1997년에 취득세, 등록세, 재산세가, 2000년에 신설된 주행세와 지방교육세가 탄력세율 세목으로 도입되어 2021년 현재 11개 지방세목 중 탄력세율 적용이 가능한 세목은 13개에 이른다.

하지만 지방세법상 탄력세율제도가 도입된 지 10년이 지났지만 실제 지방자치단체가 활용하는 탄력세율제도는 주민세 개인 균등할과 지역개발세 정도로 아주 미미한 부분에 지나지 않는다. 더군다나 적용한다 해도 최근(2004년)의 사례와 같이 지방세를 감면해주는 방향으로 조례를 재정하는 정도이다.

탄력세율제도란 세법상 정해진 세율(기본세율 또는 표준세율)을 법률의 위임에 의해서 대통령령 등의 명령이나 지방정부의 조례에 의해 다르게 정할 수 있게 하는 것이다. 이는 지방자치단체에게 세율결정권을 제한된 범위 내에서 인정하는 것으로, 지방자치단체의 과세자주권 확충방안으로 탄력세율제도의 활용이 제시되어 왔다.

지방세법에 탄력세율제도가 처음 도입된 것은 1991년으로 지방세법 개정 시에 자동차세, 도시계획세, 지역개발세의 표준세율을 조례가 정하는 바에 의하여 50/100 범위 내에서 가감 조정할 수 있도록 하였고, 도축세와 사업소세는 제한세율의 범위 내에서 자치단체의 세율결정권을 인정했다. 1993년 공동시설세가 제한세율을 적용할 수 있도록 추가되었고 1997년에는 취득세, 등록세, 재산세 등에 대하여도 조례가 정하는 바에 의하여 50/100 범위 내에서 가감조정 할 수 있도록 지방세법을 개정했다. 또한 2000년 지방세법 개정시 표준세율의 30/100 범위 내에서 대통령령으로 세율을 조정할 수 있도록 한 주행세를 신설하고 표준세율의 50/100 범위 내에서 표준세율을 조례가 정하는 바에 의하여 가감조정 할 수 있도록 한 지방교육세를 신설하는 등 지방세법상의 자치단체의 조례에 의해 일정 범위 내에서 세율을 조정할 수 있도록 한 탄력세율제도는 그 범위가 확대되었다.

의 문제를 다루고 있다.

2) 조세조례주의 입장으로 헌법이 포괄적으로 지방자치권을 인정하고 있고 지방의회도 국회와 마찬가지로 민주적 정당성을 가져 조례에 의해 지방세의 세목과 세율을 결정할 수 있다고 본다.

통상 탄력세율제도는 세법을 실제로 집행하는 행정부에 경기변화 등 경제환경의 변화에 신축적으로 대응할 수 있는 능력을 부여함으로써 조세의 정책적 효과를 극대화하고 또한 세수를 안정적으로 확보하기 위한 데 근본 취지가 있다고 할 수 있다(원윤희: 2004). 국세의 경우 현행법상 특정한 물품과 특정한 장소에의 입장행위에 대한 특별소비세, 교통세, 양도소득에 대한 소득세, 증권거래세 등에 탄력세율제도가 설정되어 있다. 국세에서의 탄력세율제도는 경기활성화와 소비억제, 정부세수 또는 투자재원의 안정적 조달 등 정부의 재정정책의 일환으로 주로 운영되고 있다.

그러나 지방분권을 통한 자원배분의 효율을 기하기 위해서 요구되는 탄력세율은 몇 가지 문제점을 가지고 있다. 탄력세율의 활용은 지역 간 세율 차이를 발생하게 하고 이런 지역 간 세율의 차이는 세원의 이동을 가져와 자원배분의 비효율을 초래할 뿐만 아니라 세부담의 형평성 측면에서도 바람직하지 않은 측면이 있고, 또 몇몇 조세의 경우 조세유출이 일어나 자원배분의 비효율성도 초래할 수 있다.

지방정치적인 측면에서도 탄력세율제 활용은 어려운 것이 우리 현실이다. 지방재정이 열악하다고 하여도 지방자치단체장이나 지방의원들이 세금을 올리는 인기 없는 정책을 시행할 의지를 찾아보기 어렵다. 또한 지역언론이나 시민단체, 그리고 주민들의 지방세 인상에 대한 저항도 만만하지 않을 것이다.

그래서 현행법상 허용된 가장 중요한 과세자주권이라 할 수 있는 탄력세율제도는 제도로서의 가치는 매우 높지만, 현행 지방세법상 보장된 탄력세율제도는 지방자치단체가 활용을 '안하는 것'이 아니라 '못하는 것'이라 보는 것이 보다 옳은 판단일 것이다. 이런 측면에서 볼 때 현재의 우리 탄력세율제도는 중앙정부가 지방자치단체에게 선사한 허울좋은 장식품에 불과하다고 하겠다.

2008년도에 특히 종래의 종합토지세는 자치단체별 경제상황과 토지 이용현황을 무시한 획일적인 세제로 인구집중을 초래하여 자연의 정화 능력을 초월한 오염물질을 배출하여 환경오염을 초래하고 지역 간 균형발전을 저해하고 있었다. 종합토지세는 시・군・구의 예산을 조달하는 목적의 시・군・구세이면서도 전국의 토지를 합산하여 누진세율을 적용함으로써 부동산 투기를 억제하는 기능을 복합적으로 수행하는 제도로 되어 있기 때문에 시・군・구에서 자체적인 재원을 조달하기 위한 과표인상 등에 소극적으로 대응하게 하는 문제점이 나타나고 있고 부동산 투기억제 등 정책기능도 제대로 수행하지 못하여 종합부동산세의 신설이라는 정책을 낳게 되었다.

물론 현행 지방세법에 의하면 형식적으로는 개별공시지가에 지방자치단체의 장이 결정 고시한 과세표준액 적용비율을 곱하여 산정한 가액을 토지가액으로 하도록 하고 있어[3] 지방자치단체의 자율성이 보장된 듯하나 실질적으로는 행자부장관이 종합토지세 과세표준액 적용비율의 결정에 관한 기준을 지방자치단체의 장에게 통보하도록 하며 지방자치단체의 장은 그 기준에 따라 과세표준액 적용비율을 결정 고시하여야 한다[4]. 따라서 실질적으로는 자치단체의 토지이용 여건이 무시된 획일적인 세제로 인구 및 산업의 편중을 초래하여 환경용량 이상의 환경오염을 배출하여 국토의 환경오염을 심화시키고 있다.[5]

2. 지방세의 위상

1995년 민선자치실시 이후 지속적인 지방교부세율 인상(내국세의 13.27% →15% →19.24%), 주행세, 지방교육세 신설, 담배소비세 인상, 수수료·사용료 현실화추진, 각종 경영수익사업추진 등으로 지방재정 확보에 노력해왔다. 그럼에도 불구하고 지방재정의 현실은 크게 개선되지 못하고 있는 실정이다. 국가재정 대비 지방예산 비율은 2000년도 63 : 37에서 2022년 현재까지 약 60(중앙) : 40(지방) 정도로 유지되고 있다.

다음으로 국가전체 조세수입에서 지방세가 차지하는 위상을 비교해보면 [그림 9-1]과 같다. 그림에서 보듯이 조세총액에서 국세와 지방세 비중이 역시 대략 8:2 정도로 지방세원 구조가 취약한 실정이다. 물론 단순히 지방세 비중이 높다고 해서 재성자주권이 높다고는 말할 수 없다. 그러나 중앙정부에 유리하게 세원배분이 이루어진 것과 관련하여 중앙·지방 간의 재정관계를 살펴보면, 지방자치단체에 어떠한 세원을 어느 정도 부여할 것인가에 대한 최종결정권이 사실상 중앙정부에 유보되어 있다. 이로 인해 세수의 탄력성이 높은 세원인 소득과세와 소비과세는 주로 국세로 편성되어 있는 반면에 지방세는 탄력성이 낮은 재산과세 위주로 구성되어 있다는 것도 특징점이다.

---

3) 지방세법 제4조.
4) 지방세법시행령 제4조.
5) 전국시장·군수·구청장협의회(2006), "종합부동산세" 신설에 관한 의견.

[그림 9-1] 지방세 징수실적(행정안전부, 통계연보 2025)

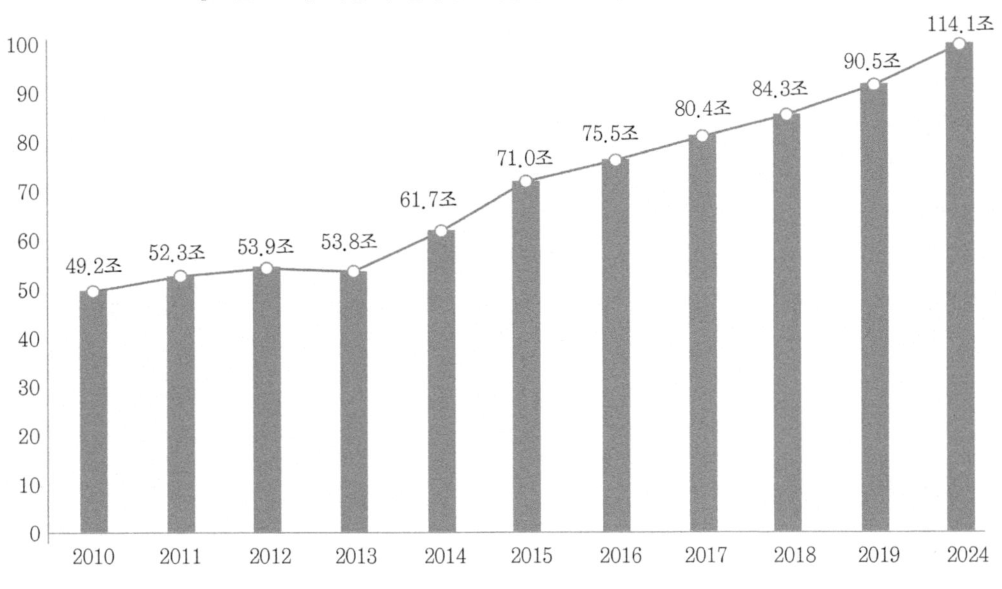

출처: 행정안전부, 통계연보, 2025.

예를 들어 2016년 한해 지방세 징수액은 75조 5,317억 원(잠정)으로 전년대비 약 6.4%(4조5,539억 원) 증가하였다. 한편, 국세 징수액은 242.6조로 지방세(75.5조)에 비해 약 3.2배 많은 것으로 나타났다. 세목별 징수액을 살펴보면 취득세가 21조 7,016억 원(28.7%)으로 가장 많았고, 지방소득세 13억 46억 원(17.3%), 재산세 9조 9,299억 원(13.1%) 순이었다. 취득세・지방소득세・재산세 등 징수액 상위 3개 세목이 전체 지방세수의 59.2%를 자치했다.

전체적으로 보면 지방세 징수는 증가하고 있으며 2024년에는 114.1조 원에 달했다. 세목별 비중은 지방세의 의존성이 높은 부동산 경기 등에 영향을 크게 받고 있다는 점은 변함이 없다.

3. 지방세의 역할

지방재정확보는 반드시 지방세를 늘리는 방안만 있는 것이 아니다. 현행 교부세나 보조금 등의 확대가 오히려 지금의 자치단체 간 극심한 재정불균형 상태를 고려한다면 더 효율적일 수도 있다는 것이다. 즉 지방세로써 지방재정을 확보해야 한다는 뚜렷한 논거를 제시하지 못하면서 자주재정권만을 주장하는 것보다, 징세행정의 능률성이 높은 국세로 징수 후 지방재정을 지원해주는 것이 현실적인 대안일수도 있기 때문이다. 세원편재가 심각한 경우 대부분의 세입을 국세로 징수 후 지자체에 배분하는 선진국(프랑스, 독일, 스웨덴, 핀란드)의 사례도 있다. 그리고 일부 학자들과 전문가들도 우리나라 재정현실을 감안할 때 국세의 이양보다는 교부세를 증액시키는 것이 바람직하다고 주장하고 있다. 위와 같은 주장이 힘을 가졌던 원인은 과거 지방세의 역할과 필요성에 대한 논의와 대안제시가 다소 원론적인 측면에서 다루어져왔기 때문이라고 본다. 대체로 재원이양의 필요성에 대한 의견은 많이 접근이 이루어진 것으로 보인다. 그러나 세원의 편중, 지방세정의 낙후 등 현실적인 한계 때문에 명확한 결론에 도달하지 못하고 있는 상황이다. 그러므로 지방분권 강화측면에서 지방세의 역할이 강조되고 있는 현 시대적 조류를 어떻게 적절히 활용할 것인가가 지방세 발전에 중요한 과제라 하겠다.

지방세가 조세로써 갖는 기능인 재원조달기능, 부의 재분배 기능 등 일반적인 사항에 대한 논의를 제외하고, 지방세 특유의 역할을 살펴보면 다음과 같다.

1) 지방자치본질구현

지방자치는 일정지역의 주민이 지방자치단체를 구성하여 지역 내의 공동문제를 자기분담에 의해 스스로 또는 대표자를 통해 처리하는 제도이고, '자율과 책임'을 기본원리로 하고 있다. 재정측면에서 자치단체 스스로가 세입과 세출을 자신의 책임하에 꾸려나가는 것을 재정권이라 할 것이다. 이에 단순히 재정구조에서 그 규모가 크다고 해서 자치재정권이 확보되었다고 말할 수 없다. 아무리 재정규모가 크더라도 자치단체의 스스로의 재량에 의해 세수를 확보하거나 지출을 할 수 없고 중앙정부의 일방적 의사에 의해 결정된다면 지방자치의 본질인 자주권이 확보되었다고 말할 수 없다는 것이다.

결국 지방재정에서 의존재원의 비중이 높을수록 자치단체의 재정자율권이 축소되어, 그만큼 지방자치의 본질이 훼손되거나 변질될 가능성이 크다. 그러므로 진정한 지방자치를 구현하기 위해서는 지방재정의 수입은 자주성이 높은 지방세로 확보되어야 바람직하다고 할 것이다. 위와 같은 취지에서 지방세는 재정측면에서 지방자치의 본질구현을 위한 교두보역할을 수행하는 중요한 매개체라 할 것이다.

참고자료

1. W. Oates의 분권화 정리

지역 공공재의 생산을 어느 정부가 담당하든 동일한 비용이 든다면 각 지방정부가 스스로의 판단에 의해 그 지역의 적정한 양의 지역공공재를 공급하는 것이 중앙정부에 의한 공급보다는 효율적이다.

2. 티부가설 (Tiebout Hypothesis)

마치 상품을 사기 위해서 시장으로 가듯이 소비자는 공공서비스의 가격이 조세로 설정되어 있는 마을로 걸어간다. 지역 공공재의 경우 마을 간의 자유로운 이동이 시장으로 쇼핑을 가는 것과 같은 역할을 하게 되어 소비자가 이러한 공간경제에서 자신의 선호를 숨길 수 없게 된다.

2) 자원배분의 효율성 확보

오츠(Oates)의 분권화 정리에 의하면 지역주민의 선호가 다양한 경우 중앙정부가 획일적으로 공공서비스를 공급하기보다는 지방자치단체가 공급하는 것이 자원배분의 효율성측면에서 초과부담을 적게 하는 방법이 된다(국종호: 2002). 그러나 자치단체가 공공서비스를 제공하고 있음에도 주민이 이를 제대로 인식하지 못하는 지방재정 시스템에서는 효율적인 자원배분을 달성하기 어렵다. 즉 공공서비스 공급에 대한 부담을 중앙정부의 의존재원을 통하여 충당한다면, 세부담에 대한 책임의식이 낮아질 수 밖에 없다. 결국 세부담에 대한 의무감 부족은 공공재의 가치를 제대로 반영하지 못해 배분의 효율성을 하락시켜 자원의 낭비를 초래할 수 있다. 이에 지방자치단체의 공공서비스가 효율적으로 제공되기 위해서는 지역주민의 편익에 세부담으로 연결되어야 하는데 이러한 연결고리의 역할을 지방세가 담당하고 있는 것이다.

우리나라의 경우 국회에서 세목을 결정하는 조세법률주의를 택하고 있어 지방자치단체가 임의로 세목과 세율을 정하는데 한계가 있다. 이로 인해 지방세가 공공서비스의 가격으로서 인식되기 어려운 실정이다. 이러한 문제점을 개선하기 위해 탄력세율 강화, 법정외세・법정 임의세, 과표결정권, 세액감면권 등과 같은 자치단체 자율권이 있으나 지방정부가 주민을 의식하여 제대로 활용하고 있지 못하는 문제점이 있다.

3) 재정 책임성 확보

지방재정에 대한 책임성을 확보하기 위해서는 징세책임과 지출책임을 일치시킬 필요성이 있다. 지방자치단체가 스스로의 노력에 의해 징수한 세금을 이용하여 세출예산을 집행할 때 신중하고 책임성 있는 의사결정이 이루어질 수 있다는 것이다. 왜냐하면 중앙정부에서 재원을 보조받은 경우, 세입에 대한 징수책임이 보류되지 않기 때문에 책임 있고 효율적인 지출을 기대하기 어렵다. 중앙으로부터 이전형식으로 확보된 재원은 지방자치단체의 노력이라기보다는 기준재정수요액과 기준재정수입액의 차액분에 대하여 일정의 배분율에 의해 배분이 이루어지기에 징세책임을 유보하기란 어렵기 마련이다.

그러므로 지방자치단체가 분권화된 지출책임에 부응하기 위해서는 자체수입확보 노력이 필요하고, 이러한 수입은 자주재원인 지방세를 기초로 징수하여야 할 것이다. 위와 같이 지방세는 자치단체의 재정책임성을 제고시킬 수 있는 중요한 역할을 지니고 있다.

그런데 일반재원주의를 주장하는 일각에서는 우리나라의 경우 지방자치단체 간 재정력 격차가 심하기 때문에 자주재원인 지방세보다는 용도가 지정되지 않은 일반재원에 의한 이전재원의 확충이 더 유효하다고 주장한다. 그러나 일반재원주의는 자기 결정권을 전제로 성립하는 자기 책임성 문제를 무시하고 있기 때문에 세입자치가 없어도 세출자치만 성립하면 지방자치단체의 자기 결정권이 회복된다는 생각은 환상에 불과하다.

지방재정이 이전재원인 일반재원으로 운영되면 비록 그 용도가 지정되지 않았더라도 지방재정규모 자체가 중앙정부에 의해 결정되어 버리기 때문이다.

4) 주민참여 유인

현대는 지역사회가 앓고 있는 문제해결을 위해 주민 스스로가 지역의 참된 주민으로써 책임의식을 가지고, 고민과 토론을 거쳐서, 문제를 해결하는 참여자치의 시대이다. 주민참여를 기반으로 하는 지방자치가 요청되는 시대이다. 참여는 지방자치의 내실 있는 성장을 이끌어 내는 원동력으로써 지방자치발전의 새로운 대안 제시와 투명한 행정을 담보 할 수 있는 계기로서 역할을 담당하고 있다. 특히 주민의 재정에 대한 관심과 참여는 지방자치단체의 세입·세출의 투명성을 제고시키는 데 큰 역할을 수행하고 있다.

위와 같이 참여의식을 높일 수 있는 방안으로써 지방세는 중요한 역할을 한다. 주민이 세금을 부담함으로써 주인의식을 갖게 되고 이를 계기로 행정에 대한 관심과 비판을 가하게 된다는 것이다. 지방세의 주민참여 유도는 지방자치단체가 세정의 공개를 통하여 확보될 수 있을 것이다.

4. 지방세와 지방재정분권의 전망

1) 지방세제의 변화

지방재정의 자율성과 책임성 확보에 관심을 가지고 있던 일부 지방자치단체와 각계의 학자들이 지방세를 확대하고 과세자주권을 부여해야한다고 지속적으로 주장해 왔었다. 비록 이러한 건의가 '02년까지는 정책에 반영되지 못하고 논의에만 그쳤지만 '03년 이후에는 많은 변화가 왔다.

'참여정부' 출범과 더불어 지방세강화에 대한 주요 내용은 국세・지방세간 조정, 과표 현실화, 비과세・감면제도 조정, 탄력세율 강화를 참여정부가 실현하였다.

또 다른 지방세제상의 큰 변화는 지방재정확충을 위하여 2005년도부터 부동산 투기발생억제차원에서 재산세와 종합토지세 제도를 활용하여 정책과세로써 역할을 강화하고 있다. 이를 위해 '종합부동산세' 신설, 실거래 가격 신고제 도입 등과 같은 새로운 정책이 도입 실행중에 있다. 그러나 종합부동산세는 2008년도에 이명박 정부에서 전면 개정되었다.

2) 과세자주권의 증대

과세자주권의 확대방안으로는 탄력세율 강화와 법정외세・법정임의세 도입 등이 논의되고 있다. 탄력세율강화는 현행 제도상, 일정 범위 내에서 자치단체조례에 의하여 세율을 자율적으로 조정할 수 있도록 보장되었음에도 지방자치단체가 활용하고 있지 않는바 그 이유가 인센티브가 미흡하다는데 원인이 있다고 보고 이를 강화하는 측면에서 검토되고 있다.

법정외세・법정임의세 도입은 각 자치단체마다의 신세원을 지역개발세 대상으로 포함되도록 하자는 단기안과 장기적으로는 일본과 유사하게 자치단체조례에 의해 세목을 설치할 수 있도록 개편하자는 방향에서 검토되고 있다.

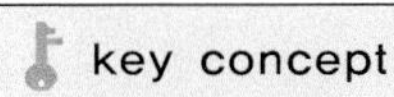

납세자 소송제도

납세자 소송이란 국가나 지방자치단체의 예산이 위법하게 사용된 경우에 이를 환수할 수 있는 소송제기권을 납세자에게 부여하는 제도이다.
미국은 주법과 연방법에서 납세자 소송제도를 두고 있으며, 일본도 지방자치법에 '주민소송'이라는 이름으로 납세자 소송제도를 인정하고 있다. 한국의 경우에도 2006년도 주민소송제도가 도입되었다.

3) 납세자의 권리확대

주민의 지방자치에 대한 참여의식이 점차 높아지면서 납세서비스에 대한 욕구가 증대되고 이런한 측면에서 납세소송제도와 세정정보의 공개를 요구하고 있다.

아직까지는 이러한 제도가 법제화되지 않았지만 장기적으로는 수용될 가능성이 크다고 볼 때 지방자치단체의 예산, 세입, 세출 등 재정전반에 대한 투명성확보 노력이 강화되리라 본다.

납세서비스에 대한 요구에 부응하기 위하여 그 동안 납세자권리헌장, 세무행정서비스헌장, 성실납세자 우대 등 다양한 시책이 개발・운영되어 왔다. 그러나 실제 납세자가 체감하는 서비스 수준이 낮다고 볼 때, 보다 실질적인 서비스 제공을 요구하는 목소리가 높아질 것으로 예상된다.

제2절 우리나라 지방세 구조

1. 지방세의 종류

우리나라 지방세는 다음의 [그림 9-2]와 같이 자치단체별로 세목이 구분되어 있다.

2005년도부터는 부동산보유세제 개편으로 재산세와 종합토지세를 재산세와 종합부동산세로 이원화시켰다. 변화의 큰 내용은 재산세는 이전과 같이 지방세로, 종합부동세는 국세로 하였다는 점이다. 특히, 1990년에는 15개 세목이었던 것이 2014년에 11개로 축소・통합되었다.

[그림 9-2] 자치단체 유형별 지방세 배분

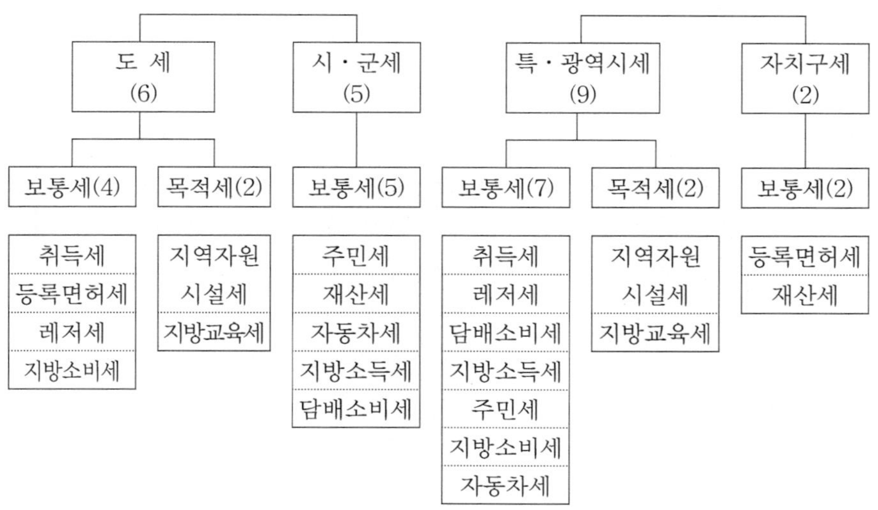

＊ 2021년 현재.

2. 지방자치단체별 세입구조

광역자치단체와 기초자치단체의 세입원으로서 지방세는 자치단체의 유형에 따라 도세와 시・군세 또는 특별시세・광역시세와 자치구세로 구분되고 이는 다시 보통세와 목적세로 구분되고 있다. [그림 9-2]에서 제시된 바와 같이 도세와 시・군세, 특별시세・광역시세와 자치구세로 세목이 배분되어 있다. 이와 같이 배분이 다른 이유는 각 자치단체들의 기능이 대도시와 농어촌 지역에 따라 다르게 설정되어 있어 세원배분도 그러한 기능의 차이에 따른 재원소요의 차이를 반영한 것이라고 할 수 있다. 다시 말해서 대도시의 경우에는 그 특성상 기초단체인 자치구보다는 광역단체가 보다 많은 기능을 수행하도록 설정되어 있는 것이다.[6]

광역자치단체와 기초자치단체의 세목으로 구분되는 이러한 지방세체계에서 기초자치단체의 세목은 물론이고 담배소비세나 주행세 등을 제외한 대부분의 광역단체세목에 대한 부과·징수업무도 기초자치단체가 수행하도록 위임되고 있다. 광역자치단체세목의 부과·징수위임에 대한 사항은 지방세 기본법 제6조의 권한위임[7]조항을 근거하고 있으며 그 구체적인 내용은 각 광역자치단체 조례로 규정되고 있다. 서울시의 경우를 자세히 살펴보면, 시장은 시세의 부과·징수에 관한 사무를 따로 규정하고 있는 것을 제외하고는 당해 과세객체의 소재지를 관할하는 구청장에게 위임하여 처리하도록 하며, 구청장은 위임받은 시세의 부과징수사무 중 납세고지, 독촉 및 체납처분과 시세의 가산금 및 가산세의 수납, 기타 특히 필요하다고 인정하는 사무를 소속공무원 또는 동장에게 다시 위임하여 처리할 수 있도록 하고 있다. 한편 주행세 및 담배소비세의 징수와 시세 중 건당 5백만 원 이상을 체납한 자에 대해서는 시세를 직접 부과·징수하도록 하고 있다.[8]

한편 각 기초자치단체는 징수한 광역자치단체 세수의 약 3~5%를 징수교부금으로 배분받게 되는데 이는 징세행정에 소요되는 비용을 보전하기 위한 것이라고 할 수 있다.

기초자치단체가 광역자치단체 세목들의 대부분을 위임 징수하는 현재의 체제하에서 자치단체장의 선출이 시세와 자치구세의 징수율에 일정한 영향을 미칠 수 있을 것이라는 추정이 가능할 수 있을 것이다. 즉, 시세와 자치구세를 모두 징수하는 자치구들의 입장에서는 자치구세의 징수에 더 많은 관심을 가질 것이라는 것이다.

6) 자치단체별 사무배분은 지방자치법 제10조와 동시 행령 제8조에 제시되어 있다.

7) (지방자치단체의 장의 권한위임 등) 지방자치단체의 장은 이 법에 규정된 그 권한의 일부를 소속공무원에게 위임하거나 다른 지방자치단체의 장에게 위임 또는 위탁할 수 있다.

8) 서울특별시세조례 제6조.

〈표 9-1〉 일반회계 단체별·재원별 세입 총계예산 구성비교

(단위: 조원)

구분	계	지방세	세외수입	지방 교부세	조정 교부금	보조금	지방채	보전수입등및 내부거래
계	290.2	92.4	11.6	49.1	10.9	112.2	2.1	11.9
특별시	26.9	19.6	1.7	0.2	-	5.0	0.0	0.4
광역시	36.8	15.8	1.1	5.2	-	12.0	1.2	1.5
특별자치시	1.2	0.7	0.1	0.1	-	0.2	0.1	0.1
도	70.4	26.7	1.0	6.6	-	33.3	0.3	2.5
특별자치도	5.0	1.6	0.2	1.5	-	1.2	0.3	0.4
시	75.5	18.2	3.7	18.4	4.5	27.0	0.3	3.3
군	36.4	3.2	1.3	16.3	1.0	12.8	0.0	1.8
구	37.9	6.5	2.5	0.9	5.4	20.7	0.0	2.0

자료: 2020년도 지방자치단체 통합재정 개요

다음의 <표 9-2>와 [그림 9-3]은 자치단체별 당초예산 구성을 나타낸 것이다.

〈표 9-2〉 자치단체별 당초예산 구성

(단위: 조원)

구분	합계	구성비	일반회계	구성비	특별회계	구성비	기금	구성비
특별시	30.2	13.2	25.3	12.4	4.4	18.6	0.5	23.8
광역시	41.2	18.0	34.6	17.0	6.4	27.3	0.1	6.6
특별자치시	1.2	0.5	1.1	0.5	0.1	0.4	0.0	0.2
도	73.6	32.1	68.3	33.5	4.4	18.5	0.9	40.3
특별자치도	5.0	2.2	4.4	2.2	0.5	2.3	0.0	2.0
시	46.8	20.4	40.0	19.6	6.6	27.8	0.3	13.2
군	21.6	9.4	20.8	10.2	0.7	3.2	0.1	2.4
자치구	10.0	4.3	9.2	4.5	0.5	2.0	0.3	11.7
합계	229.6	100.0	203.7	100.0	23.6	100.0	2.3	100.0

자료: 2020년도 지방자치단체 통합재정 개요

[그림 9-3] 자치단체별 세입재원 구성

(단위: %)

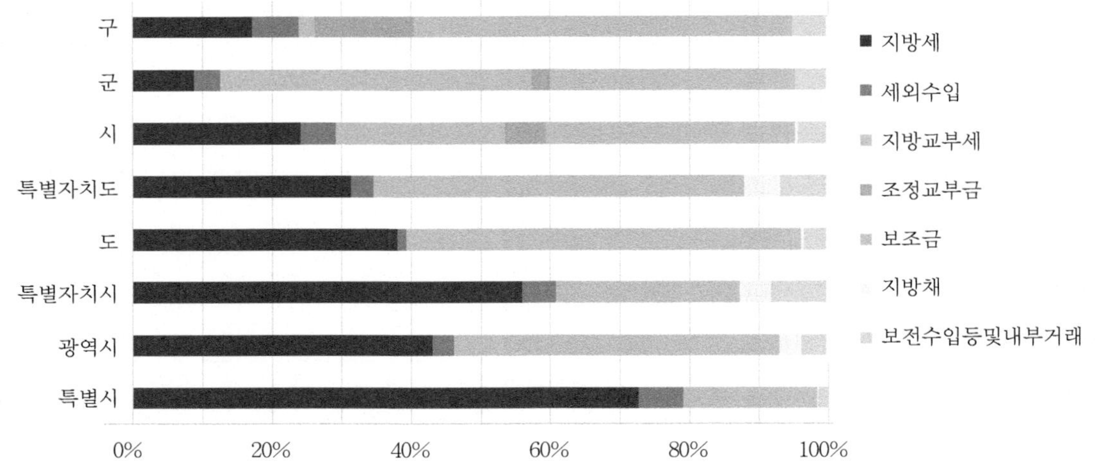

자료: 2020년도 지방자치단체 통합재정 개요.

3. 지방소비세의 상향 조정의 의미

문재인 정부는 들어서자마자 중앙정부의 기능·재원을 지방으로 대폭 이양해 2017년 기준 7.6 대 2.4인 '국세 대 지방세 비율'을 2020년 7.4 대 2.6, 2022년에는 7 대 3으로 개선하겠다고 발표한 바 있다. 그 결과 2010년도부터 도입한 지방소비세 비율을 현행 11%에서 2020년도부터는 15%로 확충하는 데 따른 시도와 시군구 간의 재정조정을 실시하였다. 앞서도 언급한 바와 같이 지방의 재정은 크게는 국가의 재정과 같지만 그 특성은 다르다 우선 지방재정은 지방재정법, 지방자치단체의 계약에 관한 법률, 지방세법, 지방교부세법 등을 근거법으로 두고 있다. 국가 재정과의 차이는 우선적으로 다양성의 특성을 지닌다. 국가재정은 단일주체이지만, 지방재정은 다수 자치단체 재정의 총칭이다. 지방재정은 크게 세 가지로 분류된다. 자주재원, 의존재원, 지방채이다. 자주재원과 의존재원은 수입결정의 주도성에 따라 결정되는데, 일반적으로 자주재원의 비중이 클수록 바람직하다. 자주재원은 지방세, 세외수입 등으로 구성되어 있는데 이는 말 그대로 지방자치단체가 자주적으로 걷어서 사용할 수 있는 재원을 의미한다. 이와 반대로 의존재원은 국가나 상급 지방자치단체에 의해 수급될 수 있는 재원인데 교부세, 국고보조금, 조정교부금 등이 있다. 다음으로는 사용용도에 따라 구분할 수 있는데 일반재원인 지방세, 세외수입, 지방교부세 등은 지방자치단체가 자신들이 원하는 대로 자유롭게 지출할 수 있는 재원을 의미하며, 국고보조금 같은 특정재원은 지출의 용도가 정해져 있다. 위의 설명을 보았듯이 지방재정이 자율성을 지니려면 자주재원의 비중이 높아야하고 일반재원이 높아야 한다. 이것들이 각 재정자립도와 재정자주도이다. 재정자립도와 재정자주도가 높으면 그 지방자치단체는 자신들이 편하게 운용할 수 있는 자본이 충분하다는 것이고, 그렇게 자본이 충분하다면 그 지방자치단체는 자신들이 할 수 있는 역할이 많아질 것이다.

그 중 시 · 도와 시 · 군 · 구간의 재정조정이 이루어지는 대표적인 재원이 조정교부금이다. 자치구 조정교부금과 시 · 군 조정교부금이 있는데 시 · 군 조정교부금에 대해 다루어 보겠다. 지방재정법 제29조 [시 · 군 조정교부금]에는 시 · 도지사는 다음 각 호의 금액의 27퍼센트(인구 50만 이상의 시와 자치구가 아닌 구가 설치되어 있는 시의 경우에는 47퍼센트)에 해당하는 금액을 관할 시 · 군 간의 재정력 격차를 조정하기 위한 조정교부금의 재원으로 확보하여야 한다고 명시되어 있다.

예를 들어 도에 속하는 시 · 군들을 모두 재정력이 다르다. 기본적으로 인구수도 다르게 가지고 있으며 각 시 · 군에 생산기반시설, 주요 산업, 발전도도 각각 다르다. 이러한 격차를 조정하지 않고 둔다면 시 · 군간의 격차는 유지되기는커녕 더욱 벌어지게 될 것이고 그에 따라 주민들 또한 생활권이 좋은 도시들로 이동하며, 인구가 점점 줄어드는 지역들은 소멸하게 될 것이다. 조정교부금에 더하여서 지방소비세 또한 시 · 군간 재정격차를 줄여줄 수 있는 좋은 장치이기는 하지만 시도와 시 · 군 · 구 간의 협력과 조정이 필요하다는 측면도 있다.

4. 지방세 제도의 문제점

1) 재산세 위주의 세원

무엇보다도 가장 큰 문제점은 재산과세 위주의 세원으로 구성되어 있다는 점이다. 2023년 현재 기준에도 지방세 세수의 70% 정도를 취득세, 재산세, 자동차세 등 재산관련세가 차지하고 있으며, 소득과세가 10% 내외, 그리고 소비과세가 20% 정도를 차지하고 있다. 소득과세나 소비과세는 소득의 증가에 따라 자동적으로 세수가 탄력적으로 증가하기 때문에 세수의 신장성이 보장되지만, 재산과세는 그 특성상 재산가치의 변동에 따라 재산가액 평가는 명시적인 행정절차가 필요하게 되고, 세수증대를 위하여 과세표준을 인상해 나갈 경우 재산가치의 측정 등을 둘러싸고 납세자와 마찰가능성이 매우 높다. 그리고 지방세의 70%를 차지하고 있는 재산과세의 구성요소를 볼 때, 만약 거래과세의 비중을 낮출 경우에는 지방재정이 크게 위축될 것이다.

2) 획일적인 세제운영

key concept

재정자립도의 악화

지방소비세 등 새로운 지방세목을 도입했음에도 불구하고 지방재정 상황은 점차로 나빠지고 있다. 지방자치가 실시된 1995년에는 지방세 세입 비중이 평균 63.5%였으나 2014년에는 44.8%로 하향되고, 2025년도에는 48.6%로 전반적으로 낮은 수준을 유지하고 있다. 재정자주도는 2025년 기준 70.3% 수준이다. 이는 지방교부세·국고보조금 등 의존재원에 대한 의존도가 여전히 높다는 의미이며, 지방재정 건전성을 강화하기 위한 지방세 기반확대 및 지역경제 활성화 정책이 필요하다.

우리나라의 경우 지방자치단체의 과세자주권이 결여되어 있어, 지방세의 세목·세율·과세방법 등이 전국차원에서 획일적으로 운영되고 있다. 법정세목 이외의 법정외 세목은 없다.

따라서 주민세, 자동차세, 도시계획세, 지역개발세 등 일부 세목에서 지방정부에 재량권을 부여하는 표준세율, 제한(최고)세율제도를 채택하고 있으나, 그 신축성의 범위가 극히 좁을 뿐만 아니라 표준세율보다 높게 징수할 경우 지역 간 차등과세가 되어 지방의회나 주민들의 조세저항의 우려가 있고, 또 지방세수증대는 곧 지방교부세의 감액이라는 문제점을 갖고 있어, 1973년도 도입 이래 제대로 시행된 적이 거의 없는 실정이다. 앞으로 자치단체의 과세권을 신장시켜 줄 수 있는 탄력세 제도를 확장시켜 나갈 필요성이 있는데 최근 취득세, 등록세, 재산세 등으로 그 범위를 확대하고 있다.

3) 세원의 지역적 편재

지방자치단체 간에는 세원의 지역적 편재현상, 즉 도시지역을 중심으로 편재되는 한편, 도·군 등의 비도시지역에서는 상대적으로 세원의 빈곤현상이 존재하고 있다. 서울을 포함한 수도권과 부산, 대구 등 대도시의 지방세수가 대종을 차지하고 있다. 특히 군의 경우는 증가율이 크게 낮아지면서 그 비중도 계속 낮아져 대도시와 농촌지역 간 경제력 재정력의 차이를 뚜렷이 보여주고 있다.

제3절 지 방 채

1. 이론 및 의의

1) 지방채(地方債)의 이론적 의미

지방채란 지방자치단체가 재정수입의 부족을 보충하기 위하여 과세권을 실질적인 담보로 자금을 조달하는 채무로써 그 채무의 이행이 1회계 연도를 넘어서 이루어지면 증서차입 또는 증권발행의 형식을 통하여 외부자금을 차입하는 것을 말한다.

지방채의 발행주체는 지방자치단체와 지방자치단체 조합이며 자치단체가 설립한 공사, 공단의 차입금은 지방채무가 아니라 동차입금을 자치단체가 채무 보증한 경우 채무의 상환기한이 도래하였으나 이를 변제하지 못한 경우 채무를 보증한 자치단체가 갚아야 하는 경우가 발생 자치단체의 부담이 되고 있다.

2) 의 의

지방채(local borrowing, local debt)는 지방자치단체가 재정수입의 부족을 자금조달에 의하여 보충하고 복수회계연도에 걸쳐서 부담하는 채무이다. 지방자치단체의 채무에는 일시차입금, 채무부담행위, 지방채 등이 있다. 좁은 의미의 지방채는 일시입금과 채무부담행위를 제외시킨다. 지방자치단체의 경비는 원칙적으로 지방세, 세외수입, 지방교부세 및 보조금 등에 의하여 충당되어야 한다. 그러나 대규모 건설사업, 지방공기업의 설비투자, 재해복구 등의 경우에는 경상적인 수입으로서 필요한 경비를 조달할 수 없는 경우가 많다. 이러한 경우 지방자치단체는 차입에 의하여 필요한 자금을 조달하지 않을 수 없게 되며 지방채의 필요성이 여기에 있게 된다. 한마디로 말해서 지방채는 일시입금을 제외한 지방차치단체의 차입금이라고 말할 수 있다. 이것을 좀더 상세히 설명하면 지방채는 지방자치단체가 재정수입의 부족을 보충하기 위한 자금조달에 의하여 부담하는 채무로서 그 이행이 복수회계연도에 걸쳐서 이루어지는 것이며, 증서차입 또는 증권발행의 형식을 취하는 것이라고 설명할 수 있다.

또한, 세대 간 분담의 의의가 있다. 세대 간 분담이란 어느 한 세대나 사회의 공공시설 투자에 대한 전적인 책임을 지는 것이 아니라 차세대에게도 책임을 지는 의미로 지방채는 세대 간 분담의 의의가 있다.

2. 지방채의 기능

지방자치가 본격화되면서 그 동안 조용하던 각종 수요들이 폭발적으로 늘어나고 있는데, 이는 새로운 정책들이 들어오면서 각종 지방채를 적극적으로 활용하고 있다. 따라서 지방채의 기능은 다음과 같다고 볼 수 있다.

1) 재원조달기능

지방자치단체가 수행하는 사업 중에는 초기에 많은 재원의 투입을 필요로 하면서 그 편익은 장기적으로 불규칙하게 나타나는 것이 있다. 대규모 투자사업을 위한 자본적 지출이나 예측할 수 없는 자연재해의 복구비용은 경상수입만으로 감당하기 어렵다. 이러한 경우 세율인상을 생각해 볼 수 있으나 여기에는 세법개정, 조세저항, 경제활동의 위축 등의 문제가 수반되고, 다른 부문의 지출삭감이나 국고보조금에 의존하는 것도 한계가 있으므로 지방채에 의한 재원조달이 타당성을 지니게 된다. 그리고 지방자치단체가 세외수입을 늘리기 위하여 수입사업을 하는 경우 그 재원을 지방채로 마련하고 분양금이나 사용료 수입으로 상환할 수 있다, 이러한 지방채는 수익채라고 할 수 있다.

2) 부담의 공평화 기능

지하철, 도로, 상하수도, 하수종말처리장 등과 같은 내구적 공공재의 편익은 미래 세대에게도 배분된다. 이러한 시설의 비용을 모두 지방세로 충당한다면 편익과 부담 간에 대응성이 없어져 세대간 불공평이 발생한다. 이러한 불공평은 지방채에 의한 자금조달로 어느 정도 해소시킬 수 있다.

그리고 특정사업을 완료한 후 다른 지역으로 전출하거나 다른 지역에서 전입해 오는 사람 간에도 불공평이 발생한다. 현재의 주민이 다른 지역으로 이주해도 장래의 원리금 지급을 위한 세부담을 면할 수 없다는 주장도 있으나 현실적으로는 타당성이 없다.

3) 적자재정의 보전기능

지방채는 재정적자가 누적되어 지방재정에 압박을 줄 때 이를 보전하는 수단으로 이용되기도 한다. 그리고 과거에 발생한 지방채의 상환일정을 바꾸거나 높은 이자율로 발생한 지방채를 낮은 이자율의 지방채로 차환하기 위하여 발행하기도 한다.

3. 지방채의 종류

지방채는 대상사업, 발행방법, 차입선 자금종류에 따라 다음과 같이 구분된다.

1) 대상사업에 따른 구분

(1) 일반회계채

일반회계의 재원으로 조달하여 도로·하천·교량의 건설 개량과 청사정비·재해복구 사업 등에 사용하고 그 원리금 상환은 지방세나 지방교부세 등 일반회계세입재원으로 충당하는 지방채를 의미한다.

(2) 특별회계채

지방정부가 필요에 따라 설치한 주택특별회계 등의 세입으로 재원을 마련하여 주택 택지개발 공단조성 등의 사업에 투자하고 당해 사업에서 발생하는 수익을 원리금 상환재원으로 충당하는 지방채이다.

(3) 공기업채

지방공기업법 제2조의 규정에 의한 지방직영기업의 재원으로 조달하여 상하수도사업·지하철건설사업 등에 투자하고 당해 공기업수입에서 원리금을 상환하는 지방채를 말한다.

2) 발행방법에 따른 구분

(1) 증서차입채(차입금)

지방정부가 정부·공공기관 및 금융기관 등과 차입계약을 맺고 차입기관에 대하여 차입증서를 제출함으로써 기채하는 지방채이다(지방재정법 시행령 제7조의 차입금에 해당하는 지방채이다).

(2) 증권발행채(지방채증권)

지방정부가 지방채권의 인수선에 대하여 증권을 발행하여 교부하는 기채를 가리킨다. 여기에는 모집공채, 매출공채, 교부공채의 세 종류가 있다.

① **모집공채** : 지방정부가 자본시장을 통하여 불특정다수인을 대상으로 투자자를 공개모집하여 발행하는 증권(자본시장 여건상 활용은 저조)

② **매출공채** : 지방정부로부터 특정역무를 제공받은 주민 또는 법인을 대상으로 하는 지방자치단체의 인허가처분 등에 첨가하여 강제적으로 소화시키는 증권

③ **교부공채** : 지방정부가 현금 등으로 지불하여야 할 공사대금이나 보상금 등의 지급에 갈음하여 교부하는 증권

3) 차입선의 자금종류에 따른 구분

(1) 정부자금채

정부에서 관리하는 특별회계가 기금 또는 정부투자기관에서 차입하는 지방채이다.

(2) 지방공공자금채

시·도에서 조성·관리하는 지역개발기금·청사정비기금 또는 재해복구기금에서 차입하는 지방채를 말한다.

(3) 민간자금채

금융기관에서 차입하거나 일반주민을 대상으로 지방채증권을 발행하여 차입하는 지방채이다.

(4) 국외채

국외로부터 증서차입하거나 증권을 발행하여 자금을 조달하는 국외적 지방채를 말한다.

4) 발행기준

지방채발행계획에 포함되는 대상사업은 중기지방재정계획 및 각종 지역개발계획에 반영된 투자순위가 우선인 사업을 원칙으로 하며 사전에 지방재정, 투자, 융자 심사를 거친 사업을 선정하되 예외적으로 사전예측이 어려워 계획에 반영되어 있지 않은 재해대책 등 불가피한 사업은 추가 발행 가능하다. 지방채 발행기준은 2014년 지방재정법이 개정되고 2015년 긴급재정관리제도가 도입되어 2017년 현재 운용되고 있다. 동법과 제도에 의하면 적정단체기준, 적정사업 선정방식, 적채기준, 지방채 발행 불인정 경비 및 제한 등을 두고 있다.

5) 지방채와 유사채무와의 관계

(1) 채무부담행위

채무부담행위란 경비수요에 대하여 차년도에 걸쳐 채무부담의 원인이 되는 계약을 채결하는 것을 말하는 것으로(예컨대 연도 내에 사업을 발주하고 그 대금은 익년도 이후에 지급하는 것) 채무부담행위는 주민의 부담으로 돌아가기 때문에 지방의회의 의결을 거치도록 하고 있다.

(2) 일시차입금

지방자치단체의 장은 세출예산 내의 지출을 하기 위하여 지출시기에 자금이 부족한 경우 일시 차입금을 차입하여 지출하고 당해회계연도에 상환할 수 있다. 이는 단순히 회계연도의 자금융통을 위한 것으로 당해연도의 세입을 가지고 상환하여야 할 것이므로 지방채가 아니다.

(3) 보증채무

자치단체 이외의 자가 자금을 차입하는 경우 이를 자치단체가 보증해주는 것으로 주로 지방공사, 공단 등에서 운영하고 있으며, 채무 보증한 그

액이 계획대로 변제되지 않은 경우 자치단체가 대신 변제하여야 하므로 신중을 기하여야 할 것으로 지방의회의 의결을 거쳐 보증하도록 되어 있다.

4. 지방채의 개선사항

1) 포괄적인 기채승인제로의 법개정

이전에는 지방자치단체는 지방채발행계획을 제출할 때부터 안전행정부와 교섭해야 하고 승인액의 범위 내에서 다시 지방의회는 의결을 얻어야 하며 기채사업에 따라서는 관계 중앙행정기관의 실질적인 허락을 받아야 했다. 지방채발행 승인권은 행정자치부장관에서 시・도지사에게 행정권한을 위임하여 당해 광역자치단체장의 책임 하에 승인토록 해야 할 것이다.

지방채 발행에 있어서 최대한 지방자치단체의 특성과 자율성을 보장하는 것이 바람직하다. 따라서 지방자치단체별, 사회별로 지방채발행기준을 차별화하고 재정불균형, 재정건전성 등을 고려하여 신축적으로 적용하고 있다. 그리고 중앙정부의 역할을 재정립하여 중앙정부는 지방채 발행과 관련하여 지방채 발행한도 등 포괄적인 기준만 제시하고 구체적이고 세부적인 발행기준 및 요건은 지방정부에 위임하는 것이 바람직할 것이다.

제도적인 측면에서 현행의 엄격한 기채승인제도를 환경변화에 능동적으로 대응할 수 있도록 지방자치단체의 기채에 대한 자율성을 신장시키는 쪽으로의 방향전환이 필요하다.

2) 지역개발금고의 설립

안정적으로 지방채 소화가 이루어질 수 있도록 지방채인수를 전담하는 금융기관설립이 적극 추진되어야 한다. 지방채를 인수하는 공공자금에는 한계가 있다. 지역개발금고를 설립하면 정부자금의 지원을 점진적으로 축소할 수 있다. 지방자치단체의 모든 투자사업을 위한 저리융자가 당장 어려우면 원리금 상환이 비교적 확실한 지방 자치단체의 수익성공채나 재정력이 취약한 약소단체에 대한 저리융자만을 담당하고 점진적으로 지원가능영역을 확대해나가는 방법을 고려할 수 있다.

외국의 예를 보면, 벨기에는 '시읍면금고'를, 영국은 '공공사업기금'을, 일본은 '공영기금금융금고'를 일찍이 운영해 오고 있다.

3) 지방채의 시장자율성 확보

지방채도 국공채의 일환으로서 시장의 자율에 맡기는 것이 바람직할 것이다. 현행과 같이 강제 첨가 소화 방식의 증권 발행은 더 이상 추진되어서는 아니되며 이는 다른 직접적인 부담금 제도로 대체하고 지방채는 자기의 신용하에 시장에서 소화가 될 수 있는 정도의 수익률을 보장하는 경우에만 이를 활용할 수 있도록 그 발행조건을 현실화하여야 한다. 장기적으로 미국에서 1968년부터 시행되고 있는 지방채의 신용평가제도와 지급 보증보험제를 우리도 확실히 정착시켜 지방채의 시장성과 안정성을 제고해야 할 것이다.

또한, 지방채 제도의 개선을 위해서는 시장기능에 의한 자율통제 기능을 강화하여야 한다. 이를 위하여 재정상황의 공시의무와 신용평가 기능을 강화하고, 신용등급이 일정수준 이하인 경우에는 차입제한을 고려하며, 시장을 통하지 않는 차입비중을 점차 줄여 나가고 공적자금의 융자 시에도 신용등급에 따라 금리의 차등화를 고려할 수 있다. 그리고 재정상태가 비교적 양호한 광역자치단체와 수익채에 대하여는 증권발행을 통한 실세발행을 장려하고 확대하여야한다.

4) 지방채 관리 조직의 정비 및 전문성 확보

대부분의 지방자치단체에서는 예산담당관실이나 예산계에서 지방채 업무를 담당케 하고 있는데 이들이 공모확대에 필연적으로 수반되는 업무의 폭증을 감당하기 위해서는 현재의 지방채관리조직을 일원화하여 전담시킬 수 없다고 하더라도 업무의 전문성 강화를 위해 담당자를 두고 교육훈련을 확대, 강화하는 것이 하나의 해결책이 될 수 있다.

또한, 지방채관리에 있어서 우선적으로 채무를 관리하는데 있어서 전문성의 확보가 필요하다. 지방정부의 자주적인 채무관리를 통하여 자본시장에 대한 접근성을 확보하고 시장위험에 효과적으로 대응하기 위하여 우수한 전문인력의 확보가 필요하며 최첨단 재무관리기법을 적극 활용하여야 할 것이다. 한편 지방정부의 종합적인 채무통계정보를 정확하게 분석하여 미래의 재정운영에 반영하기 위하여 지방채통계관리 데이터베이스를 구축함으로써 과거・현재・미래의 채무상태 및 효과를 효율적으로 분석하고 채무통계자료를 지방재정통계와 연계 운영하여 재정의 효율성을 높이는 것이 필요하다. 또한 지방정부별로 다양하고 산만한 경쟁적 발행보다는 이를 종합적으로 전담하여 관리하기 위한 금융기관 설립이 필요하다. 전담금융기관을 설립하여 장기 및 저리자금을 조달하는 역할을 수행하게 하고 지방채증권의 공동발행 등으로 채권 시장이 현재의 국채 위주에서 지방채와 대등하게 유통을 활성화 시키기 위하여, 자본금의 공동출자 및 효율적인 운영방안 등을 모색해 보는 것도 바람직하다.

요 약

2003년 7월 4일 참여정부는 지방분권을 추진하기 위한 향후 일정표라고 할 수 있는 로드맵을 발표하였다. 구체적인 내용으로는 7대 기본방향 및 20대 주요과제를 선정, 분류하였는데 중앙-지방정부 간의 권한배분, 획기적인 재정분권의 추진, 지방정부의 자치역량강화, 지방의정활성화 및 선거제도 개선, 지방정부의 책임성강화, 시민사회활성화, 협력적 정부 간 관계정립이 이에 속한다. 이를 다시 세분화하여 보면 20대과제가 되나 크게는 중앙정부의 권한과 재정의 지방이양과 지방정부의 수권기반의 조성으로 대별될 수 있었다.

그 이후 이명박 정부에서는 2009년도에 지방소비세와 지방소득세를 신설하였으며 2010년도에 실시하였다. 그 이후 문재인 정부에서는 2020년도부터는 종래의 지방소비세율 4%에서 6%로 상향조정하기로 했다.

그 만큼 지방세의 신설 혹은 국세와의 세목 교환 등의 정책적 문제들 간에 중앙과 지방, 지방자치단체 간의 재정력 이해관계는 치밀하게 얽혀있다고 말할 수 있다. 선진국의 사례를 보면 과세자주권의 확보라는 차원에서 지방세의 도입 및 폐지는 자치단체의 몫이나, 우리나라의 경우는 쉽사리 도입하지 못하는 제도이다. 왜냐하면 이미 자치단체들 간 재정력 격차가 심하기 때문에 과세자주권의 확대 및 지방채의 승인제도 폐지 등이 자치단체 간 '빈익빈부익부' 현상을 더욱더 이를 심화시킬 수 있기 때문이다.

따라서, 지방세와 지방채의 긍정적인 측면을 강조하면서 역기능인 자치단체 간 지나친 격차를 해소하기 위해서는 어느 정도의 과세자주권은 강화시켜주되 제 8장의 지방재정조정제도를 적극적으로 활용하여야 할 것이다.

중요개념

- 지방세 권한
- 지방세 위상
- 지방세 역할
- 지방재정분권
- 지방세정
- 국세행정
- 세무행정
- 지방채 의의 · 기능

- 지방세 종류
- 지방세입 구조
- 지방채의 종류
- 지방채 제도의 개혁방안

예 제

1. 지방세에서 특히 강조되어야 할 원칙 중에서 과세대상이 자치단체구역 내에 있는 사람, 법인, 동산, 부동산 등이어야 한다는 것을 의미하는 원칙은 무엇인가?
2. 지방세와 세외수입이 구별되는 대표적인 특징은 무엇인가?
3. 지방세의 세목을 국세의 세목과의 차이점에 대하여 논하시오.
4. 지방채의 의의 및 긍정적·부정적 기능에 대하여 논하시오.
5. 우리나라는 지방세원이 매우 빈약한데, 지방세원을 확충하기 위한 방안에 대하여 논하시오.

참 고 문 헌

강윤호(2000), "지방정부 재정지출의 특성", 「한국정책학회보」, 12(1).

국세청(2004), 「국세행정 운영방향」.

국종호(2002), 「한일 지방세 구조와 세부담 특성비교」(한국조세연구원).

김대영(2002), "과세자주권 확충방안: 주행세를중심으로", 「지방행정연구」, 12-13(지방행정연구원).

서울특별시(2004), 「지방세정 운영지침」.

원윤희(2004), "지방자치 실시와 지방자치단체의 재정행태 변화에 관한 연구: 서울시 자치구의 지방제징수율을 중심으로", 「한국행정학보」, 38(3).

이재성 외(2001), 「한국의 지방재정 이론과 실무」(도서출판 해남).

이재은(2003), "지방소비세제의 도입효과와 대응방향", 재정분권화의 방향과 실천과제, 서울대학교 행정대학원, 제63회 국가정책세미나.

장 춘(1997), 「기초과세자료 산출체계 확립방안」(한국조세연구원).

한국산업은행(1995), 「지방채 가이드」.

한국조세연구원(2003), 「국세행정 개혁방안」.

행정자치부(2002), 「지방세해설」.

――――――(2004a), 「지방세개요」.

――――――(2004b), 「지방자치단체 예산개요」.

행정안전부(2010), 「지방자치단체 예산개요」.

행정자치부(2014), 「지방자치단체 예산개요」.

Bailey, S. J.(1994), "User Charges for Urban Services", *Urban Studies*.

Berry, F. S., and W. D. Berry(1992), "Tax Innovation in the States: Capitalizing on Political Opportunity", *American Journal of Political Science*, 36(3).

Klein, Robert E.(1997), "State and Local Tax Levels and Economic Growth: A Regional Comparison." *Proceedings of the Ammual Conference on Taxation of the National Tax Association*. Tax Institute of America.

Kotler, Philip and Michael Murray(1975), "Third Sector Management: The Role of Marketing", *Public Administration Review*, 35(5).

Kull, Donald C.(1983), "Productivity Measurement and Studies", In Jack Rabin and Thomas D. Lynch(eds.). *Handbook on Public Budgeting and Financial Management*. New York: Marcell Dekker, Inc.

Miller, Girard(1991), "Cash Management", In John E. Petersen and Dennis S. Strachota(eds.), *Local Government Finance: Concepts and Practices*. Chicago: Gvoernment Finance Officers Association.

―――――. and Daniel Orr(1996), "A Model of the Demand for Cash", *Quaterly Journal of Economics*. Vol.80.

Musgrave, R. A.(1959), *The Theory of Public Finance*. New York: McGraw-Hill.

Nelson, M. A.(1990), "Decentralization of the Subnational Public Sector: An Empirical Analysis of the Determinants of Local Government Structrure in Metropolitan Areas in the U.S." *Southern Economic Journal*, 57(October).

Reed, B. J. and John W. Swain(1990), *Public Finance Administration*. Englewood Cliffs, N. J.: Prentice Hall.

―――――(1997), *Public Finance Adminstration*. Thousand Oaks, California, Sage Publications.

Sassen, S.(1994), *Cities in a World Economy*. Thousand Oaks, CA: Pine Forge Press.

Sayre, Wallace S.(1968), *American Government*, 15th edition, New York: Branes & Noble, Inc.

www.nts.go.kr

www.seoul.go.kr

제 1 절 지방자치와 지방경영

1. 지방자치경영의 의미

지방자치의 성숙에 따라 주민의 복지수요가 다양화됨에 따라 자치단체의 새로운 역할과 기능을 수행하기 위한 비용은 더욱더 증대되어 가고 있다. 따라서 지방의 자주재원인 세외수입을 확충하고 비용을 절감해 지방의 재정자립도를 늘리는 일이 급선무로서 자치단체에 공통적으로 해당된다.

지방자치단체가 주민의 공공복리 및 지역개발 등을 위한 사업을 수행하기 위해서는 많은 재원이 필요하며 이러한 재원을 조달하는 방법에는 여러 가지가 있다. 지방자치단체가 조달하는 재원, 즉 세입에는 크게 지방세, 보조금(교부세 포함) 및 부담금, 세외수입의 3가지로 나눌 수가 있는데, 특히 세외수입은 일반적으로 지방자치단체의 재정수입 중 지방세 이외의 자체수입을 말하는 것으로 지방세에 대응하는 개념으로 사용되고 있다. 한편 세외수입을 최협의로 파악할 때에는 그것은 협의의 세외수입 중에서 특별회계의 영업수입을 제외한 수입, 즉 일반회계에 있어서의 실질적, 경상적 세외수입을 의미한다.

이러한 경상적 세외수입을 올리기 위해서 지방자치단체에게 있어서는 지방경영이 매우 중요하다. 따라서 본 장에서는 지방경영의 중요한 요소로써 제3섹터의 확대된 의미의 지방공기업과 세외수입에 대하여 다루고자 한다.

> **key concept**
>
> **지방공기업(地方公企業)**
>
> 지방자치단체가 운영하는 공기업으로 정의되기도 하고, 지방자치단체가 직접 설치 · 경영하거나 법인을 설립하여 경영하는 기업, 또는 지방자치단체가 수행하는 사업 중 기업적인 성격을 지는 것으로 정의하기도 한다.

> **key concept**
>
> **지방공기업의 종류**
>
> 지방공기업은 지방직영기업과 지방공사, 지방공단을 규정하고 있으며, 지방공사의 경우 지방자치단체 외의 자가 출자할 수 있게 함으로써 제3섹터, 즉 민관공동 출자사업의 근거를 마련하고 있다(지방공기업법 제53조).

지방자치경영은 기본적으로는 지역경영, 도시경영과 동일한 의미이며 그 개념이 통일됨이 없이 다양한 의미로 사용되어 왔으나 다음과 같은 의미를 함축하고 있다 하겠다. 지방자치단체를 하나의 경영체로 간주하고 단체장을 회사의 사장에 비유해서 지역주민이 최소한의 비용부담과 사업비용으로 최대의 복지효과달성을 목적으로 하고 있는 것이다. 또한, 지역경영, 도시경영이란 종래의 지역개발, 도시정책, 공경영, 행정관리 등 자치단체에서 이뤄지는 다양한 행정현상으로 정의되면서 전개되어 왔다. 예를 들어, 지역경영이란 지방행정서비스 기능을 경영원리에 의하여 수행함으로써 주민의 복지증진에 기여하고자 하는 행정의 기능주의적 접근이라고 볼 수 있다.

도시경영을 경제행위로 인식하면 지방자치단체가 자체적으로 세외수입의 범주에 드는 재원을 발굴하여 수익화함으로써 지방재정력 신장에 기여하고 아울러 주민복지와 지역개발을 촉진시키는 공공재정활동이라는 의미로 해석할 수 있다. 이것은 공공행정과 기업경영의 속성을 양립시켜 공공행정의 관료적, 타성적인 수행을 극복하고 효율적이고 합리적으로 이끌어가기 위하여 기업경영의 방법을 공공행정의 기법으로 도입하자는 것이다.

> **참고자료**
>
> **지방직영기업**
>
> ① 지방자치단체가 직접 설치, 경영하는 사업으로(지방공기업법 제2조 1항), 특별회계에 의하여 사업소 형태로 운영되고, 지방직영기업의 직원은 공무원이며, 지방자치단체의 장은 지방직영 기업의 관리자를 임명한다.
>
> ② 지방직영기업의 경우를 행정기관형 공기업 또는 직접경영형 공기업이라고 말한다. 이런 형태의 공기업은 그 장점으로 조세 면제의 혜택을 받을 수 있으며, 경험 없는 외부인사가 임원으로 기용되는 것을 방지할 수 있고, 노사문제와 같은 것을 피할 수 있는 점을 들고 있다.

그러나 도시경영은 기업경영이라는 목적, 원리, 수단 등에서 뚜렷한 차이점을 보이고 있지만, 이에 관해 몇 가지 명확히 해둘 사항이 있다. 첫째, 지방자치경영, 도시경영의 목적도 어디까지나 주민복리증진에 있다는 점이다. 주민복리증진은 주민 개개인의 생활만족도의 총화라고 할 수 있으므로 공해산업의 유치가 지방재정 수지에 기여를 할지는 모르나 주민의 만족도는 떨어뜨릴 수 있다. 둘째, 지방자치경영은 내부경영과 외부경영을 그 대상으로 하는데 특히 내부경영에 한정시켜 경직성 경비만을 절약하려고 해서는 안 될 것이다. 셋째, 지방자치경영은 지역개발과정을 통해서 발생되는 지역이익, 성장과실의 사회적 배분이 바로 그 정책전략을 좌우하는 열쇠가 된다는 것을 분명히 인식해야 한다는 점이다.

따라서 지방자치단체가 능률적인 행정관리, 효율적인 공공서비스를 제공하기 위하여 지방자치 경영체제를 도입한다면 다음 3가지 지표에 유의하여야 한다는 주장이 있다. 첫째, 긍정적으로 주민복지의 극대화를 어떻게 구현하느냐이다. 기업성, 경영성의 도입은 수단에 불과하며 어떠한 수단을 이용하여 주민복지 증진에 어떻게 이바지할 것인가에 대한 철저한 검토와 관리가 뒤따라야 한다. 둘째, 지방자치경영은 자치단체의 재정수지의 개선이다. 서비스수준의 향상만을 의도하는 것이 아니라 경영과정을 통해서 얻어진 성장과실을 어떻게 재배분했는가이다. 셋째, 이념적으로 아무리 주민복지를 제창하고 또

이를 실현했다고 하더라도 재정운영면에서 파탄을 맞거나 지역개발에 실패하게 되면 이념마저도 퇴색하게 되므로 전체적으로 균형발전이 되야 한다는 것이다(안용식: 2001).

결론적으로 지방자치경영에서 공통적으로 추구되어야 할 것은 공공서비스 내지 공공경제학을 기본원리로 해서 행정의 공공성을 확보하면서 민간자원활용을 포함한 행정의 효율화를 실현하는 것이라 할 수 있다.

2. 지방자치경영의 배경과 과제

주민들의 공공서비스에 대한 욕구는 도로, 상하수도, 소방, 의료, 교육 등 지역사회생활에서 필수 불가결한 것을 기초로 하고 있다. 이들 서비스는 공공재(公共財)이기는 하나 수요에도 일정한 한계가 있으며, 일정한 급부수준을 넘기면 그 이상의 급부는 잉여와 중복과 낭비가 되는 속성을 가지고 있다. 즉 사회발전이 가속화되고 주민욕구가 고도화, 다양화된 사회에서 개별적 복지충실의 욕구에 일일이 대응하려 한다면 머지않아 자치단체 재정력의 한계를 드러내게 될 것이다. 이러한 행정능력의 한계, 개인의 사회적 책임, 공공재와 무임승차 공공섹터의 비능률성들은 고도의 경제성장과 더불어 행정서비스를 재검토하는 데 빼놓을 수 없는 것들이다.

자치단체에 있어 기업경영화는 어디까지나 수단일 뿐 지역경제·지방재정메커니즘의 사회화야말로 자치단체경영이 추구해야 할 기본과제인바 그 적용에 있어 성공적인 모델과제는 다음과 같다.

첫째, 시장메커니즘을 공공부문에 적용하여 지역경제의 비용부담구조를 시정할 수 있는바 이를테면 주택, 도로, 상하수도, 항만 등 시장경제에 적합한 부문에 시장메커니즘을 적용함으로써 수단목표를 사회화하는 것이다.

둘째, 기업화와 복지화라고 하는 분화된 재정부문을 조화 있게 배분함으로써 공공개발자의 이윤으로 생활환경을 정비하는, 즉 기업화의 수단으로 복지화 목적에 기여하는 식의 우회적 실현을 가능케 하는 것이다.

셋째, 자치단체가 기업화되는 변화를 수행하면서 동시에 공익법인에 대한 과세혜택이나 행정지도를 통하여 지역경제 및 제도왜곡에도 적극적으로 개입할 수 있다는 것이다(안용식 외: 2001).

또한, 양질의 행정서비스를 싼 값으로 제공하는 것은 사회전체의 바람이기도 하지만 행정주체로서도 효율성을 실현하는 유력한 수단이 된다. 그러

참고자료

지방공사·지방공단

① 우리의 지방공기업법에는 제3장에 지방공사에 관하여 규정하고 제4장에 지방공단에 관하여 규정하고 있다. 그리고 양자의 차이에 대해서는 논급이 없다. 양자는 모두 법인으로 설립되고 지방공사의 규정을 지방공단의 규정으로 거의 그대로 적용하고 있다. 그래서 양자는 구별의 실익도 없고 실무상 구별할 수도 없다는 지적이 있다.

② 지방공사, 지방공단은 지방자치단체가 자본금의 전액을 현금 또는 현물로 출자하며, 필요한 경우에는 자본금의 1/2을 초과하지 않는 범위 안에서 지방자치단체'외'의 자로 하여금 출자할 수 있도록 규정하고 있다.

> **참고자료**
>
> **NPM의 등장배경**
>
> NPM(New Public Management)은 신공공관리 정책으로서 1970년대 세계경제위기 이후 서구각국이 신공공관리론을 도입하여 정부개혁의 정책평가와 이를 통한 성과관리의 중요성을 강조하였다. 신공공관리론의 핵심은 방만하고 비효율적인 정부업무체계를 혁신하고 효율적이고 성과지향적인 공공관리체계를 구축하는 것이다. 이러한 사실을 고려한다면 1980년대 이후 서구각국의 효과적인 정부업무를 위한 성과평가제도의 기능과 운영에 대한 정부개혁을 추진하는 과정에서 강조되기 시작했다.

> **key concept**
>
> **제3섹터의 의의**
>
> 제3섹터는 미국에서 영리·비영리의 두 가지 속성을 동시에 가지는 비영리, 비기업, 비정부기관의 포괄적 영역으로 정의하기도 하며, 또, "공공부문과 민간부문 모두에 의해서 간과되고 있는 문제의 해결을 지향하는 여러 활동들을 제도화하기 위해 만들어지는 조직"(Theodore Levitt), 민간단체 또는 기구라는 공익집단으로서의 의미를 강조하고 있다.

나 지방자치단체도 대상지역을 중심으로 의사결정권한을 가진 주체라면 사경제의 주체인 기업과 다를 바 없으며 자주적이고 자립적인 경영주체로서의 역할과 책임이 요구된다 할 것이다.

지방자치경영이 가지고 있는 또 다른 문제점은 대규모 재정적 부실이 발생했어도 이에 대한 책임소재가 불명확하다는 점이다. 따라서 향후에는 재정적 책임을 규명하는 지방자치경영 체제 수립이 중요하다.

제2절 지방공공서비스 공급방식

1. 제3섹터 방식

1) 구미의 제3섹터

구미에서의 제1섹터(The First Sector)는 정부부문, 제2섹터(The Second Sector)는 민간부문으로 대칭되는 의미이고 제3섹터(The Third Sector)란 종교법인, 재단법인 같은 민간의 비영리법인, 특히 소비자단체나 국민운동 보호단체 같은 자원봉사조직도 이에 해당된다. 따라서 구미에서의 제3섹터란 정부에도 민간에도 속하지 않는 비영리 조직(Nonprofit Organization)을 가리킨다. 구미에서 비영리법인이 발달한 이유에는 그럴만한 제도적 환경이 존재하고 있었기 때문이며, 특히 그 역사가 깊은 영국의 경우 복지 분야에서 주로 발달해 왔다.

영국의 경우, 1601년에 제정된 구빈법에서 이미 복지에 관한 시민의 책임을 강조하는 내용이 담겨있었으며 이로 인해 큰 역할을 해 온 비영리조직의 전통은 19세기에 이르기까지 여러 면에서 발전하였다. 그러나 20세기 초에 이르자, 정부의 비영리 조직에 너무 의존하는 공공서비스체계를 반성하게 되었고, 1940년대에 제정된 소득원조, 건강, 교육에 관한 법률에 의해 공공부문은 특히 복지서비스의 제공, 자료제공, 규제에 대한 기본적 책임을 지도록 되었으며 여기에서부터 복지국가에의 길을 걷게 된 것이다.

반면에 미국에서 제3섹터라는 용어가 본격적으로 쓰이기 시작한 것은 1970년대 이후이다. 주로 재단, 교회, 노조 등의 비영리단체 또는 자원봉사연합, 자발적 연합형태를 가진 것 등으로 존재해 왔다. 따라서 미국에 있어 제3섹터의 이론적 배경이 되고 있는 민관파트너십(public-private partership)

은 일찍이 토크빌(Alexis de Tocqueville)에 의해서 '민주주의 원리'로서 '국민과 정부 간의 협력관계'로 처음 거론된 것이다. 그 후 민관파트너십은 시카고 도시개발계획(1960) 이후 공공부문과 민간부문의 협력이 새로운 패턴으로 되어 미국 도시개발의 원동력이 되었으며 다른 분야까지 광범위하게 확산되기에 이르렀다. 1970년대 들어 성장의 정체와 오일파동 등으로 도시개발관련 연방정부의 예산이 대폭 삭감됨에 따라 대도시의 자치단체에서는 지역상공인, 시민단체 등과 상호 협력하여 지역경제의 활성화, 도시 빈곤층에 대한 원조 등을 추진한 것이 지방에 있어 민관파트너십의 성립배경이라 할 수 있다. 1980년에 들어 레이건이 집권하면서 감세정책과 함께 행정의 공공서비스 범위를 줄이고 그 대신 민간부문을 활용케 함으로써 가장 활발히 민관파트너십이 정착된 시기라고 볼 수 있다.

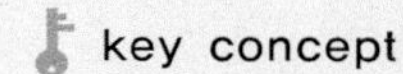

미국의 제3섹터
미국에서의 제3섹터는 제1섹터(연방정부 · 주정부 · 지방정부)나 제2섹터(민간)가 아닌 독립섹터(교회 · 봉사클럽 · 노동조합 등의 비영리단체)를 의미한다. 즉 비영리기관과 비정부기관을 통칭하는 개념으로 사용하고 있으므로 여기에서 논하는 제3섹터와는 차이가 있다. 미국의 도시개발에 있어서 지방자치단체와 민간기업의 협력관계를 의미하는 민관협력체제가 제3섹터와 유사하다.

따라서 구미에서는 제3섹터에 대한 개념을 공공부문과 민간부문이 상호 이해와 신뢰, 협조와 전제로 했으며 특히 미국의 경우 지방자치의 역사가 길고 신뢰 또한 그 만큼 길기 때문에 다양한 형태, 다양한 부문에 걸쳐 제3섹터가 발전해 왔다고 할 수 있다.

2) 일본의 제3섹터

일본에서 사용되는 제3섹터는 미국의 제3섹터 개념에서 유래하고 있으나 도입변천과정에서 용어적용이 달라져 실제로 내용상에 큰 차이를 보이고 있다. 또한 미국에서 주로 공익적 활동을 하는 제 단체를 가리키는데 비해 일본에서는 상대적으로 공공부문보다 민간부문에 더 가까운 것으로 명확한 개념정의 없이 '공사공동출자회사'를 가리키고 있다.

일본에서 제3섹터라는 말이 처음 공식적으로 쓰인 것은 1973년 2월의 '경제사회기본계획'에서였다. 동 계획에 '사회간접자본건설 활동을 위하여 공사공동기업, 소위 제3섹터가 요구되는' 내용이 실마리가 되었으며 실제적으로 미쓰비시(三菱)철도사업을 위시해서 지방철도사업 부문에서 자치단체와 민간기업 간에 협력적인 제3섹터가 전국적 확산됨으로써 제3섹터란 용어가 정착되기에 이르렀다. 이후 철도분야뿐만 아니라 관광레저개발 등 민간활력 프로젝트 사업을 시초로 해서 다양한 분야까지 제3섹터가 적용되면서 이 용어는 일반인에게도 널리 알려지게 되었다.

일본의 경우 '제3섹터' 법인설립에 있어 출자에 관한 사항은 지방자치단체의 조례로 정하고, 민법 또는 상법에 의하여 설립 · 운영하는 지방자치단체 출자 26% 이상의 법인을 지방공사로 보고 있다.

3) 우리나라의 제3섹터

key concept

우리나라의 제3섹터
일본의 경우를 준거하여 제3섹터의 개념을 "민간부문과 공공부문이 공동으로 출자한 사업경영 형태 또는 지방자치단체 또는 민간이 공동으로 출자하여 경영하는 기업으로서 하나의 자치단체가 26% 이상 출자한 지방공기업법, 민법, 상법상의 법인"으로 정의하기도 한다.

우리나라에서는 1980년대 후반부터 일본의 지방공사제도를 도입·설명하는 과정에서 '제3섹터'라는 용어가 나타나기 시작하였고, 정부에서는 본격적인 1991년도 지방의회 구성과 1995년 민선지방자치제 실시와 다양해지고 복잡해지는 지방행정수요를 충복시키기 위한 방안의 하나로 시작하였다. 당시 일본의 '제3섹터' 제도와 여건을 분석하여 우리 실정에 맞는 '제3섹터 공기업 지방공사' 설립을 지방공기업법(제49조~제75조의 3항)을 근거로 1990년대부터 추진해오고 있다. 1992년 12월에는 지방공기업법(제53조 2항)을 개정하여 지방자치단체 출자를 50% 이상을 제한한 동법에 25% 이상 50% 미만을 출자한 경우 민법과 상법에 의하여 법인을 설립할 수 있도록 한 규정을 삽입하여 민간부문이 적극 참여할 수 있도록 유도한 바 있다.

그러나 우리나라에서도 '제3섹터'의 개념 및 용어에 다소 차이가 있는바 이를 살펴보면 다음과 같다. 첫째, 지방자치단체와 민간이 공동으로 출자하고 경영하는 형태의 지방기업을 공·사 혼합기업 또는 '제3섹터'라 한다. 둘째, 지방자치단체와 민간이 공동으로 자금을 출자하여 경영하는 기업의 형태를 민·관 공동출자사업이라 한다. 셋째, 국가, 지방자치단체, 정부관계기관 등의 공공부문과 민간부문이 공동으로 출자한 경영형태를 공·사 혼합기업이라 규정하고 있다.

2. 지방공기업형 공급방식

지방공기업의 유형은 다양하게 분류할 수 있는데 가장 보편적인 목적별, 기능별, 유형을 분류하면 <표 10-1>과 같다(하종근: 1993).

1) 지방공사

자치단체가 출자하고 있는 법인이라면 민간에서의 출자가 없어도 민·상·특별법인에 의한 설립을 불문하고 모두 제3섹터라고 하는 가장 넓은 의미의 제3섹터이다. 물론 여기에는 자본금을 전액 지방자치단체가 출자하고 있는 경우도 포함한다.

〈표 10-1〉 제3섹터의 유형

유 형	사업목적	경영체질	사업기능	사 례
지 역 개발형	지역개발형 지역진흥형	공공주도형 관민공동형	자금조달형 프로모터형	공항, 도로, 부두건설 리조트, 관광개발
기 업 경영형	사업추진형 기획개발형	공공주도형 민간주도형	이해주도형 노하우활동형	재개발빌딩, 교통터미널 건설 특산품개발, 정보 서비스산업
시 설 운영형	시설위탁형 공익창출형	관민공동형 민간주도형	경비절감형 공사결합형	시설관리, 철도경영 신체장애자공장, 스포츠 문화시설

2) 공익법인과 주식회사

공공부문과 민간부문과의 혼합형태 즉 공공섹터와 민간섹터와의 공동출자에 의하여 설립된 조직을 말한다. 여기서는 지방공사나 100% 자치단체 출자법인은 제외한다. 공・사가 그 지분은 어떻든 조그만 부분이라도 공동출자인 경우는 모두 제3섹터라고 하는 점에서 알기 쉽게 이해할 수가 있으며, 이른바 제1섹터도 제2섹터도 아닌 중간섹터라는 개념도 여기에 해당되는 말이다. 물론 여기에는 공익법인과 주식회사 형태의 제3섹터가 모두 포함되어 있다.

3) 유한회사

제1섹터인 공공부문과 제2섹터인 민간부문이 공동출자하여 설립된 주식회사(유한회사로 포함)를 제3섹터로 보는 견해인데 가장 좁은 의미의 제3섹터 개념이다. 즉, 지방자치단체와 민간 또는 기업에서 공동출자에 의한 간접경영방식을 채택하고 있는 법인을 의미하며 지방자치단체가 자본금의 4분의1 이상 출자하고 있는 상법상의 법인을 말한다.

3. 미국 지방정부의 공공서비스 공급방식

미국 지방정부의 지방공공서비스 공급방식은 다음의 <표 10-2>에서 보여지는 바와 같이 참여주체와 내용에 따라 피고용자 주식소유방식(사내지주제, Employee stock ownership plans, ESOP), 민간계약방식, 내부서비스의 (경영)특허권, 외부서비스 특허권, 정부기업(공사), 정부후원기업 등의 6가지 유형으로 구분할 수 있다.

〈표 10-2〉 미국 지방정부의 지방공공서비스 공급방식

구 분	설 명
피고용자 주식소유방식 (사내지주제, Employee stock ownership plans, ESOP) 종업원지주제, 노동자주식제, 종업원주식분여제	• 사내 근로자가 주식을 인수 받아 주주가 되어(shareholders of stock) 경영에 참여하는 방식 • 공공부문에서 사내지주제가 서비스나 기능을 민영화하는 데 사용됨 • 2000년대 후반에는 연방정부의 인사관리처(Office of Personnel Management)가 이 사내지주제를 도입하기도 했음
민간계약방식 (Contracting out)	• 민간계약은 정부를 위해서 상품 또는 서비스를 제공해 줄 수 있는 민간회사 또는 비영리조직을 고용하는 방식 • 이 민간계약방식에서는 정부는 재정조달, 공급받을 서비스의 형태와 질에 대한 경영권과 정책적 통제권을 보유하게 됨 • 이러한 서비스 공급이 원활하지 않을 경우에 정부는 계약자를 다른 계약자로 대치할 수 있음
내부서비스의 (경영)특허권 (Franchising of internal services)	• 한 정부기관이 다른 정부기관에 필요시 배상을 기본으로 하고 행정서비스를 제공하는 영업특권을 부여함(franchising) • 이에 다른 정부기관으로부터 행정서비스를 공급받을 수 있는 기회를 주는 방식
외부서비스 특허권 (Franchising-External service)	• 정부가 민간부문의 기업체에 양도권을 부여하거나 특권을 부여해 주어서 특별한 시장영역 또는 지리적 영역에서의 사업을 할 수 있도록 허가하는 방식 • 예: 국립공원 내에 설치된 구내매점(concession stands), 호텔, 기타 서비스업 등 • 정부가 서비스의 기준과 가격 등을 통제할 수 있으나 서비스 사용자가 공급자에게 직접 사용료를 지불
정부기업(공사) (government corporations)	• 정부기업은 법적으로 분리된 독립체로서 의회에 의해서 설립되며 일반적으로 수입-생산을 위한 상공업형 기업활동을 목적으로 하고 근로자(인력관리)와 물자구입(acquisitions) 등과 관련해서 정부의 규제 등을 받지 않음
정부후원기업 (government-sponsored enterprises, GSE)	• 이 방식은 개인적으로 소유권이 인정되고 있는 기업이나 연방 수준에서 재정제도의 특권을 부여받기 때문에 내재적인 연방보증을 받음으로 해서 전국적인 범위에서 제한된 금액의 대부권(lending powers)을 갖게 됨 • 따라서 민간부문에서 정부후원기업의 금융대부능력을 높여주게 됨

자료: Phillip J. Cooper et al., Public administration for the 21 century, 1998, p.111; 남부켈리포니아 광역권 상수조합(Metropolitan Water District of Southern California), Report on Metropolitan's Water Supplies, 2017년 보고서; ABAG 지방정부 간연합(ABAG, association of bay area government), ABAG ROSTER 보고서, 2002년, 2018년 등을 안영훈 외(2020), <표 5-5> 183쪽. 보고서에서 인용.

이들 가운데 특히 미국에서 많이 사용하는 정부 간 협약제도(intergovernmental agreement)는 대륙법계 국가에서는 행정협약의 협력 형태로 나타나고 있다. 이러한 협력방식이 거의 모든 국가에 광범위하게 활용되는 것

은 서비스를 독자적으로 생산 공급하지 않고 이미 경험이 있는 다른 자치정부로부터 구입하게 됨으로써 행정적으로 비용절감 및 분담 또는 규모의 경제, 서비스 공급확대에 의한 공급가격의 절감 등의 효과를 창출할 수 있기 때문이다. 즉, 특정한 목적사무를 수행하기 위해서 특별구 등을 설치하지 않고 설립비용 및 시간 절약과 기능적 중복을 피할 수 있고, 주민통제가 약화되는 것을 방지할 수 있으며 생산설비의 무분별 또는 중복적 투자를 피하면서 관할구역의 변화에 체계적으로 대처할 수 있게 함으로써 계획적 대응을 가능하게 하기 때문이다. 반면에 단점으로서는 사무를 위탁하는 자치단체의 경우는 서비스를 공급하는 단체에 의존하게 되고, 이는 상대방 자치단체의 서비스 공급의 독점권을 확대시킴으로써 자치권이 저해될 소지도 있다는 것이다. 따라서 해당 자치단체의 주민들이 이러한 공급체계에 대한 민주적 통제권을 발휘할 수 있는 제도적 보완 조치를 함께 취해야 할 것이다.

4. 지방경영의 영리성과 사회적 효율성의 조화

1) 영리성

지방자치 선진국인 영미 및 일본 등지에서 자치단체 행정서비스에서의 경제적 효율론이 등장한 것은 1970년대 중반 지방재정 위기를 배경으로 한 재계, 정부 측으로부터 자치단체에 대한 인건비공격, 방대한 복지비 지출비판, 중앙정부에의 재정의존 등에 대한 비판이 있고 나서부터이다. 이제까지 중앙의 보조금, 지방교부세 등 국가재원에 기대려는 중앙의존형 자치체 경영자세에 대한 비판이 일어나면서 주민으로부터 신탁된 조세를 효율적이고 공정하게 사용한다는 입장에서 경제행정, 경영행정 등 철저한 감량 행정추진이 요구되었다.

급증하는 주민욕구에 부응하고 내부적인 감량행정에 따른 서비스 저하를 극복하면서 지역전반에 걸친 정책적인 경영관리를 도모한다는 입장에서 지역경영의 기본은 정책선택에 있고 그 선택의 주된 기준은 주민복지가 된다는 이론이 정책적 효율론이다. 제3섹터에 있어서 공공성과 영리성의 양립적 주장은 전체적인 지방자치경영의 입장이며 단일 제3섹터 기업에 대해서는 개별적인 경영, 특정부분만의 경영으로 보고 판단해야 한다는 것이다.

> **Focus On**
>
> **지방공기업의 장점**
>
> ① 지방공기업은 사업수행상 필요한 경우에는 주민에게 공용부담을 시킬 수 있는 권한을 가지고 있다.
> ② 지방공기업은 공영원칙을 채택하는 경우가 많아 법률적으로 독점권이 보장되고, 그리고 지방자치단체 또는 그가 설립한 법인이 담당하므로 지역적으로도 독점권이 보장된다. 지방자치단체의 행정구역과 주민의 생활권역이 일치하지 않아 지방공기업의 광역화가 필요하나 그렇다고 독점적 성격이 완전히 없어지는 것은 아니다.
> ③ 지방직영기업은 비과세되고, 지방공사와 지방공단도 조세감면규제법과 지방세법에 의하여 조세가 경감 또는 감면된다.

2) 사회적 효율성

사회적 효율성이라는 개념은 원래의 공기업의 경영원리로서 주장되어 왔다. 공기업의 목적은 집합적, 경제주체의 일개단위로서 가장 효율적인 자원분배를 달성하는 것, 요컨대 사회적 효율을 극대화하는 데 있다고 할 수 있다. 즉, 일정한 비용부담 하에서 사적 편익·간접적 편익·사회적 가치를 포함한 사회적 편익과 사회적 비용과의 차이가 최대로 되는 점, 바꾸어 말하면 사회적 한계편익이 사회적 한계이익과 같게 된다는 점에서 사회적 효율이 달성된다는 것이다.

이와 같은 사회적 효율개념이 도입되면 공공성과 효율성이 서로 모순되는 것이 아니며 예를 들어 공기업이 공공기업으로서 사기업과 분리되는 이유는 적어도 그 자신 사회성을 기본으로 하여 생산 등 수익이 뒤따르는 경영을 한다는 의미에서 경영체의 낭비방지와 최적자원배분에 이바지할 수 있기 때문이다. 이 경우 공공의 이익이란 사회적 효율의 기준을 충족시킬 수 있는 결과라고 정의할 수 있으며 이는 소위 공공재의 비배제성, 비경합성에 의해 구현될 수 있다.

제3섹터에 있어 사회적 효율은 공공성과 영리성을 추구하여 행정시책의 종합성과 계획성이 첫째, 종합적인 건설계획이 가능하고 둘째, 지방자치단체와 지방공사 및 제3섹터와의 적절한 기능분담으로 역할 분담이 주어지며 셋째, 제3섹터 수익활동에 대한 규제를 통해 이루어 질수 있다.

(1) 사회적 효율성으로부터 얻는 장점

첫째, 공공서비스 기능의 확대이다. 이른바 중간서비스(준공유, 시장서비스)분야, 예를 들면 유료스포츠시설, 유료공원, 국민숙소, 분양주택, 결혼식장, 유료도로, 신교통시스템, 고령자 인력센터, 고령자아파트 등의 분야에서 행정이 시민욕구에 부응하기 위해서는 제3섹터라고 하는 기능적이고 저렴한 서비스공급체제가 필요한 것이다.

둘째, 개발이익의 사회적 환원이다. 통상으로는 민간자본의 손에 건네질 개발이익을 공영개발의 예를 들자면 지방공기업 내지 제3섹터가 토지선행취득과 공공개발 장식의 채용에 의해 사회 환원이 가능해 질 수 있다.

셋째, 수익거점의 확보이다. 지역사업을 행하는 경우 일반적으로는 민간자본이 독점하기 쉬운 도심의 지하상가, 공업단지센터, 터미널, 주차장등 수익성이 높은 부문에 대해서는 제3섹터를 활용해서 자치단체의 수입원으로 할 수 있다.

넷째, 수익자 부담의 공평화이다. 산업용서비스에 대해서는 독점채산형 공사방식을 채용함으로써 오히려 비용부담의 사회적 균등화를 할 수가 있다. 또는 일반도로사업으로 도로건설을 시행하기보다는 제3섹터를 이용해서 유료도로를 건설하는 편이 일반재원의 투입을 적게 할 수 있어 그만큼 수익자 부담의 분산화・균등화에 이바지할 수 있다.

다섯째, 자금조달, 민간에너지의 활용이다. 기채허가제 아래서 자유로운 자금조달이 곤란한 현상에서는 제3섹터는 민간자금도입의 유용한 매개역할을 담당할 수 있게 된다.

여섯째, 기업회계방식에 의한 비용의식의 철저이다. 기업회계방식은 자치단체행정에 경제적・경영적 개념을 도입해 공공서비스의 유상화를 촉진하는 것이라는 선입감이 따르게 된다. 그러나 이는 공기업에 있어 극단적인 독점채산제의 도입이 원인이었으며 기업회계방식의 채택은 책임회계방식으로의 길을 열어줌으로써 제3섹터의 통제, 위장결산의 예방, 각종부담의 공평화, 재정공개화와 민주화에도 도움을 준다. 그리고 무엇보다도 기업회계방식은 비용(COST)의식을 확산시켜 관청의 고질적 폐해라고 할 수 있는 각종 낭비를 내부로부터 차단해 자기변혁으로 조정, 통제할 수 있는 장점이 있다.

제3섹터는 그 자체가 영리성을 경영원칙으로 하는 속성을 처음부터 부정한 것은 아니지만 그렇다고 해서 자치단체의 경영성 부족이나 법적통제가 불비(不備)된 현실에서는 제3섹터를 방관・용인할 수도 없는 것이다.

(2) 사회적 효율성을 위한 조건

사회적 효율을 담당하는 일개 단위로서 자치단체 행정의 일각에 위치하기 위해서는 적어도 다음의 조건구비는 필요할 것이다.

첫째, 지역경영의 이념정책이 확립되어 있을 것이다. 자치행정의 종합계획이 시민참가 아래 작성되고 지역의 장래에 대해서 시민합의가 형성되지 않으면 안 되며 또한 계획에 근거하여 제3섹터 설립의 기준이 명확히 설정될 필요가 있다.

둘째, 특히 자금력이 약하고 지역경영의 경험이 적은 자치단체에 대해서는 금융면, 기술면에서의 전국적인 지원체제가 필요하다. 근년 샌프란시스코나 보스턴 등 미국의 대도시에서 도시성장관리나 도시연계정책이 전개되고 있고 여기서 CDC(Communicating Development Corporation)을 비롯한 이른바 비영리민간조직이 중요한 역할을 다하고 있다.

참고자료

미국 뉴저지주의 기업적 경영

뉴저지 주는 2000년 기준으로 가구소득 평균이 5만 5146달러로 미국 최고의 부자 주, 꼴지인 웨스트버지니아 주(2만 9696달러)의 배에 가깝다.
세제 혜택은 물론이고 신규 투자로 일자리 창출이 이뤄지면 주 정부 예산에서 새로 고용하는 인력에 대한 교육 훈련비까지 제공한다.
또 기업들이 신규 투자를 하는 데 불편한 점이 없도록 환경국 등 규제부서는 아예 상무장관 직속으로 배치해 공장 설립 허가에 걸리는 사간을 최대한 단축할 수 있도록 배려했다. 또 상무장관의 공식 명칭을 아예 '최고경영자(CEO) 겸 장관(Secretary)'으로 부르고 있다. 한마디로 기업식 경영이다.
1985년 도입된 기업유치노력은 뉴저지주의 대표적인 투자유치방안으로 낙후된 도심지역을 개발하기 위한 프로젝트이다.

- 인가 프로젝트 161건
- 주정부 지원 5000만 달러
- 신규투자유치액 190억 달러
- 일자리 –정규직 15만 7000명
창출 –파트타임 2만 7000명

> **◉ Focus On**
>
> **지방공기업의 단점**
>
> ① 지방공기업 중에서 지방직영기업은 법령이나 예산에 의하여 규제받기 때문에 환경변화에 탄력적으로 대처하기가 어렵다. 그리고 지방의회에 의한 정치적 간섭이 많아질 수 있다.
> ② 지방직영기업의 직원은 지방공무원법의 적용을 받고 있어 유능한 전문가의 수시채용이 어렵고, 지방공사와 지방공단의 직원은 노동3권을 인정받지 못한다.
> ③ 지방공기업은 공공성를 추구해야 하기 때문에 적자를 초래하는 경우가 많다.

따라서 본 장에서의 자치단체의 지방공기업은 넓은 의미에서 이상 살펴본 미국과 일본의 이론적 검토에서 보여지듯이 제3섹터라는 범주라고 볼 수 있으므로, 지방공기업을 제3섹터와 같은 개념으로써 취급하고자 한다.

5. 우리나라 지방공기업의 문제점

1) 특 성

현행 지방공기업법 제53조는 “공사의 자본금은 지방자치단체가 전액을 현금 또는 현물로 출자하되, 공사의 운영을 위하여 필요한 경우에는 자본금의 2분의 1을 초과하지 아니하는 범위 안에서 지방자치단체외의 자로 하여금 출자하게 할 수 있다”고 하여 지방공사의 민간 부문의 참여가 가능하다. 또한, 우리나라의 지방공기업 현황을 살펴보면 다음과 같은 몇 가지 특성을 지닌다.

첫째, 기초자치단체보다는 광역자치단체에서 활발하다. 둘째 사업내용면에서 IT분야, 농축수산물, 관광레저 등이 주종을 이루고 있으며 그 이외에 컨벤션, 무역토지개발, 판매서비스, 운송, 에너지 등의 사업이 운영되고 있다. 셋째, 사업시기면에서 1990년대 말까지 증가하였으며 2009년도 결산기준으로 408개에서 2021년도에 407개로 정비되었으나 2025년도에는 420여개에 달하는 등 여전히 증가하고 있다는 점이다.

구체적으로는 운영방식에서 분류하면 지방직영기업 약 250개, 지방공사 80여개, 지방공단 90여개 등이다.

지방공기업 경영형태에 있어 주목할만한 변화 중의 하나는 정부가 직접 서비스를 공급하는 공급자 위주의 독점방식에서 탈피하고 있다는 것이다. 즉 지방공기업의 자율적 책임경영체제를 확립하고 관리자 및 직원의 창의성 발휘를 통한 경영의 합리화를 도모할 뿐만 아니라 민간의 자본과 기술, 그리고 에너지 등을 도입하려 하고 있다. 이는 지방자치의 분권화로 인한 수요의 증가, 공공부문의 실패와 재정부담의지 등을 도입하려 하고 있다. 이는 지방자치의 분권화로 인한 수요의 증가, 공공부문의 실패와 재정부담의 가중, 공공부문의 생산성 추구 등에서 찾아볼 수 있다.

지방공기업의 종류는 매우 다양하나 직영기업, 지방공사, 공단 등 3가지로 유형화시킬 수 있다.

2) 증가하는 예산규모와 부채

지방공기업의 경영상에 가장 큰 문제는 부채이고, 이것은 지방공기업의 설립목적인 자율경영과 책임경영을 조화시켜 경영효율성 증대, 나아가 건전한 지방재정운영에 기여하고자 하는 방향과 다른 정책적 괴리를 나타내고 있다. 지방공기업은 지방직영기업, 지방공사, 지방공단 등으로 구성된다. 2025년도 행정안전부 결산 기준으로 우리나라 지방공기업의 예산규모는 326조 원으로, 전년대비 약 15.9조 원 증가했다.

반면에 손실규모 역시 늘어나는 추세이며, 공영주택 확장 등으로 도시개발공사의 적자폭이 커진 것이다.

구체적으로 지방공기업 총부채는 연속 감속하고 있다는 점은 긍정적이다. 또한 행정안전부는 지방공기업평가원을 설립하여 지방공기업의 경영평가를 하고 이를 통하여 지속적으로 부채를 관리하고 있다.

> **Focus On**
>
> **지자체 · 민간 합작사 부실 원인**
>
> · 지자체장 과시형 산업 선정
> · 시장수요 예측 잘못
> · 회사대표 등 경영진 전문성 부족
> · 경영평가 · 진단 · 사후관리 부실

3) 주먹구구식 사업 진출의 시정

레저산업, 컴퓨터 소프트웨어 개발 등 민간기업 간에도 경쟁이 극심한 분야에 무분별하게 뛰어들었다가 낭패를 본 과거의 사례가 가장 많았다.

광명시는 2000년 음반유통사업을 하겠다는 포부를 갖고 55억 원을 들여 KRC넷이라는 음반유통 회사를 차렸다. 이때는 시장규모가 3,700억 원대에 달했지만 최근 MP3 등 컴퓨터 음악의 발전으로 위축되면서 1,800억 원대로 축소됐다.

인천에서 인천도시관광주식회사는 송도유원지를 개발 운영하기 위해 토지 25만 평을 현물 출자해 설립했다. 인천에서 멀지 않은 수원과 용인에는 에버랜드와 민속촌 등 대형 유원지가 버티고 있었다. 입장객이 매년 줄어들면서 영업손실이 눈덩이처럼 불어났고, 감사원은 1998년 회사 지분 매각을 권고했으나 인천시는 처리방안을 강구하지 않은 채 방치한 바 있었다.

그러나 행정안전부의 강력한 평가시스템 등의 도입으로 도시철도, 공영주택 등의 사업규모가 커졌지만 경영효율화 등을 통해 손실을 줄이고 있다.

4) 정실주의 인사운영

적자에 허덕이면서도 접대비를 기준보다 최고 10배 사용하는 등 임직원들의 도덕적 해이는 심각하다. 대구전시컨벤션센터는 접대비를 세법상 비

지방공기업 인사채용 비리

국민권익위원회는 2011년 11 ~12월에 걸쳐 청렴도 평가 점수가 낮은 14개 지방 공기업을 대상으로 최근 3년간 인사 비리 실태를 점검한 결과 불공정 행위 22건을 적발했다고 5일 밝혔다. 권익위가 공개한 지방공기업 특혜 채용 실태 점검 결과에 따르면 서울 A구·인천 B구 시설관리공단 인사 담당자는 기간제 근로자를 뽑으면서 딱 3일만 홈페이지에 모집공고를 내고 지인들에게만 이 사실을 알렸다. 구색을 갖추면서도 경쟁률을 낮추기 위해 '꼼수'를 쓴 것이다. 결국 모집자와 응시자 수가 같아 전원 합격했다. 서울 C구 시설관리공단 관계자는 서류전형 기준에 예년에 없던 봉사활동 항목을 새로 추가하고 지인들에게 이 사실을 흘렸다. 정보를 제공받은 문모씨와 김모씨는 채용공고 직전 집중적으로 봉사활동을 했고 결국 지난해 최종 합격했다. 해당 지자체에서 압력을 넣은 사례들도 대거 적발됐다. 부산 A군 도시관리공단은 군의원의 아들인 계약직 이모씨를 정상적인 채용 과정 없이 정규직으로 선발했다. 충남 A시 시설관리공단은 시 정부의 요청을 받고 팀장급 지원 자격 요건을 'A시 소속 6·7급 공무원'으로 한정했다. 결국 A시 6급 공무원 2명이 최종 합격했다. 경기 B시 도시개발공사는 일반직 6급 경력사원을 뽑으면서 경쟁률이 44 대 1에 달할 정도로 높았는데도 응시자격조차 갖추지 못한 B시청 국장 딸 김모씨를 뽑았다. 공기업 직원들끼리 내부 인원이나 가족을 특채한 경우도 적지 않았다. 서울 C구 시설관리공단 경영지원팀장 박모씨는 자신의 부인을 별다른 채용절차 없이 9급 직원으로 뽑았다. 경상남도 A시 시설관리공단은 기능직 10급 공개채용 경쟁률이 30 대 1을 넘었는데도 인사규정상 꼭 하게 돼 있는 필기시험을 없애고 기존에 일하던 일용직 2명을 뽑았다. 울산시 A군 시설관리공단은 계약직 최모씨를 일반직으로 특채하기 위해 별도의 인사사무 처리 지침까지 만들었다.

한국경제신문 2012년 1월 6일 A1, A2면 일부발췌요약.
남윤선 기자 inklings@hankyung.com

용으로 인정하는 한도액의 10.4배까지 사용하기도 했다. 대전농수산물유통센터는 2003년 말 자본잠식액이 100억 원에 달하는 데도 불구하고 농협 직원을 파견받고 이들에게 일반 직원의 3배에 달하는 보수를 준 바 있다.

또한, 대구복합화물터미널은 1995년 대구시가 110억 원을 출자해 만든 법인이다. 마땅한 전문경영인을 찾지 못했다는 이유로 역대 대표이사 4명은 모두 대구시 퇴직 공무원이 맡았다. 축산물 도축과 가공을 위해 설립한 충남 홍성의 홍주미트도 퇴직 공무원에게 경영을 맡겼다가 38억 원의 자본금이 모두 잠식된 상태였다. 감사원은 2005년도에 감사한 결과 38개 제3섹터 법인의 대표이사를 지냈던 98명 중 24명이 공무원 출신이었다고 지적한 바 있다. 이러한 사례 외에도 최근까지도 여전히 선거과정에서의 지지단체 출신자 및 선거운동원 인사가 정실주의 인사라는 비판이 있다. 이러한 문제점을 개선하기 위하여 시·도 단위의 지방의회에서는 출현·산하 공기업·공단 책임자에 대한 인사청문회를 실시하고 있다.

제3절 세외(稅外)수입

1. 세외수입의 개념

세외수입은 앞서의 지방공기업(제3섹터)와 같이 지방자치단체에 있어서는 지역경영의 중요한 요소이다. 이러한 세외수입은 지방공기업과 마찬가지로 다의적인 개념으로 사용되고 있다. 광의로 이해할 때에는 지방재정 수입 중에서 지방세수입, 지방교부세, 조정교부금(자치구에 한함)과 보조금을 제외한 일체의 수입을 의미한다. 따라서 광의의 세외수입에는 전입금, 이월금, 순세계잉여금 등과 같은 회계의 조작에 의한 수입뿐만 아니라 지방채수입도 포함된다. 자치단체의 세입구조를 지방세, 세외수입, 지방교부세, 지방양여금(2004년도 폐지), 조정교부금, 보조금의 여섯 가지로 분류할 때의 세외수입이 바로 그것을 의미한다. 그러나 세외수입을 협의로 이해할 때에는 그것은 광의의 세외수입 중에서 전입금, 이월금, 순세계잉여금과 같은 명목적인 세입과 특별한 사유로 당해연도에 한해서만 생기는 지방채수입, 기부금, 예탁금 및 예수금, 부담금, 부동산 매각수입과 같은 임시적 수입을 제외한 수입을 의미한다. 즉, 협의의 세외수입은 실질적, 경상적 수입만을 지칭하는 개념이라 할 수 있다. 세외수입의 증대라고 할 때의 세외수입이 바로 그것을 의미한다. 세외수입이라고 할 때에는 그것은 협의 또는 최협의로 사용되게 된다.

2. 세외수입의 특질

세외수입에는 다음과 같은 특질이 있다. 첫째, 세외수입은 그 종류, 수입근거, 형태 등이 극히 다양하다. 즉, 수입근거를 보면 법률, 대통령령, 부령, 조례 또는 사법상의 계약 등을 들 수 있고, 종류도 행정서비스에 의하여 생기는 분담금, 사용료 및 수수료, 경제활동에 의하여 생기는 기부금, 재산수입, 다른 특별회계와의 전출입관계에서 생기는 전입금, 예산 1년 주의에 따라 회계상으로 생기는 이월금 등이 있어 다양성을 띠고 있다. 둘째, 세외수입의 규모는 지방자치단체에 따라 균형이 이루어지지 않고 있으며 연도별

> **Focus On**
>
> **제3섹터의 문제점**
>
> ① 비록 제3섹터 사업이 공공성과 기업성의 조화를 지향하지만 공공성이 중요시되는 사업만 추진하기도 어렵다.
> ② 관 주도로 운영되는 민관 합작사업의 문제로 인하여 민간 주도의 제3섹터로 전환이 필요하다는 일본의 사례 등에 비추어 극복해야 할 문제점들이 있다.
> ③ 공공섹터에서 발생하는 문제점, 민간섹터에서 발생하는 문제점, 다수의 사기업 및 공.사 공동사업이라는 데서 발생하는 문제점으로 나누고 있다.
> i) 공공섹터에서 발생하는 문제들로는 경영상의 자주성 확보의 문제, 영리화로 기울어질 우려, 낙하산식 인사 등을 들 수 있다.
> ii) 민간섹터에서 기인하는 문제들로는 영리화에 따른 공공의 후퇴, 민간 참가 확보상의 불안 등을 들고 있다.
> iii) 공사공동사업이라는 데서 발생하는 문제들로는 경영상의 통일성 확보의 곤란, 출자기업 및 계열간의 주도권 다툼, 유능한 인재 확보가 곤란한 점 등을 들고 있다.

> **key concept**
>
> **세외수입**
>
> 지방재정수입 중 지방세, 지방교부세, 보조금을 제외한 일체의 수입을 말한다.

신장률도 불안정한 실정이다. 따라서 지방자치단체의 재정력지수를 산정함에 있어 특정한 연도의 세입을 기준으로 하거나, 단기간의 세외수입 신장률을 토대로 하여 그 신장추세를 예측할 때에는 객관성이 결여될 우려가 있다. 셋째, 세외수입은 현금으로 징수하기도 하고 수입증지로 징수하기도 한다는 점이다. 수입증지에 의한 징수는 사용료, 수수료의 징수를 그 예로 들 수 있다. 넷째, 세외수입에는 일반재원도 있고 특정재원도 있다. 즉, 세외수입 중에는 일반재원으로 분류되는 것이 많으나, 그 수입의 근거를 보면 특정한 경비에 사용해야 한다거나 재원의 용도가 특정되는 예도 있다.

3. 세외수입의 종류

1) 사용료와 수수료

key concept

– 사용료 –

지방자치단체의 재산이나 영조물을 사용하는 경우에 징수하는 이용료를 말한다(공원, 병원, 공설묘지, 도서관, 상·하수도 등의 사용료).

– 수수료 –

특정개인을 위하여 행하는 행정서비스에 대하여 이에 소요되는 비용의 일부를 징수하는 것을 말한다(주민등록등본, 인감증명 등의 수수료).

Focus On

세외수입의 특성

① 자치단체가 자체적으로 확보한 자주재원이다.
② 법령에 저촉되지 않은 한 비교적 자유로운 영역으로서 자치단체의 노력 여하에 따라 지속적인 확대·개발이 용이하며 자치단체의 주요한 잠재수입원이 될 수 있다.
③ 수입연도별 안정성과 균형성이 떨어진다.
④ 수입의 근거·종류·형태가 다양하다

사용료란 공공시설을 사용함으로써 얻는 편익에 대한 대가(보상)로서 징수하는 공과금을 의미한다. 사용료는 특히 이익을 받은 주민으로부터 개별적인 보상원칙에 따라 강제로 징수하되 실비의 한도 내에서 징수하는 점에서 수수료와 같으나, 개인이 자치단체의 공공시설을 이용함으로써 이익을 받은 데 대하여 공과하는 점에서 지방자치단체의 공권력 행사, 즉 특별한 활동에 의하여 이익을 받은 경우에 공과하는 수수료와 구별된다. 또한 수수료의 부과는 지방자치단체의 행위를 그 기준으로 하는데 대하여 사용료의 부과는 공공시설의 상태를 그 기준으로 한다. 이와 같이 사용료와 수수료는 개념상으로는 명백히 구별되지만 실제로는 구별하기 곤란한 경우가 많기 때문에 양자를 포괄하여 받는 일체의 서비스에 대한 것을 포함하기 때문에 공설운동장의 사용, 도로의 점용과 같은 사용임대에 관한 대가는 물론, 학교의 수업료, 병원의 진찰료와 같은 서비스의 대가, 시영지하철의 요금, 수도요금과 같은 대가도 사용료의 개념에 포함된다. 한편 수수료란 지방자치단체의 활동에 의하여 개별적 특수이익을 받는 사람으로부터 그 비용의 일부분을 지변하기 위하여 징수하는 공과금을 의미한다.

수수료 징수는 다음과 같은 원칙이 있다.

첫째, 수수료는 일반인 중에서 특정한 자가 관계되는 경우에만 징수할 수 있다. 특정인의 의미에 관하여는 기준을 제시하기 곤란하며 구체적인 사무의 성질에 따라 결정해야 할 것이다. 둘째, 수수료는 측정한 개인의 이익 혹은 편익을 위한 행위에 관계되는 것이다(응익성의 원칙). 따라서 지방자치단체가 의무적으로 처리해야 할 사무이거나 주로 행정상의 필요에 의하여 처리하는 사무일 경우에는 수수료를 징수할 수 없다. 자치단체는 주민의 복지를 증진함을 그 존립의 목적으로 하기 때문에 자치단체의 사무는 어느 정도 주민에게 이익을 주게 되어 있으므로 단순히 이익을 주었다는 사실만으로 수수료를 징수하는 것은 허용되지 않는다. 셋째, 수수료는 수고에 대한 대가라는 의미를 가진다. 따라서 이러한 수고로 행정비용을 낳게 한 특정인은 당연히 그 비용을 지급해야 할 의무를 지게 된다. 수수료는 지방자치단체가 일방적, 강제적으로 결정, 징수하는 점에서 조세와 다를 바 없으나, 조세는 일반보상의 원칙에 의하여 부과되는 반면 수수료는 특정보상의 원칙에 의하여 부과되는 점에 차이가 있다.

2) 분담금과 부담금

분담금이란 지방자치단체의 재산 또는 공공시설(예: 도로)로 인하여 주민의 일부가 특히 이익을 받을 때 그 비용의 일부를 지변하기 위하여 이익을 받는 자로부터 징수하는 공과금이다. 따라서 분담금은 조세와 사용료, 수수료의 중간적 성질을 가진 것으로서 수익자부담금이라고도 한다. 다만 경제가 발전하고 사회구조가 복잡화함에 따라 행정서비스에 의한 수익의 정도는 점차로 불확실하게 되어 부담의 공평성을 확보하기가 어렵게 되었다. 이러한 분담금은 지방세징수의 예에 의하여 징수된다.

부담금이란 시·도와 자치구, 시·군과의 부담관계에 의하여 시·도가 자치구, 시·군으로부터 수납하는 것이다. 즉, 시·도가 특정한 자치구, 시·군에 많은 이익을 주는 토목 기타의 건설사업을 시행하는 경우에는 그 사업으로 인한 수익의 한도 내에서 그 사업에 소요되는 비용의 일부를 당해 자치구, 시·군에 부담시킬 수 있다. 부담금의 징수근거는 지방재정법에 명시되어 있다.

분담금제도를 포함한 개발이익의 사회적 환수제도가 없거나 미비하면 개발이익이 사유화됨으로써 비윤리적인 토지투기가 일어나게 되고 소득배분의 불균형을 초래하게 되며, 지가의 비정상적인 상승과 불안정을 조장하게 된다. 그러므로 분담금(수익자부담금)제도는 토지투기행위를 억제하고, 지가의 안정을 도모하며, 토지로부터의 불로소득을 공평하게 배분하고 개발이익을 공유하게 하며, 자치단체의 재정적 부담을 경감시켜 줌으로써 재정집행을 원활히 하는 데 기여할 것이다.

> **key concept**
>
> **– 분담금 –**
>
> 도로와 같이 지방자치단체의 재산 또는 공공시설로 인하여 주민의 일부가 특히 이익을 받았을때 그 이익을 받은 자에 대하여 징수하는 공과금이다. 따라서 분담금은 세(稅)와 사용료·수수료의 중간적 성질과 수익자부담적 성격을 띠고 있다.
>
> **– 부담금 –**
>
> 국가와 각급 지방자치단체 사이에 어느 한 쪽이 상대방에게 이익을 주는 일을 하였을 때 그 이익의 범위 안에서 그 일의 처리에 필요한 경비를 부담시켜 수납하게 하는 것이다.

3) 재산수입

 key concept

재산수입
지방자치단체가 설치·유지하고 있는 기본재산이나 보유하고 있는 유가증권 등에서 생기는 수입이다.

재산수입이란 자치단체가 소유하는 보통재산 또는 이에 준하는 재산의 임대 또는 매각에 의한 수입을 의미한다. 재산수입은 경제적 수준이 낮고 사람이나 물자의 지역 간 이동이 적었던 시대에는 지방자치단체의 수입 가운데 상당한 비중을 차지하였으나, 경제의 발전은 한편으로는 지방자치단체의 재정수요를 증가시킴으로써 재원으로서의 재산수입의 비중을 저하시켰으며, 다른 한편으로는 경제활동 수준이 향상됨에 따라 다른 세수입에 비하여 재산수입의 중요성을 상대적으로 낮아지게 하였다. 재산수입에는 재산임대수입과 재산매각수입이 있는데 전자는 경상적 수입이고 후자는 임시적 수입이다.

4) 기타 세외수입

(1) 징수 교부금

이것은 자치구, 시, 군이 국가나 시, 도의 위임을 받아 군세, 시세, 도세, 사용료 등을 징수하는 경우에 그 징수위임기관인 국가 또는 시, 도가 자치구, 시, 군에 교부하는 것을 지칭한다.

첫째, 시, 군, 자치구에서 징수하는 시, 도세의 징수교부율은 3%이다. 시, 군에 대한 광역시세, 도세징수교부금은 형식적으로는 위임한 세입징수사무에 소요되는 경비를 보상한다는 것이었지만, 실질적으로는 광역시, 도와, 시, 군 간의 재원배분의 의미도 가지고 있었다. 즉 징수교부금은 원래 징세와 관련된 경비의 보전을 목적으로 설치되었으나 원래의 취지와는 달리 재정보전적 성격으로 변질되었다. 자치구에 대한 특별시세, 광역시세 징수교부율은 징수액의 3%에 불과하였으나, 시, 군에 대한 광역시세, 도세 징수교부율은 징수액의 30%(인구 50만 이상인 시와 자치구가 아닌 구가 설치되어 있는 시에는 징수액의 50%)에 달했던 것이 그것을 증명하고 있다. 시, 군에는 세입결함을 보전해준다는 관점에서 자치구의 10배인 30%를 교부하면서 재정력이 비교적 견실한 인구 50만 이상 시에는 오히려 징수교부율을 50%로 높였던 것이다. 이러한 불합리성 때문에 징수교부금제도는 지방자치단체간의 불만과 갈등요인이 되어 왔다. 이에 정부는 2000년 1월에 지방재정법을 개정하여 징수교부금을 실제로 징세비수준인 3%로 균일화시키고 나머지 재원을 시, 군에 대한 재정보전금으로 배분하게 하였다.

둘째, 예산과목상 교부금으로 불려지는 것으로 민방위교부금, 병사비교부금 등이 있으나, 이것은 국가사무를 자치단체에 위임함에 있어 그 경비에 충당케 하려는 것이므로 세외수입이라기보다 광의의 보조금적 성질을 가진 것이라고 할 수 있다.

(2) 기부금

기부금이란 주민, 기업 등으로부터 그 자발적 의사에 따라 일정한 금액이 그 용도를 지정하거나 또는 지정함이 없이 지방자치단체에 납입되는 것을 지칭한다. 용도가 지정된 것을 지정기부금, 지정되지 않은 것을 일반기부금이라고 한다. 기부금의 법적 성질은 지방자치단체에 대한 주민의 증여이기 때문에 원칙적으로 아무런 조건이 없어야 하지만 반대급부와 같은 지방자치단체의 일정한 부담을 그 조건으로 하는 부담부기부금도 있을 수 있다.

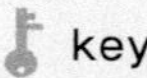
key concept

기부금

이는 일반시민이나 기업으로부터 기탁되는 수입인데, 용도가 지정되어 있지 않은 것을 일반기부금이라 하고 용도가 지정되어 있는 것을 지정교부금이라고 한다.

(3) 전입금과 잡수입

전입금이란 당해 지방자치단체의 다른 회계 또는 기금으로부터의 자금의 이동으로 생기는 회계조작상의 수입을 지칭한다.

그리고 잡수입이란, 사업장의 생산품매각수입, 불용품매각수입, 변상금 및 위약금(과태료, 체납처분비, 보상금 등 포함), 기타 잡수입 등을 포함한다. 오늘날 사업장수입이 가지는 중요성에 비추어 우리나라는 사업장수입을 별도로 분리시키고 있다.

4. 세외수입의 문제점 및 개선방안

key concept

– 교부금 –

예컨대 인구조사사무와 같이 국가가 스스로 행하여야 할 사무를 지방자치단체에 위임해서 처리할 경우 이에 필요한 경비를 교부받음으로써 들어오는 수입이다.

– 이월금 –

전년도의 예산 중 사용하지 않은 금액이 당년도 예산으로 넘어온 수입이다.

지방자치단체는 관리청으로서 국유재산을 관리하고 있다. 따라서 국가기관이 무상으로 점유・사용하고 있는 지방공유재산을 관할 구역 내 국유재산과 상호 교환하여 지방자치단체에서 활용할 수 있도록 해야 하며, 많은 국・공유 재산이 무관심, 인력부족으로 관리가 소홀하므로 조사를 통해 미관리 상태에 있는 재산을 찾아 이를 활용해 재산 수입의 증대를 도모해야 한다. 또한, 물가상승 등의 요율 인상 요인을 적기에 반영할 수 있도록 해 사용료와 수수료의 요율을 현실에 맞는 적정선으로 유지될 수 있게 해야 한다. 그리고 지방재정의 운영과정에서 생기는 수입과 지출의 시간적 격차로 인해 발생하는 여유자금을 이용한 현금투자 확대를 통한 이자수입의 극대화가 필요하다. 이러한 이자수입의 확보는 기존의 지방세입 규모 내에서도 추가적인 재원조달효과를 거둘 수 있을 뿐만 아니라 지방세 수입의 필요성을 상쇄할 수 있다.

지방자치의 실시와 더불어 지방정부는 자율성의 신장과 함께 재정난을 겪고 있다. 이는 지방자치제도가 보여주는 동전의 양면과 같은 것으로써 지방정부가 해결해야 할 중대한 문제가 아닐 수 없다. 지방정부에게 주어진 자율성을 최대한 활용하고 재정난을 해소하기 위한 방안이 바로 지방세 이외의 세외수입을 늘리는 것이다. 따라서 세외수입의 확충은 지방자치라는 새로운 국정이념의 핵심으로 판단된다. 또한 지방경영의 효용은 지방자치단체의 이미지와 기능성 그리고 경제적 파급효과 면에서 더욱 그 가치가 높다.

세외수입의 확충 방안, 즉 지방경영의 성공요인이라 함은 첫째, 지역주민의 참여 및 호응도를 제고시키고 둘째, 지역의 특수성을 감안한 정확하고 합리적인 예측분석을 실시하며 셋째, 재정의 투명한 운영과 함께 해야 하고 넷째, 기관장의 리더십이 필요하다고 판단된다.

요 약

지방재정을 확충하는 수단으로서 지방공기업(제3섹터)과 지방세외수입에 대하여 알아 보았다. 우리나라의 지방공기업은 운영상과 법적·제도적 문제점을 지니고 있을 뿐만 아니라 제3섹터를 의미하는 지방공기업이 활성화되기에도 여러 가지 문제점을 가지고 있는 실정이다. 따라서 민관공동출자사업에 대한 정확한 인식이 필요하고, 정확한 미래예측과 분석이 필요할 것이며 지역의 행정참여기회로 활용해야 할 것이다. 또한 법인운영에 민간의 자율적인 참여를 유도해야 할 것이다. 그리하여 '사업내용의 검토-사업주체의 설립-실시 운영에 따른 조건 정비'의 3단계의 과정을 통해 제3섹터의 원활한 사업화를 추진해야 할 것이다.

사용료와 수수료, 분담금과 부담금, 재산수입, 징수교부금, 이월금, 기부금, 전입금 및 잡수입을 포함하는 세외수입은 공공서비스에 대한 비용부담을 세금에 의존하지 않고 사용자에게 부담하도록 하는 사용자 부담금제가 대표적이라 할 수 있다. 이는 세입을 확충하게 하고, 공공서비스 공급의 능률성을 향상시키며, 혼잡을 방지하고, 공정성을 확보하게 하는 반면, 행정비용의 문제 및 서비스 비용의 산정문제, 형평성 문제 등의 역기능적 성격을 내포하고 있다. 따라서 지역주민의 참여 및 호응도를 제고시키고, 지역의 특수성을 감안한 정확하고 합리적인 예측분석을 실시해야 할 것이며 재정의 투명한 운영과 함께해야 할 것이고, 기관장의 리더십이 필요할 것이다.

중요개념

1. 지방공기업
1) 지방자치와 지역경영
   - 지방자치경영의 의미
   - 지방자치경영의 과제
2) 제3섹터의 개념정의
   - 제3섹터의 유형별 정의
   - 제3섹터의 공공성과 영리성의 조화
3) 우리나라 제3섹터의 문제점 및 개선방안
   - 운영상의 문제점과 법적 · 제도적 문제점
   - 개선방안
2. 세외수입
1) 세외수입의 의의와 종류
   - 세외수입의 개념과 특질
   - 세외수입의 종류
2) 사용자 부담금제와 지방세외수입 발전방안
   - 사용자 부담금제의 의의
   - 사용자 부담금제의 기본원리
   - 사용자 부담금제의 장점
   - 사용자 부담금제의 문제점
   - 개선방안

예 제

1. 지방경영에 있어 지방공기업의 의의 및 그 역할에 대하여 논하시오.
2. 지방공기업, 지방공단, 지방공사, 제3섹터 등에 대하여 각각의 특징을 논하고 공통점과 다른점에 대하여 논하시오.
3. 적극적 의미에서의 지방경영을 위한 정책적 수단에 대하여 논술하시오.
4. 세외수입의 정의 및 그 종류에 대하여 논하시오.
5. 지방경영의 영리성과 공공성에 관하여 논하시오.

참고문헌

강신일(1988), 「공기업의 민영화에 관한 연구」(서울: 한국개발연구원).

구병삭(1989), 「신헌법원론」(서울: 박영사).

김천영(1991), "정부간 협력관계의 모형 정립에 관한 연구", 연세대학교 대학원 박사학위논문.

안용식(1986), "공기업의 본질과 장래", 「사회과학논집」, 제17집(연세대학교 사회과학연구소).

안용식・원구환(2001), 「지방공기업론」(서울: 대영문화사).

오희환・김복규(1997), "제3섹터의 활성화 방안"(한국지방행정연구원).

원구환(1999), "지방공기업 내부운영의 혁신 방안", 「지방재정」(서울: 대한지방재정공제회).

원구환(2004), "제3섹터 지방공기업의 조직구조 분석", 「제3섹터 지방공기업의 발전방안」(2004년 10월 제2회 학술세미나 발표집), 한국지방공기업학회.

유 훈(1985), 「공기업론」(서울: 법문사).

윤경준・원구환(1997), "지방정부 직영기업의 상대적 효율성 평가: 도시 상수도사업에 대한 Data Envelopment Analysis", 「한국행정연구」, 제5권 제4호(한국행정연구원).

윤성식(1997), "최근 선진국 예산개혁의 교훈: 대리인 이론의 관점", 「한국행정학보」, 31(1).

임승빈(1997), "현지에서 본 일본의 지방자치실제", 「한국지방행정연구원 연구자료집」, 97-03.

하종근(1993), 「지방자치단체의 경영」(서울: 형설출판사).

한승준(1999), "프랑스의 제3섹터 활용에 관한연구", 「한국지방자치학회보」, 제11권 제2호.

宮本憲一(1980), 「都市経済論-共同生活案件の政治経済学」(東京: 学陽書房).

大島国雄(1976), 「公企業の経営学(新訂版)」(東京: 白桃書房).

―――――(1984), 「公企業改革の時代」(東京: 同文館).

寺尾晃洋(1982), "公共企業問題の理論的 観点"「経済」 第218号.

山本秀雄 編(1986), 「公企業論(経営会計全集19)」(東京: 日本評論社).

日本地域政策研究会 編集(2000), 「最新 地方公社総攬」(東京: ぎょうせい).

Bozema, Barry(1987), *All Organizations are Public: Bridging Public and Private Organizational Theories*, London: Jossey-Bass Publishers.

Browning, Edgar K. and Jacquelene M. Browning(1983), *Public Finance and the Price System*, New York: Macmillan Publishing Co., Inc.

Burnham, James(1941), *The Managerical Revolution*, New York: Putnam.

Calder, Kent E.(1990), "Public Corporations and Privatization in Modern Japan", in Czra N. Suleiman and John Waterbury(eds.), *The Political Economy of Public Sector Reform and Privatization*, Oxford: Westview Press.

Doig, James W.(1983), "If I See a Murderous Fellow Sharpening a Knife Cleverly...: The Wilson Dichotomy and the Public Authority Tradition", *Public Administration Review*, 43(3).

Farazmand, Ali(1999), "Privatization or Reform?: Public Enterprise Management in Transition", *International Review of Administrative Science*, 65(4).

Ghai, Yash(1977), "Control and Management of the Economy", in Yash Ghai(ed.), *Law in the Political Economy of Public Enterprise*, Uppsala: Scandinavian Institute of African Studies.

Hanson, A. H.(1963) ed., *Nationalisation*, London: George Allen and Unwin.

Mitchell, Jerry(1999), *The American Experiment with Governments Corporations*, New York: M. E. Sharpe.

Ostrom, Vincent and Elinor Ostrom(1977), "Public Goods and Public Choice", in E. S. Savas(ed.), *Alternatives for Delivering Public Serices: Toward Improved Performance*, Boulder, Col.: Westview.

Rosenbloom, David H.(1979), "Constitutional Perspectives on Accountability and Evaluation: The Citizen Versus the Administrative State in Court", in Albert C. Hyde and Jay Sharfritz(ed.), *Program Evaluation in the Public Sector*, New York: Praeger.

Sadique, Abu Sharaf H. K.(1976), "Coordination and a Control of Public Enterprise: An Overview of the Asian Situation", in Abu Sharaf H. K. Sadique(ed.), *Public Enterprise In Asia*, Kuala Lumpur: Asian Centre for Development Administration.

Savas, E. S.(1987), *Privatization: The Key to Better Government*, Chatham, NJ: House Publishers, Inc.

Sullivan, Arthur M.(1990), *Urban Economics*, Boston, MA: Richard D. Irwin, Inc.

Swami, Bomu N.(2000), "Government-Owned Companies as Instruments of State Action: Experiences form Botswana", in Stuart S. Nagel(ed.), *Critical Issue in Cross-national Public Administration: Privatization, Democratization, Decentralization*, Westport, CT: Quorum Books.

Thynne, Ian(1998), "Government Companies as Instruments of State Action", *Public Administration and Development*, 18(3).

Tierney, John T.(1984), "Government Corporation orporations and Managing the Public's Business", *Political Science Quarterly*, 99(1).

Tocqueville, Alexis de(1945), *Democracy in America*, Vol. Ⅱ, Phillips Bradely, (ed.), New York: Knopt.

Vicker, J. and G. Arrow(1989), *Privatization: An Economic Analysis*, Cambridge, Mass.: The MIT Press.

제3부

주민참여와 거버넌스

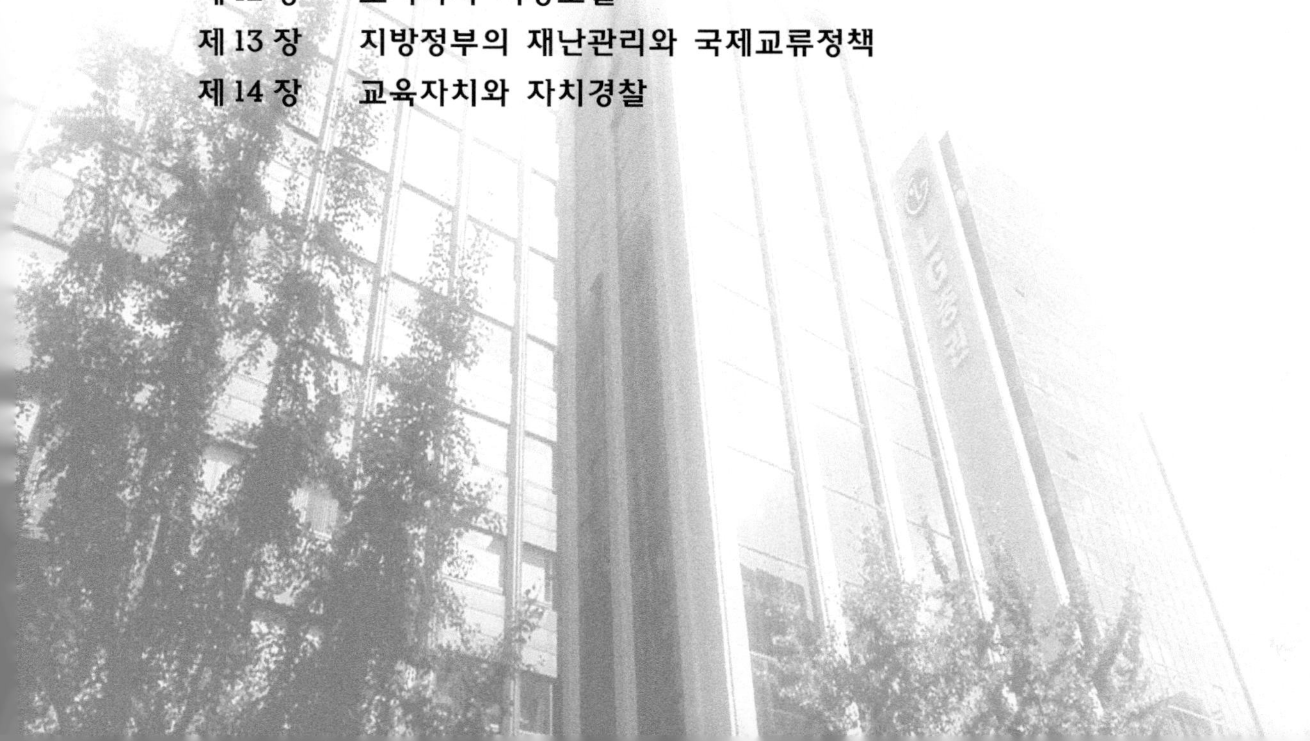

제 1 절 지역사회의 변화

1. 지역사회에 있어서 지역공동체의 중요성

21세기 초엽에 들어온 한국 지역사회의 문제의 대부분은 경제적 성장의 음영의 차이라고도 볼 수 있다. 그 원인은 20세기의 급격한 경제성장이 대도시 중시의 국가경제를 탄생시킨 반면 생활공동체이면서 가치공동체였던 전통적 지역사회를 붕괴시켜 심각한 지역불균형과 인구의 편중 현상을 발생시킨 데에서 찾아 볼 수 있다. 소위 포스트모더니즘 사회라고 하는 현대사회는 다양성이라고 표현하기에는 지극히 단순할 정도로 국가 및 지역사회가 추구하고 있는 가치(value) 또한 복잡다기(複雜多岐)하여 중앙정부나 지방자치단체가 국민이나 지역 주민 모두가 만족하는 정책을 수립하여 추진한다는 것은 불가능해졌다. 따라서 지역사회 발전을 위해서는 지금까지와는 다른 지역공동체의 역량 강화 모델이 필요하다.

채스킨(Chaskin)이 언급한 바와 같이 "지역공동체의 역량을 어떤 주어진 지역공동체의 집합적 문제를 해결하고, 삶의 질을 향상시키거나 유지하기 위해 사용될 수 있는 인적 자본, 조직자원, 그리고 사회자본 간의 상호작용"이라는 정의(定議)에 따른다면(Chaskin et al.: 2001; 강용배: 2004 재인용) 주민, 혹은 주민조직과 행정과의 상호작용은 지역사회 공동체 역량강화에 있어 매우 중요한 요소이다.

본 장에서는 지역사회의 주민조직과 행정과의 상호작용에 대하여 다각적

 key concept

커뮤니티 (community)

공동체·지역사회 등을 나타내는 말.
이 말은 매우 다양하게 적용되지만 사회학에서는 대개 두 가지 면으로 해석된다. 첫째, 사회조직체로서 공간적·지역적 단위를 가리키며, 둘째 이러한 단위와 관련되는 심리학적인 결합성 또는 소속감을 지칭한다. 전자의 경우, 사회집단의 특성을 많이 갖고 있지만 훨씬 규모가 작고 그들의 공통적 관심이 비교적 밀착되어 있는 하위집단을 말한다.
이 커뮤니티의 개념에는 영토적인 영역, 상당한 정도의 개인간의 친숙함과 접촉, 그리고 이것을

인근집단과 구별시켜 주는 특별한 종합의 기반 등의 뜻이 함축되어 있다. 커뮤니티의 자족능력은 사회에 비해 훨씬 제한되어 있지만, 그 한계 내에서 보다 밀접한 관계와 깊은 상호이해를 갖고 있으며, 이 특수한 통합의 접착제로는 인종 국적·종교 등이 있다. 후자의 경우에는, 개인을 서로 연결시켜주는 감정과 태도의 총체를 의미한다.

으로 검토하여 우리나라의 지역사회의 역량강화를 위한 모델을 제시하고자 한다.

2. 근대시민사회의 등장

18~19세기 근대사회에서는 '국가'로부터 자유로운 독립적인 영역으로서의 시민사회 개념을 중시했던 다분히 이분법 논리가 지배적이었다면, 현대에 와서는 '국가'뿐 아니라 '시장'으로부터도 간섭을 받지 않는 자율적인 '독립영역'을 확보하는 삼분법 논리에 시민사회의 개념이 정의되고 있다. 18~19세기 유럽에서 풍미되었던 시민사회의 공통적인 의미 혹은 특징은 무엇보다도 ① 국가로부터 독립적인 영역, ② 개인의 권리, 특히 재산권을 부여하는 사회, 그리고 ③ 국가로부터 독립적이고 상호 경쟁하는 무수한 자치적인 경제단체들 혹은 기업들을 망라한다(Shils: 1997).

그럼에도 탈냉전 시대 시민사회의 개념은 국가와 시장으로부터 자유로운 영역이라는 것을 알 수 있다. 바버(Barber: 1998)는 시민사회가 "정부도 사적 시장도 주권력이 없는, 자유로운 사회생활의 독립적인 영역"이라고 정의하며, 그 영역은 "우리들 자신이 가족, 친지, 교회, 공동체에서의 결사적인 공동 행동을 통해 스스로 창조한 영역"이며, 동시에 "경제적 생산자이자 소비자로서의 구체적인 개인성과 주권적 국민의 구성원으로서의 추상적인 집단성 사이를 중재하는 제3섹터"라고 정의한다. 또 에드워즈(Edwards: 2000)는 "시민사회가 사람들이 영리를 위해 혹은 정치권력을 위해서가 아니라 집단적 행동을 통해 어떤 일에 충분한 관심을 갖고 있기 때문에 자신들이 공유하는 이해관계를 증진시키기 위해 함께 모인 영역이다. 그 영역에는 기업을 제외한 가족과 국가 사이에 있는 모든 네트워크와 결사체들이 포함된다"는 개념정의를 제시한다.

특히 시민사회의 조작적 개념정의에 초점을 맞춰보면, 주로 비정부적, 비영리적 특성을 가진 시민사회단체의 활동을 중심으로 하는 영역이라는 것을 알 수 있다. 세계은행(World Bank: 2000)은 "시민사회는 가족, 시장, 국가 사이의 한 영역"이라 정의하며, 여기에는 "구성원들의 생활을 개선하기 위해 활동하는 비영리조직들과 공식 혹은 비공식 특수 이익단체들로 구성된다"고 지적한다. 세계은행은 보다 구체적으로, "연구 및 정책 디자인 기관들, 노조, 미디어, NGO, 풀뿌리단체(GRO), 지역기반조직(CBO), 종교집단 및 기

◉ Focus On

시민사회(市民社會) (civil society)

사농공상(士農工商)과 같은 신분적 구분에 의해 지배되지 않는 사회. 유럽에서 18~19세기에 성립한 사회를 경제면에서는 자본주의, 정치면에서 보면 민주주의라 부르며, 역사적인 면에서는 근대사회, 사회적인 면에서는 시민사회로 부르고 있다. 이 용어가 처음으로 쓰이게 된 것은 17세기의 영국에서였는데, 당초에는 교회지배에 대립하는 개념으로, 다음에는 절대왕정에 대항하는 개념으로 사용되었다.

여기에 명확한 이론적 근거를 부여한 사람은 J. 로크인데, 그는 자유롭고 평등한 개인이 사회계약에 의해 구성하는 사회를 시민사회라 정의하고, 이를 정부와 구별하였다. 시민사회는 생

타 무수한 전형적인 행위자들의 사례들"을 시민사회의 구성요소로 꼽는다.

상기의 지역사회의 변모와 시민사회 형성 속에서의 지역시민단체들의 역할이란 단순히 지역민들 가운데 일부분이 아닌 전체공동체의 리더로서 역할이 강조되는 것은 당연하다. 지역에 있어서 주체가 추상적인 의미에서는 주민이지만, 현실적으로는 누군가가 지역의 여론을 주도하며 전문가적인 식견을 제안하며 또한 지역의 정치·행정체계에 비판과 협조를 해야 하는 것이다.

명·자유·재산이라는 개인의 권리를 기초로 하며, 이를 수호하기 위한 시민적 결합이다. 국왕이나 정부는 이 시민사회로부터 권한을 위탁받은 통치자 또는 행정부일 뿐이며, 교회 또는 시민사회의 질서에 간섭해서는 안 된다. 이 같이 로크는 시민사회를 모든 사회의 기초로 보았는데, 이 시민사회를 역사적으로 고찰한 것이 A. 퍼거슨이며, 또 시민사회의 경제적 관계를 분석한 것이 A. 스미스이다. 스미스는 시민사회란 상업사회이며, 상품교환이 이를 지탱하는 기축(基軸)이라고 생각하였다. J. 벤덤은 시민사회는 재산권의 안전을 기반으로 하고 있다고 보아 시민적인 법체계를 완성하였다.

제2절 주민참여에 대한 이론적 배경

1. 주민참여의 개념

지금까지 국내외의 학자들이 제시한 주민참여의 개념정의는 매우 다양하다. 대표적인 것을 소개하면 다음과 같다.

우선 정책결정과정에 주민이 참여하는 것에 초점을 둔 개념정의이다. 즉 버바(Verba, 1967)는 주민참여를 "공권력이 부여되지 않은 일반 주민들이 공적 권한이 부여된 사람들의 행위에 영향력을 미칠 의도로 정책결정과정에 참여하는 것"이라고 정의하였다. 그리고 이규환(1990, 1991)은 "주민들이 행정기관이나 관료들의 정책결정과정에 주체의식을 갖고 참여하여 투입기능을 수행하는 행위, 즉 직접적으로 결정권이 없는 일반 주민들이 결정권을 가진 자에 대하여 개인적 또는 집단적으로 영향을 미치기 위해서 관여(關與)하는 것"이라고 했다.

그리고 아른스타인(Arnstein, 1969)은 "경제적 결정과정으로부터 배제되어 권력을 지니지 못한 주민들을 의도적으로 참여할 수 있게 하는 권력의 재분배, 즉 정보의 배분·목표와 정책의 형성·자원의 배분과 사업의 집행방법을 결정하는 과정에 참여하지 못한 사람들을 위한 전략"이라고 정의하였다.

이와 같은 개념정의를 종합하면 주민참여란 "일반주민들이 행정기관 또는 지방자치단체의 정책결정과정뿐만 아니라 정책집행과정과 정책평가과정까지 포함하는 모든 행정행위에 효과적으로 관여함으로써, 정책결정에 영향력을 미치고 주민들의 삶과 생활에 영향을 미치는 행정행위에 대한 영향력과 통제력을 가지기 위한 활동"이라고 정의된다.

주민이 지방자치운영에 직접 참정하는 진폭에 따라 지방자치제의 성격을

[그림 11-1] 주민참여의 8단계

단계	명칭	내용	구분
8	주민통제 (citizen control)	주민들이 스스로 입안하고 결정에서 집행 그리고 평가단계에까지 주민이 통제하는 단계이다.	주민권력 (degree of citizen power)
7	권한위임 (delegated power)	주민들이 특정한 계획에 관해서 우월한 결정권을 행사하고 집행단계에 있어서도 강력한 권한을 행사하게 된다.	
6	협동관계 (partnership)	행정기관이 최종결정권을 가지고 있지만 주민들이 필요한 경우 그들의 주장을 협상으로 유도할 수 있다.	
5	회유 (placation)	각종 위원회 등을 통해 주민의 참여범위가 확대되지만 최종적인 판단은 행정기관이 한다는 점에서 제한적이다.	형식적 참여 (degree of tokenism)
4	상담 (consultation)	공청회나 집회 등의 방법으로 행정에의 참여를 유도하고 있으나 형식적인 단계에 그치고 있다.	
3	정보제공 (informing)	행정이 주민에게 일방적으로 정보를 제공하며 환류는 잘 일어나지 않는다.	
2	치료 (therapy)	주민의 욕구불만을 일정한 사업에 분출시켜서 치료하는 단계로서 행정의 일방적인 지도에 그친다.	비참여 (non-participation)
1	조작 (manipulation)	행정과 주민이 서로간의 관계를 확인한다는데서 의의를 찾을 수 있으며, 공무원이 일방적으로 교육, 설득시키고 주민은 단순히 참석하는 데 그친다.	

자료: S. R. Arnstein(1969), A Ladder of Citizen Participation, *Journal of the American Institute for Planners*, Vol. 35, p. 217.

규명하기도 한다. 특히 주민이 바라보는 모든 것이 지방자치단체에의 요구로 분출되는 상황에서 첫째, 주민의 요구 모두가 지방자치단체의 행정영역이나 행정책임범위내로 수용될 수가 없는 실정이고, 둘째, 간접민주제하의 의회제도가 진정한 민의를 반영하여 민의형성을 위한 적극인 장이 마련되어 있으며, 왜곡된 민의의 대표로 주민의 관심을 일으킬 수 있는가 등의 회의와, 셋째, 중앙통제에 의해 기관위임사무처리에 급급한 집행기관의 위상으로는 주민자치란 문자 그대로 형식화라 할 수 있다.

의회정치에 있어서는 그레샴의 법칙과 자치권의 수임기관인 집행기관의 주권자로서의 자각을 우러나게 함으로써 비로소 주민자치의 이념을 구현하게 된다. 따라서 자치행정에 주민직접참가의 확대・정착과 이의 제도화는

인물탐구

달(Robert A. Dahl): 1915.12~2014.2, 미국의 정치학자

1936년 워싱턴 대학 졸업, 1940년 예일대학 철학박사. 1940~41년 미 농무성 조직 · 관리분석관, 1941~42년 전시기획국 경제담당관, 1946년 이후 예일대학 정치학과 교수. 1958년 미국학술원 회원. 1966~67년 미국정치학회 회장. 전공분야:비교정부론(미 · 유럽) · 도시행정 · 정당론 · 선거론 · 정치이론

주요저서: ≪Congress and Foreign Policy≫(1950), ≪Economics and Welfare≫(공저, 1953), ≪A Preface to Democratic Theory≫(1956), ≪Who Governs?≫(1961), ≪Modern Political Analysis≫(1963), ≪Political Oppositions in Western Democracies≫(편저, 1966).

당연하다고 할 수 있다.

그러나 복잡다기한 주민의 요구를 수용할 수 없는 지방의회의 역할이나, 객관적인 민의수렴의 제약을 받는 집행기관은 주민의 대표라는 객관적인 합의에 불신이 생기고 공정성을 잃는 집행기관으로 전락되는 위기에 놓이게 된다.

지방자치단체의 대표적인 지역개발사업을 예로 들어보면 지역개발사업이 지방자치단체가 시행하는 사업이라는 성격을 가지고 있으나 현실로는 중앙정부가 그 사업에 관련된 인 · 허가나 재정투융자의 조작(操作)을 통해서 적극적인 관여와 통제가 가해진다. 중앙에서는 지역개발사업을 국가 · 경제적 견지에서 산업구조의 변화에 대응하는 행정투자로 보고, 지방자치단체는 지역격차를 해소하고 지방재정에 도움을 주는 지역개발사업으로 본다. 환언하면 지역개발사업은 본질적으로 중앙에서 규정되어 제시되는 사업이라는 인식이 지배되기 때문에 주민을 위한다는 지역개발이 주민의 의사와는 관계없는 것으로 된다.

따라서 주민을 위한 사업으로 되기 위해서는 사업결정과정과 집행과정에 주민의 정책제언과 주민의 참여가 보장됨으로써 행정주도의 자치행정 본래의 상을 갖추게 될 것이다. 그리고 주민의 직접참정은 주민이 주도적 행동으로 사회적 책임을 다함으로써 그 가치가 부각되어 성숙사회로 발전하는데 기여할 수 있어야 한다.

왜냐하면 주민의 직접참정이 지방의회의 권한과 위상을 저하시키지 않는 범위에서 대표제 민주주의의 조화가 이루어져야 할 것이다.

주민참정이 지방자치단체로부터의 자유만이 아닌 지방자치단체로의 자유라는 의의를 바탕으로 함이 이상적이다. 이는 주민의 자치의식의 성숙도와 깊은 함수관계를 지니고 있기 때문이다(이창수: 1993).

Focus On

시민사회는 근대적인 개인의 자유와 권리를 기초로 하며, 그 권리에 입각하여 이를 수호하는 것인 만큼, 중세적 신분사회나 절대주의에 비해 분명 진보적인 의의를 지니고 있다. 그것은 개인을 중심으로 한다는 뜻에서 개인주의이며, 따라서 자유주의인데, 국가주의에 반대하여 세계주의(cosmopolitanism)를 지향하고 있다.

그러나 19세기 초부터 시민사회의 기초로서, 특히 재산권이 중시되면서 평등이나 자유도 이에 모순되지 않는 범위 안에서만 용인된다는 경향이 나타나게 되었다. 이러한 경향에 대하여 반발한 것이 초기 사회주의인데, 그것은 다시 마르크스, 엥겔스로 이어졌다. 프랑스나 독일에서는 루소나 헤겔에 의해서 시민사회가 찬미됨과 동시에, 그것은 욕망의 체계(헤겔)이며 무질서를 가져오는 것이므로 그것을 초월해야 한다 하여 국가주의적인 방향이 제시되어, 개인은 전체 속에 자리함으로써 비로소 완성된다는 시민사회 비판이 나타났다.

독일에서는 이에 따라 나치즘이라는 민족적 전체주의를 탄생시켰으며, 일본도 이 경향을 따랐다. 현재 시민사회의 원리는 이미 비판이 끝난 것으로 보는 견해와, 이 원리는 아직 살아 있으며 사회주의 사회에서도 계속 비판되어야 한다고 보는 견해가 대립하고 있다.

2. 주민참여의 유형

주민참여를 유형화한 학자는 다양하지만 대부분의 학자[1]가 주민참여방식에 따라 유형화하였으며, 대표적인 내용은 다음과 같다. 샤프(Sharp, 1990)는 주민참여방식을 참여주체·참여단계·참여방식에 따라 개방정부(open government)형, 정보수집(gleaning)형, 근린정부(neighborhood empowerment)형, 공동생산(coproduction arrangement)형으로 유형화하였다. 한편 ACIR에서는 집단(organizational)형, 개인(individual)형, 정보제공(information dissemination)형, 정보수집(information collection)형으로 유형화했다(ACIR: 1979).

이상을 종합해볼 때 참여형태는 누가 주도하느냐에 따라 정부주도형, 주민주도형, 공생산형의 세 가지로 나눌 수 있다(<표 11-1> 참조).

정부주도형에는 정부가 법적·제도적으로 정책을 수립하는데 있어 공청회 등을 의무화시켜 보다 공개적이고 접근가능한 환경을 주민에게 제공하는 개방정부형 참여와 공무원들로 하여금 주민들의 요구, 쟁점에 대한 생각,

〈표 11-1〉 주민참여의 유형

주도주체 \ 구분	유 형	내 용	특 징
정부주도형	개방정부형 참여	정부가 법적·제도적으로 정책을 수립하는 데 있어 공청회 등을 의무화시켜 주민에게 공개적이고 접근 가능한 환경 제공	주민의 개입이 제한적일 뿐 아니라 지방정부에 의해 통제를 받으며 참여장치들이 형식적이거나 조작되기 쉽다.
	정보수집형 참여	공무원들로 하여금 주민들의 요구, 쟁점에 대한 생각, 서비스에 대한 평가 등에 관련된 정보들을 조사나 고충처리센터 등을 통하여 수집	
주민주도형	제도적 참여	선거나 투표 등과 같은 개인참여, 여러 가지 이익과 기능에 따라 모이는 이익집단과 시민단체 공동체를 바탕으로 형성되는 근린조직 등	지방정부의 정책결정에 주민 투입을 제도화시키는 창구가 되며 지역사회의 계획이나 자원배분에 있어 주민의 적극적인 개입을 가능하게 한다.
	비제도적 참여	시위나 항의, 폭력 등	
공생산형	-	지방정부의 행정서비스 전달과정에 지역주민을 통합시킴으로써 지방정부와 주민간에 긍정적 관계의 토대	참여를 통해 주민들이 보다 넓은 시각과 능력을 배양하게 될 뿐 아니라 자신들이 속한 지역사회에 대한 비젼을 갖게 된다.

1) E.B Sharp, J.J. Glass, S. Langton 등이 대표적인 학자들이다. E.B Sharp, *Urban Politics and Administration* (New York: Longman, 1990), J.J. Glass, "Citizen Participation in Planning: the Relationship between Objectives and Techniques", *Journal of American Planning Association*, Vol.6, No.3, 1971.

서비스에 대한 평가 등에 관련된 정보들을 서베이나 고충처리센터 등을 통하여 수집토록하는 정보수집형 참여로 나눌 수 있다.

이와 같은 유형의 참여는 주민의 개입이 제한적일 뿐 아니라 지방정부에 의해 통제를 받으며 참여장치들은 비현실적인 주민의 시간과 노력을 요구하지도 않는다.

주민주도형의 경우에는 참여형태에 따라 제도적참여, 비제도적 참여등으로 나눌수 있을 것이다. 제도적 참여는 선거나 투표에의 참여 등과 같은 개인참여, 여러 가지 이익과 기능에 따라 모이는 이익집단과 시민단체 공동체를 바탕으로 형성되는 근린조직[2] 등이 있으며, 비제도적 참여로는 시위나 항의, 폭력등의 참여 등이다. 이는 지방정부의 정책결정에 주민의 투입을 제도화 시키는 채널이 되며 지역사회의 계획이나 자원배분에 있어 주민의 적극적인 개입을 가능케 한다.

끝으로 공생산형은 지방정부의 행정서비스 전달과정에 지역주민을 통합시킴으로써 지방정부와 주민 간에 긍정적 관계의 토대를 이룰 수 있다. 이는 참여를 통해 주민들이 보다 넓은 시각과 능력을 배양하게 될 뿐 아니라 자신들이 속한 지역사회가 무엇을 하고 무엇을 해야 하는지에 대한 비젼을 갖게 된다(sharp, 1990).

3. 우리나라의 간접형 주민참여제도

우리나라의 정부주도형 주민참여제도로써는 공청회, 고충민원(진정・건의・요구), 간담회, 각종 위원회와 심의회, 집단민원 등이 대표적이다. 여기에서는 공청회, 고충민원(진정・건의・요구), 간담회만을 다루도록 하겠다.

1) 공청회

공청회는 주민의 이해와 밀접한 관련이 있는 정책사안과 도시계획사안에

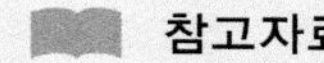 **참고자료**

그레샴의 법칙

16세기 영국의 재무관 T. 그레샴이 제창한 화폐유통에 관한 법칙으로 "악화(惡貨)는 양화(良貨)를 구축(驅逐)한다"(bad money drives out good)라는 말로 표현된다. 이 말은 그레셤이 악화를 개주(改鑄)하여 외국환의 지배권을 장악하려는 구상에서 엘리자베스 여왕에게 진언한 편지 속에 나온 말로서, 1858년 H. D. 매클로우드에 의해 '그레샴의 법칙'이라 명명된 것이다. 어느 한 사회에서 악화(소재가 나쁜 화폐)와 양화(예컨대 금화)가 동일한 가치를 갖고 함께 유통될 경우, 악화만이 그 명목 가치로 유통되고 양화는 소재 가치가 있어 오히려 재보(財寶)로 이용되거나 사람들이 가지고 내놓지 않으므로 유통되지 않고 사라진다는 것이다. 이는 악화는 양화를 국외 또는 유통 밖으로 배제하는 현상을 법칙으로서 정식화한 것인데. 사람들의 생활에 있어서는 비도덕적 행동에 따라 이익이 훨씬 더 크다면 사람들의 비도덕적 행동은 "악화(惡貨)가 양화(良貨)를 구축한다"는 '그레샴 법칙'에 따라 도덕적 행동을 멀리해버리고 결국은 악행이 일반화되어 하나의 행동양식으로 자리잡는다는 것이다.

---

2) 근린조직이라는 용어는 neighborhood government(Zimmerman, 1986), neighborhood empowerment(Sharp, 1990), neighborhood association(Warren, 1993), 근린집단(neighborhood groups: 이승종, 1993) 등으로 다양하게 사용되고 있다. 근린조직은 행정기관이나 의결기관이 아닌 주민협의회로서의 성격을 지니며, 둘째, 근린조직은 공동체를 중심으로 최소한의 서비스 기능을 수행하고 함께 생활하는 생활권 구역으로 설정하고, 셋째, 근린조직은 대부분의 주민이 참여할 수 있는 크기의 규모로 이루어져야 한다.

> **참고자료**
>
> **공청회**
>
> 국회나 행정기관·사회단체 등에서 중요한 안건이나 국민의 관심의 대상이 되는 안건을 심의하기 이전에 해당분야의 학식과 경험이 풍부한 전문가나 이해당사자들의 의견을 듣기 위하여 개최하는 회의로 합리적인 정책입안과 법령의 제정·개폐를 실현시키고, 여론의 소재와 변동을 파악하여 정책에 반영시키며, 행정의 민주화와 아래로부터의 민주주의를 실현시키는 효과를 낳는다.

관하여 그 최종결정에 도달하기 전에 주민 및 이해관계자 등의 의견수렴을 목적으로 하는 주민참여제도이다. 그러나 대다수 주민들은 참여하려 하지 않는다는 것을 이용하여 공청회를 소수 특정집단의 이익을 추구하는 수단으로 이용한 경우가 많았다. 즉, 공청회가 극히 형식적으로 끝나 버리거나 사업자에 의해 악용되는 경우가 있어, 진정으로 주민의견을 수렴하는 장치라기보다는 특정사업의 면죄부적 성격으로 전락하는 경우가 많았다. 이는 다음과 같은 공청회 운용상의 문제에서 기인한다(김기옥: 1995).

첫째, 도시계획의 수립·입안은 지방자치단체장이 하지만 그 결정은 건설교통부 장관이 하도록 되어 있다. 이는 결국 정책·계획 담당부서가 그들의 계획행정의 중점을 주민의 요구 측면보다는 중앙정부의 요구 측면에 놓게 되는 결과를 가져오고 있다.

둘째, 공청회의 개최가 단 1회이기 때문에 계획안이 골격을 갖춘 후에나 주민의 참여가 이루어지게 되며, 이러한 골격계획안은 결국 주민들에게 갑작스러운 사건으로 비쳐지며 놀라움으로 받아들여지게 된다. 이에 따라 집단민원, 항의집회 등을 피할 수 없는 상황에 놓이기도 하였다.

셋째, 계획내용에 대한 정보와 공청회 개최에 대한 홍보부족으로 일반 주민들의 참여가 저조하고 참여자의 대부분이 지역의 유력인사이며, 참석대상자를 선별하여 참석하도록 하는 부분적 공개회의 방식을 채택하고 있다.

넷째, 공청회 개최가 2주일 전에 알려지게 되는데, 의견진술을 하고 싶은 주민은 공청회개최 공고 후 1주일 이내에 정보를 입수하여 검토한 후 의견요지를 행정기관에 정리하여 제출해야 한다. 그러나 많은 정보가 대체로 공청회 개최 당일에 제공되게 마련인 현실에서 당일에 공청회에 참여하여 떠오르는 질문이나 의견을 제시할 수 없으므로 그 실효성이 거의 없다고 할 수 있다.

2) 고충민원(진정·건의·요구)

1994년 1월 정부와 국회는 행정규제와 민원사무처리에 관한 기본적인 사항을 규정하여 행정과 관련된 국민의 불편과 부담을 줄이고 지속적인 행정개선을 도모함으로써 국민의 권익을 보호하고 공정한 행정운영을 기하기 위해 '행정규제 및 민원사무기본법'을 제정하였다. 이에 따라 당시의 총무처는 민원사무를 규제민원, 창구민원, 고충민원으로 나누었는데, 과거에 진정·건의·요구 등의 용어를 사용한 민원을 고충민원에 포함시켜 구분하였다(총무처: 1994).

민선자치단체장 시대에 따라 지방행정기관은 민선자치단체장의 주도와 참여로 민원행정을 개선하고자 노력하고 있고, 주민만족도를 민원행정에 대한 평가의 척도로 활용하기 시작했으며, 집단이기주의적 민원의 해결에 주민참여제도를 활용하기 시작했다. 그리고 민원인에 대한 공무원의 권위주의적 태도가 봉사의 방향으로 바뀌고 있으나 행정책임에 대해서는 여전히 소극적이다(박통희: 1996).

3) 간담회

우리나라의 지방자치단체에서는 시장과의 대화, 구청장과의 대화, 행정에 관한 설명회 등의 간담회가 주민의 의견을 수렴하는 제도적 장치로 이용되고 있으며, 주민의 입장에서 보면 주민참여의 통로로 활용되고 있다. 1995년 6·27 지방선거 이전에는 자치단체장이 주민의 의견보다는 중앙정부의 지시에 따르고 눈치를 살피는 경우가 많았다. 그러나 민선자치단체장 선거 이후 대화행정이 강조되면서 간담회에 대한 주민의 관심이 높아지고 있으며, 민선자치단체장도 다음 선거를 겨냥하여 간담회를 주민의견수렴의 수단으로 이용하고 있다.

현행의 간담회 제도는 많은 문제점을 안고 있다. 이를테면, 간담회를 참여할 대상자가 협조적 인사나 유력인사 위주로 선정되는 경향이 있으며, 간담회가 미리 짜여진 각본대로 운영됨으로써 자유로운 대화를 어렵게 만들고 있다(안성호: 1995). 그리고 간담회가 주민의 의견을 듣는 자리라기보다는 행정기관의 입장을 전달하는 자리로 운영되고 있는 경우가 많다.

4. 우리나라의 직접형 주민참여제도

직접참정형의 의의는 대의제에 대한 보완, 지방공직자의 책임성 확보, 주민의 주권적 지위 강화 등이다. 다음의 직접형 주민참여제도 등은 현재 도입되고 있는 우리나라의 사례이다.

1) 주민발안(initiative)

주민발안제도는 지방선거 유권자 중 일정 수 이상의 연서에 의하여 지방자치단체의 자치헌장이나 조례의 제정 또는 개·폐에 관하여 주민이 직접

참고자료

국민권익위원회
행정기관의 위법·부당한 처분이나 잘못된 제도·정책으로 인하여 발생하는 민원을 처리하기 위해 1994년 행정제도 개혁의 일환으로 설치한 국무총리 산하 합의제 행정기관으로 일종의 행정옴부즈맨제도이다. 1996년 12월 정부합동민원실을 국민고충처리위원회 사무처로 개편했으며, 1997년 12월 소위원회 제도를 도입했다. 위원회는 위원장·상임위원 3인·비상임위원 6인으로 구성하며, 아래에 사무처를 두고, 그밖에 전문 연구조사를 위해 전문위원을 둔다. 사무처 하부조직으로 총무과와 민원관리관·조사1국·조사2국을 둔다. 소송 등에 비해 신청요건이 간단하고 비용이 들지 않으며, 처리지연의 소극적인 행정행위까지도 대상으로 한다. 시정조치권고, 제도개선권고 또는 의견표명, 안내회신, 이첩·이송 등의 유형으로 처리하며, 위원회의 결정은 법적구속력 또는 강제집행력은 없으나 실질적인 집행력을 보장하고 있다. 그러나 정치적인 문제, 국가기밀에 관한 사항, 수사기관에서 수사가 진행중인 사항, 개인간의 권리·의무관계 또는 개인의 사생활에 관한 사항 등은 관할 범위에서 제외하고 있다.

> **Focus On**
>
> **주민투표**
>
> 지방정부의 중요한 안건을 주민이 직접 결정하도록 함으로써 주민의 정치적 참여와 책임의식을 높이고, 다른 한편으로는 주민 간의 갈등을 극복하여 통합시키는 수단이 될 수 있다. 또한 지방자치단체장이나 지방의회가 결정하기에는 정치적 부담이 큰 어려운 사안에 대해서 주민들이 직접 결정을 하도록 하는 취지가 있다. 다만 주민투표의 대상과 실시지역을 어떻게 정할 것인지, 주민투표의 절차 및 효과를 어떻게 부여할 것인지에 대해서는 2017년 현재도 논란거리가 되고 있다.

발안하는 제도로서 지방의회 또는 의원의 부작위에 대하여 간접적으로 그 책임을 추궁하는 성격을 띠고 있다고 하겠다. 여기에는 직접적 주민발안(Direct Initiative)과 간접적 주민발안(Indirect Initiative)의 두 가지가 있는데, 전자는 주민의 발안이 있으면 이를 반드시 주민투표에 붙이도록 되어 있는 제도이고, 후자는 이를 일단 지방의회의 심의에 부쳐 지방의회가 승인하면 그것으로서 당해 발의가 성립되고, 지방의회가 승인하지 아니할 때 비로서 주민투표로 결정하는 경우이다.

우리나라의 경우 다만 지방자치법 개정안에서 조례 제정 및 개폐에 대한 주민 청구를 인정하고 있다. 주민의 발의가 있을 경우 일단 의회에 회부하는 '간접 주민발안' 형식이다. 그러나 단서조항이 붙어 있다. 19살 이상의 주민 1/20 이상의 연서로 조례의 제·개정 및 폐지를 청구할 수 있도록 했다.[3] 인구가 30만 명인 중소도시의 경우 총유권자의 비율을 대략 70%라고 할 때 1만 명 이상의 서명을 받아야 한다는 논리다. 현실적 여건에 비춰볼 때 '하지 말라'는 얘기에 다름 아니다. 게다가 서명을 모두 받는다 해도 모두 조례로 만들어지는 것은 아니다. 단지 단체장에게 조례 제정 등을 청구하는 것일 뿐이다. 정부는 이나마도 남용될까 두렵다는 이유로 지방세와 사용료 등의 부과·감면, 금전적 지급요구, 행정기구의 설치·변경 등은 청구대상에서 제외했다. 지방자치학계는 우리 자치단체의 규모 등을 생각할 때 청구조건이 지나치게 엄격해 실효성이 떨어질 가능성이 있다고 지적한다.[4]

2) 주민소환(recall)

> **참고자료**
>
> **외국에서의 주민소환제 운용사례**
>
> 미국에서 2003년에 데이비스 캘리포니아 주지사 소환에 따라 아놀드 슈워제네거가 당선.
> 일본에서는 광역의 경우는 드물며, 기초인 경우는 비교적 있다.

2006년 5월 국회에서 지방자치법의 개정안(제13조의8 신설)이 통과되었다. 이로써 2004년에 광주광역시 의회가 조례로써 도입하려 했으나 대법원의 위법 판결 이후에 실시되지 못하다가 전국적으로 주민소환제가 시행하게끔 되었다(2007. 7. 1. 시행).

주민소환은 유권자 일정 수 이상의 연서에 의하여 지방자치단체의장, 의원, 기타 일정한 주요 간부 공무원의 해직이나 의회의 해산 등을 그 임기만료 전에 청구하여 주민투표(또는 의회의 동의)로 참정하는 제도로서, 역시 미국의 대다수의 도시와 일본의 모든 자치단체 및 필리핀 등에서 채택되고

3) 2005년도 현재 중앙선거관리위원회는 국정선거에서도 만 19세 이상으로 유권자의 연령을 낮추었다.

4) 한겨레 신문, 1999.3.11.

있다. 이 제도는 그 심리적 효과와 아울러 가장 유력한 직접참정 방법으로 평가되고 있으나, 그것이 실제로 행사되는 경우는 미국, 일본에서도 드물기는 하다.

그러나 2006년 관련법의 통과가 되었지만 임명직, 비례대표 지방의원 등은 제외하고, 그 밖의 요건이 어렵다는 등의 논란을 여전히 남아 있다.

참고자료

주민소송제

본래 영국의 납세자소송에서 발달, 미국으로 전파(각 주에서 인정).
일본은 미국을 본보기로 납세자 소송제도입·시행(1948년 지방자치법 개정) 이후, 1963년 지방재무회계제도의 개혁을 내용으로 하는 지방자치법 개정을 통해 "주민소송"이라는 명칭 사용
우리나라는, 舊지방자치법에서 도입후 미활용으로 폐지(1962년 법 개정)
※ 舊지방자치법 제153조 : 조례·명령·규칙이 헌법과 법률에 위반된다고 인정될 때, 국민 100인 이상의 연서로써 소청을 제기하고, 이에 불복할 경우 대법원에 제소
3. 주민의 자발적인 예산집행 감시로 재정감시 및 통제에 소요되는 비용 절감
4. 주민소송제도의 발전으로 지방행정 일반에 대한 견제기능 수행
⇒ 궁극적으로 투명하고 효율적이며 책임성있는 지방정부를 유지하기 위한 사법제도로 기능하게 되는 효과.

3) 주민투표(referendum)

주민투표는 지방자치의 중요사항에 대하여 또는 주민들의 주민투표 청구에 의하여 시행되는 일반투표의 제도로서 지방자치단체의 기관구성을 위한 선거와는 그 성격이 다르다. 지방자치의 중요사안에 대한 주민투표에는 강제적 주민투표와 선택적인 주민투표 및 항의적 주민투표 등의 세 가지가 있다. 강제적 주민투표(compulsory referendum)는 구역의 개편, 헌장·조례의 제정, 지방채의 발행, 세율의 인상 등 특별히 중요한 사항을 반드시 주민투표에 부쳐 주민의사에 따라 최종 결정하는 제도로서, 주로 미국의 도시에서 채택되고 있다. 선택적인 주민투표(optional referendum)는 지방의회에 의하여 일정한 심의안에 대한 주민투표의 실시 여부가 결정되는 제도로서, 주민투표에 법적 효력이 인정되는 것이 일반적이나 권고적 효력에 그치는 경우도 있다. 항의적 주민투표(protest referendum)는 지방의회에서 일단 의결된 사항에 관하여 일정한 수의 유권자의 서명으로 항의·진정·청원 등이 있을 경우 그 무효여부를 주민투표에 의하여 결정하는 것이다.

주민투표권은 헌법상의 기본권인 참정권(지방정치참여권)으로 볼 수 있다. 또한 지방자치단체의 행위나 결정에 민주적 정당성을 부여하고 지방의회에 대한 견제기능을 발휘하며 소수자의 이익보호와 불만해소의 기능을 갖는다는 점에서 직접민주주의의 지방적 실현에 기여한다는 측면에서 주민투표제 도입의 필요성은 매우 크다고 할 수 있다(이기종: 2000).

반면 주민투표제에 대한 반대논리로써 주민투표제도는 간접민주제의 위험을 초래하여 민주제를 붕괴할 위험을 내재하고 있다. 예컨대 정치를 불필요하게 과열시켜 주민이 비합리적 결정을 가져올 위험이 있다는 점이다. 즉 주민투표제는 민의를 표현하는 제도이기는 하나 정서적인 인기에 좌우되거나 대중운동에 의한 몰정책적인 갈채로 유도되기 쉽다. 이 경우 민주주의라는 이름하에 행정권과 직접민주주의가 결합함으로써 의회제를 배제하는 형국으로 결국 행정권의 안정성의 상실을 초래하며, 행정이 주민에게 맡겨짐

으로써 정책판단(政策判斷)이 없는 미온적 행정이 이루어지거나 적정(適定)하고 안정(安定)된 행정을 운영할 수 없는 상태가 된다(박영도: 1996). 또한 불충분한 정보제공에 따른 비합리적 결정가능성이 있고 특수이익단체로 하여금 지방정치에 대한 지배를 용이하게 하는 등 부정적인 측면에 대한 우려도 역시 간과할 수 없는 점이다. 1999년 개정된 지방자치법 제13조의3 및 제13조의4에서 조례제정·개폐청구권 및 주민감사청구권을 상세하게 입법화하여 주민 직접참여의 문을 크게 넓혀놓았음에도 아직 이 제도들이 크게 활용되지 못하고 있는 현실을 감안할 때, 주민투표제도 자체의 도입 못지않게 주민의사가 적극적으로 반영될 수 있는 제도의 실효성이 무엇보다 중요하다 하겠다.

2004년 7월 30일부터 지역 주민들이 자치단체의 권한에 속하는 지역 현안을 투표로 직접 결정하게 되었다.

주민투표의 대상은 구·읍·면·동의 명칭 변경, 문화회관 설치 등 자치단체의 권한에 속하면서 주민에게 과도한 부담을 주거나 중대한 영향을 미치는 주요결정 사항이며 투표권은 19세(일본의 경우 16세로 하는 자치단체도 있다) 이상 선거권이 있는 주민과 일정 외국인에게 주어진다.

주민투표의 청구는 ① 주민의 경우 투표권자 총수의 20분의 1 이상, 5분의 1 이하의 범위 안에서 조례로 정하는 수 이상의 서명으로 ② 지방의회는 재적의원 과반수 출석과 출석의원 3분의 2 이상의 찬성으로 지자체장에게 청구할 수 있다.

주민투표는 발의시점으로부터 23일~30일 이내에 실시되고 투표권자의 3분의 1이상의 투표와 유효투표수 과반수의 득표로 안건이 가결된다.

다음의 <표 11-2> 주민투표 실시 사례에서 보여지는 바와 같이 국정과제 혹은 지역현안을 두고 크고 작은 주민투표가 실시된 바 있다.

그 동안 실시한 주민투표제도가 갖고 있는 문제점들은 첫째는, 대의민주주의 제도의 의미가 퇴색된다는 지적이다. 즉, 주민투표제도가 중앙정부, 지방자치단체장, 지방의회 등의 책임회피 수단으로 활용될 수 있다는 것이다. 주민투표는 제안된 안건에 대한 찬성과 반대를 표명하는 수준에 그치므로, 정책결정에 한계가 있으며, 이에 따라, 정책결정 및 집행책임의 회피수단으로 활용될 수 있다는 것이다. 둘째는, 오히려 지역 주민 간 갈등 조장이 될 수 있다는 점이다. 찬성과 반대의 의견을 달리하는 주민들 간 심각한 갈등이 여과없이 표출되게 하며, 투표결과와 관계없이 주민 간 화합의 장애요인으로 남을 수 있다. 투표 의제의 결정에는 편리한 반면, 투표 이후, 주민간의

참고자료

1. 주민소송제도의 기능

① 주민의 직접참여 활성화 수단으로서의 기능
⇒ 지방행정의 민주성·책임성 제고

② 지방공공의 이익 옹호를 위한 수단으로서의 기능
⇒ 지방행정의 적법성·효율성 제고

③ 재무회계 운영에 대한 사법통제 수단으로서의 기능
⇒ 지방재정의 사후적 통제기능 강화 및 심리적 예방효과 거양

2. 주민소송제도의 입법기능

① 지방자치단체의 위법·부당한 예산집행에 대한 외부적 감시·통제장치로 기능

② 지방자치의 원천이며 지방자치단체의 주체 내지 주권자인 주민의 적극적이고 능동적인 참여

3. 주민소송제의 문제점

① 빈번한 소송제기로 인해 지방공무원의 사기저하와 무사안일주의 팽배
– 집단적 이기주의로 자치단체의 정책수립 곤란 및 자치 단체공무원의 정신적·시간적·금전적 부담 가중
※ 일본의 경우 소송제기 건수는 평균 100여건 정도, 주민승소율은 10% 정도임

② 정치목적 이용 및 특정한 자의 병적인 활용으로 남용 폐해심각 우려
– 자치단체장에 대한 집중적인 주민소송 제기 및 보상금 제도 도입 시

〈표 11-2〉 주민투표 실시 사례

구 분	실시지역	투표율	개표결과	확정결과
방사선 폐기물 처리시설 유치 (2004)	전북 부안군	66.15%	찬성 5.72% 반대 91.83%	유치반대
제주도 행정구조 개편 (2006)	제주도	36.7%	단일광역자치안 57% 현행유지안 43%	단일광역자치
청주·청원 통합 (2005년)	충북 청주시	35.5%	찬성 91.3% 반대 8.7%	통합무산
	충북 청원군	42.2%	찬성 46.5% 반대 53.5%	
중·저준위 방사성 폐기물 처분시설 유치 (2005)	전북 군산시	70.2%	찬성 84.4% 반대 15.6%	경주
	경북 포항시	47.7%	찬성 67.5% 반대 32.5%	
	경북 경주시	70.8%	찬성 89.5% 반대 10.5%	
	경북 영덕군	80.2%	찬성 79.3% 반대 20.7%	
무상급식 (2011)	서울특별시	25.7%	미개표	주민투표 무효
청주·청원 통합 (2012년)	충북 청원군	36.75%	찬성 79.03% 반대 20.97%	통합확정
화력발전소 유치 (2012)	경남 남해군	53.2%	찬성 48.85% 반대 51.14%	유치반대
완주·전주 통합 (2013)	전북 완주군	53.2%	찬성 44.4% 반대 55.3%	통합반대

갈등이 남는 점에서 부작용이 발생할 수 있다는 점이다. 셋째는, 투표청구 요건충족의 어려움이다. 주민투표를 실시하기 위해서는 유권자의 5%~20%의 범위에서 지방자치단체의 조례로 정하는 수 이상의 서명이 있어야 한다. 단순한 계산으로 전체 유권자의 20% 이상의 유권자가 주민투표를 청구한 경우, 유권자의 1/3은 33.3%이며, 이중 과반수는 16.7%이므로, 찬성기준이 주민투표 청구권자 충족기준보다 낮다. 따라서 주민투표 청구 요건을 낮추자는 주장도 나오는 것이다. 넷째는, 주민투표 대상의 모호성이다. 주민투표를 실시하는 경우, "지방자치단체의 장 및 지방의회는 투표결과 확정된 내용대로 행·재정상의 필요한 조치를 취하여야 한다"(주민투표법 제24

보상금 목적으로 직업적 주민소송 제기 가능
③ 자치단체의 합리적인 장기계획과 전문적인 정책수립에 악영향

조 제5항)라고 규정하여, 지방자치단체의 의사결정을 구속하는 바, 지방자치단체의 주요 결정사항 즉 주민투표의 대상에 대해 명확한 범위설정이 있어야 한다. 개선안으로서 행·재정상의 필요한 조치를 취할 수 있는 범위의 사무로 한정하는 것이 바람직할 것이다.

4) 주민소송제도

헌법 또는 법률에 위반된다고 인정하는 지방자치단체의 조례 또는 그 장의 명령·처분에 대하여 주민이 불복하는 것으로서 자기의 권리나 이익에 침해가 없더라도 제기할 수 있다는 점에서 긍정적이다.

민선지방자치가 부활된지 20여년이 지났지만 중앙정부나 지방의회에 의한 집행부에 대한 주민의 통제수단이 약하다. 우리나라에서는 구 지방자치법에 이미 도입되었으나 시행하지 못하다가 중단된 경험이 있다. 주민 소송제도는 미국과 영국의 납세자 소송에서 시작하여 지방자치 선진국에서는 대부분 도입되고 있다. 참여정부 들어와서 2004년 1월에 지방분권특별법에서 주민 소송제도 근거를 마련하였고, 2006년 1월 1일부터 시행되었다. 주민소송의 대상은 지방정부의 위법한 재무회계 행위에 국한한다. 감사 청구인 수는 조례로써 정하도록 하였다.

이는 일본에서 발달한 제도로서, 주민은 지방자치단체의 장 및 그 공무원의 공금지출·재산처분·계약체결·채무부담 등에 관하여 감사위원에게 감사를 청구할 수 있다. 감사청구에 대하여 취해진 조치에 불만이 있을 때에 그 위법사항에 관하여는 주민소송을 제기할 수 있다. 이러한 청구는 주민 개개인이 할 수 있는 것이기 때문에, 주민일정수(주민 총수의 50분의 1) 이상의 연서를 요하는 주민소청이나 주민발안·주민소환 등과 별개로 발달하였다.

5) 주민참여예산제도

2011년도 지방재정법 개정으로 지금은 보편화 되었지만 2003년 5월 전국 최초로 자체 조례제정을 통하여 주민참여예산제도를 도입한 곳은 광주광역시 북구청이다. 제4기 지방정부(2006~2010) 이후에 많은 자치단체에서 주민참여예산제를 도입하고 있는 이 제도의 시작은 브라질의 포르투 알레그레시였다.

새로운 민주주의 핵심은 '참여'이다. 그 참여는 입법·행정·사법의 전통적인 3권 분립에 제4의 '시만 권력'을 추가함으로써 대의 민주주의와 직접

민주주의를 결합한 것이다. 주민의 참여단계로는 동네→구역→시가 있으며, 이에 맞추어 총회→포럼→평의회 등 '참여 피라미드'를 마련해놓고 있다. 잘났든 못났든, 배웠든 못 배웠든, 늙었든 젊었든 신청만 하면 이 피라미드를 통해 시정(市政)에 참여하고 투표한다.

참여예산은 다수결 논리→재분배 논리→기술 논리로 짜여진다. 주민은 다수결로 시정 사업에 우선 순위를 정하고 4, 3, 2, 1로 점수를 준다. 인구분포와 시설 상태를 감안한 재분배 논리에 등급을 나누어 역시 점수를 매긴다. 그리고 각 등급에 일정하게 조정된 계수를 부가한다. 예컨대 갑 지구의

> **참고자료**
>
> **지방자치의 위기**
>
> 지방자치의 위기란 도시와 농촌 간의 재정적 격차, 구빈·위생행정의 격증, 국고보조금의 증대, 생활권역의 확대, 국가적 사무의 확대 등으로 중앙정부 권한의 계속적인 확대에 따른 구민선진제국의 근대적 지방자치(고전적 지방자치)가 심각한 도전을 받아 개편을 서두르지 않을 수 없는 사태라 할 수 있다.

[그림 11-2] 브라질 포르투 알레그레시 참여예산제도

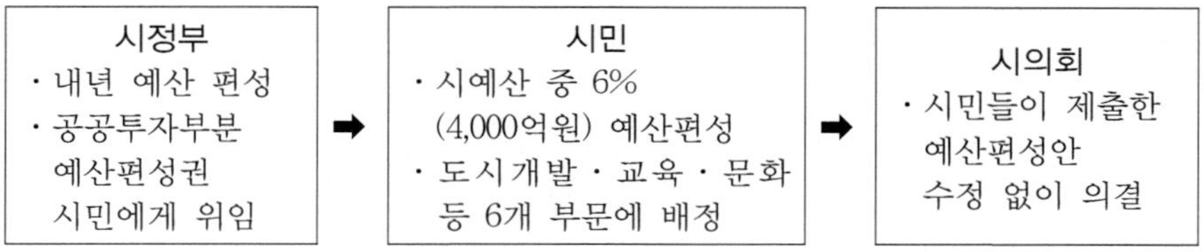

시정부		시민		시의회
· 내년 예산 편성 · 공공투자부분 예산편성권 시민에게 위임	➡	· 시예산 중 6% (4,000억원) 예산편성 · 도시개발·교육·문화 등 6개 부문에 배정	➡	· 시민들이 제출한 예산편성안 수정 없이 의결

〈표 11-3〉 감사청구 비교표

구 분	국민감사청구	공익사항에 관한 감사원 감사청구
근거	· 부패방지 및 국민권익위원회의 설치와 운영에 관한 법률 제40조	· 공익사항에관한감사원감사청구처리에관한규정 (감사원훈령)
청구인	· 19세 이상의 국민 300인 이상(시행령 제84조)	· 지방의회·대상기관장 · 건전 시민단체 · 국민 300인 이상
청구대상	· 공공기관의 사무처리가 - 법령위반 또는 부패행위로 - 공익을 현저히 해하는 경우	· 주요 정책사업 추진과정에서의 예산낭비에 관한 사항 · 정책·사업이 장기간 지연되는 사항 · 국가 행정 및 시책, 제도 등이 현저히 불합리하여 개선이 필요한 사항 등
제외사항	· 국가기밀, 수사·재판관련 · 사적인 권리관계 · 기감사 또는 감사중인 사항 · 자치단체사무는 지방자치법 규정에 따름	· 사적 권리관계, 개인이나 특정집단의 이익을 위한 것 · 수사중 또는 소송계류사안 (예산낭비방지 등 긴급한 필요가 있는 경우는 예외) · 업무범위에 속하지 아니하는 사항 · 수사결과, 법원 판결사항 · 기감사 사항
청구기관	· 감사원 · 국회·법원·선관위·헌재는 해당기관	· 감사원
처리절차	· 국민감사청구심사위원회에서 특별한 사유가 없는 한 30일 이내에 감사실시여부 결정 - 감사결정일로부터 60일 이내에 감사 종결	· 감사실시 여부 결정 - 사무총장 결재(1월 이내) - 정당한 사유가 없는 한 결재 후 6개월 이내 처리

자료: 감사원(2006). 감사원홈페이지.

도로 포장 사업에 주민들은 둘째 등급 3점을 주었으나, 인구 밀도가 낮아 셋째 등급 2점과 부족 정도가 심해 첫째 등급 4점을 받았다고 치자. 또 해당 항목의계수가 각기 5, 4, 3이라면 이 지구의 점수는 (3×5)+(2×4)+(4×3)=35점이 된다. 같은 방식의 채점으로 을 지구는 20점이 나왔을 때, 사업추진에 기술적문제가 없다면 시 정부의 도로 포장예산은 갑 지구에 우선 배정하거나 을 지구와 35 : 20으로 배분한다.

광역지방자치단체들 가운데서 가장 적극적이고 높은 비율로 추진하고 있는 서울시는 2019년도에는 약 37조에 달하는 일반회계 예산 가운데 참여예산에 1조원 정도를 배정하였다. 또한 주민참여 예산학교를 수료해야만 주민참여 예산심사위원으로 위촉받는 절차는 여타의 자치단체와도 같으며 여러 부문에서 모범적으로 운영되고 있다고 평가할 수 있다.

제3절 우리나라의 주민조직

1. 전통적 주민조직

한국에는 고래로 강한 중앙집권적 정부체제가 이어져 왔다. 따라서 지방자치적 경험은 별로 없었다. 하지만 주민을 통치하고 행정에 협력케 한 주민조직들을 만들어 행정 보조적 수단 또는 장치로서 많이 이용하였다. 현재 파악이 가능한 우리나라의 가장 오래된 주민 조직적 전통으로 대표적인 것은 두레와 계(契)가 있다.

1) 두 레

두레는 말 그대로 보면 삼한시대(BC. 1세기경)의 촌락 단위로 조직되어 있던 것으로 전하여 지고 있으나 그 시작은 원시공동체에서 전례된 것으로 보여 진다(내무부: 1997). 삼한시대의 두레는 촌락단위로 조직되어 그 두령을 좌상(座上) 또는 영좌(領座)라 하였으며 그 밑에 간사역인 공원(公員)을 두어 사무를 처리케 하고 두레마다 그것을 상징하는 기의 표식을 두고 두레가 끝나면 농악으로 유흥을 즐겼다고 한다.

즉 두레는 원래 농촌사회의 상호협력, 감찰을 목적으로 한 부락의 경제단체, 군사단체인 동시에 근로단체, 경기단체 내지 유흥단체였는데 조선시대에 들어서는 공동작업, 공동여흥의 기능만이 남아 농악을 갖추고 전 부락농민세대가 집단 참여하여 그들의 경작지를 윤번(輪番)식으로 공동 경작하는 형태가 되었다(내무부: 1997). 조선시대의 두레는 당시 농가의 보편적인 협농방식인 '품앗이'제도보다 그 종합도가 강했던 것으로 보이며 이전의 두레에 비해서도 순수한 주민조직적 성격을 띠고 있었다고 할 수 있을 것 같다.

2) 계(契)

한편 계(契) 역시 전통적인 민간협동체로서 그 연원은 삼한시대까지 거슬러 올라가며 신라(B.C. 57~A.D. 935)로 계승되었다(한국사대전: 1979).

신라시대 여자들이 길삼내기를 하는 '가배(嘉俳)'계가 전하여 지고 있으며 이후 화랑들의 '향도(香徒)'조직, 고려시대의 '동갑(同甲)계', 의종 때 문·무신들 간의 반목을 해소하고 우의를 굳히려고 만들어진 '문무(文武)계' 등이 있었고 조선 후기로 오면서 더욱 성행하였다. 계의 조직은 지역사회를 위한 공공성을 띤 경우를 제외하고는 대부분 자유로워 계원만 모으면 가능했고 계원의 입퇴도 자유로웠다. 기관으로는 계장과 재무원으로서 옛날에는 유사(有司) 또는 집사직을 두었다. 계의 운영은 대략 년 1회 이상의 총회에서 계무처리와 재산상황 보고가 있게 되어 있다.

계가 가장 성행하였던 조선 후기(18세기경)의 계를 그의 기능별호 살펴보면 다음과 같다.

① 공익사업을 목적으로 하는 계: 동리계(洞里契), 학계(學契), 송림계(松林契), 제계(提契) 등

② 상호부조와 보험을 목적으로 하는 계: 종계(宗契), 화수계(花樹契), 노동계(勞動契), 혼상계(婚喪契) 등

③ 산업을 목적으로 하는 계: 농계(農契), 우계(牛契), 보빈상계, 선계 등

④ 사교를 목적으로 하는 계: 사계(射契), 사정계(射亭契), 시계(詩契), 수신계(守信契), 동의계(同義契) 등

⑤ 금융 저축을 목적으로 하는 계: 저축계(貯蓄契: 일수계, 월수계)

3) 보(寶)

이와 같은 순수한 의미의 주민조직체인 계 이외에도 궁중경제, 사원경제가 모든 활동의 중심을 이루던 신라시대에는 궁중에서 경영되는 '보'가 있었다. 이것은 공동갹출이나 기부한 금전과 토지로 기본 자산을 삼아 그 이

익으로 사회사업이나 대부 등을 하던 조직으로 신라의 고찰보, 공덕보, 고려의 재기보, 상평보 등이 그 예이다.

4) 오가통제(五家統制)

조선시대의 오가통제는 1485년(성종 16년), 한명회의 발의에 따라 채택되어 경국대전에 올랐는데 이에 의하면 한성부에서는 방 밑에 오가작통의 조직을 두어 오호를 일통으로 하였다. 지방은 역시 5호를 1통으로 하고 5통을 1리로 해서 약간의 리로써 면을 형성하고 면에 권통관을 두었다. 주로 호구를 밝히고 범죄자의 색출, 세금징수, 부역의 동원 등의 일을 하였다. 숙종 1년에 이르러서는 '오가작통법 21조'를 작성하여 조직을 강화하였다. 후기에 와서 오가작통법은 호패와 더불어 호적의 보조수단이 되어 유민과 도적의 은닉을 방지하는 데 사용하기도 했다.

고려의 오보제도나 조선의 오가통제(五家統制)는 그의 기능상 근린협동이라는 주민조직적 역할을 수행하기도 하였으나 성격상 행정보조적인 필요성에 의해 관 주도로 만들어져 운영되었다는 점에서 엄밀한 의미의 주민조직이라 보기에는 무리가 있을 것 같다.

5) 향약(鄕約)

조선시대에는 위의 오가통제 외에 소위 지방자치체의 덕화 및 상호협동 등을 위하여 규약적으로 만들어진 향약이라는 것도 있었다. 즉 향약이란 향(鄕; 郡, 面, 村 등)에서의 단결, 협동을 위한 개발지향적인 수칙이라고 할 수 있다. 그 어원은 중국 송시대의 '여민향약(呂民鄕約)'에서 찾아 볼 수 있으며 우리나라에서는 조선 중종 이후 조광조 등의 유학자들에 의해 널리 보급되게 되었다.

예안향약으로 대표되는 이퇴계의 향약실시는 예안(안동)에서 효과를 거두었으며 이율곡은 1571년(선조 4년)에 서원향약으로 대표되는 향약제도를 서원(청주)과 해주에서 실시하여 많은 효과를 거둔 것으로 알려져 있다.

향약은 성격상 지역주민들의 자발적 조직체는 아니었으나 오가통처럼 관 주도적인 것은 아니었고 오히려 당시 유학자들이 중심이 된 일종의 독특한 지식인 운동으로서 주민자치적인 가치를 강학 내포하고 있었다고 할 수 있다.

그러나 조선시대에 양란(임진왜란, 병자호란) 이후 주민조직이 와해되었고 일제강점기를 거치면서 완전히 형해화되는 과정을 겪었다.

2. 정부주도형 주민조직

1) 반상회

1910년 일본 침략 이후로 일제는 기존의 주민조직을 구성하기도 하였으나 이들은 대부분 주민들을 수탈할 목적의 강제성을 띤 조직으로 결코 주민조직이라 볼 수 없을 것이다. 반면 우리 주민들의 자발적인 조직체는 당시의 시대적인 상황으로 말미암아 민족적이고 계몽적인 색채가 강하게 섞여 있었다.

일제는 1917년 식민지통치수단의 하나로 동리의 하부조직에 반이란 것을 만들고 1930년에는 이를 '애국반'이라 개칭, 1945년 패망시까지 주민통제와 전시동원의 계기로 삼기도 했다. 해방 후 1949년 국민적 단합과 반공활동의 취지를 가지고 만들어진 '국민반'은 조직구성상의 성격으로 볼 때 일제의 애국반과 유사한 것이라고 하겠는데 이 국민반은 1957년 반의 명칭이 왜색이 짙다하여 '국민방'으로 개칭되었지만 결국은 부정선거실시 등 자유당 정권의 국민통제수단으로 활용되었다.

오늘날 운영되고 있는 반상회는 5.16 직후 국민방이 폐지되고 다시 '재건반'이란 이름으로 이어진 것이 1967년 반원의 정기적인 모임인 '반상회'로 정착된 것이다

현편 이와 같은 관주도적인 조직 외에도 해방 이후에는 예전의 전통적인 여러 주민조직체들과 더불어 4H클럽, 새마을운동 등의 수많은 근대적 주민조직들이 만들어져 왔다.

반상회는 정부가 주도하여 조직한 주민조직이지만, 생활공동체의 문제를 상호토론하여 개선책을 마련할 수 있고 정부에 대한 정책건의와 의견제시가 가능하다. 그러나 정부주도적인 조직관리로 제한된 인원만이 참여(주로 주부들이 참여)하고, 대다수가 참여를 기피함으로써 그 실익이 점차 줄어들고 있는 실정이다. 운영면에서도 행정기관의 정책홍보에 그치고 있고, 정책건의인 경우도 사적인 민원관련 업무가 많으며, 이마저도 적극적으로 의견수렴을 하려고 하는 행정기관의 의지가 약하기 때문에 대부분의 주민들은 적극적으로 참여하려 하지 않고 있다.

이렇게 정부주도로 반상회가 형식적으로 개최되어 주민들이 참여를 꺼리고 있다는 여론에 따라 민선 지방자치 실시 이후 대구시에서는 현행 반상회운영방식을 '주민참여형'으로 바꿔 지역문제해결의 창구로 활용하려고 하고 있다.[5] 예를 들어 서울시의 성북구·금천구·중구에서는 '반상회보'를

참고자료

반상회

행정단위의 최말단조직인 반(班)을 구성하는 가구의 가구주 또는 주부들의 월례회. 반조직의 법적 근거는 지방자치법의 규정, 그리고 이 규정에 따라 제정된 시·군·통·반 설치조례의 규정이며, 반상회가 현재와 같이 월례회로서 본격적으로 운용되기 시작한 것은 1976년부터이다. 1개 반은 전국평균 약 25가구로 구성되어 있으며, 농촌에서는 자연마을 단위로, 도시에서는 근린성을 고려하여 20～30가구 단위로 조직된다. 그 사회적 기능은 ① 주민들 상호간의 친목 및 상호부조의 기능 ② 지역사회의 발전을 스스로 추진하는 기능 ③ 자치능력 훈련 및 민주생활 교육장으로서의 기능 ④ 정부시책의 홍보·계몽의 기능 ⑤ 마을의 실태 및 주민들의 요망사항을 파악하여 행정에 반영하는 기능 ⑥ 방범 및 보안사범 색출 및 선도의 기능 등이다.

인물탐구

박정희(朴正熙): 1917.11.14~1979.10.26, 대한민국의 정치가, 제5~9대 대통령

경북 선산(善山) 출생. 농부인 박성빈(朴成彬)과 백남의(白南義) 사이에서 5남 2녀 중 막내로 태어났다. 1937년 대구사범학교를 졸업하고, 3년간 초등학교 교사로 근무하다가, 1944년 일본육군사관학교를 졸업하였으며, 관동군에 배속되어 중위로 복무하였다. 광복 이후 귀국하여 국군 창설에 참여하였으며, 1946년 조선경비사관학교(육군사관학교 전신) 제2기로 졸업하고 대위로 임관하였다. 1961년 5·16군사정변을 주도하고 7월 국가재건최고회의 의장이 되었으며 1962년 대통령권한대행을 역임, 1963년 육군대장으로 예비역에 편입되었다. 이어 민주공화당 총재에 추대되었고, 그 해 12월 제5대 대통령에 취임하여 1967년 재선된 후 장기집권을 위하여 1969년 3선개헌을 통과시켰다. 유신시대 초기에는 새마을운동의 전국민적 전개로 농어촌의 근대화에 박차를 가하였고, 제5차 경제개발계획의 성공적 완성으로 국민들의 절대적 빈곤을 해결하는 데 기여하였다. 그러나 국민들의 반유신 민주화운동으로 그에 대한 지지도가 약화되자 긴급조치를 발동하여 정권을 유지하려 하였다. 1974년 8월에는 영부인 육영수가 북한의 지령을 받은 조총련계 문세광(文世光)에게 저격당해 사망하였다. 이러한 정권의 위기는 결국 '부마민주항쟁(釜馬民主抗爭)'을 야기시켰으며, 1979년 10월 26일 궁정동 만찬석상에서 중앙정보부장 김재규(金載圭)의 저격으로 급서(急逝)하였다. 저서로 ≪우리 민족이 나아갈 길≫ ≪민족의 저력≫ ≪민족중흥의 길≫ ≪국가와 혁명과 나≫ ≪지도자의 길≫ ≪연설문집≫ 등이 있다.

참고자료

새마을운동

새마을운동은 1970년대의 한국사회를 특징짓는 중요한 사건이다. 1970년 4월 22일 한해대책을 숙의하기 위하여 소집된 지방장관회의에서 대통령 박정희는 수재민 복구대책과 아울러 넓은 의미의 농촌재건운동에 착수하기 위하여 자조·자립정신을 바탕으로 한 마을가꾸기 사업을 제창하고 이것을 새마을가꾸기운동이라 부르기 시작한 데서 시작되었다.

새마을운동은 초기에는 단순한 농가의 소득배가운동이었지만 1969년의 3선개헌, 1971년의 대통령선거와 비상사태선포, 그리고 1972년의 유신헌법 통과와 같은 권위주의 정권의 형성과정에서 진행되었으며 새마을운

없애고, '구정종합홍보지'를 발간·배포하고 있다.[6] 한편 김천시, 속초시, 대전시 중구의 경우는 반상회를 아예 폐지해버렸다.[7]

2) 관변단체의 생성과 변화

(1) 새마을운동중앙회

1987년 민주화 이전의 새마을운동은 대략 2단계로 구분할 수 있다. 1단계는 1970년 4월 22일의 전국 지방장관회의에서 박정희 대통령의 새마을가꾸기 사업에 대한 유시에서 비롯되어 새마을정신이 새로운 정신혁명의 원동력이 되었던 1979년까지의 시기이다. 1974년부터 공장과 직장을 단위로 한 도시새마을운동으로 확산되었지만 이 시기까지 새마을운동의 주된 대상은 농촌과 농민이었고, 일차적 성격은 소득증대 및 환경개선을 핵심사업으로 하는 농촌개혁운동이었다. 1977년을 예로 보자면, 농촌새마을운동의 전체 비중은 참여인원의 32.9%에 불과하지만 사업건수의 89.3%를, 투자규모의 94.1%를 점유하였다(황인정: 1979).

보다 주목해야 할 2단계는 박정희 정권의 붕괴와 더불어 새마을운동중앙협의회가 새마을운동중앙본부(이하 본부)로 개편되었던 1980년부터 민주화까지의 시기이다. 앞선 시기가 대통령을 정점으로 일사불란한 행정부주도

5) 동아일보, 1996.2.15.
6) 동아일보, 1995.8.22.
7) 동아일보, 1995.9.5; 조선일보, 1996.1.5; 동아일보, 1995.11.9.

의 농촌운동이었다면 ① 후자의 시기는 전자의 성격에, 민간 주도와 도시 중심의 성격이 강조되었다는 차이가 있다. 1단계가 운동면에 있어서 양을 중시하는 성장지향형이라면 2단계는 질을 중시하는 성숙지향형으로의 전환을 뜻하며, 전자가 농민 중심의 의식계몽운동이라면 후자는 직능 중심의 시민운동이라 할 수 있다(김대연·김유혁·손직수·정지웅: 1985).

5공 정권에 이르러 도시의 자영업 집단은 새마을운동(새마을지도자)에 본격적으로 편입되기 시작하였다. 새마을운동에 대한 비판이 유신체제에 대한 부정으로 간주되었던 박정권 하에서 개인의 저항이나 불평은 봉쇄되었고, 정의사회구현을 표방하면서 박정권과 차별화전략을 꾀한 5공정권에 이르러서야 새마을운동은 재평가를 받게 된다. 그 동안의 운동은 관 주도로 운영되어 왔기 때문에 주민들이 소외되어 자발적 실천운동이라는 본래 운동의 참뜻을 상실하였고, ② 지원 위주의 주민참여유도로 정부에 대한 의타심을 조장하였으며, 성과 위주의 사업추진으로 투자의 효율성이 저하되었다는 뒤늦은 비판들이 쏟아지기 시작하였다(함영훈·박오화: 1985).

가장 주목할 점은 참여계층에 있어서 사회지도층인사를 비롯하여 전문직업인, 중소상공인, 직능단체의 참여가 증대되었다는 점이다(남궁용권·윤익수·김남득: 1985).

그러나 국민의 정부·참여정부 이후에는 국민운동과 같은 성격으로 변모하기 시작했으며 동남아시아, 아프리카 등지에서 ODA사업으로 진출하고 현지에서도 긍정적인 평가를 얻고 있다는 점은 고무적인 변화이다.

동의 본격적 전개가 유신체제와 더불어 진행되었다는 점이 특기할 만하다.
이는 다름이 아니라 정치적으로 점차 국민적 저항에 부닥치는 상황을 농민과 서민대중의 지지를 기반으로 유신체제를 지속시키기 위한 정치적 돌파구로 새마을운동을 추진하였다는 해석도 가능한 것이다.
정치적 의미가 어떠하든 새마을운동은 대통령 박정희의 철저한 조국근대화정신의 소산인 것만은 사실이다. 그리고 새마을운동은 1970년대의 경이적인 경제발전을 뒤에서 받들어 준 정신적인 힘이 되었다고 할 수 있다.

(2) 바르게살기운동중앙협의회

한국에서 전국적 규모의 관변단체는 시기적으로 중요한 선거 전후에 형성되며, 최고통치권자인 대통령의 발안 혹은 주도로 생성되는 특징을 갖고 있다. 새마을운동이 1971년 대선을 앞둔 시점에서 대통령의 제창으로 시작되어 대통령의 서거로 침체의 길을 걸었다면, 정화위는 5공의 권력창출기구인 국보위의 지도와 명령으로 만들어졌고 6공의 등장과 더불어 바르게살기운동협의회로 전환하였다.

사회정화운동은 1970년대 새마을운동의 이념과 조직의 아류라 할 수 있다. 먼저, 이념적 측면에서 사회정화운동은 새마을운동의 근면·자조·협동의 3대 정신을 모방해 정직·질서·창조의 3대 이념을 기치로 내걸었다. 그 추진체계의 구획에 있어서도 지역, 직장, 학교, 단체 등 새마을운동의 기존

체계를 그대로 적용하였다(현대사회연구소, 1981. 3). 뿐만 아니라 국무총리 산하의 중앙행정기관으로 사회정화위원회를 설립하고, 그것을 정점으로 내무부, 시·도협의회, 시·군·구협의회, 읍·면·동위원회를 구성하였는데, 그러한 수직적 지원체계는 새마을운동과 명칭마저 동일한 것이었다.

2012년 현재에도 그 명맥은 유지하고 있으나 활발하지는 못하며 지역사회의 보수적인 사회단체로 자리 매김을 하고 있다.

(3) 자유총연맹

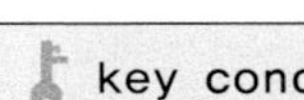
key concept

제3섹터
(The Third Sector)
다의적으로 정의되지만 일반적으로 정부와 같은 순수 공공부문도 아니고 기업과 같은 순수 민간부문도 아닌 제3의 부문을 의미한다. 즉, 자치단체와 민간기업이 공동출자하는 민·관공동출자기업을 말한다.

자유총연맹의 전신인 한국반공연맹은 명칭에서 알 수 있듯이 3대 관변단체 중 가장 이념지향적 성격을 띠고 있으며, 해방 이후 번성하였던 서북청년단, 대한청년단, 태극단동지회, 건국청년운동협의회, 실향민호국운동중앙협의회 등이 모태가 되었다는 점에서 가장 오래된 단체이기도 하다. 그러나 예산상의 제약에 따른 정부의 지원부족으로 1950년대 후반까지 활동은 침체되었고, 4.19혁명의 발발과 장면 정권의 등장으로 자유당의 외곽조직이라는 의심을 받게 되어 반공연맹을 비롯한 관변단체들은 해체위기를 맞는다.

박정희 정권의 출범은 관변단체의 이후 운명에 일대 전환점을 마련하여 주었다. 박정권 출범 직후 반공연맹은 기구 및 예산의 확대뿐만 아니라 기존의 사단법인체에서 강력한 법적 뒷받침을 받는 국가법인체로 발전하였다. 박정희 정권의 출범과 더불어 급격히 성장하기 시작한 반공연맹은 조직의 성격상 두 가지 변화를 보여준다. 하나는 재정적 지원의 확대와 더불어 정부의 개입이 보다 직접적으로 나타나 거의 준국가기구화되었다는 점이다. 1965년에는 대공업무를 수행하고 있던 정부 산하 내외문제연구소를 흡수하였고, 67년에는 이를 확대하여 공산권문제연구소를 개설하였다. 60년대 후반 70년대까지 이데올로기 기구로서 반공연맹은 그 자체에 교과과정심의위원회를 설치하기도 하였다.

자유총연맹과 관련하여 중요하게 고려할 사항은 전 국민을 대상으로 포괄적인 정치교육을 수행하였다는 점이다. 반공연맹의 안보교육은 교사, 학생, 공무원, 해외파견기술자, 직능 및 지역단체의 조직요원 및 중앙요원을 중심으로 적게는 1주 23시간에서 많게는 3주 67시간으로 구성되어 있었다(自由公論, 1982.9). 강연의 형태를 빌린 반공연맹의 이념교육은 1970년대 이후 새마을운동과 사회정화위의 연수 프로그램으로 연결되는데, 회원의 다수를 점유하고 있던 자영업 집단 및 주부(부녀회)의 참여가 집중적으로 이루어졌다.

박정희 정권의 전면적 지원으로 새롭게 출발한 반공연맹은 1970년대에 들어와 중앙조직에서 탈피하여 시군구에 지부를 둔 전국조직으로 발전하였다. 반공연맹의 지역기반 구축작업이 유신체제가 강화되었던 1970년대 중반에 이르면 전국적 수준에서 완결된다.

2012년 현재 지역사회에서는 뚜렷한 활동을 하고 있지 않는다는 것이 일반적인 평가이며 보수적 사회단체로 여전히 자리매김하고 있다.

3) 주민자치회

과거 2021년도 문재인 정부가 추진한 주민자치회안 제도는 실질적 공동체 자치 실현을 위하여 시범운영 중인 주민협의체로, 기존 주민자치위원회가 담당하던 읍면동 주민자치센터 운영 등 주민복지 기능 이외 주민화합 및 발전을 위한 주민자치업무, 지방자치단체의 위탁업무 등도 담당하는 것을 도입과 보급의 목적으로 하고 있다. 이러한 주민자치회는 기존의 주민자치위원회와는 다른 개념의 주민자치조직이다. 주민자치회와 주민자치위원회의 큰 차이점은 조직의 설치근거를 들 수 있다. 기존 주민자치위원회는 시군구 조례에 근거하여 설치 및 운영되어 왔지만 주민자치회는 설치 및 기능, 구성 등의 내용을 담은 법적 기반을 마련하였다. 또한 기존 주민자치위원회의 주요 기능은 주민자치센터 운영, 읍면동 행정에 대한 자문역할에 한정되어 있는 반면, 주민자치회는 읍면동 행정기능 중 읍면동의 고유 업무를 제외하고 협의 위, 수탁 업무 등 폭넓은 기능을 부여하여 읍면동 행정기능에 직간접적으로 참여할 수 있는 기회가 확대되어 기존 주민자치위원회보다 공공성 및 역할이 확대되었다. 이와 같은 현상은 2025년 등장한 이재명 정부의 정책에서도 큰 변동이 없다.

구성원의 대표성에서도 기존 주민자치위원회에서는 공개모집 신청자 중 읍면동장이 지명하여 선출하기 때문에 주민 대표성이 미약하였으나, 주민자치위원회에서는 위원선정위원회를 통한 공정한 선출방식을 도입하여 주민대표성을 확보한다는 특징이 있다. 주민자치 활성화를 위한 다양한 노력을 시도하였지만 실질적인 풀뿌리 민주주의를 활성화하는 데는 한계가 있었다. 기존의 주민자치센터는 자치기능보다 주민들의 문화·여가 및 교육프로그램에 초점이 맞춰져 있었고 주민자치위원회는 주민자치센터의 관리 및 프로그램 운영 심의·자문기구 역할 이상은 아니었기 때문이다. 이에 주

〈표 11-4〉 주민자치회와 주민자치위원회의 비교

구 분	주민자치회 (혁신 읍면동 시범사업 주민대표기구)	주민자치위원회 (기존 2,862개 읍면동)
법적근거	「지방분권 및 지방행정체계개편에 관한 특별법」 제27조	「지방자치법 시행령」 제8조 등에 따른 지자체별 조례
모형도	시군구 임용 / 위촉 읍면동 사무소 ⟷ (협의 / 위탁) 주민자치회(주민대표기구)	-
성격	읍면동 민관협치기구(사무기구가 아님)	읍면동 자문기구
위촉	시군구청장이 위촉	읍면동장이 위촉
구성	공개모집, 이통장 연합회 추천 등 (지방의원 참여 배제)	각급 기관이나 단체 추전 또는 공개모집 (지방의원 참여 가능)
기능	-주민 생활편의 관련 업무 협의·심의 -주민 권리·의무와 관련 없는 업무위탁 (작은도서관, 문화센터 운영·관리 등) -근린자치 영역의 주민자치사무 (자율봉사단 운영, 벼룩시장 운영 등)	주민자치센터의 운영 및 심의
재정	-자체재원: 수익·위탁사업 수입 등 -의존재원: 지자체 보조금, 기부금 등	-읍면동 지원금
지자체와의 관계	-읍면동사무소와 별개로 설치 -대등한 관계에서 파트너쉽 구축	-읍면동사무소 일부시설 운영을 목적으로 읍면동사무소에 설치 -대부분 읍면동 주도로 운영

자료: 국회예산정책처(2018), 예산안 위원회별 분석: 행정안전위원회.

민들이 지역공동체 문제를 함께 논의하여 해결하고, 읍·면·동 행정기능에 대한 새로운 민·관의 역할분담 체계 마련 등을 위한 논의가 시작되었고, 「지방행정체제 개편에 관한 특별법」이 제정되면서 읍·면·동 주민자치회가 새로운 지방행정체제 개편 과제로 제기되었다. 주민자치회는 「지방행정체제 개편에 관한 특별법」 제20조부터 제22조에 법적 근거를 두고 있다. 그러나 법률상에는 주민자치회의 기본적인 사항만 규정했을 뿐, 보다 구체적인 사항(설치시기, 구성, 재정 등)은 별도의 법률로 정하도록 유보하였다. 이명박 정부 당시는 「지방행정체제 개편에 관한 특별법」의 규정을 구체적으로 실천하기 위하여 2011년 2월 대통령 직속의 지방행정체제개편추진위원회를 발족한 바 있다. 그 이후 박근혜정부에서도 시범실시가 되었고, 2018년도 문재인 정부에서도 주민자치회를 도입하고자 하는 점은 기본적으로는 같다. 단지, 지역 내에 있는 도시재생센터, 공동체지원센터 등과의 통합을 통하여 보다 더 기능적으로 원활하게 작동할 있도록 하는 데에 있어서 차이가 있다. 주민자치회가 설치될 경우 현 주민자치위원회와 역할·기능이 중첩되므로 현 주민자치위원회는 폐지하고 새로 구성되는 주민자치회가 권리·의무를 승계하여야 한다. 현재의 주민자치센터는 주민자치회의 자치활동과 지역공동체 형성 등을 위한 공간으로 활용할 수 있도록 근거가 두었으나 아직은 미완성단계이다.

그러나 주민자치회 실시사례 지역에서 모범적인 곳으로 거론되는 인천시 연수구 송도2동을 보면 근거법이 미비하여도 주민들 스스로가 한계를 극복한 사례라고 볼 수 있다. 송도2동은 마을공동체 활성화와 주민자치, 평생교육 구현 세 가지 축을 모델로 잡고, 송도2동의 지역적 특성상, 새롭게 이주해온 아파트 거주민들 간의 단절된 이웃 관계 회복을 위해 우선은 최대한 사람들이 대면할 수 있는 기회를 만들고자 하여 현재 약 140여 개의 주민자치센터 프로그램을 운영하고 있다. 앞으로 주민 스스로의 힘으로 마을을 꾸리고 함께 주민자치 할 수 있는 기반 환경을 만들어 송도2동의 캐치 프레이즈인 주민과 같이, 함께 가치를 추구하고 있다. 조례에 있는 6개의 주민자치센터 기능을 송도2동에 맞게 참여와 소통의 주민자치·꿈을 찾는 문화여가활동·작은 도서관을 활용한 지역복지강화·평생학습 기반의 공동체 시민교육·주민편익을 위한 특성화 사업 발굴·지역사회 진흥의 나눔과 배려 문화 확산을 기둥 삼아 삶의 질 향상을 통한 마을공동체 활성화를 이루고 주민의 자아실현과 사회적 자본 증진을 지붕으로 삼았다. 물론, 바탕은 주민에 의해 기획되고, 주민이 참여하고, 주민이 직접 운영하는 주민자치회와 지역사회의 인적, 물적 자원의 연계를 통한 네트워킹 마을공동체 그리고 누구나 쉽게 찾아올 수 있는 주민자치센터를 기반으로 한다. 그 밖에 경기도 고양시와 같이 공모사업으로 진행하는 경우도 있다. 고양시의 자치공동체사업 지원은 2012년 처음 시작해 2018년도 7년차 사업을 맞이하는 고양시 자치공동체지원센터가 중심이 되어 이웃과의 단절과 소외를 극복하고, 건강한 사회관계망 형성에 기여하는 작은 마을 단위의 공동체를 육성하려는 취지로 진행되고 있다. 첫 해 신청 숫자가 20여 건에 불과했으나, 2018년에는 140개 공동체가 참여한 만큼 공동체에 대한 관심이 지속적으로 확산되고 있음을 보여준다. 단순한 숫자 증가보다 더 의미 있는 것은 사업 분야의 다양화다. 초기에는 텃밭 가꾸기, 꽃길 가꾸기 등 마을공동체를 위한 봉사활동이 주류를 이뤘지만 점차 공동육아, 문화활동, 생태교육, 지역탐방 등으로 관심사가 확장되고 있다.

3. 소멸해가는 지역공동체와 직접민주주의 가능성

사회적 자본에 관한 연구자로 유명한 미국 하버드 대학의 로버트 퍼트넘(Robert D. Putnam)의 “Bowling Alone: 사회적 커뮤니티의 붕괴와 소생(2009)”은 미국사회에서 공동체의 해체, 급속한 산업화, 경제적 불평등, 도시화, 범죄, 인종 등의 문제로 홍역을 겪었던 1960년대와 비교하여 지금의 미국사회는 또다시 새로운 형태의 공동체붕괴에 직면하고 있다고 언급한 바 있다. 일본에서도 야마시타 유우스케(山下祐介) 교수가 「地方消滅の罠」라는 저서에서 커뮤니티의 붕괴를 지방소멸(地方消滅)이라는 단어로 언급되어 이미 일반화되어 있을 정도이다. 그에 의하면 일본은 2040년도까지 전국의 기초자치단체인 市町村의 과반수가 소멸하지만 그에 대한 정부의 인식과 대처가 잘 못되었다고 지적한 것이다. 그가 이러한 저서를 쓰게 된 동기는 일본의 저명한 지식인들로 구성된 정부위원회 형태인「日本創成会議」의 좌장격인 마스다 리포트(増田レポート)에서 소멸되어 가는 자치단체에 대한 정책으로서 선택과 집중이라는 정부의 안일한 정책이 오히려 지방소멸을 가속화시켰다는 것이다.

우리나라도 예외는 아니고 오히려 미국과 같이 개인과 커뮤니티가족 간 단절, 그리고 일본과 같이 저출산 고령화로 인한 인구의 급감으로 인한 커뮤니티 붕괴가 동시에 발생하고 있다. 2016년 통계청의 발표에 따르면 우리나라 1인 가구 비율이 거의 4분의 1을 차지하고 있으며 2인 가구까지 합하면 전체 약 1,750만여 가구수 가운데 50%를 넘는다는 것이다.

이러한 현상은 공동체(커뮤니티) 붕괴로 이어져 지역 내의 민과 관의 거버넌스 구축도 불가능하게 되었다. 예를 들어, 경기도 연천군 청산면의 경우 서울세종로 중앙청사에서 63km 정도 떨어져 있고 서울 지하철 1호선 소요산역에서 10분 이내의 비교적 도시화된 면단위이며 2016년도 기준으로 인구도 비교적 많은 4,370명(남: 2,233명 여: 2,110명)이며 외부로부터의 자원봉사자, 마을기업의 창업 등이 적절한 조건을 갖추고 있다. 또한 서울지하철 1호선 연변에는 크고 작은 대학들이 있어 관한 협력도 유리한 장소이어서 커뮤니티 만들기에 매우 적절한 곳이다.

그러나 커뮤니티 만들기에 필수적인 청산면의 지역 리더들을 보면 사정은 달라진다. 2015년도 3월 현재 청산면의 지역단체장 8명(주민자치위원장, 이장협의회장, 지도자협의회장, 새마을부녀회장, 방위협의회장, 체육회장,

바르게살기위원장, 청산봉사회장), 주민자치위원 17명, 이장협의회 11명, 새마을지도자 24명 총 60명은 모두 60대 후반에서 70대 노인들이며 지역리더로서 더 이상 후계자도 없으며 육성도 안 되는 상황이다. 소위 시민단체라는 NGO단체도 없다. 2008년도에는 농림축산식품부의 국고보조금을 받아 60억 원을 집행하여 농촌체험마을사업으로 김치마을협동조합을 운영하고 있으나 전국의 체험마을 사업이 실패한 바와 같이 이곳 역시 운영난에 허덕이고 있다. 반면에 인구 4,370명인 청산면에 65세 이상 인구는 1,089명으로서 24.9%인데 경로당은 12곳으로서 약 90명에 한 개의 경로당이 있는 것이다. 반면에, 0세에서 9세까지 아동은 244명인데 어린이보육센터는 단 1곳이다 라는 점은 노인들이 많아서 경로당이 많기도 하지만 노인들 간의 지역 이기주의, 선거 때마다 노인 복지시설을 확대하는 단체장과 지방의원들의 선거권이 있는 노인들에게 선심성 행정의 본보기라고 볼 수 있다. 당연히 어린이 보육환경이 심각하여 젊은 부부는 사설보육원에 맡기든가 이마저도 없으면 자신의 고향에서도 정착하여 살기 어려운 농촌 커뮤니티로 이미 변모하였으며 사회복지 예산집행에 있어서 대상자에 따라서 심각한 불균형이 발생하고 있는 것이다. 이런 상태에서 젊은 층을 대변하는 지역 리더도 없고 당연히 노인중심으로 커뮤니티가 운영되고 있다는 점은 다름 아닌 커뮤니티 붕괴라고 할 수 밖에 없다.

그 동안 이명박 · 박근혜 정부에서는 행정안전부 및 대통령소속 지방자치발전위원회를 통하여 읍면동 주민자치회 도입에 대하여 물심양면으로 노력해왔으나 대부분의 정책과 예산은 무용지물이 되어 버린 것은 자타가 인정하는 바이다. 앞서 청산면의 사례처럼 지역공동체에서는 전체 주민들의 적극적인 참여보다는 일부 층의 사람들로 독과점화되어 있어 공동체의 소멸을 더욱 부추기고 있는 실정이다. 주민참여예산제도 역시 마찬가지이다. 대부분의 지방자치단체에서는 예산편성의 의사결정 과정에 주민참여를 확대하고 강화하고 있지만 예산민원실 운영, 고충처리제도 도입, 정보공개제의 활성화 등의 수준에서 머물러 있기 때문에 형식적인 형태로 운영되고 있다는 점에서 비판의 대상이 되고 있다.

따라서 정부 및 지방자치단체에서는 주민자치회 조직 구성의 모델을 구축하기 전에 읍면동 주민들에게 어떠한 권한을 어떻게 수행시키게 할 것인가를 정하고 주민 스스로가 선택할 수 있는 직접민주주의가 가능한 smart 공동체 구축방안을 마련하는 것이 필요하다. 즉, 주민들의 생활 · 근린자치 수요 증대에 따라 행정의 적극적인 대응의 필요성이다. 주민들의 생활지원

기능이 강조되고 행정사무도 증가하면서 지역적 특성과 주민 접근성을 고려한 현장중심의 행정 서비스 제공이 강조되고 있음. 기존의 행정의 수동성 및 의존성을 극복하고 주민들의 능동적인 참여를 통하여 공공서비스의 질적 향상을 도모하고 읍·면·동 주민자치 기능에 변화를 시도하기위한 주민자치 제도화가 필요한 것이다.

특히 최근 스마트폰 보급으로 SNS 이용자가 급증하면서 자치단체들은 주민의 직접참여의 활성화를 위해 다양한 SNS 활용방안을 모색하고 있다. 자치단체들은 주민의 참여를 유도하여 주민의 욕구를 파악하고, 이를 정책에 반영하고자 한다. 이는 주민 스스로 정책에 참여하여 합리적으로 정책을 형성하고, 자신의 주권을 통한 실질적 지방자치와 민주주의를 실현하는데 궁극적인 목적이 있다. 한편, 주민들은 자치단체 및 정책에 대한 접근성이 향상되면서 자신의 삶이 유지되고 있는 지역의 정책과정에 참여하고자 하는 욕구가 증대되고 있는 것이다.

예를 들어, 서울시 종로구의 일명 서촌이라는 청운효자동의 2017년 6월에 결성된 마을계획단에서 실시하는 다음과 같은 사례를 보면 직접민주주의 실효성과 가능성이 보인다. 다음의 [그림 11-3]에서 보여지는 바와 같이 금년 6월부터 청운효자동 마을계획단은 플랫폼을 만들어 SNS를 통하여 실시간 직접민주주의를 실시하고 있는 것이다. 예를 들어 청운효자동 마을의 어젠다 20개 가운데 주민들 자신이 우선적으로 추진했으면 하는 의제를 5개 고르게 하는 투표방식을 취해 주민참여예산제의 형식적 운영도 탈피하면서 적극적 참여도 유도하는 것이다.

즉, 기존에는 정부가 서비스나 재화를 생산하면 지역주민은 단순히 받아들여 소비하는 행태를 보였으며, 여기서 지역주민을 수동적 주체로 여겼으나 지역주민이 더 이상 단순한 소비자가 아닌 생산자 역할로 변화하는 것이다. 지역주민과 밀접한 관계를 구축할 수 없는 지방자치단체는 존재 이유가 희박해졌으며, 급변하는 환경에 대응하기 위해서는 획일적인 방식이 아닌 다양하게 대응할 수 있는 방안을 마련할 필요가 있다. 이와 같은 방식이 바로 스마트사회인 것이다. 스마트 사회는 고도의 지능화된 ICT와 사회연결망(Social Network)을 기반으로 인간과 사물, 사물과 사물 간 의사소통이 시공간을 넘어 실시간, ICT간 융합에서 나아가 타 산업과의 융합이 가속화되며, 정부와 민간의 일하는 방식 및 생활양식, 문화, 정치, 경제 등 국가 사회 전체의 혁신이 동반되어 새로운 부가가치가 끊임없이 재창출되는 사회로 정의된다. 그 핵심기술 요소로서 모바일(Mobil), 클라우드(Cloud), 빅데

[그림 11-3] Networking을 활용한 청운효자동 마을계획 주민투표 사례

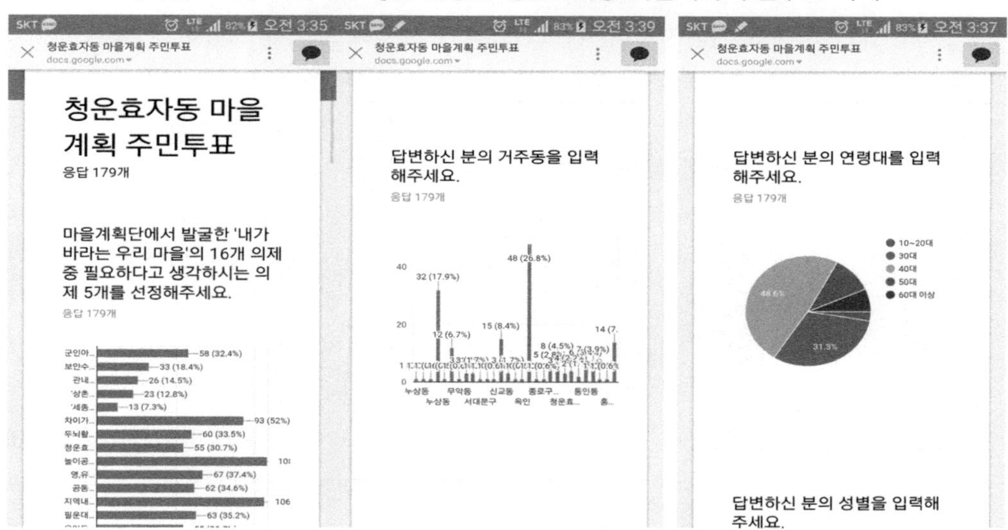

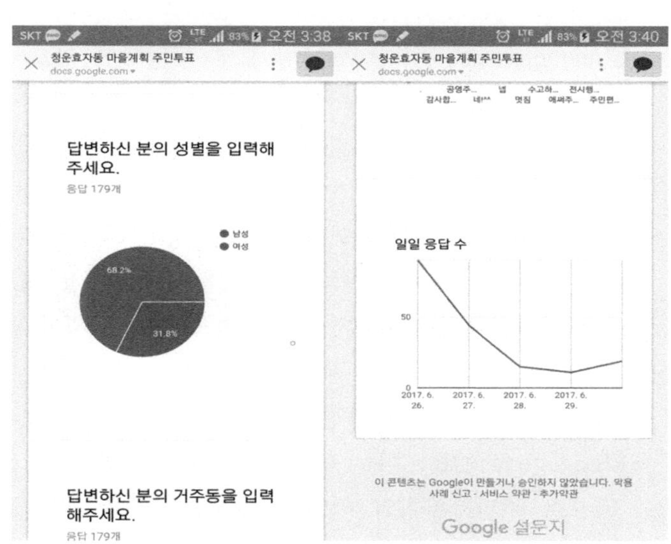

자료: http://goo.gl/forms/MjtZpWMTDal5S3pr2. 2017년7월15일 검색.

이터(Big Data), 사물인터넷(Iot), 인공지능(AI) 등인데 이 또한 4차산업과 밀접한 것이다. 지능정보기반 스마트도시는 고도로 지능화된 ICT와 사회적 연결망을 기반으로 도시의 행정업무 방식과 절차를 재설계하고, 도시지역의 정부와 기업, 지역주민, 지역공동체 간 지식과 정보를 공유하고, 지역구성원 간 상호 거래를 통하여 생산적이고 민주적인 부가가치를 지속적으로

창출할 수 있는 공공 플랫폼 기반을 제공함으로써 협력적 동반자의 역할을 지향하는 지능적, 거버넌스적 도시체제 구축을 가능하게 하는 것이다. 앞서 언급한 서울시 종로구 청운효자 동의 마을계획단의 SNS를 통한 직접민주주의 사례가 크게 나아가서는 스마트 도시를 만드는 데 핵심요소이다. 지역혁신 플랫폼 또는 시스템으로서 시민·지방정부·공무원·민간 기업 등이 협력적 관계로 도시 문제를 해결하고, 첨단 정보 통신 기술을 이용하여 환경, 에너지, 도시 기반 시설 및 건물의 지능적이고 효율적인 관리를 통해 새로운 성장 동력을 개발하는 집단지성 시스템 구축이 가능케 하는 것이다.

그러나 단순히 현재의 시스템에서 직접민주주의를 강화시킨다고 해서 스마트사회로 이행되는 것은 아니다. 지능정보를 기반해야지만 스마트 사회로의 변화가 가능한 것이다. 즉, OPEN System에 기반 한 Smart Community 구축 전략이 필요하다. Smart Community 구축의 핵심은 현행 관(Government) 중심 주민자치에서 정보기술(open system)을 활용한 Smart Governace로 전환하는 것이다. OPEN System은 O(opportunity), P(participation), E(engagement), N(networking)으로 구성되어 있으며, 주민자치회가 직면하고 있는 문제점들을 해소 할 수 방안으로 제시할 수 있다. O(opportunity)와 P(participation)는 주민자치회의 운영에 있어 지역주민들이 주체가 되어 다양한 지역 내 당면한 과제를 해결하기 위하여 현행 주민자치원회의 운영과 같이 특정 위원들에 의해서 의사결정이 이루어지는 것이 아니라 최대한 많은 지역 주민들이 주민치자 발전을 위한 의견을 제시하고, 문제해결을 위한 의사결정에 참여할 수 있는 기회 확대와 정책의 우선순위를 정할 수 있게 하는 것이다. 바로 서울시가 각 자치구를 통하여 추진하고 있는 마을계획단에서의 의사결정 과정에 직접민주주의를 가능케 하는 요소인 것이다. E(engagement)는 “아는 만큼 행동하고, 사회적책임을 의무로 받아들이는 것”으로 주민자치회의 위원을 비롯한 구성원들뿐만 아니라 지역주민들이 주민자치에 대한 교육 및 학습을 통한 역량강화와 주민자치회를 이루는 구성원으로서의 주민자치를 발전을 위한 그들의 정책 및 행위에 책임을 다할 수 있도록 하는 것이다. 주민자치회의 원활한 운영을 위하여 지역 내 대학 및 전문가, NGO 등의 협조를 통하여 주민자치위원 및 지역주민들을 대상으로 역량강화 프로그램 운영 또는 가칭 주민자치대학(학교)를 설치하여 주민자치에 대한 이해도를 향상시킬 수 있도록 하여야 한다. 특히, 주민자치회의 독자적인 사업선정, 예산의 편성 및 집행권한 등에 대한 자율성을 확보하기 위해서는 그에 따른 책임성을 강화할 수 있어야 하는데, 이를 위하여 현재 각 자치단체에서 실시하고 있는 주민참여예산제와 연계할 필요가 있다. 주민참여예산제는 지방재정법에 의거하여 운영되고 있어 주민자치회 운영에 관련한 예산편성 및 집행 등에 연계하여 적용하게 되면 재정운용의 신뢰성, 투명성, 효율성을 극대화하고 중복에 의한 예산낭비를 방지할 수 있는 재정민주주의를 실현할 수 있을 것이다. N(networking)은 앞서 제시한 O(opportunity), P(participation), E(engagement)를 통활 할 수 있는 Open Platform을 구축하는 것으로 주민자치를 활성화하기 위한 주민자치회의 물리적 공간뿐만 아니라 실시간으로 외부환경에서도 주도적으로 활용할 수 있는 소통 체계를 만들어 낼 수 있다. 앞서 주민자치회에서 겪고 있는 문제점 중 지역주민들의 공감대를 형성하지 못하는 점과 참여자 구성에 대한 문제점을 해결할 수 있는 대안으로 활용할 수 있을 것이다. 미국 샌프란시스코 시의 커뮤니티보드는 지역의 갈등을 법이나 공권력의 힘을 빌리지 않고 주민들이 직접 관리하고 해결하는 제도이다 의뢰인이 하는 말을 여러 명의 중재자들이 경청하고 해결책을 제시해줌으로써 갈등에 대한 완충장치의 기능을 수행한다. 중재과정을 통해 갈등을 흡수하고 서로 폭력 없이 문제를 해결할 수 있도록 돕는 것이다. 소통의 유명한 사례로서 스웨덴의 비스비 알메달렌 정치박람회사례가 있는데 이는 40여년 전통을 자랑하고 있다. 이 축제에서는 정당, 시민단체, 개인 누구나 자신의 의견을 펼칠 수 있으며, 국가의 재정상태, 경제상태들을 재무장관이 직접 발표하고 서로 질문을 주고 받으며 격식 없이 소통함으로써 최선의 해결책을 찾는 과정이다. 우리나라에서는 찾아볼 수 없는 일이며 실로 놀라운 일이 아닐 수 없다. 이런 강의실에서 재무장관이 직접 “올해 많이 실망하셨죠? 지금 우리나라의 상태가 이러이러하고 저러해서 이렇게밖에 할 수 없다. 이만큼의 예산은 여기 썼고 이만큼은 저기 썼습니다. 그래서 이만큼 남았습니다.”라고 브리핑을 하며 시민들에게 알려주며 시민들도 그것을 듣고 궁금한 점은 직접 질문하며 소통을 하는 과정에서 더 나은 해결방안을 찾고 사회적 신뢰를 구축하도록 한다는 점에서 의미 있다. 즉, 소통은 개념이 아니라 기술이다. 지역공동체의 소멸을 막기 위해서는 진화된 모바일(Mobil), 클라우드(Cloud), 빅데이터(Big Data), 사물인터넷(Iot), 인공지능(AI) 등을 적극적으로 활용하여 직접민주주의의 실현이 가능한 것이다.

제4절 각국의 주민조직

1. 미국 커뮤니티 형성의 역사적 경위

1) 배 경

미국은 간접민주제를 채택하고 있지만, 식민지 초기에는, 직접민주제의 한 형태인 '타운미팅'으로 구현되는 '자기결정의 권리와 책임'의 전통이 현재까지도 살아 숨쉬고 있어, 미국인이 커뮤니티를 형성할 때의 잠재적인 의식이라고 일컬어지고 있다. 그렇지만 미국에서 처음부터 그와 같은 사고에 기초한 커뮤니티가 있었던 것은 아니다. 20세기 초반의 급속한 공업화와 대량의 이민(移民)으로 인해 도시인구가 급속하게 팽창되면서, '직접민주제'는 더 이상 실현할 수 없게 되었다. 한편, 공선공무원이나 공무원이 증가하면서, "정부는 관료나 기술적인 전문가에게 맡기는 것이 가장 좋다"라는 생각이 뿌리깊게 지배하게 되었다. 1900년부터 1960년은 '테크노크라시(technocracy)'라고도 불리워진다. 인구의 급속한 팽창은 도시 문제를 악화시켰으며, 부유층은 자신들의 대체주거장소를 찾기 시작하였다. 제2차 세계대전 이후 보급되기 시작한 자동차는 대도시부근(이른바 교외)에 살면서 통근할 수 있게 하였고, 따라서 부유층이 사는 교외는 점차 확대되어 나갔다. 한편 도시내부에서는 오후 5시가 넘으면 공동화되고, 교외에 살 수 없는 빈곤층에 의해 도시 빈민화가 이뤄지고 있다. 이렇게 해서 도시와 교외는 '분권'되고, 커뮤니티 연대의식이 배양되지 않았다.

이와 같은 상황은 지방단체가 실시하는 지역이용규제(zoning[8])로 인해 촉진되고, 주거·취업·구매 등의 모든 것이 분리·격리되었으며, 그것을 연결하는 것은 단지 자동차와 고속도로였다.

상황이 변한 것은 1960년대부터였다. 그 원인은 크게 3가지로 나눌 수 있을 것이다.

첫째, 정부 정책의 실패이다. 1950년대부터 1960년대에 걸쳐서, 도시내부의 빈곤 문제(inner city[9]문제)에 대처하기 위해 실시된 제도가 top-down

---

8) zoning: 도시계획이나 건축계획 등에서, 공간을 용도별로 나누어 배치하는 것.
9) inner city: 대도시가 발달한 중심지역 주변에 위치한 곳으로, 주택·상점·공장 등이 혼재하는 지역.

방식의 '백지 상태(clean slate)' 방식이었다. 도시에 문제가 많아지면, 그 부분을 모두 파괴하고, 불도저로 밀어서 정리하여 새로 만든다는 방식이었다. 대다수의 사업은 실패로 끝나고, 몇 번이나 '백지 상태'가 계속되는 가운데, 특히 도시내부의 빈곤 커뮤니티로 서서히 파괴되어 가는 시설을 가까이에서 지켜본 빈곤층에서 많은 커뮤니티가 자발적으로 생겨났다. 그것은 현재의 커뮤니티의 발아였다.

둘째, 이와 같은 커뮤니티의 발아를 조직화시킨 것이 1960년대에 활약한 시민운동가였다. 그들은 시민운동으로 얻은 조직화에 관한 지식을 커뮤니티에 도입하여, 커뮤니티 내부에 있는 문제를 해결시키기 위한 조직으로서 커뮤니티협의회를 설립한 것이다.

셋째, 비정부조직의 지원을 들 수 있다. 그 시작은 19세기 후반부터 시작된 '사회복지관(settlement house)' 운동이었다. 이것은 상류계급의 교양인 시민(대부분이 여성)에 의해 운영되었으며, 커뮤니티를 위한 자선활동을 실시하였다. 20세기 전반이 되면 지식인들 사이에서는 '과학적인 자선활동'으로서, 사회복지관 운동과 같은 비정부조직 활동이나 조직화에 대해서 연구하는 움직임이 일어났다. 1960년대에 들어가면, 커뮤니티형성 운동을 여기저기에서 볼 수 있게 되었는데, 이런 움직임을 자금 면에서 지원했던 것이 Ford · foundation 등의 대규모 fund(기금)였다. 특히, 당시 경제계는 '기업양심'을 내걸고, 활발하게 기부하였다. 그러나 1970년대 전반부터 경제상황이 악화되면서 기업의 사회공헌에 대한 움직임은 줄어들었지만, fund(기금)는 여전히 큰 역할을 담당하고 있었다.

이러한 움직임을 이어서, 1960년대 후반부터 1970년대에 걸쳐서 연방정부의 커뮤니티에 대한 태도가 변하기 시작했다. 연방정부는 커뮤니티의 의견을 듣고, 커뮤니티의 요구를 파악하기 시작했다. 물론, 처음에는 커뮤니티의 단순한 참가, 정부의 정책에 대한 반응을 보는 정도였지만, 테크노크라시(technocracy)라는 사고가 지배할 때에 비하면 크게 진보한 것이었다.

1970년대 후반부터 현재에 이르기까지, 커뮤니티 개발공사라는 형태로 관민이 협동하는 등, 1980년대부터 정부가 커뮤니티에 적극적으로 지원하는 모습을 볼 수 있게 되었다.

2) 뉴욕시의 마을만들기 사례

(1) 커뮤니티의 명칭

뉴욕 시 커뮤니티위원회 (community board)

(2) 구역 및 설정근거

뉴욕 시 자치헌장(New York City Charter) 제70장에 근거하여, 의회로 채택된 59의 '커뮤니티 구(commumty district)'

(3) 설립시기 – 1975년

(4) 구성단체

- 각 위원회에서 행정구역 장(borough president)으로 임명된 50명 이하의 시민(결의권을 가짐)
- 해당 커뮤니티 구역을 선거구로 하는 시(市)의회 의원도 위원이 된다. (결정권 없음)

(5) 주요 활동

- 커뮤니티 과제 검토・커뮤니티 내의 시(市) 현황보고 등
- 지역개발・토지이용계획・용지지정
- 예산과정에 참가・기획

(6) 활동에 관한 행정과의 관계

① 기술적 지원

- 오리엔테이션

시장실 커뮤니티 지원과와 각 행정구역 장은 공동개최를 통해, 4월부터 6월에 걸쳐서 새로 커뮤니티 위원으로 임명된 사람에게 오리엔테이션을 실시하고, 시 자치헌장에 규정된 위원의 책임, 커뮤니티 위원회의 조직구조와 운영수단, 토지이용계획의 기획입안 및 검증 방법 등에 대한 연수를 실시하였다.

- 워크샵

시장실 커뮤니티 지원과에서는 커뮤니티 위원을 대상으로 시(市)의 관계

부처[행정관리예산실(OMB) 등]의 협력을 얻어, 회의운영, 이해조정, 시예산 방식 등의 주제에 대해서 자료를 제공한다거나 워크샵을 개최하고 있다.

② 재정적 지원

· 운영조성금

각 커뮤니티 위원회의 활동재원의 근원이 되는 운영조성금을 교부한다.

(7) 활동재원

활동 경비는 모두 시에서 나오는 기부금으로 조달하고 있다. 독자적인 재원은 극히 예외적인 것을 제외하면 없다.

(8) 커뮤니티 · 규칙 책정에 대한 현황과 필요성

시민생활에 관한 규칙 제정권은 모두 시(市)에서 유보하고 있어서 커뮤니티 위원회가 독자적으로 결정할 수는 없지만, 시(市)의 관계 각 부처에게 필요한 규칙의 책정 · 개폐(改廢)에 대해서 제언을 하는 등, 위원회의 기본적 기능으로서 실시하고 있다.

2. 영국 주민자치회(parish)의 역사적 경위

1) 배 경

런던 등의 대도시 이외의 영국에 있는 지방자치단체의 구조는 county 및 district라는 2층제로 되어 있는 지역과, 단일제(unitary) 1층제로 이뤄진 지역이 섞여 있다. 이들 자치단체는 주민에게 다양한 서비스를 제공하는 중요한 자치단체로서 자리매김하고 있는데, 이것 이외에도 잉글랜드 및 웨일스에는 parish 혹은 town council 등이라 불리는 자치조직이 있다. parish 등은 서비스공급에 관한 큰 권한을 갖고 있지 않지만, 주민의 가장 가까운 자치단체로서, 지역의 민주주의를 실현하는 데 있어서 중요한 역할을 담당하고 있다. parish는 본래 교구(하나의 교회 및 한 명의 신부가 있는 구역)를 의미하는 포교와 종교상의 감독을 목적으로 한 구역으로서, 8세기부터 존재하고 있었다고 하는데, 16세기경부터 빈민구제, 도로관리, 치안유지 등의 지방자치단체로서의 역할을 담당하게 되었다. 17세기 초반에는 구빈법(救貧法)을 통해 parish에 빈민감독권이 주어지고, 교구위원의 협력을 얻어, 구빈세를 징수하고, 구제사업을 실시하였다. 그러나 산업혁명으로 인해 대도시로 인구가 유출되고, 빈부의 차가 커지는 등 사회가 변화되면서 중앙정부가 주도하는 대규모 사회정책이 요구되게 되었다. 또, 1888년 지방자치법으로 잉글랜드 및 웨일스에 county가 설치되면서, parish는 주요 자치단체로서의 역할을 서서히 잃어갔다.

그 후, 1892년에 정권에 복귀한 자유당의 William Ewart Gladstone 내각에 의해 그동안 parish가 해왔던 역할에 대해 재평가가 이루어지면서, 그 재생·진흥을 목적으로 한 1894년 지방자치법이 제정되었다. 이 법률은 보통 parish법(Parish Act)으로 불리며, 이 법률에는 parish의 기본적인 구조·조직에 대해서 규정되어 있다. 제1은 몇 개의 parish는 urban district council이라고도 불리는 기초자치단체였다. 제2는 1894년 시점으로 인구가 300명을 넘는 parish는 parish의회(parish council)를 설치해야하는 의무가 지워졌으며, 그 이외의 parish에는 기본적으로 주민총회(parish meeting)를 설치하도록 하였다. 제3은 parish의 종교적인 역할은 교구회(vestry)가 담당하게 되었으므로, parish의회 및 주민총회는 행정적 기능·권한만을 갖는 것으로 하여 행정과 종교를 분리하였다.

1972년 지방자치법은 지방자치단체의 구조·조직에 큰 변혁을 가져왔다. 우선 이 법률로 인해 인구가 150명이 넘는 parish에게는 의회를 설치해야할 의무가 생겼으며, 잉글랜드 parish는 그대로 parish로서 존속하게 되었고, 웨일스에는 community council을 설치하고 parish가 갖고 있던 기능·권리를 community council로 이동하였다. 또, urban district council이나 rural district council 등의 기초적인 자치단체가 district로 일체화되는 과정에서 rural district 또는 버로우(borough)라고 불리는 소자치단체가 parish로서 존속할 수 있게 되었다.

2009년도 현재, 잉글랜드에는 10,000개 이상의 parish가 존재하며, 그 인구는 적은 곳은 10명 정도이지만, 3만 명이 넘는 곳도 있으며, 그 역할도 다양해졌다. 또 parish의 80%가 군(郡)에 설치되어 있으며, 법에 따라 런던 및 대도시권 district 내에는 parish를 설립할 수 없다.

parish의 주요 역할은 주민 서비스를 실시하는 것보다는 주민의 의견을 모으고, county에 제언하는 것이라 할 수 있다. 현재, 민주적인 자치단체 운영방식을 중시하고, 행정에 주민이 참가하도록 한 블레어 정권 이래 parish의 기능·역할이 재검토되면서 과거 5년 사이 100개 이상의 새로운 parish가 설치되었다.

2) parish의 개요

(1) 지역 및 그 설정 절차

parish는 크게 종교교구에서 유래한 것(작은 parish에 많음)과 1972년 지방자치법에 따라 소규모 자치단체가 합병(district council이라고 함)되면서 구(舊) 자치단체의 구역에서 창설된 것(큰 parish, town council로 불리는 것이 많음)으로 구분된다. 구역 설정은 각 parish의 설치경위가 어떤 것인가에 따라 정해진다. 즉, 기본적으로 구역설정은 구(舊) 교구 또는 구(舊) 시(市)의 구역으로 이루어져 있다. 또, 새로운 parish는 아래와 같은 방법으로 설치된다.

① 내무부장관의 지시에 따라 설치가 결정되는 방법

② district 등 지방자치단체의 신청에 근거하여, 국무대신이 설치를 결정하는 방법

③ 250명 이상의 주민이 한 서명에 근거하여 지방자치단체가 신청하고, 국무대신이 설치를 결정하는 방법

(2) 구성 요건

parish는 앞에서 말한 대로 기초적인 자치단체 내에 존재하는 '자치단체'이므로, parish를 구성하는 것은 주민이다. parish에는 parish의회(parish council)와 주민총회(parish meeting)가 있다. 원칙적으로 의회는 설치되도록 되어 있다. 단, 인구가 150명 이하인 경우에는 필수조건이 아니다. 현재, 잉글랜드에 있는 80%의 parish에는 parish의회가 설치되어 있다. 의원수는 5명이 넘어야하며, 선거권은 18세 이상의 선거인등록자, 피선거권은 21세이상이고, 임기는 4년이다. parish의회는 연 1회의 정례회와 그 이외에 연 3회의 의회를 개최하도록 되어 있다. 주민총회는 연 1회, 3~6월 사이에 개최하도록 되어있다.

(3) 조 직

parish에는 상근직원(clerk)이 있다. 의원은 무급이지만, 직원은 유급이다. 작은 규모의 parish는 비상근 직원인 경우가 많고, 1명의 직원이 여러 개의 parish 직원으로 근무하는 경우도 있다. parish 직원이 하는 일은 parish의회를 운영하는 것이다. 의안, 의사록 작성, 의결사항의 집행, 회계, 시설관

리, 의원에 대한 조언, 주민이나 외부에 대한 정보제공 등 여러 분야에 걸쳐 있다.

(4) 주요 활동

parish는 기초자치단체 내에 위치하는 더욱 작은 단위의 자치단체이다. 따라서 parish가 하는 기능은 자치단체의 활동으로서 이해할 수 있을 것이다. parish의 활동은 시민농원, 목욕탕, 세탁소, 시민수영장, 묘지, 화장터, 시체안치소, 검사실(檢死室), 공공 시계, 주민집회장, 운동장, 체육시설, 보트 호수 제공, 버스정류장 제공 및 유지관리, 공원, 자전거공원, 시체안치소 등의 이용규칙 제정, 호수나 배수구 관리, 레크레이션를 위한 장소나 공터(open space)를 위한 토지 매입, 전쟁기념시설의 유지관리를 들 수 있다. 이 중에서 어떤 것을 할지는 parish 자신이 결정한다.

또 parish의 기능과 권한 가운데, 중요하다고 인정되는 것은 1972년 지방자치단체법의 137장에 근거한, 도시계획에 대한 협의이다. 즉, 기초자치단체가 건축, 개발을 허가하기 전에 해당지역의 parish와 사전에 협의를 거치도록 하였다. 1972년 지방자치법 이전에도 기초자치단체는 parish와 상담을 하였는데, 이 법 이후에는 parish의 가장 중요한 기능으로서 도시계획에 대한 관여를 들 수 있게 되었다.

(5) parish의 전국조직

parish는 전국조직을 가지며, 그 회장, 부회장, 이사장으로서 전국의원의 뜻을 받아들여, 법률제정에 있어서 영향력을 행사할 수 있다. 즉, 전국조직에 기초한 법안을 국회의원을 경유하여 국회에 제출하여 법률을 제정하도록 하는 방법이다. 또, 정부가 제출한 법안에 대해서 parish가 전국조직을 통해 수정안을 제출하는 경우도 있다.

(6) 활동재원

parish는 과세권을 갖고 있지만, 지방세는 과세단체(billing authority)인 district council, unitary authority 등이 일괄해서 징수하고 있다. 이 때문에 parish는 precept라고 불리는 방법으로, 매년 필요한 예산액을 과세단체에 보고한다. 보고를 받은 과세단체는 지정기일까지 해당예산액을 parish에게 지불하도록 법률상 규정되어 있다. 환경・운수・지역 성(省)(당시)이 실시한 조사결과에 따르면, 잉글랜드에 있는 parish 전세입금액의 약 70%가 precept로 조달되었다.

이 이외의 주된 활동재원은 레크레이션 시설, 주차장 등의 운영을 통해 얻은 요금수입(11%), village·hall 또는 커뮤니티 센터라고 불리는 시설의 대여료 수입(5%), 시민농원 등의 임대료 수입(3%) 등이다.

(7) 커뮤니티·규칙제정 현황

parish 조직 내부에는 지역주민에 대한 접근법, 의무수행상의 유의사항 등을 적은 직원 규칙, parish가 관리·운영하는 시설을 지역주민이 이용하는 경우에 필요한 절차 및 유의사항을 규정한 규약 등을 지닌 parish는 많이 있지만, 지역주민 스스로가 자주적으로 커뮤니티 규칙을 규정한 사례는 전체적으로 적다.

(8) 활동상의 문제점

첫째, 의사결정과정에 주민이 참가하려는 의욕이 저조하다는 것이다. parish의회 및 주민총회[자세한 내용은 본 장 2) parish의 개요 (2) 구성 요건을 참조]는 기본적으로 지역주민에게 개방되어 있으며, 특히 주민총회는 지역주민이 의견을 서술하고, 질문을 하는 것이 인정되어 있지만, 주민의 이해관계에 직접영향을 주는 중요한 주제가 없는 한, 참가자가 적은 것이 현 상황이다. 이 경향은 1972년 지방자치법으로 인해 소규모 자치단체가 합병되면서 구(舊) 자치단체구역에 설치되었던 대규모 parish에서 비교적 현저하게 나타난다.

둘째는 규모가 큰 parish의 특징인데, 조직내부의 관리적 의무가 차지하는 비율이 높고, 지역주민의 요구를 실제로 조사·흡수하거나 커뮤니티에 직접 관련된 사업을 실시하는 중요한 기능을 충분히 할 수 없는 경우가 있다.

셋째, parish 의원 중에 county 또는 district 등의 자치단체의원을 겸하는 경우가 많고, 지방자치단체활동 및 직업을 겸하고 있기 때문에, parish 의원활동에 충분히 시간을 할애하기 어렵다는 문제점이다.

마지막으로 지방자치단체와의 관련성에 대한 것인데, parish가 실시하는 사업에는 예를 들면 district와 중복되거나 경합해야 하는 경우가 있어서, 이런 경우에는 양자가 충분한 협력관계를 구축할 수 없다는 문제점이 있다.

3) parish가 없는 Birmingham 시의 사례

Birmingham 시(市)에서는 지역주민의 요구에 맞는 서비스를 제공하여 모든 시민 생활의 질을 향상시키려는 목적으로, 1998년부터 Lila(Local Involvement, Local Action의 약칭)라 불리는 정책을 실시하고 있다. 이 정책은 과거의 Birmingham 시(市)에서 실시한 정책에 대해서 지역주민이 무관심했다는 것과 행정 서비스도 지역주민이 적극적으로 참여·기획하는 틀을 만들지 못했다는 반성을 근거로 하여, 무엇보다도 지역주민의 관여를 촉진하는 것에 주안점을 두었으며, 주요 목적은 다음과 같다.

① 커뮤니티에 큰 역할을 부여한다.

② 시 당국과 시민 사이에 새로운 파트너십을 확립한다.

③ Birmingham 시(市)의 정책 전반에 대한 지역주민의 영향력을 높인다.

Birmingham 시(市)에는 39개의 선거구 위원회(ward committee)가 있으며, 지역을 기반으로 하여 선출된 시의회의원 3명이 선거구 위원회의 의원이다. 각 선거구 위원회는 연간 8만 파운드의 예산이 주어지며, 자주적인 판단을 바탕으로 하여 가로등의 개선, 선거구의회(ward conference)의 개최, 범죄예방을 위한 계발활동, 텔레비전·세탁기 등의 조대(粗大)쓰레기 등의 사업을 실시하고 있다. 각각의 사업예산 자체는 적은 액수이지만, 앞에서 말한 대로 지역주민의 의식을 개혁하고, 시정전반에 대해 적극적으로 관여하도록 한다는 의미에서 효과가 매우 크다고 birmingham 시(市)에서는 평가하고 있다.

이 정책을 효과적으로 추진하기 위해서는 각 구마다 1명씩의 ward support officer라고 불리는 직원을 두어, 항상 지역주민과 각 담당 부처 사이를 연결·조정하고 있다.

이와 같이 parish가 없는 지역의 지방자치단체 중에는 지역주민과 밀착된 행정을 실시하기 위해, 종적 관계 행정으로 인한 폐해를 피하기 위해서 특정지역의 커뮤니티 문제에 대해서 전반적으로 다루는 전임직원을 배치하는 경우도 있다.

4) 영국의 근린 거버넌스[10]

최근 Lowndes and Sullivan(2008)은 영국의 사례로 <표 11-5>에 나타난 것과 같이, 네 가지 근린거버넌스 유형을 제시한다. 이상형인 이들 유형

10) 곽현근(2012),「영국의 근린 거버넌스」(한국지방행정연구원, 2012. 3월호).

들은 근린역량강화(neighbourhood empowerment), 근린정부(neighbourhood government), 근린관리(neighbourhood management), 근린파트너십(neighbourhood partnership)을 포함한다. 각 모형은 '왜 근린이 거버넌스를 위한 적절한 초점이 되는가?'와 관련하여 시민적, 사회적, 정치적, 경제적 측면에서 서로 다른 원리를 반영한다.

첫째, 근린역량강화모형은 '시민원리'(civic principle)에 기반을 두고 있다. 시민원리는 일상생활에서의 근접성 때문에 근린단위 참여제도를 통해 시민들이 가장 효과적으로 참여할 수 있음을 강조한다. 참여민주주의 관점을 반영하면서 근린수준에서의 참여와 '발언(voice)'이 시민들 스스로 공공선을 인식하고 지역사회 요구를 결집하고 표출하며 달성하는 데 기여한다고 본다. 중요한 리더십 역할은 시민과 지역사회 참여를 활성화하고, 촉진하는 것이다. 제도적으로 주민상담, 포럼, 근린서비스의 공동생산과 같은 근린수준의 다양하고 광범위한 참여 장치의 형태를 취한다.

둘째, 근린정부모형은 '정치적 원리'를 적용하는 것으로서, 주민욕구에 좀 더 잘 반응하고 책임질 수 있도록 공식적 대의의사결정 구조를 근린수준에 도입하는 데 초점을 둔다. 근린정부모형은 시민의 직접 역량강화보다는 특정 지역의 하위수준에서 선출직 공직자(정치인)들의 권한과 책임의 확대를

〈표 11-5〉 근린거버넌스 유형

	근린역량강화	근린정부	근린파트너십	근린관리
	시민적(civic)	정치적	사회적	경제적
기본원리	직접적 시민참여와 지역사회 관여를 위한 기회	접근성, 의사결정의 책임성과 반응성의 향상; 선출직 공직자들의 향상된 역할	서비스전달에 대한 총체적(holistic)·시민중심적 접근; 시민을 중심으로 서비스를 설계하는 것	지역서비스전달의 효율성과 효과성에 대한 초점
주요목표	적극적 시민과 응집된 지역사회	대응성을 보여주는 책임 있는 의사결정	시민후생(well being)과 재생	효과적 지역서비스전달
민주주의 형태	참여민주주의	대의민주주의	이해관계자 민주주의	시장민주주의
시민역할	시민: 발언(voice)	선출자: 투표	파트너: 충성	소비자: 선택
리더십 역할	주도자(animateur), 촉진자(enabler)	의원(councillor), 소시장(mini-mayor)	중개인(broker), 의장(chair)	기업가(entrepreneur), 감독자(director)
제도유형 (영국)	포럼, 공동생산	타운의회(town councils), 지역위원회(area committees)	서비스위원회, 소규모 전략적 파트너십(LSP)	계약, 헌장

자료: Lowndes and Sullivan(2008: 62)과 Durose and Ricardson(2009: 34)을 통합함

강조한다. 근린정치의 근접성과 적실성은 선출직 공직자와 대의민주주의제도의 신뢰회복을 위한 중요한 기반이 되는 것으로 본다. 영국의 parish의회(parish council), 타운의회(town council), 지역위원회(area committee) 등이 근린정부모형의 제도적 장치로 분류된다.

셋째, 근린파트너십모형은 '사회적 원리'를 적용한 유형이다. 사회적 원리는 시민후생과 이해당사자 사이의 협력에 초점을 둔다. 근린파트너십은 지역사회 주도하에 공공부문, 민간부문, 자원봉사부문에 있는 서비스 공급자 또는 이해당사자들의 근린수준에서의 통합된 서비스를 강조한다. 근린파트너십은 다양한 이익집단의 대표들을 하나의 집합적 의사결정과정으로 묶는 체계로서의 '이해관계자 민주주의'(stakeholder democracy)를 강조한다. 근린파트너십에서 리더십 역할은 파트너들을 하나로 결집시킬 수 있는 중개인 또는 집합적 의사결정을 가능하게 만들고 합의의 부재 시에는 중재할 수 있는 의장(chair)의 역할이다. 대표적 제도적 장치로는 지역전략파트너십(Local Strategic Partnership: LSP) 등이 있다.[11]

넷째, 근린관리모형은 근린단위 공공서비스 생산과 관리를 통해 좀 더 효율적이고 효과적인 자원의 사용이 가능하다는 '경제적 원리'를 강조한다.[12] 근린관리는 시민의 역량강화보다는, 시민선택을 위한 다양한 대안을 만들어 내거나, 서비스헌장과 성과지표를 통해 대리적 시장정보를 제공하는 등 시민의 선택 메커니즘을 강조한다. 근린관리는 세금을 통해 서비스 가격을 지불하는 소비자로서의 시민선호에 충실해야한다는 '시장민주주의' 원칙을 반영한다. 근린관리의 리더십은 고객에 초점을 두고, 혁신적이며, 다양한 자원의 동원과 조정능력을 가진 기업가적 기술을 발휘할 것을 요구한다. 대표적 제도로는 취약동네를 대상으로 근린관리자를 임명하고 서비스에 대한 상당한 권한을 부여하는 근린관리시범사업(neighbourhood management Pathfinder)을 들 수 있다.[13]

---

11) LSP는 최일선 지역의 참여부재가 취약근린문제 극복의 가장 큰 장애라는 판단 아래, 하나의 지역적 조정역할을 위한 포괄적 틀 안에서 공공부문, 민간부문, 자원봉사부문, 그리고 지역사회부문이 함께 모여 문제해결을 모색하도록 만드는 제도이다. 보통 지방정부, 지방보건당국 및 교육기관, 경찰서 및 지역사회 대표들이 참석하게 된다. LSP는 기초자치단체 관할구역(local authority area)에 공존하는 것이 일반적이다.

12) 예를 들면, 취약동네의 경우 복합적 문제 해결을 위해 필요한 다양한 전문서비스들을 통합적으로 생산하는 것이 가능하게 됨으로써 '범위의 경제'(economies of scope)를 기대할 수 있다.

13) 근린관리자는 지정된 지역 안에서 주민들의 우선순위와 고객욕구에 맞춰 다

3. 프랑스 커뮤니티 형성의 역사적 경위

1) 배 경

카톨릭 교도가 대부분을 차지하는 프랑스에서는 기본적으로 교회를 중심으로 지역수준의 공동체(커뮤니티)가 형성되었으며, 주민은 교회를 통해 사회봉사활동에 참가하였다. 현재, 기초 수준의 지방자치단위인 '코뮌(commune)'도, 본래는 교회의 교구에서 유래한다. 공적인 행정주체로서의 commune은 일본에 있어서는 시정촌(市町村)에 해당하는데, 그 수는 약 3만 6천에 이른다. commune의 인구규모는 매우 작은데, 오히려 대부분의 commune은 일본의 쵸나이카이(町內會), 자치회 정도의 규모이다. 프랑스에서는 세속적 권력에 의해 제도적인 커뮤니티 조직이 만들어진 사례는 제2차 세계 대전 이전에 있어서는 거의 알려진 예가 없다. 오히려, 국가와 개인 사이에 어떠한 단체의 존재도 인정되지 않았던 시기가 있었다(1791년 르샤플리에법: Loile Chapelier).

다음은 지역에 있어서 주민생활의 문제에 대해서 주민 스스로가 활동하고, 또 행정에 대해서 제언을 하는 조직이다.

2) 주민조직의 종류

(1) 협회(association)

association(비영리단체로서의 협회)는 1901년 association법에 의해 제도적인 틀이 주어진 법인격을 가진 단체로, "여러 사람이 이익의 배당을 목적으로 하지 않고, 공통의 지식, 가치관 및 활동 목적을 가지며, 협정에 따라서 항상 집결하는 단체"를 의미한다. 따라서 모든 association이 주민생활에 대한 문제를 다루고, 행정에 대한 제언을 실시하는 것이 아니다. 다시 말해, 적어도 그것이 필수 조건은 아닌 것이다. 또, 활동 내용이 구성원들의 거주 '지역'과 항상 관련되어 있는 것도 아니다. 예를 들면, 맨션에 사는 주민의 관리조합이나 보죠레 누보 애호가의 모임 등, association은 공통의 관심을 갖는 개인이 있으면 어떠한 목적으로든 결합하고, 활동할 수 있게 하는 제

양한 서비스전달자와 서비스수준의 합의를 도출하고, 서비스를 조정하며, 새로운 서비스를 실험하기 위하여 주류서비스 공급기관으로부터 자금을 유치하기도 하고, 성공적인 실험결과를 주류사업에 반영하고 정착시킬 수 있도록 주류서비스 공급기관에 영향력을 행사하는 역할을 맡게 된다.

도이다.

그렇지만, association 중에는 지역의 미화 및 녹화, 지역 청소년에 대한 문제 등을 다루는 단체도 있으며, 그 활동 목적에 따라서는 지역의 문제를 생각하는 조직이 될 수 있다. 또, 지금은 association이 직접 행정에 대해 제언하는 경우보다 아래의 지구위원회, CICA, 지구평의회에 참가하여, 그 구성원으로서 활동하는 경우가 더 많다.

(2) 지구위원회(comité de quartier)

프랑스에는, commune 전체에 대한 것보다는 좁은 지역인 지구의 문제에 대해 주민이 참가하여 다루는 조직으로서, 비교적 오랜 역사를 지닌 지구위원회가 있다. 대부분의 commune에서 주민생활 가운데 발생하는 문제에 대해 서로 이야기하기 때문에, 지구위원회가 임의적으로 설립되고, 주민생활에 관계된 문제를 주제로 하는 association에 참가한다. 또 지구위원회가 모여 설립된 지구연합(union des comités de quartiers) 등이 있다. 대부분의 경우, 지구위원회 자체가 1901년 association법에 따라 법인격을 취득하고 있다. 지구위원회는 주민과 commune행정 사이를 중개하고, 행정과 협의하는 단체로서, 본래 정치적으로는 중립적인 단체이다.

지구 위원회는 원칙적으로 행정상의 공적 업무를 실시하는 단체는 아니다. 몇 개의 commune의 공공 업무를 수탁하여 보수를 받는 경우가 있다. 종종 association이 지구위원회를 중심으로 그룹화하여, 활동분야별 작업부회를 만든다. 공적 업무로는 살 곳이 없는 사람들, 가난한 사람들을 지원하는 활동이 있으며, 사람들에게 수프를 나누어 주는 등의 활동을 전개하고 있다.

이 전국조직으로서 CARNACQ(carrefour national associations d'habitants et des comités de quartiers = 주민조직 · 지구위원회전국교류회)가 존재한다.

(3) CICA[제안과 자문에 관한 구(區)위원회]

법제화된 주민조직은, PLM법(1982년 12월 31일 법, 이른바 "대도시법")에 근거하여, 파리, 리옹, 마르세유 등의 3대도시 각 구에 설치된 CICA (comité d'initiative et de consultation d'arrondissement = 제안과 자문에 관한 구(區)위원회)가 있다. CICA는 지방자치종합법전 L. 제2511조의 24에 규정되어 있으며, 지역 association 및 association 연합체 등을 대표하여 행정당국에게 제안을 실시한다. CICA가 발족한 이래, association은 CICA에 참가하고, 적어도 1년에 4회, 구(區)[arrondissement: 3대도시에 설치된 구(區), 구장(區長) 및 구의회가 있는데, 그 자체는 법인격이 아니며, 어디까지나 commune의 내부적인 구분이다]에서 자신들의 활동분야에 관한 문제에 대해서 발언하고, 제안할 수 있는 구(區)와의 대화의 기회가 생긴 것이다.

예전부터 association과 행정이 대화할 수 있도록 한 몇 개의 구(區)가 있긴 했지만, 이제 법률로 이것이 일반화된 것이다. 시(市)에서는 association의 의견을 듣기만 한다는 의견도 있지만, 이전보다 주민의 참가가 한걸음 더 진전되었다고 말할 수 있을 것이다.

(4) 지구평의회(conseil de quartier)

또, 지역에 관한 위원회로서 새로이 규정되었으며, 앞으로 그 전개가 주목되는 것으로 지구평의회가 있다. 2002년에 이른바 "가까운 민주주의에 관한 법률"(Loi Relative á la Democratie de Proximité)에 따라 제정된 지방자치종합법전 L.2143-1조로 인해 인구 80,000명 이상인 commune의 경우 지구평의회를 설치하도록 의무화되었다(20,000명~79,999명의 commune의 경우에는 임의적으로 설치).

commune의회가 지구평의회의 구성원을 지명하고, 또 지구평의회의 조직 및 규칙을 제정하도록 하고 있다. 지구 평의회는 기초자치단체장으로 자문을 받고, 지구 및 commune의 정책의 방향성을 결정할 때, 지구에 관련된 사업의 계획, 실행 및 평가에 관해, 의견을 서술하도록 되어 있다.

지구위원회와 지구평의회의 차이점은 지구위원회는 commune과의 법적 연결이 없는 중개자이지만, 지구평의회의 평의원은 commune에 의해 임명된다는 것이다. 또한 이 지구평의회 내에서 활발하게 활동하고 있는 것은 과거부터 주민조직(CICA, 지구위원회 등)에 참가하여 지역의 실태를 파악하고 있는 association이다.

3) 지구평의회(conseil de quartier)운영사례

상기 주민조직들 가운데 가장 전형적이고 활발한 지구평의회를 좀 더 자세히 살펴보면 다음과 같다.

(1) 구역 및 그 설정 근거

구역은 commune의회가 결정한다(지방자치법 종합 법전 L. 제2143조의 1).

인구 80,000명 이상인 commune은 필수지만, 20,000명~79,999명의 commune에 대해서는 commune이 임의적으로 설정할 수 있다. 또한, 설치할 때, 주민에게 의견을 묻는 경우도 있다.

> [예] 파리의 제15구 사례
> 제15구에는 22만 5천 명의 주민이 거주하고, 이것은 보르도시와 거의 같은 인구이다. 당초, 구장(區長)은 5개의 구역을 상정하였는데, 하나의 quartier가 4만 명이 되기 때문에, 주민의 의견에 따라 소교구(pároisse: 사제가 관할하는 단위교구)나 교육기관계 시설의 분포를 이용하여, 최종적으로 10개 지구가 설치되었다.

(2) 구성단체(커뮤니티를 구성하는 지연(地緣)조직)

지정된 commune의원, association의 대표자, 그 외 주민 대표자 등이다.

association은 공통의 관심을 가진 개인으로 설립된 조직이며, 대부분의 association은 지연과의 관계가 희박하여, 일반적으로 지연단체라고는 말하기 어렵다. 그렇지만, 일부 association은 지역의 녹화 등, 주민생활에 대한 관심에 근거하여 설정되어 활동하기 때문에 이들이 지구평의회에 참가하고 있다.

(3) 내부조직(커뮤니티 내부 부국 등)

commune의회가 구성원을 지명하고, 또 조직 및 규정을 정하도록 되어 있다. 또 기초자치단체장에게 지명된 commune위원이 대표가 된다.

지구평의회를 조직하는 절차에 대한 규정이 없기 때문에, 시장(maire, 코뮌의 장)의 판단에 따라 조직할 수 있다. 기초자치단체장은 일반적으로 평의원으로서 3가지 종류의 사람을 지명한다. 평의회는 일반적으로 다음과 같이 구성된다.

- 평의회의 의장으로 임명된 조역(조역은 일반적으로 의회의원 안에서 서로 선택되는데, 그 중에서 기초자치단체장이 선정하고, 의회가 승인한다) 및 그 이외의 commune의원
- association 대표자
- 그 외 지구 주민

또한 법률은 지구평의회 평의원으로 지명되는 의원은 commune 위원의 10%를 넘지 못하도록 하고 있다.

[예] 파리 제15구에는 총 52명의 평의원이 있다

- 기초자치단체장이 5명의 의원을 임명하였다(1명의 의원이 2개의 지구를 담당한다).
- 지구의 association에서 4명이 제비뽑기로 선택되었다.
- 자신의 의사로 입후보한 10명의 주민들 중 제비뽑기로 선정하였다.
- 그 외(또한, commune이 발행하는 신문에 입후보 신청서를 넣으며, 그 결과는 광고란에 게재한다)

(4) 주요 활동

활동기능은 지구에 관한 문제에 대해서 commune에게 제언하는 일, commune에서 요구한 자문에 대한 답신을 하는 것이다(지방차지종합법전 L. 제2143조의 1). commune이 정책의 방향성을 결정할 때, 지구에 관한 사업 계획·실행 및 평가에 관한 지구평의회의 의견을 듣도록 되어 있다. 예를 들면, 도시계획의 경우, 주민들로부터 계획에 대한 이의가 있을 때, 기초자치단체장에게 계획에 대한 수정을 요구한다(개정을 수행할 의무가 반드시 있는 것은 아니다).

[예] 파리 제15구 사례

3개월에 한번씩, 구의회에서 의견을 발표하고, 구(區) 당국과 대화를 한다. 이 중에는 몇 개의 자문위원회가 있어서, 도시개발, 교통, 정보, 사회문제에 대해서 각각의 자문위원회에서 다루고 있으며, 자신들의 의견을 구의회에 전달한다. 의제에 대해서는 당국이 선택하지만, commune 및 구(區)에서 정보를 공개하는 장이 되어주고 있다. 일반 주민은 발언권이 없지만, 의원을 만나서 말할 수 있다.

(5) 활동재원

commune이 지구평의회에게 보조금을 교부할 수 있지만(지방차지법전 L. 제2143조의 1), 법률에는 이에 대한 세부사항을 규정하고 있지 않아 현 시점에서는 그 구체적인 운용에 대해서 확실치 않다. commune은 보조금 외에, 활동에 필요한 장소[공공저가임대주택의 일실(一室) 등]을 무상대여하고, 또 활동에 필요한 정보를 제공할 수 있다.

또한 지구위원회에서는 이것이 association의 집합이기 때문에, association으로부터 회비를 받고 있다. 또, association은 의원으로부터 회비를 징수한다. association은 commune, 현, 주 또는 국가의 보조금 등의 여러 보조금을 받는 경우도 있다. 이들 지원에 대한 가부(可否)는 association이 시정(市政)에 대해서 어느 정도의 이점을 갖고 있는지, 즉, 공공적인 활동을 실시하고 있는지 아닌지에 달려있다.

(6) 커뮤니티 규칙 제정의 현황

지구평의회는 시당국과의 사이에서 지역에 관한 것을 협의하는 장이므로, 스스로 어떤 법률을 제정하는 기능을 갖고 있진 않다.

또 지구평의회를 비롯하여 이 장에서 다룬 조직은 행정에 대한 의견을 표명하는 장으로서 발달해왔는데, 커뮤니티로서의 일체성, 즉 주민전체의 유대관계를 강화하는 장으로서는 특별하게 기능하고 있지 않은 것 같다.

또한, 지구평의회와 commune 사이에 상호적인 계약인 기본협정이 체결되는 경우가 있다[예, 아미앙 시(市)].

(7) 문제점

association에서는 commune과 가능한 한 많은 대화를 하기 원하는 목소리가 있다. 기초자치단체장과 주민조직의 관계가 자문으로서의 성격에 머물러, 기초자치단체장이 계획한 것을 association에게 제시하는 것에만 그치는 것이 아니라, 기초자치단체장과 주민 사이에 이뤄지는 협의의 장(場)에 기초자치단체장이 담당하는 조역이나 사무직원, 기술직원이 함께 참가하여, 그 안에서 구체적으로 논의했으면 한다. 시민이나 association은 법률에 대한 전문가가 아니기 때문에, 주민만으로 만들어진 것은 의미가 없으며, 관계자 전체가 모여서 프로젝트를 만드는 편이 낫다는 의견이 있다.

(8) 과 제

주민들 측에서 commune의 기초자치단체장 및 행정당국[대도시의 구장(區長), 구(區) 행정당국을 포함한다]과의 협조성에 대한 필요성을 강조하고 있다.

(9) 행정의 역할

커뮤니티를 담당하는 행정조직은 그 형태가 정해져 있지 않다. 파리의 경우에는 association을 담당하는 조역 및 부국이 있으며, 그들이 association을 비롯한 주민 조직과의 협의 내용을 기초자치단체장 및 구장(區長)에게 전달하는 식의 구조로 되어 있다. 또 사회문제, 스포츠담당 조역 등이 있어서 개발 문제 대한 association과의 협의에서 대응하고 있다. 커뮤니티에 대한 행정적 지원은 지구위원회 또는 공적인 활동을 하는 association에게 보조금을 교부하거나, 공역주택의 일실(一室)을 무상으로 대여하거나 하는 사례가 있다.

4. 일본 지역사회

1) 배 경

일본 지역사회에서 관하여 논의하는 경우 대개의 논자들은 전통적 주민조직인 쵸나이카이(町內會)의 기능과 역할에 대해 사례연구를 통해 분석하는 것이 일반적이라고 할 수 있다. 그러나 일본의 지역사회에서의 주민조직의 역할을 주민참여라는 서구의 이론적 잣대로 보려고 하는 경우 전혀 다른 메카니즘이 있다는 사실에 직면하게 된다. 단순히 말하자면 서구의 주민참여는 시민사회가 형성된 후에 발달된 것으로서 이곳에서의 주민참여는 자신들의 이익극대화를 위한 것이라고 말할 수 있다. 이에 반하여 일본의 주민참여는 서구와 마찬가지로 그 모태를 전통적인 주민조직에서 찾을 수 있으나 이들은 자기 이익의 극대화보다는 자신의 희생을 전제로 한 주민참여를 하고 있다는 점에서 일본적 특성이라고 아니할 수 없다. 이들 주민조직의 구성원들은 행정의 협력자로서 혹은 대변자로서 행정활동을 하고 동시에 주민의 의견을 수렴하여 행정에 전달하는 기능을 수행하고 있는 것이다. 따라서 일본의 행정은 적은 인원의 주민조직을 準행정기관과 같이 이용하여 행정의 생산성을 높이고 있으며 정책침투의 용이함을 동시에 얻고 있는 것이다(임승빈, 1997: 64).

따라서 일본의 지역사회에서는 주민-주민조직-행정의 3자간의 관계를 매개시켜주는 지역사회의 조직은 준행정기관적인 역할을 하는 것이 특색이다.

2) 메이지(明治) 국가형성시기의 주민조직 형성

현재의 쵸나이카이(町內會) 등 전통적인 인보조직(隣保組織)의 기원을 메이지(明治) 이전인 에도시기로 보는 논자도 있으나 국가의 지배체계의 하나로써 주민조직이 결성되기 시작하는 것은 메이지시기라고 할 수 있다. 메이지 21년(1888년) 공포된 「市制町村制理由書」에 따르면 지금의 기초자치단체인 市町村에게 자치를 보장하지 않고 국가의 집권적 통치체제의 일익을 담당하도록 하는 내용을 담고 있다. 이와 같은 지방개혁을 법률로써 공포하며 시행하는 가운데 쵸나이카이(町內會) 등 전통적인 인보조직(隣保組織)을 조직화하고 행정의 말단기능을 담당시켰던 것이다. 쵸나이카이(町內會) 등 전통적인 인보조직(隣保組織)의 간부에게는 명예직 공무원과 같은 직위와 권한을 주어 국가와 지역사회를 잇는 선으로써 활용했던 것이다. 예를 들어 정부가 '救護法', '軍人扶助法' 등 복지서비스를 행하는 경우 이들 주민조직의 간부에게 수혜자를 추천토록 하였으며 시혜를 주민조직을 통하여 베풀도록 하는 것이다. 메이지시기에 조직화되기 시작한 주민조직이 보다 적극적으로 국가지배체계의 일원으로써 활용되기 시작한 때는 1910년대의 쌀소동부터라고 할 수 있다.

3) 지역사회의 지배구조-쵸나이카이(町内会)

지역사회에서의 네트워크관계를 인구 100만 명 정도의 일본의 카나자와(金沢市)의 사례를 들어 살펴보도록 하겠다. 카나자와(金沢)市의 지역사회의 주민조직은 가장 작은 단위인 쵸카이(町会)-校下(町會聯合会)-복합생활거점지구-市정부라는 4층 구조를 가지고 있다. 校下(町會聯合会)는 카나자와(金沢市)의 특수한 형태라고 하나 다른 지역사회와 마찬가지로 公民館, 消防分團, 청년단, 부인회, 어린이회 등이 校下 단위로 조직되어 있는 것은 같다.

<표 11-6>에서도 나타나고 있듯이 62개 校下조직이 기초가 되는 것은 町会조직이라고 할 수 있다. 町会조직과 행정과의 관계는 주민자발적인 주

〈표 11-6〉 카나자와(金沢)시의 지역사회구조

見町会區長會聯合会	1
市町会聯合会	1
校下町会聯合会	62
町会	1,327
班(隣組)	11,346
세대수	125,149

민조직과는 다르다는 점이 특이하다고 할 수 있다(中川剛, 1993: 19).

4) 쵸나이카이(町内会) 조직과 행정과의 파트너십: 쿠마모토시의 사례

쿠마모토(熊本)시에서는 1965년도부터 쵸나이카이(町内会)가 제도화되었으며 2006년 4월 현재 726개의 쵸나이카이(町内会)가 있으며 전 세대의 90%에 해당되는 24만 세대가 가입되어 있다. 가입비용은 각 세대당 월 약 700~800엔 가량이며 다소의 차이가 있다. 무조건적인 가입의무가 있는 것은 아니나 독신세대 이외에는 대부분 가입하는 것이 자율적으로 지켜지고 있는 것은 일본의 타 지역과 같다. <표 11-7>은 일본의 2016년 3월 현재 인구 약 70만 명의 쿠마모토(熊本)시에 있는 앞서 언급한 전통적 인보(隣保)조직인 쵸나이카이(町内会)의 지역사회에서의 주요한 역할을 나타낸 것이다.

<표 11-7>을 통하여 알 수 있는 것은 전통적 인보(隣保)조직인 쵸나이카이(町内会)의 지역사회에서의 주요한 역할이 대부분 행정과의 접점이 되어 파트너 형태로 수행되고 있다는 점이다. 좀 오래된 자료이지만 다음의 <표 11-8>은 町内会에 위탁되고 있는 행정사무의 내용을 분류한 것이다.

<표 11-8>에서 보여지는 바와 같이 인구 100만 명 정도의 카나자와(金沢)시에 있는 町会(쵸카이)는 일반적으로 지역사회가 행하고 있는 일반 행정 업무를 담당하고 있어 준 행정기관과도 같은 역할을 하고 있다.

〈표 11-7〉 지역공동체에서의 쵸나이카이(町内会)의 역할

생활안전에 관한 역할	방재활동	자주방재활동, 재해대응
	방범활동	야간순찰, 방범등 설치·유지관리 등
	교통안전활동	교통안전지도, 교통안전운동 등
사회복지에 관한 역할	부조활동	독거노인 방문, 경로당 운영 등
	모금활동	적집자사모금, 연말연시 어려운 이웃 돕기
생활환경에 관한 역할	환경미화활동	청소, 쓰레기처리장 정리
	자원회수활동	폐품회수, 리사이클 운동 등
	보건위생활동	병해충구제, 헌혈운동 등
친목에 관한 역할	친목활동	각종스포츠대회 주최, 여름축제 개최 등
	문화활동	문화제, 광보지의 작성 등

자료: 쿠마모토(熊本)県, 쿠마모토(熊本)市 내부자료(2007).

〈표 11-8〉 町内会에 위탁되고 있는 행정사무의 내용

項目	쵸나이카이連合会에 위탁	쵸나이카이에 위탁	쵸나이카이 会長에 위탁	우송	신문에 넣음	기타
홍보지 배부	17	42	33	-	-	5
문서회람	15	42	34	3	-	4
징세증교부	2	7	8	48	-	5
자동차세증교부	2	7	7	47	-	5
국민건강 보험료증교부	2	7	7	48	-	5
국민연금보험료증교부	3	12	7	45	-	5
투표용지교부	3	7	11	60	-	3
선거공보교부	9	29	27	1	-	16
교통재해 공제사무	9	30	33	3	-	10
세대인구조사	2	10	15	2	-	8
약제 배부	4	26	12	-	-	15
정화조청소환리	-	1	-	3	-	7
쓰레기봉투판매	-	8	1	-	-	5

주) 琦玉現自治振興センタ-,『町内会・自治會とコミュニティ』市町村擔當課長앙케이트調査, '81年, p. 209.

〈표 11-9〉 카나자와 町会와 행정과의 사무 및 재정관계

사무내용	사무분담	재정분담	담당행정부서	비고
공중가로등의 설치	행정: 설치 町会: 유지관리	행정: 설치비용 町会: 전기료, 전구, 기구파손등 유지관리비	시민상담과	인사관여없음
주민집회소(코뮤니티센터) 건립	행정: 신・개축허가 町会: 신・개축	행정: 50%이내 보조 町会: 50%이상 부담	시민상담과	인사관여없음
코뮤니티활동용구	행정: 사무없음 町会: 구입	행정: 1/2 또는 1/3보조 町会: 잔액부담	시민상담과	인사관여없음
미화관계	행정: 청소구역지정 町会: 청소담당	행정: 장갑, 쓰레기봉투지급 町会: 없음	시민상담과	인사관여없음
除雪사무	행정: 제설구역지정 町会: 제설작업	행정: 제설기계구입 1/2보조 町会: 잔액부담	생활도로정비과	인사관여없음
私道정비	행정: 없음 町会: 개인업무	행정: 공공성이 높은 사도 80%보조, 그외 70%보조 町会: 개인이 잔액부담	생활도로정비과	인사관여없음
쓰레기수집	행정: 쓰레기수거 町会: 수거장관리	행정: 수거장관리도구 대여 町会: 수거장관리에 필요한 경비전액 행정에 요구	생활환경과	인사관여없음
자체방재관계	행정: 없음 町会: 자체방재계획수립	행정: 1/2 또는 3/4보조 町会: 잔액부담	관할소방서	인사관여없음

자료: 임승빈(1997c).

카나자와시에는 이들 1,327개 町会(쵸카이) 연합회인 카나자와(金沢)市町会聯合会가 있다.

제 5 절 주요국의 지방분권화 경향

1. 영 국

1888년 지방정부법(Local Act)에 의해서 본격적으로 시작된 영국의 지방자치 개혁은 61개 단층제 자치구(single-tier boroughs)를 창설하였고, 1889년에는 도의회(county councils)를 만들어 1966년 레드클리프(Redcliffe. Maud)경이 주재하는 왕립위원회(royal commission)의 개혁안이 나타나기까지 잉글랜드 지방에서는 단층제 도·자치구(county-borough) 중심으로 자치제도를 운영해왔다.

그러나 1980년대 이후 보수당정부가 시장경제원리를 기반으로 한 중앙정부 차원의 지방개혁이 이루어졌다고 본다면, 1997년에 집권한 토니 블레어(Tony Blair)의 노동당 정부가 추진중인 지방분권 개혁의 방향은 중앙정부

인물탐구

토니 블레어(Tony Blair): 1953.5.6~, 영국의 정치가

본명은 앤서니 찰스 린턴 블레어이고, 1953년 스코틀랜드 에든버러의 중산층 가정에서 태어났다. 아버지 레오 블레어는 당시 더럼대학의 교수이면서 변호사였다. 옥스퍼드대학교 법대 재학시절 보컬그룹의 리드싱어로 활동하기도 했던 블레어는 대학을 졸업하고 '어빈법률사무소'에서 변호사로 일하였다. 이 시절 함께 일하던 동료변호사 셰리 부스와 결혼해 2남 1녀를 두고 있다. '어빈법률사무소'의 소장이면서 노동당 중진이었던 앤드루 매케이 어빈에게 많은 영향을 받았던 블레어는 1979년 대처의 승리를 계기로 노동당에 입당하면서 정치에 입문했다. 1983년 노동당이 사상 최악의 참패를 당했던 총선에서 세지 필드의 하원의원에 당선되어 본격적인 직업정치인으로 출발했다. 그 후 노동당 예비내각에서 내무·법무·에너지·노동 장관을 두루 거치며 초고속 성공가도를 달리던 블레어는 1994년 최연소로 노동당 당수가 되었다. 당시 당수 경선은 노동당의 진로를 놓고, 전통적인 좌파노선을 고수하려는 보수파의 존 프레스코 후보와 노동당이 집권하기 위해서는 개혁과 변화된 노선이 필요하다며 '신노동당 정책'을 주창한 개혁파의 블레어가 대결을 벌였다. 경선에서 승리한 블레어는 1918년부터 노동당 정책의 대명사인 국유화 강령을 폐기하는 등의 노동당 개혁을 강하게 추진해 나갔다. 이 과정에서 당내의 보수파들은 블레어를 토리당(보수당의 옛이름)에 빗대어 '토리 블레어'라고 비꼬기도 하였으나, 영국 언론은 비전과 결단력, 강력한 카리스마를 겸비한 새시대의 지도자로 '영국의 케네디', '영국의 클린턴'이라고 극찬하기 시작했다. 결국 1997년 5월 1일 총선에서 집권 보수당에 압승을 거둠으로써 블레어는 1979년 보수당에게 정권을 내준 지 18년만에 노동당 출신의 총리, 20세기 최연소 총리가 되었다. 저서로는 블레어의 각종 연설문과 기고문을 엮은 ≪영국개혁 이렇게 한다≫(1998)가 있다.

는 재정보조금 제도 등을 통해 지방정부를 엄격히 통제하면서도 주민의 자유의사를 최대한 존중하는 것이었다. 그 예로써, 노동당 정부가 런던특별시(Greater London Authority: GLA)를 부활시키는 과정은 주민의 합의에 근거한 행정서비스의 결정 및 집행의 압축판으로 보인다.

이는 보수당 정부가 1986년에 시장경제원리에 입각해서 런던시 정부를 다른 6개 광역도시정부와 함께 폐지해 버린 이후에 다시 런던이 하나의 지방정부로 부활하게 된 것이다. 노동당 정부는 초광역적 차원에서 경제개발과 쇄신, 기획, 교통, 주택 및 문화 등을 책임질 지방자치단체가 필요하다고 판단, 런던특별시의 부활 문제를 주민투표에 부쳤다. 이 과정에서 중앙정부는 1997년 7월 '런던의 새 리더십(New Leadership for London)'이란 제목의 '자문 보고서(consultation paper)'를 공표, 주민들의 직선제를 부활시켰다.

중앙정부는 1,200여 건의 의견을 검토한 뒤 다음해에 백서(white paper)를 공표했고, 지난 '98년 5월 런던특별시부활에 대한 주민투표가 실시됐다. 그 결과 34.6%의 투표율에 72%가 지지, 2000년에 런던특별시가 다시 모습을 드러냈다. 런던특별시에 관한 자문문서와 백서에는 특히 주목할 만한 게 하나 더 있다. '민선 시장과 의회'라는 단어가 등장한 것이다. 영어로는 '민선(directly elected)'과 '의회(assembly)'로 쓴다. 지금까지 영국에서는 직선 '지방의회(council)'의 의원들이 호선으로 의장을 선출하면, 이 의장이 집행기관의 형식적인 수장을 겸하고 실질적인 업무는 공채된 사무총장이 처리해 왔다.

런던시뿐만 아니라 영국 지방정부의 형태는 전통적으로 기관통합형을 취했다. 그러나 기관통합형은 지방의회의 폐쇄성과 효율성 문제로 적지 않은 비판을 불렀다. 그래서 중앙정부는 지난 '98년부터 기관분리형 쪽으로 개혁을 진행하고 있다. 이에 따라 시장과 관련해서 '직선'이란 말이 나온 것이다. 중앙정부는 이런 일련의 개혁작업을 진행하면서 줄곧 '주민이 원할 경우', '주민의 요구에 따라'라는 표현을 강조하고 있다.

이와 같이 노동당 정부는 먼저 지방선거제도의 현대화 작업(지방의원의 일부 매년 선출방식, Open Register 익명 선거인명부제 등)과 함께 지방정부의 구성형태에 있어서 기존의 기관통합형을 탈피하여 직선단체장과 내각형, 내각수상과 내각형, 직선단체장과 CEO형 등 3가지를 자치단체가 선택할 수 있도록 2000년에 지방자치법을 개정하였다(행정자치부: 2000).

2001년 영국 공식통계에 따르면 5,878만 명의 인구 가운데 잉글랜드가 84%를 차지하고 있어, 노동당 정부는 잉글랜드를 중심으로 지방개혁의 박차를 가하고 있다. 지금까지 지방정부를 담당하여 왔던 중앙부처인 환경부와 교통 및 지방정부(DLTR: Department for Transport and Local Government and the Regions)를 2002년 5월 29일 기능별로 재편성하여 3개 부처로 나누었다. 새롭게 부수상실과 지방정부의 관련업무를 지원하기 위하여 중앙정부 소속 지역통합 지방행정청(Regional Government Offices)에게 주택, 지역계획, 지역재개발, 사회복지 등의 사무들을 책임지도록 하였다.

영국은 잉글랜드를 중심으로 인구와 경제가 집중되어 있으나 스코트랜드, 웨일즈, 북아일랜드 등의 지역정부에게도 많은 권한이양을 하고 있다. 1997년도에는 당시 노동당 정부가 주도해서 정치적 지방분권(Political decentralisation or devolution)으로, 스코틀랜드와 웨일즈의 지역정부에 '지역국회'(Regional Parliament)를 설치하였고, 중앙정부는 중앙행정 권한의 대폭적인 지방이양(transfer, deputing)을 추진하여 왔다. 동시에 사무배분 방식도 변화되었고, 성문헌법 수준에서 이루어질 수 있는 정치권의 이양을 포함한 국회의 입법권한까지 분권화 하는 차원으로 이행되었다. 특히 스코틀랜드 '지역국회'(Scottish Parliament)는 1998년 스코틀랜드법(Scottish Act) 제정으로, 국회(하원의회)의 배타적 권한인 국가 통치체제 구성에 관한 것(영국의 국회, 왕권 등), 외교문제와 유럽연합과의 관계, 중앙공무원, 국방, 세제제도, 경제제도, 화폐제도, 고용분야와 사회복지분야의 입법사항 등 국가주권적 통제와 운영에 속하는 국가사무 분야들을 사무권한 범위에서 제외한다면, 제한적 조세권을 포함하는 다른 권한들을 지역정부에게 더 많이 자치입법권을 행사할 수 있도록 법제화 하였다.

예를 들면, 1998년 스코틀랜드법에 국가사무와 지역정부 사무를 다음과 같이 구분하고 있다. 즉, 스코틀랜드 지역국회의 사무에 관한 권한을 명기하지 않은 대신, 영국 국회의 입법권으로 유보되어 있는 국가사무를 명기하고 있고(1998년 스코틀랜드법 Schedule 5), 스코틀랜드 지역의회가 자유재량적으로 관여할 수 없는 사무분야에 대해서도 제한적으로 규정하고 있다(1998년 스코틀랜드법 Schedule 4). 특히 지역정부의 자치입법권이 매우 강화되어 법률이 정한 범위 내에서 조례 제정과 자치입법권을 행사할 수 있으며, 이러한 원칙을 법률 범위 내에서 위반하지 않는 원칙인 '월권행위 금지원칙"(Ultra vires)을 준수하고 있다. 그리하여 지방정부가 제정한 조례는 최소한 1개월 간 게시(홍보)기간을 거쳐야 하고, 중앙관련부처 장관의 승인 받아 효력을 발생한다. 이 경우 법률에 반대되거나 그 의미하는 내용이 법률과의 관계에서 월권행위에 해당된다면 해당 중앙부처가 아닌, 조례에 대한 판결관리권을 가진 법원에 의해 무효 선언될 수 있다.

또한, 영국에서 지방정부 입법권은 지방정부 법률(local acts)과 조례(byelaws)의 두 가지 방식으로 구체화된다. 중앙정부와 지방정부 간 명백한 사무배분 조정과 분담이 법률로 규정되어 있어서 해당 관할구역 내에서의 사무수행을 위한 지방정부 법률 제정은 비교적 명확하게 규정되어 시행하고 있다.스코틀랜드는 Scottish legislation 또는 제2차 법률 secondary legislation, 북아일랜드는 Statutory Rules, 전체적으로는 스코틀랜드 지역정부의회 및 북아일랜드 지역정부의회가 통과시킨 지방정부 법률은 ACT로 명명하고 있다. 영국 지방정부가 영국 국회 법률에 근거하여 지방정부 행정구역에 적용하기 위해서 지방의회에서 제정한 자치법률(Scottish Act, delegated legislation, subordinate legislation, 또는 local laws in USA)과 국회가 제정한 법률 및 정부 시행령 등을 해당 지방정부의 관할 지역에 적용할 때 위임규정들을 제정한 '위임조례'인 byelaws[14] 등 크게 2가지 방식으로 자치법규가 제정 운영되고 있다.

그 밖에도 지방정부 법률의 하나인 위임조례(byelaw) 제정의 새로운 절차를 만들었다. 영국 정부는 2015년부터 조례(byelaws) 형식의 지방정부 법률 제정 절차를 좀 더 간소화하는 정부령을 상하원의회의 승인을 받아 제정 통과시켰다. 관련 정부법령(regulations)들은 2016년 2월에 제정되었다. 다만 이러한 정부법령들은 중앙부처의 하나인 지방정부 담당부처와 관련된 사항들에 대해서만 적용되고, 다른 중앙부처들에 관련되는 법령 사항들은 종전의 지방정부 분야에 적용되는 국회의 개별법률 제정 절차에 그대로 따른다. 2015년 새로운 조례 제정 절차에 따르면, 지방정부가 조례 형식의 지방정부 법률을 제정하고자 할 때에는 먼저 '조례제정 계획'('scheme')을 제출해야 한다. 이 제정계획안에는 규제부담에 관한 사전평가를 한 내용이 담겨야 한다. 뿐만 아니라 입법 시 예상되는 이해관계자들로부터의 의견 청취와 함께 이를 홈페이지와 지역의 공공장소에 게시하여야 한다.

스코틀랜드 지역정부는 중앙정부가 교부하는 보조금으로 전체예산의 90%를 충당하고 있으며, 스코틀랜드 지역 내에서 적용 가능한 '3% 내에서 소득세를 독자적으로 증감할 수 있도록 한, 세율변경권 등을 행사할 수 있도록 하였다. 이것도 현재에는 10% 수준에서 스코틀랜드 지역정부가 임의적으로 결정할 수 있도록 권한을 확대하였다.

14) 영국 국회 제정 Statutory Instruments 2016, 제165호: The Byelaws(Alternative Procedure) (England) Regulations, 2016.

2. 프 랑 스

프랑스의 지방자치는 1831년, 1837년에 기초자치단체(꼬뮨)법, 1833년, 1838년의 도(데파르트망) 자치단체법 등이 제정되었으며, 특히 제3공화국 시대인 1884년에 제정된 기초자치단체법(grande loi municipale)이 그 이후부터 지방정부 발전의 원동력으로 활용되었다. 20세기 이후인 1957년과 1977년 기초자치단체법으로 전환되었다. 1981년 사회주의적 이념을 대표하는 미테랑 대통령의 당선과 함께 프랑스 국회는 새로운 지방자치제도를 실시하면서 1982년 현재 근거가 되는 새로운 지방자치법(꼬뮨, 데파르트망, 레죵의 권리와 자유와 권리에 관한 법, loi relative aux droits et liberts des communes, des départements et des régions)을 제정하게 되었다. 이를 다시 1995년에 들어와 다른 관련법들을 모두 모아서 '법전'(Code) 형식으로 합본하여 새로운 조문 편제를 구성한 「통합지방자치법」으로 전환시킨 것이다.

프랑스의 경우에도 1981년 미테랑(François Mitterrand) 사회당정권 집권 이후 1982년 '코뮌 · 데파르트망 · 레지옹의 권리와 자유에 관한 법'과 1983년 '코뮌 · 데파르트망 · 레지옹 · 국가 간의 권한배분에 관한 법'을 제정하는 등 3~4년 동안 집중적으로 지방분권개혁에 몰두하여 소기의 성과를 거두었다.

분권법은 지방자치단체의 권리와 자유선언으로부터 출발하여 조직개혁, 권한배분, 재정개혁, 지방공무원제도개혁, 지방의회 및 지방의원에 관한 개혁 등을 주요 내용으로 다루고 있다(초의수: 2000).

① 조직개혁에서는 지방자치단체 대한 국가의 후견적 감독이 부정되고 사전통제 대신 사후적인 적법성 심사 및 레지옹회계원에 의한 재정상의 감독권만 행해진다. 지사제도는 폐지되고 새로운 의회의장이 행정의 주체로 되었다.

② 권한배분에서는 같은 분야에 속하는 권한을 일괄하여 지자체에 이관하고 권한배분에 적합한 행정수단의 이관을 실시했다(하지만 기대에 미치지 못하였다).

③ 재정개혁에서는 권한이양에 따르는 재정부담 증가분을 보상하기 위해 재원의 이양이 취해졌다.

④ 지방공무원제도개혁에서는 지방자치단체의 행정기구의 정비와 인재확보를 목적으로 하였다.

인물탐구

미테랑(François(-Maurice-Marie) Mitterrand): 1916.10~1996.1, 프랑스의 정치가

2차례(1981~95)에 걸쳐 프랑스 대통령으로 재임하면서 프랑스와 서유럽의 정치·경제적 통합을 추진했다. 사회당 출신으로는 최초로 대통령직에 올랐으나, 재임 초기에 사회주의 경제정책을 포기하고 자유주의 경제정책을 채택했다.

미테랑은 역장의 아들로 태어나 파리대학교에서 법학과 정치학을 공부했다. 1971년 사회당 제1서기로 선출되었으며 1974년 대통령선거에서는 패배했지만 1981년 실시된 대통령선거에서는 당시 현직 대통령인 발레리 지스카르 데스탱을 물리쳤다. 미테랑은 재임기간 동안 금융과 주요 산업체에 대한 국유화를 단행했으며 최저임금을 인상하고 사회보장의 혜택을 확대했다. 외교에 있어서는 소련에 상대적으로 강경한 자세를 견지하는 반면 미국과의 관계개선에 힘썼다. 미테랑의 사회주의 경제정책은 인플레이션의 심화와 기타 문제들을 야기했던 까닭에 1983년부터는 정부 지출을 삭감하기 시작했고, 첫 임기가 끝날 무렵 프랑스 사회당은 사실상 자유시장경제체제로 돌아섰다. 1986년 총선 결과 우익이 다수 의석을 점유하자 미테랑은 자크 시라크를 총리로 영입하게 되었다. 역사상 유례가 드문 권력분담이 이루어지는 가운데 미테랑은 대통령으로서 외교를 담당했다. 미테랑은 1988년 대통령선거에서 여유 있는 표차로 시라크를 압도하고 당내 온건파인 미셸 로카르를 총리로 기용해 집권 제2기를 맞게 되었다. 재임기간 동안 그는 유럽 통합을 촉진하고 프랑스 경제에 대한 독일의 비교우위에서 벗어나고자 적극적인 노력을 기울였다. 국내 문제에서는 그다지 성공을 거두지 못했는데, 특히 1993년까지 12%로 상승했던 실업률은 낮아지지 않았다. 사회당은 1993년 총선에서의 참담한 패배로 곤란을 겪었고, 미테랑은 집권 제2기의 마지막 2년을 에두아르 발라뒤르 총리하의 중도우파와 이른바 '동거정부'를 구성해야 하는 시련을 겪었다. 1995년 전립선암이 악화되어 임기 말년에 사임했다. 그는 프랑스 대통령 중에서 가장 오랜 기간동안 대통령직을 수행했다.

⑤ 지방의회 및 지방의원에 관한 개혁에서는 지방의원들의 무보수규정대신 일정보수 지불로 전환시키고 겸직을 가능하게 하였다(초의수: 2000). 2003년 3월에는 헌법수정을 통하여 "지방분권조직에 기초한 프랑스공화국"을 선언했으며, 지방정부의 주요정책에 대한 주민투표제를 의무화시켰다.

프랑스의 2003년 지방분권형 헌법개정은 2000년부터 3년여에 걸친 국민적 논의를 거쳐, 2003년 3월 17일 상-하원 합동총회를 열고 지방자치 관련 프랑스헌법 중에서 총 10개 조의 14개 조뮨들을 완전히 수정하였다. 이후 시행령, 관련법 등을 통해서 권한이양 방법을 구체화하여, 과거 제5공화국 헌법 제12장 <지방정부>편(제72조 3개 조문)을 대폭 개정해서 제1조 '지방분권 국가'임을 천명하고 함께 14개 조문을 바꾼 것이다. 헌법개정을 통해서 가장 확실하게 한 것은 크게 5가지 원칙을 헌법적 가치로 승화시킨 것인데 요약하면, 지방분권에 기초한 분권조직 국가의 원칙(제1조), 지방자치권(liberal administration)인 행·재정 자치권 보장원칙(제34조 3항 2문), 정부간관계 및 사무배분의 기본틀인 보충성 원칙(제72조 제2항), 지방분권제도의 다양한 제도 운영의 실험을 가능하도록 한 원칙(제72조 제4항), 자원운용 및 지출결정 자치권을 보장한 재정자치권(제72-2조) 등이다. 그 결과 중앙권한의 지방이양은 물론 약 12만 명 이상의 국가공무원이 지방공무원으로 전환되었고, 이와 같은 권한이양에 따른 재정지원을 충실하게 이행하여 지방자치권을 확대하였다. 또한 지방자치단체의 경우 조례의 법적 지위를 '행정입법'에 준하는 제2차 법률의 지위로 격상시키기도 하였다.

프랑스 지방정부의 조례 제정에 관한 헌법적 및 통합지방자치법전의 기준은 다음과 같이 강화되었다. 헌법 제72조에 근거한 지방정부에 부여된 자치입법권의 기준을 조례 제정 기준으로 적용하면, "법률이 규정한 조건에 따라서", 즉 "법률에 위반하지 않는 조건에서" 지방의회의 자율적 결정권한이 있는 것으로 해석된다. 2003년 수정헌법 이후에는 국회가 제정한 법률 아래 제2차 법규인 법규명령권의 지위(un pouvoir réglementaire, 제72조 3항)를 명확히 갖게 되었다. 통합지방자치법전에서 일반적으로 기초지방정부에 부여된 자치입법권의 조례 제정 기준은 법률규정 제2131-1조에서 "지방의회가 제정한 지방정부 법률적 행정행위들은(actes) 최고의결기관인 의회 및 집행기관에서 결정한 뒤 일반주민들에게 공표하거나 발간, 그리고 그 행정구역을 관할하는 국가의 지방대표(임명도지사, représentant de l'Etat) 등에게 통지 절차를 하고 나면 그 즉시 집행력을 가진다."고 규정하고 있다. 또한, 상위법 근거가 없을 경우 지방정부의 창의적 정책추진은 자치행정·조직권 보장에 근거한 자율적 정책으로 추진할 수 있다. 프랑스 헌법 제72조 제3항 자치행정 및 자치입법권 등의 근거 조항에 따라서 코르시카 섬 지역정부를 포함한 모든 지방정부의 경우는 이 헌법 조항에 근거하여 지방정부로서 자율적 정책집행 및 창의적 정책추진을 하고 있다고 할 것이다.

헌법 제72조제3항 조례의 행정입법권의 지위 확보

제72조③ 법률에서 정하는 바에 따라 지방정부는 선출된 지방의회를 통해 자율적으로 행정권을 행사하며, 그 권한을 행사하기 위한 법규입법권을 가진다.
Article 72③ Dans les conditions prévues par la loi, ces collectivités s'administrent librement par des conseils élus et disposent d'un pouvoir réglementaire pour l'exercice de leurs compétences.

이는 지방정부의 조례 제정 범위를 법률에서 정하는 바에 따라 지방정부(파리시 등)의 자치입법권(조례제정권)의 법적 지위를 격상시킨 결과가 되었다. 따라서 지방정부의 조례제정권은 법률이 정해준 조건 내에서, 즉 법률에 위반되지 않는 경우에는 창의적으로 정책추진이 가능한 자율적 결정권한이 있는 것으로 해석되고 있다. 이것이 법률 다음으로 법적 지위를 갖는 지방정부 조례로서 법규명령권(un pouvoir réglementaire, 제72조 3항)의 지위로 존재하도록 2003년 헌법개정에서 지방정부 자치권을 확실히 규정, 확대하였다.

다시 말하면, 대륙법계 국가의 대표인 프랑스는 지방정부로 하여금 자율적 입법권을 행사하되 국회에서 제정한 법률에 위반하지 말아야 한다는 조건을 규정하고 있으며("법률에서 정하는 바에 따라서..."), 이에 대해서는 국사원이 2012년 11월 15일 합법성에 관한 의견에서도 명확히 하고 있었다(avis 제387095호). 다시 말하면, 헌법 제34조에 근거하여 기본적으로 지방정부의 자치입법권은 법률에서 제정한 의도에 따라서 그 범위 내에서 집행권을 행사하기 위한 조례제정으로서의 법규명령권이라고 할 수 있다고 입법 범위를 규정하였다. 다만 헌법 제72조 제4항에서 "제도 실험"을 할 수 있다는 규정을 두고 있으므로, 이와 관련해서 완전히 창의적인 정책추진을 하고자 할 때에는 국회의 동의를 얻어서 시행할 수 있도록 하였다. 이는 단일국가로서의 국가적 통합성 유지를 위한 법체계의 엄격성을 기반으로 하고자 하기 때문이다. 여기에는 두 가지 해석이 존재한다. 법률에 위반하지 않아야 한다는 조건 하에서 지방정부의 조례제정 권한이 과거보다 확대되었다는 의미는, 중앙정부의 시행령과 동일한 법적 지위로 격상되었다는 것이며 이는 결과적으로 중앙정부 행정입법 체계의 범위 등과 동일하다고 할 것이다. 즉, 국회의 입법권 범위를 침해해서는 안 된다는 조건 하에서는 세부적인 법률 규정이 부족할 경우 법률에 저촉되지 않아야 한다는 조건 하에서 지방정부의 자율적인 입법권 행사가 가능하다는 점을 실무적으로는 활용하고 있다. 이러한 법률적 제한을 해결하기 위한 방안의 하나로, 현재 공식적으로는 프랑스 지방정부 중에서 지역정부의회(Conseil Regional)만이 법률안 제안권을 부여받고 있다(2015년 8월 7일 법, loi portant nouvelle organisation territoriale de la Republique). 이에 대해서는 통합지방자치법전 법률규정 제4221-1조에 명시되어 있다.

3. 이탈리아

1947년 12월 27일 헌법 제정 시 이미 5개 지역에 대한 특례를 인정하였다. 이후 15개 지역으로 권한을 확대하였다. 1963년도에는 시칠리아, 사르데냐를 포함한 20개의 지역정부가 헌법 제131조에 규정된 이후, '지역중심 국가모델'을 추진하면서 제1단계 지방분권화 정책으로 행정체제의 현대화 정책을 추진하였으며 행정적 연방체제(administrative federalism) 방식을 채택, 시행하였다. 이 정책은 헌법체계의 변화 없이, 새로운 행정체제를 구축하면서 행정기능의 대부분을 지역정부와 다른 지방정부에 이양하는 방식과 중앙정부의 행정조직을 이러한 이양체제에 맞추고, 국가의 지방행정체제도 변화를 가져오는 정책이다.[15] 1999년 11월 22일 헌법개정의 기초가 되는 수정법률 제1호로 지역정부의 특례적 지위를 완전히 헌법에 명문화하였고, 이어서 2001년 헌법개정에 의하여 헌법 제2부 5장(지역정부, 도정부, 기초정부)을 완전히 개정해서 국가와 지역정부간 관계 및 권한배분을 제도화하여 새로운 정부간관계를 구축하였다. 특히 5개 특별지위를 가진 지역정부는 다른 지역정부보다 차등적 권한을 부여받았다. 그럼에도 시칠리아 섬 자치헌법에 명시된 재정·세제 관련 특별 권한의 대부분이 재정부족 등으로 인하여 실제로는 2018년도 현재까지 완전하게 자율적으로 실현되지 못하는 상황이기 때문에 중앙정부와 지속적으로 갈등관계를 보이고 있다. 2001년 헌법개정에 의하여 헌법 제116조에서 특별지위의 지역정부와 보통의 지역정부로 구분했다.. 제117조에서는 보통지위의 지역정부가 가질 수 있는 입법권을 규정한 바 있고, 이러한 권한은 사실상 1970년 법률 제281호가 제정되면서 발효되기 시작하였다. 특별히 지역정부의 법적 권한을 확대하여, 헌법에 명시적으로 규정한 중앙정부의 권한 범위 이외의 권한은 지역정부에게 이차적인 책임과 권한을 갖게 함으로써 2차 입법권(secondary legislation)을 명문화하였다. 그에 따라 지역의 자치정부는 단일국가 내에서의 지역정부이지만 연방국가의 주정부와 유사한 지위를 가지게 된다(안영훈, 2005: 65). 이탈리아 헌법 제116조에서는 시칠리아(Sicilia), 사르데냐(Sardegna), 트렌티노 알토 아디제(Trentino-Alto Adige), 프리울리 베네치아 줄리아(Friuli-Venezia Giulia) 아오스타 계곡(Valle d'Aosta)의 지역에 자치의 형식과 조건들에 관한 특례를 인정한 특별지방정부들이다.

이탈리아 지역정부의회는 지역국회로서 지위와 입법권(Regional Statute)을 가지며 직접선거에 의하여 5년 임기로 지역정부의원들이 선출되는바, 지역을 구성하는 도 지방정부를 선거구로 하고, 80%가 정당비례제, 20% 1차 결선투표제로 선출한다. 국회에 입법권 제출권한이 있으며 지역정부의회가 과반수 이상의 의결로 지역정부 법률을 제개정 할 수 있음. 주요 지역정부

15) M. Alberto Lucarelli(2004), *Percorsi del regionalismo italiano*, Milan: Giuffrè Editore.

의회의 권한을 보면, 지역정부 및 도정부와 관련된 지역정부의 경계변경 등에 대하여 의견을 제시할 수 있고, 지역정부의 예산승인권, 예산항목 변경 및 결산승인권, 지역정부의 지역세금 총액결정권(지역정부 세입세출 승인 결정권), 집행기관 조직 승인권, 국가기능 담당 행정기관 설치 및 운영 승인권, 지역정부 차원의 공공사업 및 지역계획 승인, 지역정부 행정기관의 재정지원 등을 행사한다.

4. 일 본

일본의 지방분권개혁은 지방분권촉진법을 통해 개혁기간을 5년으로 한정하고 1999년 말까지 '분권형 사회'를 만들어 2000년대를 맞이하겠다는 급진적 개혁을 추진하였다.

이에 따라 일본은 1999년 7월 기관위임사무를 전면 폐지하는 것을 골자로 한 지방분권일괄법을 제정하여 475개의 법령을 일거에 개정할 수 있었다.

일본은 기관위임사무 중 54%를 자치사무로 이양했고, 39%를 지도사무와 유사한 법정수탁사무(法定受託事務)로 전환했다. 그리고 6%는 국가가 직접 수행하는 사무로 이관되었고, 나머지는 폐기되었다. 이런 결과는 좀더 획기적인 지방분권개혁을 기도했던 지방분권추진위원회의 당초 기대에는 미치지 못하는 것이었다. 지방분권추진위원회는 당초 기관위임사무 중 80%를 자치사무로 만들 복안이었으나 의견수렴과정에서 중앙관료들의 강한 반발을 고려하여 한 걸음 물러서 기관위임사무 중 60%를 자치사무로 전환할 것을 일본국회에 권고했던 것이다.

요 약

Arnstein은 주민참여를 "경제적 결정과정으로부터 배제되어 권력을 지니지 못한 주민들을 의도적으로 참여할 수 있게 하는 권력의 재분배, 즉 정보의 배분·목표와 정책의 형성·자원의 배분과 사업의 집행방법을 결정하는 과정에 참여하지 못한 사람들을 위한 전략"이라고 정의한 바 있다.

주민은 지방자치단체의 인적 구성요소로서, 지방자치단체의 구역 내에 주소가 있는 자는 그 자치단체의 주민이 된다. 지방자치단체의 모든 자치행정은 주민으로부터 출발하고 주민에게 귀착된다. 주민은 그가 속하는 지방자치단체가 제공하는 각종 행정서비스를 평등하게 받아들일 수 있는 권리가 있으며 지방자치단체가 적절하게 활용할 수 있도록 각종 의무를 부담해야 하는 사람들이다.

주민의 참여란 지역의 정치 행정과정에 영향을 미치거나 의견을 투입하려는 행위를 의미한다. 주민에 의한 시정 의정감시활동도 주민참여의 일환으로 포함된다.

지역사회가 성장하고 주민의식이 성숙될 경우 주민과 국가 지방정부 간에 적절한 권력배분에 기초한 역할 분담이 가능할 뿐 아니라 경제 활동 영역이나 사조직영역에까지 주민의 참여영역이 확장될 수 있음을 알 수 있다. 주민참여가 대의민주제의 경쟁자가 되기 위해서는 주민투표·주민발안·주민소환과 같은 직접민주제적 제도의 도입이 필요하나 이들 제도가 갖는 단점 등을 극복하고 역기능을 최소화하는 경제적이고 바람직한 주민참여 방안에 대한 연구가 필요하다. 또한 최근 성장한 자생적 시민단체의 활동방향을 보다 바람직하게 유도하는 것 또한 주민참여 활성화를 위한 과제라고 할 것이다.

주민은 일상생활과 관련하여 항상 자치기관과 밀접한 접촉관계를 가진다. 이러한 주민과 자치행정기관과의 접촉은 단순한 형식적인 법규나 제도에 의해서보다도 주민의 의식, 공무원의 가치관과 태도, 자치행정의 분위기와 풍토 등 지방자치 내지 국가헌정의 전반적인 전통과 문화에 의하여 그 실질이 결정되는 것이다.

지방자치에 있어서 주민은 주체적인 지위에 있기 때문에 이상적으로는 주민들이 자치행정을 적접 처리해 나가야 할 것이다. 그러나 오늘날과 같은 자치단체의 규모, 행정의 전문성 등의 사정 아래에서는 주민은 그 대표자를 통하여 자치행정을 간접적으로 운영해 나갈 수 밖에 없다. 특히 오늘날과 같은 대중사회에 있어서는 행정이 양적으로 방대하고 질적으로 복잡 다기하며 전문기술적이기 때문에 자치행정을 일부 능력있는 소수 엘리트들이 전담함으로써 일반 주민들은 이에 관하여 매우 무기력한 것이 숨길 수 없는 사실이다.

따라서 정치나 정책에 영향을 미치려면 힘의 원천이 있어야 하며 이러한 힘은 주민 간의 단결을 통해서 얻을 수 있으므로 주민조직은 주민참여의 기반으로서의 역할을 한다. 주민이 지방자치행정기관에 참여하는 경우 그 참여의 방법으로서는 주민 개개인이 개인적으로 참여하는 경우와 집단조직을 통하여 참여하는 경우의 두가지 방법을 생각할 수 있다. 이와 같은 경우에 집단조직을 주민조직이라 할 수 있다.

중 요 개 념

- 주민참여
- 엘리트이론
- 다원주의
- 직접민주제
- 시민단체
- 주민조직
- 전통적 주민조직
- 주민자치센터

예 제

1. 지역사회의 정의 및 의의에 대하여 논하시오.

2. 전통적 주민조직의 종류에 대하여 논하고 현대적 의미로 해석하시오.

3. 주민자치센터의 기능 및 의의 대하여 논하시오.

4. 우리나라 지역사회의 특징에 대하여 논하시오.

5. 지방의원과 지역사회의 주민조직과의 바람직한 관계에 대하여 논하시오.

참고문헌

김기옥(1982), "일보의 주민자치조직실태", 「지방행정」, Vol.31.

———(1995), "지방자치제에서 도시계획의 운용에 관한 연구-독일의 시민차여와 우리나라에서의 시사점", 「국토계획」, 30(3), 통권80호(대한국토 도시계획학회).

김대연 외(1985), "선진조국의 창조를 위한 새마을 연수교육 강화방안 연구", 「새마을운동학술논문집」, 10(4)(새마을운동중앙본부 · 전국대학새마을연구소연합회).

김병준(1997), 「한국지방자치론」(서울: 법문사).

남궁용권 외(1985), "새마을운동과 사회정화운동의 이념 및 활동에 관한 비교연구", 「새마을운동학술논문집」, 10(4)(새마을운동중앙본부 · 전국대학새마을연구소연합회).

내무부(1977), 「반상회 운영백서」.

동아일보(1995), 11.9.

———(1995a), 8.22.

———(1995b), 9.5.

———(1996), 2.15.

민 진(1995), 「행정학개론」(고시연구사).

박영도(1996), "주민투표법의 입법방안", 「한국법제연구원」.

박통희(1996), "지방자치단체 민원행정의 고객지향적 혁신과 문제점: 민선자치단체장 1년에 대한 비판적 검토", 「지방행정연구」, 99(2), 통권40호.

송호근(2001), "지방자치와 사회발전: 리더십, 발전전략 그리고 주민참여", 한국의 정치발전과 지방자치 세미나 발표자료(한국정치학회).

안성호(1995), 「한국지방자치론」(서울: 대영문화사).

이규환(2004), 「도시행정론」(서울: 법문사).

이기종(2000), "주민투표제 도입논의", 「경남발전연구원 연구보고서」.

이승종(1993), "주민과 지방의원의 관계정립", 「지방행정연구」, 8(2)(한국지방행정연구원).

———(1994), “지방화시대의 주민참여”, 「지방행정연구」, 94-02(한국지방행정연구원).
이신행 외, 1999, 「시민사회운동-이론적 배경과 국제적 사례」(서울: 법문사).
이창수(1993), “지방자치와 주민참정제도”, 「자치통신」, 193(83).
임승빈(1990), “일본형 복지국가에 있어서 중앙정부와 지방정부의 관계”, 「한국지역연구」, 제8권 1호(한국외국어대학교).
———(1997), “일본 지역사회에 있어 전통적 주민조직의 역할”, 「지방행정연구」, Vol.12, No.1(한국지방행정연구원).
———(1997), “일본 지역사회에 있어 전통적 주민조직의 역할”, 「지방행정연구」, Vol.12, No.1(서울: 한국지방행정연구원).
———(1998a), “都市地域開發政策과 住民參與에 관한 研究 -韓・日의 事例比較-” 「韓國行政研究」, 제6권 제4호(韓國行政研究院).
———(1998b), “行政と地域社會のネットワ-ク形成について”, 「翰林日本學研究」, 제3집(한림대학교 한림과학원 일본학연구소).
———(1998c), “읍・면・동사무소, 커뮤니티센터로의 기능전환과 운영방식”, 「지방자치」, 제18호(현대사회연구소).
———(1999a), 「行政과 NGO 간의 네트워크構築에 관한 연구」(한국행정연구원: 98-11).
———(1999b), 「政府와 自願奉仕團體의 바람직한 關係 定立方案에 관한 연구」(한국행정연구원: 99-08).
———(2000), “자치단체와 NGO 간의 생산적 협력관계를 위하여”, 「自治公論」, 7월호(한국자치개발연구원).
———(2005), “서울시 서대문구의 행정과 주민조직의 주민참여 모델”, 「사회과학논총」, 23(1)(명지대학교 사회과학연구소).
———(2006), 「지방자치론」 2판(파주: 법문사).
———(2007a), “지역의 공동체 사회를 강화하는 동사무소 통폐합을 위한 계기가 되어야”, 「공공자치」, 6월호(서울: 공공자치연구원).
———(2007b), 행정환경변화와 정부와 민간의 역할, 문화일보 2007.7.16. 30면.
———(2005), “서울시 서대문구의 행정과 주민조직의 주민참여 모델”, 「사회과학논총」, 23(1)(명지대학교 사회과학연구소).
임은경(2004), “정부와 NGO 간의 재정적 파트너십”, 2004 서울시 비영리민간단체 시정참여사업 중간 워크숍 발표논문.
정세욱(2000), 「지방자치학」(서울: 법문사).
조선일보(1996), 1.5.
주성수(1999), 「시민사회와 제3섹터」(서울: 한양대학교 출판부).
차명제(2004), “한국 시민사회 발전을 위한 시민단체(NGOs)의 역할”, 2004 서울시 비영리민간단체 시정참여사업 중간 워크숍 발표논문.
총무처(1994), 「공무원을 위한 행정규제 민원사무실무-행정규제 민원사무처리요령」

(서울: 국문사).
한계레신문(1999), 3.11.
한국사대전(1979), 교육출판공사.
함인선(2004), "주민소환제에 관한 입법론적 고찰", 「공법학 연구」, 제5권 제2호.
행정자치부(2003), 「정책자료집」.
OECD정부혁신아시아센터(2005), 「정부혁신 패러다임, 어떻게 변하고 있는가?」(서울: 삶과 꿈).

琦玉県自治振興センタ-(1981), 「町内会・自治会とコミュニティ」 市町村担当課長앙케이트調査.
琦玉縣自治振興センタ-(1981), 「町内会・自治会とコミュニティ」, 市町村担当課長앙케이트調査.
金澤市町會聯合会(1987), 「金澤市町会聯合會三十周年記念誌」.
金沢市町会聯合会(1987), 「金沢市町会聯合会三十周年記念誌」.
大石嘉一郎(1990), 「近代日本地方自治」(東京: 東京大学出版会).
東海自治体研究所編集(1981), 「町内会・自治会」(自治体研究社刊).
東海自治体研究所編集(1981), 「町内会・自治会」(自治体研究社刊).
林承彬(1995), 「包括奉仕型の政策執行」(東京大学校総合文化研究科博士学位論文).
石田頼房(1979), "まちづくりと住民運動", 「都市問題」 70巻4号(東京: 東京市政調査会).
石田賴房(1979), "まちづくりと住民運動", 「都市問題」 70卷4号(東京: 東京市政調査會).
阿部志郎編(1993), 「小地域福祉活動の原点」(東京: 全國社會福祉協議會).
阿部志郎編(1993), 「小地域福祉活動の原点」(東京: 全国社会福祉協議会).
園田恭一(1979), 「現代コミュニティ論」(東京大学出版会).
自治省(1984), 「自治会町内会等の住民自治組織の実態調査結果」.
鳥越皓之(1994), 「地域自治会の研究」(ミネルバ-書房).
中田実(1993), "部落会・町内会とその周邊", 西尾勝編, 「21世紀の地方自治戦略10 コミュニティと住民活動」(ぎょうせい).
倉沢進・秋元律郎編著(1992), 『町内会と地域集団』(ミネルバ書房).
横兵市市民局(1989), 『住民組織の現状と活動』.

ACIR(1979), *Citizen Participation In The American Federal System*, Washington, D. C.: U.S. Government Printing Office.
Almond, Gabriel A. & Verba, Sidney(1963), *The Civic Culture: Political Attitudes and Democracy in Five Nations*. Princeton: Princeton University Press.
Arnstein, S. R.(1969), "A Ladder of Citizen Participation", *Journal of the*

American Institute of Planners. Vol.35, No.4.

―――――――(1995), "A Ladder of Citizen Participation", in J. M. Stein(ed.), *Classic Readings in Urban Planning: An Introduction*. New York: McGraw Hill.

Baker, Wayne(2000), *Achieving Success Through Social Capital*. San Francisco: Jossey-Bass Inc., A Wiley Company.

Barber, Benjamin(1984), *Strong Democracy: Participatory Politics for a New Age*. Berkeley: University of California Press.

Bourdieu, P.(1986), The Forms of Capital. In J. G. Richardson ed., *Handbook of Theory and Research for the Sociology of Education*, New York: Greenwood, 241-258.

Box, Richard C.(1998), *Citizen Governance: Leading American Communities into the 21st Century*. Thousand Oaks, Ca: Sage Publications.

Burt, R. S.(1992), *Structural Holes: The Social Structure of Competition*. Cambridge: Harvard University Press.

Chandler, J.(1991), *Local Government Today*. Manchester: Manchester Uni. Press.

Cleary, S.(1997), *The Role of NGOs under Authoritarian Political Systems*. London: MACMILLAN Press Ltd.

Coleman, James S.(1988), "Social Capital in the Creation of Human Capital", *American Journal of Sociology* 94.

Wright, Deil S.(1988), *Understanding Intergovernmental Relations*. Cole Publishing.

Ashford, Douglas E.(1982), *British Dogmatism and French Pragmatism*. George Allen & Unwin.

Sharp, E. B.(1990), *Urban Politics and Administration*, New York: Longman.

Harper, Ernest B. & Arthur Dunham, eds.(1959), *Community Organization in Action,* Association Press.

Fukuyama, Francis(1995), *Trust: The Social Virtues and the Creation of Prosperity*, New York: The Free Press.

Fukuyama, F.(2004), *State Building: Governance and World Order in the 21st Century*, NY: Cornell University Press.

Stoker, Gerry(1991), *The Politics of Local Government*, 2nd., Macmillan Press.

Giddens, A.(1990), *The Consequence of Modernity*, Stanford: Stanford University Press.

Glendon, M. A.(1991), *Rights Talk: The Impoverishment of Political Discourse*. New York: The Free Press.

Hay, R. H.(1990), *Strategic Management in Non-Profit Organizations: An Administrator's Handbook*. New York: Quorum Books.

Glass, J. J.(1971), "Citizen Participation In Planning: the Relationship between Objectives and Techniques", *Journal of American Planning Association*, Vol.6.

Gargan, John J.(1997), *Handbook of Local Government Administration*. Marcel Deckker Press.

Jun, Jong S.(1999), "Editorial Notes: The Enhancement of Local Governance", *Administrative Theory & Praxis* 21, No.3.

Knemeyer, Franz-Ludwig(1999), "Gemeindeverfassung." Wollmann, Helmut/Roth, Roland, (Hrsg.), *Kommunalpolitik*. Opladen: Leske + Budrich.

Newton, Kenneth(1999), "Social Capital and Democracy in modern Europe", Jan W. van Deth, et al., eds. *Social Capital and European Democracy*, 3-24. London: Routledge.

Hain, Peter(1976), *Community Politics*, London: John Calder Ltd.

Guy, Peter, B.(1993), "The Context of British Politics." Hancock, M. Donald et al. *Politics in Western Europe*. Houndsmiles: Macmillan.

Peters, B. Guy & Pierre, John (1998), Governance Without Government? Rethinking Public Administration. *Journal of Public Administration Research and Theory* 8, No.2.

―――――(1996), *The Future of Governing*. Lawrence, Kansas: the University Press of Kansas.

Petro, Nicolai N.(2001), "Creating Social Capital in Russia: The Novgrod Model", *World Development* 29(2).

Putnam, Robert D.(2000), *Bowling Alone: The Collapse and Revival of American Community*, New York: Simon & Schuster.

―――――(1995a), Tuning In, Tuning Out: The Strange Disappearance of Social Capital in America. *Political Science & Politics*, 664-683.

―――――(1995b), Bowling Alone: America's Declining Social Capital. *Journal of Democracy* 6, No.1.

―――――(1993b), *Making Democracy Work: Civic Traditions in Modern Italy*. Princeton: Princeton University Press.

R. Batley & Gerry Stoker(1991), *Local Government in Europe*. Macmillan Press.

Kramer, Ralph M.(1981), *Voluntary Agencies in The Welfare State*, University of California Press.

Rhodes, R. A. W.(1990), Policy Networks: A British Perspective, *Journal of Theoretical Politics* Vol.2.

―――――(1996), The New Governance: Governing without Governance. *Political Studies*. 44(4).

―――――(1997), *Understanding Governance: Policy Networks, Governance,*

Reflexibility and Accountability. Buckingham: Open University Press.

Robson, W.(1966), *Local Government in Crisis*. London: George Allen and Unwin.

Salamon, L. M.(1992), *Government and The Third Sector*. San Francisco: Jossey-Bass Publishers.

Sandel, M. J.(1996), *Democracy's Discontent*. Massachusetts: The Belknap Press of Harvard University Press.

Seragedin, Ismail & Grootaert, Christriaann(2000), Defining Social Capital: An Integrating View, Partha Dasgupta & Ismail Seragedin, eds. *Social Capital: A Multifaceted Perspective*, Washington, D.C.: The World Bank.

Stoker, Gerry(1998), *Governance as Theory: Five Propositions*. Oxford, UK: Blackwell Publishers.

Tocqueville, Alexis de(1984), *Democracy in America*. renewed by Richard D. Heffner, New York: New American Library, A Division of Penguin Books.

Warren, Robert, et al.(1992), "Building Urban Governance: An Agenda for the 1990s", *Journal of Urban Affairs*. Vol.14, No.3/4.

Williamson, O. E.(1996), *The Mechanisms of Governance*, Oxford: Oxford University Press.

World Bank(2002), *What is Social Capital?* www.worldbank.org/poverty/scapital/whatsc.htm.

Wuthnow, R.(1991), *Acts of Compassion*, New Jersey: Princeton University Press.

Zimmerman, Joseph F.(1983), *State-Local Relations: A Partnership Approach*, New York: Praeger.

Zysman, John(1983), *Goverments, Markets, and Growth: Financial Systems and the Politics of Industrial Change*, Oxford University Press.

제12장 도시화와 지방소멸

제1절 지역사회 개념

> ◉ Focus On
>
> **도시란?**
>
> **지리학자들의 견해**
> 도시란 지표면의 일부를 점유하고 있는 지역으로 ① 비교적 좁은 장소에 다수의 인구가 집중하고 인구밀도가 높으며, ② 주민들은 주로 비농업적인 활동(제2차, 3차 산업)에 종사하고 ③ 행정·경제·문화 등 인간활동의 중심적 역할을 한다.
>
> **사회경제학자들의 견해**
> 도시는 ① 정주인구가 집중되어 인구밀도가 높은 곳으로 ② 재화와 서비스 및 교통을 집중·분산시키는 결절점(結節點 : focal point or nodes)이며 ③ 복잡성과 전문성 및 이질성을 지닌 사

유럽연합 차원에서 지방자치제도와 지역균형발전 차원에서 언급되는 '지역'이란, 자율적인 조직으로 지역적 동질성을 구성할 수 있고 주민들의 소속의지와 주민의식이 관할지역 내에 존재하는 경우를 의미한다.[1] 동시에 지역은 국가의 하위 차원에서 문화, 역사 등의 구분이 가능하고 중앙정부에 대하여 자치권을 갖고 있는 지정학적 공간이 되는, 복수적으로 사용 가능한 용어이다. 따라서 주요 선진국에서는 지역을 표현하는 용어들은 Region, Province, Department, Community 등 다양하고 공간적 개념으로서 그 자체도 여러 가지의 의미를 담고 있다. 지역은 이러한 여러 공간적 개념들이 만난 결과로 나타난 산물이기 때문에 동시에 제도화된 시스템(institutional system) 형태인 대도시정부 내지 지역정부(a form of a regional government) 또는 그 해당 지역을 근거로 활동하는 정치체의 그룹(a group of institutions), 제도화된 것(Institutinalisation)을 의미하기도 한다.

힐러리(G. H. Hillery)의 지역사회에 대한 전통적 분류에 따르면 지역사회는 사회적 상호작용(social interaction), 지역(area), 공통의 장(common tie) 등 3가지를 포함하는 것이라고 했다. 하퍼(E. B. Harper)와 던함(A. Dunham)은 커뮤니티를 ① 지역적 규범(Physical and territorial boundaries), ② 사회적, 문화적 동질성(social or cultural homogeneity), 일치(consensus), 자조

---

1) W. Berg, "Bayern im Europa des Regionen", Bayerische Verwaltungsblätter, 2001(9): 257; R. Petrella, La Renaissance des cultures régionales en Europe, Paris, Editions Entente, Col. Minorités, 1978.

(self-help), 공동행동 및 상호작용의 관계(communal behavior and interacting relationships)의 두 가지가 포함된다고 했다. 따라서 지역사회란 '지역성과 공동성'이라는 개념을 동시에 가지고 있다고 볼 수 있다.

지역사회라는 용어를 학문적 의미로 커뮤니티라는 개념과 동일시하여 정의하여 본다면, 지역사회란 지역을 기본적인 단위로 하여 지역주민들이 공동의 이해관계를 가지고 함께 살아가는 일종의 근린집단적 성격을 가진 것이라고 할 수 있다. 그러나, 보는 시각이나 관점에 따라서 그 정의가 조금씩 달라지기도 하고 있다.[2] 맥키버(R. M. MacIver)의 견해는 커뮤니티, 즉 지역사회를 두 가지 측면에서 정의(Howard W.: 1987)하고 있는데, 첫째는 지역성이라는 측면에서 사람들이 공동생활을 영위하고 있는 지역이라는 카테고리를 상정하고 그 안에서의 생활체계를 커뮤니티 요소로 삼았다. 둘째는 공동성이라는 측면에서 사람들이 더불어 생활해 나가는 것을 커뮤니티의 요소로 보았다. 즉, 일정한 지역에 생활근거를 가지고 있는 주민이 공통된 가치와 이익을 위하여 자발적으로 참여하고 서로 비용이나 역할 등을 분담하면서 더불어 살아가는 커뮤니티는 구성원들 사이의 밀접한 인간관계가 중요한 특징을 이루고 있다. 이러한 공동체적 사회를 구성하기 위해서는 몇 가지 조건이 필요한데, 구체적으로는 지리적 영역의 공유, 사회적 상호작용, 상호공감대형성 등을 들 수 있다(정하성 외: 1995). 상기의 첫째, 지리적 영역은 공동의 생활터전을 구축하는 데 반드시 필요한 공간적 단위라고 할 수 있으며 지역사회의 지리적 영역이 광역화되어 가고 있는 추세이다. 둘째는, 일정한 지리적 영역 내에서 함께 생활하는 주민들 간의 상호교류작용을 통하여 지역의 문화를 습득하여 안정된 자아를 형성하는 것이 인간의 사회화 과정이다. 따라서 지역사회는 이러한 사회적 과정을 통하여 형성된다. 셋째로는, 커뮤니티는 일정한 지역에서 거주하는 주민들이 서로서로를 이해하고 동류의식을 가질 때, 비로소 구축된다고 할 수 있다. 이러한 것은 태어나면서부터 가지게 되는 혈연 또는 지연 등에 의해서 형성되는 공동체의식이 아닌 상호교류를 통하여 이해관계를 공유하는 것을 의미한다. 이러한 상호 공감대는 우리의식, 소속감, 공동체의식 등의 형태로 나타난다.

이러한 지역사회에서 지역 시민단체들의 역할이란 단순히 지역민들 가운데 일부분이 아닌 전체적인 리더로서의 역할이 강조되는 것은 자명하다.

회이고 ④ 도시 주민들은 농촌주민들과는 다른 생활양식을 가지고 있다.

정치 · 행정학자들의 견해

도시는 ① 정치활동의 무대이고 공공정책을 형성하며 ② 공공서비스를 제공하는 정부단위이며(정치 · 행정적 속성) ③ 이질적인 사람들이 공식적인 역할망을 구축하여 상호관계를 맺고 있는 사회학적인 실체이고, ④ 또한 농촌에 비해서 상대적으로 인구밀도가 높고 농촌과는 다른 생활양식이 이루어지는 곳이고(사회 문화적 속성) 재화와 서비스를 생산 · 판매하는 경제활동의 중심지이다(경제적 속성). 또한 이러한 망상적 조직(도시)의 속성들(구성요소들)은 상호연결되어 있으므로 한 부문의 활동은 모든 다른 부문들에 영향을 미치게 된다.

2) G. A. Hillery는 1950년대까지 영국과 미국 사회학자들의 커뮤니티에 대한 94편의 연구논문을 분석한 결과, 커뮤니티에 대한 정의가 매우 다양하다는 것을 발견하였다.

즉, 지역에 있어서 주체가 추상적인 의미에서는 시민이지만 현실적으로는 누군가는 지역의 여론을 주도하며 전문가적인 식견을 제안하며 또한 지역의 정치·행정 체계에 비판자의 역할을 수행하는 것이다(守屋孝彦·古城利明: 1984).

> key concept
>
> **엘리트**
>
> 선택된 사람들, 선량, 정예 등을 뜻하는 프랑스어. 매스[mass] 대중와 대립되는 말이다. 일반적으로는 정치·경제·사회·문화의 각 영역에서 정책의 결정, 조직의 지도, 문화의 창조에 참여하는 소수자를 말하며, 그들의 지배·지도를 받는 대중은 수동적 존재에 불과하다고 설명한다. 엘리트이론이 특별히 주목받게 된 시기는 20세기 초부터 제1차 세계대전 후 나치가 등장할 때까지다. 이 무렵 국민의 정치 참여에 문호를 연 것처럼 보인 선진 자본주의 국가의 정치 체제가 현실적으로는 소수자의 지배에 불과하다는 여론이 일어나자, 그러한 상태가 정치 세계에서는 피할 수 없는 필연이라는 생각에서, 그 사실을 설명하려는 노력이 많았다. 그것이 엘리트 이론의 형태로 나타난 것이다.
>
> 다수가 통치한다는 고전적 민주주의원칙을 비판하고, 국가뿐 아니라 어떠한 인간사회조직도 모두 소수 지배원칙에 의하여 운영된다는 주장과 함께 20세기 초 엘리트이론의 선구역할은 한 고전적 엘리트이론가 Vilfredo Pareto, Gaetano Mosca, Robert Michels에 의해 등장했다.

제2절 도시지역사회의 권력구조

1. 도시지역사회의 특징

도시는 여타의 커뮤니티와는 다른 특성을 보이고 있다. 도시에 대한 개념은 도시의 성격이 시대와 공간에 따라 다양하게 변하므로 특정 시각 및 개별 학문적 분야의 입장에서 다양한 개념이 정의되고 있다. 학문적 분야에 따라 사회학적 측면에서 보면 도시는 이질적인 개인들로 구성되어 있고, 상대적으로 광활하며, 조밀하고 영구한 정착지라고 정의할 수 있다. 경제학적인 측면에서 보면 도시는 일정한 지역 내에서 거주하고 있는 사람들에 의해서 그들의 생산, 소비, 문화활동 등을 하는 데 필요한 것들이 모여 있어 필요로 하는 것을 얻는 곳이라 정의하고 있다. 행정학적 측면에서 보면 도시는 법규와 정부형태를 지방정부의 기능을 수행하는 정부의 단위로 보고 있다. 이를 중심으로 정의해 보면 도시는 일종의 문화적 장소이며, 도시의 상징인 도로, 광장, 공공건물 등 뚜렷한 건축물로 구성되어 있고, 높은 인구밀도와 주로 농업인구 이외의 경제 활동에 종사하는 거대한 집단 정착지로 보고 있다. 또한 문화적, 사회구조적, 구조적 차원에서 도시를 정의해 보면 다양하게 정의되고 있는데, 이들의 공통점을 찾아보면 다음과 같다(강대기: 1990). 첫째, 도시는 비교적 많은 인구가 한정된 지역에 정주(정착하여 거주)하는 지역적 단위이다. 둘째, 도시는 사회조직이다. 도시는 단순한 공간적 단위나 인구의 집합 이상의 것으로 사회관계의 조직적 현상이다. 사회조직은 일대일의 대면관계에서부터 거대한 정부관료제에 이르기까지 모든 인간관계와 규범의 짜임새를 말한다. 셋째, 도시는 유사한 가치, 신념, 목적을 가진 공동체이다. 이는 지역성과 사회관계의 유형을 초월한 문화적 차원을 말한다. 따라서 도시란 농촌 지역사회 정도의 동질성은 높지는 않지만 제한된 지역 내의 조밀하게 정착해 있는 인간과 이를 수용하고 있는 건축물의 집결체라는 특성 때문에 지역사회적인 특성 역시 가지고 있다고 볼 수 있다.

우리의 경우, 아직은 '도시정치'라는 개념이 매우 생소하다. '도시행정'은 있어 왔으되 '도시정치'는 거의 인식되어 있지 않기 때문이다. 그러나 우리에게도 도시정치의 영역이 존재하지 않은 것은 아니다. 다만 도시적 삶의 갈등에서 유발된 도시정치의 해결방안이 정치적이 아닌 관료적이며 획일적인 해결에 함몰되었다고 볼 수 있다.

그러나 도시정부의 책임자에 대한 선거제도를 비롯하여 시민의 정치적 대응성 증가경향은 도시정치의 활성화를 촉진시키는 중요한 기폭제가 되었으며 도시문제가 더욱 복잡해지고 중요해질수록, 민원해결식 관료주의적 처방이나 관료독주의 도시개발은 보다 큰 난관에 봉착하게 될 것이다. 이에 본장에서는 도시문제에 근거한 도시정치의 활성화 경향에 맞추어 어떠한 형태의 도시정치가 어떠한 메카니즘을 통하여 어떻게 나타나고 있는가를 설명하고자 한다.

이러한 논의는 크게 두 가지로 구별해 볼 수 있는데, 첫째는 도시정책으로 표출되는 도시정치의 양상은 시장과 정부 간의 관계에서 볼 때 지극히 제한적일 수밖에 없다는 피터슨(Paul Peterson)의 견해이고, 둘째는 피터슨의 견해에 반하여 도시정치의 자율적 활동공간을 보다 적극적으로 정의하는 다수학자들의 연구라고 볼 수 있다. 후자의 연구경향은 다시, 로간과 몰로치(Logan and Moloch)로 대표되는 성장기제론(Urban Growth Machine Theory)과 엘킨(Elkin), 스톤(Stone) 등으로 대표되는 도시레짐이론(Urban Regime Theoty)으로 대별해 볼 수 있다.

2. 도시정치에 관한 이론적 논의

1) 도시정치에 대한 기존의 접근법

헌터(Hunter)의 애틀랜타시 연구 이래 '누가 다스리는가?' 혹은 '지역사회의 권력구조가 존재하는가?'라는 질문에 대한 초기 엘리트론자와 다원론자 간의 논쟁(박재욱: 1996)[3]으로부터 본격화된 도시정치연구는 1980년대에 들어서면서 지역사회의 권력구조 자체에 대한 분석보다는 도시정책에

3) 그러나 이러한 연구들은 지역사회 엘리트들의 존재파악에 초점을 맞춘 결과, 지역사회의 구조적 총체성을 전제로 한 권력엘리트층의 객관적인 이해관계를 파악하지 못했다고 볼 수 있다.

참고자료

도시자치와 사회자본은 매우 밀접한 관계이다. '사회자본'이라는 용어는 1916년 Linda Judson Hanifan이 지방학교 공동체센터를 기술하면서 최초로 사용한 말이다. 그 뒤에 Jane Jacobs (1961)는, The Death and Life of Great American Cities에서 다양한 도시지역에 존재하는 조밀한 사회 네트워크들이 공공의 안전을 보장하는 사회자본의 형태를 구성한다고 설명한다. Samuel Huntignton & Lawrence E. Harrison(2000). Culture matters. Basic Books.

대한 분석으로 이전하기 시작했다. 다시 말해 지역사회를 누가 다스리느냐의 문제보다는 지방정치의 산출물로 어떠한 정책이 성립되었고, 그러한 정책이 나오게 된 이유는 무엇인가에 대한 관심이 더욱 커졌다는 것이다.

이러한 도시정치연구는 바크라크와 바라츠(Bachrach & Baratz)의 비결정론을 거쳐, 체계적 권력이론, 성장기제이론, 그리고 도시정권이론으로 이어지고 있으며, 지방정부 정책형성의 정치적 환경에 대한 깊이 있는 이해를 제공하고 있다고 볼 수 있다. 특히, 본 장에서 주목하고 있는 도시권력권을 다루는 입장은 크게 엘리트이론에 뿌리를 두고 있는 성장기제론(Growth machine theory)과 다원주의에 기초하고 있는 레짐이론(Regime theory)으로 대별할 수 있다. 여기서 성장기제론과 레짐이론은 각각 엘리트이론과 다원주의론의 기본개념과 문제의식을 계승하면서도 상호보완적인 입장을 취하기도 한다.

피터슨에 의하면 지방정부가 정책결정에 있어 단지 제한된 자율성만을 지니기 때문에 도시의 내부 정치적 변수들에만 관심을 기울이는 전통적인 지역사회권력구조연구는 도시정부의 정책을 분석하는데 별다른 도움을 주지 못한다는 것이다. 즉, 도시는 중앙정부와 달리 노동과 자본의 이동을 특정도시 영역 외로 이동하는 것을 방지할 아무런 규제력을 가지고 있지 못하기 때문에 도시지역에 있어서의 정치적 행위는 국가적 수준의 정치적 행위와 사뭇 다르다는 것이다. 따라서 도시는 그 영역내에 있는 재화를 둘러싼 배분의 정치보다는 어떻게 하면 여타 도시와의 경쟁적 관계하에서 최대의 경제적 이득을 추구하지 않으면 안되는가에 보다 많은 관심을 기울일 수밖에 없다는 것이다. 당연한 귀결로서 도시정부가 택할 수 있는 정책적 선택범위는 진보적인 재분배정책보다는 경제적 성장을 위주로 하는 개발정책으로 좁혀지며 이는 결국 도시의 재화배분을 둘러싼 정치적 현상이 도시의 경제적 이익이라는 대전제하에 매몰될 수밖에 없다는 주장이다(최홍석: 1999).

2) 엘리트이론

피터슨의 주장에 대한 엘리트이론의 대응은 로간과 몰로치의 성장기제론으로 대표될 수 있을 것이다. 성장기제론의 논지를 간략히 살피면 다음과 같다. 도시공간을 둘러싼 갈등은 도시공간의 상품으로서의 특수성(예를 들면, 지리적 위치, 공급의 유한성 및 사회적 가치 등) 때문에 여타 상품과는 달리 교환가치와 사용가치를 둘러싼 갈등적 국면이 심화될 소지가 많다. 가치중립적 입장을 표방한다면 경제적 논리에 입각하여 도시공간의 교환가치를 증진시키려는 지역적 이익집단 연합이 다름아닌 성장기제이며 미국내 도시성장론의 정치적 맥락은 교환가치로 대변하는 연합이 사용가치를 대변하는 주민조직을 압도하는 형태로 나타난 것으로 이해된다(강명구: 1995). 교환가치를 대변하는 성장기제의 근간을 이루는 행위자는 물론 특정장소에 국한된 자본의 형태로서의 임대업자이며, 이를 중심으로 부동산 개발업자와 금융기관, 건설업 종사자 및 지역언론 및 대학 등 여러 부류의 행위자가 사안에 따른 이합집산을 통하여 도시정치의 장을 형성한다는 것이다.

비록 지역주의적 협소성을 지니기는 하지만(박재욱: 1996),[4] 무엇보다도 성장기제론은 지방정치의 동태성을 구조와 행위라는 양측면을 통해 분석할 수 있다는 점에서 유용한 분석틀임에 틀림이 없다. 이러한 점에서 성장기제론은 한국의 역동적인 지역정치분석에 있어서 일정한 한계를 전제로 적용가능하다고 생각된다.

3) 다원주의이론

엘리트이론에 기반한 성장기제론에 상응하여 다원주의측에서도 새로운 연구경향으로서 이른바 도시레짐이론이 나타났다. 도시레짐이론도 성장기제론과 유사한 맥락에서 논의를 진행시키지만 모든 행위자가 항상 가치중립적인 도시성장론자는 아니라는 점을 강조하고 있다는 점에서 크게 차이가 난다.

이들 도시레짐이론이 던지는 기본적 질문은 어떻게 다양하고 파편화된 다원주의적 도시정치양상이 장기적인 관점에서는 특정 도시의 일관성있는 공공정책 수행을 가능케 하는가 하는 것이었다. 이 질문에 대한 이들의 답은 다양화된 도시정치권력의 분절화 가운데서도 무언가 체계적 권력의 존재를 상정할 수 있으며, 이들 체계적 권력의 실체를 찾아내는 과정이 바로 도시레짐의 개념정의에 다름 아니라는 것이다.

> key concept
>
> **다원주의**
> **(多元主義: pluralism)**
>
> 사회는 여러 독립적인 이익집단이나 결사체로 이루어져 있으므로 권력 엘리트에 의하여 지배되기보다는 그 집단의 경쟁·갈등·협력 등에 의하여 민주주의적으로 운영된다고 보는 사상.
> 다원주의자의 주장은 각양각색이지만 국가지상주의적인 전통적 이론에 반대한다는 점에서는 일치한다. 그들은 전통적 이론이, 국가보다 작으나 더 전문화된 여러 결사체의 권리·이익·성취를 무시하거나 적절하지 못한 것으로 간주하고 있다고 하였다. 다원주의자들의 명제에 따르면 어떤 단일한 제도 또는 제도적 집합체도 지배적인 것은 없다. 사회는 오히려 여러 상충되는 목표를 가진 수많은 이익집단들로 구성되거나 특별한 문제를 중심으로 일시적으로 연합하는 변화무쌍한 연합체로 구성되어 있다는 것이다.

---

4) 성장기제론에 대한 주된 비판은 초기의 엘리트이론적 접근들과 마찬가지로 '지방주의적'인 한계를 벗어나지 못하고 있다는 점이다. 즉, 성장기제론은 상위계층 정부의 정책결정과정과 지방의 성장연합들 간의 관계 설정이 취약하거나 이를 간과하고 있는 것이다. 또한 성장기제론의 관점은 지방 성장연합들 간의 경쟁관계를 중시하고 있기 때문에, 세계적 규모로 발생하고 있는 토지투기와 다국적 기업의 자본이동에 의해 초래되는 지방 토지소유자들의 지방정치에서의 주도권 약화라는 측면을 분석하지 못하는 것도 문제점이다.

대표적 논자인 스톤(Stone)에 따르면, 도시레짐이란 '비공식적이지만 상대적으로 안정된 그룹으로서 정부 결정에 지속적인 역할을 할 수 있는 제도적 접근을 가진 집단(G. Stoker: 1992)'으로 정의할 수 있다. 비공식적이지만 지속적인 영향력을 가지는 그룹이란 다름아닌 로간과 몰로치의 성장기제적 요소를 다분히 함축하고 있다라는 사실에서 엘리트이론적 접근의 중요 요소 역시 수용할 수 있다는 이론적 탄력성을 가지고 있다는 도시레짐이론의 장점 중 하나를 확인할 수 있다.

도시적 지배연합의 특성과 형태에 따라 피터슨식의 성장지향적 도시정책이 창출될 수도 있지만, 또한 반대로 진보적인 재분배 지향적 도시정책의 소지도 간과할 수 없을 것이다. 도시레짐이론은 결국 피터슨이 제기한 도시정치의 경제지상주의적 화두에 대하여 다원주의적 요소와 엘리트론적 요소를 잘 융합하여 도시정책결정과 집행의 정치적 탄력성으로 답하고 있다고 볼 수 있다(강명구: 1997).

3. 도시레짐에 관한 제 이론

1) 개 념

도시레짐이론은 각각의 도시발전패턴을 유형화하는 지역연합이 갖는 중요성과 그 역할에 초점을 맞추고 있다. 다시 말해, 도시레짐의 형성은 도시 내에서 어떠한 정책이 추진되어야 하며, 그리고 그러한 결정들을 어떻게 수행해야 할 것인가에 대한 공공이익과 사적이익 사이의 암묵적인 이해에 크게 의존하는 의식적인 협조로부터 결과한다고 볼 수 있다(Stone, C.: 1980).

레짐이란 '지배적인 의사를 결정하고 이를 수행하기 위해 공공부문과 민간부문이 함께 형성하는 비공식적 연합' 또는 '비공식적이지만 상대적으로 안정된 그룹으로서 정부 결정에 지속적인 역할을 할 수 있는 제도적 접근을 가진 집단'이라고 스톤(Stone)은 정의내리고 있다. 정부의 공식적 제도만으로는 충분한 자원과 권위를 확보하기 어렵다고 보고, 공공기관과 필요한 자원을 가진 민간 부문 간의 비공식적인 연합이 바람직하다고 보고 있는 것이다. 디개타노와 클레맨스키(DiGaetano & Klemanski)의 경우에는 도시레짐을 '민간부문의 엘리트와 공무원 간에 정책을 형성하고 집행할 목적으로 설정된 공식적 혹은 비공식적 제도적 장치'라고 정의내리기도 하였다. 공사간(公私間)의 협력의 형태가 항시 비공식적으로만 이루어지는 것은 아니고, 공식화된 제도를 통하여 민간부문의 자원을 동원하는 경우도 있기 때문이다.

2) 유 형

(1) 경제발전문제에 대한 정치적 지향(DiGaetano & Klemanski)

① **시장(市場)주도-성장지향 레짐** : 지방정부가 갖는 계획권과 기업통제의 축소 또는 삭제를 강조하고 도시발전의 유형을 정하는 데 있어 시장(市場)의 힘을 촉진시키는 접근방법이다.

② **정부주도-성장지향 레짐** : (중앙과 지방정부 양 수준에서의) 정부보조금이나 대부, 부지할당 등 공공영역을 이용하여 민간의 투자를 촉진하고 보조해주는 접근방법이다.

③ **성장관리 레짐** : 지방정부의 공권력을 이용하여 발전의 종류나 속도를 조정하고 제한하여 발전으로부터 야기되는 부정적인 효과들을 줄이고자 하는(역사유적지의 보존 등과 같은) 접근방법이다.

④ **사회개혁 레짐** : 기업의 발전보다는 사회발전에 주안점을 두고 있다. 사회발전은 정책결정과정에서 지역사회의 참여를 신장하는 것을 그 주요 요소로 삼고 있기 때문에 소외계층이나 지역주민들에게 그 초점을 맞추고 있다.

⑤ **관리자 레짐** : 재정적으로 보수적인 입장을 취하며, 일상적인 서비스 제공을 수행하기 위해 경제발전 등과 같은 문제를 회피하는 접근방법이라고 볼 수 있다.[5]

(2) 성장연합의 독주성과 반성장연합의 참여

① 동원형 도시레짐

지역내 지배연합인 도시레짐 내부에서 주도적인 역할을 하는 성장연합이 반성장연합의 참여를 자신들의 성장정치가 용이한 정도의 수준으로 통제하고, 형식적인 참여에 머무르도록 하는 도시레짐이다. 이는 진정한 의미에서 지배연합이라고는 볼 수 없지만, 그 전 단계로서의 성격을 갖는다고 할 것이다. 알랜 디개타노와 존 클레맨스키의 유형에서 시장주도-성장지향 도시레짐과 정부주도-성장지향 도시레짐의 혼합형태로서 정책적 지향을 갖는다고 볼 수 있다.

---

5) Alan DiGaetano & John S. Klemanski, 전게논문.

② 파트너형 도시레짐

도시레짐 내부에서 성장연합과 반성장연합측의 정치적 힘의 균형이 이루어지고, 양자가 동반자적 의미에서의 지배연합을 구성해가는 도시레짐의 형태이다. 성장정치의 위기에 직면한 반성장연합의 논리를 적극적으로 수용하는 형태이다. 알랜 디개타노와 존 클레맨스키의 성장관리 도시레짐과 사회개혁 도시레짐의 혼합형이라고 할 수 있을 것이다.

(3) 도시가 동원할 수 있는 자원의 형태

① 내부자원지향적 개발레짐 : 개발에 필요한 자원을 도시 내부의 경제세력에서 구할 수 있는 도시레짐

② 외부자원지향적 개발레짐 : 상위정부로부터의 지원이 개발의 기초가 되는 도시레짐

3) 도시성장연합과 반성장연합

(1) 성장연합

성장기제론에서의 '성장연합(growth coalition)'이란 '어떤 비용이 들더라도 성장을 추구하려는 영향력이 있는 행위자들의 집단'으로 정의할 수 있다. 어떠한 수단을 사용해서 성장할 것인가를 둘러싼 논의는 성립가능하지만, '왜 성장하지 않으면 안되는가'하는 주제에 대한 논의는 허용하지 않는다는 규범을 암묵적으로 공유한 지역공동체에서는 이와 같은 성장연합이 가능하다고 볼 수 있는 것이다. 그러나 본 장에서는 성장연합의 개념을 좀 더 구체화하여 '도시레짐이라고 하는 지역연합의 내부에서 경제적 개발을 주된 목표로 삼고 있는 지역토착엘리트집단이나 이들에 대한 체계적 권력의 활동에 초점을 맞추고 있는 지방정부 등 주로 사회발전 등 질적인 지역발전보다는 경제적 성장 즉, 양적인 지역발전에 중점을 두고 있는 집단'으로 개념을 정의하고자 한다.

성장연합은 성장이데올로기의 동원화를 통하여 자신들의 집단적 이해관계를 대변한다. 그러나 도시정치구도에서 성장연합이 반성장연합에 대해 배타적인 독점적 지위를 유지하면 할수록 성장정치의 부정적인 측면이 발생하게 된다. 즉, 도시인구의 증가에 수반되는 다양한 사회문제의 발생을 비롯하여, '성장'의 결과 생겨나는 이익이 특정계층에만 집중되어 대부분의

주민이 불이익을 받을 수밖에 없는 성장의 '분배'구조, 그리고 이를 바탕으로 형성되어지는 도시정치의 비민주적 구도 등 '성장의 위기'가 발생하게 되며, 이는 오히려 지역내 공동의 목표를 위한 지역연합인 도시레짐 자체를 무너뜨릴 수 있기 때문에 반성장연합이 태동하게 되는 이유로 작용한다고 볼 수 있다.

(2) 도시반성장연합

몰로치에 따르면 '반성장연합(anti-growth coalition)'은 성장위기에 직면하여 '성장기제의 해체'를 목적으로 대항세력을 이루고 '도시사회운동'을 이끌어내는 중심적인 존재라고 정의하고 있다. 그러나 반성장연합이 앞서 지적한 성장의 위기를 바탕으로 발생하는 다양한 문제를 계기로 형성되기는 하지만, 경제적으로 낙후된 지역에서 전반적으로 공감을 얻고 있는 지역발전의 필요성을 감안할 때, 반성장연합의 '성장기제의 해체'라는 목적은 일반주민의 입장에서도 쉽게 동의하지 못할 것이다. 오히려 성장이라는 큰 목표에는 동의하되, 거기에 사회발전이나 여타 잠재적 갈등요인의 해소를 병행해야 한다는 즉, 지역경제개발이라는 것도 오로지 기업이 이윤을 남기듯이 경제적인 논리로만 볼 것이 아니라, 민주성을 가미해야 한다는 것이 반성장연합의 논리라고 볼 수 있는 것이다. 때문에 성장기제의 해체보다는 '지역발전을 위한 도시레짐에 참여하여 성장연합의 대항세력으로서 작용하여, 지역경제개발과 민주화의 강화를 목적으로 하는 세력'으로 정의할 수 있을 것이다.

반성장연합의 주요 구성원은 노동자계급, 중간계급의 전문가, 청년활동가 등이며, 지역에 따라서는 자치단체의 직원과 환경전문가 등이 중요한 역할을 담당하기도 한다. 이들은 성장연합정치에 의해 침해당하는 지역사회의 자원, 환경문제 등과 같은 '사용가치'에 대한 보존과 민주주의의 공고화를 강조하며, 지역주민의 전체적인 이해관계와 관련되는 지역발전사업 등에 대해 지역운동이나 시민운동을 통해 조직적으로 참여한다. 이들은 지역사회전체의 장기적인 이해관계와 진정한 참여민주주의를 지향한다.

(3) 도시레짐의 제도화 과정

스톤(Stone)은 레짐을 '시민적 협조(civic cooperation)'를 촉진시키는 공공부문과 민간부문 사이의 비공식적인 연합이라고 보고 있다.

> **key concept**
>
> **거버넌스 (governance)**
>
> 정부역할과 기능 간 불일치에서 탄생한 대안적 국정관리 개념. 거버넌스는 좁게는 통치의 행위나 방식 또는 규제체계, 즉 한 국가의 여러 업무를 관리하기 위해 정치, 경제 및 행정적 권한을 행사하는 제도와 과정으로 볼 수 있다. 본질적 측면에서는 거버넌스를 문명화된 방식을 통한 질서창조와 갈등해소의 메커니즘이라고 볼 수 있다. 어떤 방식으로 이해하든 거버넌스는 정부와 민간부문과 시민사회를 포함하는 넓은 개념이며, 지속가능한 인간계발을 위해 서로 참여와 협력을 요구한다. 거버넌스는 정부를 포함하는 동시에 비공식적이고 비정부적인 메커니즘들도 포함한다. 그리하여 그 범위 안에 있는 사람이나 조직들은 목적달성을 위해 함께 행동하고 필요를 충족시키며 욕구를 완성한다. 세계화, 분권화 등의 주장이 제기되면서 역동적이고 다양하며 복잡해진 사회관계를 전통적 의미의 정부가 조정·해결하는데 취약성을 드러내자 새로운 유형의 국정관리 메커니즘으로 거버넌스에 주목하기 시작했다.

즉, 공식적인 기구는 아니지만, 레짐에도 역시 외부(정부, 기업, 시민사회 영역)에서 자원(물적, 인적)을 유치하고 이를 유지하기 위한 규칙들이 내재해 있다고 볼 수 있다. 약간 느슨할 뿐이지, 이러한 틀이 반복되면서 하나의 제도로서 발전해 간다고 볼 수 있는 것이다.

도시레짐이 하나의 제도로서 발전되어갈 수 있는 능력은 첫째, 도시레짐의 응집력과 둘째, 전략적 목표를 수행하기 위해 레짐에 의해서 동원되어지는 조직적 자원에 달려있다고 볼 수 있다. 목표와 전략에 대한 확고한 의견일치를 나타내는 응집력은 도시레짐 내부에서의 성장연합과 반성장연합의 갈등조정능력과 협력을 크게 고양시키고 지역 내에서 공유할 수 있는 궁극적인 목표의 형성과 수행을 돕는다. 그리고 성장연합과 반성장연합의 협력에 기초하여 동원할 수 있는 자원 역시 도시레짐의 능력에 크게 영향을 미친다. 결국 이 두 가지 요소는 도시레짐이 도시의 정치경제적 맥락에서 문제를 극복하고 적응해 나가는 능력을 나타내준다고 볼 수 있다.

도시레짐이 제도화안정단계에 들어서기 위한 능력은 무엇보다도 도시권역내에서 네트워크를 형성하고 있는 성장연합과 반성장연합간의 갈등조정능력과 협력에 영향을 받는다고 할 수 있다. 도시레짐이 그 형성기에서부터 제도화안정기에 이르기까지는 일반적으로 몇 가지 단계를 거치는 것으로 보여지는데, 그 형성기에는 자치단체장을 비롯한 지역관료집단의 주도적인 역할로 반성장연합의 레짐에의 참여가 매우 제한적으로 나타나게 된다. 이러한 관료주도의 레짐형성은 가시적이고 즉각적인 양적 성장을 가져올 수 있으나, 곧이어 반성장연합으로부터의 반대에 부딪히게 된다. 민선자치단체장 시대에 있어 이러한 갈등을 극복하지 못할 경우, 도시레짐은 그리 길지 않은 기간동안만 존속이 가능할 것이다. 때문에 지역발전이라는 지역내 공동의 목표를 갖는 도시레짐이 제도화안정기에 들어서기 위해서는 반성장연합으로부터 이의제기를 적극적으로 수용하고 도시레짐내부에서의 성장연합과 반성장연합의 균형상태를 유지할 필요가 있는 것이다.

제3절 우리나라 지역발전 정책과 도시화의 특징

1. 우리나라 지역발전 정책의 특징과 개요

본서의 4장에서 광역행정의 개념적 정의를 적용하면 도와 특별시·광역시인 광역자치단체의 관할권을 의미하고, 특히 이명박 정부에서는 이를 광역경제권과 같은 권역으로 설정한 바 있다. 그러나 근본적으로 지역의 불균형 문제해결을 위해 노력한 참여정부 때의 균형발전 정책이나 이전의 역대 정부들이 추진해 온 지역균형(발전) 정책들은 주로 여러 중앙부처로 개별법에 근거하여 분산되어 별도의 정책을 별도의 계획과 재원으로 추진하여 지역 내에서 시책이 중복되거나 연계성이 부족하여 지역개발 효과가 제대로 발휘될 수가 없었다는 점도 사실이다(송민경·장훈, 2009: 229). 참여정부 이전의 과거 지역균형정책은 지방의 산업과 인력을 양성하는 자립역량을 확보하는 정책보다는 경제성장 지속에 필요한 공업용지의 건설이나 사회간접자본의 확충을 위한 하드웨어적 정책이 주류를 이루었다는 평이다.

즉, 역대 우리나라 지역정책이라는 것은 경제성장을 지원하는 개발주의적 공간정책이었다. 참여정부에서는 2003년부터 '국가균형발전'과 '지방분권'을 새로운 국가의 발전전략으로 세우면서 통합시스템을 개편하여 제도적 뒷받침을 통해서 추진하였는데 "국가균형발전은 지역의 혁신역량 강화를 통해 모든 지역에서 발전의 기회와 잠재력을 증진함으로써 어느 지역에 거주하더라도 기본적인 삶의 기회를 향유하고, 궁극적으로는 국가전체의 경쟁력을 극대화하는 것을 의미한다. 그리고 국가균형발전의 비전은 전국이 개성 있게 골고루 잘사는 사회의 건설이며, 목표는 자립형 지방화이다. 추진과제로는 신활력지역의 발전 촉진, 지역혁신역량 강화, 지역전략산업의 육성, 공공기관의 지방이전 및 혁신도시 건설, 신수도권 발전정책 등이 그것이다(국가균형발전위원회, 2006, 2007)."라고 스스로를 정의한 바 있다.

또한 수도권의 억제를 통해서 지역불균형을 교정하는 것이 아니라 수도권과 지방의 상생발전 전략에 의거하여 전국의 각 지역을 상호의존 공생관계로 발전시켜 전 국토의 성장잠재력을 극대화하고자 새로운 국가발전 전략으로 추진하였다(국가균형발전위원회, 2004, 2007). 그 이후에 등장한 이명박 정부는 2008년 12월 15일 제3차 국가균형발전위원회의 회의를 거쳐 제

도시로의 인구집중화와 지역간 인구격차의 심화

과거 60~80년대의 발전국가 모델로 인해 2020년 현재 전체 인구의 50% 이상이 수도권으로 집중됐을 뿐만이 아니라 경제산업 구조도 수도권으로 편중하게 하는 서울의 집중화와 수도권의 과밀화 현상을 일으켰다. 이러한 현상은 국토의 불균형 발전으로 인한 경쟁력 저하뿐만이 아니라 사회적 격차문제도 발생시켜 사회적 갈등이라는 큰 부작용도 발생시키고 있다. 이제는 중앙과 지방과의 관계를 기존의 '집중과 분산'이라는 프레임에서 '협력과 자율'이라는 프레임으로 바꾸어야 할 때이다.

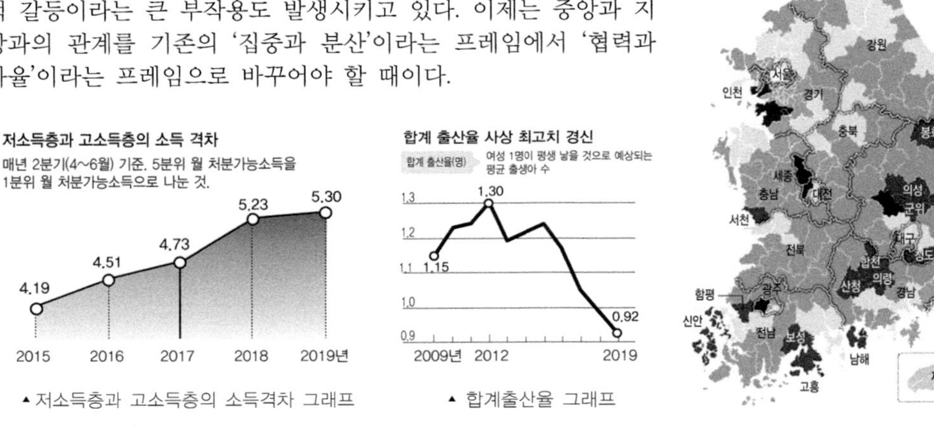

▲ 저소득층과 고소득층의 소득격차 그래프 ▲ 합계출산율 그래프

2단계 지역발전정책 추진 방향을 발표한다. 2009년 4월 국가균형발전특별법안이 국회에서 의결되면서 광역경제권(수도권, 충청권, 호남권, 대경권, 동남권 5+강원권, 제주권 2)과 병행한 기초생활권, 초광역개발권 등 3차원적 국토개발전략을 추진한다. 이명박 정부에서는 균형발전특별법의 개정을 통하여 광역경제권에 대한 정의, 광역경제권 발전계획의 수립·시행, 광역경제권 추진기구, 지방자치단체 간 연계·협력사업 재정지원 등을 규정한 바 있다. 박근혜 정부에서는 지역발전정책의 여건 변화, 해외사례 고찰, 지난 정책에 대한 검토와 반성, 새로운 국정철학과 국정과제를 토대로 제1차 지역발전위원회 회의(2013.7.18.)를 통해 지역발전정책의 비전과 전략을 제시하였다.[6] 박근혜 정부에서도 국가균형발전특별법을 지역생활권과 경제협력권, 시·도 및 지역생활권 중심의 사업 추진, 지역발전위원회 역할 강화 관련 내용을 포함하였다. 특별회계는 기존 광역·지역발전특별회계에서 지역발전특별회계(생활기반, 경제발전, 제주, 세종 계정)로 확대 개편하기에 이르나 대부분 그 효과가 미미하였다는 평가이다.

2017년 출범한 문재인 정부는 2018년 2월 28일 국회에서 국가균형발전특

6) 지역발전위원회(2017), 지역발전정책 백서: 정책자료집 2013~2017.

서울인구의 변화

서울인구는 1953년에 100만 명에서 1959년에는 200만 명, 63년에는 300만 명, 68년도에는 400만 명, 70년에는 500만 명을 넘어섰다. 1970년대에도 이러한 추세는 계속되어 서울인구는 72년에 600만 명을 돌파하였고 4년후인 1976년에 700만 명, 1979년에는 800만 명을 넘어섰다. 이러한 서울의 인구증가는 행정구역 확대의 산물이기도 하지만, 한 해 또는 두 해만에 분당 또는 일산 등 신도시의 인구만큼늘어나는 세계 도시역사에서 찾아보기 힘든 실로 폭발적인 증가라고 할 수 있다. …(중략) … 이러한 서울의 인구는 1990년대에 들어와 둔화되었으나 이는 주로 일산, 분당, 산본, 평촌, 중동 등 신도시개발에 따른 교외화 현상 때문이다. 즉, 수도권 인구의 증가로 이어지게 된 것이다(서울시(2010), ≪지표로 본 서울변천 2010≫, pp. 4~5 참조).

별법 개정을 통하여 과거의 하드웨어적인 지역개발 정책에서 소프트웨어적인 지역경제권 사리기 중심으로 지역발전을 추진하고자 하였다. 이를 위해서 새로 개편된 '지방시대위원회'는 관련 정책을 총괄 조정하는 역할을 담당하면서 2023년도 현재 균형발전 특별회계 약 12조 원에 대한 예산편성시

〈표 12-1〉 역대 정부별 지역발전 추진기구 및 협력거버넌스 체제 변화

구성체계		참여정부 (2003~2008)	이명박정부 (2008~2013)	박근혜정부 (2013~2017)	문재인정부 (2017~2022)	윤석열정부 (2022~2027)
근거법		균특법 제정	균특법 개정	균특법 개정	균특법 개정 혁신도시특별법 개정	균특법 개정
집행 기구		국가균형발전 위원회	지역발전위원회 중앙부처 광역경제발전 위원회	지역발전위원회	국가균형발전 위원회	지방시대 위원회
		지방자치단체	지방자치단체	중앙부처 지방자치단체	중앙부처 지방자치단체	중앙부처 지방자치단체
재정 예산		국가균형발전 특별회계	광역·지역발전 특별회계	지역발전 특별회계	국가균형발전 특별회계 (4개 계정)	국가균형발전 특별회계
광역권 주관 기관		지역혁신협의회 (법정기구)	지역발전협의회 (임의기구)	지역생활권발전협의회 (법정기구)	지역혁신협의회 (법정기구) 균형발전 상생회의	지방시대 위원회

출처: 국가균형발전위원회(2019), 국민 삶의 질 향상을 위한 국가균형발전정책 추진체계 개선방안, 연구용역 보고서, 필자가 일부 수정.

의견을 제시하여 특별회계 정부예산에 대한 "배분 · 조성 · 편성"에 결정권을 행사할 수 있는 권한을 부여 받았으며 시 · 도가 중심이 되어 중앙부처와 협력사업으로 추진하는 경우 예산의 우선지원이 의무적으로 가능하도록 하는 계획계약제도(지역발전투자협약)를 도입하였다. 즉, 국가균형발전위원회와 국토교통부가 2018년 6월에 발표한 '지역발전투자협약제도' 내용에 의하면, 이 제도는 중앙정부와 지방정부 간 협력모델로서 시 · 도의 지역정부가 중심이 되어 지역발전을 위한 중장기 발전계획을 수립하게 되면 중앙정부는 안정적으로 예산지원이 가능하도록 협력을 제도화한 것이다. 앞의 <표 12-1>은 역대 정부에서의 지역발전을 위한 추진기구에 관하여 정리한 내용이다.

정부는 지방소멸에 대응하기 위하여 '지방소멸대응기금'(2022~2031) 연 1조원을 광역 25%, 기초 75%로 2년마다 재심사를 하여 10년간 지원하기로 했다. 단, 서울과 세종은 제외하고 광역 15곳, 기초 107개(인구감소 지역 89개, 관심지역 18개)가 대상지역으로 선정되었다. 그러나 인구소멸과 지방소멸은 다른 개념이다. 정부의 현 지방소멸대응기금의 대상지역들이 인구소멸지표 중심으로 선정했기 때문에 제외된 지방정부들의 반발도 예상된다.

2. 우리나라 도시화의 특징

인구 감소, 저성장, 기후 변화, 기술 발전 등과 같은 국내 · 외 변화는 도시에 복합적으로 영향을 미친다. 우리나라의 도시화, 특히 대도시화는 다른 국가들에 비하여 1970~80년대 산업화를 거치면서 매우 급속하게 도시화 과정을 거쳤다. 우리나라 도시정책에 대한 제도변화를 살펴보면 1949년 도(道)와 서울특별시를 광역자치단체로, 시 · 읍 · 면을 기초자치단체로 하는 중층제 지방행정계층구조로부터 시작하였다. 1980년대에 본격적으로 논의됨에 따라 부산, 대구, 인천, 광주, 울산, 대전을 광역시로 하는 승격 과정을 거쳐, 1988년 4월 「지방자치법」에 인구 50만 이상의 시에 대해서 인구 규모 및 도시 특성을 고려한 도시 특례를 규정하였다. 또한 대도시 특례제도에 관하여 2010년 제정된 「지방행정체제개편에 관한 특별법」과 2013년 이를 전면 개정한 「지방분권 및 지방행정체제개편에 관한 특별법」에서 이를 구체적으로 규정하고 있다. 여기에서도 지방자치법과 마찬가지로 인구 50만 이상을 대도시로 규정하고 있으며, 인구 100만 이상의 대도시에 대한 차별적 특성을 고려하고 있다. 현재는 인구 50만 명 이상 대도시에게 「지방자치법」 제10조 제2항 제2호 단서에 따라 도를 대신하여 시가 직접 처리할 수 있는 사무를 부여받고 있다(지방자치법 제175조). 다음의 <표 12-2>는 우리나라 대도시 제도 변천과정(1949~2019)을 보여주고 있다.

〈표 12-2〉 우리나라 대도시 제도 변천과정(1949~2019)

연 도	우리나라 대도시 제도 변천 과정
1949년	7월 4일 법률 32호로서 지방자치법 제정·공포 도와 서울특별시를 광역자치단체로 하고 시·읍·면을 기초자치단체로 하여 지방행정계층구조를 중층제로 성립함
1961년	기초자치단체를 시·군으로 재편람
1962년	서울특별시 행정에 관한 특별조치법 제정
1963년	부산직할시 승격
1981년	대구직할시, 인천직할시 승격
1986년	광주직할시 승격
1988년	1988년 4월「지방자치법」 개정에서 인구 50만 이상의 시에 대하여 인구 규모 및 도시특성을 고려한 도시 특례를 두는 규정 제정 대전직할시 승격
1991년	지방의원 직선제 도입
1995년	도농통합시 40개 지정 직할시를 광역시로 명칭변경 민선단체장 직선
1997년	울산광역시 승격
2005년	지방행정체제 개편 논의
2006년	제주특별자치도 출범
2007년	지방행정체제 개편 대선 공약화
2010년	지방행정체제 개편 특별법 제정 경남 통합 창원시 출범
2011년	지방행정체제 개편 추진위원회 출범
2013년	지방분권 및 지방행정체제 특별법 제정 지방행정체제개편 6대 과제 중 '대도시 특례 발굴' 인구 100만 특례시 관련 지방자치법 일부개정법률안 발의 제1차 대도시 특례확보 관계기관 연석 정책간담회, 5대 도시 시장 공동 건의문 제출
2014년	지방자치발전위원회 대도시 특례제도 개선방안수립 제2차 대도시 특례확보 관계기관 연석 정책간담회
2015년	제1소위원회는 국토교통부 외 4개 부처 소관 273개 사무를 심의하였으며, 제2소위원회는 보건복지부 외 5개 부처 소관 221개 사무를 심의

2016년	지방자치법 일부개정법률안 발의(이찬열 의원 등) 지방분권법 일부개병법률안 발의(김진표 의원)
2017년	문재인 대통령 후보 준광역시 수준의 특례제도 도입필요 언급 지방자치발전위원회 인구 50만 이상 대도시 특례 2개, 인구 100만 이상 대도시 특례 3개 등 총 5개를 확정함
2018년	자치분권위원회 자치분권 종합계획에서 대도시 특례 확대 포함 창원, 특례도시 추진기구 출범 행안부, 지방자치법 전면개정안 발표 '특례시' 명시
2019년	지방자치법 개정안을 비롯해 지방이양일괄법, 지방세기본법, 자치경찰제법 등이 2019년 법안소위에 상정 2020년 1월 10월 지방이양일괄법 국회 통과
2020년	"지방자치법전면개정"에 의해 100만 이상 대도시에게 특례시 명칭 부여

출처: 박상우(2019), "특례시의 주요쟁점과 추진방안: 수원시를 중심으로". pp. 5-12. 재구성; 문혜리(2020). 재인용.

〈표 12-3〉 한국의 대도시권 유형과 관할지역 범위

유 형	법 근거	관할권 범위
서울특별시	• 지방자치법(제2조～제3조) • 서울특별시행정특례에 관한 특별법	• 법에 근거한 관할행정구역
광역시	• 지방자치법(제2조～제3조) 등	• 법에 근거한 관할행정구역
특례적용도시	•「지방자치법」 제10조 제2항 제2호 단서	• 인구 50만 이상의 대도시에게 도를 대신하여 시가 직접 처리할 수 있는 사무를 부여받고 있다(지방자치법 제175조).
특례시	• 지방자치법 전부개정 시행령 실시(2022.1.13)	• 인구 100만 이상 대도시 적용

출처: 행정안전부(2019), 2019년 지방자치단체 행정구역 및 인구현황(통계기준은 2018년 12월 말 현재). 필자가 일부 수정하였음.

또한, <표 12-3>은 우리나라 인구 50만 이상의 대도시의 법률적인 유형과 관할 지역권 범위를 나타내고 있다.

1) 50만 이상 대도시 특례 현황

2023년 7월 1일 기준으로 전체 인구의 50% 이상이 수도권에 집중되어 있으며 특별시·광역시를 제외한 현재 인구 50만 이상 대도시는 총 16개로 다음과 같다. 수도권인 경기도에 10개 대도시(고양, 남양주, 부천, 성남, 수원, 안산, 안양, 용인, 화성, 평택)가 집중되어 있으며 영남권은 3곳(창원, 포항, 김해), 충청권 2곳(천안, 청주), 호남권 1곳(전주)에 있다. 이들 가운데 수원시, 창원시, 고양시, 용인시 등 4개 대도시는 인구수가 1백만이 넘는다. 그 밖에 부천시, 성남시, 청주시 3곳은 80만이 넘고 성남의 경우는 거의 1

백만에 육박하고 있다. 그 외의 수도권 도시들 가운데 파주시와 김포시 역시 50만 이상 대도시가 될 전망이다. 정부는 이와 같은 도시들이 대도시화 되었음에도 불구하고 기초자치단체이기 때문에 권한이 적다는 비판에 직면하여 특례조항을 증대시키는 추세이다. 「지방자치법」에서 시・도가 처리해야 하는 사무 외의 모든 사무를 처리하도록 규정 하지만 인구 50만 이상의 시는 도에서 처리해야 하는 사무의 일부도 처리할 수 있다고 하여 대도시에 대한 특례권한을 주고 있다. 「지방자치법」과 동법 시행령의 사무배분에 관한 특례가 바로 그것인데, 이에 따라 인구 50만 이상 도시는 도의 처리사무 가운데 18개 분야 42개 사무를 직접 처리할 수 있도록 하였다<개정 2017.7. 26.> 42개의 세부 항목을 살펴보면, 토지구획정리사업에 따른 환지계획 인가, 도시계획사업 실시계획 인가, 재개발사업 시행자 지정 신청 등의 인-허가를 시가 직접 처리할 수 있다. 특히 대규모 공공시설사업과 재해복구사업 등 지방재정 수요에 대처할 수 있고, 지역개발사업을 효과적으로 추진하기 위해 시의회 의결을 통해 지방채를 발행할 수도 있도록 하였다.

2) 인구 100만 이상 대도시 특례제도 실시

2023년 현재 수원시, 창원시, 고양시, 용인시 등 4개 대도시는 인구수가 1백만이 넘으며 2018년도 정부의 지방자치법 전면개정(안)에서는 특례시 도입의 필요성에 대하여 언급한 바 있다. 그간의 경위를 보면 2010년 지방행정체제 개편에 관한 특별법이 제정되었고 2013년 이를 전면 개정한 지방분권 및 지방행정체제개편에 관한 특별법에서 대도시 특례제도를 구체적으로 규정하고 있다. 지방자치법과 동일하게 인구 50만과 100만 이상의 도시를 대도시로 보고 이들 대도시에 대해 사무특례와 행정 및 재정특례를 규정하였다. 첫째로, 행정사무특례로 지방분권 및 지방행정체제개편에 관한 특별법 제41조제1항 지방공기업법상 지역개발채권의 발행, 제2항 건축법상 건축물에 대한 허가(단 51층 이상, 연면적 합계가 20만 제곱미터 이상의 건축물은 미리 도지사의 승인을 받아야 함), 제3항 택지개발촉진법상 예정지구의 지정(도지사가 지정하는 경우에 한함), 제4항 도시재정비 촉진을 위한 특별법상 재정비촉진지구의 지정 및 재정비촉진계획의 결정, 제5항 박물관 및 미술관 진흥법상 시립 박물관 및 사립 일정 비율을 추가로 확보하여 교부, 미술관 설립계획 승인, 제6항 소방기본법상 화재예방 경계 진압 및 조사와 화재, 재난 재해, 그 밖의 위급한 상황에서의 구조 구급 등의 업무, 제

7항 농지법상 농지전용허가 신청서 제출, 제9항 개발제한구역의 지정 및 관리에 관한 특별조치법상 개발제한구역의 지정 및 해제에 관한 도시관리계획 변경결정 요청에 관한 사무이다. 둘째, 행정 조직 및 정원 특례이다. 지방분권 및 행정체제개편에 관한 특별법 제41조 제8항은 지방자치법상 정원 범위 내 5급 이하 직급별 기관별 정원의 책정, 그리고 제42조는 인구 100만 이상 대도시의 보조기관: 부시장 2명, 대통령령에 따른 행정기구 및 정원결정에 관한 사무이다. 셋째, 재정특례이다. 지방분권 및 지방행정체제개편에 관한 특별법 제43조 제1항 도세(원자력발전에 대한 지역자원시설세, 특정부동산에 대한 지역자원시설세 및 지방교육세는 제외한다) 중 100분의 10 이하의 범위에서 일정 비율을 추가로 확보하여 해당 시에 직접 교부, 제2항 대도시에 추가로 교부하는 도세의 비율은 사무이양 규모 및 내용 등을 고려(대통령령으로 정함), 제3항 소방시설에 충당하는 지역자원시설세를 도(道)세에서 시(市)세로 전환하는 사무이다(신윤창・안치순, 2016).

2022년도에 "지방자치법 전면개정"에 의해 인구 100만 이상 4대 대도시에게 특례시 도입이 실시됐다.

3. 국가 간 경쟁에서 도시 간 경쟁으로

정보통신과 교통운송 수단의 발전과 더불어 세계는 글로벌화 되고 있으며, 경제분야, 사회분야 등 민간분야에서는 이미 국경의 의미가 변화하고 있다. 글로벌 시대를 맞이하여, '국가간 경쟁'에서 '지역간 경쟁'으로 지역경쟁력에 관한 패러다임이 변화하였다. 이미 선진국에서는 대도시의 경쟁력을 향상시켜 지속가능한 발전을 도모하기 위한 '대도시권 국가(Metronation)' 전략을 지향하고 있다. 도시 성장 및 도시관리정책의 변화와 더불어, 대도시 형성의 확대 전망에 따라 우리나라 대도시의 관리정책에도 변화를 주어야 하는 것은 당연하다. 특히, 우리나라의 인구 50만 명 이상의 이들 대도시에 살고 있는 국민은 전인구의 70%를 넘었으며 이러한 추세는 가속화될 전망이다. 따라서 이들 대도시의 내부 역량을 강화할 필요가 있다. 도시 내부역량은 제도적 역량(institutional capacity) 개념을 바탕으로 좀 더 세부적으로 설명이 될 수 있는데 특정한 장소의 구성원들이 스스로 권력을 향상할 수 있는 역량을 세 가지 차원으로 구분하기도 한다. 즉, 지식 자원(knowledge resource), 관계 자원(relational resource), 동원 자원(mobilization capacity)으로 구분하는데(Healey, 1998). 이를 구체적으로 도시 간 내부역량을 비교・분석하여 2018년 노벨경제학상을 수상한 폴 로머(Paul M. Romer) 뉴욕대 교수는 "연구 개발(R&D)로 축적된 기술과 혁신, 인적 자본이 경제성장 내생 변수의 핵심이며, 도시가 경제성장의 내생 변수를 끌어내는 허브"라고 자신의 연구 결과를 발표한 바 있다.

앞으로의 대도시 정책은 변화하는 도시의 인구 규모에 따라 사무와 재정의 범위 그리고 권한이 알맞게 확대되어야 할 것이다. 도시가 평가되기 시작한 것은 글로벌 경제 시대를 맞이하면서 국가의 역할이 줄어드는 한편, 더 작은 규모의 도시나 지방의 역할이 더 커지게 된 데서 유래되었다고 볼 수 있다. 시장이 확대되고 기술변화가 빠른 속도로 진전되면서 개인과 국가 간의 사회계약이 약화 되었기 때문이다. 이러한 세계화를 바탕으로 지구적 수준의 경제주체가 기존의 국가 중심에서 지역과 지방, 도시로 확산하는 현상이 야기됨에 따라 기존에 상식적으로 통용되었던 '국가경쟁력이 곧 국제경쟁력'이라는 등식이 수정되기 시작한 것이다.

우리나라 역시 1960년대 이후, 국가발전전략으로 거점개발방식을 채택하여, 주요 거점도시에 한정된 자원을 집중적으로 투입함으로써 효율성을 극대화하였으나 수도권 과밀집중과 지역간격차로 인한 사회적 갈등의 분출 등 또 다른 부작용을 겪고 있다. 따라서, 정부는 앞서 살펴본 바와 같이 인구 기준으로 50만 이상, 100만 이상으로 구분하여 도시 특성을 반영하는 권한의 차이를 개별법 등에서 특례조항을 두어 권한 강화를 하고 있으나 보다 적극적으로 대도시로의 과감한 권한 이양을 통한 국제경쟁력을 갖추도록 추진할 필요가 있다.

그러나 ≪도시는 왜 불평등한가≫의 저자인 리처드 플로리다(2018)가 그의 저서에서 "산업 시대의 사회안전망을 구축하는 데 19세기 중반에서 20세기 중반까지 거의 한 세기가 걸렸다. 뉴딜 시대에 산업 경제의 불평등을 해소하기 위해 시행된 사회안전망은 승자독식 도시화의 도전과제들, 즉 지리적 불평등, 도시 및 교외지역의 집중적인 빈곤을 해결하기에 적합하지 않다. 이제는 오늘날의 도시화한 자본주의의 불평등 악화를 해결할 수 있는 새로운 사회안전망을 구축할 때다. (중략) 그 중 가장 중요한 일은 도시와 지역사회가 경제를 건설하고 새로운 도시 위기의 도전을 해결하는 데 필요한 더 많은 관리 권한을 확보하도록 돕는 것이다. 영국은 이 분야에서도 앞서고 있다. 영국은 도시와 중앙 정부 간의 새로운 동반자 관계를 맺었는데 데이비드 캐머런(David Cameron) 전 총리와 에드 밀리밴드(Ed Milliband) 전 노동당수를 포함한 좌파와 우파 지도자들이 모두 이를 지지한다. 에드 밀리

밴드는 새로운 도시 상원(Senate of Cities)을 만들 것을 요구하고 있다. 2015년 영국 기업 지도자, 정책입안자, 경제학자, 도시계획 전문가로 구성된 특별 토론자들은 도시에 권한을 이양하기 위한 핵심 내용을 개략적으로 제시했다. 여기에는 의사결정 권한을 중앙정부에서 도시와 대도시권 지역으로 이양, 도시에 더 많은 세금 및 예산 권한 부여, 도시 지도자들의 국가 대의기관 참여, 도시 지도자들이 영구적으로 정부 내각에 참여할 수 있는 직위 신설, 대도시 지역 전체의 사회기반시설, 인재, 경제개발에 대한 주요 투자를 조정하는 새로운 메커니즘 구축이 포함된다."라고 강조한 점은 매우 중요하다. 즉, 도시 간 경쟁은 분명하고 새로운 격차문제가 도시 내부에서 발생하기 때문에 더욱더 도시 스스로 결정할 수 있는 권한을 확대하고 이를 민주적으로 도시민들이 통제 가능하도록 하여야 한다는 것이다.

4. 도시정부의 리더십 강화를 위한 조건

리더십(leadership)에 대한 일반적 정의를 따르자면 "리더십(leadership)이란 조직의 목적을 달성하기 위해 구성원들을 일정한 방향으로 이끌어 성과를 창출하는 능력과 지도력은 조직의 문제점을 개선하고, 조직이 환경 변화에 적응하도록 하며, 구성원에게 동기를 부여하는 등의 행위"를 말하는 것이라고 할 수 있다. 리더십에 관한 가장 탁월한 이론가 중 하나인 제임스 M. 번즈 교수는 역사가이자 정치 사회학자이며, 실제로 정치 현장에서 활동한 정치 운동가이기도 하다. 1978년의 그의 저서 '*Leadership*'[7]은 학문적 성과와 실제 현장 경험이 결합되어 완성된 리더십에 관한 리더십론에 관한 교과서라고 볼 수 있으며 또 다른 그의 저서 *Transformational Leadership* (2003)에서 그가 "리더와 구성원들은 서로가 더 높은 수준의 도덕성과 동기로 진보하도록 해야 한다."라고 주장한 점은 현대 리더십론에 큰 획을 그었다고 볼 수 있다. 전통적인 리더십론은 다음의 3가지 유형으로 대별할 수 있는데 특성이론, 행동이론, 상황이론 등으로 구분하고 있다. 그러나 그는 전통적 접근들과는 다르게 변혁적 리더십의 강조를 통해 리더와 팔로워들 간의 상호적 교환 관계에 기초하지 않고 변화를 만드는 리더들의 성격이나 기질, 능력에 기초한다는 점을 밝혀냈다는 데에 그 특징이 있다. 특히 막스

7) M. 번스의 리더십은 우리말로 번역되어 있다. 한국리더십연구회(2000), 「리더십 강의」(생각의 나무), 필자인 임승빈은 제13장과 14장을 번역했다.

베버(M. Weber)가 구분한 권위적 리더십, 민주적 리더십, 합법적 리더십, 합리적 리더십, 카리스마적 리더십 등에서 강조했던 바는 자원(Resource)를 바탕으로 교환가치가 발생할 때 리더와 팔로워라는 지배적 질서가 형성되며 기대 가치를 만족시키는 자원을 갖는 것이 리더의 덕목이라고 강조했던 것과는 다르다. 베버가 주목한 무력과 강압에 의한 지배는 교환가치가 없으므로 일시적이며 리더가 되려면 팔로워(followers)를 충족시켜줄 자원이 필요하다는 점에 대한 반박이었던 것이다. 번스는 베버가 강조한 권력의 두 가지 본질로서 동기와 자원뿐만이 아니라 혁신성으로서 변혁을 가져오는 것은 리더와 팔로워가 함께 도덕성과 동기가 서로 간에 같은 방향이어야 한다는 것이다.

변혁적 리더십을 강조한 번스의 시각은 각종 자원(인구와 사회적 인프란 자본 등)의 격차가 점차 벌어지고 급기야는 지방소멸론까지 등장하는 최소한 지금의 한국의 지방자치를 보면 베버의 시각보다 타당하다. 즉, 사람과 사물의 글로벌 교류와 상호작용 확대에 따라 거버넌스의 공간적 단위가 전통적인 국가 단위를 넘어 도시 등 작은 규모의 지방자치단체까지 다양해지고 있으므로 지방정부의 리더십을 강화시키려면 자신들의 지역 내에서 또는 외부자원의 교환이라는 측면에서 지방정부의 권한 행사가 폭넓게 인정되도록 중앙정부가 대폭적인 권한이양을 해야 한다는 주장을 하고 싶다.

즉, 규모가 크던 작던 우리나라의 일개 지방정부 일지라도 자기 지역 주민들과의 동기와 자원을 바탕으로만 하지 않고 대한민국 전체 혹은 국제적인 관점에서 동기와 자원을 동원할 수 있는 역량이 발휘될 수 있도록 하는 것이 진정한 지방정부 리더십 강화를 위한 조건이 되는 것이다. 특히, 우리나라와 같이 도시화율이 80%가 넘고 인구 50만 이상의 대도시가 전국에 16개(2019년 7월 1일 기점으로 수도권 인구가 50% 넘었으며 가속화되고 있다), 서울특별시, 6대 광역시를 고려하면 도시정부에서의 리더십 강화는 국가경쟁력 강화라는 측면에서도 중요하다.

그렇다면 중앙정부는 지방정부의 리더십 강화를 위해 어떠한 역할을 수행하여야 하는가. 「불평등의 대가」의 저자이면서 노벨경제학상 수상자인 스티글리츠와 브루스가 공저한 「창조적 학습사회」에서 그들은 캐너스 애로우의 학습효과와 경제발전에 관한 상관성에 대해 구체적으로 언급하고 있다.[8] 애로우에 따르면 경제발전에 성공한 국가들은 평균성과와 최고성과의

8) Joseph E. Stiglitz · Bruce C. Greenwald(2015), Creating a Learning Society: A New Approach to Growth, Development, and Social Progress, 김민주 · 이

간격이 적다는 것이다. 문제는 시장 스스로가 학습과 혁신을 효율적인 수준으로 만들거나 반복적인 현상으로 만들고 있는가 아니라면 정부는 어떤 개입을 필요로 하는가 라는 점이다. 애로우 교수의 언급에 의하면 사회의 발전은 기술진보인데 두 개의 요인으로 연구개발과 행동학습을 적시하고 있다. 정부의 역할은 어떻게 하면 학습경제와 학습사회를 구축하는지 그리고 사회후생을 강화하기 위하여 정부의 역할을 강조하는 것이다. 로버트 솔로우(1957)는 지본축적에 대한 기술진보의 상대적 중요성을 수량화했으며 자본축적은 한명의 노동자가 만들어내는 생산량의 최대 3분의 1 정도만 설명가능하다는 점을 수리적으로 증명했다. 이렇게 해서 생산성 증대에 이르게 되는 다양한 종류의 기술진보가 이뤄진다는 것이다. 개발도상국과 선진국의 차이 즉, 1인당 국민소득의 차이는 지식의 차이에 기인한다는 것이다. 따라서 정부는 이러한 차이를 극복하기 위하여 학습사회를 만드는데 기술진보 등 혁신이 어느 한 기업 내지 사회에 내생화되면 발전이 힘들며 정부는 학습의 결과를 공유 내지 확산시키기 위하여 외생화하려는 노력을 끊임없이 해야 한다는 것이다. 지식과 학습에 있어서 시장은 비효율적이라는 증명을 애로우가 증명했듯이 스티글리츠 등이 강조하는 바는 선진국과 개발도상국의 차이는 부존자원의 차이가 아니라 지식의 차이이며 지식은 새로운 배움과 경험의 축적이 학습화되는 것이라고 정의하고 있다.

따라서 국가든 지방정부든 경쟁력을 강화시키는 것이 목표라면 우리나라의 현실이 대도시화로 되고 있으니 대도시 역량 강화를 위한 필요 충족 조건을 중앙정부가 권한을 부여하는 것이 필요하다. 문명은 인간이 스스로 진화되어 만들어 진 것이 아니라 변화된 환경에 적응한 인간이 만든 것처럼 지금까지 우리가 가지고 있었던 노멀을 버리는 용기를 가져야 하며 뉴노멀 시대에 맞는 새로운 경제, 사회의 뉴노멀을 만들어 나가야 한다. 특히, 후기 산업사회적 특성을 다른 어느 나라보다도 극명하게 보이고 있는 한국사회에서는 IT를 활용한 일상생활의 변화는 더욱 커질 것이다. 사회는 정보통신기술과 결합한 스마트 사회의 도래되어 명실상부한 다중민주주의의 현실화가 점점 이뤄지고 있다. 따라서 중앙정부는 플랫폼 정부형태로 바뀌어 권한의 분산을 통하여 수도권으로의 집중을 완화시키기 위해 노력을 하여야 할 것이다. 그러기 위해서는 지방정부에게 지금보다 훨씬 과감한 권한이양을 통한 리더십을 발휘토록 환경을 만들어줘야 할 것이다. 염려되어 첨언을

엽 옮김(2016), 「창조적 학습사회」(한국경제신문)을 요약정리했음을 밝힌다.

한다면 지방정부의 리더십 강화를 위한 대폭적인 권한이양은 단체장에게 국한되는 것이 아니고 지방의회, 지역사회공동체 구성원에게 대폭적인 권한이양이 필요하다.

제4절 지방소멸과 공동체 주의

1. 지방소멸에 관한 논의

대도시로의 인구집중 현상과 인구소멸 지역의 새로운 방식의 지역개발에 대한 이론적 논의는 여러 분야에서 이루어지고 있다. 도시이론 분야에서는 대도시로의 인구집중 현상을 "도시화"라고 정의하고, 이를 경제적 이유와 민주화 등의 사회적 요인으로 설명한다. 예를 들어, 새로운 산업과 기업이 출현하면서 일자리와 수익을 추구하기 위해 인구가 모여들고, 도시에서의 생활이 편리하고 문화적 가치가 높아지면서 인구가 계속해서 증가하는 것으로 이해된다.[9] 지리학 분야에서는 대도시로의 인구집중 현상을 "규모의 경제성"이라는 개념으로 설명한다. 즉, 대도시에서는 더 많은 인구와 기업이 모여들어 경제적 이점을 창출할 수 있기 때문에, 지역의 경제 발전에 큰 영향을 미친다는 것이다.[10] 인구가 점점 도시, 특히 대도시로 집중되는 현상을 밝힌 선행연구들을 요약하자면 다음과 같은 사항들을 공통적으로 지적하고 있다.

첫째, 일자리와 경제적인 기회가 도시에서 더 많이 제공되기 때문이다. 대도시에는 다양한 산업과 서비스 업종이 집중되어 있으며, 이는 다양한 직업 기회를 제공한다. 이에 따라, 도시에 사는 사람들은 더 높은 수준의 경제적 안정과 발전 기회를 누릴 수 있기 때문이다.

둘째, 도시에서는 다양한 문화적 활동과 시설, 서비스가 제공되기 때문이다. 대도시에서는 공연, 전시회, 박물관 등 다양한 문화적 활동이 가능하며, 또한 매장, 카페, 레스토랑 등의 다양한 서비스 업종이 집중되어 있다. 이는 다양한 문화 경험을 쌓을 수 있고, 더욱 편리한 생활을 할 수 있는 환경이

9) Friedmann, J.(1986). The world city hypothesis. Development and change, 17(1), 69-83.

10) Krugman, P.(1991). Increasing returns and economic geography. Journal of political economy, 99(3), 483-499.

제공되기 때문이다.

셋째, 교통과 편의 시설이 발달되어 있기 때문이다. 대도시에는 지하철, 버스, 택시 등 다양한 교통수단이 운행되며, 또한 대규모 상업 시설과 대형 마트 등 다양한 편의 시설이 제공된다. 이는 주거와 일상생활을 보다 편리하게 만들어준다.

넷째, 인프라와 공공 서비스가 더욱 발전되어 있기 때문이다. 대도시에서는 다양한 공공 서비스와 인프라가 운영되고, 그에 따른 공간 계획과 정책도 수립된다. 이는 안전한 생활과 생활 편의성을 높이는 데 도움을 준다.

반면에, 인구소멸로 인한 지방소멸 위기에 빠진 지방자치단체의 지역개발 분야에서는 대도시와 지방 지역 간의 격차를 해소하는 방안으로 지역의 자원과 문화적 가치를 활용한 지역 브랜드 마케팅, 스타트업 지원, 산업 클러스터 형성 등의 정책사례가 있다. 소멸위기에 빠진 지역에서 생존 가능성을 높이기 위한 접근 방법으로서 일반적으로 다음과 같은 사항들이 거론된다. 첫째, 산업을 집약시키는 지원정책이다. 지역 특성에 맞는 산업을 집약시켜 현지 일자리를 창출하고 경제 활동을 활성화시키는 것이 중요하다.

둘째, 지역 자원 활용이다. 지역 특성에 맞는 자원을 활용하여 창업 기회나 새로운 비즈니스 아이디어를 찾는 방안이다.

셋째, 커뮤니티의 활성화이다. 지역 사회를 활성화시키는 일종의 커뮤니티 매니지먼트를 통해 지역 주민들이 자발적으로 만드는 각종 모임 등을 활성화시켜 지역사회에서의 삶의 질을 높일 수 있도록 지원하는 방안이다.

넷째, 교통 인프라 개선이다. 지역과 주변 지역 간의 교통 편의성을 높여 이동성을 높이는 것도 중요하다.

2. 참여 민주주의의 위기[11)]

수 세기 동안 민주주의와 지방자치에는 적극적으로 참여하는 시민이 필요하다는 생각이 하나의 상식으로서 존재하고 있었다. 그러나 미국 민주주의에서 공공의무를 수행하는 시민의 필요성과 공공제도의 바람직성은 사적인 자발적 결사체에 시민이 광범위하게 참여하는 사회적 자본을 구체화하는 시민참여의 네트워크에 의해 부분적으로 결정된다. 참여 민주주의는 미

---

11) 임승빈(2018), 「정부와 NGO」, 4판, pp. 296~302에서 일부 발췌 요약했음을 밝힌다.

국의 정치철학에서부터 깊은 뿌리를 내리고 있다. 1816년 당시 미국의 대통령이었던 제퍼슨(Thomas Jefferson)은 "요청이 있으면 모든 시민이 직접참여하고 행동할 수 있을 정도의 카운티(county)를 여러 개의 작은 구역으로 나누고, 자기가 사는 곳에서 제일 가까이에 있고 가장 관심이 많은 직책을 맡아, 정부의 적극적인 일원으로 만들면 나라와 질서에 강한 애착심이 생겨날 것이다"라고 주장하며 풀뿌리 민주주의를 촉진하기 위해 헌법을 개정하자고 제안했다. 그로부터 10여 년 후 프랑스의 정치철학자 토크빌(Alexis de Tocqueville)은 "한 사람을 그 사람만의 울타리에서 끄집어내 국가의 운명에 관심을 두게 하기는 어렵다. 국가의 운명이 자신의 처지에 어떤 영향을 미칠 수 있는지 확실히 이해하지 못하기 때문이다. 그러나 그 사람이 소유한 땅끝을 가로지르는 도로 건설 계획이 제안되면, 그는 작은 공공의 업무와 자신의 가장 큰 개인적 이익 사이에 연관이 있다는 것을 단번에 알아차릴 것이다. 그리고 누가 보여주지 않아도 스스로 일반 이익과 개인 이익을 하나로 묶는 밀접한 연결관계를 발견할 것이다"라고 언급하면서 국가의 운영에서 개인을 참여하도록 하는 것이 얼마나 어려운지, 그리고 개인을 참여하기 위해서는 어떻게 해야 하는지 강조한다.

영국의 정치철학자 밀(John Stuart Mill)은 그의 저서 「자유론(Liberty)」[12]의 2장인 사상과 토론의 부분에서 공동 작업에 참여하는 시민은 "참여 민주주의 아래에서 시민은 자기 이익이 아니라 여러 사람의 이익을 중요시하도록 요구받고, 서로의 주장이 충돌할 경우에는 자신의 개별적 특수성과는 다른 규칙을 따르도록 요구받으며, 공중의 한 사람으로 자신을 느끼게 되고, 공중의 이익이 되는 것은 무엇이든 자신에게도 이익이 된다고 느끼게 된다"고 언급하였다.[13] 즉, 참여 민주주의는 개인의 성품에도 영향을 미친다. 시민참여는 정부의 수요와 공급 측면에서 모두 중요하다. 공급 측면에서 보면 시민적 공동체의 시민은 더 좋은 정부를 기대하며, 그런 정부를 얻어낸다. 정책결정자들이 자신의 정치적 책임을 시민에게 져야 한다고 예측하면, 대중의 저항에 직면하느니 자신들의 최악의 충동을 억제하게 된다. 공급 측면에서 보면 공직자와 시민 모두의 민주주의적 가치, 그리고 시민공동체의 사회적 하부구조에 의해 대의 정부의 업무 수행이 쉬워진다. 사람들이 서로 알고, 합창 연습이나 운동 시합 등의 단체모임에서 매주 만나 상호

12) J. S. Mill 저, 박홍규 옮김(2018), 「자유론」, 14판(서울: 문예출판사), pp. 53~125.
13) Robert D. Putnam 저, 정승현 옮김(2000), 「나 홀로 볼링: 볼링 얼론-사회적 커뮤니티의 붕괴와 소생」(서울: 페이퍼로드), p. 557.

작용을 하며, 명예롭게 행동하고 서로 신뢰하는 곳에서는 앞으로의 협동에 토대가 될 모델과 도덕적 기초를 갖게 된다. 예를 들어, 시민이 동네에 들어오고 나가는 사람들을 지켜보는 곳에서는 경찰의 사건 해결 비율도 높은 것처럼 법률의 집행에 큰 비용과 노력을 기울이지 않아도 잘 돌아가는 정부는 이와 같은 사회적 자본이 있을 때 더욱 효과적으로 움직인다.

3. 참여의 허와 실[14)]

단체를 조직하는 미국인의 창의성은 무궁무진하다는 말이 있을 정도로 미국인은 다른 나라들에 비교해 자발적 결사체가 활발하게 참여하고 있다. 토크빌(Alexis de Tocqueville)은 그의 저서 「미국의 민주주의(Democracy in America)」에서 "미국에서는 연령에 상관없이, 어느 지위에서건 여러 성향의 모든 사람이 늘 단체를 조직하고 있으며, 미국에서 지적·도덕적 단체들보다 더 주목할 만한 것은 없다"라고 언급하여 19세기 초반 미국 사회 속에서 지금까지 계속 남아 있는 자발적 결사체의 활발한 활동을 포착하였다. 공식 단체에 공식 회원으로 가입하는 것은 사회적 자본의 한 측면이자 대개 공동체 참여 활동의 유용한 지표로써 간주한다. 미국의 「단체 백과사전(Encyclopedia of Associations)」에 등록된 전국 규모의 비영리조직의 숫자가 1968년 10,299개에서 1997년 22,901개로 1인당 전국규모 조직의 수가 70% 상승하는 등 지난 30년 동안 지속적인 성장세를 보였다. 그러나 1962년 「단체 백과사전」의 조사 결과를 보면 지난 사반세기 동안 자발적 결사체의 수는 3배가 늘었으나 평균 회원 수는 10분의 1로 줄어들었다. 즉, 단체의 수는 많아졌지만, 규모가 대폭 축소되었다는 것이다.

1960년대와 1990년대 사이 단체의 폭발적인 증가는 미국 내 풀뿌리 참여의 성장보다는 단체 명칭만 잔뜩 늘어났음을 의미한다. 또 하나의 현상으로 전국 규모 단체의 본부가 지리적으로 밀집되어 급속한 증가세를 보이는 신생단체들은 지역에 뿌리를 두고 회원 중심으로 움직이는 풀뿌리 활동이나 개별 회원들 사이의 정기적 접촉의 장을 마련하기보다는 전문인력들이 배치되어 자신들의 주장과 이익을 선전하는 조직으로 더욱 전국적인 정치토론에서 견해를 표출하는 데 주력한다. 20세기 이후 상당 기간 미국인들의 단체활동에 대한 참여가 지속해서 상승했으며, 마지막 3분의 1 동안은 회원

---

14) 임승빈(2018), 「정부와 NGO」, 4판, pp. 296~302.에서 일부 발췌 요약했음을 밝힘.

들이 전혀 만나지 않는 완전히 새로운 형태의 '3차 단체(tertiary association)' 들이 창설되면서 대면 교류 회원의 감소 및 실제로 지역공동체의 단체에 할애하는 시간은 감소하였다. 많은 미국인이 자신을 단체의 회원이라고 주장하지만, 클럽을 비롯한 자발적 결사체의 적극적인 참여는 불과 몇십 년 만에 놀라운 속도로 급락한 것이다.[15] 결국 과거에 시민의 참여를 촉진했던 능력, 자원, 관심이 교육 수준의 향상으로 더 많은 인적 자원이 늘어났음에도 불구하고 시민참여, 즉 사회적 자본은 감소했다. 이는 1960년대 중반 이후 미국인의 정치와 정부에 관여하고 자신의 권리를 행사하는 다양한 방식이 과거와 비교하면 성격이 크게 변화했기 때문이라고 볼 수 있다. 교육 수준의 상승과 함께 공직에 출마하거나 국회의원에게 편지 보내기, 잡지 · 신문에 편지나 원고 보내기 등 자신의 의견을 공개적으로 표현하는 행동은 10~15%가 줄었다. 즉, 공공업무에 대한 지식은 잘 갖추고 있으나 실제로 정치와 정부에 참여하는 사람들은 날이 갈수록 줄고 있다는 것이다. 특히, 투표율은 약 25% 감소, 정치와 공공업무에 대한 관심도는 약 15~20% 감소, 정당 관련 집회 참석은 약 35% 감소, 정당 정치의 관여도는 약 40%의 감소세를 보였다. 모든 종류의 정치단체 혹은 시민단체의 참여는 40%가 감소했다. 미국은 과거와 비교하면 시민참여, 즉 사회적 자본이 감소를 하고 있다고 볼 수 있다.[16]

4. 공동체주의의 탄생과 논점

21세기 공동체주의라는 학문적 용어와 체계를 처음 주장한 학자는 「정의론」(Justice)로 유명한 마이클 샌델(Michael J. Sandel) 교수이다. 그는 「자유주의와 정의의 한계」(Liberalism and the Limits of Justice, 1982)에서 '공동체주의자'라는 용어를 처음 사용해 아래스데어 멕킨타이어(Alasdair MacIntyre) 등과 함께 공동체주의의 이론가로서 등장하게 된다. 1980년대 미국에서는 마이클 샌델을 비롯한 찰스 테일러, 마이클 월저, 맥킨타이어 등 공동체주의자들이 나타나는데 이들은 1971년 존 롤스 교수의 유명한 저서 「정치적 자유주의」[17]에 나오는 중립에 관한 자유주의 사상을 비판하면

15) Robert D. Putnam 저, 정승현 옮김(2000), 「나 홀로 볼링: 볼링 얼론-사회적 커뮤니티의 붕괴와 소생」(서울: 페이퍼로드), pp. 74~76.

16) 앞의 책, pp. 74~76.

17) John Rawls 저, 장동진 역(1998), 「정치적 자유주의」(서울: 동명사).

서 출발한다. 이들은 롤스 이론의 핵심인 자유로운 선택권을 지닌 부담을 감수하지 않은 자아라는 견해에 문제를 제기했다. 이들은 공동체와 연대를 강조할 뿐 아니라, 공개 석상에서 도덕과 종교를 더 적극적으로 다뤄야 한다고 주장했다.18) 당시 이들의 주장은 큰 반향을 일으킨다. 마이클 샌델은

인물탐구

마이클 샌델(Michael J. Sandel): 1953.3.5~, 미국의 정치철학자

그는 온라인 수강이 가능한 하버드 교육 강의 'Justice'로 익히 알려진 바 있으며, 존 롤스(John Rawls)의 「정의론(A Theory of Justice)」을 비판한 「자유주의와 정의의 한계」(Liberalism and the Limits of Justice, 1982년)를 발표하면서 세계적인 명성을 얻었다. 오늘날 대표적인 공동체주의자, 공화주의자이며 자유주의에 대한 비판가로 유명하다. 현재 그의 저서를 통해 공동체주의적 공화주의 라는 새로운 정치 이론을 표방하고 있다. 그는 현재 미국 예술 및 과학 아카데미(the American Academy of Arts and Sciences)의 특별 연구원으로 선출되어 활동하고 있으며, 미국 하버드 대학 교수로 재임 중이다. 미국 미네소타주의 최대의 도시인 미니애폴리스에서 유태인 집안의 첫 번째 아들로 태어났다. 1975년에 파이 · 베타 · 카파의 회원으로 브랜다이스 대학교를 졸업하고, 로즈 장학금으로 영국 옥스퍼드 대학교 베일리얼 칼리지에서 찰스 테일러의 지도를 받으며 박사 학위를 얻었다. 존 롤스의 「정의론」을 정면으로 비판하면서 명성을 얻은 그는, 자유주의자들의 개인에 대한 추상적 이해는 본래의 인간성과는 거리가 먼 왜곡된 인식이라고 말한다. 사회적 연대와 시민적 덕목을 강조하는 공동체주의를 주장한다. 하버드 대학에서 "Justice"라는 과목을 20여 년간 맡고 있으며 만여 명이 넘는 학생들이 수강해 하버드 역사상 가장 많은 학생들이 들은 강좌 중 하나로 손꼽히고 있다. 2007년 가을 학기에는 1,115명의 학생이 수강하였고, Harvard Extension School을 통해 온라인으로도 제공되었다. 현재 하버드 로스쿨에서 "Ethics, Economics and the Law"라는 세미나 과목도 지도하고 있다. 2005년에는 대한민국을 방문하여 한국철학회의 주최로 열린 다산기념 철학 강좌에서 '시장의 도덕적 한계', '자유주의와 무연고적 자아' 등의 강연을 한 바 있다. 그는 강연에서 "돈으로 살 수 없는 것과 살 수 있는 것"이 철학적으로 구분된다. 시장논리가 확장되어가고 있는 오늘날에도, 돈으로 살 수 없는 것이 존재하며 이러한 가치들에까지 시장논리가 침범해서는 안 된다고 역설했다. 2010년에는 아산정책연구원에서 샌델 교수를 초청, 서울 경희대학교 평화의전당에서 공개 강연을 열었다. 마이클 샌델 교수가 한국을 방문한 이유 중에 하나는 그가 출간한 「정의란 무엇인가」가 두 달만에 25만부의 판매고를 기록하면서 사회적인 반향을 일으킨 것에 기인하는데 특히 주요 독자가 40대였다. 국내 도서 관련 업체에서는 "특히 쉽게 쏠림현상이 나타나지 않는 전통적인 40대 인문독자의 관심을 끌만큼 사회적인 반향을 일으켰다"고 전했다. 2009년작인 「정의란 무엇인가」는 2010년 대한민국에 번역되어 인문학 서적으로는 베스트셀러 1위를 차지하여 화제가 되었다. KBS의 책읽는밤에서는 샌델의 이 책을 다루면서 2010년 대한민국에서 왜 다시 정의가 논의되고 있는지에 대한 배경과 책의 의미에 관해 패널들이 토론을 나눴다. 2011년 4월, 대한민국 판매량 100만부를 돌파했다. 1990년대 이후로 인문학 서적의 판매량이 꾸준히 줄었으며, 교양인문학 서적으로는 이례적인 일이다. 영미권에서는 10만부 이하로 저조한 판매량을 보였으나, 유독 일본(60만부)과 대한민국에서 많이 팔렸다. 정의를 판단하는 세 가지 기준으로는 행복, 자유, 미덕을 들 수 있다. 즉, 정의가 사회 구성원의 행복에 도움을 줄 수 있는지, 혹은 사회 구성원 각각의 자유로움을 보장할 수 있는지, 아니면 사회에 좋은 영향으로 끼쳐야 하는 지로 정의로움을 결정할 수 있다. 시장경제 체제에서 각각의 판단방식은 그 장점과 단점이 존재한다. 책은 일상 생활에서 발생하는 각종 사례와 역사적인 철학가들의 가르침을 통해 각각의 정의로움에 대한 판단을 보여준다. 마지막으로 공동체주의를 정의와 연결한다.

〈출처: 위키피디아〉

---

18) Michael Sandel 저, 이창신 옮김(2010), 「정의란 무엇인가」(서울; 김영사), p. 345. 재인용.

그의 저서 「정의론」에서 "흔히 정치와 법은 도덕적, 종교적 논쟁에 휘말리지 말아야 한다고 했다. 강압과 배타성을 우려해서다. 일리있는 우려다. 다문화 사회의 시민들은 도덕과 종교에 이견을 보인다. 앞에서 주장했듯이 정부가 이러한 이견과 이견 사이에서 중립을 지키기란 불가능하지만, 적어도 상호 존중을 바탕으로 한 정치는 가능하지 않을까?"(370쪽)라고 책말미에서 주장하고 있다. 즉, 그는 직장동료일 수도 있고 이웃집 시민일 수도 있는 사람들이 공적 삶에서 드러내는 도덕과 종교마저도 피하기보다는 적극적 또는 직접적으로 개입하여 도전하고 경쟁하면서 때로는 합의를 못 이끌어 낸다 하더라도 상호 경청하고 학습하여야만 공동체 정의에 가까워질 수 있다는 견해이다. 그의 정의론의 마직막 문장인 "도덕에 기초하는 정치는 회피하는 정치보다 시민의 사기 진작에 더 도움이 된다. 더불어 정의로운 사회 건설에 더 희망찬 기반을 제공하게 된다"라는 구절은 공동체주의가 추구하는 요체라고도 간주할 수 있다.

샌델의 공동체주의는 '공동체주의적인 공공철학'이며 닫힌 공동체가 아닌 열린 공동체를 지향하는 것이다. 바꿔말하면 지구-지역-국가-지방의 차원을 향한 공동체인 셈이다. 샌델의 첫 저작인 『자유주의와 정의의 한계』에서 샌델은 롤스의 자유주의적 정의론을 비판하면서도 공동체주의가 빠지기 쉬운 다수파주의와 보수주의 역시 경계한다. 그렇다고 그가 자유주의를 완전히 배격하는 것은 아니다. 그는 개인의 자유나 권리를 존중한다. 그러나 개인을 연고적 자기(encumbered self)로 표현하듯, 이를테면 고유 상황(context)을 가진 다양한 공동체와 관계를 맺고 있는 개인이자 자기라는 인간관을 제시한다. 즉, 샌델은 자유나 권리를 존중하면서도 공동체와 공동선(common good)을 더욱 중시한다. 단, 그가 애기하는 공동체의 공동선은 개인의 자유나 권리에 대한 의무가 아니다. 그것은 타자에게 공통적으로 좋은 것(공공선)으로서 인간이 도덕적으로 추구해야 할 목적이라고 강조한다.[19] 그리고 자연스럽게 그는 공동체주의적 공화주의를 제시하고 있다.

5. 한국사회의 공동체 위기

사회적 자본(social capital)이란 사람들 사이를 협력할 수 있게 하는 구

---

19) 고바야시 마사야 저, 김봉진 감수, 홍성민 · 양혜진 번역(2010), 「마이클 샌델의 정의사회의 조건」(서울: 황금물고기). pp. 382~383.

성원들의 공유된 제도, 규범, 네트워크, 신뢰 등 일체의 사회적 자산을 포괄하여 지칭하는 것이다. 이 중에서도 신뢰는 사회적 자본의 핵심으로 물질적 자본, 인적 자본에 뒤이어 경제 성장의 중요한 요소로 손꼽히고 있다. 사회적 자본이 잘 확충된 나라일수록 국민 간의 신뢰가 높고 이를 보장하는 법제도가 잘 구축되어 있어 거래비용이 적고 효율성은 높으므로 국가의 생산성이 올라가고 국민소득은 높아진다. 뿐만 아니라 사회적 자본은 정치의 투입(input)뿐만 아니라 산출(output)에도 영향을 준다. 시민 참여가 정부의 업무 수행 능력에 미치는 영향은 이탈리아의 지방정부가 가장 잘 보여주고 있다. 본래 정치적으로 독립적이며, 경제적으로도 분화된 강한 지방정부를 갖고 있던 이탈리아는 사회경제적 변화에 발맞추어 시민의 참여와 지역의 요구에 신속하게 반응할 수 있는 지방자치 정부로 전국을 재편하게 되었고, 1970년 지방정부 개혁을 위한 헌법 조항을 실행했다. 개혁 시행 이후 이탈리아 지방정부들의 사회적・경제적・정치적・문화적 환경은 천차만별의 모습을 보인다. 어떤 정부들은 비효율과 부패, 무기력한 모습을 보이지만, 다른 정부들은 공공사업을 효과적으로 운영하여 그 지역 주민을 만족시키면서 혁신적인 보육시설 프로그램과 직업훈련소를 세우는 등 투자와 경제 발전을 촉진하며, 환경기준과 가정 의료에도 앞장서 나가고 있다.

이탈리아의 지방정부를 좀 더 자세히 들여다보면, 적극적인 공동체 단체들을 많이 보유하고 있는 볼로냐시의 에밀리아-로마냐, 그리고 토스카나 같은 이탈리아의 일부 지역의 시민들은 공동체 참여에 있어서 후견이 아니라 공공의 문제 때문에 참여한다. 그리고 그들은 공정하게 행동하면서 서로를 신뢰하고 법을 준수한다. 이 공동체들의 지도자들은 상대적으로 정직하며 평등 이념을 지지한다. 이러한 '시민적 공동체들(civic communities)'은 연대성과 시민참여, 그리고 통합성을 중요시한다. 바로 여기서 민주주의의 원리가 작동하는 것이다. 반면에, 칼라브리아와 시칠리아처럼 '비시민적(uncivic)' 지역의 경우 우리가 아는 공동체적 시민권 개념이 성장하지 못했다. 사회단체, 문화단체 등 시민의 공동체적 단체참여는 희박하며, 특히, 주민들의 관점에서 보기에 공공업무는 자신들의 일이 아니라 '보스', '정치가' 등 '힘 있는 사람들'의 일, 즉 남의 일이다. 결국에는 서로 맞물려 있는 악순환 속에서 거의 모든 사람이 누군가에게 이용당하고 무력하며 불행하다고 느낀다. 이처럼 비시민적인 대의 정부가 시민적인 공동체에 비교해 능률이 떨어진다는 사실은 전혀 놀라운 일이 아니다. 정부의 질적인 측면에서 이렇게 뚜렷한 차이가 생긴 원인은 투표율, 신문 구독, 합창단과 문학 모임 가입 같은 시민참여의 강한 전통에서 비롯되며, 이는 성공적인 지방정부의 증명서이다.[20] 하버드대학 교수인 퍼트넘(Robert D. Putnam)이 주장하는 바대로 이탈리아의 남부와 북부 지방정부 간의 성과의 차이가 생기는 원인을 분석한 후, '사회적 자본이 남북 지방 정부의 성과와 경제발전의 차이를 만들어 냈다라는 결론은 다음과 같은 의미이다. 즉, 집합적 행위의 딜레마를 극복하거나 자기 스스로 기회주의를 배격할 수 있느냐는 한 사회가 갖고 있는 사회적 자본에 달려 있다는 점이다.[21]

그러나 우리나라의 문제는 지방정부의 성과 논쟁 이전에 인구 편중에 따른 지역 공동체붕괴 현상이 매우 심각하다는 것이다. 인구 5,100만 명 가운데 인구 1,000만 명의 서울시 그리고 50만 이상의 대도시 거주자가 인구의 80~90%를 차지하는 것은 시간 문제이다. 이에 따라 농촌공동체 붕괴는 이미 오래된 정책 어젠다이며 도시공동체의 구축은 극히 몇몇의 사례지역을 제외하고는 난제이다, 도시에서도 서울, 전주, 광주, 부산 등 대도시 지방정부에서도 도시공동체 활성화 정책 및 각종 조례를 제정하여 추진하는 움직임이 왕성하나 서울의 성미산공동체 사례를 제외하고는 대부분 전통시장 상인과 예술인들의 콜라보 형태로 발전하고 있지만 이 역시 젠트리피케이션 등으로 공동체 정신을 잃고 관광중심주의로 빠지고 있다.

미국의 경우 사회적 자본이 풍부한 도덕주의적인 주(state)들은 공공정책에서 대단히 혁신적이고 실력 본위의 채용 규칙에 따라 정부 직원을 충원한다. 이러한 주에서 정치는 보다 문제 지향적이고, 사회적·교육적 서비스에 초점을 맞추며, 명백히 덜 부패해 있다. 사회적 자본이 높은 주들은 더욱 능률적이고 혁신적인 정부를 유지한다. 그리고 시 단위에서도 풀뿌리 참여의 수준이 높은 곳은 후견 정치를 차단하고, 연방정부의 지역사회 발전 보조금의 더욱 공정한 배분을 확실히 보장한다. 제도화된 동네 단체들을 가진 포틀랜드, 세인트폴 같은 도시는 지역 주민이 원하는 제안을 통과시키는데 더욱 효율적이며 이러한 도시들은 지역 주민으로부터 시 정부에 대한 높은 수준의 후원과 신뢰를 누리고 있다. 실제로 사회적 자본이 높은 공동체에서 정부는 '우리'이지 '그들'로 인식되지 않는다. 이런 방식으로 사회적 자본은 정부의 정통성을 강화한다. 이런 맥락에서 보면 10년 주기의 사회조사에서 공동체의 협조 수준이 어느 정도인지 가장 잘 예측할 수 있는 지

20) Robert D. Putnam 저, 정승현 옮김(2000), 『나 홀로 볼링: 졸링 얼론-사회적 커뮤니티의 붕괴와 소생』(서울: 페이퍼로드), pp. 572~574.

21) 앞의 책, pp. 590~592.

표는 주민의 시민적 참여의 수준이다. 투표율, 사회적 신뢰 등 사회적 자본의 측정에서 상위를 차지하는 공동체들은 공영방송국에 보내는 기부금에서도 상당한 차이를 나타낸다. 로퍼 설문조사(Roper Survey)에 따르면 정치적 이데올로기의 양극단에 있는 미국인은 시민 생활에 참여가 높지만, 온건계열에 속하는 미국인은 시민 생활에 불참하는 경향이 있다. 즉, 자신을 매우 자유주의자 혹은 매우 보수주의자라고 규정한 미국인은 더욱 온건한 견해를 가진 동료 시민보다 공공회의 참석, 국회에 편지쓰기, 지역 시민단체 활동, 심지어는 교회 참석도 더 잘할 가능성이 높으며, 반면에 자신을 이데올로기적으로 중도라고 규정한 사람이 공공회의, 지역단체, 정당, 정치 집회 등으로부터 훨씬 많이 이탈함에 따라 이데올로기적 '극단주의'와 참여의 이 상관관계는 20세기 마지막 25년 동안 더 강화되었다. 역설적으로 자신의 정치적 견해를 중도 혹은 온건이라고 규정하는 미국인의 수는 나날이 늘고 있지만, 이데올로기적 스펙트럼에서 더욱 극단적인 위치에 서 있는 사람이 회의참여, 위원회에서의 업무봉사 등에 차지하는 몫은 날이 갈수록 커지고 있다. 그러므로 중도적인 목소리들이 침묵을 지켜옴에 따라 미국의 풀뿌리 시민 생활에서는 더욱 극단적인 견해들이 점차 우위를 차지하게 되었다. 이런 의미에서 시민적 불참은 미국 건국 초기의 우려했던 고전적인 '파당' 문제를 악화시키고 있다. 그 이유에 대하여 사회평론가 마이클 셔드슨(Michael Schudson)은 "조직, 단체 속에서 연대성의 하락은 분명히 손실이나 그 이면에 있는 개인적 자유의 증대는 분명히 이익"이라고 주장하고 있다.[22)]

다음의 [그림 12-1]은 우리나라의 GDP에서 정부예산이 차지하는 비중변화의 추이를 약 10년 단위로 나타낸 것이다. 보여지는 바와 같이 1990년 이전까지는 정부예산과 GDP의 규모의 차이는 거의 없으나 1980년대 후반부터 급격하게 GDP의 규모가 확장되고 있다는 것을 볼 수 있다.

즉, [그림 12-1]과 <표 12-4>가 의미하는 바는 한국의 GDP에서 정부예산이 차지하는 비중이 1990년대 이후 급격히 적어졌다는 것이다. 이것이 가지는 의미는 민간부문 등 사기업의 영역이 커지고 시민사회의 역량강화 필요성이 커져가고 있다는 증거이다. 즉, 정부의 역할은 축소되어야 하며 기업과 시민사회 간의 거버넌스 체제를 구축하여야 한다는 것을 반증하고 있다.

예를 들어, 최근 캐나다 정부의 미래정부보고서에서는 SNS 공동체의 국정참여와 견제가 정부 중심의 3권분립 체제의 한계를 극복할 수 있다고 보

22) 앞의 책, pp. 583~584.

고 법제도적 근거를 마련하겠다고 한다. 파워블로거와 같은 공동체는 전국, 지역별로 추천을 받아 파워블로거 처럼 상시 운영을 하며, 각종이슈에국민과 지역주민의 목소리를 정제하여 입장을 포명하고, 정책에 대한 우선순위를 표명하고 있다. 중앙 및 지방정부, 공공기관, 국회 및 의회, 지역공동체에서 쓸 수 있는 정책/국정운영 플랫폼을 구축하여 공공과 국민/지역주민과의 거리를 좁혀야 하며, 수준별로 쉽게 접근하고 지역/생활 이슈를 스스로 결정하는 협치와 self-governance시대로 가야 하는 사회로 변화되어야 하는 주장은 매우 설득력 있다.

인물탐구

로버트 데이비드 퍼트넘(Robert David Putnam): 1941.1.9~, 미국의 정치학자

시민참여와 시민사회, 사회적 자본에 관한 글로 유명한 미국의 정치학자이자 하버드 대학교 교수이다. 그 외에도 국제 협약은 국내에 이익을 가져다 줄 경우에만 타결된다는 "2차 게임모델(two-level game)"을 발전시켰다. 퍼트넘은 1963년 스와스모어 대학교를 졸업하고, 풀브라트 장학금을 통해 옥스퍼드 대학교에서 공부한다. 예일 대학교에서 석사와 박사학위를 취득했다. 미시건대에서 강의하기도 했으며 1979년 하버드 대학교 교수로 취임했다. 케네디 행정 스쿨 학장 등을 역임했고 현재 공공 정책분야의 말킨 교수로 재직 중이다. 사회적 자본에 관한 그의 첫 저서는 이탈리아 지역정부간 비교연구를 한 「사회적 자본과 민주주의」 이었다. 이 책을 통해 민주주의의 성공은 사회적 자본을 구성하는 수평적 연결에 달려 있다는 주장을 하는데, 이를 통해 퍼트넘은 학계의 주목을 받게 된다. 1995년 「Journal of Democracy」에 "나 홀로 볼링: 미국 사회적 자본의 쇠퇴"(Bowling Alone: America's Declining Social Capital)를 기고하는데 이 논문은 널리 읽혔을 뿐 아니라 퍼트넘에게 큰 명성을 가져다주었다. "나 홀로 볼링"(Bowling alone)에서 미국 사회는 1960년대 이래 시민, 사회, 협동, 정치생활(즉 사회적 자본)의 유례없는 쇠퇴에 직면하고 있으며 심각한 결과를 초래하고 있다고 주장한다. 사회적 자본의 감소를 다른 많은 변수의 데이터를 통해 입증하지만 핵심적인 것은 볼링 리그의 회원수로 대표되는 전통적 시민, 사회, 조합 조직의 회원수가 줄어들고 있다는 것을 통해 입증한다. 당시 대통령인 빌 클린턴에게 초대받기도 했다. 그에 대한 비판이 없는 것은 아니었다. 퍼트넘이 새로운 조직과 사회적 자본의 형태를 무시하고 있다고 비판받기도 하고, 사례에 포함된 조직들이 인권운동의 억압과 반 평등주의 사회적 규범의 확산에 책임이 있다고 비판받기도 하였다. 퍼트넘은 사회적 자본을 결합(Bonding)과 연결(Bridging) 사회적 자본으로 구분한다. 결합 사회적 자본은 또래, 같은 인종, 같은 종교와 같은 사회화 과정에 동일한 특성들 사이에 생겨나는 사회적 자본을 말한다. 다인종 사회에서 평화로운 사회를 만들기 위해서는 다른 사회적 자본, 즉 연결사회적 자본이 필요하고 주장한다. 연결 사회적 자본은 다른 축구 팀의 팬클럽과 같은 이질적인 집단 사이에 생기는 사회적 자본을 말한다. 퍼트넘에 의하면 두 사회적 자본은 상보적으로 강화한다고 주장한다. 2000년 원래 논문에 새로운 증거자료와 비판에 대한 답변을 첨가해서 「나 홀로 볼링: 사회적 커뮤니티의 붕괴와 소생」(Bowling Alone: The Collapse and Revival of American Community)을 출판한다. 그가 제시한 증거자료 중 가장 빈번하게 인용되는 사실은 지난 15년간 미국에 볼링을 치는 사람수는 늘어 났지만 볼링리그의 수는 감소했다는 것이다. 그는 현재 미국의 사회적 자본의 부활을 위해 노력하고 있다. 학자, 시민사회지도자, 언론인, 정치가들 사이의 토론 모임인 '사구아로 세미나'를 통해 미국인들을 어떻게 공동체와 다시 연결시킬까하는 전략에 대해 토론하는 자리를 마련하고 있다. 이 토론의 결과는 책이나 웹사이트 「베터 투게더」(better Together)를 통해 공개되고 있다. 특히 베터 투게더는 활발하고 새로운 형태의 사회적 자본을 미국에서 형성하기 위한 케이스 스터디에 초점을 맞추고 있다.

〈출처: 위키피디아〉

[그림 12-1] 한국의 GDP에서 정부예산이 차지하는 비중변화

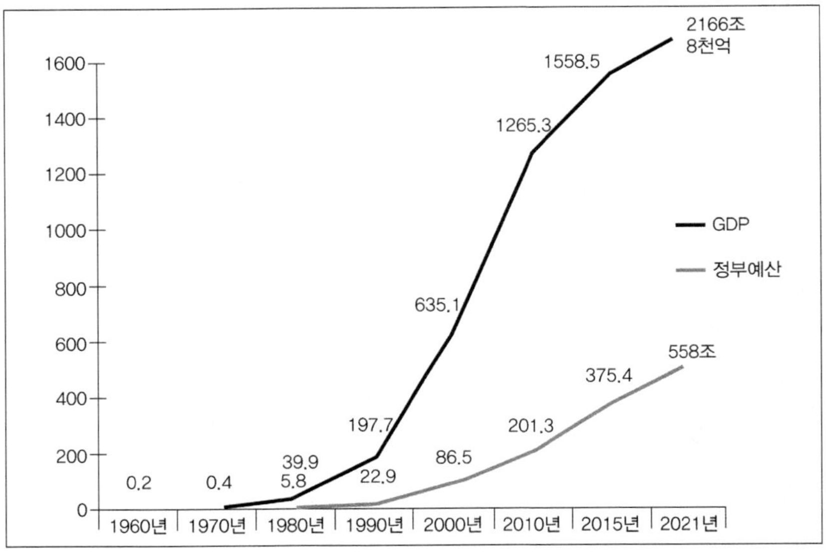

※ 단위: 1조 원.

〈표 12-4〉 한국의 GDP에서 정부예산이 차지하는 액수

구분	1960년	1970년	1980년	1990년	2000년	2010년	2015년	2021년
GDP	2,500억	2조 7,950억	39조 9,470억	197조 7,120억	635조 1,850억	1,265조 3,080억	1,558조 5,910억	2,166조 8,000억
정부예산	3,430억	4,060억	5조 8,040억	22조 6,890억	86조 4,740억	201조 2,830억	375조 4,000억	558조

그러나 우리나라는 여전히 중앙정부-지방자치단체-시민사회의 관계는 수직적인 전통적 관료적 행태를 벗어나지 않고 있으며 4차 산업혁명이 이미 시작된 네트워크 사회, 사이버민주주의, SNS세상이 갖는 수많은 수평적 집단지성의 의사결정 방식의 장점을 살리고 있지 못한다. 오히려 DAD (Decide-Announce-Defense)가 만연되어 정부가 이해당사자 및 갈등의 당사자로 되는 현상이 심화되고 있다. 즉, N. Luhmann이 언급한 바와 같이 기존의 관료제에서의 계급적인 존재론과 유기체론적인 관계론에서 우리는 자신들의 지위를 존재로서 인식하는 한 업무에서의 관계성은 떨어져 버리고 지위(권위)로서 의사 결정하는 행태를 반복하고 마는 것이다. 따라서, 어떻게 하면 중앙정부-지방자치단체-시민사회의 관계를 지위라는 존재론적 관점에서 상황과 기능적 관점에서 관계론적 시각으로 바뀌어야 한다는 것

이다. 따라서 수평적으로 그리고 집단지성을 살릴 수 있도록 법제도와 의사결정과정을 구축하느냐가 중요한 과제이며 이것이 다름 아닌 협치적 의사결정의 구축이라는 것이다. 즉, 앞에서 언급한 바와 같이 지금까지의 중앙과 지방과의 관계설정으로는 미래사회 변화에 대응하지 못하므로 수평적인 그리고 정부와 지역공동체가 함께 하는 협치적 거버넌스 구축이 그 어느 때보다 정실히 요구된다는 관점이다.

요 약

본 장에서는 도시라는 지역사회의 특성, 그리고 우리나라 도시와 지역정책에 대하여 다뤘으며 마지막으로는 지역공동체의 위기를 다뤘다. 문명은 도시에서 발생했으며 기술과 산업혁명도 도시에서 출발한 것은 분명하다, 그러나 이러한 성장연합적인 레짐에 의해서만 도시는 성장한 것은 아니고 도시는 환경과 인권, 생활의 질을 강조하는 반성장연합 레짐에 의하여 도시가 발전되어 온 것 역시 사실이다. 그러나 역대 우리나라 지역정책 특히 도시정책은 경제성장을 지원하는 개발주의적 공간정책이어서 도시 내의 불균형과 국토 불균형 등 도시발전의 부작용이 매우 커졌다고 볼 수 있다. 이러한 문제점들을 인식하여 참여정부부터는 수도권으로의 과밀현상을 막기 위해서'국가균형발전'과'지방분권'을 새로운 국가의 발전전략으로 세우면서 공공기관의 지방이전 및 분권을 통하여 국가 전체의 경쟁력을 향상시키려 했고 지금도 노력하고 있으나 쉽지 않은 과제이다. 지방소멸 내지 지역의 붕괴라고까지 우려할 정도로 인구의 과밀과 과소문제는 인구의 고령화와 산업의 재편에 의하여 오히려 가소화되고 있다. 물론 다행히도 2017년 통계에 의하면 귀농귀촌 인구가 50만명이 넘었다는 점은 긍정적이므로 지금은 희망을 버릴 때는 아니고 지방정부에서는 커뮤니티 재생을 위하여 민-민, 관-민, 관-학 등의 진정한 거버넌스를 구축하여 이들 협치적 거버넌스 조직에 권한과 예산을 줘야 할 것이다. 공동체 붕괴의 위기를 극복하기 위해서는 지역의 자율성을 담보하는 공동체적 시민사회가 이뤄지도록 노력해야 할 것이다. P.피게티는 그의 저서 '21세기 자본주의'에서 지적한 바와 같이 서구 유럽 국가 및 미국의 지난 200~300여년을 통계적으로 분석한 결과 인구의 증가와 감소, 경제성장의 증감은 긴 시간으로 보면 그렇게 커다란 격변을 일으키지 않았으며 긍정적인 변화를 일으킨 국가들은 국민들에게 희망적인 방향성과 비전을 제시하였다는 것이다. 따라서 그는 국민과 그 사회가 희망을 갖게 하기 위해서는 과거의 분석한 사례에서 보는 바와 같이 경제성장률의 급속한 기대는 불가능하므로 납득할 수 있는 부의 재분배 정책이 필요하다는 P.피게티의 주장을 고려해 보면 차기 정부의 가장 시급한 과제는 바로 격차사회를 줄이는 구체적이고 실효성 있는 정책이 나와야 할 것이다.

중요개념

- 지역사회
- 지역사회 권력구조
- 시민단체
- 도시정치
- 도시레짐
- 성장연합
- 반성장연합
- NGO
- 파트너십
- 지방정부
- 지방소멸
- 지방소멸대응기금

예 제

1. 도시정부의 레짐 형성에 대하여 논하시오.
2. 도시레짐 형성에 있어 성장연합과 반성장연합에 대하여 논하시오.
3. 자유주의와 공동체주의의 관계에 대하여 논하시오.
4. 정부(중앙 및 지방)와 NGO 간의 협력적 거버넌스를 촉발하게 하는 계기에 대하여 정부혁신이라는 관점에서 논하시오.
5. 참여민주주의 위기와 대응에 대하여 논하시오.

참고문헌

강대기(1990), 「현대도시론」(서울: 민음사).
강명구(1995), "민선자치단체장 시대의 도시정치", 「도시문제」, 제30권(통권314호).
———(1996), "지방자치와 시민사회의 열림", 「도시연구2」(서울: 한국도시연구소).
———(1998), "지방자치와 도시정치: 행위자 중심적 해석을 위한 시로적 연구", 「한국정치학회보」, 31(3).
———(1998), "지방정치의 민주화" 「한국학술진흥재단지원과제」(서울: 한국학술진흥재단).
강문구(1993), "변혁지향 시민사회운동의 과제와 전망", 「경제와 사회」, 여름호.
강용배(2004), "지역공동체의 지속가능한 발전역량강화에 관한 연구", 「지역공동체의 발전과 정책갈등의 해소」(한국정책과학학회 2004년도 동계 발표논문집), p. 4.
고바야시 마사야 저, 김봉진 감수, 홍성민 · 양혜진 번역(2010), 「마이클 샌델의 정의사회의 조건」(서울: 황금물고기).

구본선(2016), “주민자치회를 통한 협력적 거버넌스 정착에 관한 연구: 시범실시 사례를 중심으로”(서울대학교 행정대학원 석사학위논문).

김남수(1998), “지방화 시대에서 시민사회단체의 활성화 방안”, 「중앙행정논집」, 12(서울: 중앙대 국가정책연구소).

김필두(2014), “주민자치회 시범실시에 대한 성과분석”, 「지방행정연구」, 28(3): 35-60.

김호기(1993a), “그람시적 시민사회론과 비판이론의 시민사회론” 「경제와 사회」, 가을호.

———(1993b), “시민사회 논쟁, 어떻게 이해할 것인가?” 「말」, 1월호.

리처드 플로리다(2018), 『도시는 왜 불평등한가』, 매일경제신문사, 310-318 참조.

박중훈(2000), “정부기능의 민간위탁 제도 및 운영방식 개선방안”, 「한국행정연구원」, 99-01.

박재욱(1996), “대기업 주도형 도시정치의 특성: 대기업의 지역헤게모니에 관한 사례연구.” 연세대 대학원, 박사학위논문.

서경석(1998), “시민사회발전기본법의 제정방향”, 「한양대학교 제3섹터 리더십과정 자료집」, 한양대학교 제3섹터 연구소.

신광영 외(1994), “시민사회 개념과 시민사회 형성”, 「시민사회와 시민운동」(한울).

신윤창 · 안치순(2016), “한국의 대도시 특례제도에 관한 연구 -지방자치발전위원회의 특례사무 발굴과정을 중심으로-”, 「한국비교정부학보」 20(4). 167-188.

신희권(1999), “지방정치의 변화와 자발적 조직의 역할”, 「한국행정연구」, 8(1).

울리히 벡(2000), 「적이 사라진 민주주의」, 정일준 역(서울: 새물결).

유팔무(1991), “그람시 시민사회론의 이해와 한국적 수용의 문제”, 「경제와 사회」, 겨울호.

———(1995), “시민사회의 성장과 시민운동”, 「경제와 사회」, 봄호.

이규환(2004), “대도시의 차등분권과 행정특례 범위에 관한 연구”, 국토, 100-113

이명석(2010), “협력적 거버넌스와 공공성”, 「현대사회와 행정」, 20(2): 23-53.

이정옥(2001), “한국시민운동의 걸림돌과 디딤돌”, 「제3회 중앙 시민사회 심포지엄 자료집」(중앙일보 시민사회연구소).

이종용(2007), “새로운 도시개발 패러다임이 도시개발정책에 주는 시사점”, 국토지리학회지 41(3), 265-274

이현욱(2017), “한국의 경제발전에 따른 도시순위규모분포의 변화: 1995~2015년”, 「한국도시지리학회지」. 20(2).

임승빈(1997), “일본 지역사회에 있어 전통적 주민조직의 역할”, 「지방행정연구」, Vol.12, No.1(서울: 한국지방행정연구원).

———(1998a), “都市地域開發政策과 住民參與에 관한 研究 -韓 · 日의 事例比較-”, 「韓國行政研究」, 제6권 제4호, (韓國行政研究院).

———(1998b), “行政と地域社會のネットワーク形成について”, 「翰林日本學研究」, 제3집(한림대학교 한림과학원 일본학연구소).

———(1999a), 「行政과 NGO 간의 네트워크構築에 관한 연구」(한국행정연구원: 98-11.

———(1999b), 「政府와 自願奉仕團體의 바람직한 關係 定立方案에 관한 연구」(한국행정연구원: 99-08).

———(2000), "자치단체와 NGO 간의 생산적 협력관계를 위하여", 「自治公論」 7월호,한국자치개발연구원.

———(2005), "서울시 서대문구의 행정과 주민조직의 주민참여 모델", 「사회과학논총」, 23(1), 명지대학교 사회과학연구소.

———(2017a), "차기정부의 지방 분권형 개헌과 국가정책", (2017 한국정책분석평가학회 춘계학술세미나 자료집).

———(2017b), 「지방자치론」 제10판(파주: 법문사).

———(2018), 「정부와 NGO」 제4판(서울: 대영문화사).

임승빈 · 김성수 · 정정화 · 양재진 · 김찬동 · 안영찬 · 권혁준 · 문혜리 · 문설아(2019), '2019 전국지방자치단체 평가', 한국일보.

임승빈 · 명승환 · 이정철 · 권혁준 · 김솔비(2017), 주민자치회의 도입을 통한 지방자치 활성화 방안 연구, 서울시특별시의회.

임승빈 · 이정철(2018), 지방자치단체 역량의 평가를 위한 평가방법론과 지표에 관한 연구, 한국지방자치학회 2018년도 하계지역학술대회 발표 논문집.

임진영(2017), "자치권 확대를 위한 대도시 차등분권 모델 설계 방향에 관한 연구: 경기도 수원시를 중심으로", 한국국정관리학회 학술대회논문집, 2017. 1., 1-20

임태경(2019), 준실험설계에 의한 혁신도시 개발정책이 지역경제성장에 미치는 영향, 지방행정연구, 33(3), 233-260.

전유미 · 이제선(2018), 인구 100만 이상 대도시권의 도시회복력 수준에 관한 분석, 한국도시설계학회지 도시설계, 19(3), 21-32.

정하성 외(1995), 「지역사회개발론」(서울: 백산출판사).

주성수 외(1995), 「한국시민사회와 지식인」(도서출판 아르케).

———(1998a), 「시민사회와 제3섹터」(한양대학교 출판부).

———(1998b), 「공동생산과 자원봉사」(한양대학교 출판부).

——— · 서영진(2000), 「정부-제3섹터 파트너십」(한양대학교 출판부).

최홍석(1999), "강한 제도하의 많은 정치: 부천시 사례를중심으로 본 지방정부의 정책형성", 「고려대학교」 정부학연구소, 5(1).

한국리더십연구회(2000), '리더십 강의', 서울: 생각의 나무. 필자인 임승빈은 제13장과 14장을 번역했음.

한국지방자치학회(2018), "2018 지방분권과 균형발전 비전회의", 「6분과 지방분권시대와 균형발전 발제문 자료집」(지방분권과 균형발전 비전회의 조직위원회).

한국지방행정연구원(2015), "주민자치회 정착을 위한 협력네트워크 구축방안".

Joseph E. Stiglitz · Bruce C. Greenwald(2015), Creating a Learning Society: A

New Approach to Growth, Development, and …, 김민주・이엽 옮김 (2016), 『창조적 학습사회』, 서울: 한국경제신문.

Mill, J. S. 저, 박홍규 옮김(2018), 「자유론」, 14판(서울: 문예출판사).

Nye, Jr., Joseph(1995), *Why People Do Not Trust Government*, Harvard University Press.

Piketty, Thomas 저, 장경덕 외 옮김(2014), 「21세기 자본」(글항아리).

Putnam, Robert D. 저, 정승현 옮김(2000), 「나 홀로 볼링: 졸링 얼론-사회적 커뮤니티의 붕괴와 소생」(서울: 페이퍼로드).

Rees, N., Quinn, B., Connaughton, B. (2009). *Europeanisation and New Patterns of Governance in Ireland*, Oxford University Press.

Rhodes, R. A. W.(1990), "Policy Networks: A British Perspective", *Journal of Theoretical Politics* Vol.2.

Sandel, Michael 저, 이창신 옮김(2010), 「정의란 무엇인가」(서울: 김영사).

Stiglitz, Joseph E., Bruce C. Greenwald 저, 김민주・이엽 옮김(2016), 「창조적 학습사회」(한국경제신문).

琦玉県自治振興センタ-(1981), 「町内会・自治会とコミュニティ」(市町村担当課長앙케이트調査).

金沢市町会聯合会(1987), 「金沢市町会聯合会三十周年記念誌」

東海自治体研究所編集(1981), 「町内会・自治会」(自治体研究社).

石田頼房(1979), "まちづくりと住民運動", 「都市問題」 70巻4号(東京: 東京市政調査会).

阿部志郎編(1993), 「小地域福祉活動の原点」, (東京: 全国社会福祉協議会).

園田恭一(1979), 「現代コミュニティ論」(東京大学出版会).

自治省(1984), 「自治会町内会等の住民自治組織の実態調査結果」

鳥越皓之(1994), 『地域自治会の研究』(ミネルバ-書房).

中田実(1993), "部落会・町内会とその周邊", 西尾勝編, 「21世紀の地方自治戦略10 コミュニティと住民活動」(ぎょうせい).

倉沢進・秋元律郎編著(1992), 「町内会と地域集団」(ミネルバ書房).

秋本福雄(1997), 「パートナーシップによるまちづくり」(学芸出版社).

横兵市市民局(1989), 「住民組織の現状と活動」.

Aall, P.(1996), *NGOs and Conflict Management*, Washington, D.C.: U.S. Institute of Peace, *Peacework* No.5.

Arato, A.(1989), "Civil Society, History, and Socialism: Replay to John Kean", *Praxis International*, No.9, 1989.

Agranoff, R. (2007). *Managing within Networks: Adding Value to Public*

Organisations, Washington: Georgetown University Press.

Ansell, C. & Gash, A. (2018). "Collaborative Platforms as a Governance Strategy", *Journal of Public Administration Research and Theory*, 28(1): 16-32.

Bjur, W. E. & G. B. Siegel(1997), "Voluntary Citizen Participation in Local Government: Quality, Cost, and Commitment", *Midwest Review of Public Administraion*, Vol.11.

Blair, D.(1998), "Civil Society and Building Democracy", in Smillie, I. and Helmich, H. eds., *Stakeholders: Government-NGO Partnerships for International Development*, Paris: OECD.

Brooks, H.(1984), *Seeking Equity and Efficiency: Public and Private Roles*, H. Brooks.

Chaskin et al.,(2001), *Building Community Capacity*, New York: Aldine De Gruyter.

De Sario, Jack and Stuart Langton(1987), "Citizen participation and technocracy." in De Sario and Langton eds. *Citizen participation in public decision-making*. New York: Greenwood Press, 3-18.

DiGaetano, Alan & John S. Klemanski.(1993), "Urban Regimes in Comparative Perspective", *UAQ*, 20(1).

Economist Intelligence Unit(2017), *Democracy Index 2016*.

―――――――――――(2018), *Democracy Index 2017*.

Harper, Ernest B. & Arthur Dunham, eds.(1959), *Community Organization in Action*, Association Press.

Freedom House(2000), "Press Freedom Survey 2000" (www.freedomhouse.org)

Fukuyama, F.(1992), *The End of History and the Last Man*, New York: Free Press.

――――――(1999), "Social Capital and Civil Society", *Prepared for delivery at the IMF Conference on Second Generation Reforms*.(www.imf.org)

Hillery, G. A.(1995), "Definitions of Commurnity", *Rural Sociology*, Vol.20.

Gates, C.(1999), "Community Governance", *Futures* 31/2, 519-25.

Gidron, B. Kramer, M. & Salamon, L.(1993), "Government and the Third Sector", *Emerging Relationship in Welfare State*, San Francisco.

Gray, B. (1989). *Collaborating: Finding Common Ground for Multiparty Problems*, Jossey-Bass Publishers.

Hain, Peter(1976), *Community Politics*, London: John Calder Ltd.

Hallman, Howard W.(1987), *Neighborhoods*, London: Sage.

Bass, Jossey, Salamon, L. & Anheir, H.(1996), "The Emerging Nonprofit Sector", *An Overview*, London: Manchester University Press.

Kennedy, D.(1999), "Background Noise?" *Harvard International Review*, 21(3).

Kretzmann, J. and McKnight, J.(1993), *Building Communities from the Inside out: A Path toward Finding and Mobilizing a Community's Assets*. Chicago: ACTA Publication.

Langton, S.(1983), "Public-Private Partnership: Hope or Hoax?", *National Civic Review*, 72(5), 256-261.

Stoker, G.(1992), "The Gomparative Study of Urban Regimes", *Revised version of paper presented at the Urban Affairs Associatio Annual Coference*, Cleveland.

Stone, C. N.(1980), "Systemic Power in Community Decision Making: A Restatement of Bureaucracies", *UAQ*, 13(3).

Sullivan, H., Williams, P., & Jeffares, S. (2012), "Leadership for Collaboration", *Public Management Review*, 14(1): 41-66.

Sullivan, H.(2001), "Modernisation, Democratisation and Community Governance", *Local Government Studies*, 27(3): 1-24.

Somerville, P.(2005), "Community Governance and Democracy", *Policy & Politics*, 33(1): 117-144.

제 13 장 지방정부의 재난관리와 국제교류정책

제 1 절 재난안전관리 정책

1. 재난의 개념과 재난안전 정책의 변화

도시화, 산업화, 정보화, 세계화 등 사회구조 변화 및 복잡화로 인하여 국가 사회 전반의 제반 운영시스템 중 어느 하나가 마비되면 연쇄적으로 위협받게 되어 있다. 또한 고도화된 교통·수송체계의 형성, 원자력 발전의 이용, 에너지 의존율의 고도화, 정보통신시스템의 첨단화, 첨단산업 기업의 증가로 말미암아 이들의 마비는 국민의 일상생활, 산업활동, 안보 등에 심각한 영향을 미치고 있는 실정이다(이재은, 2005: 16-17). 즉, 산업화와 도시화 및 지식정보화 단계를 거쳐 발전하면서 사회구조적인 변화는 물론이고 재난의 유형과 피해규모도 함께 변화를 거듭하였다. 특히 재난 유형 면에서는 자연재난 중심의 형태에서 과학기술 및 산업기술의 발전으로 인위재난의 빈도나 규모가 차지하는 비중이 증가하였고, 개방화, 국제화, 다원화가 촉진되면서 사회주체들 간의 첨예한 대립과정에서 운송노조의 파업에 따른 물류 대란과 같은 사회재난의 발생도 빈번해지고 있다(이재은·김겸훈·류상일, 2005: 55-57). 미래위기의 가장 큰 특징은 국가경계를 넘어 초국가적 혹은 지구적으로 영향을 미치게 되는 초국경화의 특성을 가진다는 점이다. 동시에 재난은 물리적 피해나 치명적인 인과관계보다는 '집단적 스트레스'라는 새로운 특성을 지니게 된다. 재난의 정치화로 재난을 바라보는 시각과 비난의 정도에 따라 그 재난은 정권을 위협할 수도 있고 아무런 영향없이 종결될 수도 있다(임승빈 외, 2012). 따라서 오늘날 세계 각국은 기존의 자연재난과 인위재난 외에 대규모 시위, 파업, 폭동, 테러 등의 사회적 재난으로부터 국가의 핵심 기능을 보호하는 것을 주요 과제로 인식하고 있다.

재난관리는 대비-대응-완화-복구-(복원)으로 4단계 혹은 5단계로 구분해서 대책을 마련하는데, 특히 대응정책의 경우 골든타임을 놓치면 2016년 4월 16일에 발생한 뼈아픈 기억의 세월호처럼 되는 것이다. 재난은 safety와 security의 성격을 모두 갖고 있다. 대응단계에서는 safety가 우선적으로 고려되어야 한다. 우리의 경우는 메르스 사태 이후 교훈으로서 질병관리 대응을 위한 법제도적 시스템이 잘 구축되었고, 매년 8월이면 한반도 유사시를 상정하여 훈련하는 을지, 충무훈련 등을 통해서 대응대책이 생소하지 않았다는 측면에서도 평가할 수 있다. 외국의 경우, 심지어는 미국의 FEMA의 스태포드법, 일본의 자연재해대책법 등은 모두 자연재난에 대한 재난관리를 위한 매뉴얼 시스템이지 감영병과 같은 사회적 재난을 정의하고 있지도 않기 때문에 이에 대응하는 대처방안도 있지 않다. 그에 비해 우리는 '재난 및 안전관리 기본법'에서 이미 자연재난 이외에도 사회적 재난 27종에 대하여 정의하고 있으며 대응체계를 구축해둔 상태이었다. 특히, 2020년도 코로나19 사태에서의 문재인 정부의 대응은 투명성, 개방성, 민주성이라는 가치를 손상하지 않고 비교적 성공적이라는 대내외의 평가를 받고 있다.

'위험사회'라는 화두를 인류사회에 던져 일약 유명해진 독일의 사회학자인 울리히 벡은 산업적 결정의 부작용과 비용을 예방적으로 완화하고 정당하게 분배하기 위해 국가가 보증하는 리스크 계약은 사회주의와 자유주의의 중간 어디쯤에 해당된다고 했다. 그것은 위험한 부작용이 체계적으로 발생한다는 사실을 인정하는 동시에 그 부작용을 예방하고 보상하는 일에 개인들을 참여시키기 때문이라고 하며 국가 사회 차원의 리스크 계약을 전체적으로 체계적으로 또 분명하게 위반하는 곳에서는 원칙적으로 근대화의 산물인 합의가 대기하고 있다고 강조한 바 있다. '위험사회'의 범주가 의미하는 바는 바로 이것이다. 위험사회의 범주는 산업에서 발생한 위험이 통제할 수 있고 보상할 수 있다는 리스크 계약의 핵심이념을 의문시하는 과정을 주제로 설정한다. 우리가 현재와 미래에 살아가야 하는 세상은 미증유의 위험이 가득한 세상이지만 스스로 산출한 위험조건 아래서 우리 자신의 미래를 결정해야 하는 세상이기도 하다. 현대가 산출한 위험을 세상이 더이상 통제할 수 없다는 뜻도 여기에 담겨있다. 더 정확히 말하면 현대사회가 스스로 위험을 통제할 수 있다는 믿음이 깨졌고 그것도 현대가 실패하거나

울리히 벡(Ulich Beck): 1944.5.15~2015.1.1, 독일의 철학자, 사회학자

인물탐구

울리히 벡은 독일 슈톨프(Stolp, 현재의 폴란드 스웁스크(Słupsk))에서 태어났다. 프라이부르크 대학교, 뮌헨 대학교에서 사회학 · 철학 · 정치학을 수학하였으며 뮌헨 대학교에서 사회학 박사 학위를 받았다. 그는 1986년 ≪위험사회≫란 저서를 통해 서구를 중심으로 추구해온 산업화와 근대화 과정이 실제로는 가공스러운 ≪위험사회≫를 낳는다고 주장하고, 현대사회의 위기화 경향을 비판하는 학설을 내놓아 학계의 주목을 받았다. 1990년대에 들어와서도 ≪성찰적 근대화≫(1995), ≪정치의 재발견≫(1996), ≪적이 사라진 민주주의≫(1998) 등의 저작을 통해서 벡이 일관되게 추구해 온 작업은 근대성의 한계를 극복하고 새로운 근대 혹은 그가 말하는 '제2의 근대'로 나아가는 돌파구를 모색하는 것이었다. 그는 또한 최근 국가와 정치가 경제적 합리성을 주장하는 시장의 논리에 의해 무력화되고 있다면서 지구촌의 신자유주의 경향을 질타해 왔다. 2015년 1월 1일 심근 경색으로 인해 향년 72세의 나이로 사망하였다[위키백과에서 일부 인용]. 그가 언급하는 현대사회에서의 위험사회의 정의와 특징을 보다 자세히 보면 다음과 같다. "산업적 결정의 부작용과 비용을 예방적으로 완화하고 정당하게 분배하기 위해 국가가 보증하는 리스크계약은 사회주의와 자유주의의 중간 어디쯤에 있다. 그것은 위험한 부작용이 체계적으로 발생한다는 사실을 인정하는 동시에 그 부작용을 예방하고 보상하는 일에 개인들을 참여시키기 때문이다. 이 국가 사회 차원의 리스크 계약을 전체적으로 체계적으로 또 분명하게 위반하는 곳에서는 원칙적으로 근대화의 산물인 합의가 대기하고 있다. '위험사회'의 범주가 의미하는 바는 바로 이것이다. '위험사회'의 범주는 산업에서 발생한 위험이 통제할 수 있고 보상할 수 있다는 리스크계약의 핵심이념을 의문시하는 과정을 주제로 설정한다. 이는 위험사회의 역동성이 다음 가설에 근거하지 않는다는 뜻이다. 위험사회는 인간의 결정이 야기한 산업적 불확실성성과 위험을 위험논리의 도움으로 통제할 수 있게 만든-적어도 원칙적으로 현대사회를 뜻하지 않는다. 그런 의미에서 19세기와 20세기 초에 산업사회적 국민국가적 현대와 관련이 없다. 그것은 20세기 후반에 시작한 한 새로운 리스크의 전개, 즉 생태학적 위기의 역사적 경험과 복지국가의 안전후퇴 같은 현상과 연관된다(27쪽). 우리가 현재와 미래에 살아가야 하는 세상은 미증유의 위험이 가득한 세상이지만 스스로 산출한 위험조건 아래서 우리 자신의 미래를 결정해야 하는 세상이기도 하다. 현대가 산출한 위험을 세상이 더 이상 통제할 수 없다는 뜻도 여기에 담겨있다. 더 정확히 말하면 현대사회가 스스로 위험을 통제할 수 있다는 믿음이 깨졌고 그것도 현대가 실패하거나 제대로 일을 못해서가 아니라 성공했기 때문이다. 글로벌 경제성장은 너무 빨랐고 부는 급증했다(28쪽)."

인용출처: 울리히 벡 저, ≪위험사회≫.

제대로 일을 못 해서가 아니라 성공했기 때문이다. 글로벌 경제성장은 너무 빨랐고 부는 급증했다[1]는 것이다. 따라서 현대사회의 재난은 단순 재난이 아니라 매우 복합적이고 사회를 급변시키는 작용도 하고 있다. 많은 전문가들에 의하며 이번 코로나19 사태는 4차 산업혁명이 보다 가속화되는 계기가 됐으며 BC(Before Corona)와 AD(After Disease)로 나눌 정도로 인류사의 큰 획을 만드는 계기가 되고 있다는 데에는 이견이 없는 듯하다.

1) 울리히 벡, 위험사회, 25-28쪽 요약인용.

2. 지역의 재난관리 역량강화

"기본권으로서 국민안전권 보장문제는 2016년 4월 세월호 사고 이후, 특히 문재인 정부가 등장한 이후 강조되고 있다. 안전권을 통해 국민은 안전할 권리를 가지며 국가는 각종 재난으로부터 국민을 보호해야 하는 의무를 가지게 된다. 이러한 안전권은 분권화의 추세에 맞춰 중앙정부뿐만이 아니라 지방자치단체에서도 추진하여야 할 정책목표가 되고 있다. 그러나 재난안전 분야는 재난 현장에서의 미흡한 대처와 고질적인 안전무시 관행이 반복되고 있는 상황에서 지방정부 주도적 재난관리를 추진하기에 행정, 문화, 제도적 기반이 취약하다는 지적이 많은 실정이다. 지방분권 추세에 따라 지방자치단체들이 입법권, 재정권, 조직인사권을 가진다고 하더라도 지역 경제발전이나 복지정책들에 우선하여 재난예방과 안전에 더 많은 투자가 이루어질지에 대해서 의문점을 갖고 있다. 지역 차원에서의 재난대응이 미흡하다는 비판은 오래 전부터 지속되었지만 이는 재난 발생 직후에만 사회적 이슈가 될 뿐 시간이 지나면 사람들의 관심에서 멀어지고 똑같은 문제는 반복되었다. 따라서 지역의 재난관리 역량강화에 대한 관심이 증가하고 있으며, 국가균형발전과 국민안전이라는 국정목표를 달성하기 위해서는 지방분권과 더불어 지역의 재난관리 역량강화 방안을 함께 고려해야 한다는 데에 대체로 의견이 모아진다"(김영주 · 임승빈, 2018).

그러나 우리나라의 지역안전관리 체계는 아직은 미흡하다. 경북 포항 지진('17.11.)과 충북 제천 스포츠센터 화재('17.12.) 사고를 살펴보면 우리 사회 전반의 안전의식이 아직도 저조하고 소방서 등 지역 재난담당 공무원들의 재난대응이 미흡하다는 사실을 한 번 더 확인할 수 있었다. 이러한 문제점이 반복되는 이유에 대해 다음과 같이 분류해 볼 수 있다. 첫째로는, 우선 지역사회 공동체가 공유할 수 있는 재난관리 목표와 이를 달성하기 위한 실행 및 환류 수단이 체계적으로 마련되지 않아, 지역사회의 재난관리 참여와 협조가 부족하다고 지적한다. 즉, 중장기적 관점에서의 전략이나 틀을 갖추지 못해, 재난 발생 전에 미리 위험요소를 제거하고 위험에 준비하는 계획을 수립하지 못한다는 것이다. 재난 발생 이후 확인된 문제점을 그때그때 조치하는 사후약방문식 재난관리가 지속되고, 이들 문제점이 근본적으로 해결되기보다 담당자가 바뀌거나[2] 시간이 흐르면 망각되어 새로운 담당

2) 2018년 행정안전부 업무계획에 따르면, 우리나라 지방자치단체 재난 담당공

자는 교훈을 공유 · 학습할 수 없는 구조이다(국립재난안전연구원, 2017). 둘째로는, 지역 안전관리계획 수립시, 지역 위험 관련 데이터의 심도있는 분석이나 다양한 지역사회 구성원들의 의견수렴이 생략된 채 재난 대응 활동별로 맡은 부분만을 작성하고 있기 때문에 지역의 재난위험 환경을 충분히 고려하지 못하고 있다. 셋째, 계획을 수립하더라도 실제 집행으로 이어지지 않는(Hopkinson, 2011: 15) 문제도 있다. 전체 부서에 분산돼 있는 기능별 담당자 간 의사소통이 충분히 이루어지지 못한 상태에서 지역 안전관리계획이 수립되고 있어[3] 실제 집행단계에서 재난관리 주체들 간 유기적인 연계가 미흡하다(최충익, 2009). 이는 재난관리 선진국들에서 업무 관련 담당자들이 여러 번의 회의를 통해 지역의 위험특성을 파악하고 재난관리 목표와 대책을 마련하는 것과 대조적이다. 이에 학계 전문가들은 지역사회 구성원들이 공유할 수 있는 재난관리 목표-계획수립-실행-평가 · 환류의 일원화된 체계 마련이 무엇보다 시급하다고 주장한다(최상옥 · 김서용, 2013). 마지막으로 대부분의 재난관리 업무 추진 방향은 중앙에서 작성 및 통보하는 지침에 따라 정해지고 있어 지역의 자율성이 제한되고 있으며, 지역개발 사업에 비해 재난안전 사업에 대한 선출직 지방자치단체장들의 관심이 상대적으로 부족하여 재난안전 정책이 소극적으로 이루어지는 문제라는 것이다(김영주 · 임승빈, 2018).

3. 사회적 재난의 개념과 재난안전관리 강화 과정

우리나라 법상 재난과 관련된 정의는 「재난 및 안전관리 기본법」, 「자연재해 대책법」에서 다루고 있다. 우선 「자연재해대책법」은 국가 및 지방자치단체에 대한 방재의 의무 등 방재 대책 수립을 위하여 1967년 제정된 「풍수해대책법」의 관리대상 재해의 범위에 지진과 가뭄을 포함시키는 등 종합적인 자연재해관리를 목적으로 1995년 「자연재해대책법」으로 개정된 것이

무원의 재직기간은 평균 1년 5개월인 것으로 파악되었다.

3) 대부분의 자치단체들이 전체 부서에서 재난관리 업무를 분산관리하고 있어 공무원들은 자신의 고유 업무와 함께 재난관리 업무를 추가적으로 해야 하는 상황이다. 기초 자치단체로 갈수록 인력 한 명당 맡고 있는 재난관리 업무가 많아지기 때문에 재난안전 수요를 꼼꼼히 분석 · 반영해서 계획을 수립할 수 없고, 특정 업무에 집중하거나 교육훈련을 받을 시간적 여유를 확보하지 못한다(국립재난안전연구원, 2017). 이러한 현실은 재난관리 담당자들이 현장 감각이 떨어지고 재난관리 업무를 소홀히 하게 되는 악순환을 초래한다.

다. 「자연재해대책법」은 자연재해로부터 국토와 국민의 생명, 신체 및 재산을 보호하기 위한 방재 조직 및 방재 계획 등 자연재해예방, 재해응급대책, 재해 복구 및 기타 재해대책에 필요한 사항 등을 규정하고 있다. 또한 자연재해의 범주에 지진과 가뭄을 추가하였으며 대규모 개발 사업에 따른 재해 예방 방안을 사전에 강구하는 '재해영향평가제'를 신설하였다(최미옥, 2010) 「재난 및 안전관리 기본법」 제3조에서는 재난을 "국민의 생명 · 신체 · 재산과 국가에 피해를 주거나 줄 수 있는 것"으로 정의하고 있다. 또한 재난을 '자연재난'과 '사회재난'으로 구분하고 있다. 과거에는 재난을 '자연재난'과 '인적재난' 그리고 '사회재난'으로 구분했으나, 국립재난안전연구원 「사회재난분야의 재난영향분석 및 피해비용산정 기법 조사 · 분석」에서는 「재난 및 안전관리 기본법」 제3조를 바탕으로 인간의 실수나 고의로 인해 발생하는 '인적재난'과 국가, 민족, 종교 등 사회구조로 인한 집단적인 갈등으로 인한 '사회적 재난'을 결합한 것으로 '사회재난'의 개념을 정의하고 있다. 즉, '사회재난'은 인간의 직접적인 행위에 의해 발생하는 피해로 해석한다.

국립재난안전연구원 보고서와 「재난 및 안전관리 기본법」을 토대로 '재난'에 대해 정의하면 '재난'은 '사회재난'과 '자연재난'으로 구성되어 있고, 양자는 엄격히 구분된다. 국립재난안전연구원에서 정의한 '사회재난'은 인간의 행위에 의한 재난이고, '자연재난'은 "자연현상으로 발생하는 재해(「재난 및 안전관리 기본법」 제3조 제1호 가목)"이기 때문이다. 이와 같은 재난 개념의 정의는 1952년 12월, 런던에서 발생한 스모그 현상과 2011년 3월 11일에 발생한 '동일본대지진' 같은 복합적인 재난상황을 판단하는 것에 어려움이 따른다. 런던 대스모그 사건은 영국의 석탄 연료 소비량의 증가로 인한 대기오염(동법 제3조 제1호 나목의 환경오염사고)과 이 시기에 발생한 런던의 무풍현상과 기온역전(동법 제3조 제1호 가목의 자연현상)이 결합하여 발생하게 된 재난사고이다. 그리고 '동일본대지진'은 규모 9.0(동법 제3조 제1호 가목의 지진)의 지진과 해일로 인하여 후쿠시마 제1원자력발전소가 손상(동법 제3조 제1호 나목의 붕괴사고)되어 대규모 원자력 사고로 이어졌다. 위와 같은 재난사고들은 자연재난과 인적재난의 결합으로 인하여 복합재난으로 확장된 것이다. 현재의 '사회재난'과 '자연재난'을 엄격하게 구분하는 개념의 정의는 복합재난 상황에 대한 개념 확립과 재난상황에 대한 해석의 어려움이 따른다. 이로 인하여 재난 대책 주관기관의 확정이 어렵고, 재난의 유형에 따른 대책에 있어서 신속성 및 정확성의 문제가 발생할 수 있다.

그리하여 2013년 이후 「재난 및 안전관리 기본법」의 개정을 통하여 재난의 개념을 자연재난과 사회재난으로만 구분하게 된다. 자연재난은 「재난 및 안전관리 기본법」 제3조 제1호 가목에서“태풍, 홍수, 호우(豪雨), 강풍, 풍랑, 해일(海溢), 대설, 낙뢰, 가뭄, 지진, 황사(黃砂), 조류(藻類) 대발생, 조수(潮水), 그 밖에 이에 준하는 자연현상으로 인하여 발생하는 재해”라고 규정하고 있다. 이에 대해 사회재난이란 동법 제3조 제1호 나목에서 “화재・붕괴・폭발・교통사고・화생방사고・환경오염사고 등으로 인하여 발생하는 대통령령으로 정하는 규모 이상의 피해와 에너지・통신・교통・금융・의료・수도 등 국가기반체계의 마비, 「감염병의 예방 및 관리에 관한 법률」에 따른 감염병 또는 「가축전염병예방법」에 따른 가축전염병의 확산 등으로 인한 피해”라고 규정하고 있다. 또한 “재난 및 안전관리 기본법”은 ‘해외재난’ 및 ‘재난관리’를 개념적으로 규정한다. 이에 따르면, 해외재난이란 “대한민국의 영역 밖에서 대한민국 국민의 생명・신체 및 재산에 피해를 주거나 줄 수 있는 재난으로서 정부차원에서 대처할 필요가 있는 재난”을 말한다(같은 법 제3조 제2호). 그리고 재난관리란 “재난의 예방・대비・대응 및 복구를 위하여 하는 모든 활동”을 뜻한다(같은 법 제3조 제3호)(양천수, 2015). 이처럼 「재난 및 안전관리 기본법」을 토대로 한 재난의 개념은 큰 틀에서 ‘자연재난’과 ‘사회재난’을 포괄하여 국민과 국가에 피해를 줄 수 있는 것으로 정의할 수 있다.

사회적 재난에 대한 안전관리 정책이 보다 강화된 계기는 2014년 4월 16일 세월호 참사 이후라고 볼 수 있으며 2015년 메르스 사태는 감염병이라는 사회적 재난에 대한 대응체계를 더욱 강화시키는 계기가 된다. 2016년도에 박근혜 정부는 국민안전처를 출범하면서 재난에 대한 대비를 강화하기도 한다. 문재인 정부에 들어와서 2019년도에는 미세먼지가 사회적 재난의 유형에 추가되기도 했다.

국립재난안전연구원 「사회재난분야의 재난영향분석 및 피해비용산정 기법 조사・분석」에서는 미국, 영국, 독일 등 국외에서의 재난 개념에 대해 소개하였다. 이 국가들은 재난을 ‘자연재난’과 ‘인적재난’으로 구분하지 않고, 복합적인 재난으로 정의하고 있다. 또한 스태포드 재난법, World Bank의 보고서에서는 우리나라의 ‘사회재난’과 유사한 형태의 재난을 인간의 행위와 자연적 위험이 결합된 형태로 정의하였다. Wolrd Bank 「Unnatural disasters: The economics of effective prevention」에서 소개하고 있는 세계 10대 재난들은 모두 자연재해와 인간의 행위가 결합되어 나타난 것이었다. 이처럼 우리나라에서도 '사회재난'의 개념을 '인적재난'과 '자연재난'을 포함한 '복합재난'으로 정의하는 것이 세계적인 추세이며 우리나라도 복합재난에 대한 것을 상정하고 있다.

4. 우리나라의 재난관리 체계

우리나라의 재난관리체제의 구조는 크게 심의기구, 수습기구, 긴급구조구난기구 등으로 구분할 수 있다. 문재인 정부 들어서 과거에 비해 「재난및안전관리기본법」의 재정과 소방청 분리 신설을 통해 자연재난 및 인위재난을 통합함으로써 재난관리의 총괄·조정 기능이 개선되었다. 재난의 심의기구는 국무총리 소속하에 중앙안전관리위원회를 두어 이 위원회가 안전관리에 관한 중요 정책을 심의 및 총괄·조정하고, 안전관리를 위한 관계부처간의 협의·조정 등 안전관리에 필요한 사항을 수행한다(재난및안전관리기본법 제9조). 한편, 재난이 발생하였을 때 수습하는 기구로는 「재난및안전관리기본법」 제14조에 의해 대통령령이 정하는 대규모 재난이 발생한 때에는 당해재난의 수습을 총괄조정하고, 재난을 수습할 책임이 있는 주무부처의 장 소속하에 중앙사고수습본부를 둔다고 규정하고 있다. 그리고 재난발생시 인명구조 활동을 전개하는 긴급구조구난 활동은 「재난및안전관리기본법」 제49조에 의해 긴급구조에 관한 사항의 총괄·조정과 긴급구조기관 간의 역할분담 및 긴급구조기관이 행하는 긴급구조 활동의 지휘·통제 등의 업무를 수행하기 위해 소방방재청에 중앙긴급구조통제단을 두도록 규정하고 있다. 이상의 논의에서 볼 때 우리나라의 재난관리체계는 법령상으로 안전행정부(소방방재청)에 의해 운용된다고 할 수 있다.

그러나 「재난및안전관리기본법 시행령」 제10조의 분과위의 명칭과 관련된 내용을 보면 풍수해 및 설해, 지진 등 자연재난, 교통안전 등 인위재난, 화재 폭발물 사고, 전기·유류가스 사고, 환경오염, 방사능 재난, 국가기반체계 사고 등 별도의 분과위원회가 구성되어 있어 상황별 법적인 근거와 책임부서가 달라 여전히 대응의 통합이 이루어지지 않고 있다. 또한 중앙정부의 재난관리 기구는 자신의 계획만 수립하면 되지만 지방정부는 서로 비슷한 계획을 중앙정부의 개선에 맞춰 따로따로 수립해야 하는 어려움이 있다. 중앙정부와 지방자치단체 간 업무체제가 분산·다원화되어 시·도 및 시·군·구의 업무 담당자들의 재난대응에 어려움을 겪고 있다. 실제로 많은 재난의 실제적인 담당조직은 중앙정부보다는 지방정부에서 이루어지고 있으므로 중앙조직의 개편과 함께 광역단체와 기초단체의 재난관리체계가 개편되어야 한다(김경호, 2010: 134-136). 위기관리에 있어서는 권한의 집중을 강화하기보다는 조정모형을 구조화하는 것이 바람직하다. 중앙정부와 지방자치단체, 지방자치단체와 지방자치단체, 정부부문과 민간부문, 정부부문 상호간에 위기관리시스템이 유기적으로 연계되지 못하고 통합 조정 능력이 떨어진다는 문제점이 제기되고 있다. 중앙행정 수준에서 수평적 정책조정과 수직적 통제와 지원을 위한 조직 위상의 정립이 요구된다(이재은・김겸훈・류상일, 2005: 70-72). 재난관련 법률체계에서도 문제점이 지적되고 있다. 이는 재난관련 법률이 세분화되어 있기 때문인데, 즉 현행 재난관련 법률은 기본법으로 「재난및안전관리기본법」, 「민방위기본법」, 「자연재해대책법」, 「소방법규」 등이 있고, 그 밖에 다수의 개별법으로 규정되어 있다. 물론 「재난및안전관리기본법」에서 최대한 일관성 있게 제정은 되어 있으나 각 부처 간 어긋나는 이해관계가 발생하였을 때는 책임소재 문제 때문에 신속하고 원활한 상황대처가 이루어지지 않은 경우가 발생할 수 있다. 있다. 결국 개별 법률에서의 개념규정은 모든 재난을 포괄하지 못하고 재난유형별로 별도의 법이 적용되도록 하고 있다는 것은 재난의 유형에 따라 다른 부처에서 관리책임을 지게 될 것이고, 이에 따라 통합적이고 유기적인 국가 위기관리가 이루어지고 있지 못한다는 문제점이 있다. 따라서 모든 재난에서 완화, 준비, 대응, 복구 기능을 통합적이고 체계적으로 관리하여 효율적인 재난관리가 이루어질 수 있도록 해야 할 것이다. 또한 현행 「민방위기본법」에서 민방위 사태는 재난까지 포함하는 광범위한 개념으로 규정되어 있고 이와는 별도로 「자연재해대책법」과 「재난및안전관리기본법」이 존재하기 때문에 각 법 간의 개별 규정의 혼선과 중복 때문에 신속한 대응이 어렵게 되어 있다. 또한 각 법률에서 자연재해, 인위재난 및 기타 재난 등을 다양하게 규정하고 있고, 이러한 재난 발생 시에 책임기관 역시 다양한 형태로 산재해 있어 신속한 재난관리가 이루어지지 않고 있다는 점 역시 문제라고 할 수 있다(서일용, 2010: 74-75).

특히, 2020년 1월부터 본격적으로 퍼지기 시작한 Covid-19는 세계적으로 팬더믹으로 발전하여 우리나라 역시 정치・사회・경제적으로 커다란 변화에 직면했다. 그러나 다행히도 문재인 정부는 코로나 방역대응을 적절하게 조치했다는 긍정적인 평가를 국내외로부터 받았으며 좀 더 적절한 방역대응을 위해 2020년 9월에는 질병관리본부가 질병관리청으로 승격되었다.

[그림 13-1] 국가 재난대응체계도(2026년도 현재)

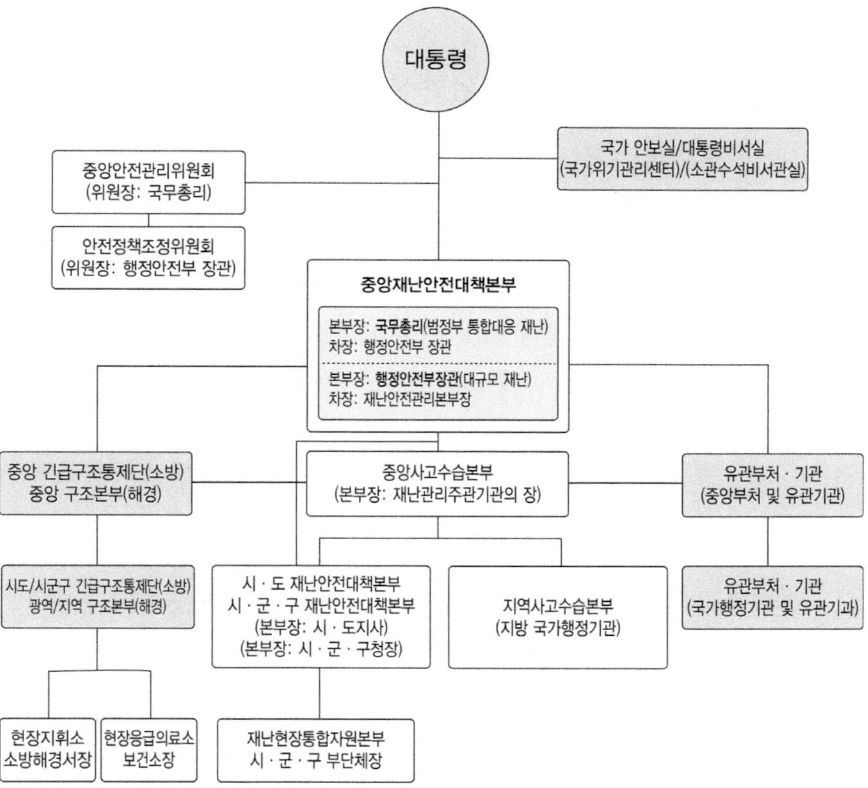

질병관리청의 재난대응체계도

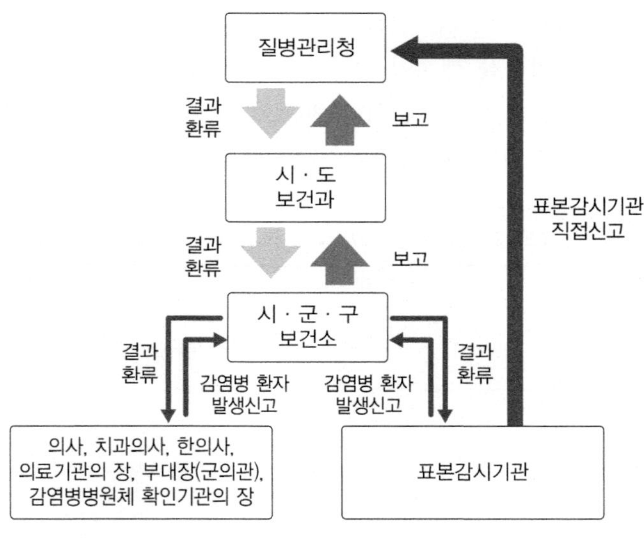

5. 지역안전공동체와 거버넌스 구축

1) 지역단위 재난안전 공동체 구축의 의의

일본 정부는 매년 9월 1일을 '방재의 날'로 하고, 이 날을 포함하여 1주일간을 방재 주간으로 방재의식을 높이기 위한 행사를 실시하고 있다. 그 주요 행사로 내각부가 중심이 되어, 방재훈련 등을 실시하고 있으며 방재 포스터 대회를 계기로 가족이나 학교·지역 공동체가 방재에 대해 생각해보게 함으로써 방재 의식의 향상을 도모하고 있다. 또한, 2011년 3월 11일 동일본 대지진을 교훈으로 삼아 「지진해일 대책의 추진에 관한 법률」을 제정하고 11월 5일을 '지진해일 방재의 날'로 정하여, 지진해일 대책에 대한 국민의 이해와 관심을 높이기 위한 방재훈련 실시나 심포지엄 등을 개최하며 지역단위의 재난안전 대책을 강화고 있다. 그 이유는 다음의 <표 13-1>을 보면 알 수 있다. 1995년의 한신·아와지 대지진(규모 7.3)에서 6,437명의 사망·실종자가 발생했지만 지진으로 무너진 건물에서 구출되어 살아남을 수 있었던 사람의 약 80%인 27,000여명이 가족이나 이웃주민 등에 의해 구출되었으며, 소방, 경찰과 자위대에 의해 구출된 사람은 약 20%, 8,000여명이라는 조사 결과가 나온 것이다.

<표 13-1>에서 보여지는 바와 같이 매장되거나 갇혀 있을 때 자력으로 탈출하거나 가족, 친구, 이웃 등에 의해 구출된 비율이 약 90%를 넘고 있어 구조대에 의해 구출된 것은 1.7%인 것으로 나타났다. 이러한 조사 결과는 지진으로 무너진 건물에 갇힌 사람들의 구조와 지진에 의해 발생한 화재의 소화 활동을 행정이 동시에 실시할 필요가 있었으나 행정기능의 마비로 정부가 피해자를 충분히 지원 못함에 따라, 자조·공조에 의한 구출율이 높아진 원인의 하나였다. 이는 무너진 건물에 갇힌 사람들을 구출하는 것은 일

〈표 13-1〉 한신·아와지 대지진 당시 매장·고립자에 대한 구조 주체

구조주체	구조자수 비율
자력탈출	34.9%
가족이 구조	31.9%
친구 및 이웃이 구조	28.1%
통행인이 구조	2.6%
구조대가 구조	2.6%(기타 0.9%포함)

각을 다투는 일이지만 다른 한편으로 대규모 재난시에는 모든 붕괴 현장에 행정 구조대가 신속하게 도착하는 것이 어렵기 때문에 자조·공조의 강화를 도모해야 한다는 것을 의미한다. 2011년 동일본 대지진에서도 지진과 지진해일에 의해 시·정·촌장을 포함한 많은 행정기관의 직원이 피난하는 등 이재민을 지원해야 하는 행정기능이 마비되고 말았다. 이처럼 대규모 재난시 '공조의 한계'가 드러나면서 자조(自助), 공조(共助) 및 공조(公助)가 잘 맞물려 돌아가지 않으면 대규모 재난발생 후 재해대책이 잘 작동하지 않는다는 사실이 인식되었다.

특히, 일본정부 및 지방자치단체에서 지역단위의 재난안전 공동체를 구축하는 이유는 과거의 재난이 지진, 태풍, 해일 등의 자연재난으로 인한 것이었던 것에 비해 최근의 재난은 자연재난과 사회적 재난이 복합화되는 양상으로 변하기 때문이다. 즉, 화재 중심의 자율소방단 체제에서 복합적인 관점에서의 지역방재조직이 주요한 역할을 하기 시작했다는 의미이다. 기존의 지역자율소방단은 여성 단원 수가 증가 경향에 있지만, 전체적으로는 단원 수가 감소하고 있는 것을 보여주고 있다([그림 13-2]).

[그림 13-2] 일본의 지역자율소방단원 수의 추이

(단위: 천 명)

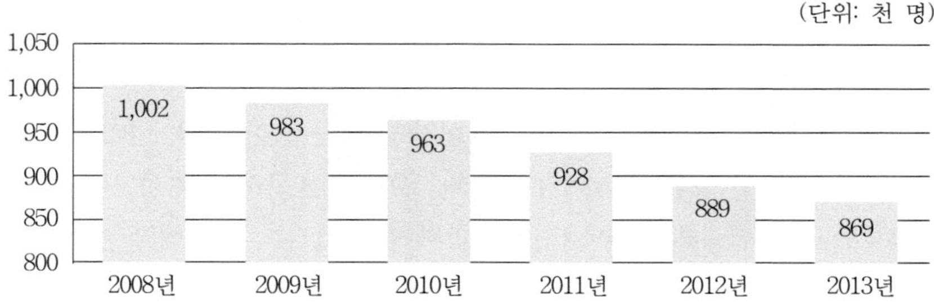

[그림 13-3] 일본의 지역자주방재조직 수의 추이

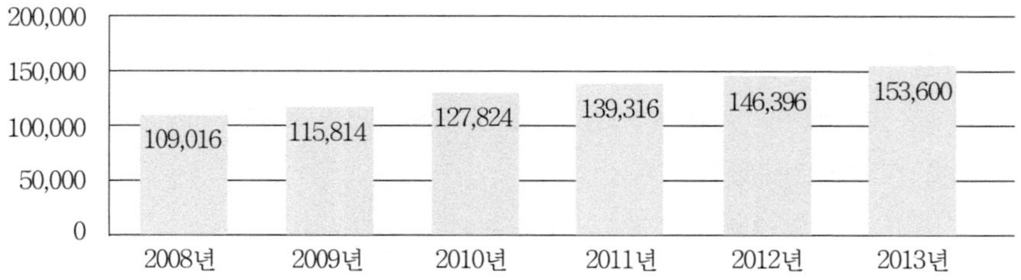

이와는 반대로 주민에 의한 자발적인 방재 활동 조직인 자주방재조직은 그 조직 수 및 활동 커버율(전체 세대수 중 자주방재조직의 활동 범위에 포함된 지역의 세대 수)은 증가 추세에 있다([그림 13-3]).

이러한 상황으로부터 일본의 총무성 소방청에서는 소방단의 가입 촉진, 처우 개선, 장비, 교육・훈련의 충실 강화, 자주방재조직의 리더 육성 등 지역공동체의 자조・공조에 의한 재난대응능력 향상을 도모하고 있다. 또한 총무성 소방청에서는 지역주민, 소방직원・소방단원 지방자치단체 직원 등에 대하여 인터넷에서 방재・위기관리에 대한 배움의 장을 제공하는 「방재・위기 관리 e-대학」을 개강하고 있다. 또한 중학생이 방재에 관한 지식과 실무 기술을 습득할 수 있도록 널리 방재교육에 활용할 수 있는 지도자용 방재교재 「도전! 방재 48」을 만들고 전국의 도・도・부・현, 시・정・촌 소방본부 등에 배포했으며, 「방재・위기 관리 e-칼리지」에서 공개하고 있다.

1995년의 한신・아와지 대지진에서의 자원봉사 활동에 대하여 일본에서는 NPO 원년이라 하고 있다. 이들 NPO들은 자원 봉사에 대한 정보 제공에서 동일본 대지진시에는 철도역과 고속도로 등에 자원 봉사자를 위한 인포메이션 센터를 개설하는 등 현장에서의 기동력도 뛰어났으며 재정적인 지원, 복지, 교육 등 다방면하다. 민간인들의 활동 가운데는 전문적인 단체인 변호사회 활동으로 변호사와 지자체의 연계도 펼치고 있다. 또는 일부 자치단체이지만 중앙정부로부터의 부흥 재원 등을 활용해 변호사를 임기가 한정된 지자체 직원으로 채용하여 피해자의 생활 관련 상담, 국가로부터 자치단체에의 요구 등을 정리하기도 한다. 2011년 후쿠시마 원전 사고로 인하여 더욱 더 지역사회가 중시(한신・아와지 대지진시의 피해자 가설주택에서의 고립, 자살 등이 잇따랐음)되어 집단 이전, 가설 주택 입주 단위에서의 커뮤니티 형성을 중시하는 정책을 채택하고 있다. 트라우마 치료를 위하여 심리적, 정신적 케어를 위한 전문가를 배치하고 정보의 적절한 제공, 재해시 twitter 등의 활용(구조 활동에 기여), 대피소 등으로 자연 발생적인 대자보 활용(정보 제공), 재해 직후에는 국가별 자치 단체(시정촌)의 임시 게시판 (홈페이지)에 의해 구호물자 정보 제공 등을 자원봉사단체들이 자발적으로 시행한 바 있다.

2) 일본에서의 자치단체간 상호지원조직의 강화[4)]

“지방자치단체 측에서도 한신・아와지(阪神・淡路)대지진 이후, 방재대책, 방재체제의 강화에 나선 단체가 있다. 효고(兵庫)현의 경우 방재를 전문으로 다루는 조직의 최고 간부가 생활환경부 산하 소방교통안전과 방재계장이었던 것이 지진 이후에는 특별직급의 방재감을 설치하여 방재국을 그 산하에 거느리며 선진적인 방재대책을 추진해오고 있다. 또한, 시즈오카(靜岡)현에서는 동해지진을 상정하여 부장급의 방재국장 아래, 체계적인 대책을 축적하고 있다. 방재・위기관리에 관한 자각적인 사고에 근거하여 방재체제 강화에 착수한 현(縣)도 있다. 돗토리(鳥取)현이 그 예로, 방재 전문책임자의 최고 간부가 생활환경부 소방방재과 방재계장이었던 것을 부장급의 방재감이라는 지위를 만들어 수준을 올리고, 그 산하 방재계의 조직을 충실화하여 방재대책을 강화하였다. 방재감 설치 후 돗토리(鳥取)현은 방재체제의 총점검을 실시하고, 그 시작으로 소방, 자위대, 경찰, 해상 보안청 등의 방재관계 기관을 모아, 의견교환회의를 실시하는 등 서로가 어떠한 기능을 담당하고 있는지에 대해 정보를 공유할 수 있는 기회를 마련하였다. 실천적인 방재훈련도 실시하고, 현의 지역방재계획에서 반드시 실천적이지 않았던 부분을 수정하여 보다 실천적인 것으로 변경한 바 있다. 실제로 그 방재훈련의 2개월 후인 2000년 10월에 돗토리(鳥取)현 서부지진이라는 진도 7.3의 지진이 덮쳤을 때, 지진의 규모만으로 한신・아와지(阪神・淡路)대지진과 같은 정도의 지진이었지만, 돗토리(鳥取)현의 대응이 신속하여, 피해가 미미하였다는 점에서 상당히 효과적인 대응이었다고 일반적으로 평가를 얻고 있다. 이것도 방재체제 강화 이후의 일련의 준비에 대한 성과라고 할 수 있다.

이러한 지역의 재난관리 시스템은 지난 2011년의 동일본 대지진에서도 큰 역할을 했다(임승빈, 2011). 이 날 발생한 지진은 1995년 6,000여 명이 희생된 한신(阪神)대지진(규모 7.3)의 180배 위력이자 1960년 발생했던 규모 9.5의 칠레 대지진, 1964년 9.2의 알래스카 지진, 2004년 인도네시아 수마트라 지진(9.1) 등에 이어 1900년 이후 세계에서 네 번째로 강력한 지진으로 기록됐다. 강진 발생 이후 초대형 쓰나미가 센다이시 등 해변 도시들을 덮쳤고, 도쿄(東京)를 비롯한 수도권 일대까지 건물 붕괴와 대형화재가

4) 임승빈(2014), “일본의 지방자치단체 재난안전 체계와 정책적 시사점”, 지방행정, 지방행정공제회 2014년 7월호의 일부를 발췌 요약했음을 밝힘.

잇따르며 피해가 속출했다. 특히 지상으로 밀려든 대규모 쓰나미로 인해 전원 공급이 중단되면서 후쿠시마현에 위치한 원전의 가동이 중지되면서 방사능 누출 사고가 발생했다. 한편 3·11 대지진의 진원은 일본 미야기(宮城)현 오시카(牡鹿)반도 동남쪽 130km 해저 약 24km 지점으로, 태평양판의 암반이 유라시아판과의 사이에 끼어 있는 북미판의 암반 밑으로 파고들면서 태평양판과 북아메리카판의 경계지점(섭입대)에서 발생한 역단층형 지진이었다. 2011년 재난에 의하여 사망자와 실종자가 약 2만여 명, 피난 주민이 33만 명에 이르는 것으로 집계됐다(시사상식사전, pmg 지식엔진연구소, 2012). 다음의 [그림 13-4]는 자치체 스크럼 지원협력 체계의 모형이다(임승빈, 2011).

자치체 스크럼 지원협력 체계를 구축한 취지는 첫째, 지역커뮤니티를 유지하고 분산화시키지 않는다. 둘째는, 피난자들의 하루라도 빠른 안정된 생활을 확보한다. 셋째는, 교류 자치제가 직접 지원한다는 것이었다.

[그림 13-4] 자치체 스크럼 지원협력 체계의 모형

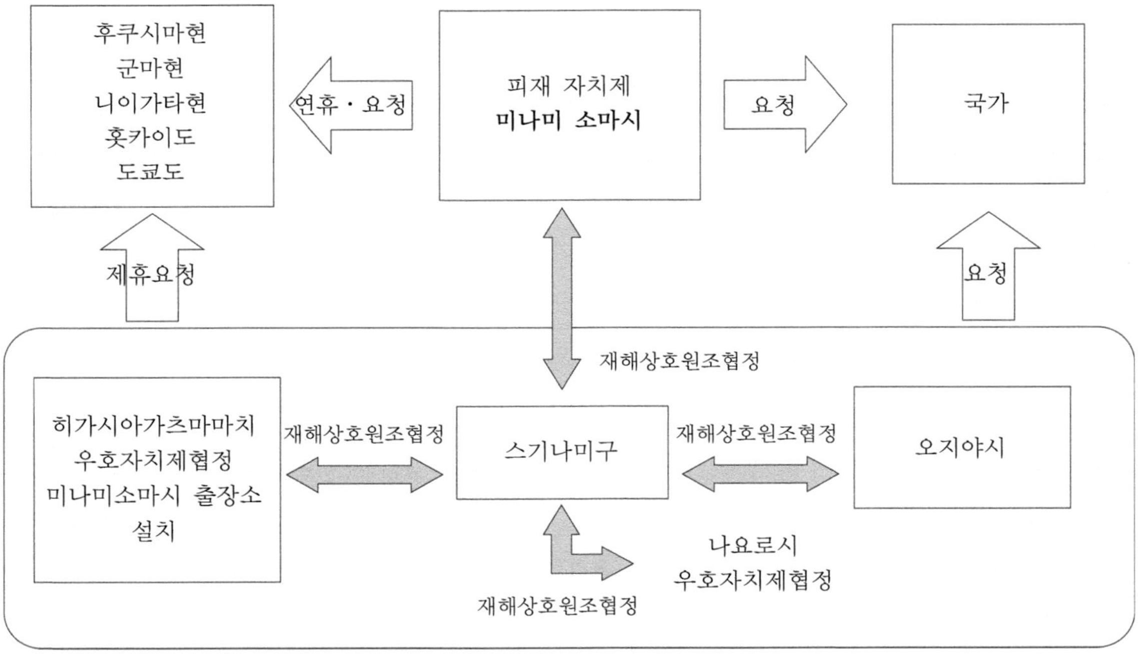

[그림 13-5] 재해에 대한 '수직적 협력체계'에서 '수평적 다차원적 협력체계'

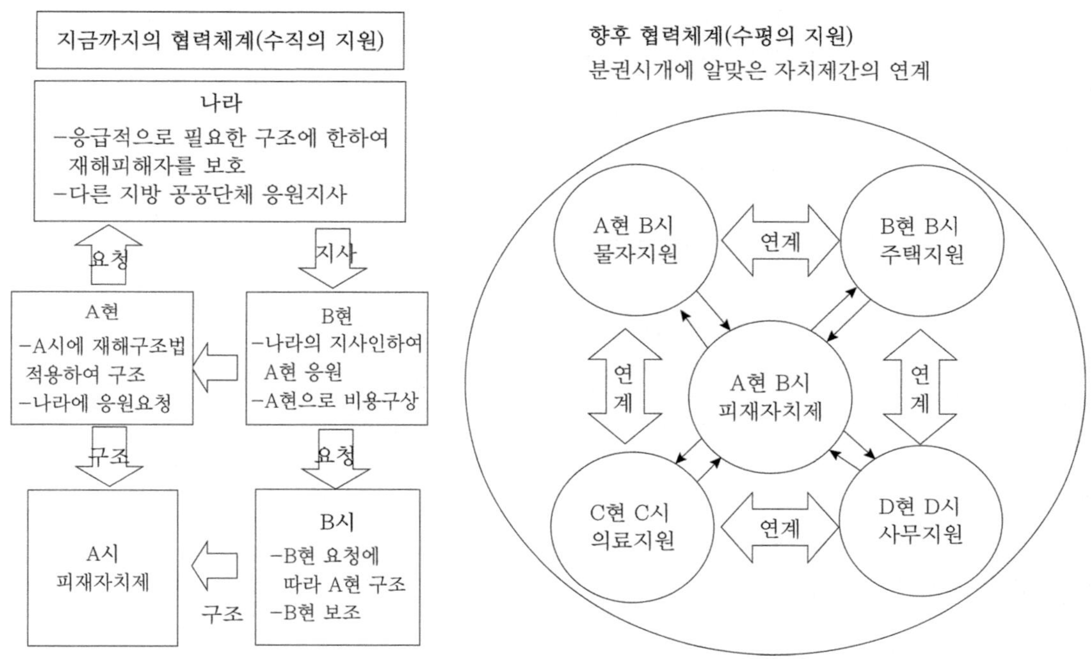

2011년 동일본 대지진의 재난 대응단계에서는 정부나 지방자치단체의 자체 조직 등을 통한 지원 외에 자치체간의 수평적인 연계를 바탕으로 한 지원이 진행되어 있는 것이 특징이었다. 이와 같이 자치단체 간에 페어를 짜는 '페어링' 지원방식은 사실 2008년 중국 사천대지진 때 중국어로 '대구(對口)지원'으로 자치단체 간의 지원이 이루어진 것이며, 이것을 참고로 일본 학술회의가 제창한 바 있었던 사례였다. 일본은 동일본 대지진에서 지원 자치체가 특정된 피해 자치단체와 짝을 짜서 종합적이고, 계속적인 지원을 하도록 한 위기관리 시스템을 작동한 것이다. 예를 들면, 도쿄도에서는 인적 지원이 '나카노구 → 타무라시, 무사시노시 → 토오노시' 등으로 이루어졌으며, 물적 지원은 '오오타구 → 히가시마츠시마시, 미나토구 → 이와키시, 메구로구 → 키센누마시' 등으로 진행되었다. 스기나미구(도쿄도)의 자치체 스크럼 지원은 재해 발생 이전에 상호원조협정을 바탕으로 한 다각적 지원이다. 자치체와 재해시 상호원조협정을 체결하여 미나미소마시(후쿠시마 현), 히가시아가츠마마치(군마 현), 오지야시(니이가타 현), 나요리시(홋카이도)에서 3자치체와 미나미소마시를 지원하여 큰 효과를 거두었다는 평가이다.

3) 우리나라 지역안전 공동체 구축의 의의

지진과 화산, 쯔나미 등 자연재난이 많은 일본의 사례를 보면 지역사회에서 거버넌스의 강조는 전문화된 기구뿐만이 아니라 주민 자율적인 재난안전 공동체 구축의 필요성을 역설하고 있다. 체계적인 재난안전 주민의 자율조직이 운영되기 위해서는 법과 제도의 정비를 통해 육성 및 지원이 필요한 이유이다. 또한, 지역단위의 자율조직과 자치단체는 단순히 두 조직 간이라는 단순한 관계가 아니라 복수의 조직으로 이루어지는 조직 네트워크를 상정하여 그 네트워크를 잘 기능토록 하는 능력이 요구되므로 지역을 넘는 거버넌스 체계 구축도 필요하다.

행정활동은 일상적으로도 여러 가지 조직간 네트워크 하에서 전개하고 있지만 재해시의 네트워크는 평상시의 그것과는 다르다는 점에 주목해야 한다. 즉 일상적인 행정활동의 대부분은 정책의 실시에 관련된 업무이기 때문에 그 짜임새는 정책(예를 들어 법령)에 따라 규정되는 경우가 많다. 결국 정책에 의해 구조화되고 있다. 네트워크에 참가할 수 있는 공식멤버는 정책에 따라 자격을 부여받고 있고, 그 조직상호의 조정 메커니즘도 정책에 따라 규칙화되고 있는 부분이 많다. 따라서 우리나라도 미국의 FEMA와 같이 위기관리를 전문으로 하는 행정조직을 만들고자 하는 주장이 있다. 그러나 이미 흩어져 있는 재난관리 기능을 통합한다는 것은 불가능에 가까우므로 광역행정기능으로서의 '목적조합'을 설치하여 피해복구 전담기구화 하는 방안도 검토할 필요가 있다고 본다. 우리나라 재난관리 및 복구계획의 기초단계에서의 정책수립은 중앙이 담당하난 예산을 집행하고 예산청구권한이 단일 지방자치단체 중심으로 되어 있어 실제로 피해가 광역적이고 다양한 재해재난의 경우 적절한 대처를 하지 못하고 있다. 피해조사 및 복구과정이라는 정책의 집행과정에서 공조체제가 이루어지기 어렵다. 한편으로는, 당해 자치단체는 피해규모를 지나치게 크게 하여 타자치단체에 비하여 예산확보를 극대화하려고 예산을 과다편성 한다든지 혹은 복구비예산을 피해지역과 상관없는 사업에 투여하는 등 예산전용의 폐단을 야기시킬 수 있다.

아무리 이상적인 제도라도 사회구성원들이 이를 이행하지 않으면 무의미하게 된다. 지역 단위의 재난관리 체계를 강화하기 위해서는 첫째, 지방자치단체장의 현장지휘권을 확대해서 자신들의 시군구에 흩어져 있는 자원을 신속히 동원 가능토록 해야 한다. 2020년 코로나19 사태에서 돋보였던 점은 서울의 박원순 시장, 경기도의 이재명 지사 등의 적극적이고 따뜻한 리더십이었다. 이들뿐만이 아니다. 전주시의 김승수 시장, 강원도의 최문순 지사의 역할도 컸다. 현장지휘관의 권한과 책임을 강화해야 한다고 본다. 둘째, 강남 유흥주점이나 이태원 클럽 등의 사례를 보더라도 특별사법경찰 권한을 확대하고 이를 원활히 행사할 수 있도록 현 정부가 추진하고자 하는 시도 단위의 자치경찰제도가 인구 100만 이상의 수원, 창원, 고양, 용인 등 대도시들에게도 도입되어야 한다. 셋째, 중앙과 지방의 협력 관계를 더욱 강화시켜야 한다. 예를 들어 마스크 공급, 재난지원금 지원방법론에서도 중앙정부와 지방자치단체가 협력을 하면 중복도 회피할 뿐만 아니라 정책효과성도 높아질 것이다.

특히, 2020년 코로나19 사태에서의 지방자치단체 소속의 보건소가 보여준 선별진료소로서의 역할은 그야말로 눈부셨다. 지금은 질병관리청이지만 당시의 질병관리본부의 지시에 따라 PCR 검사를 담당하는 것은 물론 자가격리 등의 지역사회 감염병의 차단을 위해 부단히 노력했다. 따라서 현재 지방자치단체 소속인 보건소를 질본관리청의 산하기관으로, 즉 중앙정부의 소속기구로 이관해야 한다는 등의 주장도 나왔다. 그러나 보건소의 평상시 역할은 지역사회의 보건과 건강을 책임지는 곳으로서 지방자치단체의 일반행정과 분리할 수 없는 구조와 기능을 수행하고 있다. 그러므로 보건소의 소속을 어디로 할 것인지가 중요한 것이 아니라 수행하는 기능, 즉 감염병, 건강과 보건 등의 기능을 수행할 때 중앙과 지방의 협력체계를 구축하는 것이 무엇보다도 중요하다.

문명은 인간이 스스로 진화되어 만들어 진 것이 아니라 변화된 환경에 적응한 인간이 만든 것처럼 지금까지 우리가 가지고 있었던 노멀을 버리는 용기를 가져야 하며 뉴노멀시대에 맞는 새로운 경제, 사회 뉴노멀을 만들어 나가야 한다. 천문학자 칼 세이건의 저서인 ≪코스모스(cosmos)≫의 마지막 구절에 있는 “우리는 종으로서의 인류를 사랑해야 하며 지구에게 충성해야 한다. 아니면, 그 누가 우리의 지구를 대변해 줄 수 있겠는가? 우리의 생존은 우리 자신만이 이룩한 업적이 아니다. 그러므로 오늘을 사는 우리는 인류를 여기에 있게 한 코스모스에게 감사해야 할 것이다.”라는 말을 잊지 말아야 할 것이다.

제2절 지방정부의 국제교류의 개념과 의의

1. 지방자치단체 국제화의 개념

교통・정보통신의 발달과 더불어 국제교역의 자유화 및 지역화의 강화로 인해 생산요소인 자본, 기술, 노동 등이 국경을 넘어 세계 모든 나라로 자유로이 이동하는 국제화(globalization, internationalization) 현상은 확대되면 되었지 축소되리라고는 누구도 예측하지 않는다. 국제화에 대한 사전적 개념은 '한 나라가 정치・경제・문화・환경 등 각 방면에서 다른 여러 나라와 교류하는 것'으로 해석할 수 있다. 역사적으로 소규모의 부족국가를 제외하면, 한 국가로서의 체계를 갖추고 있는 한, 다른 국가와의 관계는 생성되게 마련이었다. 이런 의미에서 국제화는 오랜 역사를 갖고 있다고 볼 수 있다. 그러나 21세기 오늘날의 시점에서 말하는 국제화란 양자간, 또는 국가간으로 한정하는 것이 아니라 정부-시장-시민사회 간, 정부내에서도 중앙과 지방정부 등 간의 다차원적인 교류를 의미하는 것이기 때문에 오늘날의 국제화의 개념은 확대하고 있다. 본 장에서 다루고자 하는 지방정부의 국제화는 크게 두 가지 의미로서 '무국경제(borderless economy)'와 생존조건의 지구촌화 현상'으로 정의할 수 있다고 한다. 전자는 국가 간의 물류 및 자본, 정보의 이동으로 국내 이동과 국가 간 이동이 차이가 없는 단일시장이 되어가는 것을 의미하고, 후자는 인간의 삶이 지역・국가라는 미시적 조건에서 세계적・지구적 이라는 거시적 조건에 영향을 받는 상호수준을 뜻한다. 이와 같은 관점에서 지방정부의 국제화의 정책 방향성은 크게 두 가지로 나눌 수 있다. 첫째는 외향적 국제화(Outward Internationalization)로서, 이는 외국과의 관계를 실질적으로 촉진하는 것으로서 국제교류와 국제통상을 의미하고, 둘째는 내향적 국제화(Inward Internationalization)로서 내국인의 의식 및 제도의 국제화, 즉 우리 내부의 국제화를 의미한다. 학술적으로는 '스마트파워 외교'(smart power diplomacy), '네트워크 외교'(network diplomacy) 등의 새로운 외교 전략을 도입하고 있는 것도 새로운 경향이다(Metzl 2001, Armitage 2007). 우리나라의 경우에도 학계와 정부 차원에서 '복합외교'(complex diplomacy)라는 새로운 외교전략 개념을 제시하고, 이를 실행하기 위한 논의를 진행한 바가 있다(손열 외, 2011).

2. 추진배경

지방자치가 활성화된 국가들에서는 국제교류가 역사적으로 상당히 축적되어 있으나 우리나라의 경우에는 1995년 민선지방자치제가 실시된 이후라고 보는 것이 타당하다. 민선지방자치 제도가 실시된 이후 지방정부의 국제화, 즉 외국의 지방정부와 국제교류가 활성화된 배경을 보다 구체적으로 살펴보면 다음과 같다고 볼 수 있다.

첫째는, 1993년에 등장한 김영삼 정권(문민정부)에서의 세방화시대(Glocalization)에 대한 강조와 지방자치의 실시이다. 1988년 올림픽 이후 해외여행 자유화는 지방정부 구성원들에 대한 해외여행 자유화와도 연계되었으며 세계화의 조류 속에서 지방화가 동시에 이루어지고 있는 개념이라 할 수 있다. 세계화는 세계 여러 나라를 이해하고 받아들이는 것으로서, 국제적 규범이나 표준에 맞추는 것으로 비합리적인 요소들을 제거하여 국제화된 보편적 행동준칙(universal rule of conduct)에 우리의 사고와 행동을 맞추는 것이다. 반면, 지방화는 지역적 특성과 개성을 살릴 수 있도록 중앙의 권한이나 기능을 지방자치단체에 위임(양)하여, 지역사회의 자율성을 제고시켜 지역발전과 주민의 삶의 질을 향상시키기 위한 것이라고 할 수 있다. 세계화시대에 있어서 지방자치단체의 지방화를 위해서는 정치, 경제, 사회, 문화 전반에 걸친 변화가 요구되며 그에 따라서 지방자치단체의 경쟁력 제고를 위한 사업의 육성과 이를 통한 발전이 이루어 져야 하는 상황에 직면했다.

둘째는, 1997년부터 시작된 IMF 외환위기 이후 새로운 도약을 위한 방안으로 지방정부 차원의 해외세일즈 외교의 강화였다. 비록 정부 주도였지만 그때까지의 중앙정부 중심의 집권형 국가에서 지방 주도의 지방분권 국가를 지향한다는 1997년 김대중 정부의 탄생으로 인하여 지방정부의 국제교류가 강화되었다.

셋째는, IT기술의 발전과 소셜네트워크(SNS) 활용이 높아진 데 기인한다. 산업화 발달과 더불어 20세기 후반에 비약적인 발전을 거듭한 정보기술(information technology)은 사회의 모든 부분에 걸쳐서 급속한 변화를 가져왔다. 지식정보 사회에서의 디지털, 컴퓨터 기술 발전으로 인한 가상공간(cyberspace)의 탄생과 네트워크화의 진전, 그리고 집단 중심에서 개인 우위로의 가치관 전환 등은 이전 산업사회에서의 생산요소인 노동, 자본, 토지 보다는 새로운 생산 요소로서 지식과 정보가 등장하게 했다. 정보통신기술발달의 가속화가 이루어지면서 지식정보 사회가 구축되었고, 이러한 신기술의 점진적인 발달과 함께 도래된 사회가 네트워크 사회이다. 이러한 네트워크 사회에서는 개인 행위자 또는 단체 행위자들 간의 지속적이고 예측이 힘든 갈등과 교류가 활발한 특징을 가지고 있다. 유사한 가치를 소유하거나 동일한 목적을 가진 집단과 집단의 교류는 국내를 넘어서 국제적으로 확장하게 되었기 때문이다.

넷째는, 지방 분권화의 가속화이다. 지방분권(decentralization)은 중앙집권에 대칭되는 개념으로서 중앙정부에 집중되어 있는 권한과 사무 그리고 재원을 보다 많이 자치단체에 이양하려는 것이다. 이와 같은 중앙정부 차원에서 추진된 분권화 정책은 중앙정부뿐만 아니라 지방정부, 더 나아가 지역사회에도 많은 변화를 주고 있으며, 이는 궁극적으로 '국가 운영시스템의 재구조화'를 낳고 있으며 지방정부는 비교적 자유롭게 지방정부 차원에서의 국제교류를 지역경제 활성화 등과 연계하여 확대되어 가고 있는 추세이다.

다음의 [그림 13-6]을 보면 상기에서 언급한 바와 같이 한국과 일본의 지방정부간 국제교류가 계속 증가 추세이기는 했으나 1995년 이후에 특히 급증한 점을 볼 수 있다.

특히, 최근 코로나19 팬데믹으로 2019~2021년 사이 교류가 다소 위축되었으나, 2020년 이후 다시 활성화되고 있다. 한·중·일 지방정부간 정기적 교류도 지속되고 있으며 2024년에는 광주광역시에서 개최된 바 있다.

[그림 13-6] 1995년 이후 지방정부의 한국과 일본의 국제교류 증가추세

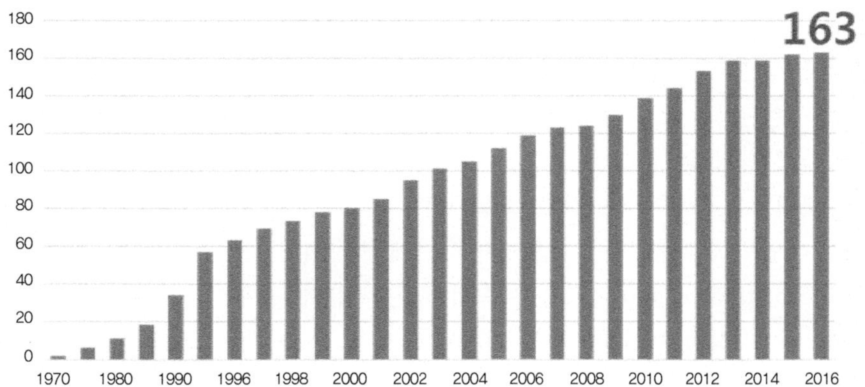

3. 지방정부의 국제교류의 현황과 특성

1) 외향적 국제교류

외향적 국제화(Outward Internationalization)는 세계화의 추세에 따라 국가 간 또는 경제영역에 있어서의 강력한 경쟁을 의식한 상호작용으로 생존을 위해 자기혁신 내지 자기변화를 끊임없이 꾀하는 것이다. 지방자치단체의 외향적 국제화를 추진하는 방법으로는 첫째, 다른 국가의 주나 도시간의 자매결연(sisterhood relationship)을 맺어 우호적인 제휴를 맺는 것이 있다. 둘째, 지역의 세계화를 위해서 해외 연수생을 파견하여 국제교류지역의 사업을 벤치마킹함과 동시에 지방자치단체간의 결속을 유지할 수 있다. 셋째, 지역의 특성을 살린 국제행사를 개최하여 문화적 교류를 통한 자연스러운 국제교류가 있을 수 있다. 넷째, 지식정보 사회를 초월하는 네트워크 시대에 있어 지방자치단체간의 긴밀한 협력을 통해서 정보를 공유하고 상호간의 발전을 꾀할 수 있다. 다섯째, 해외의 현지 기관형성(institution building)을 통해 국제회의의 주체가 되어 국가 및 지역을 홍보 및 국내 지방자치단체의 위탁업무를 대행하고 해외 현지 기관과의 직접적인 접촉을 통해 국내 지방자치단체의 위상을 확립할 수 있다.

2) 내향적 국제교류

내향적 국제화(Inward Internationalization)는 의식과 관행, 문화, 법 등의 외부환경에 직접적인 영향을 받지 않는 것으로서, 우리 내부를 국제화시키는 것이며 국제화의 가장 기본적인 것을 의미한다. 이러한 내향적 국제화는 지도층의 위로부터의 개혁과 시민들의 밑으로부터의 지속적인 개혁이 동시에 이루어져야 한다. 또한 내향적 국제화는 지방자치단체 소속 공무원들의 의식과 제도를 국제화의 수준에 맞게 변화시키는 것이고 국민 내지 민족이 가장 마찰이 적은 방식을 통하여 새로운 변화에 대응해 나가는 것을 의미한다. 국내거주 외국인이 증가함에 따라 법・제도의 정비를 통해 지방자치단체 거주외국인도 「지방자치법」상 주민으로 인정해야 하는 것과 다른 집단과의 인식 및 지식을 공유함으로써 문화적 다원성, 민족의 다양성, 종교적 관용을 존중한다는 점에 있어 내향적 국제화가 점진적으로 이루어지고 있다. 그리고 국내 거주하는 외국인의 국제화를 위해서 각 지방자치단체 및 기관별로 실시하고 있는 언어 교육 및 현지 적응을 위한 프로그램 도입・운영 현황을 볼 때 내향적 국제화의 시각이 좀 더 넓어지고 있다. 따라서 지방정부는 내향적 국제화를 위해서 내・외국인간의 구분 없이 그 본래 목적인 주민에게 서비스를 공급해야한다.

3) 지방정부 국제교류의 유형

국제교류는 '경계・인종・민족・종교・언어・체제・이념 등의 차이를 초월하여 개인, 집단, 기관, 국가, 국제기구 등 다양한 주체들이 각각의 우호, 협력, 이해증진 및 공동이익 도모 등을 목적으로 관련주체 상호간에 공식・비공식적으로 추진하는 상생적 협력관계'를 말한다(전국시도지사협의회, 2015: 27). 국제교류의 필요성은 첫째, 국제교류를 통하여 지구촌의 공동관심사와 국제기준에 대한 인식을 확대시킬 수 있고, 국제수준에 맞는 각종 법률과 제도 및 행정서비스, 산업 활동에 대한 이해를 제고할 수 있으므로 국제교류는 세계시민으로서의 의식을 국제화 하는 데 필수적이다. 둘째, 인력과 문물의 교류를 통하여 상호협력과 이해를 증진하고, 경제활동은 물론 지역개발과 각종 협력 사업을 도모하기 위해서는 자치단체의 국제화 기반이라고 할 수 있는 국제교류를 심화시켜야 한다. 셋째, 선진화된 기술과 지식정보를 입수하여 지역산업 등에 경제활력을 가져오기 위해서는 국제교류 협력기반을 마련하는 것이 필수적이다. 넷째, 국제적인 교류행사 등을 통하여 시민들의 생활문화와 교육의 질 향상에 기여하기 위해서 국제적인 친선과 신뢰관계 증진을 도모할 필요가 있다. 다섯째, 각 지방자치단체는 여건과 환경에 걸맞는 특성화되고 차별화된 전략을 구상하여 국제협력을 도모해야 한다(대한민국시도지사협의회, 2015: 30-32).

국제교류의 유형은 그 분류기준에 따라 다양하게 구분할 수 있다. 인적교류, 문화교류, 체육교류, 상징사업, 경제교류, 기타교류로 나누어 볼 수 있다(김진아, 2011: 243). 지식정보 및 인력교류, 자매결연, 경제통상교류, 문화교류, 국제기구 참여활동 확대로 나누어 볼 수 있다(전국시도지사협의회, 2015: 41-45).

[그림 13-7] 지방정부의 국제교류 특성별 분류(2018.6 현재)

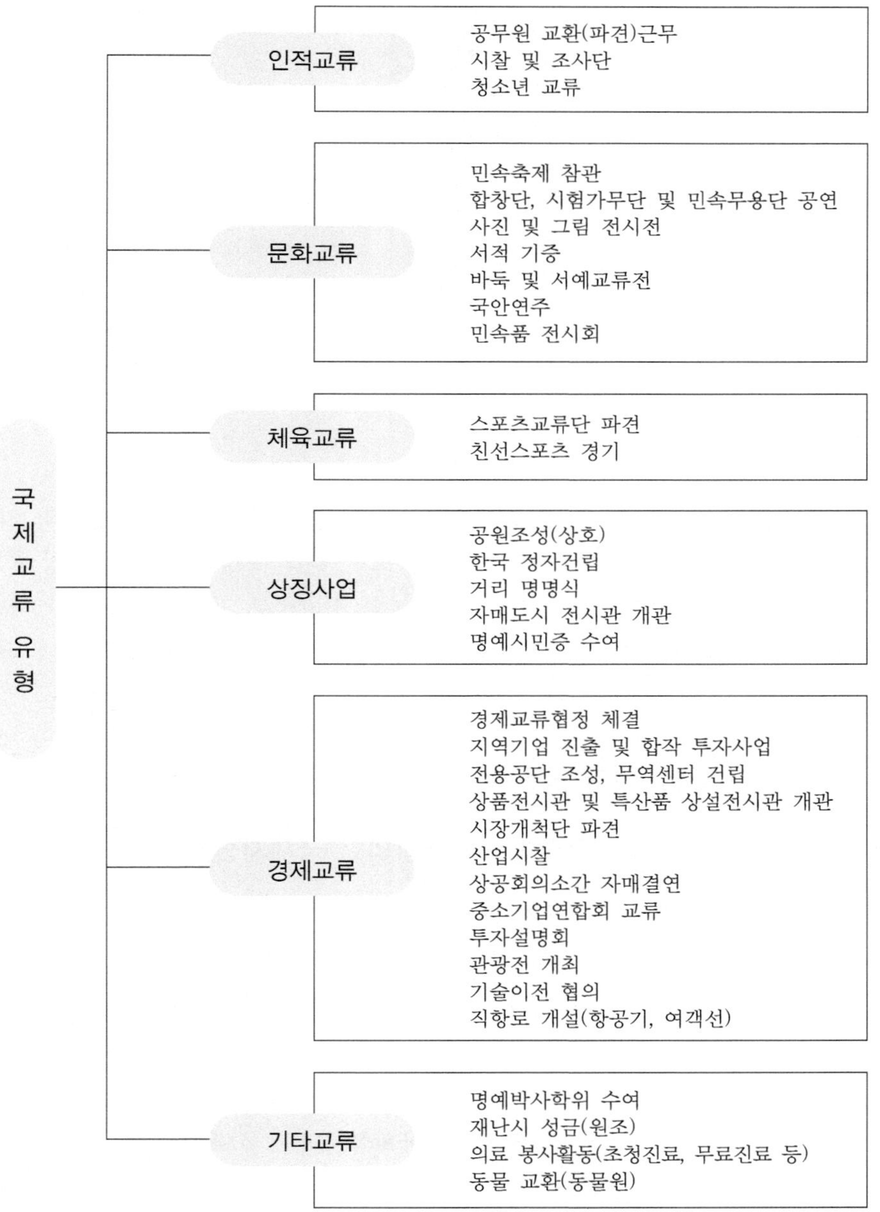

※ 2018.6.30. 대한민국시도지사협의회 홈페이지 참조.

[그림 13-8] 한국과 일본의 지방정부간 국제교류 분야

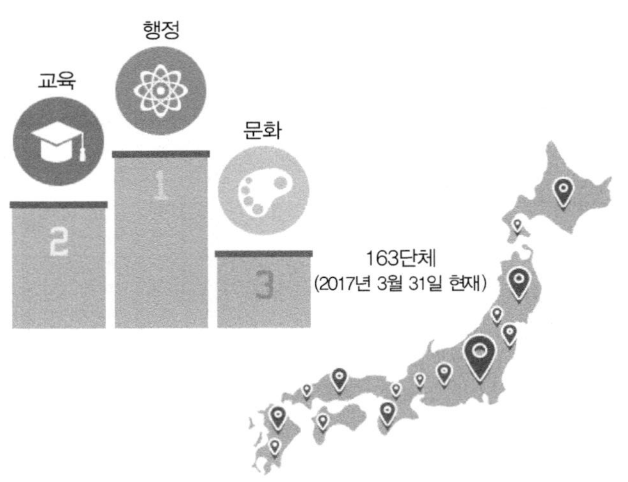

이러한 지방정부의 국제교류의 유형 가운데 비록 한국과 일본에 국한되기는 하지만 [그림 13-8]을 보면 가장 왕성한 분야는 행정과 교육, 문화분야 등이다. 물론 한국과 일본의 지방정부 간의 국제교류가 세계의 어느 지역보다도 가장 활성화되어 있기 때문에 나머지 국가들과의 국제교류 특성과도 큰 차이가 없다.

4) 지방정부 국제교류 지원조직 현황

(1) 대한민국시도지사협의회 국제지원실

대한민국시도지사협의회는 전국 광역지방자치단체장들로 구성된 협의체로서 1999년 1월 지방자치법 제165조에 근거하여 설립되었으며, 2005년 4월 7일 지방분권의 실현과 지방정부의 공동사업을 체계적으로 추진하기 위하여 사무처를 발족시켜 운영해오고 있다(대한민국시도지사협의회 홈페이지). 특히, 2010년 국제화지원실 신설과 관련하여서는 기존의 행정안전부 산하의 '한국지방자치단체국제화재단'이 2009년 12월 31일자로 정부 공기업 선진화 방침에 따라 해산됨에 따라, 그 기능을 대한민국시도지사협의회로 이관하였다. 또한 대한민국시도지사협의회는 2010년 전국시장군수구청장협의회와의 「지방자치단체 국제화사업 관련 업무협력」 MOU(Memorandum of Understanding: 양해각서)를 체결하였다. 이를 바탕으로 대한민국시도지사협의회에서는 광역지방정부와 기초지방정부에서 필요로 하는 국제화업무

를 지원하고 있다.

시도지사협의회 자료에 의하면 2017년 12월 기준으로 지방정부에서 교류하고 있는 도시들의 국가를 대상으로 살펴보면, 자매교류는 6대륙 54개 국가의 697개 도시와 수행하고 있으며, 우호교류는 6대륙 72개 국가의 957개 도시와 수행하고 있다.

자매교류를 대륙별로 살펴보면, 첫째, 유럽은 24개국[5] 91개 도시와 교류를 수행하고 있으며, 이 중 러시아 22개 도시, 터키 10개 도시, 프랑스 9개 도시, 스페인 6개 도시, 그 이외의 국가들은 5개 미만의 도시와 교류를 수행하고 있다. 둘째, 아시아는 13개국[6] 413개 도시와 교류를 수행하고 있으며, 이 중 중국 217개 도시, 일본 105개 도시, 베트남 22개 도시, 필리핀 17개 도시, 인도네시아 14개 도시, 대만과 몽골은 각각 11개 도시, 그 이외의 국가들은 10개 미만의 도시와 교류를 수행하고 있다. 셋째, 남미는 9개국[7] 33개 도시와 교류를 수행하고 있으며, 이 중 멕시코 14개 도시, 브라질 7개 도시, 그 이외의 국가들은 4개 미만의 도시와 교류를 수행하고 있다. 넷째, 아프리카는 4개국[8] 10개 도시와 교류를 수행하고 있으며, 이 중 남아프리카공화국의 5개 도시와 교류하고 있다. 다섯째, 대양주는 뉴질랜드 2개 도시와 호주의 16개 도시와 교류하고 있다. 마지막으로, 북미는 미국 121개 도시와 캐나다 11개 도시와 교류하고 있다.

이를 볼 때, 지방정부의 자매교류는 중국, 미국, 일본을 중심으로 수행하고 있음을 알 수 있다. 이 세 나라보다는 적지만 베트남, 러시아, 필리핀, 호주, 멕시코, 인도네시아, 캐나다, 대만, 몽골, 터키도 자매교류의 대상으로 활발한 교류를 수행하고 있음을 알 수 있다. 이를 통해 살펴보면, 한국의 지방정부 자매교류는 아시아와 북미에 집중되어 있음을 알 수 있다. 반면, 유럽, 남미, 아프리카의 국가들과의 자매교류는 아직 미비한 것으로 살펴볼 수 있다.

---

5) 그리스, 네덜란드, 노르웨이, 덴마크, 독일, 러시아, 루마니아, 벨기에, 불가리아, 스웨덴, 스페인, 슬로바키아, 영국, 오스트리아, 우즈베키스탄, 이탈리아, 체코, 카자흐스탄, 키르키스스탄, 터키, 포르투갈, 폴란드, 프랑스, 헝가리

6) 아랍에미리트연합국, 이스라엘, 대만, 말레이시아, 몽골, 베트남, 인도, 인도네시아, 일본, 중국, 캄보디아, 태국, 필리핀

7) 멕시코, 브라질, 아르헨티나, 칠레, 콜럼비아, 트리니다드토바고, 파나마, 파라과이, 페루

8) 모로코, 이집트, 남아프리카공화국, 에티오피아

〈표 13-2〉 지방정부 국가별 자매교류 현황(2017.12 현재)

대륙	국가	도시
남미	9	33
대양주	2	18
북미	2	132
아시아	13	413
아프리카	4	10
유럽	24	91
합계	54	697

자료: 대한민국시도지사협의회 국제DB자료.

(2) 광역지방정부에서의 국제교류 특성

국제교류에는 자매결연과 우호교류 등이 있다. 지방자치단체의 자매결연에 대해서는 과거에 내무부 예규, 내무부 훈령, 행정자치부 훈령 등에 의해 규제를 받았으나, 2004년에 행정자치부 관련훈령이 폐지되어 더 이상 중앙정부의 승인사항이 아니게 되었다. 다만, 자매결연 추진 시에는 해당 자치단체의 지방의회의 승인을 받아야 한다. 그러나 우호교류는 지방의회의 의결을 필요로 하지 않는다(전국시도지사협의회, 2015: 27). 자매결연과 우호협력의 차이점을 살펴보면, 자매결연은 지방의회의 동의를 필요로 하는 데 반해, 우호협력관계는 지방의회의 동의를 필요로 하지 않는다. 특히, 우호협력관계는 자매결연의 전단계로 친선을 전제로 상호협력하는 관계로 인식하여, 자매결연은 우호협력을 바탕으로 신뢰관계가 형성된 후 보다 높은 차원의 상호협력하는 관계로 발전한다.

2017년 12월 기준으로 17개 광역지방정부는 총 424개 도시와 국제교류를 실시하고 있다. 이 중 서울특별시가 56개 도시, 인천광역시와 경기도가 37개 도시와 국제교류를 맺고 있는데 반해, 전라북도는 8개 도시, 제주도 14개 도시와 국제교류를 맺고 있다. 이를 볼 때, 17개 광역지방정부 간의 국제교류의 편차가 나타나고 있음을 알 수 있다(대한민국시도지사협의회 국제DB자료).

세부적으로 살펴보면, 17개 광역지방정부는 자매교류 190개 도시, 우호교류 234개 도시와 교류하고 있음을 알 수 있다. 자매교류는, 부산광역시 25개, 서울특별시 23개, 인천광역시 21개 도시와 체결하고 있는 데 반해, 세종특별자치도 0개, 전라북도 3개, 광주광역시와 제주특별자치도가 각각 6개 도시와 체결하였으며, 우호교류는, 서울특별시 33개, 전라남도 26개 도시와 체결하고 있는 데 반해, 세종특별자치시 2개, 부산광역시와 전라북도가 각각 5개 도시와 체결하고 있다. 부산광역시, 대구광역시, 인천광역시, 충청북도는 자매교류가 우호교류보다 많이 체결한 반면, 타 시·도는 우호교류를 많이 체결한 것을 알 수 있다. 이를 통해 살펴보면, 부산광역시, 대구광역시, 인천광역시, 충청북도는 업무별, 기능별 교류보다는 지방정부대 지방정부의 관계를 중요시 여기고 있음을 유추해 볼 수 있으며, 타 시·도는 지역의 특성에 맞는 교류도시의 개발 및 교류에 집중하고 있음을 추측할 수 있다. 그러나 다음의 [그림 13-9]에서도 보이는 바와 같이 17개 광역지방정부 중 서울특별시가 56개 도시와 국제교류를 맺고 있는 데 반해, 전라북도는 8개 도시와 국제교류를 맺고 있다. 이를 볼 때, 17개 광역지방정부 간의 국제교류의 편차가 나타나고 있음을 알 수 있다.

〈표 13-3〉 광역지방정부 국제교류 유형별 현황(2017.12 현재)

광역지자체명	국제교류유형별 현황		
	종합	자매교류	우호교류
서울특별시	56	23	33
부산광역시	30	25	5
대구광역시	21	12	9
인천광역시	37	21	16
광주광역시	22	6	16
대전광역시	25	12	13
울산광역시	19	9	10
경기도	37	18	19
강원도	28	9	19
충청북도	16	9	7
충청남도	28	9	19
전라북도	8	3	5
전라남도	33	7	26
경상북도	24	10	14
경상남도	24	11	13
제주특별자치도	14	6	8
세종특별자치시	2	0	2
합계	424	190	234

자료: 대한민국시도지사협의회 국제DB자료.

[그림 13-9] 광역지방정부 간의 국제교류 편차(2018. 06. 현재)

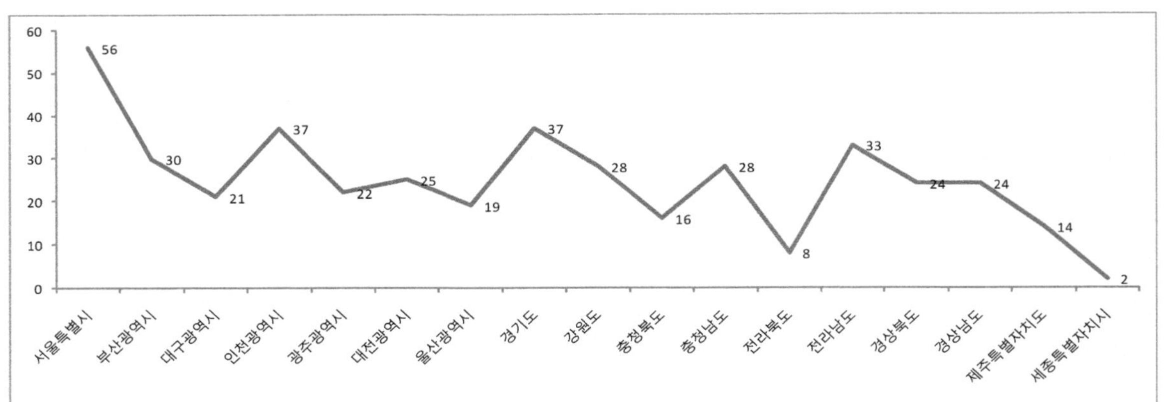

(3) 기초지방정부

2017년 12월 기준으로 16개 광역지방정부(세종특별자치시 제외)의 기초지방정부의 국제교류 현황을 살펴보면, 자매교류는 507개 도시, 우호교류는 726개 도시를 대상으로 총 1,229개 도시와 교류하고 있음을 알 수 있다.

세부적으로 살펴보면, 서울특별시 25개 기초지방정부는 151개 도시(자매교류 76개, 우호교류 75개 도시)와 국제교류를 하고 있다. 이 중 17개 도시와 국제교류를 맺고 있는 서초구가 타 기초지방정부 비해 활발히 활동하고 있다. 부산광역시 16개 기초지방정부는 55개 도시(자매교류 18개, 우호교류 37개 도시)와 국제교류를 하고 있다. 이 중 9개 도시와 국제교류를 맺고 있는 해운대구가 타 기초지방정부 비해 활발히 활동하고 있다. 대구광역시 7개 기초지방정부는 23개 도시(자매교류 4개, 우호교류 19개 도시)와 국제교류를 하고 있다. 이 중 6개 도시와 국제교류를 맺고 있는 서구가 타 기초지방정부 비해 활발히 활동하고 있다. 인천광역시 10개 기초지방정부는 53개 도시(자매교류 10개, 우호교류 43개 도시)와 국제교류를 하고 있다. 이 중 16개 도시와 국제교류를 맺고 있는 중구가 타 기초지방정부 비해 활발히 활동하고 있다. 광주광역시 5개 기초지방정부는 13개 도시(자매교류 3개, 우호교류 10개 도시)와 국제교류를 하고 있다. 이 중 각각 4개 도시와 국제교류를 맺고 있는 북구와 남구가 타 기초지방정부 비해 활발히 활동하고 있다. 대전광역시 5개 기초지방정부는 11개 도시(자매교류 6개, 우호교류 5개 도시)와 국제교류를 하고 있다. 이 중 4개 도시와 국제교류를 맺고 있는 유성구가 타 기초지방정부 비해 활발히 활동하고 있다. 울산광역시 5개 기초지방정부는 19개 도시(자매교류 5개, 우호교류 14개 도시)와 국제교류를 하고 있다. 이 중 8개 도시와 국제교류를 맺고 있는 울주군이 타 기초지방정부 비해 활발히 활동하고 있다.

경기도 31개 기초지방정부는 230개 도시(자매교류 118개, 우호교류 112개 도시)와 국제교류를 하고 있다. 이 중 20개 도시와 국제교류를 맺고 있는 평택시가 타 기초지방정부 비해 활발히 활동하고 있다. 강원도 18개 기초지방정부는 111개 도시(자매교류 39개, 우호교류 72개 도시)와 국제교류를 하고 있다. 이 중 16개 도시와 국제교류를 맺고 있는 강릉시가 타 기초지방정부에 비해 활발히 활동하고 있다. 충청북도 11개 기초지방정부는 57개 도시(자매교류 19개, 우호교류 38개 도시)와 국제교류를 하고 있다. 이 중 15개 도시와 국제교류를 맺고 있는 청주시가 타 기초지방정부 비해 활발히 활동하고 있다. 충청남도 15개 기초지방정부는 92개 도시(자매교류 35개, 우호교류 57개 도시)와 국제교류를 하고 있다. 이 중 17개 도시와 국제교류를 맺고 있는 아산시가 타 기초지방정부 비해 활발히 활동하고 있다. 전라북도 14개 기초지방정부는 66개 도시(자매교류 22개, 우호교류 44개 도시)와 국제교류를 하고 있다. 이 중 18개 도시와 국제교류를 맺고 있는 군산시가 타 기초지방정부 비해 활발히 활동하고 있다. 전라남도 21개 기초지방정부는 110개 도시(자매교류 38개, 우호교류 72개 도시)와 국제교류를 하고 있다. 이 중 각각 15개 도시와 국제교류를 맺고 있는 여수시와 광양시가 타 기초지방정부 비해 활발히 활동하고 있다. 경상북도 19개 기초지방정부는 113개 도시(자매교류 47개, 우호교류 66개 도시)와 국제교류를 하고 있다. 이 중 27개 도시와 국제교류를 맺고 있는 포항시가 타 기초지방정부 비해 활발히 활동하고 있다. 경상남도 18개 기초지방정부는 104개 도시(자매교류 55개, 우호교류 49개 도시)와 국제교류를 하고 있다. 이 중 27개 도시와 국제교류를 맺고 있는 창원시가 타 기초지방정부 비해 활발히 활동하고 있다. 제주특별자치도 2개 기초지방정부는 21개 도시(자매교류 12개, 우호교류 9개 도시)와 국제교류를 하고 있다. 서귀포시는 6개 도시와 자매교류를, 3개 도시와 우호교류를 실시하고 있으며, 제주시는 6개 도시와 자매교류를, 6개 도시와 우호교류를 실시하고 있다.

요 약

본 13장에서는 지방자치단체의 재난안전 정책을 새로이 추가하여 다뤘다. 2020년 벽두부터 발생한 코로나 19사태는 인류문명사에 기록될 해가 되기에 분명하기 때문이다. '위험사회'라는 유명한 저서의 작자인 독일의 사회학자인 고(故)울리히 벡은 산업적 결정의 부작용과 비용을 예방적으로 완화하고 정당하게 분배하기 위해 국가가 보증하는 리스크 계약은 사회주의와 자유주의의 중간 어디쯤에 해당된다고 했다. 그것은 위험한 부작용이 체계적으로 발생한다는 사실을 인정하는 동시에 그 부작용을 예방하고 보상하는 일에 개인들을 참여시키기 때문이라고 하며 국가 사회 차원의 리스크 계약을 전체적으로 체계적으로 또 분명하게 위반하는 곳에서는 원칙적으로 근대화의 산물인 합의가 대기하고 있다고 강조한 바 있다. '위험사회'의 범주가 의미하는 바는 바로 이것이다. '위험사회'의 범주는 산업에서 발생한 위험이 통제할 수 있고 보상할 수 있다는 리스크 계약의 핵심이념을 의문시하는 과정을 주제로 설정한다. 우리가 현재와 미래에 살아가야 하는 세상은 미증유의 위험이 가득한 세상이지만 스스로 산출한 위험조건 아래서 우리 자신의 미래를 결정해야 하는 세상이기도 하다. 현대가 산출한 위험을 세상이 더이상 통제할 수 없다는 뜻도 여기에 담겨있다. 더 정확히 말하면 현대사회가 스스로 위험을 통제할 수 있다는 믿음이 깨졌고 그것도 현대가 실패하거나 제대로 일을 못 해서가 아니라 성공했기 때문이다. 글로벌 경제성장은 너무 빨랐고 부는 급증했다는 것이다.

또한 본 13장에서는 지방자치 실시('95년) 이후 지방자치단체의 국제교류에 대하여 다뤘다. 지방자치단체의 국제화는 크게 두 가지로 나눌 수 있다. 첫째는 외향적 국제화(Outward Internationalization)로서 외국과의 관계를 실질적으로 촉진하는 것으로서 국제교류와 국제통상을 의미하고, 둘째는 내향적 국제화(Inward Internationalization)로서 내국인의 의식 및 제도의 국제화 즉, 우리 내부의 국제화를 의미한다. 본문에서는 우리나라 국제교류 유형과 문제점, 개선방안 등에 대하여 다뤘다. 국제 교류의 필요성은 국제 교류를 통하여 지구촌의 공동 관심사와 국제 기준에 대한 인식을 확대시킬 수 있고, 인력과 문물의 교류를 통하여 상호 협력과 이해를 증진하고, 경제활동은 물론 지역개발과 각종 협력 사업을 도모하기 위해서는 자치단체의 국제화 기반이라고 할 수 있는 국제교류를 심화시켜야 할 필요성이 있다. 따라서 각 지방자치단체는 자신의 여건과 환경에 걸맞은 특성화되고 차별화된 전략을 구상하여 국제협력을 도모해야 한다.

중 요 개 념

- 재난안전
- 코로나19
- 상호지원조직
- 질병관리본부
- 지역안전
- 국제교류 유형
- 자매, 우호 교류
- 국제교류 지원조직
- 한일 지자체 교류

예 제

1. 재난안전의 개념과 의의에 대하여 논하시오.
2. 사회적 재난의 중요성과 측정방법에 대하여 논하시오.
3. 국가재난대응체계와 지방재난대응체계의 차이점에 대해서 논하시오.
4. 지방자치단체의 국제교류의 의의에 대하여 논하시오.
5. 지방자치단체 국제교류의 유형에 대하여 논하시오.

참 고 문 헌

국립재난안전연구원(2014), 사회재난분야의 재난영향분석 및 피해비용산정 기법 조사・분석.

김병국・권오철(1999), “지방자치단체 역량평가를 위한 지표개발연구: 내부조직역량 평가체계구축을 위한 시론”, 「한국지방자치학회보」, 11(4): 53-73.

김상호(1998), “지역성장과 지역격차에 관한 연구경향의 고찰 및 평가”, 「전북행정학보」, 제12권.

김선기 외(2009), “지역공동체 경영사업 활성화 방안”(한국지방행정연구원).

김영주・임승빈(2018), 지역 재난관리에서 역량기반 계획수립(CBP) 접근방법에 관한 연구, 「행정논총」 제56권 제3호(2018.9): 103-129.

김영주・최우정・고미정(2017), 「지역주도 재난관리 역량강화 프레임워크 구축 Ⅰ」. 국립재난안전연구원 연구보고서.

양천수(2015), “위험・재난 및 안전 개념에 대한 법이론적 고찰”, 한국비교공법학회, 공법학연구, 제16권 제2호: 187-216.

이재은・김겸훈・류상일(2005), “미래사회의 환경변화와 재난관리시스템 발전전략: 국가핵심기반 위기를 중심으로”, 「현대사회와행정」 제15권 제3호.

일본 소방청(2011), 자주방재조직을 위한 안내서.

임승빈(2011), “미래재난과 지역방재거버넌스 구축에 관한 연구”, 전국재해구호협회·시민사회포럼 주최 발제문, 장소: 한국프레스센터, 일시: 2011년 7월 14일.

———(2013), “국가 및 지방정부간 위기관리 협력체계에 관한 연구”, 지방행정연구 제27권 제1호(통권 92호): 3-24.

———(2014), “일본의 지방자치단체 재난안전 체계와 정책적 시사점”, 지방행정, 지방행정공제회 2014년 7월호.

———(2016), “우리나라에서의 사회재난 개념과 범주 그리고 정책적 대응에 관한 연구”, 2016년 6월 24일 한국행정학회 하계학술대회 발제문

임승빈 외(2008), “기후 및 사회구조 변화에 다른 재해예측과 대응방안연구”, 국립방재연구소 보고서.

———(2012), “국립방재연구원 중장기 발전전략 연구”, 국립방재연구원 보고서.

최미옥(2010), “재난관리 체계에 대한 한국과 독일의 비교 연구”, 한국사회과학회, 한국사회과학논총, 제20권 제2호, pp. 115-142.

최상옥 · 김서용(2013),「국가재난대비역량 진단평가 모형개발과 운영방안 연구」. 소방방재청 정책연구보고서.

최상옥 · 이정호(2016), “지방자치단체 재난관리 평가지표와 삶의 질”,「한국위기관리논집」. 12: 1-12.

최충익(2009), “지방자치단체의 안전관리계획 활용성 분석”,「국토계획」. 44(3): 7-23.

코다 마사하루(2012), “기초 자치 단체의 목소리에 귀를 기울이자”,『NOMA 행정정보』No.43, p. 3.

행정안전부(2017),「지방자치단체 재난관리평가 지침」.

———(2018),「2018년 행정안전부 업무계획」.

布施太郎.(2011), “特別リポート: 地に落ちた安全神話—福島原発危機はなぜ起きたか”, ロイター, 3月30日.http://www.cbr.mlit.go.jp/senryaku/kouikiNW/2-4_toono_kouhoushien.pdf

제14장 교육자치와 자치경찰

제1절 지방교육자치의 의미

> ◉ Focus On
>
> **지방교육자치 문제제기**
>
> 교육의 자주성, 전문성, 정칙적인 중립 및 지방교육의 특성화를 표방하고 지방교육자치제도가 실시된 지 몇 해가 지났음에도 불구하고 교육의 현장에서는 교육자치를 실감할 수 없으며 행정청에 의한 교육의 통제는 지속되고 있다.

지방교육자치란 교육사무에 대한 지방자치의 성격을 갖는다. 그러므로, 교육자치란 일정한 지역의 교육사무를 지역의 주민들이 스스로 또는 대표를 통하여 자율적으로 처리하게 하는 제도로서 이해된다(조성일, 안세근: 1996). 1991년에 이르러 지방자치가 재개되면서 일반지방자치와는 별도로 분리・독립형의 지방교육자치제가 시행되어 왔다.[1] 지방교육자치제도에 관하여 일반적인 견해는 교육행정에 대한 지방자치와 교육의 자주성을 보장하기 위해 일반행정기관으로부터 교육행정의 자치라는 두 가지 요소로 구성된 행정제도라고 보고 있다. 교육의 지방자치라는 측면에서 지방교육자치를 본다면 먼저 지방정부가 중앙으로부터 독립하여 지역적인 교육사무를 자기책임하에 수행하는 제도를 의미한다. 즉, 지역적인 교육행정사무를 자기책임하에 수행하는 제도를 의미한다. 즉, 지역적인 교육행정사무를 법령의 범위 안에서 중앙정부의 간섭을 받지 아니하고 주민들이나 그 대표기

---

1) 일반적으로 지방교육자치를 교육자치로 줄여 부르는 경향이 있다(김신복, 1985), "지방자치와 교육자치."「교육행정학연구」 3/1). 그러나 김재웅("교육자치의 의미와 전망: 지방교육자치제도를 중심으로."「교육원리연구」 3/1)이 지적하듯이 교육자치는 교육활동상의 자율성 보장으로서 반드시 지방교육자치에 한하는 것은 아니므로 지방교육자치와 교육자치를 개념상 구분할 필요가 있을 것이다. 한편, 교육자치라는 개념이 자칫 교육행정기관의 일반행정으로부터의 독립이나 교육자치를 연상케한다는 우려에서 자치교육이라는 개념을 쓰는 경우도 있다[김병준(1998), "자치교육제의 개선방안" 한국지방자치학회 주최(지방자치경찰제와 자치교육제의 개선방안 세미나) 발표논문].

관의 결정에 따라서 수행하는 행정제도를 의미한다. 전자의 측면에서 중앙정부 특히 교육인적자원부와 지방 간, 지방정부 상호 간의 분권의 문제가 제기된다.

지방교육자치를 교육사무에 대한 지방자치로 이해할 때, 지방교육자치의 본질적 구성요소 역시 교육사무분야에 있어서의 지방분권, 주민참여 및 정부의 중립성이라 할 수 있을 것이다. 요컨대, 대상사무의 종류만이 다를 뿐, 지방교육자치 역시 기본적으로 지방자치와 차이가 없는 것이다. 다만, 교육사무의 특수성 및 중요성을 고려하여 일반지방자치와 별도의 취급을 하고 있을 뿐이며, 따라서 이 같은 별도의 취급은 어디까지나 지방자치라는 틀 안에서 고려되는 것이 마땅하다(교육부: 1999).

이와 같이 지방교육자치가 무엇인가에 대한 관점의 차이를 교육행정기관의 자치, 교육주체의 자치, 지방자치의 일환으로 구분한 이승종의 논의는 유익하다(이승종: 2003)(<표 14-1> 참조).

key concept

지방자치와 교육자치

지방자치는 자치구역의 설정, 지방분권 관리에 의한 지방의 자치사무와 지방에 위임된 사무의 결정, 자치권에 의한 지방자치단체의 기관구성, 자주적 지방자치를 위한 재원의 확보, 주민자치를 위한 장치로서 주민의 행정참여와 행정통제의 방식을 어떻게 결정하느냐가 중요하다. 따라서 지방교육자치도 이런 원리들을 실현해 나가야 한다. 그러나 교육은 특수성을 가지기 때문에 그 특수성을 어떻게 살려나갈 것인가도 함께 고려해야만 한다.

key concept

교육위원회의 유형 분류 - 1

• 합의제 집행기관

이 유형은 지방정부가 지방자치의 원리에 따라 지방의 교육사무를 수행하는 것이 마땅하다고 보기 때문에 교육에 대해서도 당연히 지방의회가 최고 의사결정기관이 되어서 지방교육에 관한 사항을 심의·의결해야 한다는 것이다. 따라서 의결기관으로서 교육위원회를 따로 둘 필요가 없다는 것이다. 다만 교육의 특수성을 살려 교육·학예에 관한 집행기관을 따로 두자는 유형이다.

〈표 14-1〉 지방교육자치에 대한 세 가지 관점의 비교

	교육행정기관의 자치	교육주체의 자치	지방교육자치
강조측면	일반교육기관과 교육행정기관 간 관계	교육행정기구와 교육주체 간 관계	중앙-지방관계, 교육행정기관과 교육주체와의 관계 및 정부-기득권층의 관계
지향방향	교육영역의 독자성 (교육자치)	교육주체의 자율성	교육의 자율성 지방자치 발전
일반-교육관계	분리·독립	통합	통합
교육의 특수성	매우 강조	강조	강조
분권의 성격	기능분권	기능분권	지역분권, 기능분권
주요 참여자	교육자	교육주체	교육주체 및 주민
처 방	일반-교육행정의 분리·독립보장	교육현장의 자율성	교육의 지방분권, 교육현장의 자율성, 정부의 중립성

자료: 이승종(2003), 「지방자치론」(서울: 박영사), p. 120.

제2절 지방교육재정

1. 지방교육재정제도의 탄생과 운영의 특징

지방교육재정의 핵심은 지방교육재정교부금의 배분에 있다. 지방교육재정교부금은 의무교육기관을 비롯한 공립학교의 학교경비 일부를 충당하는 안정적인 법정재원으로서 중앙과 지방정부 간의 수직적 재정 불균형, 지방자치단체 간의 수평적 재정 불균형을 조정하는 기능을 목적으로 하고 있다. 이러한 지방교육재정교부금 제도는 1969년부터 시행된 중학교 무시험진학으로 중학교 학생수가 증가하고 중등교육비의 수요가 증대되자 1971년에 의무교육재정교부금법(1958. 12. 29, 법률 제514호)과 지방교육교부세법(1963. 12. 5, 법률 제 1,459호)을 한데 묶어서 지방교육재정교부금법이 제정되면서 운용되기 시작하였다. 이 법의 제정을 계기로 초·중등 교육재원이 통합적으로 운영됨으로써 지방교육재정을 보다 신축성 있게 운영할 수 있었고 중등교육재정의 중요성이 부각되었던 것이다. 그러나 1972년의 8·3 긴급조치에 의해서 법정교부율이 중단되는 사태를 맞이한 후 1982년 교육세가 신설되어 경상교부금에 통합교부될 때까지 교육재정의 많은 감손이 있었다. 1990년까지 지방교육재정교부금은 항목별 배분형태를 유지해왔으나, 교부금 배분과정이 복잡하고 업무가 가중할 뿐만 아니라 지방교육의 자율성을 훼손하는 문제점 등이 지적되어 1991년도부터는 교육비차이도계수를 기준으로 총액배분 방식으로 전환된 것이다. 이후 2001년부터는 경비별 소요액산정방식으로 전환하여 기준재정수요액을 경상수요과 사업수요로 구분하여 계상하고 있다.

2004년도에는 교사들의 봉급교부금을 보통교부금으로 통합하였으며 2005년에 지방교육양여금이 폐지되고 국세분 교육세가 전액 지방교육재정교부금에 통합 교부되기 시작하여 2016년도 현재까지 유지되고 있다. 현행 방식은 2000년을 기준으로 지방교육재정교부금은 보통교부금, 특별교부금, 증액교부금으로 구성되었으며, 재원은 내국세 총액의 11.8%와 의무교육기관 교원봉급 전액과 봉급을 기준으로 지급하는 수당이 포함된 봉급교부금으로 충당되었다. 2004년 지방교육재정의 재원 확보 및 지원구조의 단순화·투명화를 위한 법률의 개정 이후 봉급교부금, 증액교부금을 보통교부금으로 통합하고 내국세 교부율을 19.4%로 인상하였고, 2006년 재개정을 통해 내국세분 교부금의 교부율을 20.0%로 인상하였으며 2016년도 현재는 20.27%에 이르고 있다.

요약하자면 지방교육재정교부금의 변천과정은 1990년까지 항목별 배분 시기에는 단위사업별 산정, 경비별 교부방식을 택해 인건비, 행정기관운영비, 학교운영비, 시설비 등으로 산정 교부했으나 이후 총액배분제도를 도입하여 가중학생수(학교급별 학생수에 학교급별 교육비차이도를 곱하여 산출)를 기준으로 기준재정수요액을 산정해 기준재정수입액과의 차액을 총액으로 지원하는 방식으로 바뀐 것이다. 지방교육재정교부금법 시행령에 따르면 기준재정수요 측정항목은 교직원인건비, 학교교육과정운영비, 교육행정비, 교육복지지원비, 학교시설비, 유아교육비, 방과후학교사업비, 재정결함보전으로 구성된다. 기준재정수입액 산정은 지방세 재원 전입금의 80%, 학교용지부담금, 수업료 및 입학금으로 구성되는 것은 일반지방자치단체의 교부금 산정방식과 유사하다고 볼 수 있다.

2. 학령인구 감소와 지역공동체의 붕괴[2)]

우리나라는 2000년대 이후 전체 고등교육기관의 입학률이 50% 이상을 유지하면서 보편화 단계에 진입하였으나, 특정 분야 교육에 중점을 둔 학과 중심의 교육에 치중해왔던 것이 현실이다. 향후 저출산·고령화로 '18년부터 입학자원이 부족할 것으로 예상되며 이에 대한 준비가 미흡한 실정이다.

[그림 14-1]에서 보듯이 학령인구의 큰 감소는 주로 2005년에서 2015년 사이에 이루어져왔다. 반면에 2015년 이후 2040년까지의 학령인구 감소 추이는 지난 10여 년에 비하면 낮은 수준이다. 하지만 2015년 이후의 학령인구 감소세도 결코 무시할 수 없는 수준이라는 것 또한 사실이다. [그림 14-2]에서도 나타나지만 2015년의 학생 수를 1로 잡을 경우 2040년에 이르면 유아와 중학교 학령인구는 약 0.8 내외, 초등학교는 약 0.9, 고등학교의 경우 0.7까지 떨어지게 된다. 지난 10여 년간의 추세보다는 약하지만 이는 결코 작은 변화라고는 하기는 어렵다.

2) 임승빈(2016년 4월 26일), 중앙과 지방의 새로운 관계, 서울대학교 행정대학원 「정책&지식」 센터 발제문 pp. 12~13.의 일부를 발췌했음.

[그림 14-1] 학령인구 감소 추세

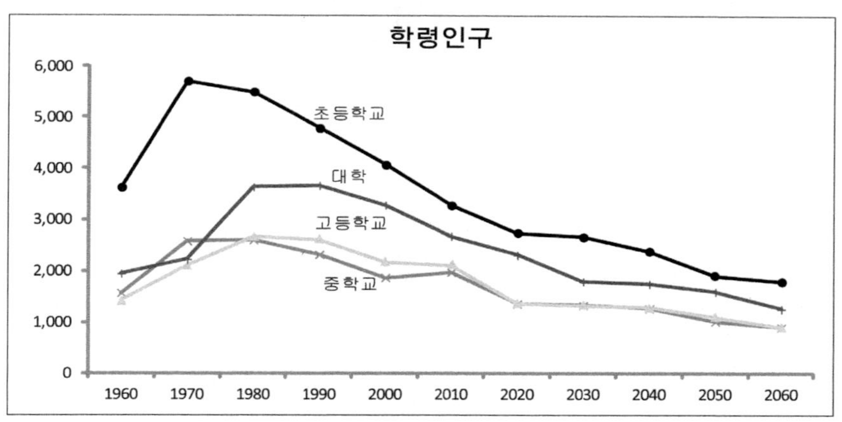

출처: 한국과학기술기획평가원(2014), 창의인재육성을 위한 고등교육체계 혁신방안 연구 보고서, 2014년도 KISTEP보고서. 3쪽 그림<1-1>

학령인구가 적어진다는 것은 1인당 교육비가 증가할 수 있는 기회임을 의미한다. 이러한 기회를 맞아 교부금의 새로운 용도를 찾기보다는 안정적인 운용 속에서 교육의 질을 높일 수 있는 방안들을 모색하는 것이 바람직할 것이다.[3] 따라서 일반재정과 교육재정의 통합 등 다양한 논의를 거쳐 지방교육재정의 효과를 극대화시켜야 할 것이다.

[그림 14-2] 2015년도 대비 학령인구 감소추세

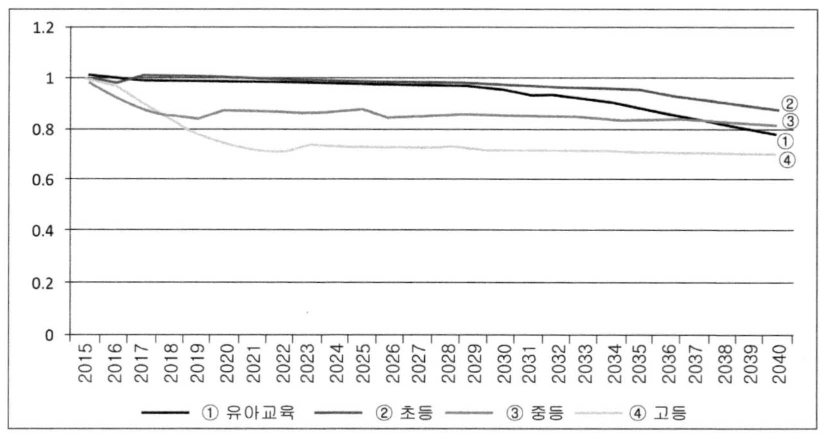

자료: 통계청 지역 인구 추계, 김진영(2016)

3) 2010년에 있었던 교부율의 0.27%p 인상은 지방소비세 도입에 따른 내국세 수입의 감소에 따른 교부금 감소 요인을 보정하기 위한 조치이다. 2016년 현

제3절 교육자치의 다양한 유형

1. 일본의 교육자치

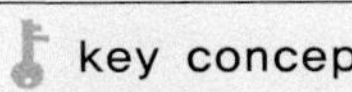

교육위원회의 유형 분류 – 2

• 기관분리형 의결기관
교육위원회를 지방의회와 별도의 교육·학예에 관한 의결기관으로 하고, 교육감을 단독 집행기관으로 하여 주민통제와 함께 행정의 효율성도 실현하려는 유형이다.

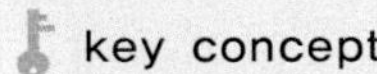

교육위원회의 유형 분류 – 3

• 기관연계형 의결기관
지방의회에 교육위원회를 따로 두어 지방의회가 교육위원회에 교육·학예에 관한 심의, 의결권을 위임하는 형태이다. 따라서 이 유형은 교육위원회가 지방의회의 하나의 기관으로 포함되는 것이다.

일본의 교육위원회 제도는 전후 일본이 미국의 통치 하에서 민주주의를 확산시키기 위한 정책의 일환으로 도입되었다. 당초 교육의 정치적 중립성과 지역자치를 보장하기 위한 제도로 출발하였으나, 실제 운영 과정에서 비효율성과 책임 소재의 불명확성이 드러나게 되었다. 이에 따라 제도 시행 8년 만에 대규모 개정이 이루어졌고, 현재의 형태로 정착되었다. 하지만 이후에도 제도 운영의 실효성에 대한 논란은 지속되었으며, 특히 교육 관련 사고나 사건이 발생할 때마다 제도의 존립 방식이 재검토되곤 했다.[5]

[그림 14–3] 일본 교육자치 모델

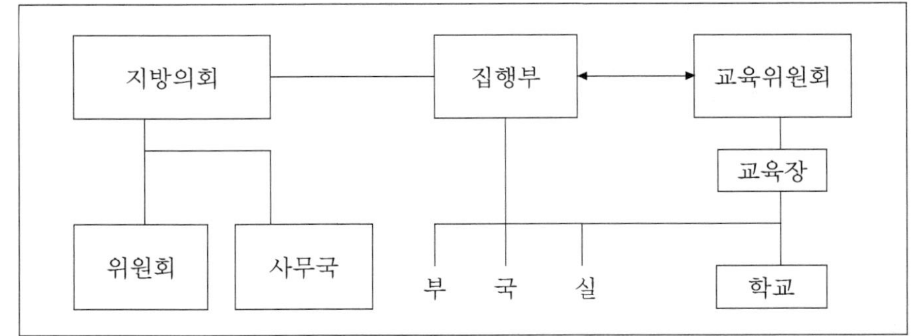

2006년 제165회 국회에서는 1947년 제정된 교육기본법이 처음으로 개정되었으며, 그 심의 과정에서 교육위원회 제도의 개선 필요성이 다시금 주목받았다. 특히 '이즈메 자살 사건'과 '필수과목 미이수 문제'가 사회적 이슈로 대두되면서, 교육행정 책임 체계의 불명확성에 대한 비판이 이어졌다.[6]

재 지방교육재정교부금은 내국세의 20.27%로 고정되어 있다. 그러나 학생수가 감소함에도 불구하구 교부세율이 감축되지 않은 큰 이유는 교육자치와 중앙정부의 사업이 교육청의 소관으로 이전되었기 때문이라고 볼 수 있다. 김진영, 지방교육재정교부금 개선방안에 관한 소고, 기재부중장기재정개혁TF팀 발제문, 2016.4.2.

5) 文部科學省(2007),『教育委員會制度の現狀と課題』.

6) 參議院文教科學委員會(2006),『第165回國會議事錄』.

제165회 국회에서는, 교육기본법이 제정 이후 처음으로 개정되었으며, 그 심의 과정에서 왕따에 의한 자살 문제나 필수 과목의 미이수 문제가 크게 다루어짐에 따라, 교육위원회의 존재 방식에 대한 재검토 요구가 다시금 부상하고 있다. 이에 따라 일본 정부는 2014년 「지방교육행정의 조직 및 운영에 관한 법률」을 개정하였다. 이 개정은 교육위원회 제도의 책임 체계 명확화, 신속한 위기관리 체계 구축, 지방자치단체장과의 연계 강화, 국가의 관여 방식 재검토를 핵심으로 한다.[7]

그 핵심적 내용은 일본의 교육위원회는 지방자치단체장(도도부현 지사 또는 시정촌장)에 의해 설치되는 기관으로, 지역 교육행정을 담당하는 지방교육자치의 핵심 기관임을 재강조한 것이다.

[그림 14-4] 일본 교육위원회 일반적인 조직도

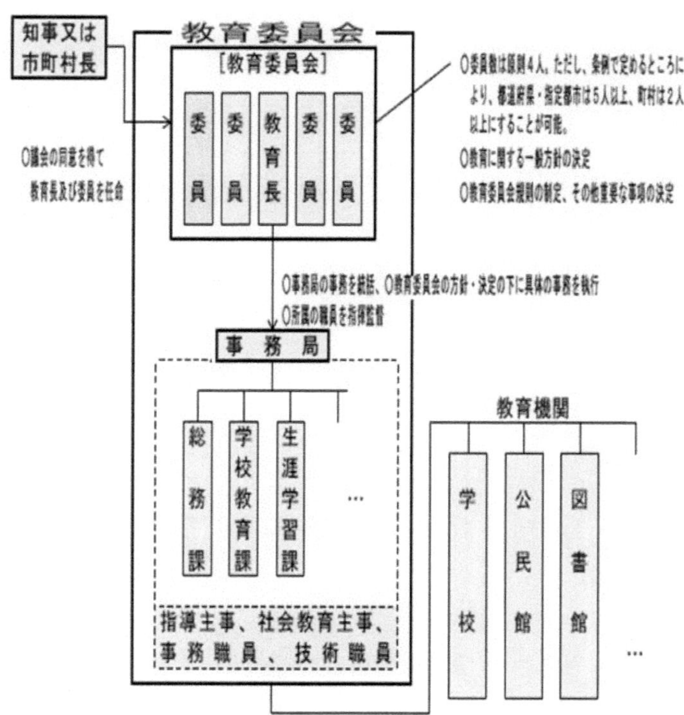

자료: 2014년에 「지방교육행정의 조직 및 운영에 관한 법률」을 개정하여, 지방교육행정에서의 책임 체계 명확화, 신속한 위기관리 체제 구축, 지방자치단체장과의 연계 강화, 국가의 관여 재검토를 도모하였다(2025년 5월 26일 검색: https://www.mext.go.jp/content/20201120-mxt_chousa01-100012455_b.pdf).

---

7) 總務省(2015), 『地方教育行政の組織及び運營に關する法律の一部改正について』.

1) 지방자치단체장(지사 또는 시장 · 읍면장)

- 교육위원회 위원과 교육장을 임명하는 권한을 가진다.

2) 교육위원회

- 교육장은 위원 중에서 선출되며, 위원 수는 2명 이상 6명 이하로 구성된다.
- 교육위원회는 원칙적으로 교육장과 4명의 위원으로 구성된다. 교육장은 해당 지방자치단체장의 피선거권이 있는 사람 중에서, 인격이 고결하고 교육행정에 대한 식견이 있는 자를 지방자치단체장이 의회의 동의를 얻어 임명한다.
- 위원은 일반 주민들 가운데서 임명하며, 성별 구성은 한쪽 성이 전체의 50%를 넘지 않도록 한다.
- 교육위원회는 지역 교육정책의 주요 방향과 실행 사항에 대해 결정한다.

3) 사무국

- 교육위원회의 결정을 실행하기 위한 조직으로 총무과, 학교교육과, 평생학습과 등으로 구성된다.
- 지도 주사, 사회교육 주사, 사무직원, 기술직원 등이 포함되어 실무를 담당한다.
- 교육장의 방침 하에 각 과는 소관 업무를 집행한다.

4) 교육기관

- 교육위원회 산하에는 학교, 시민회관, 도서관 등 다양한 교육기관이 설치되어 있다.

일본의 교육위원회는 지방자치단체의 자율성과 주민 참여를 보장하는 조직이다. 위원회 중심의 의사결정 구조는 민주적 정당성과 교육 정책의 지역적합성을 높이기 위한 기반이 된다. 한국의 교육행정 체계와 비교했을 때, 교육장 임명 방식과 위원회의 자율성이 특히 주목할 만하다. 이는 향후 한국 교육자치제도의 제도 설계와 개선에 있어 유의미한 시사점을 제공한다.

2. 영국 · 독일의 교육자치

영국과 북부독일은 교육자치위원회가 지방의회의 상임위원회로써 위치하고 있다.

[그림 14-5] 영국 · 독일의 교육자치

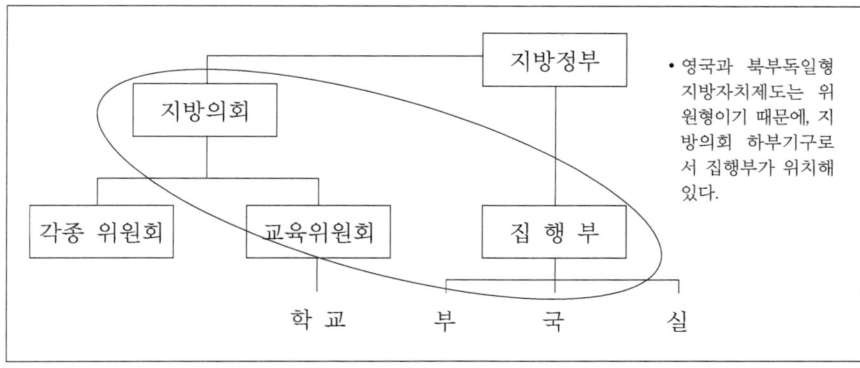

단, 영국과 북부독일형 지방자치제도는 위원회형이므로 지방의회 하부기구로써 집행부가 위치해 있다는 점을 주의하여야 한다.

참고자료

영국의 교육자치 (교육위원회)

영국에서는 교육위원회를 지방의회의 한 분과위원회로 하고 실제 지방교육에 관한 전권을 지방의회가 교육위원회에 위임시켜 교육에 관한 모든 사항을 관장케 하므로써 지방교육 발전을 위해 지방의회와 교육위원회를 연계시켜 운영하고 있다.

3. 미국의 교육자치

미국교육자치위원회 모델은 학교구(school district)로서, 주정부 내에 있는 보통지방자치단체와는 분리된 특별지방자치단체이다. 우리나라의 현행 교육자치제도가 가장 흡사하다. 따라서 보통자치단체(municipalities)와 교육특별구(special district)와 구역이 일치하지 않을 수 있다.

참고자료

프랑스의 교육자치 (교육위원회)

전통적으로 중앙집권적 경향이 강한 프랑스에서는 1982년 미테랑 정부 탄생 후 공교육에 관한 이양법이 재정되어 분권화가 이뤄졌으며 레지옹, 데파르트망, 코뮌 등 3계층제로 교육행정이 이루어지고 있다. 레지옹에는 집행기관으로서 대학구총장을 두고, 데파르트망에는 장학관, 코뮌에는 장학관대리를 둔다.

[그림 14-6] 미국 교육자치 모델

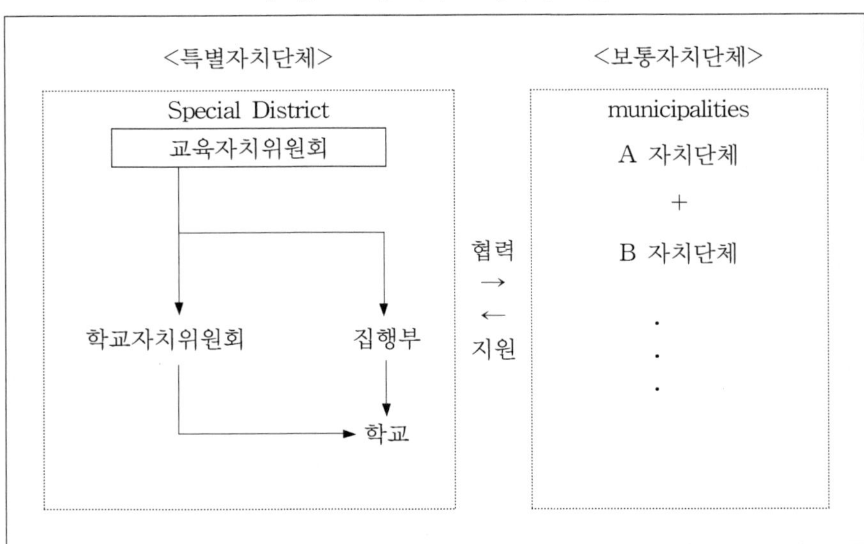

> **참고자료**
>
> **일본의 교육자치 (교육위원회)**
>
> 일본에는 지방교육위원회로 도도부현(都道府県) 교육위원회와 시정촌(市町村) 교육위원회가 있다. 교육에 관련된 의결권은 지방의회에 속하고 교육위원회는 집행권만을 가지며, 교육위원은 자치단체장이 임명하게 되어 있다. 교육위원회의 기능은 도도부현과 시정촌의 경우가 다르다.

제4절 지방교육자치제도의 현안과 개선방안

1. 교육감 선출제도의 논의

1) 교육감 선출제도 개관

「지방교육자치에 관한 법률」이 제정되고 실질적인 의미의 교육자치제도가 출범한 1991년 이래, 교육감 선출제도는 교육위원회에 의한 간선제, 학교운영위원회 선거인과 교원단체선거인으로 구성된 선거인단에 의한 간선제, 학교운영위원 전원으로 구성된 선거인단에 의한 건선제 방식을 거쳐, 2007년부터 주민직선제로 변경되었다.

〈표 14-2〉 교육감 선출제도의 변천 과정

구 분	선출방식	선거권자	입후보 자격	임 기
1991~1996년	간선제	교육위원회	• 학식과 덕망이 높음 • 시 · 도의회의원 피선거권 • 비정당원 • 교육경력 또는 교육전문직원 경력 20년 이상*	• 4년 • 중임 1회

1997~1999년	간선제	학교운영위원회 선거인과 교원단체선거인으로 구성된 선거인단	• 학식과 덕망이 높음 • 시 · 도지사 피선거권 • 비정당원 • 교육경력 또는 교육행정경력 5년 이상	• 4년 • 중임 1회
2000~2006년	간선제	학교운영위원회 위원 전원으로 구성된 선거인단	• 학식과 덕망이 높음 • 시 · 도지사 피선거권 • 비정당원(2년) • 교육경력 또는 교육행정경력 5년 이상	• 4년 • 중임 1회
2007~현재	주민 직선제	주민	• 시 · 도지사 피선거권 • 비정당원(2년)** • 교육경력 또는 교육행정경력 5년 이상	• 4년 • 중임 3회

자료: 「지방교육자치에 관한 법률」.
* 1995년에 시 · 도지사 피선거권, 교육경력 또는 교육행정력 15년으로 변경됨.
** 2010년에 1년으로 변경됨.

〈표 14-3〉 현행 교육감 선출제도의 주요 내용

구 분	내 용
선출방식	주민직선제(주민의 보통 · 평등 · 직접 · 비밀선거)
선거사무	시 · 도선거관리위원회
선거구	시 · 도
정당 관련	• 정당의 후보 추천, 선거 관여 금지 • 후보자의 정당 지지 · 반대, 지지 · 추천 표방 금지
후보 자격	• 시 · 도지사의 피선거권이 있는 사람으로서 후보자등록신청개시일부터 과거 1년 동안 정당의 당원이 아닌 사람 • 후보자등록신청개시일을 기준으로 교육경력 또는 교육행정경력이 5년 이상 있거나 양 경력을 합한 경력이 5년 이상 있는 사람*
입후보 자격	선거일 전 90일(보궐선거 등의 경우 후보자등록신청 전)까지 그 직을 그만두어야 함(해당 지방자치단체의 교육의원이나 교육감이 그 직을 가지고 입후보하는 경우 제외)
임기	4년, 3차 중임 가능
투표용지	• 투표용지에 후보자의 성명을 한글로 표시함(한글 성명이 같은 후보자가 있는 경우에는 괄호 안에 한자를 함께 기재) • 선거구선거관리위원회는 후보자등록마감 후에 후보자나 그 대리인을 현장에 출석시켜 추첨으로 후보자의 투표용지 게재순위를 결정함(후보자나 그 대리인이 현장에 출석하지 아니한 경우 해당 선거구선거관리위원회 위원장이나 그가 지명한 사람이 대리 추첨) • 후보자등록기간이 지난 후에 후보자가 사퇴 · 사망하거나 등록이 무효로 된 때라도 투표용지에 해당 후보자의 성명은 그대로 둠 • 투표용지에 일련번호를 인쇄함

「공직선거법」 준용	교육감선거에 관하여 「지방교육자치에 관한 법률」에서 규정한 사항을 제외하고 「공직선거법」 준용
「정치자금법」 준용	「정치자금법」의 시·도지사선거에 적용되는 규정을 준용

자료: 최영출(2013), 「현행 교육감 선출제도의 쟁점과 향후 제도개선 방향」.
* 2010년 2월 26일의 개정으로 이 자격은 2014년 6월 30일까지 유효함.

2007년부터 2009년까지는 교육감의 잔여 임기가 1년 이상 남은 지역에서 부분적으로 주민직선제가 실시되었고, 2010년 6월 2일부터 전국적으로 동시에 16개 시·도교육감을 선출하는 주민직선제가 역사상 처음으로 실시된 바 있다. 2014년도에는 세종특별자치시가 추가되어 17개 시·도 교육감 선거가 치러졌다.

2) 교육감 선출제도의 외국사례

교육감 선출방식의 외국사례를 보면, 일본, 영국, 독일, 핀란드는 지방자치단체장이 임명하고 있고, 프랑스는 대통령이 임명하고 있으며, 미국은 주마다 달라 임명제 또는 선거제 방식으로 이루어져 있다. 미국의 경우, 2008년 현재 교육감 선출방식은 주교육위원회 임명 24개 주, 선거 14개 주, 주지사 임명이 12개 주이고, 최근 주지사 임명제는 증가하고 있으며, 선거제는 감소하는 추세이다.

국가마다 교육자치제도의 내용과 환경, 역사가 다르고, 교육감의 명칭과 역할, 위상에도 차이가 있다. 우리나라는 역사적으로 교육행정과 일반행정이 분리된 지방교육행정체제를 발전시켜왔으나, 많은 국가에서는 일반행정과 교육행정이 통합되어 있고, 일반행정계통에서 교육감을 임명하고 있다.

〈표 14-4〉 주요국의 교육감 선출방식

국 가	교육감 선출방식	일반행정과 교육행정의 관계
일본	지방자치단체장 임명	통합
영국	지방자치단체장 임명	통합
프랑스	대통령 임명	분리
독일	지방자치단체장 임명	통합
핀란드	지방자치단체장 임명	통합
미국	주마다 다름(임명 또는 선거)	주마다 다름(통합 또는 분리)

자료: 최영출(2013), 「현행 교육감 선출제도의 쟁점과 향후 제도개선 방향」.

주요국의 교육감 선출방식은 <표 14-4>와 같다.

3) 교육감 선출제도의 논의와 쟁점

그동안, 교육감 선출제도는 교육위원회에 의한 간선제, 학교운영위원 대표와 교원 대표로 구성된 선거인단에 의한 간선제, 학교운영위원 전원에 의한 간선제, 주민직선제로 변경되어 왔다. 20여 년 동안 교육감 선출방식이 네 차례 변경해왔음에도 불구하고 매번 새로운 대안이 제기되었고, 현행 주민직선제 또한 예외가 아니다.

종전의 교육감 선출방식의 문제점을 대신하여 주민직선제가 도입되었지만, 주민직선제에 대해서는 도입 당시부터 이견이 많았고, 일부 지역에서 교육감 선거를 운영하면서 더욱 논란이 가열되었다(최영출, 2013). 2007년 부산 교육감 선거와 2008년 서울 교육감 선거는 낮은 투표율, 선거비리, 예산 낭비, 정치적 대립과 갈등의 심화 등의 문제점을 드러냈다. 그러나 김홍주(2008: 16)는 과도기적인 선거 상황에서 나타난 문제점으로 인해 합의된 교육감 직선제를 변경하자는 논의는 기회주의적인 발상이며, 송기창(2009a: 37)은 2010년 이전의 주민직선제 시행을 통해 나타난 문제점과 주민직선제 자체의 문제점을 구분해야 한다고 지적하면서, 주민직선제 자체의 문제점으로는 교육전문성보다 사회적 지명도가 중시될 가능성, 지역주민의 교육전문성 판단 능력 부족, 교육감의 관심사가 교육이 아닌 표일 가능성, 교육감 선거 비용 마련을 위한 장치 미비, 교육감 후보 기호 배정 방식의 불합리, 교육감의 고령화를 촉진하는 3선 허용 등을 들고 있다.

2010년 6월 2일 전국 지방선거를 맞아, 사상 처음으로 1인 8표를 행사하는 동시 선거 속에서 교육감 주민직선제를 시행하게 되자, 이 시기를 전후하여 다시 교육감 선출방식은 다시 논란의 대상이 되었다. 많은 언론에서 교육감 선출방식에 대한 문제점을 제기하였는데, 후보자 파악의 어려움, 유권자의 무관심, 정책선거의 실종, 막대한 선거비용, 로또 선거, 줄투표 현상 등이 지적되었다.
(연합뉴스, 2010. 5. 31; 동아일보, 2010. 6. 2; 조선일보, 2010. 9. 10)

교육계에서는 주민직선제를 고수하는 입장이 우세하나(김홍주, 2008), 최근 교육 관련 집단에 의한 제한적인 직선제 방안도 신중하게 검토하는 입장이다. 송기창(2009a)은 주민직선제를 유지・보완하는 방안으로 교육감 교육경력 기준 상향 조정, 선거비용 마련 통로 개방, 교원단체의 후보지지 표명 허용 등을 제시하고, 주민직선제를 대폭 개선하는 방안으로 교육 관계자

(교원, 행정직원, 학부모 및 친권자, 사립학교 법인 임직원)의 직접선거에 의한 방안을 제안하였다. 이 밖에, 학교운영위원회에 의한 간선제 방식으로 돌아가자는 주장도 있는데(고전, 2010), 학교운영위원회 조직의 민주적 정당성과 활성화가 담보된다면 명분뿐인 고비용·저효율의 주민직선의 한계를 극복하고 사회적 효율성을 최대로 높이는 방식으로 전환시킬 수 있다는 논리이다.

일반행정의 입장에서는 교육자치와 지방자치의 통합을 계속적으로 주장해오고 있고, 교육감 선출방식을 개선한다면 시·도지사와 교육감의 런닝메이트제와 임명제를 가장 선호하는 것으로 보인다(최영출, 2013). 2008년 1월 22일에 열린 전국시도지사협의회는 교육자치의 일반자치로의 흡수 통합을 건의하면서, 교육감 선출방식을 시·도지사 '런닝메이트제'로 하거나 임명제 방식의 '교육담당 부단체장'으로 전환하고, 국가공무원인 부교육감을 지방공무원으로 보임할 것을 주장하였다(전국시도지사협의회, 2008). 2010년 10월 6일에도 전국시도지사협의회는 교육감 직선제 폐지와 지방교육청을 지방정부에 통합하자는 주장을 발표하였고, 교육감을 시·도의회의 동의를 받아 해당 시·도지사가 임명해야 한다는 데 의견을 모았다(연합뉴스, 2010. 10. 6)

2. 지방재정과 교육재정의 통합 논의

> **참고자료**
>
> **독일의 교육자치 (교육위원회)**
>
> 연방정부는 교육법의 제정, 계획안 작성, 대학교육 직업교육과 직업상담 등의 업무를 맡으며, 주정부는 독자적으로 그 주의 교육에 대한 모든 책임을 맡고 교육문제에 대한 중요한 결정권을 행사한다.

지방교육재정은 거의 대부분을 중앙정부에 의존하고 있다. 2001년부터 시행된 지방세교육세의 지방자치단체로의 이전에 따라 중앙정부 부담이 줄어들기는 하였지만 그래도 70% 이상을 지방교육재정교부금, 지방교육양여금에 의존하고 있으며 자체적으로 확보할 수 있는 예산은 시·도교육청에 따라 다르지만 대체로 10% 미만에 머무르고 있다.

이와 같이 같은 지역사회의 행정서비스를 제공하는 교육자치단체와 일반자치단체의 연계는 미흡한 편이다(김흥주: 2001). 현재 일반 자치단체와의 연계 실태를 보면 시·도의회와 교육위원회, 교육청 간의 심의·의결과정의 연계가 있다. 조례안, 결산안 및 결산, 특별부과금·사용료·수수료·분담금 및 가입금의 부과와 징수에 관한 사항, 기채안에 대해 도의회의 의결을 받도록 하고 있으며, 시·도지사는 교육경비 부담, 산업체의 근로청소년 교육, 학교시설안의 도로, 상수도 등의 공공시설 등을 할 경우에 교육감과 협의하도록 하고 있다. 교육감은 주민의 재정적 부담이 되는 사항과 전입금에 대한 세율예산을 조정하는 경우에 시·도지사와 협의하도록 하고 있다. 이런 부분에 대해서는 일반자치단체와 교육자치단체가 협의하도록 하고 있지만 이런 기능을 제외하고는 거의 협력이 이루어지지 않고 있다.

지방의 교육은 그 범위가 대단히 넓다. 고등교육을 제외하더라도 영유아교육, 초·중등교육, 청소년 교육, 성인교육, 직업교육, 현직교육 등 그 대상이 많고 수행해야 할 교육적 기능도 다양하다. 이런 기능이 교육기관 간, 지방자치단체와 교육자치단체 간에 연계가 이루어지지 않고 있기 때문에 자원의 활용, 교육의 효과를 증진시키는 데 어려움이 따른다. 지역의 인적자원을 효율적으로 활용하기 위해서는 현재의 법과 제도 안에서만 이루어지고 있는 연계의 틀을 확대할 필요가 있다.

이를 위해서 첫째, 중장기 계획 및 연간 재정계획을 수립할 때 지방자치단체의 장과 유기적인 협력 체제를 구축하여 재원을 확보하는 노력을 기울여야 한다. 시·도의 사례를 보면 결코 쉬운 일이 아니나 경기도 교육청과 같이 지방자치단체의 장이 교육청과 적극적으로 협조하여 지원해 주려고 노력하는 경우도 있기 때문에 재정계획, 학교 신설계획을 세울 때 협조하여 재원을 확보하는 노력이 필요하다.

그러나 양 기관의 연계 혹은 통합이 어느 한 곳에게만 유리한 것은 아니다. 지방행정 업무 가운데 자치단체에서 수행하는 다양한 교육기관이 있다. 예를 들어, 여성회관, 청소년교육원, 각종 지방공무원교육원, 각종 상담실 등 교육적 기능을 수행하고 있는 기관이 많이 있으나 지방교육청과 연계체제가 되지 않아 전문성도 부족하며 또한, 적은 인원으로 어렵게 운영하고 있다. 반면 교육청도 학교 부지를 확보하거나 학교에서 중도탈락자 등을 지도하고 교육할 때 자치단체와 밀접한 관련을 맺어야 하는데 이런 기능이 잘 발휘되지 않아 어려움을 겪고 있다.

지금은 지역의 인적자원개발이 중시되고 있다. 지역의 인재를 어떻게 개발해 내느냐가 지역과 국가발전의 초석이 되기 때문에 이에 대한 관심을 확대해야 하고 이를 위해서는 지역의 모든 기관이 상호 협력하여야 시너지 효과를 올릴 수 있다. 이를 실행하려는 노력이 일고 있는데 경기도와 부산의 교육행정협의회 등이 이런 예에 속한다. 지방자치단체와 광역교육청이 서로 협력하여 연계를 맺고 협조하고 지원해야 할 사항을 발굴하여 실현하자는 조직이다. 이런 조직을 확대 발전시켜 지역의 현안들을 종합적으로 협력하여 개선하도록 하는 연계체제가 마련되어 한국형 교육자치를 만들어야

참고자료

미국의 교육자치 (교육위원회)

미국의 교육위원회는 주정부, 중간교육구, 기초학교구 수준에 설치되어 있고 주마다 각기 유형이 다르기 때문에 이를 적으로 미국의 교육위원회의 유형을 설명하기는 어렵다. 연방국가인 미국에 있어서는 교육에 대한 권한과 책임은 주정부에 있다. 그러나 실질적으로는 지방교육당국에 맡기고 있다. 주정부는 교육정책 결정기구인 주교육위원회와 집행기관인 주교육감을 두고 있다. 중간교육구와 기초학교구(School district)에도 교육정책 결정기구인 지방교육위원회(Local Board of Education or School Board)와 집행기관인 교육구 교육감이 있다.

그러나 주수준에서는 주의회가 교육에 관한 최고의사결정기관이다.

할 것이다.

◎ Focus On

교육재정

현재 지방교육자치재정은 전적으로 중앙에 의존하고 있다. 지방교육재정은 교육에 관한 특별부과금과 수수료, 사용료 기타 교육, 학예에 관한 재정수입, 지방교육 재정교부금, 지방교육 양여금, 시·도의 일반회계로부터의 전입금 기타 교육·학예에 관한 수입으로 충당하게 되어 있기 때문에 지방교육재정 교부금 등은 중앙정부의 일반회계로부터, 전입금은 시·도로부터 의존해야 한다. 그러기 때문에 근본적으로 재정적 자주성을 가지고 있지 못하다. 더구나 지방정부의 일반회계 전입금은 서울과 부산은 다르지만 다른 광역지방정부에서는 거의 교육재정으로 전입시키지 않고 있다는 것이 문제점이라고 볼 수 있겠다.

3. 지역중심의 지방교육자치 강화 논의

교육분야에 있어서도 지방자치단체가 처리할 수 있는 능력을 가진 사무는 보충성의 원칙에 따라 지방이 처리해야 한다는 주장이 있다. 또한 여러 가지 고려되는 대안을 검증하고 실험할 필요가 있는 사무, 다양한 해결방식을 모색할 필요가 있는 사무 등은 지방자치단체로 이양하여 지방자치단체가 자율적으로 처리할 수 있도록 하여야 한다. 특히 교육인적자원부가 모든 교육사무를 세세한 부분까지 다 처리하려고 하는 경우에 교육부는 과부하로 인한 기능마비 증상을 보일 것이며 어느 한 문제도 제대로 해결하기 어려워진다. 현재의 총체적인 학교행정에 대한 위기의식도 교육부의 과부하로 인한 경직성, 획일성에 기인하는 측면이 없지 않다. 교육부의 정책적인 위험성을 분산시키기 위해서는 교육사무의 분권화 즉, 국가교육사무의 지방이전은 필요하다.

교육사무의 지방이전은 교육행정의 집행사무뿐만이 아니라 교육의 정책에 관한 입법권에 대한 이양도 포함해서 논의하여야 한다. 지방교육의 다양성과 창의성, 지역적합성, 주민참여의 활성화, 근거리 행정 등의 교육에 관한 지방자치의 목적을 실현하기 위해서는 교육청의 정책적인 활동의 장을 확대해 주어야 한다. 국가가 모든 정책적인 것을 결정해 놓고 지방교육청으로 하여금 이를 집행하는 데 그치도록 하는 경우에 교육청은 중앙정부의 일선행정기관에 불과한 것이 되고 자치기관으로서 기능을 할 수 없게 된다.

교육청의 정책활동의 장을 넓히기 위해서는 교육청의 입법기능을 회복하여 지방교육정책이 법제화될 수 있는 길을 열어 주어야 한다. 이를 위하여 현재 법률에서 대통령령이나 교육부장관령에 위임하는 것 중에서 반드시 전국적인 통일을 기할 필요가 없는 사안, 또는 여러 가지 대안이 고려될 수 있으며 어떤 특정안이 우월함이 입증되지 않은 사안 등에 대해서는 지방자치단체의 조례로 정하도록 위임하는 것이 바람직하다. 또한 법률에 규정된 것이라 할지라도 지방교육의 다양성, 현지적합성이 강조될 필요가 있는 사안에 대해서는 조례로 정할 수 있도록 위임해 주는 것이 바람직하다. 특히 다양한 대안이 모색될 수 있고 검증될 필요가 있는 사안은 조례에 위임하는 것이 바람직하다.

무엇보다도 우리는 국가로부터 지방에 좋은 학교를 만들어 줄 것을 기대할 수 없다. 국가적인 견지에서 좋은 학교란 모든 지방에 좋은 학교이며 이는 곧 어느 지방에도 좋을 수 없는 학교를 의미한다. 이 점에서 좋은 학교를 만들기 위해서는 지방정부가 이를 실현하기 위한 다양한 아이디어를 내도록 권한도 넘겨주어야 한다.

교육사무는 일반 행정사무와 마찬가지로 기초지방자치단체인 시・군・자치구를 중심으로 배분하는 것이 바람직하다. 모든 지방 교육적인 사무는 원칙적으로 시・군・자치구를 중심으로 배분시키고 시・도는 광역적, 조정적, 보완적인 사무만을 수행하도록 해야 한다. 우리나라 기초지방자치단체의 규모가 매우 큰 것을 감안하면 지방 교육에 관한 대부분의 사무는 기초지방자치단체가 수행할 수 있다.

기초 지방자치단체에서 교육행정을 실시하는 경우에 시장・군수・구청장의 소속 하에 교육행정 기관을 두고 지방의회를 교육 의결기관으로 하게 된다면 현재 시・군・자치구 수준에서 설치한 교육청을 폐지하여도 무방하게 된다. 이로 인한 경비의 절감 효과도 상당할 뿐만 아니라 기초 지방자치단체의 교육책임이 강화되어 교육행정의 지방화에 상당한 진전이 있을 것으로 예상된다. 기초지방자치단체에 교육행정 사무를 배분하는 경우에 시・도에는 광역적, 조정적, 보완적인 사무만을 배분하고 나머지 사무는 시・군・자치구에서 처리하도록 하는 것이 바람직하다.

좋은 학교를 만들기 위해서는 중앙정부보다는 광역지방자치단체에, 광역보다는 기초지방자치단체가 주체적인 역할을 할 수 있다. 왜냐하면 기초지방자치단체가 주민들의 교육에 대한 요구를 보다 잘 반영하여 실현할 수 있기 때문이다.

> **key concept**
>
> **교육감**
>
> 교육감은 시・도의 교육・학예에 관한 사무의 집행기관이다. 교육감은 교육・학예에 관하여 당해 지방자치단체를 대표하고 그 사무를 통활하며, 교육・학예에 관한 소관사무로 인한 소송이나 재산의 등기 등에 대하여 당해 시・도를 대표한다.
>
> 자격은 교육 및 교육행정에 3년 이상이거나 양경력을 합하여 3년 이상인 자이어야 하며 임기는 4년이다.
>
> 한편, 교육위원의 임기는 4년으로 하고, 전임교육위원의 임기만료일의 다음날로부터 개시되며, 교육위원회의 임기가 개시된후에 실시하는 선거에 의한 교육위원의 교육위원의 임기는 당선이 결정된 날부터 개시되며 전임자의 잔임기간 동안만 한다.

4. 주민참여를 통한 교육자치의 자기결정보장

지역의 교육문제도 그 지역의 주민들이 자기책임하에 결정하여야 한다. 이를 위해서는 지역주민들이 지역 교육문제를 결정하는 데 직접 혹은 간접적인 참여가 보장되도록 하여야 한다. 이 점에서 주민을 지방교육행정으로부터 배제하고 있는 현행 교육법체계는 근본적으로 개선되어야 한다. 먼저 교육행정기관을 구성함에 있어서 주민들이 어떤 형태로든지 참여하도록 하여야 한다. 주민들이 직접 지방교육행정기관을 선출하든지, 아니면 주민의 대표기관인 지방의회가 교육행정관을 선임하든지, 또는 주민으로부터 민주적인 정당성을 획득한 지방자치단체장이 임명하든지, 혹은 주민들이 직접 교육감이나 교육위원을 선출하든지 다양한 참여방법을 검토할 수 있을 것이다.

다음으로 지역의 중요한 교육현안문제에 대해서는 주민들이 직접 결정할 수 있는 참여제도가 보장되어야 한다. 진정한 의미에서 자치는 주민들이 어떤 형태로든지 관여하기만 하면 되는 것이 아니라 질적인 면이나 양적인 면에서나 가능한 높은 참여를 보장할 것을 요구한다. 이러한 참여의 필요성은 지역의 교육현안이 주민에 미치는 영향이 클수록 필요성도 증대된다. 예컨대, 고등학교 평준화여부, 자립형 사립고등학교제도의 도입문제, 교장의 선임방법, 지방교육행정체제, 학군의 배정 등이 이에 해당한다.

5. 교육행정기관과 지방행정기관의 통합

> ✎ 생각해 보기
>
> 2011년 연말에 사회적으로 큰 주목을 받은 영화 "도가니"에 의하여 학교 내 폭력과 성폭행 등의 심각성이 드러났다. 또한 전국 각지에서 교내 폭력에 의한 학생들의 자살사건은 국민 전체의 마음을 아프게 했다.
> 이러한 문제점들을 개선하기 위하여 지역사회의 보다 적극적인 관심과 협력의 중요성이 대두되어 교육자치와 자치경찰제도 도입에 관한 보다 진지한 토론이 필요하다고 본다.

교육행정과 일반행정의 통합필요성은 지방의회에서 통합된 바와 같이 집행기관의 경우에도 마찬가지로 필요하다. 동일한 지방자치단체 내의 집행기관에 두 명의 수장이 존재하는 것은 어떠한 측면에서 보더라도 불합리한 점이 많다. 따라서 이상적인 측면에서 보면 지방자치단체의 장 아래에 교육행정기관을 담당하는 보좌기관(예컨대 교육담당부시장 혹은 교육국장)을 설치하는 것이 바람직하다.

지방의 열악한 교육환경을 개선하고 지방교육의 특수성을 살리기 위해서는 지방교육문제가 지방정치의 핵심적인 문제가 될 수 있도록 지방교육행정기관을 일반행정에 통합시켜야 한다.

지역에 좋은 학교를 세운다는 차원에서 본다면 교육행정기관의 독립여부도 검토되어야 한다. 주민전체의 합의로서 지역에 좋은 학교를 세우기 위해서는 어떤 행정체제를 택하는 것이 보다 도움이 되는지 문제이다. 아무래도 지역 정치적인 차원에서 단체장이 좋은 학교를 세우고 운영을 하도록 하고 그에 상응한 정치적인 책임을 묻도록 하는 것이 바람직하다고 본다. 왜냐하면 정치력이 약한 교육감으로써는 정치적인 책임을 감당하기 어렵기 때문이다.

교육의 비정치화를 위하여 교육행정을 분리시켜야 한다는 입장을 따른다면 좋은 학교를 만들지 못한 정치적인 책임을 묻는다는 것 자체가 모순이 된다는 결론이 된다.

제5절 자치경찰의 의의 및 유형

1. 자치경찰제의 범주

경찰활동은 그 사회적 배경에 따라 경찰의 성격을 달리 발전시켰다. 이들 경찰제도의 발전유형을 대별하면 크게 두 가지 유형으로 나눌 수가 있는 바, 그 하나가 영·미계이고, 다른 하나가 유럽 대륙계이다.

영·미계에서는 경찰활동을 개인의 생명·재산의 보호 및 사회의 안녕·질서의 유지에 국한하여, 그 책임을 지방자치단체가 맡게 하는 자치제경찰제를 발전시켰고, 반대로 유럽 대륙에서는 경찰활동을 개인권리의 보호와 사회질서의 유지뿐만 아니라 국가시책의 추진까지 포함하여 경찰을 국가권위의 상징으로까지 발전시키는 국가경찰제를 발전시켰다.

그러나 실제에 있어서 국가경찰이나 자치(제)경찰 어느 한 쪽만 가지고는 국가 사회의 수요에 효율적으로 대응할 수가 없는 것이기 때문에, 오늘날에는 국가경찰과 자치경찰을 병존시키는 것이 많은 나라의 일반적인 현상이 되고 있다. 그래서 국가경찰제와 자치(제)경찰제의 절충형까지 나오고 있지만, 어떻든 오늘날에는 국가경찰과 자치(제)경찰이 공존하면서 상호 협조하는 것을 이상으로 하는 경향이 있다.

한편 2017년도에 등장한 문재인 정부는 자치경찰제를 적극적으로 추진하여 2020년도 지방자치법 전부개정안이 통과됨에 따라 2021년 7월부터 시도 단위에서 자치경찰제가 실시되었다. 기초가 아닌 광역단위 또한 치안력 악화를 가져오지 않도록 단계적으로 추진하자는 취지이다.

> **Focus On**
>
> **독일의 경찰개념**
>
> 초기 독일의 경찰개념은 공동체의 양호한 질서유지 상태를 의미하며, 경제거래에 있어서 규율과 도덕, 계약관계, 상속규칙 등 넓은 의미에서 주민의 생활배려와 복리증진을 위한 작용이 포함되어 있었다. 그러나 공업화와 도시화는 경찰개념을 보안경찰과 복리경찰로 축소하게 하였지만 다시 경찰국가에서의 경찰개념은 국가 전권적인 의미로 확대되게 되었다. 하지만 이러한 경찰개념은 1882년 프로이센 고등행정재판소의 크로이찌베르크 판결을 통해서 결정적으로 소극적인 질서유지를 위한 위해방지의 개념으로 축소되었다.

2. 자치경찰제도의 유형

각국의 경찰제도는 자치경찰과 관련하여 다음과 같이 국가경찰 중심형, 자치경찰 중심형, 그리고 절충형의 세 유형으로 나눌 수 있다.

> **key concept**
>
> **경찰의 개념**
>
> 사회공공의 질서를 유지하기 위하여 일반통치권에 의거, 국민에게 명령, 강제하여 그 자연적 자유를 제한하는 행정작용

1) 국가경찰 중심형

유럽 대륙계 국가에서는 거의 공통적으로 경찰조직을 국가의 관할 하에 두고 경찰행정을 전국 통일적으로 수행하고 있다.

이러한 국가경찰제는 경찰이 국가권력을 배경으로 강력한 집행력을 가지고 능률성을 확보할 수 있으며, 국가 긴급사태나 광역적 사건에 효율적으로 대처할 수 있는 장점을 가진 반면에, 경찰행정의 관료화와 경찰의 정치화의 우려가 있고, 전국적인 통일성에 치중한 나머지 지방의 실정에 소홀할 수 있는 단점을 가지고 있다.

이러한 국가경찰제를 가지고 있는 대표적인 나라는 독일과 프랑스이다.

(1) 독 일

독일의 경찰제도는 주(Land)를 중심으로 한 국가경찰제이다. 경찰기능을 크게 치안경찰, 기동경찰, 수사경찰, 국경경비경찰로 나누어, 이 중 연방은 국경경비경찰을 전담하면서 수사경찰중 테러 등 특수범죄만을 담당하며, 주는 치안·기동경찰을 전담하면서 수사경찰의 임무를 담당하고 있다. 경찰조직은 연방정부나 주정부에서 모두 내무부 소속으로 되어 있다(이상안: 1992).

> **Focus On**
>
> **프랑스의 경찰개념**
>
> 프랑스에서 경찰활동은 공공질서를 유지하기 위한 공공서비스 활동으로 보고 있다. 프랑스 기초자치단체법 L. 제131조의 2에서 직접적으로 자치경찰(Police municipale)의 목적이 "질서, 안정, 안전과 공중위생을 확보하는 것이다"라고 규정하고 있다.
>
> 현대국가로 발전하면서 이러한 공공질서의 유지를 책임지는 행정경찰의 개념틀이 확대되어 전통적인 공공질서의 의미 이외에도 특별법들에 의하여 그 의미가 보충되었는데, 말하자면 평화적 상태를 유지하거나 회복하는 목적 외에도 "개별적 또는 집단적인 안녕과 복지상태의 추구와 창조"로 첨가함으로써 개념의 확대를 보여주고 있다.

(2) 프랑스

프랑스의 경찰제도는 부분적으로 자치경찰을 두고 있으나 원칙적으로는 국가경찰제이다. 즉, 기초자치단체인 코뮌(commune)에 자치경찰을 두고 있으나 국가로부터 일반적인 직무감독을 받고 있고, 더구나 인구 1만 명 이상의 코뮌(commune)경찰은 국가의 직접적 통제하에 있으므로 국가경찰과 다를바 없다. 파리경시청도 국가경찰이다.

국가경찰은 내무부 소속이며, 행정경찰과 사법경찰로 나뉘는데, 이들간에는 인사교류도 안 되고 있다(안홍도: 1991).

2) 자치경찰 중심형

영·미계 국가에서는 유럽 대륙계 국가에서와는 달리 자치경찰제도를 가지고 있다. 즉, 경찰기관의 설치·운영을 국가(연방이나 주)가 아닌 지방자치단체가 담당하고 있는 것이다.

이러한 자치경찰제는 주민의 권리보호를 중심으로 하는 생활치안을 책임성 있게 실현할 수 있고, 민·경간의 협조체제를 긴밀히 할 수 있으며, 분권화와 민주화를 구현할 수 있는 장점을 가지고 있는 반면에, 경찰행정이 일반행정에 지나치게 예속되고, 집행력이 약하며, 지역 간의 격차, 광역사건 처리의 비능률 등의 단점을 가지고 있다.

> **Focus On**
>
> **영국의 경찰개념**
>
> 영국의 경우 경찰의 존재는, 모든 시민은 치안유지의 임무에 종사할 기본적인 책임이 있다고 하는 보통법(Common Law)을 이어 받아, 공동의 적으로부터 자신을 방어하기 위해 사회공동체를 만든다는 자치사상으로부터 본래의 지역사회에 자주적 경찰이 설립되어야 한다는 사상이 그 근저를 이루고 있다.

(1) 영 국

영국에서는 전국의 경찰을 자치경찰로 운영하고 있다. 과거에는 런던경시청이 국가 내무부 직속으로 되어 있었으나, 2000년의 런던시정부 개혁시에 창설된 수도경찰청은 다른 지역과 마찬가지로 지역경찰위원회 소속으로 되었다.

자치경찰은 원칙적으로 도(county)의회의 경찰위원회(시민의 대표)에 의하여 조직되고 관리됨으로써 경찰행정의 민주성과 중립성이 보장되고 있다. 다만 전국적인 통일을 요하는 경찰업무 및 경찰기관 간의 협조를 요하는 업무 등에 관하여는 내무부의 조정·통제를 받는다.

영국에서는 경찰의 5원칙 중 제1원칙이 “경찰은 왕이나 정부의 관료가 아니다”이며, 경찰권의 주체는 영국의 국민으로 인식되어 있다.

그러나 근래에는 자치경찰에 대한 국가의 지도·감독이 확대되는 경향이 있다(안홍도: 1991, 이상안: 1992).

> **Focus On**
>
> **미국의 경찰조직**
>
> 영국경찰로부터 영향을 받은 미국은 개인의 자유, 시민의 권익과 안전보장의 우선권 존중, 보통법의 관습에 영향을 받아 경찰권한이 제한적으로 사용되었다. 이러한 결과 미국에서의 경찰기관은 대부분 관리방식에 있어 주민 또는 시민들의 영향을 직접 받을 뿐만 아니라 법집행에 있어 분권적이고 단편적인 형태를 보여 주고 있다.

(2) 미 국

미국 역시 영국과 마찬가지로 보통법의 인식을 계승하여 지방자치단체를 중심으로 하는 자치적인 경찰조직을 근간으로 하고 있다. 미국의 경찰제도는 건국이념인 인권주의와 영국제도의 유산으로 본질적으로 지방분권주의적 제도라 하겠다.

미국은 필(Peel)의 경찰원칙(Peel's principles of policing)을 받아들였으며, 자치경찰은 지방정부체제의 정치권에 귀속되어 지역사회에 동화된 자치경찰로 발전하였다.

미국의 경찰조직은 연방경찰, 주경찰, 지방경찰로 나뉘어져 있으며, 지방경찰은 자치체인 시(city)경찰과 준자치체인 군(county)경찰로 나뉜다. 이 중 지방경찰의 중심은 시(city)경찰이지만, 군(county)경찰도 중요한 역할을 하고 있다. 군(county)에는 전통의 유산인 민선의 보안관(sheriff)이 있다.[4]

◉ Focus On

일본의 경찰개념

일본의 경찰개념도 대륙법계 국가들과 같은 맥락에서 이해될 수 있다. 즉 일본 경찰법 제2조 제1항은 경찰의 책무를 개인의 생명, 신체 및 재산의 보호, 범죄의 예방, 진압 및 수사, 피의자의 체포, 교통의 단속 기타 공공의 안전과 질서의 유지를 담당하는 것이라고 밝히고 있으며, 현행 일본헌법하에서 사법경찰 즉, 경찰의 범죄수사에 관계된 활동은 공행정의 일부로 포함하고 있다. 실제의 경찰활동은 광의의 행정경찰 개념을 적용하고 있다.

미국에는 그밖에 많은 특별구 경찰(예: 공원경찰 등)이 있고, 대학이나 병원, 공공단체 등에 청원경찰 등이 있으며, 작은 시골마을 등에는 자원 경찰이 있어, 매우 다원적이고 또한 지역사회 중심의 자율적인 경찰제도를 가지고 있는 것이 특징이다(이상안: 1992, 안홍도: 1991, Mary A. Hapburn: 1990).

최근에 미국은 9·11 테러 이후의 변화로서 중소도시의 경찰 중 많은 인력과 예산을 대테러정책을 위해 사용하게 되었다.[5] 이에 따라 규모가 조금 큰 경찰의 경우 경찰서 안에 대테러반을 편성·운영하고 있으며, 공항경비 업무도 지방경찰이 떠맡아야 할 처지에 놓이게 되었다(김형만 외: 1998).

3) 절충형

절충형이란 경찰행정이 국가적 성격과 지방적 성격을 공유하고 있음에 입각하여 국가경찰과 자치경찰의 균형과 조화를 이루는 제도를 말한다.

이러한 절충형을 채택하고 있는 나라로는 전통적인 국가경찰제에 영·미적 자치경찰제를 발전적으로 가미한 스위스, 네덜란드, 오스트리아와, 제2차 세계대전 후 전통적 국가경찰제에 자치경찰제를 타율적으로 가미한 독일, 일본 등이 있다. 그러나 이 중 자치경찰 원칙하에 국가경찰과의 조화를 도모한 대표적인 나라로 일본을 꼽을 수 있다.

일본의 경찰제도는 국가경찰과 도도부현(都道府県) 경찰의 2원 경찰제이다. 일본의 경찰개념은 일본 경찰법 제2조 제1항에 경찰의 책무를 개인의 생명, 신체 및 재산의 보호, 범죄의 예방, 진압 및 수사, 피의자의 체포, 교통의 단속 기타 공공의 안전과 질서의 유지를 담당하는 것이라고 밝히고 있으며, 현행 일본헌법하에서 사법경찰 즉, 경찰의 범죄수사에 관계된 활동은 공행정의 일부로 포함하고 있고(김중겸: 1998), 실제의 경찰활동은 광의의 행정경찰 개념을 적용하고 있다.

원래는 1953년의 경찰법에서 종래의 국가경찰제를 근본적으로 개혁하여 시정촌(市町村) 경찰제를 채택하였으나, 그것이 비능률적이고 약체적인 데

---

4) 미국에 있어서 보안관(sheriff)은 본래는 범죄수사·범인체포·교도소관리 등 사법경찰 기능을 주로 수행하였으나, 오늘날에는 그 외에 개인보호·치안유지 등의 행정경찰기능도 수행하고 있고, 또한 county경찰과 city경찰이 모두 개인보호, 치안, 교통, 도박, 매춘, 포르노, 알콜, 마약, 범죄 등을 같이 다루고 있기 때문에, 여러 경찰조직 간에 기능상 중복이 있어 보인다.

5) 이에 대한 상세한 내용은 Council on Foreign Relations. Terrorism: Q & A, 2002, 또는 인터넷 사이트(www.terrorismanswers.com/seurity/polie_print.html.man) 참조.

다가 시정촌 재정에 압박을 가하였기 때문에 1959년의 경찰법 개정에서 도도부현 경찰제로 개편된 것이다.

국가경찰조직으로는 중앙정부(총리대신 관할 아래)에 경찰관리기관인 국가공안위원회와, 경찰행정청인 경찰청을 두고, 그 산하에 관구경찰국을 두고 있다.

한편 지방경찰조직으로는 도도부현(지사 관할 아래)에 경찰관리기관인 도도부현 공안위원회와 경찰행정청인 도도부현 경찰청을 두고, 그 산하에 경찰서를 두고 있다.

경찰업무는 원칙적으로 도도부현에서 처리하고, 국가는 긴급사태 등의 경우를 제외하고는 직접 경찰권을 행사하지 아니한다. 그러나 경찰업무의 성격상 전국 통일적으로 처리하는 것이 요구되는 사항에 대하여는 국가가 지방경찰을 지휘·감독할 수 있다(이상안: 1992, 안홍도: 1991). 특히, 일본의 공안위원회 제도의 운영은 우리에게 시사점을 준다.

2022년 현재 일본의 경찰제도는 중앙정부에 국가공안(公安)위원회를, 광역자치단체인 도도부현(都道府県)에 도도부현 공안(公安)위원회를 설치하고 있다.

이 가운데 자치경찰과 관련이 깊은 것이 도도부현 공안위원회인데 위원회는 정령지정시(인구 100만 명 이상 정도의 특례시)를 가지고 있는 도부현(都府県)에는 5명으로, 그 밖의 홋카이도(北海道)·현에는 3명의 비상임 공안위원이 3년임기(2회에 한하여 연임가능)로 구성된다.

도도부현(都道府県) 공안위원회는 경찰업무에 대한 심의, 결재, 중요한 사건·사고에 대한 경찰조직의 대처에 대한 의견제시, 중장기적인 치안유지를 위한 제언 등 상당히 광범위한 권한을 가지고 활동하고 있다.

다음의 [그림 14-7]은 도도부현(都道府県) 공안위원회와 지방자치단체와의 관계 및 중앙의 공안위원회와의 관계를 나타낸 것이다.

[그림 14-7] 일본의 공안위원회제도

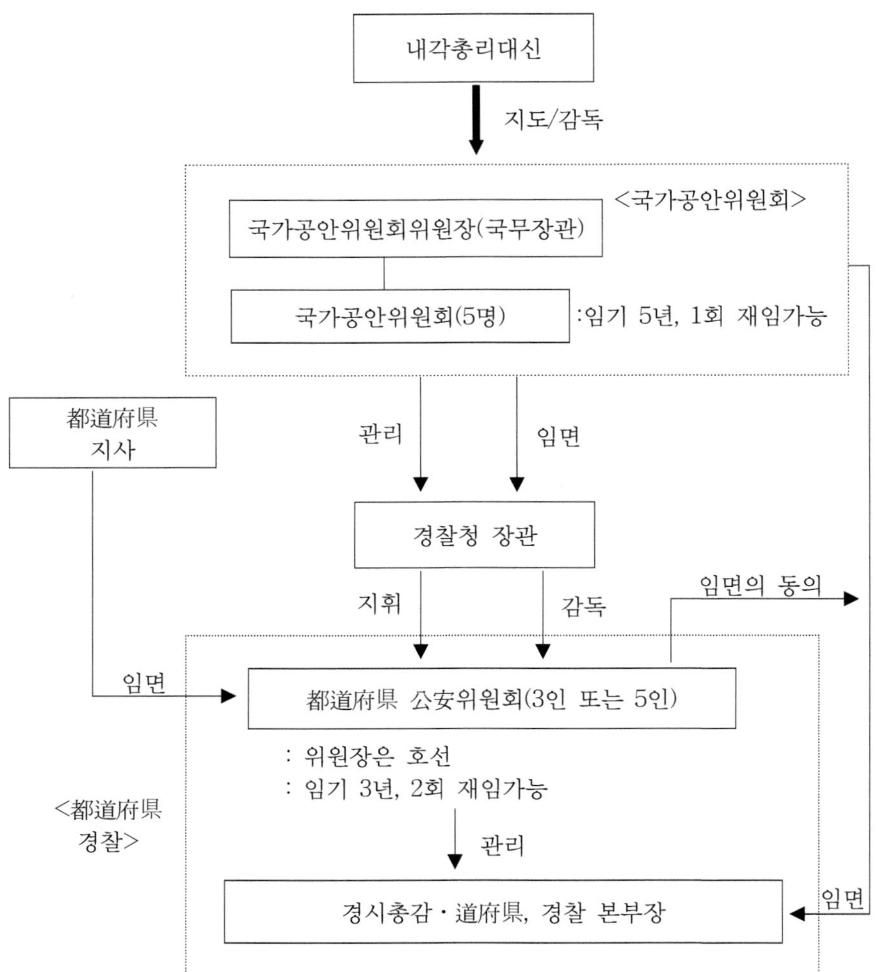

다음의 <표 14-5>는 각국의 자치경찰제도의 운영실태에 대해서 간략히 도표화한 것이다.

〈표 14-5〉 각국 자치경찰제도의 운영실태

독 일	일 본	프 랑 스	영 국	미 국
① 연방과 주정부 간의 협력 사안에 관한 내용을 제외한 경우, 교통, 방범, 경비업무 등 ② 각종 범죄예방프로그램의 운영(바덴-뷔르템베르크 주에서의 자원경찰제도와 Angen-Disko 프로그램, 바이에른 주의 안전감시제도, 슐레스비히-홀쉬 타인 주에서의 범죄예방위원제도와 안 전파트너제도, 작센주 파이프치히시에서의 우범 지역 비디오 감시제도 등) ③ 인터넷을 통해 관내 주요범죄 발생의 동향, 교통사고에 관한 통계, 범죄 예방 기법, 청소년 약물남용 예방관련 자료 등의 제공 등	① 상담의 기회, 순회연락 ② 순찰 등 방범 활동 ③ 사고방지를 위한 교통안전활동 ④ 술주정꾼, 미아 보호활동 ⑤ 재해지역에서의 인명구조 활동 ⑥ 청소년 비행선도 활동 ⑦ 지역에 밀착한 파출소, 주재소연락협의회 운영 ⑧ 지역커뮤니티 활동	① 국가경찰-군경찰-세관경찰의 협력, 국제협력 ② 도시폭력(싸움의 진압), 마약 등의 추방 ③ 불법이민통제 ④ 테러방지 ⑤ 거리청결 ⑥ 붕괴위험이 보이는 건물의 철거와 보수 ⑦ 전염병 등의 예방 및 재난이 발생할 경우 필요한 응급과 구조	① 일반경찰관에 의한 도보순찰, 고발처리, 검거된 범죄자의 처리, 차량순찰 등과 같은 일반적인 경찰업무 ② 경찰보조인력에 의한 주로 행정적인 업무와 인사, 재정, 안전, 정보처리 과학수사, 현장 분석 등의 분야에서 경찰행정 서비스 지원 ③ 특별지원경찰에 의한 교통경찰업무, 도보순찰업무, 자동차 순찰업무 등의 수행 ④ 지역사회경찰자문위원회, 주민고충위원회, 시민헌장제, 일반인 방문제도, 마을방범 경찰 등 설치·운영	① 주민공동체를 위한 서비스 제공 ② 공공질서유지(의심쩍은 행위에 대한 통제, 거리싸움의 방지, 부랑아 통제 등) ③ 테러방지, 긴급구조반, 재난 구호, 범죄수사, K-9(마약단속)반, 차량도난 범죄의 예방 및 체포, 신원조사 등 ④ 학교와의 관계를 통한 경찰서비스 제공 및 청소년 법원실습 교육을 통한 경찰교육과 청소년 선도, 지역공동체 자원방범활동 등의 실시

자료: 참여정부 지방분권과제 2003년 연구자료집(2003), 『이제는 지방분권시대!』(한국지방행정연구원, 정부혁신 지방분권위원회) p. 190.

3. 외국 자치경찰제도의 시사점

1) 경찰조직과 관련된 시사점

경찰제도는 영미법계 국가와 대륙법계 국가의 경찰제도로 대별되는데, 전자는 사회질서유지가 그 중심기능이고 경찰조직 또한 지방분권적인 자치경찰제도를 유지하고 있으나, 반면 후자는 사회질서유지에 국한하지 않고 국가시책의 촉진을 위한 행동까지 경찰 개념에 포함시켜 경찰작용의 범위가 넓고 경찰조직도 국가경찰제도로서 중앙집권적 성격을 가진다.

그런데, 국가경찰제를 채택하고 있는 나라는 경찰의 비민주화, 관료독선화를 막기 위해 자치경찰제를 가미하고 있고, 자치경찰제를 도입하고 있는 나라는 비능률성 때문에 중앙정부의 통제를 강화하려는 것이 추세이다.

이러한 분류는 양자의 특성을 강조한 상대적인 구분이나, 실제 운용상으로는 양자를 상호보완적으로 운영하는 방향으로 발전하고 있다는 점이 중요하다. 또한 유럽 및 해외 사례들을 보면 기초자치단체에서 자치경찰을 운영하고 있는 국가들은 대부분 인구규모를 기준으로 자치경찰을 시행하고 있는데, 자치경찰제를 시행하게 되면 인구규모 외에 어떠한 기준들을 중심으로 자치경찰의 유형을 구분할 수 있는지에 대한 구체적인 기준이 필요하다. 이처럼 외국의 사례는 개별 국가가 처한 정치적, 문화적, 경제적 상황이 서로 상이하기 때문에 우리나라에 바로 적용하기에는 한계가 있지만, 선행경험을 통해 나타난 문제점들을 미리 살펴보고 우리나라에 적합한 제도를 만들기 위한 참고자료로서 활용할 수 있다.

자치경찰의 목적은 국가경찰에 비해 신속하고 다양한 대민서비스 체제를 구축함으로써 서비스의 질을 제고할 수 있다는 점 외에도 경찰의 정치적 중립성과 투명성을 확보할 수 있다. 이러한 목적 이외에도 우리나라의 자치경찰제는 지방분권을 실현하기 위한 핵심적인 요소라 할 수 있을 것이다. 따라서 국가경찰의 한계를 극복하고 신속하고 다양한 대민서비스를 통해 치안서비스의 질을 제고하기 위하여 전국적인 차원에서 자치경찰제의 도입이 고려되어야 할 것이다.

참고자료

수사권독립에 대한 검찰과 경찰 간의 입장대립

수사권 독립은 자치경찰제의 필수조건이라는 것이 경찰의 입장임에 반하여 법무부와 검찰은 자치경찰제와 수사권 독립은 별개의 문제라고 하는 양 기관 간의 입장차이로 인한 논란은 자칫 두 기관 간의 권력싸움으로 비화될 가능성이 있었으며, 만약 이것이 심화되면 국론 분열을 초래할 수 있다는 우려가 제기되었다. 따라서 국민적 여론을 수렴할 수 있는 시간적 여유가 필요하게 되었고, 자치경찰제 실시 연기라는 방향으로 의견이 모아지게 된 것이다.

2) 경찰기능과 관련된 시사점

영국의 지방자치경찰과 미국의 자치경찰들은 그 자체 범죄수사국을 가지고 있어서, 한편으로 행정경찰과 사법경찰, 다른 한편으로 경찰과 검찰(수사)의 관계가 기본적으로 통합되어 있다고 볼 수 있다.

또한 대륙법계 국가인 독일, 프랑스, 일본은 협력체제(협약)하에 검찰과 경찰의 활동이 공존하고, 행정법규명령상의 필요에 따라 사법경찰과 행정경찰을 구분한다고 볼 수 있겠다. 아울러 각국의 경찰개념 및 그 기능의 변화, 그리고 구체적인 자치경찰조직으로부터 확인된 바와 같이, 지방자치제를 시행하는 현시점에서 우리나라의 국가경찰이 취하고 있는 경찰개념은 자치경찰제의 도입과 그 기능정립을 위해서라도 확대·해석되어야 할 것이다.[6]

6) 우리의 경찰개념은 명확한 정의규정 없이 경찰법 제3조, 경찰관직무집행법

이러한 주장은 자치단체들을 중심으로 국가체제가 이루어진 영미국가의 지역사회경찰활동 원리가 시사하는 점을 살펴보아도 같은 결론에 도달하게 된다. 요컨대, 포괄적인 행정경찰개념과 지역사회경찰활동의 원리를 자치경찰활동(개념)의 근거로 하여 자치경찰권을 집행하게 되면, 행정경찰과 사법경찰의 구별 실익이 주는 중요성은 논외로 하더라도, 현재 자치경찰의 존재이유로서의 경찰임무가 바로 "지역사회의 공공질서의 유지, 지역주민을 위하는 민생치안 중심의 자율적인 지방경찰서비스 제공"으로 정립될 것이다.

참고자료

경찰제도개혁위원회의 자치경찰제안

이 案의 주요내용은 지역치안과 국가치안의 조화를 위해 절충형을 채택하고, 도입단위는 광역자치단체인 시·도 단위로 하며, 경찰위원회 제도로 민주성과 공정성을 확보할 수 있게 한다. 또한 경찰공무원의 신분을 국가직과 지방직으로 구분하고, 필요 재원은 자치단체부담과 국가지원으로 충당한다.
국가적 비상사태에 대처, 지방정치권의 영향력 차단 등 경찰수사권의 현실화와 경찰개혁의 병행을 주장하고 있다.

제 6 절 자치경찰제도의 도입

1. 자치경찰제의 실험적 수용

우리나라에서도 이미 1980년대 이전에도 여러 차례 자치경찰에 대한 논의가 없었던 것은 아니지만(최종술: 2002),[7] 자치경찰제의 도입에 관한 독자적인 논의는 비교적 최근의 일이다. 자치경찰제 도입은 김대중 정부는 물론, 지난 참여정부의 대통령 선거공약 사항이기도 하며, 이는 결국 경찰이 새로운 시대에 국민으로부터 신뢰받는 경찰상을 정립하고 공정하고 엄정한 경찰의 직무수행 여건을 조성하기 위해서는 자치경찰제도의 도입이 필요하다고 보았다.

우리나라는 전통적으로 일원적인 국가경찰제만을 유지하여 왔다. 이러한 국가경찰제는 국가의 위기대처와 사회 전반적인 질서유지 등에 커다란 공

제2조에 의거하여 집행경찰(Vollzugspolizei)로서의 경찰권 행사로 위해의 방지와 이미 발생한 장해를 제거하기 위한 강제권이 결부된 권력적 명령이자 강제작용으로 파악되고 있다. 따라서 부분적으로 '공공의 질서유지'라는 측면에서 살펴본 우리나라의 경찰개념은 경범죄처벌법, 건전가정의례의 정착 및 지원에 관한 법률로 대체 등 민생규율법안들이 따로 존재하여 실질적으로 공공의 안녕 조항이 포함되지 않기 때문에, 프랑스의 행정경찰, 독일의 보안경찰 및 질서유지행정 등이 포괄하고 있는 경찰개념(활동)보다는 좁은 의미로 사용해 오고 있는 것이다. 아울러 우리의 경찰개념에 관한 명확한 정의규정이 없다는 점에 대해서는 박상희·서정범, 「경찰적용법제의 개선방안」(한국법제연구원, 1996) 연구보고 96-8, p. 13 이하 참조.

7) 군정경찰의 영미법계경찰제도 구상이 국립경찰 이전에 있었고, 1955. 9. 정례국무회의 의결 경찰법안, 1960. 제4대 국회의 경찰중립화법안(1960. 5.), 경찰행정개혁심의회의 경찰중립화법안(1960. 6) 등에서 자치경찰제도 도입 논의가 있었다.

헌을 한 것은 사실이지만, 경찰의 관료주의화, 주민요구에의 부적응, 국민의 경찰에 대한 불신의 확대 등 지울 수 없는 문제점을 누적시켜 왔다.

1995년 부터 지방자치제가 본격적으로 실시되어 지방화 사회를 열어가고 있어 경찰제도도 이에 발맞추어 분권화와 참여화를 내용으로 하는 자치경찰제 도입에 관한 논의가 김대중 정권이후 2017년도 등장한 문재인 정부까지 이어져 오고 있다. 그리고 2021년도에는 서울시와 세종시가 추가적으로 광역단위의 자치경찰제를 도입하였다.

2. 제주특별자치도에의 실험적 적용

참여정부 때인 2006년도 7월 1일부터 시행된 제주자치경찰의 도입목적은 국가경찰과 자치경찰의 이원적 구조를 통해 제주특별자치도의 치안수요에 효과적으로 대응하기 위한 것이었다. '지방행정체제개편에 관한 특별법'과 함께 폐지되면서 '지방분권 및 지방행정체제 개편에 관한 특별법'으로 개정됨으로써 지방행정과 치안행정의 연계성을 확보하고, 지역특성에 적합한 치안서비스를 제공하기 위한 것이다. 동일한 맥락에서 제주자치경찰의 도입은 제주특별자치도 내에서 국가경찰과 자치경찰의 이원적 운영을 통해서치안역량의 저변확대, 지역특성에 부응하는 치안행정 실현, 주민 친화적 치안서비스 제공, 지역치안에 대한 자치행정의 책임성 확보 등을 도모하는 것이다.

제주도 자치경찰의 도입목적[8)]

구 분	내 용
일반적 목적	• 치안서비스의(한시법: 2013. 5.31) 탄력적 공급 • 지방행정의 실효성 확보 • 자치경찰의 정치적 중립성 확보 • 지방자치단체와 경찰 간 마찰해소 • 주민과 협조적 치안수요 대응 • 지역실정에 부합한 자치경찰 조직운영 • 주민통제로 경찰부패 방지
한국형 목적	• 지방분권의 완결

8) 금창호 외(2010), 제주자치경찰제도의 정책평가와 개선과제, 한국지방행정연구원 보고서. p. 13.

현재 제주자치경찰의 주요사무는 대부분이 국가경찰 및 행정기관과의 중복사무를 수행하고 있으며, 국가경찰과의 적절한 사무배분을 위하여 업무협약을 체결하여 운영하고 있으나, 근본적으로 사무수행의 권한이 자치경찰에게 독립적으로 있는 것이 아니라 관할 범위 및 담당 시간 등에 대한 업무협약에 의해 임의적으로 배분하고 있는 상황이다 보니 국가경찰과의 크고 작은 업무마찰이 발생할 수밖에 없다.

이에 따라 국가경찰과의 갈등을 줄이고 자치경찰의 기능정립을 통한 적절한 대안마련에 대한 시사점이 존재하고, 자치경찰의 전국적인 도입을 위하여 독자적인 자치경찰의 담당업무에 대한 구체적인 방안 마련이 중요하다고 할 수 있다. 이는 장기적인 관점에서 자치경찰의 정체성 확립과 지속적인 발전을 위하여 국가경찰과의 중복사무 대신에 독자적인 사무를 담당하는 것이 필요하기 때문이다.

다만, 제주자치경찰의 도입목적은 제주특별자치도의 도입이 함축하고 있는 개념적 맥락을 동일하게 가지고 있는 것으로 간주된다. 즉, 제주특별자치도의 도입은 제주국제자유도시의 효과적 실현을 위한 특례적 권한의 부여와 동시에 자치권 확대의 선행적 운용이라는 시범성을 동시에 가지고 있다. 따라서 제주자치경찰의 도입 역시 타 지방자치단체의 전면시행에 앞서 제주특별자치도에 국한된 시범실시라는 목적도 중요하게 고려되어야 할 것이다.

1) 제주자치경찰의 주요사무

(1) 일반적 사무

제주특별법 제90조는 자치경찰의 사무에 관하여 주민의 생활환경에 관한 사무(5), 지역교통 활동에 관한 사무(3), 공공시설 및 지역행사장 등의 지역경비에 관한 사무, 자치경찰공무원의 직무로 규정하고 있는 사법경찰관리의 직무 등 그 유형을 열거하고 있다.[9]

---

9) 제90조 (사무) 자치경찰은 다음 각 호의 사무(이하 '자치경찰사무'라 한다)를 처리한다.
 1. 주민의 생활안전활동에 관한 사무
  가. 생활안전을 위한 순찰 및 시설 운영
  나. 주민참여 방범활동의 지원 및 지도
  다. 안전사고 및 재해재난 등으로부터의 주민보호
  라. 아동・청소년・노인・여성 등 사회적 보호가 필요한 자에 대한 보호 및 가정・학교 폭력 등의 예방

제주특별법 제90조는 "기타 공공의 안녕과 질서유지"라는 제2조 제7호와 같은 규정이 없어 자치경찰관의 직무를 행함에 있어 법률의 규정에 의한 사무만 행하여야 하고, 경찰의 사무는 지역주민의 재산과 생명을 보호하는 행정작용이므로 자치경찰 원리의 실현이라는 관점에서 자치경찰 사무의 범위 내에는 환경변화, 위험발생의 다양성 등에 따른 새로운 사무가 생겨날 수 있다.

따라서 제주특별법 제90조에 경찰관직무집행법 제2조 제7호와 같이 "기타 공공의 안녕과 질서유지"라는 개괄적인 항목을 추가하여 새로운 환경에 따른 치안수요에 대처할 필요가 있다(김남진, 2000: 263; 석종현, 2004: 331; 이병철, 2002: 325).

(2) 특별사법경찰사무

제주특별자치도 자치경찰 특별사법경찰사무의 법적인 근거는 제주특별법 제90조 제4호의 규정에 의한「사법경찰관리의 직무를 행할 자와 그 직무범위에 관한 법률」 제10조[10]이며, 제주특별자치도에서는 위 사법경찰직무법 제5조에 의한 일반 공무원과 같은 법 제10조에 의한 제주특별자치도 자치경찰이 공동으로 협조하여 특별사법경찰사무를 수행하게 되었다.

「사법경찰관리의 직무를 행할 자와 그 직무범위에 관한 법률」 제10조에

마. 주민의 일상생활과 관련된 사회질서의 유지 및 그 위반행위의 지도·단속

2. 지역교통활동에 관한 사무
   가. 교통안전 및 교통소통에 관한 사무
   나. 교통법규위반 지도·단속
   다. 주민참여 지역교통활동의 지원 및 지도
3. 공공시설 및 지역행사장 등의 지역경비에 관한 사무
4. 「사법경찰관리의 직무를 행할 자와 그 직무범위에 관한 법률」에서 자치경찰공무원의 직무로 규정하고 있는 사법경찰관리의 직무

10) 제10조(자치경찰공무원) 「제주특별자치도 설치 및 국제자유도시 조성을 위한 특별법」에 따른 자치경찰공무원 중 자치총경·자치경정·자치경감·자치경위는 제주특별자치도의 관할 구역에서 발생하는 범죄 가운데 이 법 제6조 제5호(제5조제6호 및 제7호에 해당하는 자의 소관만 해당한다)·제6호·제7호·제11호·제13호·제15호·제18호·제19호·제21호·제22호·제24호·제25호·제26호·제28호·제29호·제31호·제32호의 범죄와 「제주특별자치도 설치 및 국제자유도시 조성을 위한 특별법」 제356조·제358조 및 이와 관련되는 같은 법 제360조·제361조에 규정된 범죄에 관하여 사법경찰관의 직무를, 자치경사·자치경장·자치순경은 그 범죄에 관하여 사법경찰리의 직무를 수행한다.

서 규정하고 있는 자치경찰의 특별사법경찰사무는 총 17개 사무가 있다. 그러나 법률에서 규정하고 있는 사무는 자치경찰이 수행할 수 있는 권한을 규정한 것에 불과할 뿐 반드시 자치경찰이 수행해야만 하는 사무를 규정하고 있는 것은 아니다. 위 법률에서 자치경찰의 권한으로 규정하고 있는 자치경찰의 특별사무경찰사무 수행에 있어서 가장 큰 문제점은 자치경찰의 제한된 권한에서 비롯된다.

「사법경찰직무법」에서는 실질적으로 국가경찰의 협력이 없이는 자치경찰 단독으로 범죄를 해결할 수 없는 상황이 발생한다. 따라서 실제 법에서 수사권한을 부여하고 있는 사무일지라도 실질적으로 업무를 수행함에 있어서 한계를 나타내는 문제가 있다. 뿐만 아니라 특별사법경찰사무를 수행함에 있어서 그 사무와 관련한 다른 법률과의 법적 경합, 즉 수사권 다툼의 문제가 발생할 수 있어 제도적인 개선이 필요하다.[11)]

2) 제주자치경찰의 조직

제주자치경찰의 조직은 제주특별법 제87조, 제88조, 제107조, 제113조, 제114조에 규정되어 있다. 제87조는 "자치경찰에 관하여 이 법에서 정하지 아니한 사항에 대하여는 지방자치법 및 지방공무원법에 의한다."라고 규정하여 제주특별법 외에 지방자치법을 제주자치경찰의 근거로써 들고 있다.

제주특별법 제88조 제1항에서는 제주특별자치도의 고유한 특성을 최대한 활용하고 그 기능을 담당하는 자치경찰의 설치에 대한 근거를 마련하고 있으며,[12)] 이러한 자치경찰단의 조직 및 자치경찰공무원의 정원 등에 관한 사항은 도 조례를 통해서 규정하도록 하고 있다.[13)]

제주특별자치도 자치경찰 조직은 [그림 14-8]에서 보여주듯 제주특별자치도의 성격과 맞물려 광역 중심의 조직구성 체계를 갖추고 있다. 제주특별자치도 단위의 자치경찰단이 조직되어 있고, 각 행정시 단위로 자치경찰대가 구성되어 있었으나, 지난 2012년 1월 9일자로 조직이 개편되어 자치경찰대를 폐지하고 자치경찰단으로 구성된 통합 자치경찰단이 출범하였다.

---

11) 제주자치경찰제도의 평가와 자치경찰 모델개발방안 연구, 한국법제연구원(2012)

12) 제주특별법 제106조 제1항, 자치경찰사무를 처리하기 위하여 제주특별자치도에 자치경찰단을 둔다.

13) 제106조 제2항, 자치경찰단의 조직 및 자치경찰공무원의 정원 등에 관한 사항은 도의 조례로 정한다.

[그림 14-8] 제주자치경찰단 조직

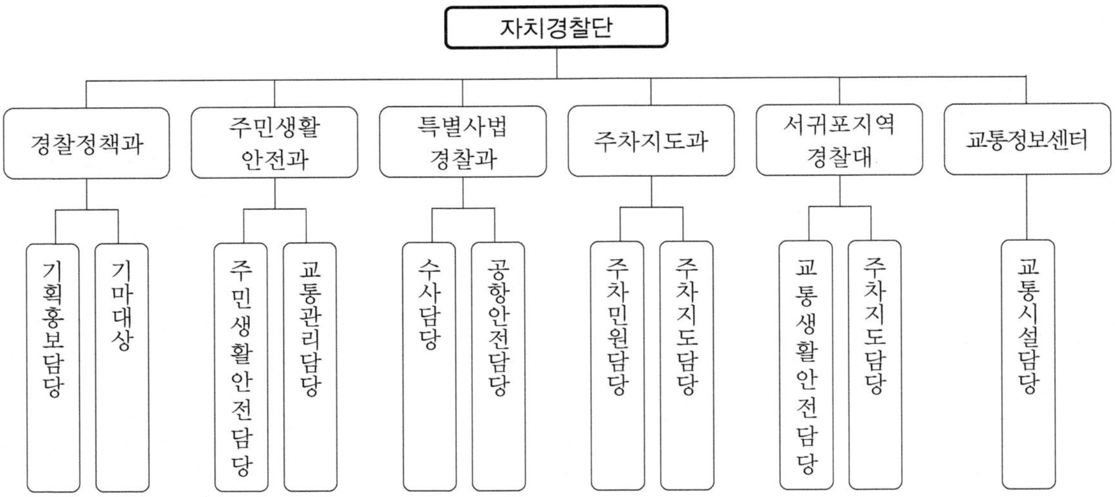

출처: 제주자치경찰단 홈페이지 http://jmp.jeju.go.kr/, 검색일 2013년 7월 19일.

3) 제주자치경찰의 인력

제주자치경찰의 인력은 제주특별법 제108조에서 자치경찰공무원 인사위원회 설치에 관하여, 제109조에서 자치경찰공무원 인사위원회의 기능에 관하여, 제110에서 자치경찰공무원의 신규임용에 대하여 규정하고 있다.

한편 제주특별법에서 규정하지 않은 사항은 지방공무원법을 적용하도록 제87조 제2항에서 규정하고 있다. 경찰법과 비교해 보면 경찰법상 경찰위원회가 심의 · 의결기관으로서 경찰의 정치적 중립성확보를 이념으로 하고, 구성에 있어 그 위원을 행정안전부장관의 제청으로 국무총리를 거쳐 대통령이 임명하도록 규정하고 있어 경찰인사의 중립성과 독립성을 담보하고 있으나, 자치경찰 인사위원회는 그 구성이 지방자치단체의 영향을 받도록 규정되어 그 역할이 제한되어 있다.[14]

제주특별법 제108조의 규정에 따르면 '자치경찰공무원의 인사에 관한 사

14) 지방공무원법 제7조 제5항에 따라 자치경찰 인사위원회 위원은 해당지방자치단체의 공무원(국가공무원을 포함한다) 및 다음 각 호에 해당하는 사람으로서 인사행정에 관한 학식과 경험이 풍부한 사람 중에서 지방자치단체의 장이 임명하거나 위촉하되, 위원의 자격요건에 관하여 필요한 사항은 대통령령으로 정한다.

항을 심의·의결하기 위하여 자치경찰공무원인사위원회를 둔다'고 규정하고 있으며, 제2항에서는 자치경찰인사위원회 위원장의 임명, 제3항에서는 자치경찰인사위원회의 구성 및 운영에 관한 사항에 관하여 규정하고 있다. 자치경찰공무원의 채용, 인사, 인사교류, 승진 등에 관한 구체적인 사항은 제주특별자치도 자치법규에 위임하고 있다.[15]

자치경찰인사에 관한 제주특별자치도의 조례와 규칙은 「제주특별자치도 자치경찰단 개방형 직위의 운영에 관한 조례」(2007. 8. 22. 제정), 「제주특별자치도 자치경찰공무원 인사규칙」(2006. 10. 18. 제정), 「제주특별자치도 자치경찰공무원 인사교류조례」(2006. 5. 10.), 「제주특별자치도 자치경찰공무원 임용 등에 관한 조례」 등이 있다.

〈표 14-6〉 제주특별자치도 자치경찰 정원(2012년 1월 기준)

구 분	총 계	자치경찰공무원								일반공무원			
		계	총경	경정	경감	경위	경사	경장	순경	계	일반직	기능직	계약직
정 원	193	127	1	5	9	15	15	29	53	66	11	12	43
현 원	169	94	1	5	9	16	9	25	29	75	11	21	43
과부족	-24	-33				+1	-6	-4	-24	9	-	+9	-

출처: 2012년도 중점추진업무 실행계획, 제주자치경찰단 내부자료.

4) 제주자치경찰의 재원

자치경찰의 재원은 제주특별법 제103조에서 "국가는 제주자치도가 자치경찰을 설치·운영하는 데 필요한 경비를 지원할 수 있다."라고 규정하고 있다. 또한 「국가균형발전특별법」 제35조의2에서 제주특별자치도의 세입과 세출에 대하여 규정하고 있다.

「국가균형발전특별법」 제35조의2 제2항 제2호는 「제주특별법」에 따라 이관되는 특별지방행정기관 이관사무의 수행에 필요한 경비와 자치경찰로 이체(移替)되는 경찰인력에 대한 인건비 상당액 및 그 운영비 일부를 지원할 수 있게 규정하고 있다.

5) 2021년 7월 자치경찰제 실시

2021년 7월부터 시·도 단위에서 시행된 자치경찰제는 다음의 [그림 14-8]

15) 자치경찰공무원 임용·인사교류 조례, 자치경찰공무원 인사규칙 등

에서 보여지는 바와 같이 국가경찰과 완전 분리된 형태로 시작되는 것은 아니다.

향후에는 현재 경찰인력의 40% 가량이 자치경찰 역할을 하게 되는데 향후의 자치경찰제도의 정책과 발전은 지금부터라고 말할 수 있겠다.

[그림 14-9] 2023년 7월 시 · 도 자치경찰제 도입 중앙-지방의 경찰조직도

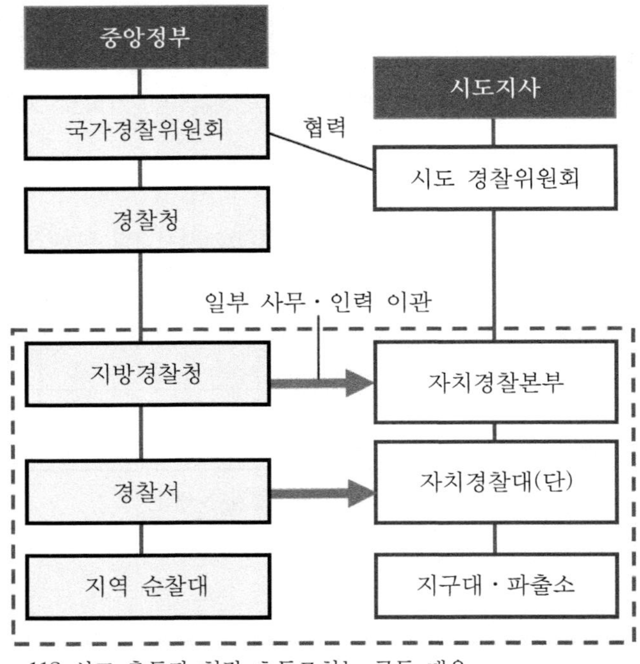

요 약

현행의 지방교육자치제도는 지방교육행정기관을 지방자치단체의 일반행정관으로부터 독립시키는 것을 주요 골자로 한다. 이는 진정한 의미의 교육자치가 아니며 오히려 교육행정청의 독립 내지 분리라고 부르는 것이 타당하다. 진정한 의미의 교육자치는 교육현장의 학교에 대한 교육행정청의 간섭과 규제를 제한하여 학교의 자율성을 보장하고 교사의 재량을 확대하며 교육주체인 교사, 학부모, 학생의 참여를 보장하는 데 있다.

헌법이 보장하는 교육의 자주성, 전문성, 정치적인 중립성은 교육담당자인 학교와 교사에 관련된 것이지 교육행정청에 관련된 것은 아니다. 지방교육의 특성을 살리기 위하여는 교육테크노크라트의 권력독점을 규정하고 있는 교육행정기관의 분리를 폐지하고 교육행정과 지방행정의 통합을 추진하여야 한다. 양자를 통합하여야만 지방정치

에서 교육문제가 소외되는 것을 방지할 수 있으며 지방교육의 고립을 피할 수 있다.

우리 경찰의 역사는 항상 중앙정치의 변화에 민감하게 영향을 받으면서 수행되어왔다. 특히 중앙정치의 격변기나 중앙정부가 민주적인 정당성을 결여한 경우에 경찰은 중앙정치의 하수인으로 전락하고 권력유지나 정권창출의 전위대로서의 역할을 한 적이 적지 않은 것을 부인하기 어려울 것이다. 그리하여 경찰의 본래의 기능인 주민의 생명과 재산을 위험으로부터 보호하고 장애를 제거하는 민생치안업무는 체제유지적인 시국치안업무에 밀려 소홀히 되는 경우가 많았다. 헌법이 보장하는 지방분권의 원리는 바로 이와 같은 중앙정치의 소용돌에 지방이 휩쓸리지 아니하고 독자적으로 주민의 복리에 관한 업무를 수행하도록 국가권력을 수직적으로 분립하자는 취지에서 인정되고 있다.

경찰업무는 주민의 복리의 실현에 가장 기본적인 요소가 된다는 점에서 지방분권적인 수행이 특히 요구되는 분야라고 할 수 있다.

중요개념

- 교육가치
- 자치경찰의 의의
- 유럽대륙계 자치경찰 중심형
- 영미법계 자치경찰 중심형
- 외국의 다양한 교육자치 모형
- 일본식 절충형
- 국가경찰과 자치경찰의 조화

예 제

1. 2019년 현행 우리나라의 교육자치에 대한 논쟁점에 대해 기술하시오.
2. 외국의 다양한 교육자치 모형에 대하여 설명하시오.
3. 현행 제주도에서 실시되는 자치경찰중심형제도의 장·단점을 설명하시오.
4. 국가경찰 중심형제도의 장·단점을 설명하시오.
5. 지방경찰청장이 시·도지사 소속 또는 시·군·구 소속이 되어야 하는 각각의 논리적 근거에 대하여 논하시오.

참고문헌

김용일(2000), 「지방교육자치의 현실과 이상」(서울: 문음사).

김용일(2002), “지방교육자치와 교육행정의 민주화”, 「교육비평」, Vol.10.

김중겸(1998), 「일본의 경찰제도」(치안연구소).

김진영(2016), 지방교육재정교부금 개선방안에 관한 소고, 기재부중장기재정개혁TF 팀발제문(2016년 4월 2일).

김형만 외(1998), 「비교경찰제도론」(치안연구소).

박상희·서정범(1996), “경찰적용법제의 개선방안”, 「한국법제연구원 연구보고」, 96-8.

송기창(2002), “지방교육자치단체와 교육부 및 지방자치단체의 관계: 지방교육자치제의 발전방향”, 「중앙교육진흥연구소」, 교육진흥, 15(1), 2002년 가을호.

신상명(2000), “학교단위 책임경영을 위한 학교운영위원회의 발전과제”, 「교육행정학연구」, 제18권 제1호.

우종완(2001), “교육청과 학교간의 교육행정권한 배분에 관한연구”, 한국교원대학교 대학원 박사학위논문.

우천식(2002), “지방교육자치제도의 개편: 자율과 책무의 학교개혁”(한국지방행정연구원).

이기우(1996), 「지방자치이론」(서울: 학현사).

이승종(2003), 「지방자치론」(서울: 박영사).

이재원(2010), “급증하는 국가 부채에 대응하기 위한 중앙·지방재정 제도 개선방안”, 한국지방정부학회 춘계세미나(2010년 5월 14일).

임규진·임연기(2003), 「교육행정학의 이해」(서울: 보성).

임승빈(2016), “중앙과 지방의 새로운 관계”, 서울대학교 행정대학원 정책&지식 센터 제825회 발제문.

정부혁신지방분권위원회(2004), “참여정부 국정과제 추진현황”, 「열린우리당 일하는 국회자료집」(신행정수도건설추진기획단).

조성일·안세근(1996), 「지방교육자치제도론: 이론과 실제」(도서출판 양서원).

정세욱(2000), 「지방자치학」(서울: 법문사).

참여정부지방분권과제(2003), 「이제는 지방분권시대! 연구자료집」(정부혁신지방분권위원회).

최종술(2002), “우리나라 자치경찰제 도입의 갈등요인에 관한 연구”, 「정부학연구」, 8(2)(고려대학교 정부학 연구소).

최준렬(2003), “지방교육행정체제의 지원기능 강화 방안”, 「제4회 한국교육개발원 교육연구개발 연계체제 세미나 발표논문집」(한국교육개발원).

하봉운·김영철(2003), “경기도 지역간 교육격차 해소방안 연구”, 「경기개발연구원」, 03-01.

하연섭(1999), “지방교육자치제도 개선방안”, 교육부 지방교육자치제도개선 특별위원회.

한국과학기술기획평가원(2014), “창의인재육성을 위한 고등교육체계 혁신방안 연구 보고서”, 「2014년도 KISTEP보고서」.

柴野昌山 外(1996), 『教育社会学』(東京: 有斐閣ゲクス).

田浦武雄編(1998), 『現代教育入門』(東京: 福村出版).

竹内常一(1995), 『学校改革論』(東京: 青木書店).

노구치 유키오(野口悠紀雄(2010)), 『日本を破滅から救うための経済学』(ダイヤモンド社).

야마시타 유우스케(山下祐介(2014)), 『地方消滅の罠』(筑摩新書).

Christensen, Terry(1995), *Local Politics: Governing at the Grassroots.* Belmont, California: Wadsworth Publishing Co.

Dagtoglou, P.(1970), Die Beteiligung Privater an Verwaltungsaufgaben Döv, 1970, S. 532ff.

Stein, Robert M.(1980), “Functional Integration at the Substate Level: A Policy Approach”, *Urban Affairs Quarterly,* 16/2.

Walter, R.(1973), Partizipation an Verwaltungsentscheidung, en VVDStRL 31, Berlin.

www.terrorismanswers.com

찾아보기

[저자 약력]

임승빈(林承彬)은 한국외국어대학교 및 대학원을 졸업(1985년)하고 日本 東京大學校 사회과학 및 행정학 전공의 학술학 석사와 박사를 취득하였다(1995년). 한국지방행정연구원, 한국행정연구원 등 국책연구소 및 국립순천대학교를 거쳐 명지대학교 행정학과 명예교수, 한성대학교 특임교수, 제21대 이재명 대통령 국정기획위원회 자문위원을 역임하였다. 주요경력으로 대통령 산하 자치분권위원회 전문위원회 위원장 및 감사원의 지방자치에 관한 자문위원 등으로 활동한 바 있고 행정안전부, 통일부 등 정부의 각종 부처의 자체평가위원 및 기획재정부 및 국무조정실 정부업무평가위원 등 정부위원과 입법고시(2010년, 2018년, 2020년, 2021년) 및 7·9급 공무원시험 출제위원으로 참여하였으며, 시민단체 활동으로서는 경실련의 지방자치위원장(전), 중앙상임집행위원회 위원(전)직을 맡은 바 있다. 학회 활동으로는 한국지방자치학회 학회장(2017년), 한국거버넌스학회 부회장, 한국정책과학학회 회장(2011년) 등을 역임한 바 있다. 2007년도에는 일본 코베학원대학교 객원교수, 2010년도에는 영국 Birmingham대학교 방문교수, 2015년도에는 중국의 흑룡강 대학의 방문교수 등을 역임한 바 있다. 수상경력으로는 대통령 표창(2010년 4월), 대통령 표창(2011년), 근정포장(2013년 4월), 대통령 표창(2021년) 등이 있다. 주요 학문적 관심분야는 박사학위 논문과 관련된 지역사회와 행정 간의 파트너십, 지방자치, 정부와 NGO, 일본지역연구 등 지방자치와 지방정책과 관련된 분야이다. 공동 저서는 한국행정사를 비롯하여 다수가 있으며 단독 저서로서는 지방자치론 이외에 정부와 NGO(5판, 대영문화사, 2024년), 질서의 지배자들(2판, 법문사, 2024년) 등이 대표저서들이다.

지방자치론 [제17판]

2002년 2월 20일 초판 발행
2006년 8월 20일 제2판 발행
2009년 2월 25일 제3판 발행
2010년 9월 10일 제4판 발행
2012년 2월 25일 제5판 발행
2013년 9월 5일 제6판 발행
2014년 8월 30일 제7판 발행
2015년 8월 30일 제8판 발행
2016년 9월 5일 제9판 발행
2017년 9월 5일 제10판 발행
2018년 8월 20일 제11판 발행
2019년 8월 15일 제12판 발행
2020년 8월 5일 제13판 발행
2021년 8월 15일 제14판 발행
2022년 8월 5일 제15판 발행
2023년 7월 25일 제16판 발행
2026년 2월 15일 제17판 1쇄 발행

저 자 임 승 빈
발행인 배 효 선
발행처 도서출판 法 文 社

주 소 10881 경기도 파주시 회동길 37-29
등 록 1957년 12월 12일/제2-76호(윤)
전 화 031-955-6500~6, 팩 스 031-955-6525
e-mail(영업) : bms@bobmunsa.co.kr
(편집) : edit66@bobmunsa.co.kr
홈페이지 http://www.bobmunsa.co.kr
조 판 광 진 사

정가 38,000원 ISBN 978-89-18-91660-6